여호수아서 주해

안식의 땅 가나안과 하나님 나라

여호수아서 주해

초판 1쇄 2024년 10월 15일

발 행 인	김학유
지 은 이	김진수
펴 낸 곳	합동신학대학원출판부
주 소	16517 수원시 영통구 광교중앙로 50 (원천동)
전 화	(031)217-0629
팩 스	(031)212-6204
홈페이지	www.hapdong.ac.kr
출판등록번호	제22-1-2호
인 쇄 처	예원프린팅 (031)902-6550
총 판	(주)기독교출판유통 (031)906-9191

ISBN 979-11-93395-05-9 (94230)
값은 뒷표지에 있습니다.

합신
신학총서
06

여호수아서 주해

안식의 땅 가나안과 하나님 나라

김진수

합신대학원출판부

서 문

여호수아에 의한 이스라엘 자손의 가나안 정복과 정착을 선지자의 관점으로 서술한 역사기록이 여호수아서이다. '선지자의 관점으로 서술한 역사기록'이란 말은 이 책이 일반적인 역사기록과는 그 성격이 근본적으로 다르다는 의미다. 여호수아서는 구약의 선지자들이 그러하듯이 이스라엘 자손의 가나안 정복과 정착 역사에서 드러나는 하나님의 뜻을 계시하는 책이다. 여호수아서는 역사적 사건을 다루되 일반 역사가의 시각으로는 도무지 포착할 수 없는 문제 곧 역사속에서 펼쳐지는 하나님의 신비한 구속 경륜에 초점을 맞춘다.

여호수아서가 담고 있는 선지자적 메시지의 핵심은 선지자 중의 선지자인 모세의 노래에 잘 나타난다. 모세는 홍해를 기적으로 건넌 다음 이스라엘 자손과 함께 여호와를 찬송하는 노래를 불렀다. 이 찬송에서 모세는 이스라엘 자손이 들어갈 가나안 땅을 바라보며 이렇게 노래한다.

> 주께서 백성을 인도하사 그들을 주의 기업의 산에 심으시리이다 여호와여 이는 주의 처소를 삼으시려고 예비하신 것이라 주여 이것이 주의 손으로 세우신 성소로소이다 여호와께서 영원무궁 하도록 다스리시도다 하였더라(출 15:17-18).

여기서 모세는 가나안 땅이 지닌 신학적 의미를 두 가지로 규정한다. 하나는 "주의 기업의 산", "주의 처소", "주의 손으로 세우신 성소" 등과 같은 표현에서 구체화된다. 가나안은 이스라엘 자손의 기업이기도 하지만 우선적으로 하나님의 기업이며 하나님의 성소이다. 가나안은 이스라엘 자손과 하나님이 함께 거할 거룩한 장소이다(민 35:34 참고). 따라서 여호수아가 가나안을 정복한 것은 하나님이 거하실 성소를 세우는 일이었으며 이스라엘 자손이 가나안에 정착한 것은 하나님의 성소에 거하는 일이었다(시 23:6 참고). 이스라엘 자손이 언약궤의 인도로 가나안에 들어간 것이나 가나안의 관문인 길갈에서 정결의식의 하나인 할례를 행한 것은 가나안이 하나님의 성소임을 잘 말해준다(겔 44:7, 9 참고). 또한 가나안의 지리적 중앙인 실로에 세워진 성막과 가나안에 골고루 분포된 레위 사람의 거주지는 가나안의 성소적 특성을 반영한다.

모세의 노래가 가나안 땅에 부여하는 또 하나의 신학적 의미는 "여호와께서 영원무궁 하도록 다스리시도다"라는 문구에 명료하게 표현된다. 가나안은 여호와께서 다스리시는 곳이며 여호와의 왕국이 세워지는 곳이다. 과거에 하나님은 족장 아브라함에게 '고이 가돌'(גוֹי גָּדוֹל) 곧 '큰 나라'를 약속하셨다(창 12:2). 여호수아의 정복전쟁과 땅 분배는 이 약속의 성취를 위한 수단이었다. 여호수아서에는 이스라엘 자손을 가리키는 말로서 종종 '고이'(גוֹי, 나라)가 사용된다(수 3:17; 5:6, 8; 10:13). 또한 정복전쟁 초기에 이스라엘 자손은 에발 산에서 여호와를 왕으로 선포하는 언약갱신 의식을 가졌다(수 8:30-35). 뿐만 아니라 정복전쟁과 땅 분배가 끝났을 때에도 이스라엘 자손은 다시 세겜에서 여호와를 왕으로 선포하는 언약갱신 의식을 가졌다(수 24:1-28). 이 의식에서 이스라엘 자손은 오직 여호와만 섬길 것을 굳게 (아마도 맹세로) 다짐하였다. 이 모든 일은 가나안 정복과 정착이 갖는 의미를 밝혀준다. 그것은 가나안 땅에 여호와의 왕국 곧 하나님 나라를 세우기 위한 일이었다.

이와 같이 여호수아서가 전하는 선지자적 메시지는 여호와께서 가나안 땅을 자기 백성과 함께 거할 성소로 삼으시고 그곳에서 그들의 왕으로 다스리신다는 말로서 요약된다. 여호와의 통치는 적들에게 심판으로 나타나고 그분의 백성에게는 안식의 복으로 나타난다. 여호수아서는 이스라엘 자손이 여호와로 말미암아 안식을 얻는 사실을 대단히 강조한다(수 1:12-15; 21:43-45 참고). 가나안은 이스라엘 자손이 여호와의 제왕적 통치로 인해 얻는 안식의 땅이다. 이는 가나안이 여호와의 성소라는 사실과도 조화를 이룬다. 구약에서 성전은 안식과 연결될 뿐만 아니라 안식의 장소로 간주되기도 한다(신 12:10, 11; 삼하 7:1, 2; 왕상 5:1-5[5:15-19]; 대상 28:2; 시 132:8, 14; 사 66:1 참고). 가나안 땅은 하나님의 통치가 가져오는 안식의 장소이며 하나님의 안식이 지배하는 거룩한 장소 곧 성소이다.

본 주해서의 부제 "안식의 땅 가나안과 하나님 나라"는 위에서 간단히 설명한 여호수아서의 핵심 메시지를 표현한 것이다. 여호수아서는 이스라엘 자손의 가나안 정복과 정착에 관한 일들을 다채롭게 소개하며 각각의 내용이 담고 있는 신학적 의미 또한 매우 풍부하다. 여호수아서가 아니라면 역사 속에 펼쳐지는 하나님의 구속 경륜을 결코 바르게 이해할 수 없다고 할 만큼 이 책은 신학적으로 중요한 내용들로 가득하다. 그러나 여호수아서가 담고 있는 모든 내용은 하나님의 백성이 하나님이 다스리는 성전-왕국에서 안식을 얻는다는 사실을 가르친다. 이 성전-왕국이 제공하는 안식의 복은 구약의 성전을 대신하는 새로운 성전이자 자기 백성에게 하나님 나라를 선물하신 예수 그리스도 안에서 성취될 일을 예시한다(마 11:28; 12:6, 8 참고).

본 주해서가 나올 수 있기까지 수많은 도움의 손길이 있었기에 그분들께 이 지면을 빌어 감사의 마음을 전하는 것이 도리일 것 같다. 가장 먼저 감사해야 할 분들은 필자의 여호수아서 주해 강의에 열심으로 참여해준 합신의 학생들이다. 이 분들이 아니었다면 결코 이 책이 나오지 못했을 것이다. 다음으로 꼭 감사드려야 할 분은 임성실 장로님(송파제일교회)이다. 장로님의 재정적 후원 덕분에 이 책이 세상에 빛을 볼 수 있게 되었다. 합신 연구실적심의위원회 위원장 안상혁 교수님과 위원이신 이복우 교수님, 이승진 교수님, 이남규 교수님께도 감사의 말씀을 드리고 싶다. 교수님들은 없는 시간을 쪼개어 필자의 원고를 꼼꼼히 읽으시고 매우 유익한 제안을 해 주셨다. 따뜻한 사랑과 관심으로 필자의 원고를 읽고 소중한 의견을 주신 숭신교회 임형택 목사님께도 감사의 마음을 남기고 싶다. 또한 표지 디자인과 내지 편집에 이르기까지 친절과 정성을 담아 책을 만들어 주신 김민정 북디자이너와 합신 출판부 권 호 교수님께 감사드린다. 무엇보다 본서를 출판하도록 허락해주신 김학유 총장님께 깊은 감사의 말씀을 올린다. 끝으로 유학 중에도 귀한 자료를 제공하며 필자를 격려해준 사랑하는 아들 김희범 강도사와 필자의 원고를 세밀하게 탐독하며 수많은 실수와 오탈자를 바로잡아준 사랑하는 아내 김은실에게 감사의 마음을 전한다.

    아무쪼록 이 책이 여호수아서에 기록된 하나님의 말씀을 바르게 해석하고 그리스도를 통해 임한 하나님 나라의 비밀을 드러내는 일에 조금이라도 사용될 수 있기를 간절히 소원한다.

2024년 8월 19일
여름이 지나는 길목에
저자 씀

서문 _5

제1장
여호수아 개관

1.1 저자와 기록연대 _ 14
1.2 여호수아서의 역사적 배경 _ 16
1.3 여호수아서의 문학적 구성 _ 54
1.4 여호수아서의 역사관 _ 78
1.5 여호수아서의 신학 _ 102

제2장
책의 도입(수 1:1-18)

2.1 여호와의 율법과 여호수아의 소명(수 1:1-9) _ 136
2.2 지파들의 연합(수 1:10-18) _ 143

제3장
정복전쟁의 서막(수 2:1-5:1)

3.1 기생 라합(수 2장) _ 155
3.2 갈라진 요단강(수 3-4장) _ 168
    특주1 여호수아 3-4장의 문학적 구성 _ 168
    특주2 언약궤의 구속사적 의미 _ 186
3.3 마음이 녹는 왕들(수 5:1) _ 202

제4장

길갈의 언약갱신(수 5:2-12)

4.1 할례(수 5:2-9) _ 206
   특주3 할례의 의미 _ 211
4.2 유월절(수 5:10-12) _ 216

제5장

여호와의 전쟁(수 5:13-8:29)

5.1 여호와의 군대대장(수 3:13-15) _ 220
5.2 여리고 전쟁(수 6장) _ 227
   특주4 헤렘의 구속사적 의미 _ 242
5.3 아이 성 전쟁(수 7:1-8:29) _ 247

제6장

에발 산의 언약갱신(수 8:30-35)

   특주5 에발 산의 제단과 고고학 _ 300

제7장

가나안 왕들의 반응(수 9:1-11:15)

7.1 기브온과의 화친(수 9:1-27) _ 307
   특주6 기브온의 역사성 _ 319
7.2 남부 정복(수 10:1-43) _ 337

특주7 여호수아의 긴 하루 _ 350
7.3 북부 정복(수 11:1-15) _ 377

제8장

정복전쟁의 종결(수 11:16-12:24)

8.1 정복전쟁의 요약(수 11:16-23) _ 397
8.2 진멸당한 왕들(수 12:1-24) _ 408

제9장

땅 분배(수 13-21장)

9.1 땅 분배를 명하시는 하나님(수 13:1-7) _ 422
9.2 요단 동편의 땅 분배(수 13:8-33) _ 426
9.3 요단 서편의 땅 분배(수 14:1-19:51) _ 435
9.4 도피성과 레위인의 성읍(수 20:1-21:42) _ 491
9.5 땅 분배 종결(수 21:43-45) _ 506
    특주8 안식의 땅 가나안 _ 509

제10장

책의 종결(수 22-24장)

10.1 지파들의 연합(수 22장) _ 519
10.2 여호와의 율법과 이스라엘의 소명(수 23-24장) _ 543

약어표 _ 596
참고문헌 _ 599

1.1 저자와 기록연대

1.2 여호수아서의 역사적 배경

1.3 여호수아서의 문학적 구성

1.4 여호수아서의 역사관

1.5 여호수아서의 신학

제1장

여호수아 개관

하나님은 아브라함과 언약을 맺으시며 그와 그의 후손에게 가나안을 기업으로 주시겠다고 약속하셨다(창 15:18-21). 이스라엘 자손이 애굽에 체류한 430년의 시간과 광야에서 지낸 40년의 세월은 이 약속이 성취되기까지의 긴 여정이었다. 모세는 이 약속의 성취를 바라보며 이스라엘 자손을 애굽에서 인도하여 내고 험난한 광야의 먼 길을 지나 약속의 땅이 눈 앞에 보이는 모압 평지까지 도착했다. 그렇게 모세의 시대는 저물고 새로운 지도자가 세워져 이스라엘 자손을 약속의 땅으로 인도해 들였다. 이스라엘 자손은 이 새로운 지도자 여호수아의 통솔 하에 가나안을 정복하고 마침내 그 땅을 기업으로 받을 수 있었다. 여호수아서는 이 기념비적 성취의 역사를 선지자의 관점으로 증언하는 책이다.

1. 저자와 기록연대

여호수아서가 언제 누구에 의해 기록되었는지는 미제로 남아있다. 유대인의 경전 탈무드(Baba' Bathra 15a)는 여호수아를 본서의 저자로 밝히고 있으나 신뢰할 수 있는 정보로 보기는 힘들다. 물론 여호수아가 기록활동을 했다는 증거는 있다. 여호수아 8:32은 여호수아가 에발 산의 한 돌에 율법을 기록하였다고 알려준다. 또한 여호수아 24:26은 "여호수아가 이 말씀들을 하나님의 율법책에 기록하[였다]"고 밝힌다. 하지만 이 정보는 단지 여호수아가 기록활동을 했다는 것을 알려줄 뿐 그 이상은 아니다. 그럼에도 여호수아가 기록활동을 했다는 것은 여호수아서에 담긴 내용의 일부 또는 그 이상이 여호수아 자신에게서 온 것일 가능성이 있음을 시사한다.

여호수아서의 저자 및 기록시기를 가늠할 수 있게 해주는 더 중요한 자료가 있다. 여호수아서에 반복되는 표현인 "오늘날까지"(עַד הַיּוֹם הַזֶּה)가 그것이다. 여호수아서에서 이 표현은 17회 반복되는데 이 중 13회는 저자의 시점과 관련된다(수 4:9; 5:9; 6:25; 7:26×2; 8:28, 29; 9:27; 10:27; 13:13; 14:14; 15:63; 16:10). 이 표현은 보기에 따라 기록된 사건과 기록자 사이의 상당한 시간적 간격을 나타내는 것일 수도 있고 그렇지 않을 수도 있다. 카일(C. F. Keil)은 이 표현이 왕정 이전을 가리킨다는 증거를 여러 가지로 꼽는다:[1] 1) 여호수아 16:10은 "오늘날까지" 게셀에 가나안 사람이 거주하였다고 하는데, 열왕기상 9:16은 애굽 왕 바로가 게셀에서 가나안 사람을 죽이고 이 성읍을 솔로몬에게 주었다고 밝힌다; 2) 여호수아 15:63은 여부스 사람이 "오늘날까지" 예루살렘에 거주하였다고 하는데, 사무엘하 5:6-8은 다윗이 예루살렘을 여부스 사람에게서 빼앗았다고 밝힌다; 3) 여호수아 9:27은 기브온 사람이 "오늘날까지" 여호와의 제단을 위해 봉사하는 자가 되었다고 하는데, 사무엘하 21:1-2는 사울이 기브온과의 조약을 깨고 기브온 사람을 죽였다고 밝힌다.

여호수아서에는 이 책이 매우 이른 시기에 기록되었음을 보여주는 다른 증거들이 있다. 여리고 정탐, 요단강 도하, 여리고와 아이의 정복, 기브온과의 조약, 남부 연합군과의 전쟁, 북부 연합군과의 전쟁 등이 마치 모든 것을 직접 본 목격자의 증언처럼 세밀하고 현장감 있게 기록된다. 대표적인 예가 여호수아 6:20에 나오는 여리고 성벽이 무너지는 모습에 대한 묘사이다: "성벽이 자체 아래로 무너졌다"(וַתִּפֹּל הַחוֹמָה תַּחְתֶּיהָ, the wall collapsed beneath itself).[2] 이는 흙벽돌로 쌓은 벽이 돌로 쌓은 옹벽 위

---

[1] C. F. Keil, *Josua, Richter und Ruth*, zweite Aufl. (Leipzig: Dörfling und Franke, 1874), 7.

[2] 개역개정역("성벽이 무너져 내린지라")은 원문의 תַּחְתֶּיהָ("자체 아래로")를 번역하지 않는다.

에 있는 여리고 성벽의 구조를 모르고는 생각해 내기 어려운 표현이다.³ 그럼에도 저자는 흙벽돌로 된 벽이 아래의 옹벽쪽으로 무너지는 모습을 눈으로 보는 듯 생생하게 묘사한다. 이는 저자의 기록이 목격자의 증언에 바탕을 두고 있다는 것을 잘 나타낸다.

또 다른 한 예는 땅 분배 기사에 나오는 지리적 묘사다. 저자는 마치 3D 화면으로 보듯이 현장감 있게 지형과 지물을 묘사한다. 땅의 경계를 묘사하는데 '나아가다', '건너가다', '올라가다', '선회하다', '방향을 틀다', '내려가다', '이르다', '가다', '구부러지다' 등 다양한 동사가 반복해서 사용되고 방향이나 위치를 가리키는 표현들도 동, 서, 남, 북, 앞, 맞은 편, 곁, 끝 등 매우 다양하며 지형과 지물을 가리키는 말들도 등성이, 산, 광야, 샘, 골짜기, 보한의 돌, 염해, 해만(海灣), 요단, 건곡(Wadi), 비탈, 산허리, 산 꼭대기 등 다양하다. 이런 기록상의 특징은 여호수아서가 목격자의 증언에 바탕을 둔 책임을 잘 말해준다.

2. 여호수아서의 역사적 배경⁴

성경이 알려주는 바에 따르면 이스라엘 자손은 430년 동안 애굽에서 노예생활을 하였고 모세의 인도로 출애굽 한 이후에는 40년의 광야생활을 하였으며 여호수아의 인도로 비교적 짧은 시간 안에 가나안 땅을 점령하였다. 하지만 이스라엘 자손이 가나안 땅을 점령한 시점과 당시의 역사적 형편이 어떠했는지에 대해 성경 학자들 사이에 많은 토론과 논쟁들이

---

³ 고고학은 바닥으로부터 18~20피트 높이까지 돌로 쌓은 옹벽(retaining wall)이 제방을 둘러싸고 그 위에 다시 흙벽돌을 쌓은 구조인 여리고 성 외벽을 확인하였다. https://www.youtube.com/watch?v=nJNjhnTe4B0&t=1987s (참고일: 2024. 4. 17.)

⁴ 이 내용은 졸고, "여호수아 정복전쟁에 대한 역사적 고찰", 「신학정론」 37/1 (2019): 291-332를 일부 교정한 것임을 밝힌다.

있어왔고 아직도 합의된 견해에 이르지 못하였다. 특히 역사학과 고고학의 발전으로 고대 근동의 정치적, 경제적, 사회적, 문화적, 종교적 형편에 대한 지식이 축적되면서 의견들은 더욱 나뉘어지고 복잡해지는 양상을 보이고 있다. 이런 형편 속에서 정복전쟁 당시의 역사적 상황에 가까이 다가서는 일이란 불가능한 일인 것처럼 여겨지는 것도 사실이다. 다만 여기서 시도하려는 것은 그간에 제시된 견해들을 살펴보고 성경의 기록을 가장 적절하게 설명해 줄 수 있는 방안을 모색하는 일이다.

2.1 정복전쟁의 시점

여호수아의 정복전쟁이 있었던 시점은 언제일까? 이 문제는 출애굽 연대를 어느 때로 잡는가에 따라 좌우된다. 열왕기상 6:1에 따르면 출애굽은 솔로몬이 성전건축을 시작한 시점부터 480년 전에 일어난 일이다. 솔로몬이 성전건축을 시작한 해는 주전 966년으로 알려져 있으므로, 출애굽 연도는 자연스럽게 주전 1446년이 된다. 사사기 역시 이것과 근접한 시점을 지시한다. 사사 입다의 말에 따르면 자신의 시점에서 이스라엘 자손들이 요단강 동편 길르앗 땅에 거주한 것은 이미 300년이나 지난 일이다(삿 11:26). 입다가 주전 12~11세기경에 활약했던 사사인 것을 고려하면, 이스라엘 자손들이 요단 동편에 거주하기 시작한 것은 주전 15세기 말경이었다는 계산이 나온다. 이 계산은 열왕기가 지시하는 출애굽 시점과 잘 맞아 떨어진다.

하지만 출애굽 시기를 다르게 보아야 한다는 주장들도 있다. 오히려 학계에서는 이들 다른 주장들이 수적으로 월등하게 우세하다. 그것들은 나름 확고한 성경적, 고고학적 증거에 기초하고 있으므로 그 내용을 잘 살펴볼 필요가 있다. 여기서는 먼저 학계에서 가장 널리 받아들여지고 있는 주전 13세기 출애굽 가설을 살펴보고 이어서 주전 15세기 출애굽설의 타당성 여부를 검토해보고자 한다.

2.1.1 주전 13세기 출애굽 가설

주전 13세기 출애굽 가설을 뒷받침해주는 성경적 증거는 '라암셋'이란 이름과 관계된다. 출애굽기 1:11에 따르면, 애굽에 거주하던 이스라엘 사람들이 국고성 비돔과 라암셋의 건축을 위해 강제노역에 동원되었다. 여기서 '라암셋'이란 이름은 애굽의 제19왕조에 속하는 파라오 라암세스 2세(Rameses II, c. 1304-1237 BC)를 생각하게 만든다. 노트(M. Noth)는 라암세스 2세가 비돔에 곡식 저장고를 건축하기 시작했고 자신의 이름을 딴 도시 '라암셋'을 건설했다고 하면서 라암세스 2세 시대에 히브리인들에 대한 압제와 출애굽이 있었을 것으로 추측한다.[5] 라이트(G. E. Wright)와 브라이트(J. Bright)에게서도 같은 생각을 만날 수 있다.[6] 이들은 성경이 제시하는 연대(출애굽에서 솔로몬의 성전건축까지 480년)를 "잘 알려져 있는 어림수"(a well-known round number)로 이해한다. 즉, 480은 한 세대를 40년으로 보고 12세대를 계산하여 산출된 기간이라는 것이다.[7] 하지만 실제로 한 세대는 25년 정도가 될 것이므로 출애굽은 솔로몬이 성전을 건축하기 시작한 시점부터 대략 300년 전에 이루어졌을 것이란 계산이 나온다.

사실상 성경의 연대계산 방식이나 숫자를 셈하는 방식에 대해 단순

---

[5] See M. Noth, *Geschichte Israels*, 8. Aufl. (Berlin: Evangelische Verlagsanstalt, 1976), 114. 라암세스 2세는 나일강 하류 삼각주 동쪽의 타니스(Tanis)에 자신의 왕도를 건설하고 그곳을 라암세스의 집(House of Ramesses)으로 불렀다. See W. F. Albright, *From the Stone Age to Christianity. Monotheism and Historical Process* (Baltimore: The Johns Hopkins Press, 1957), 223.

[6] G. E. Wright, *Biblical Archaeology* (Philadelphia: The Westminster Press, 1960), 38; J. Bright, *A History of Israel*, 4. ed. (Louisville: Westminster John Knox Press, 2000), 123.

[7] 흥미롭게도 칠십인 경은 440이란 숫자를 제공한다. 몇몇 학자들은 역대상 6:3-8의 대제사장 명단이 아론부터 사독까지 11명인 것을 주목하고 한 세대를 40년으로 계산하여 440년이란 숫자가 산정되었을 것이라고 생각하기도 한다. Cf. J. A. Thompson, *The Bible and Archaeology*, 3. ed. (Grand Rapids: Eerdmans, 1989), 64.

하게 접근해서는 안 되는 측면이 있기는 하다. 하지만 출애굽 시점에 한하여 성경은 일관되게 같은 곳을 지시하기에 이 문제를 다루기 위해서는 더욱 신중함이 요구된다. 비록 라암세스 2세가 자신의 이름을 딴 도시 "라암세스의 집"(이집트어로 Pi-Rameses)을 건설했다고 하지만, 이것이 출애굽기 1:11에 언급된 "국고성"(עָרֵי מִסְכְּנוֹת, store cities)에 해당하는지는 불명확하다.⁸ 클라인(M. G. Kline)이 잘 지적한 것처럼 "국고성"(store cities)은 라암세스 2세가 건설한 도시(이집트의 수도)와 어울리지 않는 용어이다.⁹ 라암세스 2세 자신이 주전 17세기 중반부터 16세기 중반까지 이집트를 지배하였던 아시아 계통의 지배자 '힉소스' 계열에 속한다는 점도 고려할 필요가 있다.¹⁰ 이는 '라암세스'란 이름이 오래 전 힉소스 시대부터 사용되었을 가능성을 생각해보게 만든다. 창세기 47:11에는 요셉의 가족들이 "애굽의 좋은 땅 라암셋"에 거주하였다는 기록이 나온다. 다른 한편, '라암세스'란 이름은 후대의 필사자가 더 이상 사용되지 않는 원래의 낯선 이름 대신 자신의 시대에 잘 알려져 있는 새 이름으로 업데이트한 결과일 가능성도 생각해 볼 만하다(창 14:14; 수 19:27 참고).¹¹

---

⁸ Cf. I. Provan, V. P. Long, T. Longman III, *A Biblical History of Israel* (Louisville: Westminster John Knox Press, 2003), 132.

⁹ M. D. Kline, "The HA-BI-RU: Kin or Foe of Israel?" *WTJ* 20(1958): 65: "For it is inconceivable that anyone should have described the magnificent operations of Rameses II at these cities, transforming one of them into the capital of Egypt, in the 'store-cities' terms of Exodus 1:11."

¹⁰ 라암세스 2세는 자신의 왕도를 힉소스의 통치 중심지였던 아바리스(Avaris, 훗날의 Tanis)에 세우고 힉소스의 신 '세트'(Seth)를 위해 신전을 지었다고 한다. See Albright, *From the Stone Age to Christianity*, 223; Wright, *Biblical Archaeology*, 37.

¹¹ See B. G. Wood, "From Ramesses to Shiloh. Archaeological Discoveries Bearing on the Exodus-Judges Period," Giving the Sense. *Understanding and Using Old Testament Historical Texts*, D. M. Howard Jr. and M. A. Grisanti, eds. (Grand Rapids: Kregel, 2003), 258. '비돔'에 대한 우드의 설명에도 주의를 기울일 필요가 있다: "Excavations from 1978 to 1985, under the direction of John S. Holladay Jr., of the University of Toronto, have established the occupational history of the site. Prior to ca. 610 B.C. (Saite Period), the only occupation was during the Hyksos period. The name

라암세스 2세가 출애굽의 파라오일 수 없는 이유가 또 있다. 메릴(E. H. Merrill)은 출애굽기 1-2장에 묘사된 일련의 사건들인 국고성 비돔과 라암셋의 건축, 히브리인들의 유아 피살, 모세의 탄생과 성장기간 등을 모두 합하면 족히 100년 이상의 긴 시간이 되는데 어떻게 라암세스 2세가 출애굽의 파라오가 될 수 있겠느냐고 반문한다.[12] 출애굽기 1장의 건축사업을 굳이 라암세스 2세와 연결시킨다면 출애굽은 그보다 약 1세기 이후(주전 12세기 중반)에나 있었다고 보는 것이 가장 자연스럽다. 그러나 이렇게 된다면 정복기로부터 사사시대를 거쳐 왕정으로 이어지는 시기가 터무니없이 짧아지게 된다. 사사기에 나오는 연대기를 모두 합산하면 줄잡아 410년이나 된다.[13] 비록 사사들의 활동이 겹치는 부분이 있다는 점을 감안하더라도 사사들과 사울 및 다윗의 활동을 소개하는 나머지 성경의 기록을 무시하지 않는 한 주전 12세기 출애굽은 고려의 대상이 될 수 없다. 이 모든 것은 라암세스 2세가 출애굽의 파라오일 수 없다는 것을 반증한다.

주전 13세기 출애굽 설을 주장하는 학자들은 고고학적 증거들을 예로 들기도 한다. 가령 브라이트(J. Bright)는 팔레스타인의 곳곳(드빌, 라기스, 에글론, 벧엘, 하솔 등)에서 확인되는 바 주전 13세기 것으로 추정되는 파괴흔적에 주목한다. 더 나아가 브라이트는 요단 동편지역의 에돔인들과 모압인들이 주전 13세기 이전에는 그곳에 거주한 증거가 없으므로 정복시기 또한 그에 따라 조정되어야 한다고 주장한다.[14] 하지만 주전

Pithom was attached to the Saite town, with the name of the Hyksos settlement being unknown. Thus, the only possible time period when the Israelites could have worked there as slaves was during the Hyksos period."

[12] See E. H. Merrill, *Kingdom of Priests. A History of Old Testament Israel* (Grand Rapids: Baker, 1987), 71.

[13] See Provan, *A Biblical History of Israel*, 163.

[14] Bright, *A History of Israel*, 123-24.

13세기의 파괴들이 반드시 정복전과 관계된다고 보아야 하는 것은 아니다. 그것들은 원인을 정확하게 밝힐 수 없는 여러 가지 요인들에 의해 일어난 것들일 가능성도 배제할 수 없다. 무엇보다도, 여호수아에 의한 정복이 대규모 파괴를 가져왔을 것이라는 생각은 정확하지 않다. 많은 경우 가나안의 성읍과 촌락은 큰 파괴를 겪지 않고 새로운 주인을 맞았다고 보아야 한다(신 6:10, 11; 수 24:13; 느 9:25 참고). 또한 주전 13세기 이전에는 요단 동편 지역에 에돔인과 모압인이 거주하지 않았다는 주장도 재고되어야 한다. 브라이트 자신도 인정하듯이, 장소가 불확실하거나 발굴이 미흡했을 수도 있다. 라스무센(C. G. Rasmussen)에 따르면 후기 청동기 시대 이집트 텍스트는 적어도 요단 동편의 몇몇 동시대 거주지에 대해 알려준다.[15]

2.1.2 주전 15세기 출애굽 가설

앞에서 밝힌 바와 같이, 성경은 주전 15세기 중반경을 출애굽 시점으로 제시하는 것처럼 보인다(삿 11:26; 왕상 6:1 참고). 하지만 성경에 제시된 연대기적 정보나 숫자는 단순히 산술적인 차원에서만 접근해서는 안 되는 경우들도 있다. 그러므로 출애굽 시점과 같은 역사적 이슈를 다룸에 있어서 중요한 것은 관련된 역사적 자료들을 함께 살펴보는 것이다. 가령 주전 15세기를 전후한 이집트의 정치적 상황과 정복전쟁 당시(주전 15세기말에서 14세기 중반) 팔레스타인의 정치적 형편에 대한 이해는 출애굽의 시점에 대한 평가와 판단을 더욱 확고한 토대 위에 세우게 해 준다.

주전 15세기를 전후한 이집트의 정치적 형편은 비교적 소상하게 알

---

[15] C. G. Rasmussen, "Conquest, Infiltration, Revolt, or Resettlement? What Really Happened During the Exodus-Judges Period?," *Giving the Sense. Understanding and Using Old Testament Historical Texts*, D. M. Howard Jr. & M. A. Grisanti, eds. (Grand Rapids: Kregel, 2003), 153.

려져 있다. 먼저 아시아계 지배자 힉소스가 축출되고 신왕국(New Kingdom)이 시작된 것이 이 시기이다.[16] 힉소스의 축출은 이집트의 대내외 정책에 어떤 변화를 가져왔을까? 아마도 이집트에서 살고 있는 외국인 거주자들에 대한 불안감과 적대감이 고조되고, 그들을 통제하고 억압하는 정책이 시행되었을 가능성이 크다. 힉소스는 100년 이상 이집트를 지배한 "외국인"인이었기 때문이다. 따라서 출애굽기 1:8-10의 내용(요셉을 알지 못하는 새 왕, 이스라엘 백성의 적대행위에 대한 두려움)은 힉소스 축출 직후의 상황을 가리킬 수도 있다. 이런 추측이 옳다면, "요셉을 알지 못하는 새 왕"은 힉소스를 몰아내고 신왕국의 18왕조를 창시한 파라오 "아모세"(Ahmose, c. 1569-1545 BC)일 것이다.[17] 여기서 아모세로부터 시작하는 18왕조 왕들의 계보를 살펴보는 것이 중요하다.

---

[16] 고대 이집트는 초기 왕조 시기(Early Dynastic Period, c. 3050-2687 BC), 고왕국(Old Kingdom, c. 2687-2191 BC), 중왕국(Middle Kingdom, c. 2061-1665 BC), 신왕국(New Kingdom, c. 1569-1081), 늦은 시기(Late Period, c. 724-333 BC)로 나뉘며, 그 사이에 정치적 혼란으로 특징지어지는 제1중간기(First Intermediate Period, c. 2190-2061 BC), 제2중간기(Second Intermediate Period, c. 1664-1569 BC), 제3중간기(Third Intermediate Period, c. 1081-711 BC)가 있다. 여기에 제시된 연대는 2001년 영국 옥스포드 대학에서 편찬 발간한 『The Oxford Encyclopedia of Ancient Egypt 1, 2, 3』의 내부 표지면에 있는 "이집트 왕 목록"(Egypt King List)을 참고한 것이다. 이 글에서 사용되는 이집트 왕의 통치연대는 특별한 언급이 없는 한 모두 같은 자료에서 온 것이다.

[17] "요셉을 알지 못하는 새 왕"이 힉소스 왕이라고 주장하는 학자들도 있다. See Wood, "From Ramesses to Shiloh," 257; 월터 카이저, 『이스라엘의 역사: 청동기시대부터 유대전쟁까지』 (고양: 크리스챤출판사, 2000), 135. 출애굽기 1:8의 히브리어 구문 וַיָּקָם מֶלֶךְ־חָדָשׁ עַל־מִצְרָיִם이 "한 새 왕이 애굽에 대항하여 일어났다"(and a new king rose up against Egypt)의 의미라면, 이 구절은 힉소스가 일어나 애굽을 지배하게 된 것을 가리키는 것으로 이해될 수 있다. 이런 이해는 새 왕의 말 "이 백성 이스라엘 자손이 우리보다 많고 강하도다"(출 1:9)와 잘 조화되는 것 같다. 하지만 여기서도 남자 아이를 죽이도록 명령한 파라오는 여전히 18왕조의 아모세나 아멘호트페 1세로 간주된다.

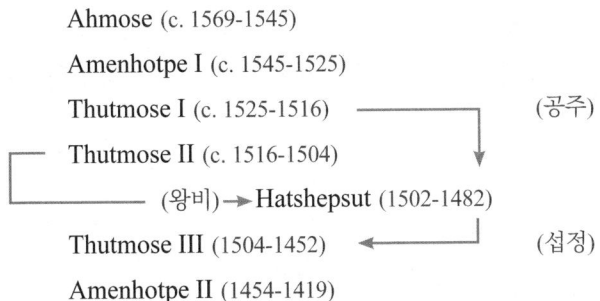

위의 계보에서 핫셉수트는 투트모세 1세의 공주로서 이복 형제인 투트모세 2세의 왕비가 되었던 인물이다. 그녀는 투트모세 2세가 젊은 나이에 죽자 곧바로 권력을 장악하고 스스로 왕위에 올랐다. 비록 투트모세 2세가 다른 왕비에게서 얻은 아들(투트모세 3세)이 아버지의 뒤를 이어 왕위를 계승하였지만 아직 나이가 어려 나라를 다스릴 수 없었다. 투트모세 3세가 왕권을 행사할 수 있게 된 것은 핫셉수트가 죽은 다음이었다. 여러 측면에서 핫셉수트는 대담하고 강인한 성격의 소유자였던 것 같다. 그녀는 왕으로 활동하였으며 자주 남자처럼 행세하고 옷을 입은 것으로 전해진다.[18] 그러므로 그녀는 모세를 강에서 건져내어 양육한 바로의 공주와 동일인물로 간주되기에 충분해 보인다. 다른 한편, 투트모세 3세 역시 매우 유능하고 강력한 통치자였다. 그는 수많은 군사 원정을 통해 북으로는 북서 시리아 지역까지, 남으로는 나일의 네 번째 폭포까지 제국의 영토를 확장하였으며 50개가 넘는 사원을 이집트 본토, 누비아, 그리고 팔레스타인에 건설하였다.[19] 그는 또한 핫셉수트의 섭정 기간을 포함하여 50년 이상 왕위에 있었던 인물이기도 하다. 통치 말년에 그는 알려지지 않은 이유로 핫셉수트의 모든 흔적을 지워 버리기 위한

---

[18] J. Lipinska, "Hatshepsut," *The Oxford Encyclopedia of Ancient Egypt*, vol. 2, D. B. Redford, ed. (Oxford: University Press, 2001), 86.

[19] J. Lipinska, "Thutmose III," *The Oxford Encyclopedia of Ancient Egypt*, vol. 3, D. B. Redford, ed. (Oxford: University Press, 2001), 401-03.

노력을 기울이기도 했다. 모든 점들을 고려할 때, 투트모세 3세는 모세가 그 앞에서 생명을 보존하기 위해 40년간 미디안에서 망명생활을 해야 했던 인물로 간주될 만하다.

주전 15세기 출애굽 가설을 뒷받침해주는 또 다른 증거로서 소위 아마나 서신(the Amarna Letters)을 들 수 있다. 아마나(el-Amarna)는 카이로에서 남쪽으로 약 300km 지점에 있는 나일강 동안(eastern bank)에 위치한 도시로서 태양신 아톤(Aton)의 숭배자로 유명한 아멘호트페 4세(Amenhotpe IV, c. 1372-1355)가 건설한 도시이다. 19세기 말경(1888-1889 AD) 이곳에서 당시의 상황을 알려주는 다수의 문서가 발굴되었다. 대부분 악카드어로 기록된 이 문서들은 가나안 지역의 소군주들이 이집트의 왕실에 보낸 외교적 서신들로서 가나안 땅을 혼란의 소용돌이로 몰아넣는 하피루/하비루('Apiru/Ḫabiru, 수메르 표어문자로는 SA.GAZ)에 대한 언급과 함께 이집트에 지원병을 요청하는 내용을 담고 있다. 하비루는 "이웃하는 마을들을 계속 습격하고, 공격하고, 약탈하고, 불사르고, 노획물을 가지고 본거지로 돌아갔다."[20] 경우에 따라 도시와 촌락이 그들 편에 가담하기도 하였다. 이들의 행위는 가나안 땅을 점령하는 이스라엘 자손들의 모습을 연상케 한다. 하피루/하비루란 이름 또한 히브리('ibrî)와 비슷하다.

따라서 학자들의 관심은 자연스럽게 그 둘의 관련성 여부에 모아졌다. 그간의 연구에 의하면, 하비루는 어떤 민족명칭(ethnonym)이 아니며 원래의 정치적, 사회적 위치에서 내몰려 이곳 저곳을 돌아다니며 문제를 일으키던 자들을 가리키는 말이었다. 말하자면 그들은 "외부의 침입자들이 아니라 가나안 내부의 무법한 패거리로서 일부는 용병들로 또 다른 일부는 억압받는 주민들로 구성되었다. 심지어 지역 왕들은 자신

---

[20] G. E. Mendenhall, *The Tenth Generation. The Origins of the Biblical Tradition* (Baltimore: The Johns Hopkins University Press, 1973), 135.

의 땅과 마을들을 빼앗는 이웃 왕들과 군대에게 그 명칭을 사용하기도 했으며, 그렇게 명명된 자들이 파라오에게 자신의 충성을 주장하는 글을 쓰기도 했다."²¹ 또한 하비루는 지리적으로 고대 근동 전역에서 광범위하게 나타나며, 시간적으로도 아마나 시기(the Amarna Period, BC 15-14세기)를 넘어 주전 2천년기 전체에 퍼져 있었다. 그러므로 아마나 서신의 하비루와 성경의 히브리인과 직접적인 연결이나 동일시는 신중할 필요가 있다.²²

하지만 적어도 행동양식의 측면에서 하비루와 가나안을 공격하는 이스라엘 자손 사이에 유사성이 있는 것만은 부정하기 어렵다. 가나안 정복에 대한 성경의 기록이 사실이라면, 가나안 사람의 입장에서 자신들을 공격하고 땅과 성읍들을 탈취하는 이스라엘 자손이 하비루와 같은 부류로 보이지 않았을까?²³ 우드(B. G. Wood)는 특별히 하비루가 가나안의 산

---

²¹ Wright, *Biblical Archaeology*, 45. 그러나 아스투어(M. C. Astour)는 하비루가 "정착의 과정에 있던 반유목민으로서 반(半)사막지대에서 문명화된 지역으로 들어온 이방인이었다"고 주장하기도 한다. See M. C. Astour, "The Hapiru in the Amarna Texts: Basic Points of Controversy," *UF* 31 (1999): 41. (Wood, "From Ramesses to Shiloh," 270에서 재인용)

²² 구약에서 '히브리'란 말은 노예(창 39:14, 17)나 법적인 지위를 박탈당한 사람들(삼상 29:3) 등 사회적 신분을 나타내는 용어로 사용되기도 했고 때때로 적대관계에 있는 사람들이 경멸적인 의미로 사용한 말(출 1:15, 16; 삼상 14:11)이기도 하다는 점을 내세우며 하비루와 히브리의 긴밀한 관련성을 옹호하는 경우도 있다. See N. Na'aman, "Ḫabiru and Hebrews: The Transfer of a Social Term to the Literary Sphere," *JNES* 45 (1986): 278-85. 하지만 해당 본문에서 그 용어의 의미는 다르게 해석될 여지도 있다. 그것은 그 용어가 사용된 다른 경우들과 마찬가지로 민족적 소속을 가리키는 것으로 풀이될 여지도 있다(창 40:15; 출 2:11; 3:18; 신 15:12 참고). 한편, 언어적 차원에서 하비루와 히브리의 관련성을 옹호하는 학자들도 있다. See V. Fritz, *Die Entstehung Israels im 12. Und 11. Jahrhundert v. Chr.*, BE 2 (Stuttgart: Kohlhammer, 1996), 113; J. M. Miller & J. H. Hayes, *A History of Israel and Judah* (Louisville: Westminster John Knox Press, 2006), 37. 멘덴홀은 히브리가 하비루에서 발전되어 나온 말이라고 주장한다. 하지만 멘덴홀은 오직 팔레스타인 내부의 사회, 정치적 현상이란 차원에서 아마나 서신의 하비루를 이해한다. See Mendenhall, *The Tenth Generation*, 135-41.

²³ Cf. Provan, *A Biblical History of Israel*, 171: "Quite conceivably, therefore, threatened Canaanites might have viewed menacing Israelites as ᶜ*apiru*-a perception perhaps reinforced by the coincidental similarity of the term to the gentilic ᶜ*ibri*, "Hebrew," which may

악지대를 차지한 것에 주목한다. 그는 또한 세겜을 중심으로 영토를 확장하였던 라바유(Lab'ayu)와 그의 아들들이 하비루에게 땅을 내주었다는 기록(EA 287)에 주목한다.[24] 그런데 가나안의 산악지대는 이스라엘 자손이 정착하기 시작한 곳으로 인정되는 곳이기도 하다. 이런 점들을 지적하며 우드는 다음과 같은 결론을 내린다: "역사 기록을 통해 주전 14세기 중엽 이후 산악지대를 장악한 사람들이 누구인지를 살펴보면, 이들 하비루 세력의 정체를 확증할 수 있다. 비록 자료들이 부족하긴 하지만, 그것이 이스라엘 사람임을 확인하기에는 충분한 정보가 있다."[25]

끝으로, 고고학 측면에서 주전 15세기 출애굽설을 뒷받침하는 자료도 있다. 1896년 테베에서 발견된 메렌프타 비문이 그것이다. 이 비문은 이집트 19왕조의 파라오 메렌프타(Merenptah, 1237-1226 BC)가 그의 통치 5년경 리비아와 팔레스타인에서 거둔 승리를 기념하여 남긴 것인데, 성경외적 자료로는 처음으로 이스라엘을 언급하기에 이스라엘 비문(Israel Stele)이라 불리기도 한다. 다음은 비문의 내용 일부다.[26]

Ashkelon is carried off,
and Gezer is captured.
Yenoam is made into non-existence;

---

be derived from Abraham's ancestor Eber mentioned in Genesis 10:21."

[24] 브라이트에 따르면 라바유(Lab'ayu)는 "하비루 두목"이었다. 브라이트는 또한 가나안의 하비루 요소들이 그들과 동맹한 가나안 사람과 더불어 이스라엘과 공조하여 이스라엘의 구성원으로 흡수되었다고 본다. See Bright, *A History of Israel*, 136. 할페른은 기브온이 이스라엘과 화친조약을 맺은 일을 하비루와 이스라엘의 공조를 보여주는 한 예로 간주한다(수 9 참고). See B. Halpern, "Gibeon: Israelite Diplomacy in the Conquest Era," *CBQ* 37 (1975): 312.

[25] Wood, "From Ramesses to Shiloh," 270.

[26] J. K. Hoffmeier, "The (Israel) Stela of Merneptah (2.6)," *Context of Scripture*, vol. 2, W. W. Hallo and K. J. Younger Jr., eds. (Leiden: Brill, 2000), 41. (Wood, "From Ramesses to Shiloh," 274에서 재인용).

Israel is wasted, its seed is not;

and Hurru is become a widow because of Egypt.

넷째 줄 "이스라엘이 황폐하였고 그 씨가 남지 않았다"에서 '이스라엘'이란 이름을 확인할 수 있다. 특이한 점은 이 비문에 여러 도시국가들의 이름이 언급되는 가운데 유독 이스라엘만 민족 그룹을 가리키는 한정사(限定詞)를 갖는다는 사실이다. 이는 이스라엘이 아직 하나의 국가로서 경계가 뚜렷한 영토를 갖지 못한 형편을 나타낸다고 볼 수 있다. 다시 말해, 주전 13세기 말경 이스라엘은 팔레스타인에서 이집트가 물리쳤다고 선전할 정도로 존재감을 충분히 드러내고는 있었으나 아직 국가의 형태를 갖춘 것은 아니었다는 것이다.[27] 이것은 정복전쟁 시기를 대강 짐작할 수 있게 해준다. 메렌프타 비문에 기록된 것처럼, 이스라엘이 가나안에서 주목받는 세력으로 성장할 수 있기 위해서는 복잡한 과정과 상당한 시간이 필요했을 것이다.[28] 이를 가장 잘 설명해 주는 것이 주전 15세기 출애굽설이다.

2.2 정복전쟁에 대한 가설들

정복전쟁에 대한 성경의 묘사는 여호수아가 이끄는 이스라엘 군대가

---

[27] Cf. E. H Merrill, "Archaeology and Biblical History: Its Uses and Abuses," *Giving the Sense. Understanding and Using Old Testament Historical Texts*, D. M. Howard Jr. & M. A. Grisanti, eds. (Grand Rapids: Kregel, 2003), 88.

[28] Cf. M. G. Hasel, "Merenptah's Reference to Israel: Critical Issues for the Origin of Israel," *Critical Issues in Early Israelite History*, R. S. Hess, G. A. Klingbeil, P. J. Ray Jr., eds. BBRS 3 (Winona Lake: Eisenbrauns, 2008), 59. 사사 드보라와 바락이 하솔을 정벌한 사건으로 인해 이스라엘이 이집트의 메렌프타에게 주목을 받는 계기가 되었을 것이라는 견해도 주목할 만하다. See Wood, "From Ramesses to Shiloh," 275.

단시일 안에 전체 가나안 지역을 정복하였다는 인상을 강하게 준다(수 14:10 참고). 여호수아 10:42는 여호수아가 가나안 남부 도시국가들을 "단번에" 빼앗았다고 밝힌다. 나아가서 여호수아 11장은 여호수아가 하솔과 동맹한 가나안 북부지역을 정복하였을 뿐만 아니라 유다와 이스라엘의 온 산지에서 아낙 자손을 멸하였다고 전한다. 또한 여호수아 12장은 여호수아가 요단 서편지역에서 정복한 31개 나라 왕들의 명단을 나열한다. 특히 여호수아 11:23에는 여호수아의 정복전쟁이 성공적으로 종결되었다는 선언이 나온다.

그러나 정복전쟁 대한 성경의 묘사가 모두 같은 것은 아니다. 예를 들어, 여호수아 1-12장에는 정복전쟁이 모두 종결된 것처럼 보이는 반면, 사사기 1장에는 여호수아 사후에도 여전히 정복할 땅이 많이 남아있는 것으로 묘사된다.[29] 더군다나 두 본문이 그려 보여주는 정복전쟁의 방식에도 차이가 발견된다. 여호수아 10:28-39에 따르면 여호수아가 이끄는 이스라엘 군대가 함께 헤브론과 드빌을 정복한다. 반면 사사기 1장에는 여호수아 사후에 유다 지파가 시므온 지파와 협력하여 이 두 지역을 정복하는 것으로 묘사된다. 따라서 헤브론과 드빌의 경우 정복의 시점과 방식에서 여호수아와 사사기의 차이를 말할 수 있다.[30]

이 차이를 어떻게 이해해야 하는가? 많은 비평가들은 여기서 서로 양

---

[29] 이런 차이는 여호수아서 자체에서도 확인된다. 여호수아 1-12장과 달리 여호수아 13:1은 여호수아가 늙었음에도 불구하고 아직 얻을 땅이 매우 많이 남아 있는 형편에 대해 언급한다. 이런 형편이 여호수아 15:63; 17:14-18; 18:2; 23:4-5 등에서도 확인된다.

[30] 하솔의 경우처럼 헤브론과 드빌 역시 재건과 재파괴가 있었을 것이란 추측도 해볼 수 있다. 하지만 헤브론과 드빌의 경우에는 여호수아 15:13-19에 묘사된 내용과 사사기 1:10-15에 묘사된 내용이 거의 동일한 까닭에 그런 추측을 불가능하게 만든다. 헤브론의 정복에 대한 이야기는 여호수아 10:36-37에 처음으로 소개된다. 여호수아 15:13-14은 그 사건의 숨은 이야기를 더 자세히 소개하는 성격을 갖는다고 할 수 있다. 사실상 여호수아 10:28-39은 가나안 남부 지역의 정복을 개괄적으로 요약 정리하는 글이기에 그 속에는 많은 내용이 생략되고 압축되어 있다고 보는 것이 자연스럽다. 그와 동시에 여호수아 10:36-37과 15:13-14의 관계는 여호수아서가 반드시 시간적 순서에 따라 구성되어 있지 않다는 것을 알려주는 한 예라고 할 수 있다.

립할 수 없는 두 관점의 대립(여호수아와 이스라엘 군대에 의한 신속한 정복 vs 개별 지파에 의한 점진적인 정복)을 발견한다. 가령, 데버(W. G. Dever)는 다음과 같이 말한다: "사사기는 이스라엘이 점진적으로 가나안에 침투하고 동화된 것을 이야기하기에 압도적인 군사적 승리에 대해 이야기하는 여호수아의 내용과 정면으로 반대된다. 일어난 사건에 대한 이들 두 상반된 관점을 조화시킬 수 있는 방법은 없어 보인다."[31] 이런 이해 속에서 데버는 여호수아에 비해 사사기가 "훨씬 더 실제적이며 역사적으로 더 신뢰할 만하다"고 주장한다.[32]

데버의 주장은 정복전쟁과 관련된 역사적 이슈들이 야기하는 어려움과 혼란을 잘 대변해준다. 이런 어려움과 혼란의 중심에는 하나님의 말씀인 성경의 권위에 대한 오해와 편견이 자리하고 있다. 데버 자신이 고고학자라는 사실에서 알 수 있듯이, 그동안 발달되어온 고고학 연구들은 성경의 권위에 대한 오해를 더욱 부추기고 심화하는 결과를 낳고 있다. 여기서는 먼저 이스라엘의 땅 점령 및 정착과 관련하여 그간 주장되어온 몇 가지 대표적인 가설들을 소개하고 그것들이 가진 중요한 약점들과 문제점들을 짚어보고자 한다. 이를 통해 정복전쟁의 역사와 관련된 문제들을 보다 구체적으로 이해할 수 있을 것이다.

2.2.1 평화로운 침투 모델

이 모델은 여호수아 1-11장에 비해 사사기 1장이 역사적 실제에 가까

---

[31] See W. G. Dever, *Recent Archaeological Discoveries and Biblical Research* (Seattle: University of Washington Press, 1990), 42.

[32] Dever, *Recent Archaeological Discoveries*, 79. 밀러 역시 여호수아와 사사기에서 "두드러진 긴장"(noticeable tension)을 발견하고 사사기의 내용이 사실적인 것으로서 더 오래된 전통을 반영하며 여호수아의 내용은 신명기적 편집의 결과물이라고 주장한다. See J. M. Miller, "The Israelite Occupation of Canaan," *Israelite & Judean History*, J. H. Hayes and J. M. Miller, eds. (London: SCM Press, 1990), 216-17.

운 내용을 담고 있다는 관점을 내세운다. 알트(A. Alt)에 따르면 여호수아 1-11장은 역사적 사실과는 거리가 먼 기원론적 전설(ätiologische Sagen)을 포함하고 있다.[33] 현재의 사실을 설명하기 위해 만들어진 이 전설들은 원래 지역별로 따로 존재했으나 길갈 성소에서 하나의 전설군(傳說群, Sagenkreis)으로 결합되고 민족적 특성이 부여되어 현재의 형태를 갖추게 되었다. 그렇다면 이스라엘의 정착과정은 실제로 어떠했는가? 알트는 팔레스타인 각 지역들의 영토사적 차이와 반 유목민의 생활양식에 주목한다. 이스라엘은 원래 광야지역의 반유목민으로서 우기와 건기의 변화에 따라 외부 광야지역과 내부 농경지 사이를 오가며 목초지를 변경해야 했다. 이스라엘이 정착하기 시작한 중앙산악지역은 평지의 도시들에 비해 인구가 조밀하지 않고 정치적으로 약하게 조직되어 있었다. 따라서 중앙산악지역은 이스라엘에게 "가장 좋은 정착의 기회"를 제공하였고, 이스라엘은 자연스럽게 목축업에서 농업으로 옮겨갈 수 있었다.[34] 이런 정착의 과정은 처음에는 평화로운 것이었으나 후에 이스라엘이 정착지로부터 영토를 확장하기 시작하면서 가나안의 요새화된 도시들과 충돌과 전쟁이 불가피해졌다. 여호수아서에 기록된 내용은 이것에 대한 희미한 기억을 반영하고 있다.

알트가 여호수아 1-11장이 역사성을 결한 전설로 보는 이유는 이 단락이 "온전한 역사기록"의 요건을 갖추지 못하였다고 생각하기 때문이다. 온전한 역사기록은 "역사적 진행과정의 완전한 결말"을 보여주는 것

---

[33] See A. Alt, *Kleine Schriften zur Geschichte des Volkes Israel*, Band 1 (München: C.H. Beck'sche Verlagsbuchhandlung, 1959), 182-83.

[34] Alt, *Kleine Schriften*, 124. 알트는 요셉의 집에 속한 무리의 일부가 팔레스타인과 이집트 사이의 광야지역에서 반유목민 생활을 하다가 이집트로 내려가게 되었고, 그들이 라암셋 2세의 건축공사에 동원되자 이집트를 떠나 팔레스타인으로 돌아왔을 것이라고 추측하기도 한다. 또한 그는 주전 14세기 경부터 레아 그룹이 팔레스타인 중앙 산지에 거주하기 시작하였고, 후에(주전 13세기) 그곳에 들어온 요셉 그룹으로 인해 북쪽의 잇사갈과 스불론, 남쪽의 유다와 시므온으로 나뉜 것으로 추측한다.

이어야 하며, "이것을 위해서는 물론 역사책에 활용된 자료가 해당 공간을 어느정도 균등하게 참된 전승의 구체적인 세부사항들로 채워야 한다."³⁵ 하지만 이 단락은 그렇게 하지 않는다. 여리고, 아이, 기브온에 대한 이야기만 상세히 다뤄질 뿐이다. 팔레스타인 경작지의 경계까지 이르는 넓은 지역의 점령 이야기는 극히 희미하게 소개될 뿐이다. 그것은 여호수아 10장의 말미와 11장에서 이탈(Digression)의 방식으로 간단히 소개될 뿐이다. 중앙 사마리아 지역의 이야기는 통째로 빠져 있다. 사마리아의 정복 이야기도 없다. 알트의 이런 주장은 일면 타당해 보이기도 한다. 그러나 자세히 들여다보면 그의 주장에는 큰 오해가 있다.

우선 "역사적 진행과정의 완전한 결말"을 보이기 위한 "온전한 역사 기록"이란 개념 자체가 여호수아서의 성격과 잘 맞지 않는다. 여호수아서는 정복전쟁의 역사를 다루지만, 책의 주된 관심은 역사기록 그 자체에 있지 않고 신학적인 내용의 올바른 전달에 있다. 이스라엘의 하나님 여호와가 족장들에게 주신 땅의 약속이 어떻게 성취되었는가? 약속의 땅을 소유하기 위해 필요한 일이 무엇인가? 약속의 땅에서의 삶은 어떠해야 하는가? 여호수아서는 이런 신학적 이슈들을 선지자적 역사안목을 가지고 다루는 극히 신학적인 기록이다.³⁶ 이런 점을 고려하면 여호수아서가 특정 지역의 정복과정만을 상세히 소개한다고 해서 그것을 역사성의 결여에 대한 증거로 삼을 수는 없다. 몬슨(J. M. Monson)이 잘 지적하였듯이 여호수아 내러티브에 그처럼 자주 그리고 구체적으로 언급된 지역과 장소들은 이 기록이 역사적 사실에 기초한 것임을 강하게 시사한다.³⁷ 다른 한편 이스라엘의 정착이 반유목민의 반복되는 목초지 변경의

---

³⁵ Alt, *Kleine Schriften*, 178.

³⁶ 선지자적 역사 안목과 관련하여서는 졸고, "구약 이스라엘 역사 서술의 과제", 「신학정론」 32/2 (2014): 212-24을 참고하라.

³⁷ See J. M. Monson, "The 'Mother of Current Debates' in Biblical Archaeology," *Do Historical Matters matter to Faith? A Critical Appraisal of Modern and Postmodern Ap-*

결과로 인한 것이란 알트의 주장도 여러 면에서 근거가 불충분하다. 밀러(J. M. Miller)는 알트의 주장에 대해 "고대 근동의 정치적 문제에서 유목생활의 역할에 대한 낭만적이자 그릇된 이해"라고 평가한다.[38]

2.2.2 반란 모델

이 모델의 주창자인 멘덴홀(G. E. Mendenhall) 역시 여호수아서에 기록된 것과 같은 정복전쟁은 없었다고 주장한다. 가나안 땅에 이스라엘 공동체가 생겨난 것은 외부로부터 침략에 의한 것이 아니라 내부에서 일어난 정치적, 사회적 혼란 및 격변과 관계된다. 후기 청동기 말에 가나안은 도시의 지배체제와 이에 불만을 품은 피지배층 사이의 대립과 갈등으로 특징지어진다. 지배층의 압제와 수탈에 시달린 하층민들은 기존의 정치권력에 대한 의무에서 "탈퇴"함과 동시에 그것이 제공하는 보호를 "포기"하고, 마침내 반란을 일으켰다. 이른바 "가나안의 도시 국가들을 연결하는 네트워크에 저항하는 농민봉기"였다.[39] 멘덴홀에 따르면 이 "이스라엘 운동"(the Israelite movement)에 불을 당긴 것은 이집트의 압제에서 탈출에 성공한 소수의 무리들과 그들이 가진 "야웨" 종교였다. 이들의 경험은 가나안의 하층민들에게 동질감을 불러일으켰고, 그렇게 형성된 연

---

proaches to Scripture, J. K. Hoffmeier and D. R. Magary, eds. (Wheaton: Crossway, 2012), 442: "The locales that are incorporated in the narrative - be they large regions, settlements, or minute geographical features - are recorded with such frequency and specificity that they give the accounts a strong sense of authenticity. One must ask why such details would be recounted were the story merely etiological or contrived."

[38] Miller, "The Israelite Occupation of Canaan," 270. 그래비의 다음 비판도 참고할 만하다: "사실 유목생활은 여러 형태를 띠고 있고, 일단 유목 생활을 선택한 사람들은 그런 생활을 바꾸기가 어렵다. 이것은 농경생활을 채택한 사람도 마찬가지다." See 래스터 L. 그래비, 『고대 이스라엘 역사: B.C. 2,000년경~B.C. 539년』, 류광현, 김성천 옮김 (서울: CLC, 2012), 176.

[39] G. E. Mendenhall, "The Hebrew Conquest of Palestine," *BA* 25 (1962): 73.

대의식은 야웨를 "유일한 대 군주"(a single Overlord)로 모시는 "언약"을 통해 표현되고 작동하였다. 마침내 반란은 성공하였고, 그 결과로 팔레스타인에 이스라엘이란 새로운 공동체가 생겨나게 되었다.

멘덴홀이 이런 주장을 하게 된 이유는 아마나 서신에 나타나는 내용들 때문이다. 앞에서 소개한 바와 같이 이 서신에는 가나안에서 혼란을 일으키는 하비루의 활동상이 소개된다. 멘덴홀에 따르면 이들 하비루가 바로 가나안 도시국가의 지배체제에 반기를 든 하층민들 내지는 농민들이다. 한마디로 이들은 외부에서 들어온 침략자가 아니라 가나안의 토착민이라는 것이 멘덴홀의 주장이다. 그는 아마나 서신에서 "외부의 침략 세력이 아마나 시기의 하비루 활동에 관여되어 있다는 단서는 조금도 찾아볼 수 없다"고 단언한다.[40]

그러나 사실상 아마나 서신에는 하비루가 구체적으로 어떤 집단을 가리키는지 분명하게 설명되지 않는다. 그곳에서 하비루는 게셀, 헤브론, 예루살렘 등을 위협하는 세력으로 나타나기도 하고(EA 271, EA 286), 세겜의 지배자 라바유(Laba'yu) 및 그의 아들들과 우호적인 관계에 있는 것으로 언급되기도 한다(EA 287, EA 289). 헬크(W. Helck)는 "하비루에게 돌려지는 많은 만행들 배후에는 일반적인 군대의 폭력행위가 포함되었을 수 있다"고 하며 "아마나 시기에 하비루의 수가 개인적 또는 일반적 불행 때문에 사회에서 도망한 자들로만 구성되었을 가능성은 없어 보인다"고 바르게 주장한다.[41] 나아가 헬크는 이집트에서 나온 동시대 자료들을 근거로 아마나 서신의 내용은 "광야로부터 온 사람들이 가나안의 도시국가들을 공격하고, 도시들을 지키기 위해서는 애굽의 군대가 필요

---

[40] Mendenhall, "The Hebrew Conquest of Palestine," 73.

[41] W. Helck, "Die Bedrohung Palästinas durch Einwandernde Gruppen am Ende der 18. und an Amfang der 19. Dynastie," *VT* 18 (1968): 473.

한" 상황을 지시하는 것으로 추측한다.[42]

무엇보다도 가나안 원주민들이 애굽에서 탈출한 소수 집단의 신인 야웨와 언약관계를 맺었을 것이라는 멘덴홀의 추측은 지나친 단순화이다. 오랫동안 다신교 문화에 젖어 있었을 가나안 원주민들이 어떻게 그토록 쉽게, 그것도 집단적으로 다른 신들을 용납하지 않는 전대미문의 새로운 종교체계를 받아들일 수 있었는가? 그것은 사회학적으로나 종교사적으로 도무지 있을 법한 일이 아니다. 더 나아가 이스라엘의 형성이 농민반란에 의한 것이란 멘덴홀의 생각은 현대의 사회학적 이론에서나 근거를 찾을 수 있는 가정이다. 여호수아서에는 이스라엘의 가나안 정착이 지배층의 압제에 맞선 피지배층의 반란에 의한 것임을 암시하는 내용은 발견되지 않는다. 밀러(J. M. Miller)가 잘 평가한 대로 멘덴홀이 내세운 모델은 "성경 전통에 부과된 현대적 구성"일 따름이다.[43]

2.2.3 붕괴 모델

멘덴홀의 이론은 많은 약점과 문제점에도 불구하고 여러 변형된 형태로 후대의 학자들에게 계승 발전되었다. 한편으로 갓월드(N. G. Gottwald)는 이스라엘 부족사회의 형성을 가나안 농민들의 반체제 운동의 결과로 보면서도, 그것을 한층 더 마르크스적 사회-경제 이론에 맞추어 "농목생활의 평등한 삶"을 위한 "자주적 프로젝트"로 이해하였다.[44] 다른 한편, 데

---

[42] Helck, "Die Bedrohung Palästinas," 476.

[43] Miller, "The Israelite Occupation of Canaan," 279.

[44] See N. K. Gottwald, "Domain Assumptions and Societal Models in the Study of Pre-monarchical Israel," *Congress Volume Edinburgh 1974*, J. Emerton, ed. VTS 28 (Leiden: Brill, 1975): 97: "Israel's tribalism was an autonomous project which tried to roll back the zone of political centralization in Canaan, to claim territories and peoples for an egalitarian mode of agricultural and pastoral life." (Miller, "The Israelite Occupation of Canaan," 278에서 재인용).

버(W. G. Dever)는 고고학적 탐구의 결과를 토대로 이스라엘의 형성을 설명한다. 그는 특별히 주전 1200년경 팔레스타인 중앙 산지지역에 나타나는 물질문명의 특징에 주목한다: 담벽이 없는 작은 마을들,[45] 네 방 구조의 안뜰 집, 초기 철기 기술, 칼라 테두리 항아리, 발전된 계단식 농업, 석재 곡식 저장고, 회반죽을 바른 물저장고, 벤치 모양의 무덤들, 옥외 제단, 지나치지 않은 사회적 차별, 널리 퍼진 읽고 쓰기 능력 등.[46] 이런 문화적 특징들은 팔레스타인 중앙 산악지역에 정착한 이스라엘 사람과 연결된다. 하지만 데버는 그것들이 후기 청동기 가나안의 전통 속에 있다고 주장한다. 그가 보기에 이스라엘 사람이 팔레스타인 밖에서 왔음을 보여주는 물질문명상의 증거들은 없다. 그들은 대부분 후기 청동기에 가나안 사회의 붕괴로 인해 도시에서 산지로 이주한 가나안 사람이다. 이집트에 머무른 적이 있었을 것으로 추측되는 그룹은 요셉의 집 정도이다. 나머지 지파들은 가나안 지역 사람으로서 언약에 의해 이스라엘 지파연맹에 가담하고 여호와를 섬기게 되었다.

그러나 팔레스타인 중앙 산지지역에 남은 물질문명의 흔적만으로 이스라엘 사람이 원래 가나안 토착민이었을 것이라고 단정할 수 있을까? 정착 초기의 이스라엘에게 그들을 주변 가나안 사람과 확연히 구분하게 해주는 독특한 물질문명이 있었다면 그것은 과연 어떤 것일까? 이스라엘이 비록 오랫동안 애굽에서 지냈지만 그들의 조상은 원래 가나안 출신이다. 그들이 애굽에 머무는 동안 애굽의 문화와 생활양식에 상당한 영향을 받았을 수는 있다(출 32:1-6; 민 11:4-6 참고). 그러나 가나안으로 돌아온 사람들은 출애굽 2세대들로서 애굽과의 문화적 유대보다 가나안에서의 새로운 삶에 더 열려 있었다고 보는 것이 합리적이다. 광야생활 40년

---

[45] 밀러와 헤이즈에 의하면, 주전 11세기 말까지 팔레스타인 중앙 산악지대에 250개 정도의 작은 농업 정착촌이 새로 출현하였으며 산지의 전체인구는 대략 6~7만이었다고 한다. See Miller & Hayes, *A History of Israel and Judah*, 49-50.

[46] Dever, *Recent Archaeological Discoveries*, 80.

은 어떤 면에서 애굽과의 문화적 단절을 가져온 시기였다고 볼 수 있다 (수 5:9 참고). 나아가 기생 라합이나 기브온 사람들의 예에서 볼 수 있듯이 가나안에서 이스라엘의 등장은 이미 가나안의 문화적 요소를 어느정도 포용하고 있음을 암시한다.[47] 무엇보다도 이스라엘 자손이 가옥이나 포도원 등 가나안의 물질문명을 모두 파괴한 것이 아니라 그것들의 새로운 주인이 되었다는 점을 간과해서는 안 된다(수 24:13; 느 9:25 참고). 상황이 이러하기에 정착 초기의 이스라엘에게서 가나안 원주민들과 구분되는 독특한 물질문명을 기대하는 것 자체가 문제다.

다른 한편 팔레스타인 중앙 산지지역의 인구에게서만 발견되는 독특한 점이 전혀 없는 것도 아니다. 스톤(L. G. Stone)은 그들을 다른 가나안 토착민들과 구별해주는 요소로서 다음을 꼽는다: ① 채색된 도자기와 수입산 도자기의 회피, ② 칼라 테두리 항아리의 압도적인 선호, ③ 돼지고기를 먹지 않음, ④ 훗날 이스라엘과 유다 국가를 구성하는 공동체들에 특징적인 "기둥이 달린 집"(the pillared house).[48] 여기서 특별히 산지의 거주민들이 돼지고기를 기피했다는 사실이 주목할 만하다. 이는 산지의 주민들이 외부에서 유입된 새로운 인구임을 나타낸다.[49] 또한 도시의 성읍

---

[47] 여호수아서는 팔레스타인의 중앙 산지지역의 정복전쟁에 대해서는 침묵한다. 정복전쟁 초기에 이스라엘 자손이 세겜의 에발 산에서 언약갱신 의식을 행하였을 때(수 8:30-35)나 정복전쟁이 끝나고 이스라엘이 세겜에서 동일한 의식을 하였을 때(수 24장), 그곳 사람들로부터 어떤 저항을 받았거나 그들과 군사적 충돌을 하였다는 기록이 나타나지 않는다. 이에 대해 스톤(L. G. Stone)은 평지의 도시국가들과 달리 중앙 산지지역의 가나안 사람은 이스라엘에 대하여 우호적이었을 가능성이 있다고 말한다. 특히 스톤은 정복전쟁의 타깃이 된 도시들이 전쟁에 대한 기사가 없는 나머지 지역의 남쪽과 북쪽에서 각각 하나씩 "벨트"를 형성한다는 사실을 지적한다. 그는 설명하기를 "그 두 전쟁은 사실상 불의 고리 또는 방화벽을 만들어 새로운 산지 정착지들을 보호하였다"고 한다. See L. G. Stone, "Early Israel and Its Appearance in Canaan," in *Ancient Israel's History*, B. T. Arnold and R. S. Hess, eds. (Grand Rapids: Baker Academic, 2014), 163. 할페른은 기브온과 마찬가지로 세겜 역시 이스라엘과 동맹을 맺었을 것으로 본다. See Halpern, "Gibeon," 313.

[48] Stone, "Early Israel and Its Appearance in Canaan," 148.

[49] Cf. Fritz, *Die Entstehung Israels im 12. Und 11. Jahrhundert v. Chr.*, 113: "Zwar

들에 후기 청동기의 제의 시설이 버려지고 산지에 이렇다 할 새로운 제의장소가 생겨나지 않은 것도 가볍게 보아 넘길 일이 아니다. 데버가 생각하듯 산지의 주민들이 후기 청동기의 몰락한 도시의 이주민들이라면 어땠을까? 도시의 것과 유사한 제의시설이 산지에도 앞을 다투어 생겨났어야 했지 않을까? 밀라드(A. R. Millard)가 잘 지적한 바와 같이, "후기 청동기 장소들에 제사의 중단, 산지 촌락들에 뚜렷한 제의 시설의 부재, 이스라엘의 하나님께 대한 예배의 발흥은 대규모 새로운 인구 곧 이스라엘 사람이 가나안에 들어왔음을 알리는 신호일 수 있다."[50]

2.2.4 순환 모델

이스라엘 고고학자 핑켈스타인(I. Finkelstein)은 정복전쟁의 역사적 배경을 고대 근동에서 주기적으로 반복된 유목생활과 농경생활의 변화에서 찾는다. 핑켈스타인에 따르면 고대 근동에는 주전 3000년대부터 대략 세 차례의 농업 정착기가 있었다: 3500-2200 BC, 2000-1550 BC, 1200-586 BC.[51] 여호수아서의 내용은 이들 중 세 번째 시기로 진행하는 과정에서 일어난 혼란상을 희미하게 반영한다. 고고학적 증거들이 이를 뒷받침한다. 후기 청동기 말 팔레스타인은 폭력에 의한 기존질서의 붕괴, 도시국가들 간의 충돌, 갑작스러운 화재에 의한 도시의 파괴 등으

---

kann nicht ausgeschlossen werden, daß sich auch ehemalige Stadtbewohner außerhalb der städtischen Einzugsgebiete niedergelassen haben, aber die Neugründung zahlreicher Ortschaften im 12. und 11. Jh. fern der einstigen städtischen Zentren läßt sich kaum als eine Umstrukturierung der Siedlungsweise angemessen erfassen. Der Unterschied zwischen den Stadtstaaten und dörflichen Siedlungen ist zu goß, um für beide die gleiche Bevölkerung anzunehmen."

[50] A. R. Millard, "Were the Israelites Really Canaanites?" *Israel, Ancient Kingdom or Late Invention?* D. I. Block, ed. (Nashville: B&H Academic, 2008), 167.

[51] Rasmussen, "Conquest, Infiltration, Revolt, or Resettlement?" 149-50.

로 몰락의 길을 걸었다. 그러다가 주전 1200년경 중앙산지에 눈에 띄게 많은(250개) 새로운 촌락들이 나타났다. 핑켈스타인에 따르면 이들 산지의 주민들은 원래 유목생활을 하던 목축 업자들이었다. 그들은 후기 청동기 도시국가들의 몰락으로 인해 생필품을 얻지 못하게 되자 산지에 정착하여 농업을 하게 되었다. 이들이 바로 초기 이스라엘을 형성했던 사람들이다. 핑켈스타인의 말을 빌리자면 "초기 이스라엘 사람들은 – 아이러니의 극치인데 – 자신들이 원래 가나안 사람이었다."[52]

핑켈스타인이 산지의 주민들을 가나안 사람들로 본 이유는 데버가 말했던 내용과 크게 다르지 않다. 산지 주민들의 물질문명이 이전 시대의 것과 연속성을 보이기에 그들이 밖으로부터 새로 유입된 인구일 수 없다는 것이다. 하지만 새로 유입된 인구도 원래 목축 업자들이었으며 서부 셈족에 속했다면 그들과 가나안 토착민 사이를 구별해주는 어떤 특별한 물적 증거가 따로 있을 수 있겠는가? 한 마디로 물질문명의 연속이란 잣대만으로 주전 1200년경 팔레스타인 중앙산지 주민들의 정체를 단정하기란 불가능하다. 핑켈스타인은 고고학적인 증거를 내세우며 여리고, 아이 전쟁에 대한 성경의 이야기를 "낭만적인 동화"(eine romantische Mär)에 불과하다고 주장한다. 하지만 고고학적인 증거는 해석을 요하며 해석자의 관점이 중요하게 작용한다는 점이 간과되어서는 안 된다. 여리고와 아이 전쟁에 대한 고고학적 증거는 나중에 다시 다루게 될 것이다. 다만 여기서 더 언급하고자 하는 것은 핑켈스타인 자신도 인정하는 바로서 팔레스타인 중앙산지의 새로운 거주지에 돼지 뼈가 발견되지 않는다는 사실이다. 이것은 이곳의 거주민이 가나안 토착민과는 전혀 다른 "음식과 제의의 전통" 속에 있음을 나타낸다.[53]

---

[52] I. Finkelstein and N. A. Silberman, *Keine Posaunen vor Jericho: Die archäologische Wahrheit über die Bibel*, 9. Aufl. (München: dtv Verlagsgesellschaft, 2016), 135.

[53] Provan, *A Biblical History of Israel*, 146.

주전 13세기 말 팔레스타인 중앙 산지지대에 생겨나기 시작한 새로운 촌락들과 주민들이 새로 유입된 인구 곧 이스라엘 자손을 가리킨다면 출애굽 시기나 정복전쟁의 시점에 대한 질문이 다시 제기될 수밖에 없다. 왜냐하면 그것은 주전 13세기 출애굽설을 뒷받침하는 강력한 증거가 될 수 있기 때문이다. 하지만 우리는 주전 13세기 말에 왜 산지지역에 촌락들이 대거 새로 생겨났는지 그 정확한 이유에 대해, 그리고 그 이전의 형편은 어떠하였는지에 대해 상당부분 추측에 의존할 수밖에 없다. 정복전쟁 초기(주전 14세기 초)부터 정착시기(주전 13세기 말)까지의 기간이 유목적인 생활패턴에서 정착패턴으로 옮아간 과도기였다고 볼 수는 없을까? 현재로서는 레이(P. J. Ray)의 설명이 가장 설득력이 있어 보인다: "기본적으로 목축생활에서 폭넓은 정착생활로 옮아가는데 대략 200년간의 점진적인 과도기가 있었을 것으로 보인다. 목축생활의 특성상 정복/정착기에 대한 고고학적 증거가 많지는 않다. 이스라엘 자손이 고고학 기록에 분명하게 모습을 드러내기 시작한 것은 대부분 그들이 정착하기 시작했던 때인 철기시대 1기로 보인다."[54]

2.2.5 정복 모델

앞에서 살펴본 이론들은 대부분 여호수아서에 기록된 대로의 정복전쟁을 크게 혹은 전적으로 부인한다. 그러나 여기서 소개할 이론은 고고학 자료를 중시하면서도 정복전쟁의 역사성을 옹호하는 일에 많은 관심을 기울인다. 구약 이스라엘 역사에 대해 "막시말리스트"(maximalist)적 입장을 가진 학자들이 대개 이 그룹에 속하나 여기서는 특별히 올브라이트(W. F. Albright), 라이트(G. E. Wright), 브라이트(J. Bright)로 이어지는 소위

---

[54] P. J. Ray Jr., "Classical Models for the Appearance of Israel in Palestine," *Critical Issues in Early Israelite History*, R. S. Hess, G. A. Klingbeil and P. J. Ray Jr., eds., BBRS 3 (Eisenbrauns: Winona Lake, 2008), 93.

"올브라이트 학파"(Albright School)의 견해에 한정하고자 한다. 우선 주목할 만한 부분은 이 학파 역시 정복 전쟁을 어느 정도 가나안 "내부의 일"("inside job")로 본다는 점이다. 기본적으로 출애굽 한 집단이 정복전쟁을 수행하였지만 이들 편에 가담한 가나안 내부 세력들이 적지 않았다는 것이다.

브라이트는 세겜 지역을 그런 세력의 대표주자로 꼽는다. 아마나 서신에 따르면 세겜의 지배자 라바유(Lab'ayu)는 자신의 아들들 및 동맹들과 연대하여 지중해 연안부터 길르앗까지, 그리고 에스드랄론 평원부터 남으로 예루살렘 영토까지 이르는 지역을 지배하였다.[55] 경우에 따라 라바유는 하비루처럼 묘사되기도 하고(EA 244) 하비루와 손을 잡은 것처럼 묘사되기도 한다(EA 287, EA 289). 그런데 놀랍게도 여호수아서에는 세겜을 비롯한 팔레스타인 중앙 산지지역에 대한 정복전쟁이 소개되지 않는다. 정복전쟁 초기 이스라엘 자손들은 아무런 장애를 받지 않고 세겜 지역까지 이동하여 그곳에서 언약을 갱신하였으며(수 8:30-35), 정복전쟁이 끝난 후 이스라엘은 그곳에 모여 여호와 앞에서 언약을 체결하였다(수 24장). 심지어 세겜과 인접지역인 실로는 이스라엘의 새로운 제의 및 행정 중심지가 되기도 했다(수 18:1-7). 그러므로 세겜 지역이 이스라엘 자손에게 호의적이었거나 이스라엘 편에 가담하였을 것이라고 추측하는 것도 무리가 아니다. 기생 라합과 그의 가정, 그리고 기브온 족속은 그런 일이 불가능하지 않았음을 보여준다.

하지만 브라이트는 '이스라엘'이란 이름이 "모세 이전의 것"(pre-Mosaic)이며 "비 야위스트적"(non-Yahwistic)이란 이유를 들며 그 이름을 가진 그룹이 정복전쟁 시기 이전부터 이미 가나안 땅에 존재하고 있었을 가능성을 이야기한다. 이와 유사하게 라이트는 세겜 지역 사람들이 애굽에 내려가지 않았던 히브리인이거나 힉소스가 애굽에서 떠날 때 함께 했

---

[55] See Bright, *A History of Israel*, 136.

던 히브리인이었을 가능성도 있다고 주장한다.[56] 그러나 이런 주장은 추측에 근거한 것일 뿐이다. 무엇보다도 그것의 가장 큰 약점은 출애굽기나 여호수아서의 내용과 잘 부합되지 않는다는 점이다.

올브라이트 학파는 여리고와 아이 전투의 역사성과 관련하여서도 유보적인 입장을 취한다. 브라이트는 여리고 발굴지에서 후기 청동기 시대 성벽의 흔적을 찾을 수 없다며 다음과 같이 말한다: "증거가 불충분한 까닭에 현재로서는 판단을 유보할 수밖에 없다."[57] 그는 또한 아이가 주전 삼천 년대 중반에 파괴된 이후 줄곧 폐허로 남아있었다는 고고학적 판단에 기초하여 여호수아서의 아이성 전투 이야기는 원래 벧엘의 정복에 관한 이야기였을 것이라고 주장하기도 한다.[58] 이와 유사하게 라이트는 "벧엘의 정복 이야기가 후에 옛 '폐허'(아이)의 존재를 설명하기 위해 그곳으로 옮겨졌다"고 설명하기도 한다.[59]

여호수아와 사사기 1장의 정복기사와 관련하여 올브라이트 학파는 차이("단번의 연합된 전쟁" vs "개별 지파의 싸움을 포함하는 긴 과정")를 인식하면서도 그것을 모순이나 불일치로 받아들이지는 않는다. 라이트는 여호수아서 자체가 정복전이 끝나지 않았음을 잘 알고 있으며(수 11:13, 22), 심지어 정복되지 않은 지역을 열거하기도 한다(수 13장)는 사실을 지적한다. 특히 브라이트는 성경이 시간적으로 간격을 가진 "사건들을 압축해서 기술하는 기법"(a telescoping of events)을 사용하였을 가능성을 언급하며 사사기 1장과 여호수아 사이의 차이를 기록자의 기록방식과 의도의 다양성에서 찾는다.[60] 마지막으로, 올브라이트 학파는 정복전쟁의 시기

---

[56] Wright, *Biblical Archaeology*, 46.

[57] Bright, *A History of Israel*, 130.

[58] Bright, *A History of Israel*, 131.

[59] Wright, *Biblical Archaeology*, 48.

[60] Bright, *A History of Israel*, 132.

를 주전 13세기 말이나 주전 12세기 초로 잡는다는 것도 언급할 만하다. 그들이 이렇게 보는 이유는 주전 13세기의 것으로 추정되는 도시들의 파괴흔적들 때문이다. 그러나 앞에서도 밝혔듯이 주전 13세기 파괴흔적을 반드시 여호수아 당시의 정복전쟁과 관계되는 것만으로 보아야 하는 것은 아니다.

2.2.6 요약 정리

지금까지 이스라엘의 가나안 땅 점령과 정착에 대한 다양한 이론들을 살펴보았다. 사회-경제사적 측면이나 고고학적 차원에서 후기 청동기 시대 말경의 팔레스타인의 상황을 설명하고자 하는 이들 시도들 가운데 어느 것도 당시 가나안 땅을 혼란의 소용돌이로 몰아넣은 격변의 실체와 그 땅에 여호와만을 섬기는 이스라엘 백성의 출현을 설득력 있게 설명해내지 못한다. 특히 이스라엘 사람 대부분이 가나안 토착민들로 이루어졌다는 심각한 주장이 그처럼 빈약한 근거 - 이전 시대와 연속되는 물질문명 - 위에 세워졌다는 것이 놀라울 뿐이다. 그들 자신이 반유목민이자 서부 셈족에 속하는 이스라엘 사람에게 가나안 토착민과 구분되는 어떤 물질문명의 잔재가 수천 년이 지난 오늘날까지 남아 있을 수 있겠는가? 다른 한편, 정복 모델은 여호수아서와 사사기에 기록된 바와 비교적 잘 조화를 이루는 것처럼 보인다. 하지만 때로는 여기서도 그 자체가 해석의 대상이 되어야 할 고고학에 지나친 의미가 주어진다는 인상을 받는다. 아이 성 전투가 원래 벧엘의 정복에 대한 이야기였다고 하는 주장이 그 대표적인 예이다. 이런 문제점을 제외하면 정복 모델은 여호수아서의 내용을 이해하는 올바른 관점을 제공한다고 볼 수 있다.

2.3 고고학과 정복전쟁

알트(A. Alt)와 그의 제자 노트(M. Noth)는 여호수아서의 전쟁기사가 기록될 당시의 형편이나 사실을 설명하기 위해 만들어진 기원론(Ätiologie)이라고 평가하였다. 데버(W. G. Dever)와 같은 수정주의자(revisionist)는 여호수아서의 내용이 고고학적으로 뒷받침되지 않으며 역사적으로 믿을 만하지 않다고 주장한다. 이스라엘의 고고학자 핑켈스타인은 여호수아서의 정복전쟁이 "낭만적인 동화"(eine romantische Mär)일 뿐이라며 그것의 역사성을 부정한다. 이들이 모두 고고학의 발견을 증거로 내세우지만 사실 고고학의 발견 자체가 해석을 요하기에 동일한 대상이라 할지라도 관찰자에 따라 의견이 나뉠 수밖에 없다. 그러므로 여기서는 여호수아서에 나오는 대표적인 세 전쟁(여리고, 아이, 하솔)과 관련하여 고고학의 발견들을 살펴보고자 한다.

2.3.1 여리고

최초의 중요한 여리고(오늘날의 Tell es-Sulṭân) 발굴은 1907-09년과 1911년에 젤린(E. Sellin)과 왓찡어(C. Watzinger)가 이끄는 독일-오스트리아 팀에 의해 이루어졌다. 이들은 여리고에서 성벽이 무너진 흔적을 발견하였으나 정복전쟁과는 무관한 것으로 보았다. 성의 파괴 시기를 중기 청동기(2100-1550 BC)로 보았기 때문이다. 이후 1930-36년에 영국의 고고학자 갈스탕(J. Garstang)이 발굴을 재개하고 새로운 결과를 내어놓았다. 그는 성을 둘러싸고 있는 이중 벽이 붕괴된 것과 언덕의 남동쪽 경사면에 위치한 주거지역(City IV)이 격렬한 화재로 파괴되었다는 사실을 확인하였다.[61] 무엇보다도 갈스탕은 이런 파괴의 시기를 성경의 연대기가 제

---

[61] 화재로 인해 생긴 재가 거의 1미터 높이에 달했다는 것은 당시의 화재가 얼마나

시하는 정복 시기와 일치하는 후기 청동기(1400 BC)라는 결론을 내렸다. 하지만 연대에 대한 논쟁은 여기서 끝나지 않는다. 갈스탕은 전도가 유망한 젊은 여성 고고학도 케년(K. Kenyon)에게 자신의 발견을 다시 검토해줄 것을 요청하였고 케년의 탐사결과는 오히려 독일-오스트리아 팀의 입장으로 회귀하는 것이었다. 케년은 1952년부터 1958년까지 이루어진 본격적인 발굴에서 성의 이중 벽이 성경이 제시하는 정복시기보다 1000년이나 앞선 초기 청동기 시대의 것이며 갈스탕의 City IV 역시 중기 청동기 말인 주전 1550년에 파괴되었다는 결론을 내렸다.

케년의 탐사보고 이후 여리고의 파괴 시기에 대한 논쟁은 종결된 것으로 간주되었다. 이제 여리고에 관한한 여호수아서의 기록은 더욱 실제 역사와는 거리가 먼 이야기로 치부되었. 그러나 1980년대에 이르러 토론토 대학의 고고학도 우드(B. G. Wood)가 여리고에 관심을 가지고 갈스탕과 케년의 연구를 재검토하기에 이르렀다. 우드는 케년의 연구에 심각한 약점이 있음을 알게 되었다. 우드의 연구에 따르면[62] 케년이 여리고의 파괴 연대를 주전 1550년으로 잡은 결정적 이유는 발굴지역에 사이프러스산 수입 도자기가 발견되지 않았기 때문이다. 케년은 후기 청동기 1기(1550-1400 BC)에 므깃도 등 팔레스타인 주요 도시에서 많이 발견되는 사이프러스산 수입 도자기가 여리고에서 발견되지 않기에 그것의 파괴 연대를 중기 청동기 말로 잡았던 것이다. 우드가 보기에 이것은 방법론적으로 옳지 않았다. 여리고는 가나안 주요 도시들과는 동떨어진 변방일 뿐만 아니라 케년이 택한 발굴 장소는 가난한 하층민이 살던 장소로 추정되는 곳이었다. 이들에게서 고가의 수입산 그릇이 발견되기를 기대하는 것 자체가 무리다. 뿐만 아니라 발굴장소 역시 지극히 제한적(26피

격렬한 것이었는지를 짐작하게 해준다.

[62] B. G. Wood, "Did the Israelites conquer Jericho: A new look at the archaeological evidence," *BAR* 16 (1990): 44-58.

트 × 26피트)이었다. 무엇보다도 우드가 문제시한 것은 케년의 분석이 "발견된 것이 아닌 발견되지 않은 것"에 근거하였다는 점이다.[63]

우드는 과거 갈스탕이 발굴한 도자기들을 다시 조사하는 가운데 케년이 간과했던 사실에 주목했다. 그것은 여리고에서 만들어진 가정용 도자기들이다. 후기 청동기 시대 가나안의 도자기에 대한 연구로 박사학위를 받은 우드에게 이 도자기들은 여리고의 파괴가 주전 1400년경에 일어난 것을 뒷받침해 주는 자료가 되었다. 그것들은 주로 후기 청동기에 사용되었던 것들이기 때문이다. 그 밖에도 우드는 갈스탕이 발굴한 도자기들 가운데서 사이프러스산 2색 도자기류를 확인하였다. 이 도자기들이 발견된 장소는 여리고 둔덕의 동쪽 침식층이었는데, 이곳은 왕궁터로 추정되는 큰 규모의 경사면에서 가까운 장소이다. 그러므로 왕궁에서 사용되었던 도자기가 침식작용 등으로 인해 이곳으로 휩쓸려 왔을 가능성이 크다. 케년이 이 도자기를 발견하지 못한 것은 그녀의 발굴장소가 왕궁에서 흘러나오는 물건이 도달하기에는 너무 먼 곳이었기 때문이었다는 것이 우드의 추측이다.

도자기류 외에도 여리고의 파괴시기를 후기 청동기로 지시하는 요소들이 더 있다. 여리고의 묘지에서 이집트 18왕조 파라오들(핫셉수트, 투트모세 3세, 아멘호트페 3세)의 스카라베가 발견되었는데, 우드가 보기에 이것은 여리고가 후기 청동기까지 존속했다는 뚜렷한 증거이다. 또한 City IV의 파괴 잔해에서 나온 석탄조각의 탄소연대 측정은 주전 1410년을 가리킨다고 한다. 그 밖에도 여기서 반드시 언급되어야 하는 것은 집들의 1층 방들에 저장된 곡식의 양이다. 케년은 1차례의 발굴 기간에만 무

---

[63] 멀링(D. Merling)은 "침묵으로부터의 논증"(an argument from silence)이 갖는 문제점에 대해 다음과 같이 지적한다: "A good many scholars would prefer not to know that some things exist. But not knowing that a thing exists is different from knowing that it does not exist. The former is never sound proof of the latter. Not knowing that something exists is simply not knowing." See D. Merling, "The Book of Joshua, Part 1: Its Evaluation by Nonevidence," *AUSS* 39 (2001): 65.

려 "6 부셸"이나 되는 많은 양의 곡식을 발견하였다. 이것은 많은 것을 말해준다. 우선 그것은 곡식을 수확한지 얼마 지나지 않아 성이 파괴되었다는 의미이며, 이는 이스라엘이 여리고를 공격한 시점이 곡식 거둘 때였다는 기록과 일치한다(수 3:15). 또한 성에 그처럼 곡식이 다량으로 남아 있었다는 것은 성의 파괴가 단시일 안에 이루어졌다는 의미다. 뿐만 아니라 그것은 성을 파괴한 사람들이 곡식에 손을 대지 않았다는 의미인데, 이는 일반적인 전쟁에서는 도무지 있을 법하지 않은 특별한 일에 속한다(수 6:16-18 참고).

그럼에도 불구하고 많은 학자들은 여전히 여리고 성의 파괴가 정복전쟁과는 무관하다고 믿는다. 그들은 우드의 견해 역시 비판적인 시각으로 본다. 우드가 예로 든 여리고 산 도자기의 경우 중기 청동기의 것과 후기 청동기의 것 사이에 구분이 모호하다는 반론도 있다.[64] 그러나 비평가들의 주장대로 여리고의 잔재들 가운데 후기 청동기의 유물이 발견되지 않는다고 하더라도 그것이 곧 정복전쟁의 역사성을 부정하는 증거가 될 수는 없다. 부재는 비존재에 대한 증거일 수가 없기 때문이다.[65] 또한 많은 학자들이 지적하듯이, 성벽을 포함하여 중기 청동기의 건축물이나 그 잔재가 후기 청동기에 그대로 사용되었을 가능성도 많다. 게다가 지역의 특성상 오랜 시간이 흐르는 가운데 침식작용이나 그 밖에 자연현상 또는 알려지지 않은 어떤 사건으로 인해 여리고의 유적이 사라졌을 가능

---

[64] See D. E. Graves, *Biblical Archaeology. An Introduction with Recent Discoveries that Support the Reliability of the Bible* (Toronto: EMC, 2017), 150-51.

[65] 이절린(B.S.J. Isserlin)의 설명에 따르면 노르만인의 침공, 앵글로색슨인의 정착, 무슬림의 레반트 지역 침략 등이 고고학적인 물증이 없음에도 불구하고 역사적 사실로 간주되고 있다. 또한 이집트의 자료에서는 투트모세 3세가 므깃도를 공격하고 그곳에 목재 성벽을 쌓았다는 기록이 있으나 이에 대한 고고학적 물증은 남아있지 않다. See Merling, "The Book of Joshua," 69. See also R. S. Hess, "The Jericho and Ai of the Book of Joshua," *Critical Issues in Early Israelite History*, R. S. Hess, G. A. Klingbeil, and P. J. Ray Jr, eds. (Winona Lake: Eisenbrauns, 2008), 38: "Indeed, excavators of Late Bronze Age Megiddo have found no evidence for a destruction level, despite the Egyptian account of Thutmose III, who claims that he conquered it."

성도 크다.⁶⁶ 그러므로 여호수아서에 기록된 대로 여리고 성의 파괴가 일어나지 않았다는 고고학적 증거는 사실상 없다고 보아야 한다. 다음은 이스라엘 고고학자 마자르(A. Mazar)의 말이다.

> 그러나 여리고의 발굴은 후기 청동기 시대에 그곳에 주거지가 있었음을 보여준다. 물론 대부분의 유물은 침식되거나 인간의 활동으로 인해 사라졌다. 아마도 다른 지역들처럼 대규모 중기 청동기 요새들이 후기 청동기 시대에 재사용되었을 수 있다. 여리고의 후기 청동기 주거지는 철기 시대 1기에 주거 공백기를 가졌다. 그러므로 여리고의 경우 고고학적 자료는 이 도시의 정복에 대한 여호수아서의 역사적 핵심내용을 부정하는 결정적인 증거가 되지 못한다.⁶⁷

2.3.2 아이

"폐허"라는 뜻의 아이는 오늘날의 Khirbet et-Tel과 같은 장소로 알려져 있다. 고고학의 연구결과에 따르면 이곳은 주전 3000년대 중반에 번창하다가 주전 2400년경에 완전히 파괴된 이후 주전 1000년경까지 사람이 거주하지 않은 "폐허"로 남아있었다. 이는 정복전쟁 당시 아이는 이미 폐허 상태로 있었으며, 그곳에는 이스라엘 사람이 공격할 아무 것도 남아있지 않았다는 의미이다. 이런 이유로 많은 학자들은 아이에 대한 여호수아서의 기록이야 말로 역사적 사실과는 거리가 먼 기원론적 성격

---

⁶⁶ Cf. Monson, "The 'Mother of Current Debates' in Biblical Archaeology," 437: "When one considers the arid climate of the Jericho region and the intense, sporadic downpours in winter, together with the ban that Joshua placed on the city, the likely erosion of most Late Bronze Age structures atop the ancient mound makes perfect sense."

⁶⁷ A. Mazar, *Archaeology of the Land of the Bible 10,000-586 B.C.E.* (New York: Double Day, 1990), 331.

(etiological nature)을 갖는 이야기라고 주장한다. 가능한 한 여호수아에 묘사된 정복전쟁의 역사성을 옹호하는 라이트(G. E. Wright)나 브라이트(J. Bright) 조차도 아이에 대한 기록은 원래 벧엘의 정복에 관한 이야기였을 것이라고 생각한다.

그러나 앞에서도 강조하였듯이 부재(absence)는 비존재(non-existence) 의 증거가 될 수 없다. 그 밖에도 성경의 아이가 과연 오늘날의 Khirbet et-Tel과 같은 장소인지도 다시 검토해보아야 할 문제이다. 여호수아서의 기록에 따르면 아이는 "벧엘 동쪽 벧아웬 곁"에 위치했다(수 7:2). 또한 아이 북쪽으로는 골짜기가 있고 여호수아가 이끄는 군대가 이 골짜기 너머에 진쳤다(수 8:11). 또한 벧엘과 아이 사이에 군사들이 매복할 만한 장소가 있었다(수 8:9). 아이의 위치는 이런 지리적 특징에 맞는 곳이어야 한다. 무엇보다도 벧엘의 장소가 어디인지가 중요하다. 요세푸스의 기록에 따르면 벧엘은 예루살렘으로부터 로마식 12마일과 기브온으로부터 로마식 4마일 떨어진 곳이다. 1841년 로빈슨(E. Robinson)은 말이 시간당 가는 거리의 합산이란 주먹구구식 방식으로 계산하여 벧엘이 Beitin이란 결론에 이르렀다. 하지만 1970년 리빙스턴(D. P. Livingston)은 Beitin이 예루살렘과 기브온으로부터 각각 로마식 15마일과 5.5마일이라는 이유로 벧엘의 후보지가 되기에 적절하지 않다는 견해를 밝힌 바 있다.[68]

한편, 벧엘은 여로보암 1세 시대 이후부터 단과 함께 이스라엘의 대표적인 제의 중심지였기에 그곳에 단에 버금가는 제의장소가 있었을 것으로 기대하는 것이 당연하다. 하지만 우드(B. G. Wood)의 탐사는 이곳(Beitin)에서 그 어떤 제의물건도 발견하지 못했다. Beitin에는 또한 벧엘과 같은 주요 도시에 있을 법한 중요한 도로도 없었다. 고고학의 탐구에 따르면 Beitin은 제2기 철기 시대(분열왕국 시대)에 작은 농촌에 불과하였

---

[68] See B. G. Wood, "The Search for Joshua's Ai," *Critical Issues in Early Israelite History*, R. S. Hess, G. A. Klingbeil, P. J. Ray Jr, eds. (Winona Lake: Eisenbrauns, 2008), 215.

다. 따라서 학계에서 받아들여져 온 것처럼 Beitin이 벧엘의 후보지가 되기에는 적절하지 않다. 우드는 오히려 Beitin과 인근지역이면서도 샘이 있고 도로가 잘 발달해 있는 el-Bira가 성경의 벧엘에 맞는 장소라고 주장한다. El-Bira의 중앙도시(acropolis)에는 그곳이 제의 장소(산당)였음을 나타내는 구조물까지 존재한다.

El-Bira가 성경의 벧엘이라면 그에 따라 아이의 위치도 바뀌어야 마땅하다. 앞에서 언급하였듯이 아이는 "벧엘 동쪽 벧아웬 곁"에 위치했으며 벧엘과 아이 사이에는 군사들이 매복할 만한 장소가 있고 아이 북쪽으로는 골짜기가 있다. 이런 위치에 맞는 장소가 어디인가? 우선 우드는 이 지리적 요건에 가장 적합한 장소로 Khirbet el-Maqatir를 꼽는다.[69] Khirbet el-Maqatir는 성경의 아이가 요구하는 모든 지리적, 고고학적 조건들을 만족시킨다.

아이의 위치[70]

---

[69] Wood, "The Search for Joshua's Ai," 228-31.

[70] Wood, "The Search for Joshua's Ai," 231.

Khirbet el-Maqatir와 el-Bira 사이에는 군사들이 매복할 만한 곳이 있으며 북쪽으로는 Wadi el-Gayeh라 불리는 작은 골짜기와 군사적으로 중요한 언덕이 존재한다. 무엇보다도 이곳은 정복전쟁 당시 요새화된 거주지였고 북쪽으로 성문도 있었다. 아이가 Khirbet el-Maqatir라면 벧아웬의 위치도 밝혀진다. 벧아웬은 Khirbet el-Maqatir에 인접하면서도 el-Bira의 동쪽에 있어야 하기 때문이다. 이러한 조건에 가장 적당한 곳은 지금까지 성경의 벧엘로 오해되어왔던 Beitin이다. 우드는 여호수아의 이스라엘 군대가 아이를 공격한 이유를 이렇게 기술한다:

> Khirbet el-Maqatir/Ai는 남부 예루살렘 도시국가 연합의 북쪽 국경 요새였다. Khirbet el-Maqatir에서 예루살렘까지는 남쪽으로 15km로 가시거리 통신권에 있었다. 다른 한편, Beitin/Beth-aven은 북쪽의 도시국가 세겜에게 남쪽 국경 요새였다. 그 두 요새들은 Wadi el-Gayeh의 "무인지역"을 가로질러 서로를 볼 수 있었다. 세겜과 연결되어 있던 Beth-aven은 추측상 이스라엘과 우호적인 관계에 있었을 가능성이 많다. 반대로 아이는 북으로부터 공격이 있을 시 조기에 예루살렘에 경고를 보냈을 것이며, 이런 이유로 이스라엘 사람에게 전략적으로 매우 중요했다. 이것이 이스라엘이 중앙 산악지대의 장소들 가운데 아이를 가장 먼저 공격대상으로 삼은 이유이다.[71]

2.3.3 하솔

다른 지역에 비해 하솔은 정복전쟁과 연결할 수 있는 지리적, 고고학적 자료가 많다. 여호수아 11:10에 따르면, 하솔은 가나안 북쪽의 여러 도시 국가들 가운데 가장 큰 나라("하솔은 본래 그 모든 나라의 머리였더니")로

---

[71] Wood, "The Search for Joshua's Ai," 238.

소개된다. 실제로 하솔(오늘날의 Tell el-Qedah)은 그 면적이 200 에이커나 되는 큰 도시로서 중기 청동기와 후기 청동기를 통틀어 가나안 지역에서 가장 거대한 도시국가였다.[72] 또한 하솔 왕 야빈은 마리(Mari)의 문서에서도 등장한다. 그곳에서 야빈은 중기 청동기의 하솔 왕으로 언급된다.[73] 하솔은 중기 청동기로부터 후기 청동기의 멸망에 이르기까지 적어도 네 차례나 파괴되었고, 이 중 처음과 마지막의 경우 격렬한 화재에 의해 도시가 불태워졌다고 한다. 이는 여호수아가 하솔을 불살랐다고 하는 성경의 묘사와 정확하게 일치한다(수 11:11, 13).

그런데 하솔의 파괴시기와 관련하여서는 학자들의 의견이 일치하지 않는다. 주전 13세기 출애굽 설을 지지하는 학자들은 하솔의 파괴가 주전 13세기 말(주전 1230년경)에 있었다고 주장한다. 그러나 앞에서 언급하였듯이 하솔은 중기 청동기부터 후기 청동기에 이르기까지 여러 차례 파괴되었다. 성경에서도 하솔의 파괴가 적어도 두 차례 있었던 것으로 언급된다. 하나는 여호수아 시대에 있었던 것이고 다른 하나는 드보라와 바락 시대에 있었던 것이다(삿 4장 참고). 따라서 여호수아 시대에 일차적으로 파괴되었던 하솔이 얼마 후 다시 재건되어 이스라엘을 위협하는 세력이 되었다고 추측할 수 있다.

사실 예루살렘의 경우도 비슷한 상항이 전개되었던 것을 알 수 있다. 여호수아 11장에는 여호수아가 예루살렘을 비롯한 가나안 남부의 다섯 도시국가들과 싸워 승리한 것으로 묘사되나 사사기 1장에는 유다 지파가 예루살렘을 점령한 것으로 묘사된다. 나아가 사무엘하 5장에는 다윗이 최종적으로 예루살렘을 정복한 것으로 기록되고 있다. 따라서 예루살

---

[72] Cf. Stone, "Early Israel and Its Appearance in Canaan," 147; Mazar, *Archaeology of the Land of the Bible*, 332.

[73] 고고학자 야딘(Y. Yadin)의 말에 따르면 "야빈"은 하솔 왕들의 "왕조 이름"(a royal dynastic name)이었을 가능성이 크다. See J. J. Bimson, *Redating the Exodus and Conquest*, JSOTS 5 (Sheffield: The Almond Press, 1981), 181.

렘과 마찬가지로 하솔도 여러 차례 파괴와 재건의 과정을 거치다가 드보라와 바락 시대에 이르러 최종으로 이스라엘에 의해 파괴되었다고 볼 수 있다. 빔슨(J. J. Bimson)은 고고학 자료를 세심하게 검토한 다음 중기 청동기의 하솔이 주전 15세기 후반(1400년경)에 여호수아에 의해 파괴된 후 두 차례 재건과 파괴의 과정을 거치다가 주전 13세기 말(1230년경) 사사 드보라와 바락에 의해 최종으로 파괴되었다고 설득력 있게 논증한다.[74]

여기서 특별히 언급할 필요가 있는 것은 하솔에서 발굴된 여러 종류의 조각상에 관한 것이다. 이스라엘 고고학자 벤토르(A. Ben-Tor)의 설명에 따르면 하솔에서 발굴된 17개의 물건들 가운데 11개가 머리와 팔 등이 절단된 상태라고 한다.[75] 이 조각상들 가운데는 이집트 파라오의 것들과 함께 하솔 지역에서 숭배되던 가나안의 신들의 것도 포함된다. 이는 이 조각상들을 파괴한 자들이 적어도 이집트 사람이나 가나안의 신들을 숭배하던 자들은 아니었다는 사실을 뚜렷하게 입증한다.

하솔의 파괴[76]

---

[74] Bimson, *Redating the Exodus and Conquest*, 172-87.

[75] A. Ben-Tor, "The Sad Fate of Statues and the Mutilated Statues of Hazor," *Confronting the Past. Archaeological and Historical Essays on Ancient Israel in honor of William G. Dever*, S. Gitin, J. E. Wright, J. P. Dessel, eds. (Winona Lake: Eisenbrauns, 2006), 14.

사무엘상 6장에는 블레셋의 신 다곤이 여호와의 법궤 앞에서 머리가 잘리고 손목이 끊어진 채 쓰러진 모양이 기록되고 있다(삼상 5장). 이는 이스라엘의 하나님 여호와가 참 신이라는 사실을 나타낸다. 마찬가지로 하솔에서 발견된 머리와 손이 절단된 신상들은 여호와만을 하나님으로 섬기는 이스라엘 백성의 신앙적 의도를 엿볼 수 있게 해주는 것이라고 할 수 있다.

2.4 요약정리

지금까지 여호수아의 정복전쟁을 역사적인 측면에서 고찰하였다. 정복전쟁의 시점은 주전 15세기 출애굽설에 맞추어 계산되어야 한다. 성경의 증거, 이집트의 자료들, 고고학적 발견 등 여러 요소가 이 방향을 가리킨다. 정복전쟁의 방식 및 진행에 대한 역사적 탐구는 더욱 신중한 접근을 요한다. 우선 관련된 성경본문이 보여주는 정복전쟁의 형편부터 다양하다. 어떤 본문은 정복전쟁이 단시일 안에 끝난 것처럼 말하고 어떤 본문은 정복전쟁이 오래 지속된 것처럼 말하기도 한다. 이런 이유로 다양한 가설들이 생겨났으나 그것들은 많은 경우 현대의 사회-경제적 이론을 고대 세계로 투사한 것이거나 고고학의 발견을 해석한 것이다.

가장 큰 문제는 성경에 기록된 내용의 사실성과 역사성을 부인하는 것이다. 이 경우 정복전쟁의 다양한 면을 소개하는 성경기록을 제대로 평가하기란 불가능하다. 그러므로 우선 성경이 그려내는 정복전쟁의 다양한 요소들을 저자가 의도하는 신학적 관점에 따라 해석하는 것이 급선무이다. 성경저자는 단순한 역사가가 아니다. 그들은 역사적 사건들 안

---

[76] Ben-Tor, "The Sad Fate of Statues and the Mutilated Statues of Hazor," 9.

에서 구체화된 하나님의 말씀을 기록하여 후세에 전한 선지자들이다.[77] 이들이 전하는 선지자적 메시지를 들을 수 있을 때야 비로소 정복전쟁의 실제 형편을 보다 더 분명하게 이해할 수 있다. 지금까지 발견된 고고학 자료들 또한 이 선지자적 메시지의 빛 아래서만 역사탐구의 장에 합당한 자리를 얻을 수 있다. 여리고, 아이, 하솔의 예에서 살펴보았듯이 고고학 자료들은 정복전쟁의 역사성을 부정하지 않는다.

3. 여호수아서의 문학적 구성[78]

여호수아서는 비교적 선명한 스토리라인을 갖는다. 모세의 뒤를 잇는 지도자 여호수아가 이스라엘 군대를 이끌고 가나안 땅을 정복하기 위한 전쟁에 나선다. 전쟁이 성공적으로 끝나자 여호수아와 제사장 엘르아살은 족장들과 함께 백성에게 땅을 분배한다. 모든 일이 마무리되자 여호수아는 세겜에서 이스라엘과 여호와의 언약을 새롭게 하는 의식을 가진 다음 죽음으로써 구속사의 한 시대를 마감한다. 이 스토리라인에 기초하여 헨첼(G. Hentschel)은 여호수아서가 땅의 정복(1-12장), 땅의 분배(13-22장), 여호수아의 고별설교와 죽음(23-24장)으로 이루어진 삼부구조의 책이라고 설명한다.[79] 이와 유사하게 카이저(O. Kaiser)는 이 책이 두 개의 중요 단락(1:1-12:24; 13:1-21:45)과 하나의 부록(22-24장)으로 구성되어 있다고 본다.[80] 차일즈(B. S. Childs)의 구분도 비슷하다.[81]

---

[77] 참고: 졸고, "사무엘서의 문학적 성격",「한국개혁신학」26 (2009): 260-63.

[78] 이 내용은 졸고, "여호수아서의 문학적 구성에 대한 연구",「구약논집」15 (2019): 8-40을 개정한 것임을 밝힌다.

[79] G. Hentschel, "Das Buch Joshua," in *Einleitung in das Alte Testament*, 9. Aufl., C. Frevel, Hrsg. (Stuttgart: Kohlhammer, 2016), 256.

그러나 이런 단락구분은 여호수아서의 구성에 대한 대략적인 이해만을 제공할 뿐이다. 특히 카이저와 차일즈의 분석은 여호수아 22-24장을 부록 내지 편집의 산물로 돌리는 까닭에 이 단락이 전체 책과 가지는 구조적 연관성을 잘 보여주지 못한다. 여호수아서의 구성을 비교적 자세하게 분석한 학자는 꼬레파르(H. J. Koorevaar)이다. 그의 분석은 국내외 학자들에게 많이 알려져 있으며 대체로 그대로 수용되고 있는 형편이다.[82] 그러나 꼬레파르의 분석에는 적지 않은 문제점이 있다. 그러므로 그의 분석이 가진 문제점을 살펴보고 더 타당한 구조 이해를 시도할 필요가 있다.

3.1 꼬레파르의 구조 이해

꼬레파르(H. J. Koorevaar)는 여호수아서가 "신적/인간적 주도"(divine/human initiative)에 의해 시작되고 "종결"(closure)로써 마무리되는 네 단락으로 이루어져 있다고 주장한다.[83] 첫째 단락은 여호수아에게 격려와 사명을 주시는 하나님의 주도(수 1:1-9)가 새로운 시작을 알리고 길갈에서 거

---

[80] O. Kaiser, *Einleitung in das Alte Testament* (Gerd Mohn: Gütersloher Verlagshaus, 1984), 139.

[81] B. S. Childs, *Introduction to the Old Testament as Scripture* (London: SCM Press, 1979), 241-44.

[82] 송병현, 『여호수아』(엑스포지멘트리; 서울: 국제제자훈련원, 2010), 59, 64-65; 김지찬, 『여호와의 날개 아래 약속의 땅을 향하여: 구약 역사서 이해-문예적 신학적 서론』(서울: 생명의 말씀사, 2016), 47-50; Provan a.o., *A Biblical History of Israel*, 151-52; S. G. Dempster, *Dominion and Dynasty. A Theology of the Hebrew Bible* (Downers Grove: IVP, 2003), 126-27.

[83] H. J. Koorevaar, *De Opbouw van het Boek Jozua* (Heverlee: Centrum voor bijbelse vorming België, 1990), 106-20. 꼬레파르의 이론은 다음 글에서 요약 소개된다: J. R. Vannoy, "Joshua: Theology of," *NIDOTTE*, vol. 4 (Grand Rapids: Zondervan, 1997), 810-14.

행된 할례의식과 유월절 잔치가 종결(수 5:1-12)을 형성한다. 둘째 단락은 여호와의 군대대장이 칼을 들고 여호수아에게 나타난 일과 여리고의 정복에 대한 하나님의 지시(수 5:13-6:5)가 정복전쟁의 시작을 알리고 전쟁 후에 기술되는 정복전쟁의 요약과 여호수아가 멸한 왕들의 명단(수 11:16; 12:24)이 종결을 형성한다. 셋째 단락은 여호수아에게 땅 분배를 명하시는 하나님의 주도(수 13:1-7)로 시작되고 땅에 대한 하나님의 약속이 성취되어 이스라엘 자손이 그 땅에서 안식을 얻었다는 진술이 종결(수 21:43-45)을 이룬다. 마지막으로 넷째 단락에는 하나님의 주도가 나타나지 않는다. 그 이유는 땅에 관한 하나님의 약속이 성취되었기 때문이다. 남은 것은 오직 이스라엘 자손이 감당해야 할 책임(하나님을 섬기는 일) 뿐이다. 따라서 이곳에는 백성을 소집하여 그들에게 하나님만을 섬길 것을 당부하는 여호수아의 말이 거듭 강조된다(수 22:1; 23:1-2; 24:1). 이 단락은 여호수아의 죽음과 장례에 대한 기록으로 종결된다(수 24:29-33).

꼬레파르에 따르면 셋째 단락에 종속되는 "신적 주도"(divine initiative)와 "종결"(closure)이 하나씩 더 있다. 먼저 여호수아 19:49-51은 이스라엘 자손이 지파별로 기업을 분배 받는 일을 종결 짓는 역할을 한다. 이곳에는 여호수아가 기업을 분배 받고 땅 분배가 모두 종결되었다는 사실을 알리는 진술("이에 땅 나누는 일을 마쳤더라")이 나온다. 다음으로, 여호수아 20:1-6은 도피성을 정하라는 하나님의 명령을 소개함으로써 새로운 단락의 시작을 알린다. 이 단락은 상위 단락(셋째 단락, 수 13:1-21:45)의 종결인 여호수아 21:43-45에서 끝난다.

꼬레파르의 분석을 종합하면, 여호수아서는 각각 "신적/인간적 주도"로 시작되고 "종결"로 마무리되는 네 개의 큰 단락으로 이루어져 있다. 각 단락은 그 단락의 내용을 특징짓는 하나의 핵심어(a key word)를 갖는다: "건너다"(עבר), "취하다"(לקח), "나누다"(חלק), "섬기다"(עבד). 꼬레파르의 분석을 도표로 나타내면 다음과 같다:[84]

	본문	핵심어	신적/인간적 주도	주도자	종결
I	1:1 - 5:12	"건너다"(עבר)	1:1-9	여호와	5:1-12
II	5:13 - 12:24	"취하다"(לקח)	5:13-6:5	여호와	11:16-12:24
III	13:1 - 21:45	"나누다"(חלק)	13:1-7	여호와	21:43-45
IV	22:1 - 24:33	"섬기다"(עבד)	22:1;23:1-2;24:1	여호수아	24:29-33

위의 구조에서 책 전체를 아우르는 신학적 의도가 드러나는 곳은 셋째 단락이다. 교차구조로 이루어진 셋째 단락의 형식에서 그것을 엿볼 수 있다.[85]

    A. 13:8-33 두 지파 반을 위한 요단 동편
      B. 14:1-5 분배 원리
        C. 14:6-15 분배 시작: 갈렙의 기업
          D. 15:1-17:18 유다와 요셉을 위한 제비뽑기
            X. 18:1-10 실로로 옮겨진 회막과 땅의 분배
          D´. 18:11-19:48 나머지 일곱 지파를 위한 제비뽑기
        C´. 19:49-51 분배 종결: 여호수아의 기업
      B´. 20:1-6 하나님의 네 번째 주도: 도피성 지정
    A´. 20:7-21:42 도피성과 레위인의 성읍

---

[84] 이 도표는 꼬레파르가 만든 도표를 이해하기 쉽도록 정리한 것이다. 꼬레파르 자신의 도표는 그의 책 *De Opbouw van het Boek Jozua*, 120에서 확인할 수 있다.

[85] Koorevaar, *De Opbouw van het Boek Jozua*, 229. Cf. Vannoy, "Joshua: Theology of," 814.

여기서 땅 분배의 중심을 차지하는 것이 무엇인지 밝게 드러난다. 여호수아서의 저자는 실로에 세워진 회막이 땅 분배의 중심을 차지하도록 책을 구성하였다. 실로에 회막이 세워진 일은 레위기 26:11-12에 기록된 약속의 성취에 해당한다: "내가 내 성막을 너희 중에 세우리니 내 마음이 너희를 싫어하지 아니할 것이며 나는 너희 중에 행하여 너희의 하나님이 되고 너희는 내 백성이 될 것이니라." 실로에 세워진 회막은 하나님이 이스라엘 백성들 가운데 거하시며 그들이 하나님만을 섬기는 거룩한 백성이란 사실을 증거한다. 따라서 땅 분배의 중심에 회막의 건설을 배치한 목적은 명백하다. 이스라엘 자손은 새롭게 기업으로 얻은 가나안 땅에서 하나님만을 섬기는 거룩한 백성이 되어야 한다. 그들 가운데 거하시는 분은 다름 아닌 여호와 하나님이다.

3.2 꼬레파르의 문제점

꼬레파르의 분석은 여호수아서의 문학적 구조를 이해하는데 많은 도움을 준다. 특히 그의 분석은 책 전체를 아우르는 신학적 의도를 매우 분명하게 드러낸다는 점에서 유익하다. 그러나 책의 구조를 "신적/인간적 주도"와 "종결"이라는 틀 안에서 이해하는 방식은 재론의 여지가 있다. 여호수아서가 어느 정도 그런 틀을 가진 것은 사실이나 그것이 꼬레파르에 의해 설명되는 방식은 지나치게 무리(또는 단순)하다. 예를 들어, 여호수아 22장은 내러티브의 흐름상 23장과 확연히 구분된다. 22:1의 "그 때"(אָז)는 이곳의 내용이 시간적으로 앞의 내용(땅 분배)과 연결된다는 것을 나타낸다. 22장의 내용, 즉 르우벤과 갓과 므낫세 반지파의 용사들이 요단 동편지역의 "자기 장막"으로 돌아간 것은 땅 분배의 결과로 일어난 일이다.

반면, 여호수아 23장은 시간적으로 22장과 현저하게 구분된다. 23장은 다음 설명으로 시작한다: "여호와께서 주위의 모든 원수들로부터 이스라엘을 쉬게 하신 지 오랜 후에 여호수아가 나이 많아 늙은지라." 23장은 땅 분배가 끝난 지 오랜 시간 후의 일을 다룬다. 23장은 내용적으로도 22장과 차이를 보인다. 22장이 언약공동체의 하나됨에 초점을 맞춘다면 23장은 언약공동체가 섬겨야 할 대상이 누구인가의 문제에 관심을 기울인다. 꼬레파르는 이런 차이를 무시하고 22장과 23장을 하나의 핵심어 "섬기다" 아래 한 단락으로 묶는다. 이는 "신적/인간적 주도"란 잣대를 무리하게 책의 구성을 파악하는 기준으로 받아들인 것에서 오는 문제점이다.[86]

사실상 22장은 여호수아 1:10-18과 연결된다. 여호수아 1:10-18에서 여호수아는 요단 동편에서 기업을 받은 르우벤 지파, 갓 지파, 므낫세 반지파에게 그들의 형제 지파가 요단 서편에서 기업을 얻기까지 그들과 함께 요단을 건너가 그들을 도우라고 명하였다. 그런데 22장에서 여호수아는 그들이 자신들의 책임을 다하였다고 칭찬한 다음 요단 동편의 소유지로 돌려보낸다: "이제는 너희의 하나님 여호와께서 이미 말씀하신 대로 너희 형제에게 안식을 주셨으니 그런즉 이제 너희는 여호와의 종 모세가 요단 저쪽에서 너희에게 준 소유지로 가서 너희의 장막으로 돌아가되"(4절). 이 구절에서 "너희 형제에게 안식을 주셨으니"란 표현은 여호수아 1:15에 나오는 구절 "여호와께서 너희를 안식하게 하신 것같이 너희의 형제도 안식하며 그들도 너희의 하나님 여호와께서 주시는 그 땅

---

[86] 여호수아서에는 하나님과 여호수아의 주도권 뿐만 아니라 레위 사람의 주도적 활동을 보여주는 본문도 있다. 여호수아 21:1-2에는 레위 사람의 족장들이 여호수아와 대제사장 엘르아살과 이스라엘 자손의 족장들에게 나아와 거주할 성읍과 목초지를 나누어 줄 것을 요구한 일이 기록되어 있다. 그러나 꼬레파르는 여기에 주의를 기울이지 않는다. 이는 그가 도피성 지정과 관련된 하나님의 지시(수 20:1-6)에 주의를 기울인 것과 대조적이다.

을 차지하기까지 하라"와 짝을 이룬다. 이렇게 22장은 1:10-18과 약속과 성취의 관계로 묶여 있다. 여호수아서의 구성을 올바로 이해하기 위해서는 이런 연결관계를 고려해야 한다.

한편, "신적/인간적 주도"의 잣대가 여호수아서의 구조파악에 무리하게 적용된 예가 또 있다. 여호수아 5:13-15에는 정복전쟁이 시작되기 직전 여호와의 군대대장이 칼을 빼어 들고 여호수아에게 나타난 일이 기록된다. 이 사건은 앞으로 전개될 정복전쟁의 성격을 밝히는 의미를 갖는다. 그것은 "여호수아와 이스라엘이 적절한 우선순위를 지킬 경우에 한해 여호와께서 그들을 위해 싸우실 것이라는 것"을 암시한다(Howard, 155; Woudstra, 106). 그러기에 그것은 전체 정복전쟁의 시작을 알리는 신호로 간주되어야 한다. 하지만 꼬레파르는 그것을 6:1-5과 하나로 묶는다. 여호수아 6:1-5에는 여리고의 정복과 관련된 하나님의 지시가 기록된다. 꼬레파르에 따르면 여호와의 군대대장에 관한 기록(수 5:13-15)은 6:1-5과 함께 여리고의 정복과 관계된 하나님의 주도권을 소개하는 본문이다.

물론 꼬레파르는 여리고 전쟁이 뒤따르는 모든 전쟁을 대표하는 성격을 가지기에 그것의 시작을 알리는 하나님의 주도권은 뒤따르는 모든 전쟁과 관련된다고 설명하기도 한다. 하지만 간과되어서는 안 될 사실이 있다. 저자는 분명히 여호와의 군대대장의 출현과 여리고의 정복에 관한 하나님의 지시를 따로 구분하여 소개한다. 여리고의 정복에 대한 하나님의 지시는 6:1-5에서 따로 주어진다. 내용적인 차원에서 두 본문은 일반적/상징적인 것(칼을 뽑아 든 여호와의 군대대장)에서 특수한/구체적인 것(여리고의 정복에 대한 지시)으로 바뀌는 변화를 보여준다. 이 변화는 두 기록의 의도가 다른 것을 나타낸다. 여호수아 5:13-15는 하나님이 주도하시는 정복전쟁의 일반적 성격을 드러내는 반면, 여호수아 6:1-5은 여리고 전쟁이 어떻게 수행되어야 하는지를 구체적으로 알려준다. 꼬레파르는 "신적/인간적 주도권"이란 틀에 치중한 나머지 이런 차이를 도외시한다.

무엇보다도 여호수아 1:1-9를 첫째 단락(수 1-5장)을 도입하는 "여호와의 주도권" 본문으로 이해한 꼬레파르의 관점은 많은 문제점을 안고있다. 이 본문은 여호수아서의 첫 부분에 위치하는 만큼 전체 책의 도입부 역할을 하는 것으로 이해되는 것이 자연스럽다. 이곳에는 모세의 수종자(מְשָׁרֵת מֹשֶׁה)였던 여호수아가 이스라엘 자손의 새로운 지도자로 세워지는 일이 기록된다(1절). 또한 여호와께서 여호수아에게 "광야와 이 레바논에서부터 … 해 지는 쪽 대해까지 너희의 영토가 되리라"(4절)는 약속을 주신다. 같은 맥락에서 하나님은 여호수아에게 "네 평생에 너를 능히 대적할 자(문자적으로는 "설 자")가 없으리니 내가 모세와 함께 있었던 것같이 너와 함께 있을 것임이니라"(5절상)고 약속하신다. 이어서 하나님은 "오직 매우 강하고 담대하라"는 격려의 말씀과 함께 율법 순종의 중요성을 강조하신다: "오직 강하고 극히 담대하여 나의 종 모세가 네게 명령한 그 율법을 다 지켜 행하고 우로나 좌로나 치우치지 말라 그리하면 어디로 가든지 형통하리니"(7절). 이 내용은 요단강 도하 뿐만 아니라 정복전쟁과 땅 분배 전체를 내다보고 있다.

더욱 중요한 것은 위에서 열거한 여호수아 1:1-9의 내용이 책의 후반부에서 그대로 반복된다는 점이다. 여호수아 23장에서 여호수아는 백성에게 마지막 권면을 하는 자로 등장한다. 이곳에서 여호수아의 역할은 여호수아 1장에서 하나님이 여호수아에게 했던 역할과 비슷하다. 23장에서 여호수아는 과거 하나님으로부터 받았던 말씀과 유사한 말씀으로써 백성을 권면한다. 그는 백성이 "요단에서부터 해 지는 쪽 대해까지의" 나라들을 기업으로 얻었다고 밝힌다(4절 ≈ 1:4). 그는 또한 하나님이 이스라엘 자손들 편에서 싸우셨으므로 가나안 족속 중 "맞선 자"가 하나도 없었다고 회고한다(9절 ≈ 1:5). 무엇보다 여호수아는 백성에게 "매우 강하라"는 격려의 말과 함께 율법 순종의 중요성을 강조한다: "그러므로 너희는 크게 힘써(문자적으로는 "매우 강하여") 모세의 율법 책에 기록된 것을 다 지켜 행하라 그것을 떠나 우로나 좌로나 치우치지 말라"(6절 ≈ 1:7). 이곳에 사용된 어휘와 표현은 1:7의 그것과 거의 동일하다. 마지막으로 24:29에서 여호수아가 "여호와의 종"(עֶבֶד יְהוָה)으로 불린다는 사실도 중요하다. 이는 여호수아 1:1에서 그가 "모세의 수종자"(מְשָׁרֵת מֹשֶׁה)로 불린 것과 대조를 이룬다. 여호수아 24장은 여호수아가 마침내 "여호와의 종"의 반열에 서게 되었다는 사실을 밝힘으로써 여호수아 1장과 짝을 이룬다.

위의 비교는 여호수아 1:1-9가 여호수아 23-24장과 구조적으로 긴밀한 연관관계에 있음을 잘 드러낸다. 그러므로 다음 결론이 가능하다. 여호수아 1:1-9는 장차 전개될 정복전쟁과 땅 분배를 내다보는 책의 도입부에 해당하며 여호수아 23-24장은 종결된 정복전쟁과 땅 분배를 되돌아보며 이스라엘 자손에게 남은 과제가 무엇인지를 언급함으로써 책을 마무리하는 결론부에 해당한다. 이는 여호수아 1:1-9을 책의 첫째 단락을 도입하는 여호와의 주도권 본문으로 해석하는 꼬레파르의 구조 이해가 바르지 않다는 의미다.[87] 나아가 그것은 "신적/인간적 주도권"과 "종결"이란 잣대가 여호수아서의 구조를 이해하는 기준이 될 수 없다는 의미기도 하다.

---

[87] 여호수아 1:1-9이 5:13-15과 함께 인클루지오를 구성한다는 주장도 있다. 두 본문이 모두 여호수아를 모세의 후계자로 그린다는 이유 때문이다. G. W. Coats, "An Exposition for the Conquest Theme," *CBQ* 47 (1985): 50. 하지만 이 주장은 1:1-9의 많은 내용이 여호수아 23장에서 그대로 반복되고 있다는 사실에 충분한 주의를 기울이지 않는 것 같다.

3.3 새로운 구조 이해

앞에서 여호수아서의 문학적 구조에 대한 꼬레파르의 분석을 살펴보았다. 그의 분석이 가진 문제점은 여호수아서의 새로운 구조이해의 필요성을 제기한다. 필자의 분석에 따르면 여호수아서는 도입(수 1:1-18)과 종결(수 22-24장)을 갖춘 완결된 구조를 보이며, 그 사이에 정복전쟁 기사(수 2-12장)와 땅 분배 기사(수 13-21장)가 배치된다.

3.3.1 도입과 종결

앞에서 살펴보았던 것처럼, 여호수아 1:1-9과 여호수아 23-24장은 본문의 위치나 글의 내용에 있어 서로 대응관계에 있다. 여호수아 1:1-9은 책의 서두에서 다음 세 가지를 강조하며 전체 책의 도입부 역할을 한다: 1) 여호와의 종 모세의 뒤를 이어 지도자로 세워진 여호수아, 2) 약속의 땅 가나안은 하나님이 이스라엘 자손에게 "주신" 선물, 3) "강하고 담대하라"는 격려와 율법의 중요성. 이 세가지 요소들 가운데 율법이 핵심을 차지한다. 이스라엘 자손이 정복전쟁에 승리하고 가나안 땅을 기업으로 얻기 위해서는 여호와의 율법대로 행해야만 한다. 여호수아 1:1-9에서 강조되는 세가지 요소는 여호수아 23-24에서도 두드러진다: 1) 모세의 위치에서 백성들에게 하나님의 뜻을 전달하는 여호수아, 2) 약속의 땅 가나안에서 기업을 분배 받은 이스라엘, 3) 율법을 지키는 가운데 하나님만을 섬기는 일의 중요성에 대한 강조. 여호수아 1:1-9과 마찬가지로 여기서도 율법이 핵심을 차지한다(수 23:6 참고). 이스라엘 자손이 가나안 땅에서 형통한 삶을 살기 위해서는 여호와를 섬기며 그분의 율법을 지켜야 한다. 이처럼 여호수아 1:1-9와 여호수아 23-24장은 여호와의 율법이란 모티브로 연결되어 책을 시작하고 종결한다.

여호수아 1:10-18과 여호수아 22:1-34 역시 짝을 이룬다. 이 두 본문은 책의 시작과 끝에서 이스라엘 자손이 하나의 공동체를 이룬다는 점을 강조한다. 여호수아 1:10-18은 요단 동편에서 기업을 받은 르우벤 지파, 갓 지파, 므낫세 반 지파의 용사들이 여호수아의 명령에 따라 요단강을 건너가 형제들이 기업을 얻기까지 돕겠다고 다짐하는 내용을 담고 있다. 여호수아 22:1-34은 그들이 임무를 끝낸 다음 요단 동편의 소유지로 돌아가는 모습을 보여준다. 무엇보다도 이곳에는 요단 동편의 두 지파 반과 요단강 서편의 아홉 지파 반이 한 하나님을 섬기는 하나의 공동체라는 점이 강조된다.[88] 이처럼 여호수아서는 책의 처음과 끝에서 이스라엘 열두 지파가 한 하나님을 섬기는 하나의 공동체를 이루는 형제들이란 사실을 강조한다.

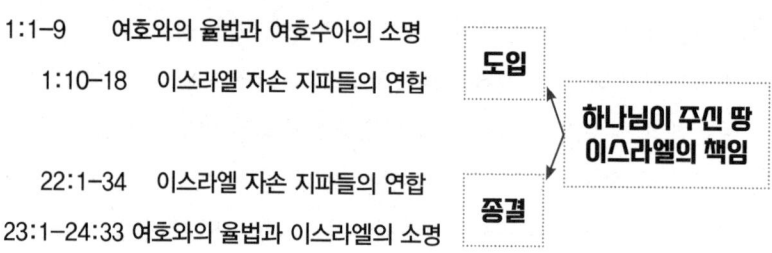

3.3.2 정복전쟁 기사

여호수아 2-12장에는 여호수아가 여리고에 보낸 정탐과 기생 라합의 이야기(2장)로부터 시작하여 이스라엘 자손이 마른 땅으로 요단강을 건넌 이야기(3-4장), 길갈에서 할례를 행하고 유월절을 지킨 이야기(5장), 가나

---

[88] Cf. E. Assis, "The Position and Function of Jos 22 in the Book of Joshua," *ZAW* 116 (2004): 536: "It was the purpose of the author of Jos 22 to reestablish the unity of the tribes as described in Jos 1-12, thus underscoring his conviction that the allotments of the land to each individual tribe does not infer that a process of dispersion had begun."

안 땅에서 벌인 처음 두 전쟁(여리고와 아이 전쟁) 이야기(6:1-8:29), 에발산에 돌 제단을 쌓고 그 돌에 율법을 기록한 이야기(8:30-35)가 차례로 소개된다. 이어서 이스라엘 자손이 기브온 사람들의 속임수에 넘어가 그들과 조약을 체결한 일(9장), 기브온을 치러 온 가나안 남부 다섯 도시국가와 그 밖의 도시국가들을 정복한 일(10장), 하솔을 중심으로 하는 가나안 북부지역의 도시국가 연합을 정복한 일(11장)이 뒤를 잇는다. 끝으로 12장에는 여호수아가 "쳐서 멸한" 서른한 명 왕들의 명단이 기록된다. 이 다양한 내용들이 어떤 구성원리에 따라 현재의 순서대로 배열되었지 살펴보는 것은 여호수아서의 이해를 위해 대단히 중요하다.

먼저 주목해야 할 본문은 여호수아 5:1이다. 이 본문은 이스라엘 자손이 기적으로 요단을 건넌 소식을 전해들은 가나안 왕들의 반응을 소개한다.

> 요단 서쪽의 아모리 사람의 모든 왕들과 해변의 가나안 사람의 모든 왕들이 여호와께서 요단 물을 이스라엘 자손들 앞에서 말리시고 우리를 건너게 하셨음을 듣고 마음이 녹았고 이스라엘 자손들 때문에 정신을 잃었더라.

여기에 묘사된 가나안 왕들의 태도는 기생 라합이 말한 내용과 흡사하다. 여호수아 2:9-11에서 라합은 이스라엘이 기적으로 홍해를 건넌 일과 요단 동편의 두 왕을 멸한 일을 전해들은 가나안 사람의 반응을 이렇게 소개한다: "…우리가 너희를 심히 두려워하고 이 땅 주민들이 다 너희 앞에서 간담이 녹나니 … 우리가 듣자 곧 마음이 녹았고 너희로 말미암아 사람이 정신을 잃었나니 …". 이 설명은 여호수아 5:1에서 메아리처럼 반향 된다. 따라서 여호수아 5:1은 여리고 정탐과 요단강 도하를 하나로 묶는 역할을 하는 가운데 다가올 정복전쟁을 준비하는 것으로 이해될 수 있다.

여기서 스톤(L. G. Stone)의 설명을 참고할 필요가 있다. 스톤은 여호수아서의 관심이 단지 가나안 사람을 멸망시킨 이스라엘의 군사적 승리를 보이는데 있지 않고 능력으로 이스라엘 자손과 함께하시는 하나님 앞에서 그들이 어떤 태도를 가지는가를 보이는데 있다고 설명한다.[86] 스톤에 따르면 여리고 전쟁과 아이성 전투는 무엇보다도 이스라엘 자손과 함께하시는 여호와가 누구인지를 증거한다. 이스라엘 자손이 여호와의 명령에 따라 여리고 성 주위를 돌자 그 성이 저절로 무너졌다. 아이성 전투에서도 이스라엘은 하나님이 가르쳐 주신 전술로 인해 승리를 얻을 수 있었다. 그러므로 가나안의 왕들에게 여리고와 아이의 파괴는 애굽의 바로 왕에게 내린 열 가지 재앙과 그 성격이 유사하다. 그것은 모두 하나님의 능력을 증거한다. 가나안의 왕들은 이 능력의 하나님 앞에 어떤 태도를 보일 것인가? 그들도 바로 왕처럼 완고한 태도를 보일 것인가?

여호수아 9:1은 여리고 전쟁과 아이성 전투를 지켜본 가나안 왕들의

---

[89] L. G. Stone, "Ethical and Apologetic Tendencies in the Redaction of the Book of Joshua," *CBQ* 53 (1991): 25-36. 스톤의 문제점은 율법을 강조하는 본문(수 1:1-9; 8:30-35)을 신명기적 편집으로 돌리는 것이다. 밀러는 편집에 관한한 스톤과 입장을 달리하면서도 여호수아서가 여호와의 행위에 대한 가나안 왕들의 반응에 초점을 맞춘다는 것에는 전적으로 동의한다. P. D. Miller, "The Story of the First Commandment: The Book of Joshua," *Covenant as Context*, Essays in Honour of E. W. Nicholson, A. D. H. Mayes and R. B. Salters, eds. (Oxford: Oxford University Press, 2003), 311-24. 로울렛에 의하면 여호수아서의 내러티브 구성원리(organizing principle)는 여호와의 통치체제에 대한 복종이다. 기생 라합은 가나안 사람이지만 여호와께 복종함으로써 "내부자"(insider)가 되었고 아간은 이스라엘 사람이었으나 여호와께 반역함으로써 "외부자"(outsider)가 되었다는 사실이 그것을 말해준다. L. Rowlett, "Inclusion, Exclusion and Marginality in the Book of Joshua," *JSOT* 55 (1992): 15-23. 동일한 관점이 엥엘에게서도 발견된다: "Rahab's joining the Israelites in chapter 6, followed by Achan's being treated as a Canaanite in chapter 7, accentuates that the battle was not an ethnic cleansing. Religious and ethical choices were the determining factors for inclusion or exclusion from the nation. Chapter 8:30-33 then stresses identity through acceptance of the Torah. Significantly, both Israelites and others who had accepted the covenant were present at this ceremony, and the brief narrative twice notes the outsiders' inclusion." H. Angel, "'There Is No Chronological Order in the Torah': An Axiom for Understanding the Book of Joshua," *JBQ* 36 (2008): 6-7.

반응을 이렇게 소개한다: "이 일 후에 요단 서쪽 산지와 평지와 레바논 앞 대해 연안에 있는 헷 사람과 아모리 사람과 가나안 사람과 브리스 사람과 히위 사람과 여부스 사람의 모든 왕들이 이 일을 듣고 모여서 일심으로 여호수아와 이스라엘에 맞서서 싸우려 하더라." 이와 같이 가나안의 왕들은 그들에게 임하는 여호와께 대항하는 태도를 보였다.

예외가 없는 것은 아니다. 기브온 사람의 반응은 달랐다. 그들은 이스라엘 군대와 싸우는 대신 화친을 맺으려 했다. 다음은 그들이 여호수아를 찾아와 한 말이다.

> 종들은 당신의 하나님 여호와의 이름으로 말미암아 심히 먼 나라에서 왔사오니 이는 우리가 그의 소문과 그가 애굽에서 행하신 모든 일을 들으며 또 그가 요단 동쪽에 있는 아모리 사람의 두 왕들 곧 헤스본 왕 시혼과 아스다롯에 있는 바산 왕 옥에게 행하신 모든 일을 들었음이니이다(수 9:9-10).

놀랍게도 이 말은 기생 라합이 이스라엘의 정탐꾼에게 한 말과 대동소이하다.

> 여호와께서 이 땅을 너희에게 주신 줄을 내가 아노라 우리가 너희를 심히 두려워하고 이 땅 주민들이 다 너희 앞에서 간담이 녹나니 이는 너희가 애굽에서 나올 때에 여호와께서 너희 앞에서 홍해 물을 마르게 하신 일과 너희가 요단 저쪽에 있는 아모리 사람의 두 왕 시혼과 옥에게 행한 일 곧 그들을 전멸시킨 일을 우리가 들었음이니라(수 2:9-10).

결국 기브온 사람은 기생 라합처럼 생명을 보존할 수 있었다. 기생 라합과 기브온 사람은 여호와께 항복하는 자는 생명을 얻는다는 사실을 보여주는 본보기다.

다른 한편, 기브온 사람이 이스라엘과 화친하였다는 소식을 전해들은 가나안 남부의 왕들은 자기들끼리 동맹을 맺고 이스라엘과 싸우고자 하였다(수 10:1-5). 물론 이들은 이스라엘 군대에 패하고 왕들은 모두 여호수아에 의해 죽임을 당한다. 이 소식을 전해들은 북쪽의 하솔 왕 역시 완고한 태도를 보였다. 하솔 왕 야빈은 이웃 나라의 왕들과 더불어 군사를 모으고 이스라엘과 싸우려고 하였다(수 11:1-5). 이처럼 기브온 사람을 제외한 나머지 가나안 사람은 이스라엘 군대에 대항하고 그들의 하나님 여호와께 도전하는 태도를 보였다. 이에 대하여 여호수아 11:19-20은 다음과 같이 평가한다.

> 기브온 주민 히위 족속 외에는 이스라엘 자손과 화친한 성읍이 하나도 없고 이스라엘 자손이 싸워서 다 점령하였으니 그들의 마음이 완악하여 이스라엘을 대적하여 싸우러 온 것은 여호와께서 그리하게 하신 것이라 그들을 진멸하여 바치게 하여 은혜를 입지 못하게 하시고 여호와께서 모세에게 명령하신 대로 그들을 멸하려 하심이었더라.

지금까지 살펴본 바에서 드러나듯이, 여호수아서의 정복전쟁 기사는 가나안 사람이 이스라엘의 하나님 여호와께 보인 반응과 태도를 추적하는 일에 관심을 기울인다. 가나안 사람이 멸망할 수밖에 없었던 이유는 그들이 이스라엘의 하나님 여호와께 대항하는 태도를 보였기 때문이다. 그러므로 정복전쟁과 관련하여 여호수아의 폭력성이나 여호와의 호전성을 이야기하는 것은 문제의 본질에서 벗어난 것이다.[90]

---

[90] 웨슬리안 신학자 코울스는 가나안 사람의 대량학살을 명하는 하나님과 그 명령을 수행하는 여호수아는 고대인의 잔인한 폭력성을 보여주는 것이며 예수 그리스도 안에서 자신을 계시하시는 사랑의 하나님과 아무런 관계가 없다고 주장한다. See C. S. Cowles, "The Case for Radical Discontinuity," *Show Them No Mercy: Four Views on God and*

여호수아의 정복전쟁에서 반드시 고려되어야 할 문제는 가나안 왕들이 하나님께 보인 완고한 태도이다.

이런 이해는 여호수아 5:1의 위치와 기능을 다시 생각하게 만든다. 앞에서 언급하였듯이, 이 구절은 요단의 기적을 전해들은 가나안 왕들의 반응을 소개함으로써 임박한 정복전쟁을 예비하는 기능을 한다. 하지만 5:1은 가나안 왕들의 반응이 긍정적인지 부정적인지에 대해서는 침묵을 지킨다. 그곳에는 다만 요단강의 기적을 전해 들은 가나안의 왕들이 정신을 잃을 정도로 마음이 녹았다는 사실만 언급될 뿐이다. 가나안 왕들의 반응이 구체적으로 드러나는 곳은 정복전쟁이 시작되었을 때이며, 5:1은 이 때를 준비한다. 여호수아 5:1은 기생 라합의 이야기와 더불어 이스라엘의 등장이 가나안의 왕들에게 불러일으키는 반응에 클로즈업함으로써 전쟁의 서막을 장식한다.

가나안 왕들의 반응을 이끌어낸 "갈라진 요단강" 기사(3:1-4:24) 역시 같은 기능을 한다. 이스라엘 자손은 하나님의 명령에 따라 언약궤를 앞세우고 요단강 도하를 시도한다. 언약궤는 이스라엘 자손보다 이천 규빗(대략 900미터) 앞서 나아갔으며 궤를 멘 제사장들이 요단강 물가에 들어서자 강물이 끊어졌다. 그 결과 이스라엘 자손은 마른 땅으로 요단을 건널 수 있었다. 이 이야기에서 언약궤가 "온 땅의 주 여호와의 궤"로 불리는 것이 중요하다. 이는 가나안 땅의 주인이 여호와이시며 그가 언약에 따라 그 땅을 이스라엘 자손에게 주신다는 사실을 나타낸다. 더욱이 언약궤의 행진은 적군과의 싸움을 예고하는 것이다(민 10:35 참고). 그러므로 언약궤가 이스라엘 자손 앞에서 가는 것은 하나님께서 전쟁의 용사로서 적진을 향해 나아가시는 것을 나타낸다.

정복전쟁 기사에서 중요한 위치를 차지하는 본문이 또 있다. 여호수

Canaanite Genocide, Stanley N. Gundry, ed. (Grand Rapids: Zondervan, 2003), 13-52.

아 5:2-12은 정복전쟁이 시작되기 직전 길갈에서 거행된 언약갱신 의식을 소개하며, 여호수아 8:30-35은 여리고와 아이 전쟁 직후 에발 산에서 거행된 언약갱신 의식을 소개한다. 이 두 본문은 정복전쟁을 언약의 관점에서 이해하도록 이끈다는 점에서 정복전쟁 기사의 신학적 중심을 이룬다. 정복전쟁은 여호와와 맺은 언약을 성취하는 수단이다.

길갈에서 거행된 첫 언약갱신은 할례와 유월절 잔치를 포함한다. 이스라엘 자손이 정복전쟁을 시작하기에 앞서 이 의식을 가져야 했던 이유는 그들이 언약백성으로서 자기 정체를 명확히 해야 했기 때문이다. 할례는 언약의 증표이다(창 17:11). 이스라엘 자손은 할례를 행함으로써 자신들이 하나님과 특별한 관계에 있는 하나님의 소유된 백성이란 사실을 분명히 해야 했다. 가나안은 이스라엘 자손이 거할 땅이면서 하나님이 거하실 처소가 마련될 거룩한 땅이다(출 15:17; 레 26:11-12; 민 35:34; 수 18:1). 유월절은 이스라엘 자손이 애굽의 압제에서 구원받은 일을 기념하는 축제이다. 하나님께서는 그들에게 대대로 유월절 절기를 지키라고 명하셨다(출 12:14). 그러므로 유월절 축제 또한 이스라엘의 자기정체를 새롭게 하는 일이다. 이스라엘 자손이 요단을 건넌 후 행한 할례와 유월절 의식은 약속의 땅 가나안을 소유할 새로운 주인이 누구인지를 확인하고 천명한다.

둘째 언약갱신은 이스라엘 자손이 여리고와 아이 전쟁을 성공적으로 끝낸 다음 세겜 땅의 에발 산에서 가진 의식이다. 이 의식은 이스라엘 자손이 가나안 땅에서 여호와를 왕으로 선포하고 자신들이 그분의 백성임을 재확인하는 의미를 갖는다. 이 의식에는 여자와 아이를 포함하여 거류 외국인(גֵּר, resident alien)까지 참여하였다. 특별히 여호수아가 제단의 돌에 모세의 율법을 기록한 것이 중요하다. 그것은 그들이 하나님의 통치에 복종한다는 것을 나타냄과 동시에 가나안이 하나님의 통치가 시행될 땅이란 사실을 선포하는 행위이다.

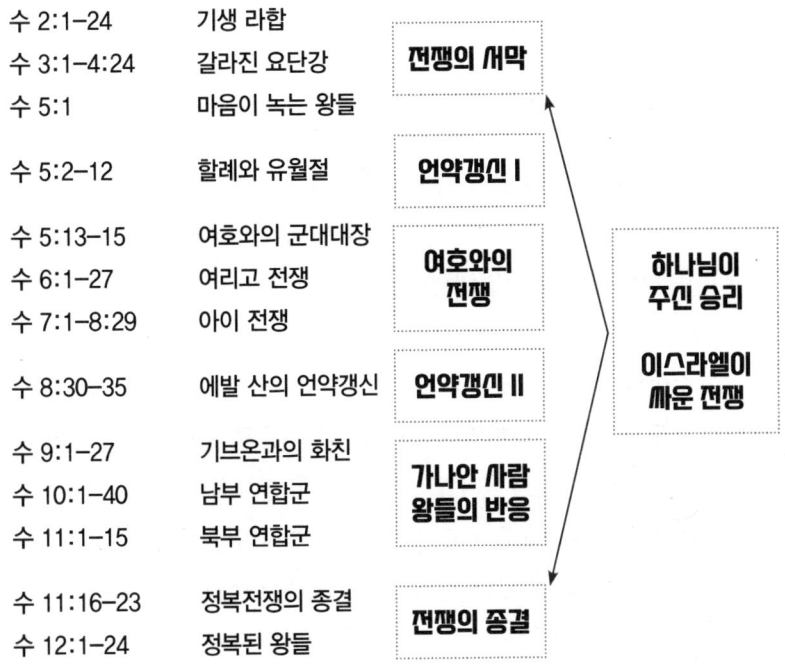

3.3.3 땅 분배 기사

여호수아 13-21장은 이스라엘 자손이 요단 동편과 서편지역에서 기업을 분배한 내용에 초점을 맞춘다. 앞에서 살펴보았듯이, 꼬레파르는 여덟 개의 본문이 하나의 본문을 중심축으로 교차를 이루는 형식(A, B, C, D, X, D′, C′, B′, A′)을 이 단락의 구조적 특징으로 본다. 꼬레파르의 문제점은 요단 동편의 분배(A: 수 13:8-33)와 도피성을 비롯한 레위인 성읍의 지정(A′: 수 20:7-21:42)을 무리하게 대응시키는 것이다. 또한 도피성 제도에 대한 설명(B′: 20:1-6)과 요단 서편의 분배를 도입하는 단락(B: 수 14:1-5)을 대응관계에 놓는 것도 무리다. 그 둘 사이에 그 어떤 관련성도 찾기 어렵다. 꼬레파르의 구조분석에서 타당한 부분은 갈렙으로 시작되고 여호수아로 종결되는 땅 분배 단락이다.

   A. 14:6-15 분배 시작: 갈렙의 기업
    B. 15:1-17:18 유다와 요셉을 위한 제비뽑기
     C. 18:1-10 실로로 옮겨진 회막과 땅의 분배
    B´. 18:11-19:48 나머지 일곱 지파를 위한 제비뽑기
   A´. 19:49-51 분배 종결: 여호수아의 기업

여호수아와 갈렙은 모세가 가데스 바네아에서 가나안을 정탐하도록 보낸 열두 정탐꾼에 속했었다. 그들은 열두 명 중 유일하게 믿음의 태도를 보였던 인물이다. 나머지 열 명은 신장이 장대한 가나안 사람에 비해 이스라엘 자손은 "메뚜기 같다"고 하며 부정적인 보고를 하였다(민 13:33). 이에 반해 여호수아와 갈렙은 여호와께서 이스라엘 자손과 함께 하신다는 사실을 내세우며 오히려 가나안 사람이 "우리의 먹이라"고 주장하였다(민 14:9). 이 일로 인해 하나님은 이십 세 이상 된 사람 중 여호수아와 갈렙을 제외하고는 아무도 가나안 땅에 들어가지 못할 것이라고 말씀하셨다(민 14:29-30). 이 사실을 상기하면, 갈렙과 여호수아가 땅 분배의 처음과 마지막에 배치된 이유를 알 수 있다. 그것은 갈렙과 여호수아에게 주어진 하나님의 약속이 성취되었다는 사실을 나타낸다. 동시에 그것은 여호수아와 갈렙 같은 믿음의 사람이 약속의 땅을 기업으로 얻는다는 사실을 가르친다.

땅 분배의 중심에 실로가 배치된 것에도 주목해야 한다. 앞에서 설명하였듯이, 실로에 세워진 성소는 가나안이 하나님께서 거하시며 다스리시는 장소라는 사실을 상징적으로 나타낸다. 그것은 이스라엘 자손 편에서 이루어야 할 소명이 무엇인지를 알려준다. 그들은 가나안 땅에서 하나님을 왕으로 모시고 섬기는 백성이 되어야 한다. 레위 사람에 대한 언급

역시 동일한 관심을 반영한다. 레위 사람은 이스라엘 자손을 위해 제사를 드리며 율법을 가르치도록 세워진 영적 지도자들이다(신 17: 9, 18; 24:8 참고). 그런데 여호수아서는 레위 사람이 따로 기업을 받지 않고 이스라엘 지파 중에서 거주할 성읍과 가축을 위한 목초지를 얻었다는 사실을 강조한다(수 21장 참고). 이는 이 책의 관심이 무엇인지를 드러낸다. 이스라엘 자손은 모세의 율법에 따라 하나님을 섬기는 거룩한 백성이 되어야 한다.

레위인에 대한 언급은 구조적인 측면에서도 중요하다. 여호수아 13장은 요단 동편의 분배를 두 단계로 기술한다. 먼저 8-14절은 르우벤 지파, 갓 지파, 므낫세 반 지파가 얻은 땅의 경계를 전체적으로 소개한 다음 마지막에 레위 사람을 언급한다. 다음으로 15-33절은 이 지파들 각자가 개별적으로 얻은 땅의 경계와 성읍들(갓과 므낫세의 경우 경계만 언급됨)을 기술한 후 마지막에 다시 레위 사람을 언급한다. 이런 반복은 하나님을 섬기도록 따로 구별된 레위 사람의 역할을 강조하기 위한 것이다.

레위 사람에 대한 반복적인 언급은 요단 서편의 분배를 특징짓는 것이기도 하다. 먼저, 여호수아 14:1-5는 길갈에서 이루어진 땅 분배를 소개하면서 레위 사람에게 따로 기업이 분배되지 않은 사실을 언급한다. 다음으로, 여호수아 18:1-7은 실로에서 이루어진 두 번째 땅 분배를 소개하면서 역시 레위 사람에게 기업이 분배되지 않은 사실을 언급한다. 마지막으로, 여호수아 20-21장은 전체 땅 분배 기사를 끝맺기 전 많은 분량을 할애하여 레위 지파가 얻은 성읍들과 목초지들을 상세하게 설명한다. 레위 사람은 이스라엘 열두 지파로부터 모두 48 성읍과 그에 딸린 목초지를 얻었다. 여섯 개의 도피성도 여기에 포함된다. 이처럼 땅 분배 기사는 레위 사람에게 특별한 관심을 기울인다. 여기서 가나안 땅의 성격이 밝혀진다. 가나안은 이스라엘 자손이 하나님을 섬겨야 할 거룩한 땅이다.

다른 한편, 땅 분배 기사는 가나안 땅이 하나님이 주신 선물이란 사실 또한 간과하지 않는다. 여호수아 21:43-45는 가나안이 하나님이 선물로 주신 땅이란 점을 강조함으로써 전체 땅 분배 기사를 끝맺는다: "여호와께서 이스라엘의 조상들에게 맹세하사 주리라 하신 온 땅을 이와 같이 이스라엘에게 다 주셨으므로 그들이 그것을 차지하여 거기에 거주하였으니 여호와께서 그들의 주위에 안식을 주셨으되 그 조상들에게 맹세하신 대로 하셨으므로 … 여호와께서 이스라엘 족속에게 말씀하신 선한 말씀이 하나도 남음이 없이 다 응하였더라." 무엇보다도 땅이 분배되는 방식에 주목할 필요가 있다. 이스라엘 자손은 "제비뽑기"를 통해 각자의 기업을 분배 받는다. 이는 땅의 주인이신 하나님이 그 땅을 자기 백성에게 기업으로 주신다는 사실을 생생하게 나타낸다(레 25:23 참고). 정복전쟁 기사가 승리를 주시는 하나님의 은혜와 전쟁에서 싸워야 할 이스라엘의 책임 사이에 균형을 유지하듯이 땅 분배 기사 역시 그 둘을 함께 강조한다.

땅 분배 기사의 구조분석을 끝맺기 전에 유다 지파와 요셉 집안이 땅 분배에서 차지하는 비중을 살펴볼 필요가 있다. 유다 지파와 요셉 집안은 길갈에서 나머지 일곱 지파들 보다 먼저 땅을 분배 받았다. 나머지 일곱 지파는 땅을 차지하는 일에 지체하였다는 이유로 여호수아에게서 책망을 받는다(수 18:3). 이는 유다 지파와 요셉 집안이 땅을 차지하는 일에 적극적이었음을 암시한다. 기록의 분량에 있어서도 유다 지파와 요셉 집안이 나머지 일곱 지파들보다 더 큰 비중을 차지한다. 유다와 요셉 집안에 대한 기록은 무려 91절에 달하지만 나머지 일곱 지파에 대한 기록은 겨우 71절에 불과하다. 지파들의 경계묘사에 있어서도 유다와 요셉 집안의 것이 다른 지파들에 비해 더욱 상세하다. 무엇보다도 각 지파들이 분배 받은 성읍의 수효를 비교해보면 유다 지파가 압도적으로 많은 성읍을 얻었다는 사실을 알 수 있다. 유다 지파가 단독으로 얻은 성읍의 수효가 112인데 놀랍게도 이 수치는 요셉 집안을 제외한 나머지 일곱 지파가 각자 얻은 성읍의 수를 모두 합한 것과 같다.[91]

---

[91] 유다 지파가 얻은 성읍의 수효에는 한 가지 어려운 문제가 있다. 에돔 경계에 인접한 성읍들의 경우 목록에 언급된 성읍들의 수효(36)와 그것들의 합계(29)가 일치하지 않는다(수 15:21-32). 아시스는 원래의 목록에 새로운 도시들이 추가되었을 것으로 추측

〈땅 분배 기사의 구성〉

위의 분석은 저자가 유다 지파와 요셉 집안에 더 많은 관심을 기울이고 있음을 보여준다. 저자의 이런 관심은 그의 역사-신학적 안목에서 비롯된 것이다. 유다 지파와 요셉 집안의 중요성은 족장들의 역사에도 충분히 강조된다(창 48:1-7; 49:8-12, 22-26). 일찍이 야곱은 유다가 "형제의 찬송"이 될 것이며 "통치자의 지팡이"가 그에게서 떠나지 아니할 것이라고 예언했다(창 48:10). 야곱은 또한 요셉을 "형제 중 뛰어난 자"로 높이고

한다. 도시가 추가되었는데도 원래의 합계가 고수된 이유는 유다 성읍들의 수효와 나머지 지파 성읍들의 수효를 일치시킴으로써 "유다를 나머지 모든 지파들에 상응하는 독립된 단위로 제시하기 위한" 까닭이라고 한다. E. Assis, "How Long Are You Slack to Go to Possess the Land"(Jos. xviii 3): Ideal and Reality in the Distribution Descriptions in Joshua XIII-XIX," *VT* 53 (2003): 22.

조상들의 축복이 그에게 임할 것이라고 예언했다(창 49:26). 이 예언이 성취되어 유다 지파에서 다윗이 등장하고 요셉 집안에서 정복전쟁의 지휘자 여호수아가 나오며 후에는 북 이스라엘 왕국까지 세워지게 된다. 여호수아서는 구약을 관통하는 이런 역사-신학적 안목에 합류하여 유다 지파와 요셉 집안에 특별한 자리를 부여한다.

3.4 요약 정리

이 글에서 필자는 "주도권"과 "종결"이라는 기본 프레임과 네 개의 핵심어("건너다", "취하다", "나누다", "섬기다")를 통해 여호수아서의 구조를 설명하는 꼬레파르의 이론에 문제점을 인식하고 여호수아서가 보여주는 구조적 특징을 여러가지 문학적 분석을 통해 밝히고자 하였다. 다음은 위의 분석에서 밝혀진 바를 간단히 정리한 도식이다.

여호수아서는 도입부(1장)와 종결부(22-24장)를 갖는 하나의 통일체이자 독립적인 책이다.[92] 이 책은 가나안 땅을 선물로 주시는 분은 하나님

---

[92] 이런 이해는 룻기를 제외한 신명기부터 열왕기까지 전체를 한 권의 책으로 보는 "신

이란 사실과 이 선물을 받아 누리기 위해 이스라엘에게 요구되는 책임(율법 순종과 지파들의 연합)을 밝힘으로써 전체를 시작하고 끝맺는다. 이곳에는 모세의 뒤를 잇는 지도자 여호수아의 역할이 중요한 부분을 차지한다. 책의 도입부와 종결부에서 강조되는 내용은 책의 몸체 부분(2-12장과 13-21장)에서 다양한 방식으로 전개된다. 먼저 정복전쟁을 다루는 단락(2-12장)에서는 이스라엘 자손에게 승리를 주시는 하나님의 주권적인 능력과 하나님의 명령을 수행하는 이스라엘 자손의 순종이 수레의 양쪽 바퀴처럼 전체를 이끈다. 또한 이곳에서는 모세를 연상케 하는 여호수아의 지도자 역할이 부각된다. 무엇보다도 이곳에서는 "온 땅의 주 여호와"에 대한 가나안 왕들의 반응과 태도가 중요한 문제로 다뤄진다. 가나안 왕들은 라합이나 기브온 사람처럼 여호와를 인정하지 않고 그분께 대항함으로써 멸망을 자초하였다(11:19-20 참고).

다음으로 땅 분배와 관련된 내용을 다루는 단락(13-21장)에서도 이스라엘 자손에게 땅을 기업으로 나누어 주시는 하나님의 주권적인 은혜와 그 땅을 선물로 받는 이스라엘 자손의 책임이 균형을 이룬다. 요단 서편 지역의 땅 분배에서 갈렙과 여호수아가 처음과 끝을 장식하는 것은 그 땅을 기업으로 분배 받는 일에 요구되는 것이 무엇인지를 밝히 드러낸다. 갈렙과 여호수아 같이 믿음을 가지고 적극적으로 자신의 임무를 수행하는 자에게 땅의 약속은 성취된다. 또한 실로에 성소가 세워진 일이 요단 서편의 땅 분배 단락(14-19장)에서 중심을 차지하는 것은 가나안 땅에서 이스라엘에게 주어진 책임이 무엇인지를 잘 나타낸다. 그것은 성소의 주인이신 여호와를 섬기는 일이다. 여호와를 섬기는 일의 중요성은 책의 종결부(22-24장)에서도 강조된다. 요컨대 여호수아서는 이스라엘 자손이 하나님께서 선물로 주시는 땅에서 하나님만을 섬길 때 약속된 안식

명기적 역사"(Deuteronomistic History) 이론의 타당성에 상당한 의문을 불러일으킨다.

의 축복을 얻는다고 가르친다.

4. 여호수아서의 역사관[93]

여호수아 1-12장은 정복전쟁이 여호수아가 이끄는 전체 이스라엘 군대에 의해 단기간에 완성된 것으로 묘사한다. 이곳에서 정복전쟁은 이스라엘에게 승리를 주시겠다고 하는 하나님의 강한 확언과 함께 시작한다: "너희 발바닥으로 밟는 곳은 모두 내가 너희에게 주었노니 … 너희의 영토가 되리라"(수 1:3-4). 이 말씀은 그대로 성취된다. 약간의 어려움이 없지 않았지만 이스라엘 군대는 거침없이 적군들을 물리치고 성공적으로 전쟁을 끝맺는다. 여호수아 11:23에 이르면 여호수아가 온 땅을 점령하고 그 땅을 이스라엘 자손들에게 기업으로 분배하였다는 진술과 함께 "그 땅에 전쟁이 그쳤더라"는 종전선언이 기록된 것을 볼 수 있다. 곧이어 여호수아 12장에는 이스라엘이 요단 서편 가나안 땅에서 멸한 서른한 왕의 명단이 차례로 소개된다. 따라서 성경독자들은 자연스럽게 이스라엘이 정복할 땅과 전쟁이 더 이상 남지 않았을 것이라는 생각을 하게 된다.

그런데 여호수아 13장에는 그런 생각에 제동을 거는 새로운 사실이 소개된다: "여호수아가 나이가 많아 늙으매 여호와께서 그에게 이르시되 너는 나이가 많아 늙었고 **얻을 땅이 매우 많이 남아 있도다**"(수 13:1, 강조는 필자의 것). 또한 여호수아 17:16에는 요셉 자손이 철 병거를 소유한 골짜기의 가나안 족속을 쫓아내지 못하였다는 기록도 나온다. 뿐만 아니라 여호수아서의 다른 구절(18:2)은 유다와 요셉 집안을 제외한 나머

---

[93] 이 내용은 졸고, "여호수아서에 나타난 "미결과 완결"의 긴장", 「신학정론」 37/2 (2019): 113-40을 일부 수정한 것임을 밝힌다.

지 일곱 지파가 기업을 분배 받지 못하였다는 사실까지 알려준다. 게다가 여호수아는 마지막 연설에서 "남아 있는 나라들과 이미 멸한 모든 나라"를 함께 언급한다(수 23:4). 심지어 여호수아의 지휘 하에 일사분란 하게 전개된 정복전쟁의 진행을 강조하는 단락(수 1-12장)에서 조차 정복전쟁이 장기간 지속되었음을 암시하는 언급이 있다: "여호수아가 그 모든 왕들과 싸운 지가 오랫동안이라"(수 11:18). 사사기 1장은 여호수아의 사후까지 남아있는 가나안 족속들과 계속 전쟁을 벌여야 했던 이스라엘의 형편을 알려준다.

이와 같이 여호수아서와 사사기에는 정복전쟁의 종결을 강조하는 본문과 그것의 미결을 인정하는 본문 사이의 긴장이 존재한다. 이러한 긴장은 성경독자들에게 많은 어려움과 혼란을 불러일으킨다. 여호수아서는 왜 명백히 모순처럼 보이는 내용을 담고 있는가? 그것은 책의 내용에 일관되고 통일된 관점이 결여되었다는 증거가 아닌가? 그것은 또한 책의 내용이 각자 기원과 출처가 다른 옛 이야기일 뿐이라는 불편한 진실을 드러내지 않는가? 저자는 대체 어떤 의도를 가졌기에 조화되지 않아 보이는 내용을 함께 기록할 수 있었는가? 이런 질문들은 여호수아서에 나타나는 "완결"과 "미결" 사이의 긴장을 바르게 이해하는 것이 이 책의 올바른 해석을 위해 얼마나 중요한 일인지를 잘 드러내 보여준다. 따라서 정복전쟁 기사와 땅 분배 기사에 나타나는 완결과 미결의 문제를 면밀히 살피고 그것의 신학적 의미를 탐구하는 것은 매우 중요한 일이다.

4.1 정복전쟁의 완결과 미결

대개 학자들은 정복전쟁과 관련하여 여호수아서와 사사기 1장에서 발견되는 기술상의 차이(완결 vs 미결)를 "주목할 만한 긴장"(noticeable tension)으로 간주하고, 사사기 1장이 실제 역사에 가까운 "더 오래된 전승"(older traditions)을 담고 있다고 생각하는 경향을 보인다.[94] 차일즈(B. S. Childs)는 이 차이를 정경이 형성되는 과정에서 활동한 편집자의 의도에서 기인하는 것으로 설명한다. 그는 정복전쟁이 개별 지파들에 의해 오랜 기간을 통해 일어난 점진적인 일로 묘사하는 옛 전승(삿 1장)이 불순종과 그에 따른 결과를 강조하기 위한 편집자의 의도에 따라 여호수아의 죽음 이후의 시점으로 옮겨졌다고 주장한다.[95] 같은 맥락에서 차일즈는 정복전쟁이 여호수아가 이끄는 전체 이스라엘 군대에 의해 단시일 안에 이루어진 것으로 묘사하는 부분(수 1-12)은 순종이 가져오는 승리의 축복을 가르치기 위해 의도된 신명기적 편집의 산물로 돌린다. 차일즈에 따르면 땅 분배 단락(수 13-19)에 나타나는 "미결" 관련 본문은 "지속적인 순종을 촉구하기 위한 설교형식의"(in a homiletical fashion to urge continuous obedience) 글이다.

차일즈의 설명대로라면 여호수아 1-12장은 역사적 사실과는 무관한 것으로서 신명기적 편집자의 독특한 신학적 관점을 반영하는 글일 뿐이다. 결국 남는 것은 신학적인 교훈일 뿐 역사적 실재는 무시되거나 "무"(nothingness)가 되고 만다. 본문에 나타나는 차이와 불일치를 이해할 수 있는 다른 방법은 없는가? 이해를 위한 첩경은 저자의 의도를 고려하는 가운데 본문을 더욱 세밀히 살피는 일이다. 사사기 1장 및 여호수아 13-19장의 내용을 잘 파악한 다음 그것이 여호수아 1-12장의 내용과 어떤 점에서 차이를 보이는지 꼼꼼하게 따져보아야 한다. 이런 일이 이루어졌을 때야 비로소 각 본문이 갖는 고유한 특성을 바르게 평가하고

---

[94] See Miller, "The Israelite Occupation of Canaan," 216; H.-D. Neef, "Josuazeit und Richterzeit: Exegetische Beobachtungen zu Jdc 2,6-16," *ZAW* 124 (2012): 243.

[95] Childs, *Introduction to the Old Testament as Scripture*, 249-50.

이해하기 위한 보다 유리한 자리에 설 수 있다.

가장 먼저 검토해야 할 본문은 드빌(기럇 세벨)의 정복을 소개하는 사사기 1:11-15이다. 이 본문은 여호수아 15:15-19을 그대로 옮겨 놓은 것이라 할 만큼 두 본문은 동일하다. 그럼에도 사사기 저자는 이 본문을 여호수아의 사후(死後)에 배치한다. 여기서 매우 까다로운 질문이 제기된다. 어떻게 동일한 사건이 서로 다른 시점(한번은 여호수아 생전, 다른 한번은 여호수아의 사후)에 일어난 것으로 기술될 수 있는가? 연대기적 측면에서 조화가 불가능해 보이는 이런 기술방식의 의도는 무엇인가? 이 질문에 답하기 전에 먼저 두 본문이 어떻게 유사한지 직접 확인하는 것이 필요하다.

여호수아 15:15-19

15 וַיַּעַל מִשָּׁם אֶל־יֹשְׁבֵי דְּבִר וְשֵׁם־דְּבִר לְפָנִים קִרְיַת־סֵפֶר:
16 וַיֹּאמֶר כָּלֵב אֲשֶׁר־יַכֶּה אֶת־קִרְיַת־סֵפֶר וּלְכָדָהּ וְנָתַתִּי לוֹ אֶת־עַכְסָה בִתִּי לְאִשָּׁה:
17 וַיִּלְכְּדָהּ עָתְנִיאֵל בֶּן־קְנַז אֲחִי כָלֵב וַיִּתֶּן־לוֹ אֶת־עַכְסָה בִתּוֹ לְאִשָּׁה:
18 וַיְהִי בְּבוֹאָהּ וַתְּסִיתֵהוּ לִשְׁאוֹל מֵאֵת־אָבִיהָ שָׂדֶה וַתִּצְנַח מֵעַל הַחֲמוֹר וַיֹּאמֶר־לָהּ כָּלֵב מַה־לָּךְ:
19 וַתֹּאמֶר תְּנָה־לִּי בְרָכָה כִּי אֶרֶץ הַנֶּגֶב נְתַתָּנִי וְנָתַתָּה לִי גֻּלֹּת מָיִם וַיִּתֶּן־לָהּ אֵת גֻּלֹּת עִלִּיּוֹת וְאֵת גֻּלֹּת תַּחְתִּיּוֹת:

15 거기서 올라가서 드빌 주민을 쳤는데 드빌의 본 이름은 기럇 세벨이라 16 갈렙이 말하기를 기럇 세벨을 쳐서 그것을 점령하는 자에게는 내가 내 딸 악사를 아내로 주리라 하였더니 17 갈렙의 아우 그나스의 아들인 옷니엘이 그것을 점령함으로 갈렙이 자기 딸 악사를 그에게 아내로 주었더라 18 악사가 출가할 때에 그에게 청하여 자기 아버지에게 밭을 구하자 하고 나귀에서 내리매 갈렙이 그에게 묻되 네가 무엇을 원하느냐 하니 19 이르되 내게 복을 주소서 아버지께서 나를 네겝 땅으로 보내시오니 샘물도 내게 주소서 하매 갈렙이 윗샘과 아랫샘을 그에게 주었더라.

사사기 1:11-15 [96]

11 וַיֵּלֶךְ מִשָּׁם אֶל־יוֹשְׁבֵי דְּבִיר וְשֵׁם־דְּבִיר לְפָנִים קִרְיַת־סֵפֶר:
12 וַיֹּאמֶר כָּלֵב אֲשֶׁר־יַכֶּה אֶת־קִרְיַת־סֵפֶר וּלְכָדָהּ וְנָתַתִּי לוֹ אֶת־עַכְסָה בִתִּי לְאִשָּׁה:
13 וַיִּלְכְּדָהּ עָתְנִיאֵל בֶּן־קְנַז אֲחִי כָלֵב הַקָּטֹן מִמֶּנּוּ וַיִּתֶּן־לוֹ אֶת־עַכְסָה בִתּוֹ לְאִשָּׁה:
14 וַיְהִי בְּבוֹאָהּ וַתְּסִיתֵהוּ לִשְׁאוֹל מֵאֵת־אָבִיהָ הַשָּׂדֶה וַתִּצְנַח מֵעַל הַחֲמוֹר וַיֹּאמֶר־לָהּ כָּלֵב מַה־לָּךְ:
15 וַתֹּאמֶר לוֹ הָבָה־לִּי בְרָכָה כִּי אֶרֶץ הַנֶּגֶב נְתַתָּנִי וְנָתַתָּה לִי גֻּלֹּת מָיִם וַיִּתֶּן־לָהּ כָּלֵב אֵת גֻּלֹּת עִלִּית וְאֵת גֻּלֹּת תַּחְתִּית:

11 거기서 나아가서 드빌의 주민들을 쳤으니 드빌의 본 이름은 기럇 세벨이라 12 갈렙이 말하기를 기럇 세벨을 쳐서 그것을 점령하는 자에게는 내 딸 악사를 아내로 주리라 하였더니 13 갈렙의 아우 그나스의 아들인 옷니엘이 그것을 점령하였으므로 갈렙이 그의 딸 악사를 그에게 아내로 주었더라 14 악사가 출가할 때에 그에게 청하여 자기 아버지에게 밭을 구하자 하고 나귀에서 내리매 갈렙이 묻되 네가 무엇을 원하느냐 하니 15 이르되 내게 복을 주소서 아버지께서 나를 남방으로 보내시니 샘물도 내게 주소서 하매 갈렙이 윗샘과 아랫샘을 그에게 주었더라

위의 비교에서 알 수 있듯이 두 본문은 대동소이 하다. 둘 중 하나가 다른 본문을 자료로 사용하였거나 둘이 모두 제 삼의 다른 자료로부터 가져왔을 가능성도 있다. 하지만 문제의 본질은 다른데 있다. 본문의 내용이 사사기가 소개하는 것처럼 여호수아 사후의 일인가 아니면 여호수아서에 기술되는 것처럼 여호수아 시대의 일인가? 웹(B. G. Webb)은 사사기 본문이 원래 연대기적 순서를 반영하며 여호수아서 본문은 "주제상의 이유로"(for thematic reasons) 여호수아 15장에 배치되었을 것이라고 설

---

[96] 히브리어 본문에서 여호수아서와 미세한 차이(같은 의미의 다른 동사, 작은 부연 설명, 정관사 추가, 단수 어미)를 나타내는 부분을 블록으로 처리하였다.

명한다.⁹⁷ 웹과는 달리 버틀러(T. Butler)는 여호수아서 본문이 연대기적으로 원래의 형편을 반영한다고 본다. 버틀러는 "사사기의 문학적인 의도"(the literary intention of Judges) 때문에 여호수아 시대에 있었던 드빌의 정복이 사사기 1장의 현재 위치에 놓이게 되었다고 주장한다.⁹⁸ 버틀러에 따르면 사사기의 일부, 특히 옷니엘이 갈렙의 아우라고 부연하는 부분(13절의 블록)과 갈렙의 이름이 추가로 삽입된 부분(15절의 두번째 블록)은 사사기 저자가 여호수아서의 원래 내용을 옮기면서 추가한 "설명"이다. 웹과 버틀러의 설명에서 분명해지는 사실은 드빌의 정복에 대한 기사가 "주제상의 이유"이든 "문학적인 의도"이든 연대기적 순서를 벗어나 원래의 역사적 문맥과 다른 곳에 배치될 수 있었다는 것이다. 이는 여호수아서나 사사기가 엄밀한 연대기적 순서에 따른 기록방식을 고수하지 않았다는 것을 의미한다. 한마디로 두 책은 "주제상의 이유" 또는 "문학적인 의도" 때문에 연대기적 순서를 벗어나는 파격적인 방식을 사용하기도 했다.⁹⁹

드빌(기럇 세벨)의 정복에 대해 더 살펴보아야 할 것이 있다. 위에서 소개한 여호수아 15:15-19와 사사기 1:11-15은 드빌의 정복을 갈렙의 사위 옷니엘에게 돌린다. 하지만 여호수아 10:38-39는 드빌의 정복을 여호수아가 이끄는 이스라엘 군대의 업적으로 돌린다.

---

[97] B. G. Webb, *The Book of Judges*, NICOT (Grand Rapids: Eerdmans, 2012), 104. 단 지파가 라이스(레셈)을 점령하고 그곳으로 이주하여 살면서 그곳 이름을 "단"이라고 부른 일에 대한 기록 역시 연대기의 틀에서 벗어나는 것으로 보인다. 여호수아 19:47은 그 일을 실로에서 이루어진 땅 분배와 연결하지만 사사기 18장에서 그것은 여호수아 이후 시대(사사시대)의 일로 소개된다.

[98] T. Butler, *Judges*, WBC (Nashville: Thomas Nelson, 2009), 23.

[99] Cf. C. H. Bullock, "History and Theology. The Tale of Two Histories," *Giving the Sense. Understanding and Using Old Testament Historical Texts*, D. M. Howard Jr. and M. A. Grisanti, eds. (Grand Rapids: Kregel, 2003), 109-10.

여호수아가 온 이스라엘과 더불어 돌아와서 드빌에 이르러 싸워 그 성읍과 그 왕과 그 속한 성읍들을 점령하고 칼날로 그 성읍을 쳐서 그 안의 모든 사람을 진멸하여 바치고 하나도 남기지 아니하였으니 드빌과 그 왕에게 행한 것이 헤브론에 행한 것과 같았으며 립나와 그 왕에게 행한 것과 같았더라.

여호수아 15:15-19와 여호수아 10:38-39는 서로 충돌되는가? 그렇다면 둘 중 어느 본문이 역사적 실재에 더 가까운가? 비평학자들은 대개 여호수아 11장의 내용은 역사적으로 근거가 없는 신학적인 구성물일 뿐이라고 주장한다.[100] 이 문제를 다루기 전에 유사한 문제를 가진 본문을 하나 더 살펴볼 필요가 있다. 여호수아 15:13-14에는 갈렙이 헤브론(기랏 아르바)에서 아낙의 소생 세새와 아히만과 달매를 쫓아낸 기록이 나온다. 그런데 사사기 1:10에는 헤브론을 공격하여 세새와 아히만과 달매를 죽인 공을 유다 지파에게 돌린다. 이것을 어떻게 받아들여야 하는가? 두 본문 중 하나가 사실을 왜곡하고 있는가? 그렇지 않다. 다른 이해의 가능성도 얼마든지 있다. 갈렙 자신이 유다 지파에 속한 인물이므로(민 13:6; 수 14:6 참고) 그가 유다 지파의 군사를 이끌고 헤브론을 점령하였을 수 있다. 이 경우 헤브론을 점령한 공은 갈렙과 유다 지파 모두에게 돌릴 수 있다. 더 큰 어려움은 헤브론의 점령을 여호수아에게 돌리는 여호수아 10:36-37이다. 여호수아 11:21-22은 심지어 헤브론의 아낙 사람들을 멸한 업적 또한 여호수아에게 돌린다.

그때에 여호수아가 가서 산지와 헤브론과 드빌과 아납과 유다 온 산지와 이스라엘의 온 산지에서 아낙 사람들을 멸절하고 그가 또 그들의 성읍들을 진멸하여 바쳤으므로 이스라엘 자손의 땅에는 아낙 사람들이

---

[100] Cf. Childs, *Introduction*, 249.

하나도 남지 아니하였고 가사와 가드와 아스돗에만 남았더라.

이런 예들은 정복전쟁 기사에 서로 모순된 내용이 담겨 있다는 생각을 불러일으킬 수 있다.[101] 다른 곳에서는 분명히 헤브론의 아낙 사람들을 멸한 사람은 갈렙 내지 유다 지파라고 하지 않았는가? 그런데 정복전쟁 단락(수 1-12)에는 왜 여호수아가 그 일을 한 것으로 기록되는가? 여기서 갈렙과 유다 지파의 관계를 상기할 필요가 있다. 앞에서 우리는 여호수아 15:13-14과 사사기 1:10이 각각 헤브론을 점령한 공을 갈렙과 유다 지파에게 돌리는 이유를 갈렙이 유다 지파의 군사를 이끌고 헤브론을 점령하였기 때문이라고 설명한 바 있다. 마찬가지 원리가 여호수아에게도 적용될 수 있다. 여호수아가 전체 이스라엘 군대의 최고 지휘관이었으므로 그의 휘하에 있는 부하장수나 군사들이 거둔 승리는 정당하게 여호수아와 전체 이스라엘 군대의 승리로 간주될 수 있다.

이런 관점에서 보면, 여호수아 당대를 지나 후대에 가서 이루어질 일(전쟁의 종료) 까지도 여호수아의 공으로 돌려질 수 있다. 여호수아 11:23이 이런 관점을 반영한다: "여호수아가 … 그 온 땅을 점령하여 이스라엘 지파의 구분에 따라 기업으로 주매 그 땅에 전쟁이 그쳤더라". 프로반은 여호수아 11:21-23에서 "여호수아가 **시작한** 과정의 궁극적 결과가 여호수아의 공으로 돌려진다"고 설명한다.[102]

---

[101] 노트(M. Noth)는 여호수아가 이끄는 전체 이스라엘 군대가 단시일 안에 가나안을 점령한 것으로 기록하는 여호수아의 정복전쟁기사(수 1-12)는 실제 역사와는 거리가 먼 것이라고 주장한다. 그는 이스라엘의 개별 지파들이 각각 독립적으로 다른 시기에 팔레스타인에 들어와 정착하게 되었을 것으로 추측한다. 여호수아가 전체 이스라엘 군대의 지휘자로 묘사된 것은 후대의 기록자가 여러 전승자료들을 수집하여 역사를 재구성한 결과로 생겨난 이야기일 뿐이다. 그렇다고 해서 노트가 여호수아를 비역사적인 인물로 간주하는 것은 아니다. 여호수아 24장에 묘사된 바와 같이 세겜에서 이스라엘 열두 지파연합체가 세워질 때 지도자 역할을 했던 인물이 바로 여호수아다. 이 일로 인해 후에 여호수아가 전체 이스라엘 군대를 이끌고 정복전쟁을 수행한 인물로 그려지게 되었다. See M. Noth, *Geschichte Israels*, 8. Aufl. (Berlin: Evangelische Verlagsanstalt, 1976), 90-91.

이것과 아울러 생각해야 할 사항이 또 있다. 앞에서도 언급하였듯이, 여호수아 11:18에는 정복전쟁이 장기간 지속되었음을 암시하는 내용이 나온다. 이곳의 히브리어 구문은 시간의 부사구 "오래 동안"(רַבִּים יָמִים)이 문두(文頭)에 나오는 형식을 갖는다. 이는 전쟁이 상당기간 지속되었음을 강조하는 표현방식이다. 사실상 가나안의 점령은 애당초 오랜 시간에 걸쳐 서서히 이루어지도록 의도되었다고 보아야 한다. 출애굽기 23:30에서 하나님은 "네[이스라엘 자손]가 번성하여 그 땅을 기업으로 얻을 때까지 내가 그들을 네 앞에서 조금씩 쫓아내리라"고 말씀하며, 신명기 7:22에서 모세는 이스라엘 자손에게 다음과 같이 명령한다: "네 하나님 여호와께서 이 민족들을 네 앞에서 조금씩 쫓아내시리니 너는 그들을 급히 멸하지 말라 들짐승이 번성하여 너를 해할까 하노라." 이런 기록들은 가나안 땅의 정복과 정착 과정이 오랜 기간에 걸쳐 일어난 일이라는 사실을 가르쳐준다.

다른 한편, 여호수아의 정복전쟁이 반드시 도시의 완전한 파괴와 점령을 가져온 것은 아니라는 점도 유념할 필요가 있다. 여호수아 10장에는 이스라엘 군대가 팔레스타인 남부의 다섯 도시국가(예루살렘, 헤브론, 야르뭇, 라기스, 에글론) 연합군과 싸워 승리하는 내용이 기록된다. 그런데 같은 장 20절에는 전쟁에 패한 군사들 중 일부가 도망하여 "견고한 성들로"(עָרֵי הַמִּבְצָר, fortified cities) 들어간 사실이 기록된다. 이는 분명히 초기 정복전쟁에서 살아남은 가나안의 군사들과 요새화된 도시들이 있었다는 사실을 알려준다(수 13:1; 15:63; 17:16-18 참고). 할페른(B. Halpern)은 "여호수아 이야기는 ⋯ 단번의 거부할 수 없는 이스라엘의 맹습이란 개념이 아니라 ⋯ 대체로 분산되고 불완전하며 굳어지지 않은 성공이란 생각을

---

[102] Provan a.o., *A Biblical History of Israel*, 155: "It is more likely that in the generalizing, traditional summary of Joshua 11:21-23, Joshua is credited with the ultimate results of process that he *initiated*."

반영한다"고 설명하기도 한다.[103]

여호수아의 정복전쟁이 대규모 파괴전이 아니었다는 점도 중요하다. 여호수아가 직접 파괴하고 불태운 것으로 언급되는 성읍은 여리고, 아이, 하솔 정도이다(수 6:24; 8:28; 11:13).[104] 나머지 성읍들의 경우 지배자와 주민들만 제거되고 가옥들과 포도원 등은 이스라엘 자손에게 넘어갔다고 보아야 한다(수 24:13 참고). 여호수아 12장에는 여호수아가 죽인 왕들의 명단이 소개된다. 이는 초기 정복전쟁이 주로 가나안 도시국가들의 지배세력을 무력화시키는데 집중되었다는 것을 암시한다.[105] 이처럼 정복전쟁 기사 자체가 여호수아가 이끈 정복전쟁이 최종적인 것이 아니었음을 증거한다.[106] 처음에 여호수아의 군대에게 패배한 지역들 중 다수가 후에 개별 지파들에 의해 완전히 정복되었을 것이다.[107] 지역에 따라서는 초기의 승리와 최종적인 정복 사이에 여러 차례 전쟁이 되풀이되었을 가능성도 없지 않다. 이에 대한 대표적인 사례가 하솔의 파괴이다. 사사기

---

[103] Halpern, "Gibeon," 306-07.

[104] 그러므로 주전 1400-1350년에 가나안에서 전면적인 파괴의 흔적이 없다는 것이 이 시기에 정복전쟁이 일어나지 않았다는 증거가 될 수 없다. See Merrill, "Archaeology and Biblical History," 94.

[105] Cf. K. A. Kitchen, *On the Reliability of the Old Testament* (Grand Rapids: Eerdmans, 2003), 163: "Thus, to sum up, the book of Joshua in reality simply records the Hebrew entry into Canaan, their base camp at Gilgal by the Jordan, their initial raids (without occupation!) against local rulers and subjects in south and north Canaan, followed by localized occupation (a) north from Gilgal as far as Shechem and Tirzah and (b) south to Hebron/Debir, and very little more. This is not the sweeping, instant conquest-with-occupation that some hasty scholar would foist upon the text of Joshua, without any factual justification."

[106] Cf. Monson, "The 'Mother of Current Debates' in Biblical Archaeology," 435: "In light of the vocabulary, Joshua's campaigns in Cisjordan may well have been only raids or responses to those who resisted Israel's growing presence (such as the king of Jerusalem and his allies)."

[107] Cf. Ray, "Classical Models for the Appearance of Israel in Palestine," 92: "The Israelites appear as pastoralists with little need to become the new inhabitants of conquered towns. Therefore, in many cases, these cities were quickly reinhabited by the Canaanites."

4-5장에 의하면 여호수아에 의해 일차로 파괴되었던 하솔이 드보라와 바락 시대에 최종으로 파괴되었다.

이제 여호수아 10:28-39에 반복되는 문구 "칼날로 그 성읍과 그 중에 모든 사람을 멸하여 한 사람도 남기지 아니하였으니"에 주목할 필요가 있다. 여러 학자들이 이 문구가 "마치 엄밀한 통계학적 정보인 것처럼 단조로운 문자적 의미로"(in a flat, literalistic way, as if hard statistical information were intended) 읽혀서는 안 된다고 설명한다.[108] 그것은 이스라엘의 승리와 가나안 사람의 패배를 강조하기 위한 수사적 의도를 가진 표현이다. 고대 근동에서는 전쟁의 승리를 묘사하는 관례적 방식의 하나로 적들을 모두 섬멸하였다고 선전하는 문구가 사용되었다.[109] 일례로 주전 9세기 중엽의 모압 왕 메사가 남긴 비문에는 "이스라엘이 영원히 멸망하였다"고 선전하는 문구가 나온다(ANET 320-21). 주전 13세기 이집트의 파라오 메렌프타(Merenptah) 역시 팔레스타인을 원정한 후에 남긴 비문에서 "이스라엘이 황폐하게 되었고, 그 씨가 남지 않았다"고 선전한다(ANET 376, 378). 이런 예들은 고대 근동에서 사용된 "승리의 어법"이 어떠했는지를 엿볼 수 있게 해준다. 여호수아서에도 이런 관례적 어법이 사용되었다고 보아야 한다. 여호수아 10:20이 이를 확인해준다. 이곳에는 가나안의 군사들이 "소멸되기까지"(עַד־תֻּמָּם) 도륙을 당했다는 기록에 뒤이어 바로 "살아남은 자들"(הַשְּׂרִידִים)에 대한 언급이 나온다. 이는 "모든 사람을 진멸하여 바치고 한 사람도 남기지 아니하였으니"란 표현 역시 문자적으로 받아들이면 안 된다는 것을 가르쳐준다.[110]

---

[108] Provan a.o, *A Biblical History of Israel*, 153.

[109] Cf. K. L. Younger Jr., "The Rhetorical Structuring of the Joshua Conquest Narratives," *Critical Issues in Early Israelite History*, S. Hess, G. A. Klingbeil, P. J. Ray Jr., eds., BBRS 3 (Winona Lake: Eisenbrauns, 2008), 21.

[110] Cf. D. M. Gunn, "Joshua and Judges," *The Literary Guide to the Bible*, R. Alter and F. Kermode, eds. (Cambridge: Harvard University Press, 1987), 108.

위에서 살펴본 바를 모두 종합하면 가나안의 정복은 여호수아가 이끄는 전체 이스라엘 군대에 의해 단번에 완성된 것이 아니다. 여호수아가 정복하지 못한 도시들과 가나안 주민들도 상당수 남아 있었다. 출애굽기 23:30이나 신명기 7:22에서도 이스라엘의 가나안 정복이 오랜 시간을 두고 서서히 이루어질 것이라고 언급된다. 물론 여호수아가 이끈 초기의 정복전쟁이 성공적이었다는 사실도 잊어서는 안 된다. 여호수아는 여리고, 아이, 팔레스타인의 남부 연합군, 하솔을 중심으로 하는 북부 연합군 등과 싸워 승리를 거두었다. 여리고, 아이, 하솔의 경우 성이 완전히 파괴되고 불살라지기도 했다. 그러나 많은 경우 가나안의 도시국가들은 건재했고 원주민들 또한 남아있었다. 여호수아 12장에서 여호수아가 죽인 가나안 왕들의 명단들이 소개되나, 이는 도시 자체의 정복을 의미하기보다 지배세력의 제거를 의미한다고 보는 것이 옳다.[111] 한마디로 정복전쟁은 종결된 것이 아니었다. 최종적인 정복이 이뤄지기까지는 많은 시간을 더 기다려야 했다.

그렇지만 여호수아서는 정복전쟁이 여호수아에 의해 완전히 종결된 것처럼 묘사하기도 한다. 여호수아 11:23에는 "그 땅에 전쟁이 그쳤더라"는 종전선언이 공공연하게 기록된다. 앞에서 우리는 정복전쟁의 많은 부분이 개별 지파들에 의해 독자적으로 이루어졌다고 할지라도 그들이 이룬 성취가 전체 이스라엘 군대의 최고 사령관인 여호수아에게 돌려지는 것은 이상한 일이 아니라는 점을 지적한 바 있다. 또한 비록 가나안의 정복이 먼 훗날 다윗 시대에 완성된다고 할지라도 정복전쟁을 시작한 인물이 여호수아이므로 그에게 최종적인 승리의 공을 돌리는 것도 불가능한 일이 아니다. 여호수아가 이룬 초기의 승리는 최종적인 승리에 대한 담보(guarantee)이자 그것의 전조(adumbration)로서 받아들여질 수 있다. 여호수아서는 주제상의 이유나 다른 문학적인 목적을 위해 연대기적

---

[111] Provan a.o, *A Biblical History of Israel*, 167.

틀을 벗어나는 파격을 보이기도 하고 고대 근동에 관례적인 "승리의 어법"도 사용하는 등 수사적 도구를 자유롭게 사용한다. 이런 점을 고려할 때, 정복전쟁 기사에 나타나는 "완결"과 "미결"의 긴장은 정복전쟁의 깊은 의미를 드러내는 문학적 장치로 풀이되어야 옳다.

4.2 땅 분배의 완결과 미결

여호수아 13-19장에는 정복전쟁 후에 이스라엘 자손이 땅을 분배 받은 이야기가 서술된다. 이곳에는 길갈과 실로에서 이루어진 두 차례의 땅 분배와 각 지파들이 얻은 땅의 경계 및 도시 이름이 소개된다.[112] 정복전쟁 기사에서 볼 수 있었던 "완결"과 "미결"의 긴장이 여기서도 나타나는가? 여호수아 11:23에는 다음과 같은 기록이 나온다: "이와 같이 여호수아가 여호와께서 모세에게 말씀하신 대로 그 온 땅을 점령하여 이스라엘 지파의 구분에 따라 기업으로 주매 그 땅에 전쟁이 그쳤더라." 이 기록에 따르면 이스라엘 자손은 각 지파 별로 정복전쟁이 종결됨과 동시에 땅을 기업으로 분배 받은 것처럼 보인다. 여호수아 14:2 역시 같은 사실을 지

---

[112] 알트는 지파들의 경계체계와 도시들의 목록이 각각 사사시대와 요시야 시대의 형편을 반영한다고 주장하였다. See Alt, *Kleine Schriften*, 199. 알트 이후 학자들은 지파들의 경계묘사를 왕정시대로 내려 잡는 추세에 있다. 칼라이(Z. Kallai)가 그 대표적인 예이다. 그러나 헤스는 그간 축적된 고고학적 자료와 고대 근동의 텍스트들을 연구하여 여호수아서의 경계체계와 도시 목록의 기원을 후기 청동기 시대 이스라엘의 정착 기간으로 올려 잡는다. 그는 가나안 도시국가들의 경계에 대한 나아만(N. Naɔaman)의 연구에 근거하여 이스라엘 지파들의 영토와 후기 청동기 시대 팔레스타인 도시국가들의 경계 사이에 일치하는 면이 있다고 주장한다. 그는 또한 주전 이천 년대 후반 힛타이트의 언약문서에 나타나는 땅의 경계묘사를 예로 들며 여호수아 13-19장의 경계묘사 역시 여호수아 24장에 기록된 세겜 언약의 맥락에서 생겨났을 것으로 추측한다. R. S. Hess, "Asking Historical Questions of Joshua 13-19: Recent Discussion Concerning the Date of the Boundary Lists," *Faith, Tradition, and History. Old Testament Historiography in Its Near Eastern Context*, A.R. Millard, J.K. Hoffmeier, D.W. Baker, eds. (Winona Lake: Eisenbrauns, 1994): 189-205.

시하는 것 같다: "여호와께서 모세에게 명령하신 대로 그들의 기업을 제비 뽑아 아홉 지파와 반 지파에게 주었으니".

하지만 정작 땅 분배 이야기가 서술되는 곳에서는 다른 상황이 펼쳐진다. 유다 지파와 요셉 집안의 경우 제비뽑기를 통한 기업의 분배가 지체 없이 이루어진다. 그렇다고 해서 이들이 이미 정복된 땅을 나누어 가지기만 했다는 말은 결코 아니다. 그들에게 분배된 땅에는 여전히 가나안 원주민들, 철 병거로 무장한 도시들, 심지어 아낙 자손들까지 남아 있었다(수 15:13-19, 63; 16:10; 17:12-13, 18 참고). 이는 그들이 자신들에게 분배된 땅을 완전히 소유하기 위해서 계속 분투노력해야 했다는 의미이다. 이와 같이 땅 분배와 그것의 완전한 소유 사이에는 간격과 긴장이 있다. 그러나 이것이 전부가 아니다. 여호수아 18장에 이르면 아예 기업을 분배 받지 못한 지파들도 많았다는 사실이 밝혀진다. 이곳에는 무려 일곱 지파가 땅을 얻지 못하고 있는 형편이 소개된다.

이 일곱 지파는 왜 땅을 분배 받지 못한 형편에 처하여 있었을까? 아시스(E. Assis)는 그 이유를 이렇게 설명한다: "길갈의 회합에서(13:1-5) 엘르아살과 여호수아가 땅 전체를 아홉 지파와 반지파에게 분배하였다 … 정착은 계속되는 정복을 수반하였고 각 지파는 독립적으로 활동했다. 유다 지파는 이 임무를 성취했으며 므낫세와 에브라임은 더 낮은 수준에서 그렇게 했다. 이 지파들은 주로 이미 이스라엘의 지배하에 들어온 산악지역에서 자신들의 몫을 받았다. 일곱 지파는 땅을 정복하러 가지 않으려고 했다. 그 이유는 자신들의 몫의 일부가 아직 이스라엘의 지배하에 들어오지 않은 지역에 있었기 때문이다. 그곳은 주로 바알갓 이북에서 르보-하맛까지의 지역이다. 이 지파들은 계속해서 자신들의 몫을 차지하지 않고 있었고, 이것에 대해 여호수아가 불평했다."[113]

아시스의 설명은 여호수아서에 기록된 땅 분배의 실상을 이해하는

---

[113] Assis, "How Long Are You Slack to Go to Possess the Land," 8.

데 많은 도움을 준다. 그러나 일곱 지파가 다른 지파들과 함께 길갈에서 땅을 분배 받았다는 주장은 그대로 받아들이기 힘들다. 우선 여호수아 18:2에서 일곱 지파는 아직 "자신들의 기업을 나누어 갖지 못한 자들"로 묘사된다. 이는 그들이 아직도 각자의 기업을 분배 받지 못한 상태였다는 의미이다. 만일 그들이 제비뽑기를 통해 기업을 분배 받은 상황이라면 이제 남은 일은 자신들이 할당 받은 몫을 차지하는 것뿐이다. 또 다른 제비뽑기는 필요하지 않다. 제비뽑기는 땅을 나누어 주시는 분이 하나님 자신인 것을 고백하고 표시하는 방편이기에 더욱 그러하다. 이미 땅을 분배 받은 자들이 또 다시 제비뽑기를 한다면 그것은 선물을 받은 이가 선물을 준 자에게 다른 선물을 요구하는 것과 같은 일이다. 그런데 여호수아는 일곱 지파가 얻을 땅에 대하여 "내가 여기서 너희를 위하여 우리 하나님 여호와 앞에서 제비를 뽑으리라"고 약속한다(수 18:6절하). 일곱 지파가 제비뽑기를 통해 이미 땅을 분배 받은 상태였다면 여호수아가 이런 제안을 할 수는 없었을 것이다.

그러므로 길갈에서 있었던 땅 분배에서 일곱 지파는 제비뽑기에 참여하는 기회를 놓쳤던 것이 분명하다. 그 이유가 무엇일까? 열두 지파가 다 함께 모여 제비뽑기를 하였다면 어떻게 그런 일이 있을 수 있었겠는가? 여기서 유다 지파와 요셉 집안이 기업을 분배 받는 과정에 주목할 필요가 있다. 여호수아 14:6에는 유다 자손이 길갈에 있는 여호수아에게 나아왔다는 기록이 나온다. 이 기록에 이어 갈렙이 여호수아에게 모세의 말("네가 내 하나님 여호와께 충성하였은즉 네 발로 밟는 땅은 영원히 너와 네 자손의 기업이 되리라")을 상기시키며 헤브론을 자신의 기업으로 달라고 요구하는 장면이 소개된다: "이 산지를 지금 내게 주소서 당신도 그 날에 들으셨거니와 그곳에는 아낙 사람이 있고 그 성읍들은 크고 견고할지라도 여호와께서 나와 함께하시면 내가 여호와께서 말씀하신 대로 그들을 쫓아내리이다"(수 14:12). 이는 갈렙을 비롯한 유다 지파가 기업을 분배 받는 과정에 대해 많은 것을 시사한다. 그들은 그저 수동적으로 자신들에게 할당되는 몫을 받는 선에서 머물지 않고 땅이 분배되는 과정에 직접 능동적이고도 적극적인 방식으로 참여하였다.

이는 갈렙의 사위 옷니엘이 드빌(기럇 세벨)을 점령하는 과정에서도 확인할 수 있는 일이다. 옷니엘은 드빌을 정복하는 자에게 딸을 아내로 주겠다는 갈렙의 제안을 받아들이고 용기를 내어 드빌의 정복에 나선다. 갈렙의 딸 악사에게서도 그런 적극적인 태도가 나타난다. 그녀는 옷니엘과 혼인하여 네겝으로 떠나면서 아버지 갈렙에게 샘물을 요구한다. 이 요구에 응하여 갈렙은 그녀에게 윗샘과 아랫샘을 그녀에게 주었다(수 15:18-19). 이처럼 땅을 기업으로 얻는 과정에서 보이는 인간의 적극적인 태도는 요셉 집안의 땅 분배에서도 확인할 수 있는 일이다. 므낫세 자손 가운데 슬로브핫이라는 이름의 사람이 있었다. 그에게는 아들이 없었고 딸만 다섯이 있었다. 남자들 중심으로 기업이 분배되는 당시의 형편에서 슬로브핫의 몫은 자연히 다른 집안으로 넘어갈 수밖에 없었다. 하지만 슬로브핫의 딸들은 그런 현실에 체념하고 수동적으로 머물러 있지 않았다. 그들은 적극적으로 나서서 사정을 호소하고 설득하여 마침내 자신들의 권리를 얻어낼 수 있었다(수 17:3-6).

인간 편에서 이런 적극적인 태도는 요셉 자손에게도 나타난다. 그들은 자신들에게 할당된 몫이 작다고 불평하며 더 큰 땅을 요구하고 나섰다: "요셉 자손이 여호수아에게 말하여 이르되 여호와께서 지금까지 내게 복을 주시므로 내가 큰 민족이 되었거늘 당신이 나의 기업을 위하여 한 제비 한 분깃으로만 내게 주심은 어찌함이니이까 하니"(수 17:14). 이 요구에는 부정적인 요소가 없지 않다. 불만족스러운 현실을 개선하려는 의지보다 불평이 앞서고 있기 때문이다. 유다 지파에게는 이런 부정적인 면이 거의 부각되지 않는다.[114] 그렇다고 해서 요셉 자손의 불평이 부당

---

[114] 여호수아서의 기록자는 요셉 자손들에 비해 유다 지파를 더욱 긍정적으로 그리고 있는 것 같다. 유다 지파가 얻은 땅을 묘사하는 방식에 있어서도 저자는 훨씬 더 세밀함을 보인다. 요셉 자손의 경우 그들이 얻은 땅의 경계만 소개되는 반면(수 16:1-10; 17:7-13),

하다고 비판할 수만은 없다. 여호수아 역시 그들의 목소리에 귀를 기울이고 개선책을 제시한다: "너는 큰 민족이요 큰 권능이 있은즉 한 분깃만 가질 것이 아니라"(17:17절하). 이는 이스라엘 자손 편에서 적극적인 태도가 땅 분배에 어떤 역할을 했는지를 보여주는 중요한 예라고 할 수 있다.

지금까지 살펴본 내용은 길갈에서 이루어진 땅 분배의 성격에 대해 많은 것을 시사한다. 이스라엘 자손은 그저 수동적인 차원에 머물지 않았다. 유다 지파와 갈렙은 앞장서서 여호수아에게 나아와 땅을 나누는 일에 주도적으로 참여하였다. 옷니엘, 악사, 슬로브핫의 딸들은 기업을 얻기 위해 직접 싸움에 나서고, 과감하게 필요를 요구하며, 현실적인 제약에 굴하지 않고 적극적으로 자신들의 권리를 관철시키는 용기를 보여준다. 요셉 집안의 경우에도 "한 제비 한 분깃"으로 만족할 수 없는 이유를 적극 개진하여 그 정당성을 인정받는다. 이와 같이 땅 분배는 단지 한 장소에서 다만 의식적인 절차에 따라 간단하게 이루어진 일이 아니다. 이스라엘 자손 편에서 적극적인 참여와 노력이 전체 과정에서 중요한 역할을 했다. 이것이 제비뽑기라는 의식적인 절차와 구체적으로 어떻게 맞물려 있었는지 확인하기란 어렵다. 적어도 길갈의 땅 분배와 관련하여서는 그러하다.[115] 한가지 분명한 사실은 이스라엘 자손 편에서 적극적인 참여와 노력이 필요했다는 것이다.

이것은 일곱 지파가 기업을 분배 받지 못하고 있었던 이유를 설명해

유다 지파의 경우에는 땅의 경계 뿐 아니라 그들이 얻은 성읍들의 이름과 숫자까지 자세히 언급된다(수 15:1-12, 20-63). 이런 차이는 유다 지파를 중요하게 생각하는 기록자의 관점에서 비롯된 것으로 보인다.

[115] 실로에서 이루어진 땅 분배는 제비뽑기와 이스라엘 자손의 적극적인 참여와 노력이 어떻게 서로 맞물려 있었는지 보여주는 좋은 예이다. 여호수아 18:1-7에 따르면 각 지파에서 세 명씩 뽑아 구성한 대표들이 땅을 두루 다니며 그 땅을 일곱 부분으로 나눈 것을 기록하여 여호수아에게로 가져왔다. 여호수아는 그것을 여호와 앞에서 제비 뽑아 각 지파들에게 나누어 주었다. 이처럼 실로에서 이루어진 땅 분배에서는 하나님의 주도하심(제비뽑기)과 인간의 노력(땅을 그리는 것)이 하나로 통합되어 있었다. 길갈에서 이루어진 땅 분배에서도 이런 통합적 방식이 사용되었을 것이다.

준다. 그들은 땅을 분배하는 일에 적극적으로 나서지 않았다. 여러 가지 현실적인 이유들에 매여 자신들이 해야 할 일을 하지 않고 망설이고 있었다. 여호수아 18:2절에 기록된 여호수아의 질타가 이런 형편을 분명하게 드러낸다: "너희가 너희 조상의 하나님 여호와께서 너희에게 주신 땅을 점령하러 가기를 어느 때까지 지체하겠느냐." 일곱 지파가 이런 태도를 보인 이유는 자신들의 힘으로는 땅을 차지할 수 없다고 생각했기 때문일 것이다. 그들에게는 남아있는 아낙 자손들과 견고한 요새들(수 14:12; 15:13-14), 가나안 족속들(수 15:15-16, 63; 16:10), 그리고 그들의 철병거(수 17:16)가 두려웠을 것이다. 또한 그들에게는 삼림을 개척할 만한 용기와 투지도 없었다(수 17:15). 어쩌면 그들은 광야시절 선조들이 그랬던 것처럼 자신들이 처한 상황을 불평하고 지도자 여호수아를 원망하고 있었는지도 모른다.

이런 점들을 모두 고려할 때, 일곱 지파의 경우 길갈에서 있었던 최초의 땅 분배에 참가하지 않았다고 볼 수밖에 없다. 그들에게 다시 땅 분배의 기회가 주어진 것은 실로에 새로운 성소가 세워지고 난 다음이다. 바로 여기서 정복전쟁 기사와 땅 분배 기사가 유사한 관점에 의해 기록되었다는 사실이 드러난다. 앞에서 설명한 바와 같이, 여호수아서 1-12은 대체로 정복전쟁이 여호수아가 이끄는 전체 이스라엘 군대에 의해 "단번에"(פַּעַם אֶחָת) 이루어진 것처럼 서술한다(수 10:42). 그러나 여호수아 13장 이후에는 아직 정복되지 않은 가나안 도시들과 원주민들이 적지 않게 남았다는 사실이 새롭게 드러난다. "완결"과 "미결" 사이의 이런 긴장은 땅 분배를 특징짓는 점이기도 하다는 것이 지금까지의 분석에서 밝혀진 내용이다. 여호수아 11:23과 14:1-2는 정복전쟁이 종결됨과 동시에 이스라엘 모든 지파가 단번에 땅을 분배 받은 것처럼 묘사한다. 하지만 여호수아 18장에 이르면 성소를 길갈에서 실로로 옮기기까지 땅을 분배 받지 못한 지파가 일곱이나 되었다는 사실이 새롭게 밝혀진다. 이와 같이 땅 분배에 있어서도 "완결"과 "미결" 사이의 긴장이 뚜렷이 존재한다.

앞에서 여호수아의 정복전쟁이 현실적으로 미결이었음에도 불구하고 완결된 것처럼 기록된 데는 정복전쟁의 의미를 강조하기 위한 수사적 의도가 있다고 밝힌 바 있다. 땅 분배 기사에서 확인되는 "완결"과 "미결"의 긴장 역시 같은 차원에서 이해되어야 한다. 그것은 어느 한 부분이 다만 정치적 또는 신학적 관심에서 비롯된 것일 뿐 실재 역사와는 무관한 기록물이기에 생겨난 어설픈 부조화가 아니다.[116] 여호수아서의 기록자는 본격적으로 땅 분배 단락(13-19장)이 시작되기도 전에 "여호수아가 여호와께서 모세에게 말씀하신대로 그 온 땅을 … 이스라엘 지파의 구분에 따라 기업으로 주매 그 땅에 전쟁이 그쳤더라"(수 11:23)고 기록한다. 이것이 만들어내는 긴장은 여호수아서의 저자가 사용하는 수사적 도구이다. 그것은 뒤이어 소개되는 다양하고도 복잡한 과정들과 함께 땅 분배의 다층적 의미를 심도 있게 드러내는 문학적 역할을 수행한다.

4.3 신학적인 함의

정복전쟁 기사와 땅 분배 기사가 "완결"과 "미결" 사이에 긴장을 유지하도록 기록된 이유는 무엇일까? 앞에서 밝힌 것처럼 여호수아가 수행한 초기 정복전쟁은 성공적이었다. 이로 인해 이스라엘 백성은 성공적으로 가나안 땅에 들어올 수 있었으며 토착민과의 대결에서 월등히 유리한 위치를 차지할 수 있었다. 그 결과 이스라엘에게 땅을 분배할 여건이 마련

---

[116] 여호수아서가 앗수르 제국의 전례에 따라 자신의 왕국을 중앙집권적 권력구조 위에 견고히 세우고자 하는 요시야 왕의 정치적 의도에서 만들어진 책으로 여겨지는 경우도 있다. Rowlett, "Inclusion, Exclusion, and Marginality in the Book of Joshua," 15-23. 심지어 여호수아서가 다윗-솔로몬 왕국의 영광을 재건하려는 하스모니안 왕조의 주장을 입증하기 위해 기록된 "선언문"(manifesto)이란 평가까지 나오고 있다. J. Strange, "The Book of Joshua – Origin and Dating," *SJOT* 16 (2002): 44-51.

되었고 유다 지파를 필두로 그 일이 실행에 옮겨졌다. 이제 이스라엘은 명실공히 약속의 땅에서 기업을 얻을 수 있게 되었다. 남아있는 요새들과 도시국가들이 적지 않았지만 이들을 정복하는 일은 개별 지파들이 각자 분배 받은 땅에서 수행하면 될 일이었다. 사실 초기 정복전쟁의 성공은 이후 전쟁에서의 승리를 보증하는 것이었다. 그것은 가나안 땅을 기업으로 주시겠다는 하나님의 약속에 따라 되어진 일이었기 때문이다. 그러므로 최초의 승리와 땅의 분배에서 최종적인 승리와 땅의 분배를 예견할 수 있었다고 해도 지나친 말이 아니다. 믿음의 관점에서 전자는 후자를 앞당겨 보여주는 전조로 받아들여질 수 있다.

여호수아서가 정복전쟁과 땅 분배의 완결을 강조한 것은 이 믿음의 안목에서 비롯된 것이다. 그것은 초기 정복전쟁의 성공이라는 역사적 사실에 기초한 것이므로 "엄격하게 역사적인 방법을 무시한 고도의 신학적 패턴" 정도로 축소되어서는 안 된다.[117] 여호수아서는 처음부터 여호와께서 조상들에게 주신 약속의 성취를 강조하면서 시작한다: "강하고 담대하라 너는 내가 그들의 조상에게 맹세하여 그들에게 주리라 한 땅을 이 백성에게 차지하게 하리라"(수 1:6). 여호수아가 이끄는 정복전쟁의 승리는 이 약속의 성취에 해당한다. 여호수아서는 고대근동의 관례적인 "승리의 어법"을 사용하여 이 성취를 강조한다. 여호수아서 11장의 끝부분에 반복되는 단어 "모든"은 그런 의도를 담은 "수사적 과장"(rhetorical hyperbole)이다. 물론 그것은 수사법으로만 그치지 않는다. "성취의 연속선에 있는 어떤 한 시점에서 하나님이 자신의 약속을 이루셨다고 말할 수 있다. 더군다나 각각의 성취는 궁극적인 성취의 일부이기에 그렇게

---

[117] Childs, *Introduction*, 249. 밀러는 "온 이스라엘에 의한 초기의 정복이란 개념"이 신명기적 편집에 의한 것이라고 주장한다. Miller, "The Israelite Occupation of Canaan," 221. 헨첼(G. Hentschel)에 따르면 여호수아서는 땅을 잃은 기원전 8~7세기의 이스라엘 백성에게 용기와 희망을 주기 위해 만들어진 신학적 이야기이다. See Hentschel, "Das Buch Josua," 264.

여겨질 수 있었다."[118]

여기서 땅의 정복과 관련하여 여호수아 1:3에서 사용된 동사의 형태에 주목할 필요가 있다. 이곳에는 땅을 주시는 하나님의 행위가 완료형 동사로 묘사된다: "내가 모세에게 말한 바와 같이 너희 발바닥으로 밟는 곳은 모두 **내가 너희에게 주었노니**(לָכֶם נְתַתִּיו)." 대개 "확신의 완료"(perfect of certitude) 또는 "예언적 완료"(prophetic perfect)로 알려진 이 화법은 이스라엘 자손들에게 땅을 주시고자 하는 하나님의 뜻이 확고하기에 그들이 땅을 기업으로 받는 것은 이미 일어난 일과 마찬가지라는 사실을 표현한다. 정복전쟁과 땅 분배가 모두 종결된 것처럼 묘사하는 여호수아 11:21에서도 이런 예언적 화법이 사용되었다고 보아야 한다:[119] "이와 같이 여호수아가 여호와께서 모세에게 말씀하신 대로 그 온 땅을 점령하여 이스라엘 지파의 구분에 따라 기업으로 주매 **그 땅에 전쟁이 그쳤더라**"(וְהָאָרֶץ שָׁקְטָה מִמִּלְחָמָה, 더 나은 번역은 "그 땅이 전쟁에서 안식을 얻었다").

한편, 정복전쟁과 땅 분배의 미결 문제가 다뤄지는 곳에서는 인간의 활동이 부각된다. 갈렙, 갈렙의 사위 옷니엘과 그의 아내, 슬로브핫의 다섯 딸들 등이 기업을 얻기 위해 어떤 노력을 기울였는지는 앞에서 이미 살펴본 바이다. 이들은 나이와 성별의 한계 및 지리적, 군사적 제약을 뛰어넘어 땅을 얻는 일에 적극적으로 용기 있게 나선 대표적 인물들이다. 지파 차원에서는 유다 지파와 요셉 집안의 활동이 돋보인다. 물론 실패가 없었던 것은 아니다. 유다 지파는 예루살렘에서 여부스 족속을 쫓아

---

[118] B. K. Waltke with C. Yu, *An Old Testament Theology. An Exegetical, Canonical, and Thematic Approach* (Grand Rapids: Zondervan, 2007), 525.

[119] 현재와 미래의 시간적 간격을 좁히는 압축기법(telescoping)이 여호수아서에 사용되었다고 보는 학자들도 있다. See Bright, *A History of Israel*, 132; A. Malamat, *Early Israelite and the Conquest of Canaan* (Oxford: The Oxford Centre for Postgraduate Hebrew Studies, 1978), 5; Halpern, "Gibeon," 315. 필자의 생각으로는 예언적 완료 역시 압축기법(telescoping)의 일종으로 간주될 수 있다.

내지 못했다(수 15:63). 요셉 자손은 벧 스안과 이스르엘 등 골짜기 땅의 가나안 주민들을 쫓아내지 못하였고 자신들의 땅이 좁다고 불평하는 모습을 보이기도 했다(수 17:16). 레위 지파를 제외한 나머지 일곱 지파의 경우 사정은 더욱 심각했다, 그들은 땅을 얻는 일에 매우 소극적이었다. 여호수아는 "너희가 … 어느 때까지 지체하겠느냐"(수 18:3)고 하며 그들의 소극적인 태도를 나무라기도 하였다. 그들이 기업을 분배 받은 것은 실로에 새로운 성소가 세워진 다음이다.

이런 이야기들은 정복전쟁과 땅 분배에서 인간의 적극적인 활동이 가진 역할과 중요성을 잘 보여준다. 땅은 하나님이 자기 백성에게 나누어 주시는 은혜의 선물이다. 정복전쟁과 땅 분배의 완결을 강조하는 본문은 이 사실을 밝히 드러낸다. 하지만 그것은 인간이 소극적이거나 수동적이어야 한다는 의미가 결코 아니다. 인간은 용기 있게 적들과 싸우고 적극적으로 땅을 차지하여야 한다. 이런 노력이 없다면 전쟁은 장기화될 수밖에 없고 땅을 얻는 일은 오랫동안 지체될 수밖에 없다. 정복전쟁과 땅 분배의 미결을 다루는 분문은 이 중요한 사실을 가르치고 있다. 그러므로 여호수아서에 나타나는 완결과 미결 사이의 긴장은 땅을 선물로 주시는 하나님의 주권적인 은혜와 그 땅을 선물로 받는 인간의 책임이 서로 균형을 잃지 않도록 해주는 역할을 한다. 하우스(P. R. House)가 말한 대로 "인간의 노력이 하나님의 주도권과 협력해야 한다. 순종이 기적을 동반해야 한다."[120]

적들을 물리치고 약속의 땅을 기업으로 받는 일에 인간이 용기 있게 능동적으로 참여해야 한다는 사실은 신약성경이 가르치는 하나님 나라의 원리와 맥을 같이 한다고 볼 수 있다. 예수님은 제자들에게 "세례 요한의 때부터 지금까지 천국은 침노를 당하나니 침노하는 자는 빼앗느니

---

[120] P. R, House, *Old Testament Theology* (Downers Grove: IVP, 1998), 208. Cf. G. W. Coats, "The Book of Joshua: Heroic Saga or Conquest Theme?," *JSOT* 38 (1987): 26.

라"(마 11:12)고 가르치셨다.¹²¹ 이 가르침은 천국을 얻는 일에 인간의 적극적인 노력이 얼마나 중요한지를 깨닫게 해준다. 래드(G. E. Ladd)는 이 구절의 의미를 다음과 같이 설명한다.

> … 하나님은 당신 자신의 계획을 이루시기 위해 강력하게 행동하신다. 왕국의 역동적인 힘이 세상을 침투해 들어왔으므로 사람들은 급진적인 반응으로 응답해야 한다. 예수님은 때때로 이 반응을 폭력적인 행위들로써 묘사하셨다. "네 손이 너로 범죄하게 하면 찍어버리라; … 네 눈이 너로 범죄하게 하면 뽑아 버리라"(막 9:43, 47). 이것이 천국에 들어갈 자들에게 요구되는 폭력행위이다. 다른 곳에서 예수님은 자신을 위해 가족을 미워하라는 격한 언어를 사용하셨다(눅 14:26). 그는 평화가 아닌 검을 가지고 왔다고 말씀하셨다(마 10:34). 왕국의 임재는 급진적인 반응을 요구한다.¹²²

여호수아서 역시 이와 같은 하나님 나라의 원리를 가르친다. 구약의 맥락에서 가나안 땅은 하나님이 왕으로서 다스리는 장소 곧 하나님 나라가 세워질 곳이다. 하나님의 임재와 통치를 상징하는 성막이 그 땅의 중심부인 실로에 세워진 것은 이 사실을 분명하게 나타낸다(수 18:1 참고). 그러므로 이스라엘 자손이 가나안 땅에 들어가는 것은 오늘날 사람들이 하나님 나라에 들어가는 것과 모형론적 유비관계에 있다고 볼 수 있다. 다시 말해 그것은 오늘날 하나님 나라를 얻고자 하는 사람들이 어떤 태도를 가져야 하는지를 예시한다. 여호수아서에 나타나는 "완결"과 "미

---

[121] 누가복음 16:16에서 예수님은 같은 가르침을 주고 계신다: "율법과 선지자는 요한의 때까지요 그 후부터는 하나님 나라의 복음이 전파되어 사람마다 그리로 침입하느니라".

[122] G. E. Ladd, *A Theology of the New Testament*, second edition (Grand Rapids: Eerdmans, 1993), 69.

결"의 긴장은 신약의 복음서에서 "이미"와 "아직"의 긴장 가운데 있는 것으로 소개되는 하나님 나라의 원리를 반영한다.[123]

4.4 요약정리

여호수아서에 나타나는 "완결"과 "미결"의 문제는 여러 측면에서 학자들의 관심을 끌어왔다. 그것은 여호수아서의 통일성을 부인하는 학자들에게 관심거리였을 뿐 아니라 여호수아서에 기록된 내용의 역사성에 회의적인 학자들에게 자신들의 주장을 뒷받침하는 중요한 증빙자료로 사용되기도 하였다. 그러나 여호수아서가 보여주는 "완결"과 "미결" 사이의 긴장은 이 책이 문학적으로나 신학적으로 얼마나 짜임새 있게 기록되었는지를 알려주는 역할을 한다. 그것은 정복전쟁과 땅 분배가 하나님이 주도적으로 이루신 일이라는 사실을 강조함과 동시에 인간의 능동적인 참여와 노력이 그 일에 반드시 필요하다는 사실을 역설적으로 드러낸다. 이스라엘 백성들은 "이 산지를 내게 주소서"하고 용기 있게 외치던 갈렙의 정신을 본받아 땅을 점령하는 일에 적극적으로 나서야 했다. 하나님 나라에 들어가기를 바라는 신약시대의 성도들에게 요구되는 정신과 태도 또한 동일하다. 하나님의 주권적인 능력으로 "이미" 이 땅에 도래한 하나님 나라는 "아직" 최종적인 완성을 기다리고 있다. 이 긴장의 때를 살아가는 성도에게 여호수아서는 적극적으로 힘을 다하여 정복전쟁과 땅 점령과 분배에 나섰던 여호수아와 갈렙의 정신을 본받도록 초청한다.

---

[123] Cf. Waltke, *An Old Testament Theology*, 525

5. 여호수아서의 신학[124]

여호수아서는 출애굽한 후 광야에서 40년의 세월을 보냈던 이스라엘 자손이 마침내 약속의 땅 가나안을 정복하고 그 땅을 기업으로 얻는 일을 기록한 책이다. 얼핏 보기에 이 책이 다루는 내용은 매우 단순하다. 이 책은 분량 면에서 사무엘서나 열왕기처럼 길지 않고 다루는 역사의 범위가 창세기처럼 길지도 않으며 잠언이나 전도서처럼 심오한 삶의 문제를 다루지도 않는다. 이스라엘 자손이 어떻게 정복 전쟁을 치렀고 그들이 어떻게 땅을 분배받았는지를 알려주는 것이 여호수아서의 주된 관심사이다. 분명히 정복 전쟁과 땅 분배는 중요한 문제이다. 그러나 여호수아서는 그것을 소개함에 있어서 그저 흥미로운 이야기를 들려주거나 과거에 대한 역사적 정보를 알려주는 차원에 머물지 않는다. 여호수아서는 구약 전반에 걸쳐 흐르는 다양한 신학적 주제들과 연결되어있다. 여호수아서는 정복 전쟁과 땅 분배 문제를 다루되 신학적 관점의 인도를 받는다. 여호수아서에 깊이 내재 되어있는 이 신학적 관심을 알지 못하면 정복 전쟁과 땅 분배는 기껏해야 흥미로운 과거의 이야기로 남고 만다. 그러므로 여호수아서에 내재된 신학적 내용을 탐구하여 이 책이 정복 전쟁과 땅 분배와 관련하여 세대를 가로질러 하나님의 백성에게 주는 가르침을 찾는 일은 매우 중요하다.

---

[124] 이 내용은 졸고, "여호수아서의 신학", 『가난하나 부요케: 조병수 박사 은퇴기념논총』, 은퇴기념논총 출판위원회 편(용인: 가르침, 2020), 215-48을 일부 수정한 것임을 밝힌다.

5.1 모세의 계승자 여호수아

여호수아서는 모세가 죽은 다음 여호와께서 여호수아에게 주시는 말씀과 함께 시작한다(1:1-9). 모세는 출애굽과 광야행군을 지휘한 "여호와의 종"(עֶבֶד יְהוָה)이었다. 모세가 살아있을 동안 여호수아는 "모세의 수종자"(מְשָׁרֵת מֹשֶׁה) 노릇을 했다. 모세가 죽자 여호와는 직접 여호수아에게 명령을 내리신다. 과거에 하나님은 모세를 통해 여호수아에게 말씀하셨다. "강하고 담대하라"는 격려의 말씀이 그런 경우다. 하나님은 모세에게 여호수아를 강하게 하고 담대하게 하라고 지시하셨다(신 1:38; 3:28). 그런데 이제 하나님은 직접 여호수아를 격려하신다(수 1:6). 이런 변화는 모세의 시대에서 여호수아의 시대로 바뀐 것을 나타낸다. 이제 여호수아는 모세의 위치에서 이스라엘 백성을 인도해야 한다.

여호수아가 모세의 후계자로 등장한 것은 오래 전의 일이다. 출애굽 직후 이스라엘이 아말렉과 전쟁을 했을 때 하나님은 모세에게 전쟁의 형편을 기록하고 그것을 특별히 "여호수아의 귀에 외워 들리라"(출 17:14)고 말씀하셨다. 이는 여호수아가 모세의 뒤를 이어 가나안 정복전쟁을 펼칠 인물임을 예고한다. 여호수아는 모세가 하나님의 율법과 계명을 받기 위해 시내산 정상으로 올라갔을 때 산 정상 가까이까지 모세를 수행했던 인물이다(출 24:12-14). 이와 더불어 이스라엘 진영 밖에 회막이 세워졌을 때의 일은 여호수아가 모세의 뒤를 이을 인물임을 암시한다. 당시 여호수아는 모세가 이스라엘 진 안으로 돌아간 뒤에도 회막에 계속 머물렀다(출 33:11). 이는 그가 특별히 "여호와를 앙모하는 자"(יְהוָה מְבַקֵּשׁ, 문자적 의미는 "여호와를 구하는 자")임을 나타낸다(출 33:7). 여호와께 대한 여호수아의 믿음은 가나안 정탐기사에서도 두드러진다. 가나안 정복에 회의적인 대다수 정탐꾼들과 달리 여호수아와 갈렙은 여호와로 인해 승리를 확신했다(민 14:6-9 참고). 이러한 여호수아의 이력은 그가 모세의 후계자로 준비된 자임을 보여준다.

민수기 27장에 따르면 여호수아는 모세가 살아있었을 때 이미 모세로부터 지도자 직분을 위임 받았다. 당시에 모세는 자신의 죽음이 임박한 것을 알고 하나님께 회중을 인도할 사람을 세워달라고 요청하였다: "여호와, 모든 육체의 생명의 하나님이시여 원하건대 한 사람을 이 회중 위에 세워서 그로 그들 앞에 출입하며 그들을 인도하여 출입하게 하사 여호와의 회중이 목자 없는 양과 같이 되지 않게 하옵소서"(민 27:16-17). 이 요청에 응하여 하나님은 모세에게 여호수아를 후계자로 세우도록 하셨다: "여호와께서 모세에게 이르시되 눈의 아들 여호수아는 그 안에 영이 머무는 자니 너는 데려다가 그에게 안수하고 그를 제사장 엘르아살과 온 회중 앞에 세우고 그들의 목전에서 그에게 위탁하여 네 존귀를 그에게 돌려 이스라엘 자손의 온 회중을 그에게 복종하게 하라"(민 27:18-20). 이 말씀은 여호수아가 하나님의 "영이 있는 사람"으로서 하나님의 명령에 따라 이스라엘 자손을 인도할 지도자로 세워진 것을 확인해준다(삼상 16:13; 행 6:3 참고).

이스라엘의 새로운 지도자로서 여호수아가 할 일은 이스라엘 백성과 함께 요단을 건너 하나님이 주시는 땅으로 들어가는 일이다(수 1:2). 이 일은 모세가 해왔던 일의 연장이자 완성에 해당한다. 이스라엘이 가나안 땅에 들어갈 때야 비로소 모세의 일(출애굽과 광야행군)이 목표지점에 도달한다(Keil, 5). 이런 이유로 여호수아서는 끊임없이 직접 또는 간접으로 모세를 상기시키거나 그를 연상케 하는 방식으로 여호수아의 행적을 소개한다. 차일즈(B. S. Childs)의 표현을 빌리자면, 여호수아는 자주 모세와 "모형론적 관계"(typological relation)에 놓인다.[125] 하나님은 여호수아에게 "내가 모세와 함께 있었던 것같이 너와 함께 있을 것임이니라"(1:5)고 약속하신다. 요단 동편의 두 지파 반은 여호수아에게 모세의 권위를 돌린다: "우리는 범사에 모세에게 순종한 것 같이 당신에게 순종하려니와 오

---

[125] Childs, *Introduction*, 245.

직 당신의 하나님 여호와께서 모세와 함께 계시던 것 같이 당신과 함께 계시기를 원하나이다"(수 1:17).

여호수아와 모세의 모형론적 관계는 여러 가지로 확인된다. 첫째, 모세는 하나님의 능력을 나타내는 지팡이를 통해 이스라엘 자손이 홍해를 육지처럼 건너게 했다(출 14:15-16). 이와 유사하게 여호수아는 하나님의 능력을 나타내는 언약궤를 통해 이스라엘 자손이 요단강을 육지처럼 건너게 했다(수 3:14-17). 따라서 요단의 기적은 "또 다른 출애굽 기적"(another Exodus miracle)이며[126] 여호수아는 "또 다른 모세"라고 할 수 있다. 두 사건은 모두 자기 백성을 애굽의 압제에서 구원하고, 그들의 적을 물리치고, 그들에게 약속된 땅을 주시는 하나님의 큰 능력을 증거한다. 둘째, 출애굽 당시 모세는 하나님의 뜻에 따라 할례의식을 행하고(출 4:24-26) 유월절을 새로 재정하였다(출 12장). 이 두 의식은 이스라엘 자손이 하나님과 언약을 맺은 백성임을 나타내고 하나님의 특별한 은혜와 보호를 입은 백성이란 사실을 기념한다. 모세와 마찬가지로 여호수아 역시 가나안 정복을 앞두고 할례의식을 행하고(수 5:2-9) 유월절을 지켰다(수 5:10-12). 이를 통해 여호수아는 모세가 확립한 언약백성으로서 이스라엘의 정체를 재확인했다.

셋째로 주목해야 할 사건은 여호수아가 여호와의 군대대장 (שַׂר־צְבָא־יְהוָה)을 만난 사건이다(수 5:13-15). 이 사건은 두 가지 측면에서 모세가 미디안의 호렙산에서 여호와의 사자를 만난 사건과 닮았다(출 3:1-5): 1) 모세와 여호수아는 모두 큰 임무(출애굽, 가나안 정복)를 앞두고 있었다; 2) 모세와 여호수아는 모두 여호와의 사자/군대 대장으로부터 같은 명령("네가 선 곳은 거룩한 땅이니 네 발에서 신을 벗으라")을 받았다.[127]

---

[126] Butler, *Joshua*, 52.

[127] 개역개정역에는 두 곳의 문장순서가 서로 다르다. 출애굽기 3:5에서는 이유를 밝히는 "원인절"(Causal Clause)이 먼저오고 명령문이 뒤따르는 반면, 여호수아 5:15은 명령문이 먼저 오고 원인절이 뒤따르는 형식이다. 그러나 맛소라 본문(MT)은 두 구절의

프릿츠(V. Fritz)는 두 사건의 유사성에서 모세와 나란히 놓인 여호수아의 모습을 발견한다.

> 이로써 여호수아는 모세와 나란히 놓이게 된다: 여호수아는 순종의 모습을 보이고, 이를 통해 그가 자신의 욕망이나 자신의 명예를 위해서가 아니라 하나님의 지시로 이스라엘을 그 땅으로 인도해 들인다는 것을 밝힌다.[128]

넷째, 모세는 하나님께로부터 율법을 받아 기록한 사람이다(출 24:4; 34:27; 신 31:24 참고). 구약에 자주 나타나는 표현 "모세의 율법"(왕상 2:3; 대하 23:18; 30:16; 스 3:2; 7:6; 단 9:11, 13), "모세의 율법책"(수 8:31; 왕하 14:6; 대하 25:4; 느 8:1), "모세의 책"(대하 35:12; 스 6:18; 느 13:1)은 모세가 율법의 기록자인 것을 잘 보여준다. 모세는 또한 이스라엘 자손들에게 율법을 "설명하고"(בֵּאֵר, 신 1:5), 그들 앞에 율법을 "제정한"(שָׂם, 신 4:44) 사람이기도 하다. 신명기는 모세가 모압 땅에서 이스라엘 자손에게 말한 "증언과 율례와 법도"(הָעֵדֹת וְהַחֻקִּים וְהַמִּשְׁפָּטִים)를 담고 있는 책이다(신 4:45). 모세는 이스라엘 자손에게 "내가 오늘 너희에게 증언한 모든 말을 너희의 마음에 두고 너희의 자녀에게 명령하여 이 율법의 모든 말씀을 지켜 행하게 하라"(신 32:46)고 명령하였다.

그런데 여호수아가 해야 했던 일은 모세의 율법을 지키는 일이었다. 하나님이 여호수아에게 그렇게 하도록 명하셨다: "오직 강하고 극히 담대하여 나의 종 모세가 네게 명령한 그 율법을 다 지켜 행하고 우로나 좌로나 치우치지 말라 ... 이 율법책을 네 입에서 떠나지 말게 하며 주야로

문장순서가 동일하다(명령문+원인절). 다만 출애굽기 3:5에 "땅"이 추가된 점이 다르다: שַׁל־נְעָלֶיךָ מֵעַל רַגְלֶיךָ כִּי הַמָּקוֹם אֲשֶׁר אַתָּה עוֹמֵד עָלָיו אַדְמַת־קֹדֶשׁ הוּא.

[128] Fritz, *Die Entstehung Israels*, 32. Cf. V. P. Hamilton, *Handbook on the Historical Books* (Grand Rapids: Baker Academic, 2001), 29.

그것을 묵상하여 그 안에 기록된 대로 다 지켜 행하라 …"(수 1:7-8). 이 명령과 같이 여호수아는 모세의 율법을 지키는 일에 온 힘을 기울였다. 그는 신명기에 규정된 전쟁의 원칙(신 7:16; 20:16-17)에 따라 가나안 원주민들을 모두 진멸하였다(수 10:39; 11:20). 여호수아는 기브온 족속과 화친조약을 맺는 일에 있어서도 신명기의 율법을 따랐다. 신명기는 이스라엘이 화친조약을 맺을 수 있는 대상으로 멀리 있는 나라들을 꼽는다 (신 20:10-17). 여호수아가 기브온 족속과 화친조약을 맺을 수 있었던 이유는 (비록 속은 것이긴 하지만) 그들이 "먼 나라"에서 온 자들이라고 생각했기 때문이다(수 9:6). 나아가 여호수아는 제사장 엘르아살과 함께 "여호와께서 모세에게 명령하신 대로" 이스라엘 자손에게 기업을 분배했다(수 14:2; 민 34 참고). 레위인들에게 기업을 분배하고 도피성을 정하는 일 역시 모세가 정한 원칙에 따른 것이었다(수 20:2; 21:8; 민 35 참고). 여호수아는 "여호와께서 모세에게 명하신 모든 것"을 행하였다(수 11:15).

여호수아의 역할은 단순히 모세의 율법을 지키는 차원에만 머물지 않는다. 에발 산에서 있었던 언약갱신 의식이 이것을 잘 보여준다. 아이 성 전투 이후 여호수아는 세겜 땅의 에발 산으로 가서 그곳에 돌로 제단을 쌓고 여호와께 번제와 화목제를 드렸을 뿐만 아니라 백성들에게 축복과 저주의 율법을 낭독하였다(수 8:30-35). 물론 이 의식은 철저하게 신명기에 기록된 모세의 명령에 따라 행해진 것이었다(신 11:29-30; 27:1-26).[129] 하지만 이 의식에는 여호수아가 모세와 같다는 생각을 불러일으키는 특별한 요소들이 있다. 여호수아는 돌로 제단을 쌓고 그 돌에 율법을 기록했으며 백성들에게 율법을 낭독했다. 이것은 시내산에서 모세가 했던 일

---

[129] 하우스는 여호수아서가 신명기의 "신학적 강조점"을 이어받으며 여호수아서의 메시지가 "모세의 원칙에 기초를 두고 있다"고 말한다. House, *Old Testament Theology*, 199. 렌토르프에 따르면 여호수아는 "모세가 준 토라를 실행하는 기관"("ausführendes Organ der von Mose gegebenen Tora")이다. R. Rendtorff, *Theologie des Alten Testaments* Bd. 1 (Neukirchen-Vluyn: Neukirchener Verlag, 2001), 87. Cf. Childs, *Introduction*, 246-47.

의 반복에 가깝다. 모세 역시 제단을 쌓고 여호와의 말씀을 기록하였으며 백성들에게 율법(언약서)을 낭독했다(출 24:3-8). 따라서 에발 산의 여호수아는 시내산의 "모세의 재현"(Moses redivivus) 또는 "제2의 모세"라고 할 수 있다. 여호수아의 그런 모습은 여호수아서의 종결부(수 22-24장)에도 강조된다. 이곳에서 여호수아는 백성들에게 여호와를 사랑하고 여호와의 율법을 지키며 여호와만을 섬기라고 설파한다.[130] 이는 모두 "여호와의 종" 모세가 강조했던 바이다. 그러므로 여호수아서는 여호수아에게도 "여호와의 종"이란 칭호를 돌림으로써 책을 끝맺는다(수 24:29).

이상에서 여호수아와 모세의 관계를 살펴보았다. 이를 통해 우리는 구약 이스라엘의 역사에서 모세와 모세의 율법이 차지하는 규범적 위치를 확인할 수 있다. 모세의 율법은 구약 이스라엘 백성이 따라야 할 권위 있는 규범이자 개인과 공동체 차원에서 신앙과 생활을 형성하는 기본원칙이다. 여호수아서는 모세와 모세의 율법을 따르는 여호수아의 역할을 자세히 묘사함으로써 이 사실을 크게 강조한다. 정경의 차원에서 이해하자면, 여호수아서에 오경의 내용(모세와 모세의 율법)이 강조되는 것은 오경이 여호수아서로부터 시작하는 구약 책들의 토대이자 표준임을 나타낸다.[131] 다른 한편, 여호수아는 하나님이 모세에게 말씀하신 "너와 같은

---

[130] 뢰머는 여호수아 24장에서 여호수아가 "제 2의 모세"로 그려진다고 말한다. T. Römer, "Book-Endings in Joshua," *Raising Up a Faithful Exegete*, Essays in Honor of Richard D. Nelson, K. L. Noll and B. Schramm, eds. (Winona Lake: Eisenbrauns, 2010), 99.

[131] 여호수아서에 나타나는 오경의 내용(특 제사장적 본문)이 기존의 여호수아 기록(신명기적 역사의 일부)을 오경과 조화시키고자 하는 편집의 결과물이라고 보는 견해도 있다. R. Albertz, "The Canonical Alignment of the Book of Joshua," *Judah and the Judeans in the Fourth Century B.C.E.*, O. Lipschits, G. N. Knoppers, R. Albertz, eds. (Winona Lake: Eisenbrauns, 2007), 300. 이 견해와 달리 여호수아서가 원래 오경의 제사장적 자료를 사용하여 만들어진 "독립된 책"이었으나 포로기 후에 신명기 및 사사기와 연결되는 내용이 추가됨으로써 신명기적 역사의 일부로 편입되었다는 주장도 있다. T. B. Dozeman, "Joshua in the Book of Joshua," *Raising Up a Faithful Exegete*, Essays in Honor of Richard D. Nelson, K. L. Noll and B. Schramm, eds. (Winona Lake: Eisen-

선지자"(신 18:18)의 반열에 이름을 올린 첫 번째 사람이다. 이 반열의 마지막 인물은 또 다른 여호수아인 "예수"라는 사실이 놀랍다.[132] 역사를 가로질러 나타나는 이런 유비적 관계는 역사가 하나님의 뜻 가운데 펼쳐지며 하나님이 정하신 목표를 향해 나아간다는 사실을 굳게 확인시켜 준다.

5.2 약속의 성취

여호수아서는 하나님이 약속하신 대로 가나안 땅을 이스라엘 자손에게 기업으로 주시는 것을 보여준다. 하나님께서는 아브라함에게 가나안 일대를 그의 자손에게 주시겠다고 약속하셨다(창 15:18). 이 약속은 족장 이삭과 야곱에게 계속 되풀이된다(창 26:2-4; 28:13-14; 35:9-15). 후에 하나님은 모세에게 조상들에게 주신 땅의 약속을 상기시키시며 그 약속의 성취를 다시 보증하셨다(출 6:8). 그곳에 사용된 표현 "손을 들다"(개역개정역은 "맹세하다")는 땅을 주시고자 하는 하나님의 의지가 확고함을 잘 나타낸다. 그런데 이제 하나님은 과거 조상들에게 맹세로 보증하신 땅의 약속을 여호수아를 통해 이루려고 하신다. 하나님은 여호수아에게 "강하고 담대하라 너는 내가 그들의 조상에게 맹세하여 그들에게 주리라 한 땅을 이 백성에게 차지하게 하리라"(수 1:6)고 말씀하신다. 이곳에서 다가

---

brauns, 2010), 114-15. 이 두 주장은 여호수아가 신명기적 역사의 일부라는 주장이 옳다는 전제 하에서만 고려될 수 있는 가설들이다. 그러나 여호수아서에는 그 자체로 도입과 종결을 갖춘 독립된 책임을 보여주는 증거들이 있다. 그러므로 신명기적 역사 이론을 전제한 여호수아서의 이해는 재고되어야 한다. 졸고 "여호수아서의 문학적 구성에 대한 연구," 『구약논단』(2019): 35.

[132] 칠십인역은 여호수아를 "예수"(Ἰησοῦς)로 번역한다. 히브리어 성경(MT)의 느헤미야 8:17에서도 여호수아는 "예수"(ישׁוּעַ)로 불린다. 여호수아의 이름은 원래 "호세아"(הוֹשֵׁעַ)였으나(민 13:8; 신 32:44), 모세가 그에게 "여호수아"(יְהוֹשֻׁעַ)란 새 이름을 주었다(민 13:16).

올 "미래"를 지시하는 표현법(לְהַנְחִיל, "차지하게 하리라")은 책의 후반부에서 지나간 "과거"를 가리키는 표현법(נָתַן, "주셨다")으로 대체된다: "여호와께서 이스라엘의 조상들에게 맹세하사 주리라 하신 온 땅을 이와 같이 이스라엘에게 다 주셨으므로 …"(수 21:43). 이런 서술방식은 땅에 대한 약속의 성취가 책의 주요 관심사임을 잘 드러낸다.

그러므로 이 책에는 여호와께서 직접 땅을 주신다는 메시지가 매우 강조된다. 여호수아 1:3에서 하나님은 여호수아에게 "너희 발바닥으로 밟는 곳은 모두 내가 너희에게 주었[다]"고 말씀하신다. 여기에 사용된 완료형 동사("주었다")는 아직 정복전쟁이 시작되지도 않은 시점에서 이스라엘 자손이 이미 땅을 받았다고 밝히는 시대착오적 표현처럼 보인다. 하지만 그것은 여호수아서가 단순한 역사기록이 아니라 역사를 하나님의 뜻이 성취되는 장으로 바라보는 선지자적 역사안목에 따라 기록된 글(선지자적 역사기록)이란 점을 고려할 때 바르게 이해할 수 있는 표현이다. 다시 말해, 그것은 가나안 땅을 이스라엘 자손에게 주시고자 하는 하나님의 뜻이 확고하기에 이스라엘 자손 편에서는 그 땅을 이미 받은 것이나 다름없다는 사실을 강조하는 선지자적 수사(prophetic rhetoric)이다.

이 선지자적 어법은 여호수아 11:23에서 가장 두드러진다: "이와 같이 여호수아가 여호와께서 모세에게 말씀하신 대로 그 온 땅을 점령하여 이스라엘 지파의 구분에 따라 기업으로 주매 그 땅에 전쟁이 그쳤더라." 이 진술은 일반적으로 역사기록이 취하는 과학적 서술방식과는 거리가 멀다. 역사적 사실이란 차원에서 정복전쟁은 여호수아 시대에 다 끝나지 않았다(수 13:1 참고). 그것은 여호수아 사후에도 지속되었다(삿 1장 참고). 그러기에 역사가들은 여호수아 1-11장의 내용이 역사적으로 믿을만하지 않은 꾸며진 이야기일 뿐이라고 주장하기도 한다.[133] 그러나 이 주장

---

[133] 알트는 여호수아 1-11장의 기록은 과거에 일어난 역사적 사실이 아니라 현재의 사실을 설명하기 위한 "기원론적 전설"(ätiologische Sagen)이라고 주장한다. Alt, *Kleine*

은 여호수아서를 지배하는 선지자적 관점에 대한 오해에서 비롯되었다. 선지자는 현재의 사실에서 역사를 이끄시는 하나님의 계획을 발견하고 그 계획의 성취를(그것이 비록 미래에 완성되는 일이라 할지라도) 기정사실로 간주한다(왕상 18:44; 렘 32:6-15 참고). 여호수아서의 기록자는 이 관점으로 역사를 바라본다. 그에게 "여호수아가 이룬 초기의 승리는 최종적인 승리에 대한 담보(guarantee)이자 그것의 전조(adumbration)로 받아들여질 수 있[었]다."[134] 이것이 여호수아 시대에 정복전쟁이 종결된 것처럼 기록될 수 있었던 이유이다.[135] 그러므로 여호수아서의 내용은 역사적 사실과 상충되는 허구가 아니라 약속의 성취를 강조하는 선지자적 증언이다.

여기서 렌토르프(R. Rendtorff)의 설명에 주목할 필요가 있다: "... 이스라엘에게 승리를 주시고 그것을 통해 그들에게 약속하신 땅을 주시는 분은 하나님 자신이다. 이로 인해 많은 사건들이 바로 제의적인 행사의 특

Schriften, 182-83. 이스라엘 고고학자 핑켈스타인은 여호수아 1-11장에 기록된 내용은 "낭만적인 동화"(eine romantisch Mär)일 뿐이라고 주장한다. Finkelstein und Silberman, *Keine Posaunen vor Jericho*, 135. 미국의 수정주의자(revisionist) 데버에 따르면 여호수아서의 내용은 역사적 근거가 희박하다. 데버는 역사상 이스라엘의 출현은 가나안 땅 내부에서 가나안 사람 사이에 일어난 사회, 정치적 변화의 결과라고 주장한다. Dever, *Recent Archaeological Discoveries*, 79: "The inescapable conclusion – only likely to be enhanced by future archaeological research – is that the Israelite settlement in Canaan was part of the larger transition from the Late Bronze to the Iron Age. It was a gradual, exceedingly complex process, involving social, economic, and political – as well as religious – change, with many regional variations."

[134] 졸고, "여호수아서에 나타나는 미결과 완결의 긴장", 126. 초기의 승리에서 최종적인 승리를 보는 방식을 "압축 기법"(telescoping)이라고 부른다. 이 기법은 관찰자와 대상 사이의 시간적, 공간적 간격을 좁힌다. 여러 학자들이 여호수아서에 이 기법이 사용되었다고 본다: Bright, *A History of Israel*, 132; Malamat, *Early Israelite and the Conquest of Canaan*, 5; Halpern, "Gibeon," 315.

[135] Cf. Waltke, *An Old Testament Theology*, 525: "At any given point along the continuum of fulfillment, it can be said that God fulfilled his promise. Moreover, each fulfillment was a part of the ultimate fulfillment and could be reckoned as such."

성을 얻는다."¹³⁶ 이 설명과 같이 여호수아서에는 제의적 요소들이 두드러진다. 먼저, 이스라엘 자손이 요단강을 건널 때 형편을 생각해보자. 법궤를 멘 제사장들이 이천 규빗(약 900미터) 앞에서 백성을 인도하고 그들의 발이 물가에 들어서자 위로부터 흐르던 강물이 끊어져 백성이 마른 땅으로 강을 건넌다. 법궤는 하나님의 임재와 통치를 상징하는 제의물건이다(출 25:22; 민 7:89 참고). 그러므로 그것은 이스라엘 자손을 가나안 땅으로 인도해들이시는 분이 하나님 자신이란 사실을 극적으로 나타낸다. 또한 이곳에서 법궤에게 주어지는 명칭도 중요하다: "온 땅의 주의 언약궤"(3:11); "온 땅의 주 여호와의 궤"(3:13). 이 의미심장한 명칭은 땅의 주인이신 여호와께서 자신의 언약에 따라 가나안 땅을 이스라엘 자손에게 주신다는 사실을 강하게 암시한다.

다음으로 중요한 사건은 이스라엘 자손이 길갈에 진을 치고 있을 때 "여호와의 군대대장"이 칼을 들고 여호수아에게 나타난 사건이다. 이 사건은 앞으로 여호수아가 펼칠 정복전쟁이 사실은 여호와의 군대대장이 지휘하는 "여호와의 전쟁"임을 알려준다. 이 전쟁에서 중요한 것은 이스라엘 자손이 "거룩"을 유지하는 것이다. 여호와의 군대대장이 한 말에서 이것을 알 수 있다: "네 발에서 신을 벗으라 네가 선 곳은 거룩하니라"(5:15).

정복전쟁에서 제의적인 측면이 가장 두드러지는 곳은 여리고 전쟁이다. 이스라엘 자손은 여리고를 정복하기 위한 군사작전을 수행하는 대신 법궤와 함께 여리고 성을 도는 "제의 행렬"(cultic procession)을 벌인다. 행렬 가운데는 법궤를 멘 제사장들이 있고 이들 앞에는 양각 나팔을 든 일곱 제사장이 있다. 행렬의 앞과 뒤에는 무장한 군사들이 배치된다. 행렬의 이런 형식은 여리고 성을 공격하는 분이 여호와 자신임을 상징적으로

---

¹³⁶ Rendtorff, *Theologie des Alten Testaments*, 90. 비평학자들은 여호수아서에 나타나는 제의적 특성을 이야기의 전승과정에서 입혀진 "덧칠"(Übermalung)로 간주하기도 한다. G. Hentschel, "Das Buch Josua," 264.

나타낸다. 법궤의 행진은 적들과의 전쟁을 의미하기 때문이다(민 10:35-36 참고). 법궤 행렬은 육일 동안 매일 한 번씩 여리고 성 주위를 돌되 일곱째 날에는 일곱 번 그렇게 했다. 마지막 일곱 번째 행진에서 나팔 소리가 길게 울리고 백성들이 크게 소리 지르자 견고하던 성벽이 저절로 무너져 내렸다. 이는 여리고의 파괴가 하나님 자신에 의한 것이란 사실을 확인해준다. 여리고 정복은 가나안 땅에서 일어난 첫 수확이다. 그러므로 그것은 앞으로 펼쳐 질 정복전쟁의 성격을 규정한다.[137] 정복전쟁은 하나님이 수행하시는 전쟁이다.[138]

정복전쟁이 하나님의 전쟁이라는 개념은 이스라엘 자손이 가나안 남부의 다섯 왕들과 벌인 전쟁에서도 두드러진다. 이 때 하나님은 하늘에서 "큰 우박 덩이"를 내려 적들을 죽이셨다. 성경기록에 따르면 "이스라엘 자손의 칼에 죽은 자보다 우박에 죽은 자가 더 많았[다]"고 한다(수 10:11). 그뿐이 아니다. 하나님은 여호수아의 기도에 응답하여 하늘에 태양이 멈추게 하심으로써 이스라엘 편에 큰 승리를 안겨주셨다. 이에 대하여 성경기록은 다음과 같이 평가한다: "여호와께서 사람의 목소리를 들으신 이같은 날은 전에도 없었고 후에도 없었나니 이는 여호와께서 이스라엘을 위하여 싸우셨음이니라"(수 10:14).

끝으로, 땅 분배와 관련된 제의적 요소도 언급할 필요가 있다. 이스라엘 자손은 "제비뽑기"란 독특한 절차를 거쳐 땅을 분배하였다. 확실히 여기서 강조되는 것은 땅 분배의 제의적 차원이다. 땅은 인간이 자신

---

[137] 이런 이유로 여리고 전쟁은 여호수아서에서 정복전쟁의 전형으로 언급된다 (수 8:2; 9:3; 10:1, 28, 30).

[138] 여기서 이스라엘 자손이 출애굽 한 직후 아말렉과 싸운 전쟁을 상기할 필요가 있다. 이 전쟁에서 특별한 점은 하나님의 지팡이를 잡은 모세의 손이 승리를 이루어내는 데 결정적인 역할을 했다는 사실이다. 그것은 전쟁의 승리가 하나님의 능력에 달려있다는 원리를 가르쳐준다. 당시 하나님은 모세에게 이 전쟁의 형편을 특별히 여호수아가 기억하도록 만들라고 지시하셨다. 이는 아말렉 전쟁에서 드러난 전쟁의 원리가 정복전쟁서도 그대로 적용된다는 의미이다. 졸고, "하나님의 백성의 적 '아말렉'",「신학정론」34/1 (2016): 229-32.

의 능력으로 자신이 원하는 만큼 취하는 것이 아니다. 그것은 하나님께서 각자의 필요에 따라 적절하게 나누어주시는 것이다(민 33:54 참고). 인간 의지의 개입을 근원적으로 차단하는 제비뽑기는 이것을 가르치기 위한 수단이다. 요컨대, 정복전쟁과 땅 분배에서 강조되는 초자연적 요소들이나 제의적 요소들은 하나님이 조상들에게 주신 약속에 따라 가나안 땅을 이스라엘 자손에게 주신다는 사실을 확인해준다. 여호수아서 저자는 책의 종결부(22-24장)로 넘어가기 전에 마지막으로 땅의 정복과 분배가 하나님이 이스라엘 자손에게 주신 약속의 성취란 사실을 밝힌다: "여호와께서 이스라엘 족속에게 말씀하신 선한 말씀이 하나도 남음이 없이 다 응하였더라"(수 21:45).

5.3 인간의 책임

여호수아서는 정복전쟁과 땅 분배에서 인간의 역할이 차지하는 중요성을 간과하지 않는다. 가나안 땅은 분명히 하나님이 이스라엘 자손에게 주시는 선물이지만 그것은 결코 이스라엘 자손에게 모든 책임과 의무를 제거하는 것은 아니다. 이스라엘 자손은 용기 있게 적들과 맞서 싸워야 했고 땅을 차지하는 일에 적극적으로 나서야 했다. 이런 노력이 수반되지 않는 승리와 땅의 소유는 기대할 수 없다는 것이 여호수아서가 주는 메시지다.[139] 그러나 인간이 기울이는 모든 노력들은 하나님이 베푸시는 은혜의 선물을 명목상의 것으로 만들지 않는다. 오히려 인간의 노력들은 하나님의 은혜로운 약속이 구체화되는 통로이다. 하나님의 선물과 그 선

---

[139] 필자는 이것에 대해 졸고, "여호수아서에 나타나는 미결과 완결의 긴장", 137에서 강조한바 있다.

물을 받는 인간의 행위는 분리되지 않고 함께 간다.[140]

여기서 여호수아를 하나님의 뜻을 받드는 "종"의 위치에 있으면서도 "창의적인 주도권"(creative initiative)을 행사하는 "영웅적 인물"(heroic man)로 이해하는 코우츠(G. W. Coats)의 견해에 대한 평가가 필요하다.[141] 하나님의 뜻을 받드는 여호수아의 능동적이고 적극적인 노력을 강조하는 것은 당연한 일이다. 하지만 그의 활동을 "창의적인 주도권"이나 "영웅적 인물"이란 말로 표현하는 것은 적절하지 않다. 대체 여호수아의 어떤 모습이 창의적이고 영웅적인가? 앞에서 보았듯이, 여호수아는 철저히 모세에게 의존했던 인물이다. 그가 모세를 떠나 주도적으로 어떤 일을 행하였다는 기록은 여호수아서에 나오지 않는다. 여호수아서는 여호수아의 정복활동을 다음 말로 요약한다.

> 여호와께서 그의 종 모세에게 명령하신 것을 모세는 여호수아에게 명령하였고 여호수아는 그대로 행하여 여호와께서 모세에게 명하신 모든 것을 하나도 행하지 아니한 것이 없었더라(수 11:15).

여호수아가 행한 모든 일은 하나님의 명령을 "그대로 행하[는]"(כֵּן עָשָׂה) 일이었다. 여리고 전쟁이 그 대표적인 사례이다. 여호수아는 하나님의 명령에 따라 행하였을 뿐이며 그 결과는 승리였다. 아이성 전쟁의 경우도 마찬가지다. 여호수아는 하나님의 지시에 따라 매복전술을 사용하고(8:2), 공격신호를 보냈다(8:18). 여호수아가 했던 일은 창의적인 것이나

---

[140] House, *Old Testament Theology*, 208: "Just as Israel's obedience to God's revelation completes the covenant, so Israel's response to Yahweh's victories completes the conquest. The human effort must cooperate with the divine initiative. Obedience must accompany miracle."

[141] Coats, "The Book of Joshua: Heroic Saga or Conquest Theme?," 15-32.

영웅적인 것이 아니다. 그것은 하나님의 말씀에 순종하는 일이다.[142]

여호수아서는 처음부터 순종의 중요성을 강조한다. 심지어 율법대로 행하는 것이 형통(땅의 정복과 분배)의 조건으로 제시된다. 하나님은 여호수아에게 "오직 강하고 극히 담대하여 나의 종 모세가 네게 명령한 그 율법을 다 지켜 행하고 우로나 좌로나 치우치지 말라 그리하면 어디로 가든지 형통하리[라]"고 하셨다(1:7). 이와 비슷한 말씀이 여호수아 1:8에서 되풀이된다: "이 율법책을 네 입에서 떠나지 말게 하며 주야로 그것을 묵상하여 그 안에 기록된 대로 다 지켜 행하라 그리하면 네 길이 평탄하게 될 것이며 네가 형통하리라." 이 말씀은 약속의 성취를 위해 이스라엘의 순종이 절대적으로 필요하다는 의미이다. 아간의 일화는 이것을 교훈하는 실례에 해당한다. 아간은 하나님의 명령에 불순종하여 "바친 물건"(헤렘)을 취하였다. 그것은 이스라엘이 여리고보다 작은 아이성 전투에서 패배하는 결과를 가져왔다. 아이성의 정복은 아간의 문제를 해결한 다음에야 가능했다. 이것은 전쟁의 승패가 이스라엘의 순종에 달려있음을 단적으로 보여준다.

아간의 일화는 또 다른 차원에서 이스라엘 백성에게 요구되는 책임에 독자들의 관심을 모은다. 이스라엘 자손은 언약을 통해 한 하나님을 섬기는 한 공동체로 결속되어있었다. 그러므로 백성 가운데 한 사람이 언약을 파괴하는 죄를 지을 경우 공동체 전체가 그 죄에 연루된 것으로 간주되었다. 아간의 일화에서도 죄를 범한 것은 아간 한 사람이었지만 하나님은 온 이스라엘이 죄를 범한 것으로 간주하셨다: "이스라엘이 범죄하여 내가 그들에게 명령한 나의 언약을 어겼으며 또한 그들이 온전히

---

[142] 그러므로 코우츠가 비판한 폰라드(G. von Rad)의 견해가 옳다. 폰라드는 모세의 역할을 다음과 같이 설명한다: "Great as was the veneration of the writers for this man to whom God had been pleased to reveal Himself, in all these stories it is not Moses himself, Moses the man, but God who is the central figure. God's words and God's deeds, these are the things that the writers intend to set forth." (Coats, "The Book of Joshua," 26에서 재인용)

바친 물건을 가져가고 도둑질하며 속이고 그것을 그들의 물건들 가운데에 두었느니라"(수 7:11). 그러므로 공동체가 정상으로 회복되기 위해서는 범죄자를 공동체에서 제거해야만 했다(수 7:12 참고).

여호수아서는 처음부터 연대책임의 문제를 중요하게 다룬다. 여호수아 1:13-15에서 여호수아는 요단 동편에서 기업을 얻은 지파들을 향하여 다른 지파들과 함께 요단을 건너가서 그들을 도우라고 명령한다. 이곳에 두 번 사용된 "너희 형제"(אֲחֵיכֶם)는 "언약의 피"(דַּם־הַבְּרִית)로 연결된 공동체의 연대성을 함축하는 표현이다(출 24:8 참고). 여호수아는 요단 동편의 지파들에게 "너희의 형제보다 앞서 건너가[라]"고 명한다(수 1:14). 연대관계는 옛 언약공동체에서 "앞서" 지켜져야 할 기본원칙이었다. 공동체의 연대성 문제는 책의 종결부(22장)에서 다시 강조된다.[143] 요단 동편 지파들은 자신들의 책임을 다한 후 집으로 돌아가면서 요단강 기슭에 한 제단을 쌓았다. 그것은 자신들이 요단 서편 지파들과 마찬가지로 여호와의 백성이란 사실을 표시하기 위한 것이었다. 하지만 요단 서편 지파들은 그것을 배교로 받아들이고 응징하고자 하였다. 그들은 아간의 범죄가 그랬듯이 이 배교행위 역시 온 이스라엘에 재앙을 불러올 것이라고 생각했다. 마침내 오해가 풀리긴 했지만, 이 사건은 공동체의 하나 됨을 지켜야 하는 백성의 책임에 주의를 환기시킨다.

한편, 땅 분배에서 이스라엘에게 요구되는 역할과 책임에 대해서도 생각해보아야 한다. 갈렙은 팔십오 세나 되는 고령의 나이에도 땅을 분배받는 일에 적극적으로 나섰다. 그는 가만히 앉아서 땅이 주어지기만을 기다리지 않았다. 그는 또한 손쉽게 차지할 수 있는 땅을 바라지 않았다. 그가 선택한 곳은 거인족 아낙 사람이 살고 있는 헤브론이었다. 갈렙의 도전적인 태도는 약속의 땅을 받는데 필요한 것이 무엇인지를 보여주

---

[143] Cf. Assis, "The Position and Function of Jos 22 in the Book of Joshua," 532: "... the concept of mutual responsibility is a central idea in the story, just as it is the main idea of the earlier Achan narrative in Joshua (7, 1. 11)."

는 본보기다. 땅을 주시는 분은 하나님이시지만 이스라엘 자손은 그 땅을 받는 일에 적극성을 보여야 한다. 물론 갈렙의 선택은 스스로의 판단에 따른 것이 아니었다. 헤브론은 하나님이 갈렙에게 주시기로 약속하신 땅이었다(수 14:12 참고). 갈렙은 이 약속에 따라 믿음으로 그 땅을 얻으려고 했던 것이다. 결국 하나님의 은혜로운 약속은 믿음의 용기를 가진 자에게 현실화된다. 이스라엘 자손이 모두 갈렙의 믿음을 공유했던 것은 아니다. 일곱 지파는 땅을 차지하는 일에 소극적인 태도를 보이다가 여호수아에게서 책망을 받았다(수 18:2-3).

끝으로, 이스라엘 자손이 가나안 땅에서 이루어야 할 소명에 대해서 간단히 언급하고자 한다. 가나안 땅은 이스라엘과 하나님의 언약관계가 펼쳐질 땅이다. 이스라엘 자손이 정복전쟁을 시작하기에 앞서 할례를 행한 것(수 5:2-9)이 이를 증명한다. 할례는 "언약의 표징"(אוֹת בְּרִית)이다(창 17:11). 이 표징은 그것을 가진 사람이 하나님께 속한 사람이란 사실을 표시한다. 이 표징을 가진 사람은 하나님을 사랑해야 한다(신 30:6 참고). 여호수아서의 맥락에서 길갈에서 행해진 할례의식(수 5:2-9)은 에발 산에서 행해진 언약갱신 의식(수 8:30-35)과 연결된다. 이 의식은 이스라엘 자손이 그들의 왕이신 하나님의 말씀에 따라 가나안 땅에서 새로운 삶을 살겠다는 다짐과 결의를 엄숙하게 표현한다. 후에 실로에 세워진 성소와 레위 사람에 대한 기록 역시 동일한 정신을 반영한다. 이스라엘 백성은 그들 가운데 임재하시는 하나님을 섬기도록 약속의 땅 가나안으로 부름을 받았다. 실로 성소(수 18:1-10)가 땅 분배(수 14:6-19:51)의 중심을 차지하고 레위 사람에 대한 이야기가 땅 분배의 마지막을 장식하는 것이 이런 이해를 강화시킨다. 여호수아서는 "여호와만 섬기라"(24:14)는 여호수아의 권면과 "우리가 여호와를 섬기겠나이다"(24:21) 하고 다짐하는 백성의 말로써 끝맺는다.

5.4 여호와의 전쟁

앞에서 설명한 바와 같이, 정복전쟁은 "여호와의 군대대장이 지휘하는 '여호와의 전쟁'"이다. 이 전쟁의 특징 중에 하나는 "헤렘"(חֵרֶם)이다.[144] "헤렘"은 사전적으로 다음 의미를 가진다: 파괴, 제의적인 사용을 위한 "봉헌"(Weihung), "금지/저주"(Bann), 금지/저주를 통해 하나님께 "바친 물건"(Geweihtes).[145] 구약 히브리어 동사의 용례에서 헤렘의 어근(חרם)은 오직 사역형(히필 48회, 호팔 3회)으로만 나타나며,[146] 한글 개역개정역 여호수아서에서는 주로 "멸하다", "진멸하다", "진멸하여 바치다", "온전히 바치다" 등으로 번역된다. 헤렘의 대상에는 사람과 가축은 물론이고 밭까지 포함될 수 있었으며, 이들은 모두 여호와께 "지극히 거룩한"(קֹדֶשׁ־קָדָשִׁים) 것으로 간주되었다(레 27:28 참고).[147] 헤렘의 대상이 사람이나 가축일 경우 반드시 죽여야 했고, "은금과 동철 기구들"처럼 파괴가 불가능한 물건들은 성소의 곳간에 보관하였다(레 27:29; 수 6:24 참고).

여호수아서는 가나안 사람이 헤렘의 주된 대상이었음을 알려준다. 가축이나 기타 소유물까지 헤렘의 대상이 된 경우도 있지만 그것은 예외에 속한다(수 6:21 참고). 헤렘은 자주 그 잔혹성으로 인해 신학자의 토론

---

[144] 폰라드는 헤렘이 여호와의 전쟁의 "절정과 종결"(Höhepunkt und Abschluss)을 이룬다고 말한다. G. von Rad, *Der Heilige Krieg im alten Israel*, 5. Aufl. (Göttingen: Vandenhoeck & Ruprecht, 1969), 13.

[145] See HALAT, 340; BDB, 356. 베르슬라우스에 의하면, "헤렘"은 사람이나 사물의 완전하고 철저한 '분리'(separation)를 의미한다. See A. Versluis, "Devotion and/or Destruction? The Meaning and Function of חרם in the Old Testament," *ZAW* 128 (2016): 233-46.

[146] J. A. Naudé, חרם, *NIDOTTE*, Vol. 2 (Grand Rapids: Zondervan, 1997), 276.

[147] 헤렘의 대상이 "지극히 거룩한" 이유는 그것의 본질적인 특성이나 가치 때문이 아니라 여호와께 바쳐진 것이기 때문이다. 헤렘의 대상이 되는 사람이나 물건의 영적, 제의적, 도덕적 특성은 오히려 하나님께 "가증하다"고 보아야 한다(신 7:25-26 참고).

거리가 되었다. 세상을 위해 독생자를 내어주신 사랑의 하나님이 어떻게 사람을 무차별 살육하라는 명령을 내릴 수 있는가? 폴츠(P. Volz)는 구약에서 하나님과 연관된 모든 무서운 면들을 "악마적"이라고 규정한다. 그는 심지어 "여호와가 모든 악마적인 면들을 흡수하여 스스로 최강의 악마가 되었다"고 말한다.[148] 감리교 신학자 코울스(C. W. Cowles)의 말은 더욱 심각하다. 헤렘에 반영된 하나님의 이미지는 그에게 "사탄보다 더 악마적"(more demonic than Satan)이다.[149] 융커(H. Junker)는 "신적 적응"의 개념을 내세워 헤렘의 의미를 설명하다. 그의 설명에 따르면 하나님은 단계별로 서서히 진행하는 자신의 교육계획에 따라 백성의 불완전한 도덕지식과 삶의 방식을 그들의 "마음의 완악함" 때문에 용인해 주셨다.[150] 마지막으로, 로핑크(N. Lohfink)는 심리학적 접근을 시도한다. 그는 여호수아서에 나타나는 하나님의 폭력성은 인간 심리에 내재한 폭력적인 성향의 투사(Projektion)에 지나지 않는다고 주장한다.[151]

위의 설명들은 한 가지 점에서 공통된 특징을 보인다. 이들은 헤렘을 그 고유한 신학적 맥락 안에서 이해하려는 노력을 기울이지 않는다. 그들은 헤렘을 다만 인간적인 폭력현상의 하나로만 보려고 한다. 이유를 불문하고 폭력은 부도덕하고 야만적이며 악마적이다. 그러기에 헤렘 그 자체에서 어떤 신학적 가치와 의미를 찾는 것은 불가능하다. 그것은 기

---

[148] P. Volz, *Das Dämonische in Jahwe* (Tübingen: J.C.B. Mohr-Paul Siebeck, 1924), 31. 폴츠는 같은 책 11-12쪽에서 헤렘의 악마성에 대해 다음과 같이 설명한다: "Das dämonische Herr verlangt auch von seinen irdischen Truppen dämonische Kriegführung; sie müssen seinen Bann and den Feinden vollstrecken, und wehe dem, der Jahwes grimmigen Zorn an seinem Feind nicht ausrichtet!"

[149] S. N. Gundry, ed., *Show Them No Mercy: Four Views on God and Canaanite Genocide* (Grand Rapids: Zondervan, 2003), 193.

[150] H. Junker, "Der alttestamentliche Bann gegen heidnische Völker als moraltheologisches und offenbarungsgeschichtliches Problem," *TTZ* 56 (1947): 85.

[151] N. Lohfink, "Der gewalttätige Gott des Alten Testaments und die Suche nach einer gewaltfreien Gesellschaft," *JBTh* 2 (1987): 117.

껏해야 인간심리에 내재한 폭력성을 드러내는 역할을 하거나 역사에 흔적으로 남아있는 "마음의 완악함"(Herzenshärte)을 교훈할 뿐이다. 그렇다면 예수 그리스도께서 십자가에 못 박힌 일은 어떻게 보아야 하는가? 그것은 인류가 아는 가장 무서운 폭력사건이다. 그럼에도 불구하고 성경은 그것을 하나님이 이루신 일로 소개한다(요 19:11; 행 4:27-28; 롬 3:25; 요일 4:10 참고). 더 나아가 최후의 심판을 이야기하는 신약의 묵시적 본문들은 어떻게 보아야 하는가? 사랑의 화신이라 할 수 있는 예수님조차 "슬피 울며 이를 가는" 마지막 심판에 대해 말씀하신다(마 24:51 참고). 자신의 서신서에서 그토록 사랑을 강조하는 사도 요한도 피비린내 나는 마지막 심판의 잔혹한 모습을 소개하기를 주저하지 않는다: "그의 입에서 예리한 검이 나오니 그것으로 만국을 치겠고 친히 그들을 철장으로 다스리며 또 친히 하나님 곧 전능하신 이의 맹렬한 진노의 포도주 틀을 밟겠고"(계 19:15).

이들 신약의 묵시적 본문은 분명히 부도덕하고 야만적인 폭력현상 이상을 지시한다. 그것은 종말에 나타날 하나님의 의로운 심판을 계시한다. 헤렘을 그 고유한 신학적 맥락 안에서 살펴보면 헤렘 역시 같은 기능을 수행한다는 사실을 알 수 있다. 클라인(M. G. Kline)은 "침입 윤리"(Intrusion ethics)란 개념을 사용하여 이것을 설명한다. 헤렘은 일반 은총이 지배하는 현세상의 윤리적 원칙과는 배치된다. 현세상은 "하나님이 그 해를 악인과 선인에게 비추시며 비를 의로운 자와 불의한 자에게 내려주[시는]"(마 5:45) 일반은총의 원리가 지배한다. 그러나 종말에는 악인과 선인을 구분하는 심판이 있다. 헤렘은 종말에 악인들에게 있을 심판을 앞당겨 보여준다. 클라인의 말을 빌리자면, 현세대 안으로 종말에 있을 "마지막 심판의 윤리적 원칙이 침투해 들어왔다."[152]

---

[152] M. D. Kline, *The Structure of Biblical Authority*, 2. ed. (Grand Rapids: Eerdmans, 1975), 163.

하나님의 관점에서 보면 가나안 사람은 심판받아야 할 불의한 세력이다. 창세기 15:16에는 하나님께서 이스라엘 자손이 애굽 땅에서 사백년 동안 머물도록 하신 이유가 언급된다: "이는 아모리 족속의 죄악이 아직 가득 차지 아니함이니라."[153] 여기서 여호수아의 정복전쟁이 "아모리 족속의 죄악"을 벌하는 심판의 성격을 가진다는 사실을 알 수 있다. 정복전쟁 당시 가나안에서 얼마나 가증하고 부도덕한 일이 행해지고 있었는지는 레위기 18장에서 확인할 수 있다. 당시 가나안에는 근친상간, 동성애, 수간(獸姦) 등 성적 문란이 극에 달하였고, "자녀를 몰렉에게 주어 불로 통과하게 [하는]" 가증한 종교행위가 성행하였다. 헤렘은 이 악행들에 대한 하나님의 심판이다: "내가 너희 앞에서 쫓아내는 족속들이 이 모든 일로 말미암아 더러워졌고 그 땅도 더러워졌으므로 내가 그 악으로 말미암아 벌하고 그 땅도 스스로 그 주민을 토하여 내느니라"(레 18:24-25).

그러나 헤렘의 의미가 악인들의 심판으로 모두 소진되는 것은 아니다. 그것에는 또 다른 의미가 들어있다. 헤렘의 중요한 목적 가운데 하나는 이스라엘 자손을 가나안 사람의 종교적 타락에서 보호하는 것이다. 신명기 7:1-5이 이 사실을 분명하게 알려준다.

> 네 하나님 여호와께서 ... 일곱 족속을 ... 네게 넘겨 네게 치게 하시리니 그때에 너는 그들을 진멸할 것이라 ... 그들과 혼인하지도 말지니 네 딸을 그들의 아들에게 주지 말 것이요 그들의 딸도 네 며느리로 삼지 말 것은 그가 네 아들을 유혹하여 그가 여호와를 떠나고 다른 신들을 섬기게 하므로 여호와께서 ... 너희를 멸하실 것임이니라 오직 너희가 그들에게 행할 것은 이러하니 그들의 제단을 헐며 주상을 깨뜨리며 아세라 목상을 찍으며 조각한 우상들을 불사를 것이니라.

---

[153] 여기서 "아모리 족속"은 가나안의 모든 종족들을 가리키는 "일반적 명칭"이라고 보아야 한다.

이 일의 중요성은 사사기에서 확인된다. 이스라엘 자손은 그들 가운데 남아있는 가나안 사람의 종교행위를 본받아 우상숭배의 길을 걷게 된다. 그들은 여호와를 버리고 바알과 아세라 등 풍요의 신을 섬겼다(삿 3:5-6 참고). 이는 헤렘이 왜 필요했는지를 반증한다. 여호와가 바알로 대체되는 것은 이스라엘에게 단순한 종교적 선택의 문제가 아니라 생명과 죽음, 축복과 저주를 좌우하는 궁극의 문제이기 때문이다(신 30:19 참고).

지금까지 여호와의 전쟁의 중요한 특징인 헤렘에 대해 살펴보았다. 끝으로, 가나안 사람의 입장에서 헤렘을 피할 수 있는 길은 없었는지를 생각해보고자 한다. 여호수아서에는 가나안 사람에게 삶의 길이 전혀 없지 않았음을 보여주는 예들이 있다. 첫 번째 예는 기생 라합과 그녀의 가족이다. 이들은 분명히 가나안 사람이었음에도 불구하고 헤렘에서 제외되었다(수 6:23, 25). 그 이유는 라합이 여호와를 "상천하지에 하나님"(수 2:11, 개역)으로 고백하고 이스라엘 편에 섰기 때문이다. 여호수아 2:10-11에 따르면 라합과 마찬가지로 가나안 사람도 여호와께서 홍해와 요단 동편에서 하신 일을 듣고 "마음이 녹았고", "정신을 잃었다"(수 2:10, 11). 여호수아 5:1은 요단강의 기적을 전해들은 가나안 왕들 역시 "마음이 녹았고", "정신을 잃었다"고 소개한다. 하지만 놀랍게도 그들은 라합과 같은 태도를 취하지 않았다. 오히려 그들은 하나님께 대항하고 이스라엘과 싸우려고 하였다. 이스라엘이 이 싸움에서 졌다면 그들 또한 헤렘을 피할 수 없었을 것이다.[154]

기브온 족속은 가나안 사람에게도 헤렘을 피할 가능성이 있었음을 보여주는 두 번째 예이다. 여리고 전쟁과 아이 전쟁이 끝난 다음 가나안의 왕들은 "모여서 일심으로 여호수아와 이스라엘에 맞서서 싸우려 하[였다]"(수 9:2). 하지만 기브온 사람은 그들과 달랐다. 그들은 라합과 같

---

[154] 주전 840년경 모압왕 메사가 세운 비문(the Mesha Inscription)은 헤렘이 고대 근동에서 널리 행해지던 전쟁의 관습이었음을 알려준다. See J. B. Pritchard, ed., *The Ancient Near East* (Princeton: Princeton University Press, 2011), 288.

이 여호와를 인정하고 이스라엘과 화친조약을 맺었다(수 9:3-15). 이 전향적인 태도는 기브온 사람이 헤렘을 면할 뿐만 아니라 성소에서 여호와를 섬기는 일을 할 수 있도록 해주었다(수 9:27). 라합과 기브온 사람의 예는 정복전쟁에서 헤렘의 책임이 가나안 사람 자신에게 있음을 확인해준다. 여호수아서는 가나안 사람이 진멸당한 이유를 그들의 "마음의 완악[함]" 때문이라고 밝힌다(수 11:20). 이 설명은 출애굽 상황을 기억하게 만든다. 당시 바로는 마음을 완악하게 하여 하나님을 대적하다가 하나님의 준엄한 심판을 받았다. 가나안 사람에게 일어난 일은 애굽 사람에게 일어났던 일의 재현이다.[155]

5.5 성소와 안식

가나안은 한편으로 하나님이 이스라엘 자손에게 기업으로 주신 땅이다. 다른 한편, 가나안은 하나님이 거처를 삼으시고 통치를 펼치시는 장소이기도 하다. 여러 가지 사실이 이것을 가리킨다. 먼저 법궤가 이스라엘 자손을 인도하여 요단강을 건너게 하는 광경에 주목할 필요가 있다(수 3:3-4). 이 광경은 가나안 땅에 대한 소유권을 주장하시는 분이 하나님 자신임을 잘 나타낸다. 나아가 여호와의 군대 대장이 여호수아를 만난 일이나 여리고 성벽이 기적으로 무너진 사건은 가나안 땅의 정복자가 하나님 자신임을 증언한다. 아이성 전투 이후 에발 산에서 있었던 언약갱신 의식은 어떤가? 이 의식에서 여호수아는 여호와께 제단을 쌓고 번제와 화목제를 드렸으며, 제단의 돌에 모세의 율법을 기록하였으며, 백성들에게 "축복과 저주하는 율법의 모든 말씀을 낭독"하였다(수 8:30-35). 이 행위

---

[155] Cf. Stone, "Ethical and Apologetic Tendencies in the Redaction of the Book of Joshua," 32-33.

는 가나안 땅의 신학적 성격을 규정한다. 그 땅은 하나님이 율법으로 다스리시는 거룩한 장소이다. 따라서 백성들은 율법에 순종함으로써 하나님을 왕으로 섬겨야 한다. 정복전쟁 이후 세겜에서 가진 또 다른 언약갱신 의식에서 여호수아는 백성들에게 "여호와만 섬기라"(수 24:14)고 요구한다.

여기서 빼놓을 수 없는 것은 실로에 세워진 "회막"(만남의 텐트, אֹהֶל מוֹעֵד)이다(수 18:1). 회막은 이스라엘 자손이 시내산에 있을 때 만들어진 이동식 "성소"(מִקְדָּשׁ)이다. 이것은 이스라엘 자손이 광야생활을 하는 동안 하나님을 만나는 장소로서 만들어졌다(출 29:42). 회막의 또 다른 이름인 "성막"(מִשְׁכָּן)은 "거하다"를 뜻하는 동사 "샤칸"(שָׁכַן)에서 온 명사로서 하나님의 "거하심"(dwelling) 또는 "임재"(presence)를 가리키는 이름이다. 회막은 하나님이 거하시는 곳이다(출 25:8). 출애굽기에서 회막과 관련하여 자주(18회) 등장하는 표현 "여호와 앞에서"(לִפְנֵי יְהוָה)는 회막이 여호와께서 계신 곳이란 사실을 뒷받침한다. 회막의 지성소에는 하나님의 통치를 상징하는 법궤가 놓여있었는데, 이는 회막이 하나님의 지상 왕궁에 버금가는 곳임을 나타낸다. 따라서 실로에 회막이 세워진 것은 가나안 땅이 하나님의 통치가 시행되는 곳임을 의미한다. 여러 학자들이 실로 성소의 이야기가 나오는 여호수아 18:1-10이 땅 분배 단락(수 13-21)의 중심위치를 차지한다고 본다("문학적 구성" 참고). 실로 성소가 가진 문학적 위치는 저자의 신학적 의도를 반영한다. 가나안 땅은 여호와께서 거하시는 곳이며 백성은 그분을 왕으로 섬겨야 한다.

실로 성소와 함께 언급되어야 할 것은 레위 사람에 관한 이야기다. 레위 사람은 이스라엘 자손을 대신하여 회막에서 제사장을 도와 여호와를 섬기는 역할을 했다(민 8:16-19 참고). 이 레위 사람이 땅 분배 단락(수 13-21)에 계속 언급되는 것은 매우 중요한 의미를 갖는다. 요단 동편의 분배를 다루는 13장에는 땅 경계의 개괄적 묘사가 나오는 8-13절에 이어 14절에서 레위 사람에 대한 언급이 나오고, 땅 경계의 세부적 묘사가 나오는 15-32절에 이어 33절에서 또 다시 레위 사람에 대한 언급이 나온다. 레위 사람의 이중적 언급은 요단 서편의 분배에서도 확인된다: 길갈의 땅 분배를 도입하는 곳(14:1-5)과 실로의 땅 분배를 도입하는 곳(18:1-10). 이처럼 땅 분배에서 레위 사람의 지위에 대한 거듭된 강조는 땅을 제의적 차원에서 이해하도록 이끈다. 이런 이해는 레위 사람이 거주할 성읍들(48개)에 대한 기록(수 21장)이 땅 분배의 마지막을 장식한다는 사실에 의해 더욱 강화된다. 땅 분배의 최종 목적은 제의적인 것 즉 하나님을 섬기는 것에 있다. 여기서 레위 사람의 성읍이 어느 한 곳에 한정되지 않고 이스라엘 자손의 각 지파들에 골고루 분산되었다는 사실이 중요하다. 이것은 요단 동편을 포함하여 전체 가나안 땅의 제의적 성격을 밝혀 준다. 그 땅은 하나님을 섬기는 거룩한 장소이다.

출애굽기 15장에 기록된 저 유명한 모세의 노래가 이것을 분명하게 가르친다. 이곳에서 모세는 노래한다: "주의 인자하심으로 주께서 구속하신 백성을 인도하시되 주의 힘으로 그들을 주의 거룩한 처소에 들어가게 하시나이다"(13절). 하나님이 이스라엘 자손을 인도하여 들이시는 곳은 "주의 거룩한 처소"(נְוֵה קָדְשֶׁךָ)이다. 이는 가나안 땅이 하나님께 속한 거룩한 장소라는 의미이다. 출애굽기 15:17은 이 관점을 더욱 발전시킨다: "주께서 백성을 인도하사 그들을 주의 기업의 산에 심으시리이다 여호와여 이는 주의 처소를 삼으시려고 예비하신 것이라 주여 이것이 주의 손으로 세우신 성소로소이다." 여기서 주목해야 할 표현은 "주의 기업의 산"(הַר נַחֲלָתְךָ), "주의 처소"(מָכוֹן לְשִׁבְתְּךָ), "성소"(מִקְּדָשׁ)이다. 이 표현들은 모두 하나님이 이스라엘 자손을 인도해 들이시는 가나안 땅을 가리킨다. 가나안 땅이 하나님의 "기업"으로서 하나님이 거하실 "성소"라는 이야기이다.[156] 가나안 땅이 이스라엘 자손이 얻을 기업이란 사실을 고려

---

[156] "주의 기업의 산"은 "성소"를 가리키는 은유이다. 시편 15:1에서도 "산"은 성소("장막")에 대한 은유로 등장한다: "여호와여 주의 장막에 머무를 자 누구오며 주의 성산에 사는 자 누구오니이까"(밑줄은 필자의 것). "장막"(אֹהֶל)은 이동용 성소인 "회

하면, 이는 이스라엘 자손의 기업과 하나님의 기업이 하나라는 흥미로운 사실을 나타낸다(민 35:34 참고). 이스라엘은 언약에 의해 하나님과 하나로 묶여있다. 나아가 가나안 땅이 전체로서 하나님의 성소라면, 실로의 회막은 가나안 땅의 제의적 특성을 상징적으로 표현한다. 실로의 "장막 성소"는 가나안 "땅 성소"의 모형이다.

가나안 땅을 성소로 이해할 때 이스라엘 자손이 그 땅에서 얻는 "안식"의 의미가 새롭게 밝혀진다. 여호수아서는 안식에 대한 약속과 함께 시작하고 안식의 성취에 대한 언급과 더불어 끝을 맺는다(수 1:13, 15; 21:44; 22:4). 여호수아서는 안식의 성취란 관점에서 정복전쟁과 땅 분배를 바라본다. 이 관점에 따르면 가나안은 안식의 땅이다. 여기서 구약의 성전이 어떤 곳이었는지 이해하는 것이 중요하다. 구약의 성전 역시 "안식의 장소"였다. 시편 132:8은 법궤가 성전의 지성소에 들어가는 것을 이렇게 노래한다: "여호와여 일어나사 주의 권능의 궤와 함께 안식의 장소(מְנוּחָה, 개역개정역에는 "평안한 곳")에 들어가소서." 또한 시편 132:13은 시온의 성전을 가리켜 여호와를 위한 "안식의 장소"(מְנוּחָה, 개역개정역에는 "쉴 곳")라고 부른다. 이사야 66:1에도 성전이 하나님의 "안식할 처소"(מְקוֹם מְנוּחָה)로 불린다. 특히 역대상 28:2은 성전이 법궤를 위한 "안식의 집"(בֵּית מְנוּחָה, 개역개정역에는 "봉안할 성전")이라고 밝힌다. 그러므로 솔로몬 성전과 가나안 땅 사이에는 긴밀한 유비관계가 성립한다. 솔로몬 성전이 하나님을 위한 "안식의 장소"이듯 가나안 땅 역시 그러하다. 이렇게 본다면, 이스라엘 자손이 가나안 땅에서 안식을 얻는 것은 그

막"(אֹהֶל מוֹעֵד)의 줄임말이다. "산"이 성소에 대한 은유로 사용된 예는 시편 43:3; 99:9, 이사야 27:13; 56:7 등에서도 확인된다. 에스겔서 28:14에서는 에덴 동산이 "하나님의 성산"(אֱלֹהִים הַר קֹדֶשׁ)으로 묘사된다. 이는 에덴 동산이 하나님의 성소에 해당한다는 사실을 나타낸다. 참고: G. K. Beale, *The Temple and the Church's Mission. A Biblical Theology of the Dwelling Place of God*, NSBT (Downers Grove: IVP, 2004), 66-80. 구약에서 에덴 동산과 가나안 땅은 모두 "하나님이 거니시는 곳"으로 묘사된다(창 3:8; 레 26:12). 이는 두 장소가 모두 하나님이 계신 성소임을 나타낸다.

들이 성전이 제공하는 하나님의 안식에 참여하는 것과 같은 의미라고 할 수 있다.

이 안식은 근원적으로 창조의 일곱째 날을 지배하는 하나님의 안식과 연결된다(창 2:1-3 참고). 여호수아서에서 "안식을 주다"는 의미로 사용된 동사(נוח의 히필)는 출애굽기에서 창조 당시 하나님의 안식을 묘사하는 동사(נוח의 칼, 출 20:11)와 어근이 동일이다. 시간 속에서 되풀이되는 안식일은 역사의 시초에 천명된 하나님의 안식에 뿌리를 두고 있다. 필자는 다른 곳에서 하나님의 안식은 "창조 세계에 안식을 가져오는 하나님의 통치를 의미[한다]"고 밝힌바 있다.[157] 매주 되풀이 되는 안식일은 세계가 오직 하나님의 통치 아래서만 안식을 누린다는 근본원리를 가르친다. 그러기에 안식일을 어기는 것은 세계의 기본질서를 파괴하는 것이며 하나님의 통치에 반기를 드는 일이다. 이런 이유로 그것은 구약에서 반드시 죽어야 할 대죄로 엄격하게 금지되었다(출 31:14-15). 여호수아서에서 강조되는 안식은 이것을 배경으로 이해되어야 한다. 그것은 단지 광야 생활의 끝이나 전쟁의 종결만을 의미하지 않는다. 그것은 하나님의 통치 안에서 얻는 "전체 삶을 포괄하는 온전한 행복의 상태"이다.[158] 다른 말로 하면, 그것은 성전 안에서 얻는 하나님의 안식이다.

5.6 요약 정리

위에서 살펴본 바를 정리함으로써 이 장을 마치고자 한다. 첫째, 여호수아서는 여호수아가 모세의 계승자임을 강조한다. 여호수아는 모세의 일

---

[157] 졸고, "창조와 하나님의 안식: 창세기 1:1-2:3의 신학", 「신학정론」 41/2 (2023): 59-70.

[158] F. Stolz, נוח in THAT 2, 46.

을 이어받으며 그 일을 완성한다. 여호수아는 모세와 "모형론적 관계"에 있는 "제2의 모세"이다. 이는 하나님의 구속계획이 모세에게서 여호수아로 이어진다는 것을 보여줌과 동시에 장차 새로운 여호수아이신 예수님에 의해 완성될 일까지 내다보게 만든다. 여호수아의 정복 전쟁과 땅 분배는 예수님 안에서 일어날 구원사건과 "모형론적 관계"에 있다. 다른 한편, 여호수아는 철저하게 모세의 율법을 지키는 가운데 정복 전쟁과 땅 분배의 임무를 완수한다. 이는 모세의 율법이 약속의 땅에서 시작되는 이스라엘 자손의 삶에 규범적이라는 사실을 나타낸다. 모세의 율법은 예수님으로 말미암는 새 시대에도 규범적 위치를 갖는다(마 5:18-19 참고).

둘째, 여호수아서는 땅에 대한 하나님의 약속이 성취되는 것을 보여주는 책이다. 하나님은 족장 시대부터 이스라엘 자손에게 가나안 땅을 기업으로 주시겠다고 약속하셨다. 이스라엘 자손이 가나안 땅을 점령하고 그 땅을 기업으로 분배받은 것은 이 약속의 성취에 해당한다. 가나안 땅은 이스라엘 자손이 스스로 차지한 땅이 아니라 하나님이 그들에게 선물로 주신 땅이다. 여호수아서에 강하게 부각되는 제의적 요소들 – 요단강 도하와 여리고 정복에서 법궤의 역할, 할례와 유월절, 에발 산의 언약갱신, 제비뽑기에 의한 땅 분배 등 – 은 전쟁의 승리와 땅의 소유가 하나님이 이루신 일임을 증언한다.

셋째, 여호수아서는 정복 전쟁과 땅 분배에서 인간이 감당해야 할 책임도 강조한다. 여호수아는 정복 전쟁을 승리로 이끌기 위해 모세의 율법을 지켜 행해야 한다. 아간의 범죄와 아이 성 전투의 패배는 이스라엘 편에서 하나님의 말씀에 순종하는 것이 전쟁의 승패를 가름할 만큼 중요한 문제라는 것을 예시한다. 땅 분배에 있어서도 같은 원리가 작동한다. 갈렙이 85세의 나이임에도 불구하고 "이 산지를 지금 내게 주소서"(수 14:12) 하며 땅 분배에 적극적으로 나선 것은 이스라엘 자손이 땅을 차지하는 일에서 가져야 할 책임과 자세가 어떠해야 하는가를 대표적으로 가르쳐준다. 이스라엘 자손은 땅을 기업으로 얻은 다음에도 하나님의 백성으로서 책임 있는 삶을 살아야 한다. 그들은 하나님을 왕으로 모시며 그분의 뜻을 받들어 섬기는 언약백성으로서의 역할을 다해야 한다. 에발산과 세겜에서의 언약갱신, 실로에 세워진 성소와 레위 사람의 지위 등은 모두 이스라엘 자손의 소명이 하나님을 섬기는 일임을 잘 나타낸다. 또한 여호수아서는 이스라엘 자손이 언약 안에서 서로 연대책임을 진다는 사실을 보여준다. 공동체의 구성원이 함께 전쟁과 땅 분배에 참여해야 하며, 한 사람의 범죄가 전체의 범죄로 간주되기도 한다. 그러므로 개인은 공동체의 구성원으로서 책임을 다하며, 공동체의 거룩을 유지하는 일에 소홀함이 없어야 한다. 여호수아서가 가르치는 공동체 원리는 신약의 공동체 원리와도 연결된다(롬 12; 고전 5:11-13; 12:12-27 참고).

넷째, 여호수아서에 소개된 정복전쟁은 일반적인 전쟁과는 근본적으로 다르다. 그것은 여호와께서 자신의 구속계획을 이루시기 위해 직접 수행하시는 전쟁이다. 그러므로 이 전쟁의 상대는 이스라엘 자손의 적이기 이전에 여호와의 적이다. 여호와는 신적인 용사로서 직접 전쟁에 참여하신다. 여호와의 전쟁에 두드러진 요소는 남녀노소를 불문하고 적을 모두 진멸하는 "헤렘"이다. 헤렘은 오늘날의 독자들에게 잔인한 폭력현상의 하나로 오해받기도 한다. 그러나 그것은 일차적으로 영적, 도덕적으로 심각하게 타락한 가나안 사람에 대한 의로운 심판의 성격을 가진다. 클라인(M. G. Kline)이 잘 말한 대로, 그것은 일반은총이 지배하는 현 세대의 윤리관념과는 상충되지만 종말에 있을 심판을 앞당겨 보여준다는 점에서 종말의 윤리가 현세대 속으로 침투해 들어온 것으로 이해되어야 한다. 더 나아가 헤렘은 이스라엘 자손을 가나안 사람의 영적, 도덕적 부패에서 보호하는 목적을 갖기도 한다. 여호와의 백성이 모세의 율법에 따라 여호와만을 섬기는 왕국이 세워져야 할 곳이 가나안 땅이기에 헤렘에 의한 영적, 도덕적 부패의 제거는 반드시 필요한 일이다.

다섯째, 여호수아서는 가나안 땅이 안식의 장소라는 관점에서 기록되었다. 여호수아서는 이스라엘 자손이 가나안 땅에서 얻을 안식을 바라보면서 시작하고(수 1:13, 15), 그들이 가나안 땅에서 얻은 안식을 확인하면서 끝맺는다(수 21:44; 22:4). 이 안식은 창조기사에 나타나는 하나님의 안식과 연결된다. 여호수아서에서 안식을 가리키는 말은 창조시 하나님의 안식을 설명하는 말과 어근이 동일하다(출 20:11 참고). 이 안식은 "창조세계에 안식을 가져오는 하나님의 통치"를 의미한다. 그러므로 여호수아서가 말하는 안식은 이스라엘 자손이 광야생활을 끝내고 전쟁이 없는 세상에 살게 된다는 것만을 의미하지 않는다. 그것은 그들이 하나님의 통치 안에서 "전체 삶을 포괄하는 온전한 행복의 상태"에 이른다는 것을 의미한다. 이것은 가나안 땅의 신학적 의미를 다시 생각하게 만든다. 가나안 땅은 성소가 세워지는 곳이며 하나님이 두루 임재하시는 곳이다(레 26:12 참고). 모세가 홍해에서 부른 노래는 심지어 가나안 땅이 "주의 기업의 산"(הַר נַחֲלָתְךָ), "주의 처소"(לְשִׁבְתְּךָ מָכוֹן), "성소"(מִקְּדָשׁ)라고 밝힌다(출 15:17). 가나안 땅이 "성소"라면 그곳은 당연히 안식의 장소여야 한다. 구약에서 성소의 발전된 형태인 성전은 안식의 장소로 간주된다(시 132:13; 시 66:1; 대상 28:2). 결론적으로, 이스라엘 자손이 가나안에서 안식을 얻는 것은 그들이 성소 곧 하나님의 임재 안에서 안식을 누리는 것을 의미한다.

2.1 여호와의 율법과 여호수아의 소명(수 1:1-9)

2.2 지파들의 연합(수 1:10-18)

제2장

책의 도입

(수 1:1-18)

여호수아 1장은 크게 두 분분으로 이루어진다. 하나는 모세의 죽음 이후 여호수아가 하나님으로부터 받은 명령을 소개하는 1-9절이다. 이곳에는 가나안 땅에 들어가기 위해 여호수아에게 가장 필요한 일이 무엇인지에 대한 말씀이 소개된다. 여호수아가 해야 할 가장 중요한 일은 여호와의 율법과 관련된다. 여호수아는 여호와의 율법대로 행해야 한다. 다른 하나는 여호수아가 이스라엘 자손에게 지도자 직분을 수행하는 모습을 소개하는 10-18절이다. 여기서 여호수아는 백성들이 요단강 도하를 준비하도록 하는 한편 요단 동편의 지파들이 다른 형제 지파들과 함께 요단을 건너가 그들을 도우라고 명령한다.

책의 구성이란 차원에서 여호수아 1장의 두 부분(1-9절과 10-18절)은 책의 마지막 두 부분(22장과 23-24장)과 대응관계에 놓인다. 여호수아 22장은 이스라엘 자손과 함께 요단을 건넜던 요단 동편의 형제 용사들이 정복전쟁과 땅 분배가 끝난 다음 자기 소유지로 돌아가는 모습을 소개함으로써 1:10-18에 적합한 결말을 제공한다. 여호수아서의 또 다른 결말인 여호수아 23-24장은 여호수아가 마지막으로 이스라엘 자손에게 주는 권면을 담고 있다. 이 권면은 1:1-9에서 하나님이 여호수아에게 주신 말씀을 연상케 한다.

> 수 23:6 너희는 매우 강하게 되어 모세의 율법 책에 기록된 모든 것을 지켜 행하고 그것에서 오른쪽이나 왼쪽으로 벗어나지 말며

> 수 1:7 오직 매우 강하고 담대하여 나의 종 모세가 너희에게 명령한 모든 율법대로 행하도록 주의하고 그것에서 오른쪽이나 왼쪽으로 벗어나지 말라.

23:6에서 여호수아가 백성에게 주는 권면은 1:7에서 하나님이 여호수아에게 주신 권면과 같다. 책의 결미에서 여호수아는 백성들 앞에서 하나님의 말씀을 대언하고 있다. 이 역할은 과거에 모세가 맡았던 역할과 같다(신 5:1 참고). 모세는 여호수아를 강하고 담대하게 되도록 격려하는 일을 하기도 했다(신 1:38; 3:28). 그러므로 여호수아 23-24장에 그려지는 여호수아의 모습은 모세와 닮았으며, 그런 의미에서 여호수아는 "제2의 모세"라고 할 수 있다. 책의 마지막 부분(수 24:29)에서 여호수아에게 돌려지는 칭호 "여호와의 종"이 그것을 확인해준다.

무엇보다 중요한 것은 여호수아 1:1-9와 마찬가지로 여호수아 23-24장 또한 여호와의 율법에 초점을 맞춘다는 사실이다. 전자가 정복전쟁의 승리를 위해 율법대로 행하는 것의 중요성을 강조한다면, 후자는 가나안 땅에서 성공적인 삶을 살기 위해서도 율법대로 행하는 것이 절대적으로 중요하다는 사실을 가르친다. 이렇게 여호수아서는 책의 처음과 끝에 율법대로 행하는 것의 중요성을 강조하는 형식으로 구성되어 있다. 여호와의 율법은 정복전쟁과 땅 분배 등 책의 전체 내용을 지배하는 중심주제(Leitmotiv)이다.

결론적으로 여호수아 1장은 여호수아 22-24장과 함께 책의 전체 주제를 드러낸다. 여호수아서는 여호수아가 모세가 기록한 여호와의 율법책을 철저하게 따르는 것을 보여준다. 여호수아가 수행한 정복전쟁이나 땅 분배도 사실은 모세에게서 물려받은 과업이며 모세의 율법과 명령에 따라 수행해야 할 일이었다(민 34-36장 참고). 아울러 여호수아서의 도입과 종결은 이스라엘이 하나의 공동체를 이룬다는 사실을 강조한다. 이스라엘이 정복전쟁을 수행하는 것도 언약 아래 하나의 백성이라는 연대감 속에서 이루어져야 하며 땅을 분배하는 일도 이 원리에 따라야 한다. 공동체의 일원 중 누구도 거기서 이탈하거나 배제되어서는 안 된다. 그들은 모두 약속의 땅에서 한 하나님을 섬겨야 할 한 언약백성이다.

2.1 여호와의 율법과 여호수아의 소명(수 1:1-9)

이 단락은 눈의 아들 여호수아가 모세의 계승자로서 받은 소명에 관한 기록을 담고 있다. 여호수아는 이스라엘 자손이 가나안 땅을 차지하도록 지도력을 발휘해야 한다. 가나안 족속과의 전쟁을 지휘해야 하며 땅을 분배하는 일을 해야 한다. 이를 통해 여호와께서 조상들에게 주신 약속이 성취된다. 여호수아가 그 일을 수행하기 위해서는 여호와의 도우심이 절대적으로 필요하다. 그것은 여호수아 개인의 힘과 능력으로 할 수 없는 일이다. 여호와께서 그와 함께하시고 그를 위해 싸우시며 그에게 승리를 주셔야만 한다. 그러기에 여호수아에게 가장 중요한 일은 여호와의 율법에 전적으로 순종하는 일이다. 여호와의 율법을 그대로 행하느냐 그렇지 않느냐가 앞으로 펼쳐질 모든 일을 좌우한다.

모세의 시종 여호수아(1:1-2)

> **사역** ¹여호와의 종 모세가 죽은 후에 여호와께서 모세의 시종 눈의 아들 여호수아에게 말씀하셨다. ²"나의 종 모세가 죽었으니 이제 너와 이 백성 모두는 일어나 이 요단을 건너 내가 그들 곧 이스라엘 자손에게 주는 그 땅으로 가라."

1절은 여호수아가 "눈의 아들"이라고 밝힌다. 여호수아는 허구의 인물이 아니라 족보를 가진 역사적 인물이다. 여호수아의 행적에 관한 여호수아서의 기록 또한 실제 일어난 역사적 사실이다. 여호수아의 원래 이름은 "그가 구원하셨다"는 의미의 "호세아"(הוֹשֵׁעַ)였으나(민 13:8; 신 32:44), 모세가 그에게 "여호와께서 구원하신다"는 의미의 "여호수아"(יְהוֹשֻׁעַ)란 새 이름을 지어주었다(민 13:6). 그의 이름은 그가 가나안의 원수들로부터 이스라엘 자손을 구원하는 역할을 할 것이란 사실을 나타낸다. 구원자로서 여호수아의 역할은 "자기 백성을 그들의 죄에서 구원할"(마 1:21) 궁극적인 구원자 "예수"(Ἰησοῦς)를 예표한다. 칠십인경은 여호수아를 "예수"로 옮기고 있으며, 히브리어 성경 느헤미야 8:17에서도 여호수아는 헬라어 "예수"에 상응하는 히브리어 "예슈아"(יֵשׁוּעַ)로 불린다.

주목할 만한 것은 여호수아가 "여호와의 종"(עֶבֶד יְהוָה)이던 모세의 "시종"(מְשָׁרֵת)이었다는 사실이다. "시종"이란 "남의 시중을 드는 사람"을 가리킨다. 원문의 "메샤레트" 역시 비슷한 의미를 갖는다. "메샤레트"는 "샤라트"(שׁרת)의 분사형으로 사적으로나 공적으로 누군가를 섬기고 봉사하는 사람을 가리킨다(창 39:4; 삼하 13:17; 왕상 10:5 참고). 열왕기상 19:21에서 이 동사는 엘리야를 따르며 시중드는 엘리사의 행위를 묘사하는데 사용된다. 여호수아나 엘리사 모두 지도자 자리에 앉기 전 선임자를 받들어 섬기는 인물들이었다. 그 과정에서 그들은 직접 또는 간접으로 지도자의 직무를 배우고 훈련을 받을 수 있었다. 여호수아가 모세의 시종으로서 지도자 훈련을 얼마나 충실하게 받았는지는 출애굽기에 잘 소개된다(출 17:14; 24:12-14; 33:7, 11). 여호수아는 모세 이후를 위해 준비된 인물이었다.

사무엘과 관련하여 "메샤레트"가 사용되는 것을 보면 흥미로운 사실을 발견하게 된다. 사무엘상 2:11에서 이 말은 사무엘이 엘리 제사장 앞에서 여호와를 섬기는 일을 묘사하는 말로 사용된다. 이는 사무엘이 엘리의 지도를 받으며 여호와를 섬겼다는 의미도 되겠지만, 어린 사무엘이 엘리의 시중을 드는 일 자체가 여호와를 섬기는 일이었다는 의미로 이해될 수도 있다. 여호수아가 모세의 시종 노릇을 한 것에도 같은 의미가 들어있다. 여호수아는 모세의 지도를 받으며 여호와를 섬겼으며, 그런 의미에서 모세를 섬기는 일이 곧 하나님을 섬기는 일이었다. 여호수아는 모세를 섬김으로써 여호와를 섬겼다.

2절에서 하나님은 여호수아가 모세의 후임자로서 수행해야 할 사명을 말씀하신다. 여호수아가 모세의 후임자로 세움을 입은 것은 모세가 살아있을 때였다. 민수기 27:16-17에 따르면 모세는 자신의 죽음이 가까운 것을 알고 하나님께 자기 대신 백성을 인도할 지도자를 세워 달라고 요청하였다:

> 여호와, 모든 육체의 생명의 하나님이시여 원하건대 한 사람을 이 회중 위에 세워서 그로 그들 앞에 출입하며 그들을 인도하여 출입하게 하사 여호와의 회중이 목자 없는 양과 같이 되지 않게 하옵소서.

이 요청에 응하여 하나님은 여호수아를 모세의 후임자로 세우도록 하셨다. 민수기 27:18-20에 그 일에 관한 하나님의 말씀이 아래와 같이 기록되어 있다:

> 눈의 아들 여호수아는 그 안에 영이 머무는 자니 너는 데려다가 그에게 안수하고 그를 제사장 엘르아살과 온 회중 앞에 세우고 그들의 목전에서 그에게 위탁하여 네 존귀를 그에게 돌려 이스라엘 자손의 온 회중을 그에게 복종하게 하라.

여호수아는 하나님의 "영이 있는 사람"(אִישׁ אֲשֶׁר־רוּחַ בּוֹ)이었다(신 34:9 참고). 엘리사가 엘리야의 후임자로 세워졌을 때에도 "엘리야의 영"이 그에게 머물렀다(왕하 2:15). 신약에서 교회의 지도자에게 요구되는 것도 하나님의 영이다(행 6:5 참고).

하나님은 여호수아에게 모세가 죽었으니 백성을 이끌고 "이 요단"을 건너라고 명령하신다. 앞에서 언급한 것처럼 여호수아는 모세 이후를 위해 준비된 사람이다(출 17:14; 24:13; 32:17; 33:11). 여호수아가 백성들을 이끌고 가야 할 곳은 하나님 자신이 그들에게 주시고자 하는 땅이다. 하지만 그들이 이 땅을 얻기 위해서는 먼저 여러 가지 장애물을 통과해야 한다. 그 중 하나가 요단강이다. 지시대명사 "이"는 요단이 이스라엘 백성과 여호수아 앞에 가로놓여 있는 현재의 장애물임을 알려주는 생생한 표현이다.

여호와의 약속(1:3-5)

> **사역** ³"내가 모세에게 말한 대로 너희 발바닥이 밟는 곳은 모두 내가 너희에게 주었다. ⁴광야와 이 레바논으로부터 큰 강 곧 유브라데 강까지 헷 사람의 모든 땅과 해 지는 곳 대해까지 너희 영토가 될 것이다. ⁵네가 살아있는 모든 날 동안 아무도 네 앞에 서지 못할 것이다. 내가 모세와 함께 있었던 것처럼 너와 함께 있을 것이다. 내가 너를 버리지 않고 내가 너를 떠나지 않을 것이다."

하나님은 여호수아에게 약속을 주신다. 그 가운데 하나님은 모세의 이름으로 이 단락을 열고 닫으신다. 처음에 "내가 모세에게 말한대로"로 말씀을 시작하시고, 끝에 "내가 모세와 함께 있었던 것처럼"으로 말씀을 닫으신다. 이 말씀은 여호수아에게 특별한 의미로 다가왔을 것이다. 여호수아는 모세의 직접적인 후계자였다. 그는 "모세의 시종"으로서 언제나 모세 가까이 있었다. 그는 여호와께서 모세에게 말씀하시고 모세와 함께하시는 것을 직접 보았다. 하나님의 말씀이 결코 헛되지 않다는 것을 여호수아는 모세를 통해 생생하게 경험하였다. 여호수아는 또한 모세를 통해 나타나는 하나님의 능력을 직접 눈으로 목격하였다. 모세의 이름은 여호수아에게 이 모든 일을 상기시키는 살아있는 역사 그 자체다. 그러기에 하나님은 모세의 이름을 두 번씩이나 언급하시며 여호수아에게 약속의 말씀을 주신다.

이스라엘이 그 땅을 얻는 것은 불확실한 일이 아니다. 하나님은 포괄적인 표현("너희 발바닥이 밟는 곳은 모두")을 사용하여 이스라엘의 성공을 보장하신다. 거기에다 완료형 동사 "내가 그것을 주었다"(נְתַתִּיו), 예언적 완료)가 사용된다. 이는 이스라엘이 땅을 얻는 일은 이미 완료된 것과 다를 바 없을 정도로 확실하다는 것을 나타낸다. 하나님은 창조주시며 온 세상의 주인이시다. 누가 하나님이 하고자 하시는 일을 막겠는가? 하나님은 지리적으로도 포괄적인 표현을 사용하시어 이스라엘 자손이 얻을 땅을 알려주신다. 4절의 "광야와 이 레바논으로부터"는 가나안 남쪽(애굽의 경계까지 이르는 광야)과 가나안 북쪽(레바논)을 포괄하는 표현이며, "유브라데 강까지"와 "해지는 곳 대해까지"는 동쪽과 서쪽의 경계를 아우르는 표현이다. "헷 사람의 모든 땅" 역시 헷 사람만이 아니라 가나안 땅에 거주하는 모든 민족을 포괄하는 말로 이해되어야 한다(cf. Howard, 82).[1]

누구도 여호수아를 맞서지 못한다. 하나님은 여호수아에게 말씀하신다: "네가 살아있는 모든 날 동안 아무도 네 앞에 서지 못할 것이다". 제아무리 강한 용사가 강력한 무기로 무장한다고 해도 여호수아의 상대가 될 수 없다. 그 이유는 여호수아 자신에게 있지 않다. 이유는 오직 한 가지, 하나님이 여호수아와 함께하시기 때문이다. 하나님은 애굽의 군대를 물리치신 강한 용사시다: "여호와는 용사시니 여호와는 그의 이름이시로다"(출 15:3). 여호수아 시대에 가나안의 도시국가들은 애굽의 지배를 받고 있었다. 이스라엘이 여호와로 말미암아 애굽 군대를 물리칠 수 있었다면, 애굽의 지배하에 있는 가나안이야 더 말할 필요도 없다. 하나님은 "내가 너를 버리지 않고 내가 너를 떠나지 않을 것이다"라고 하시며 여호수아를 격려하신다. 이는 예수께서 제자들을 격려하신 말씀과 같다: "볼지어다 내가 세상 끝날까지 너희와 항상 함께 있으리라"(마 28:20b).

---

[1] 여기에 소개된 땅의 범위는 하나님께서 아브라함에게 약속하신 땅의 범위와 대체로 일치한다(창 15:18 참고). 하나님께서는 그 옛날 아브라함에게 주신 약속을 잊지 않고 계신다. 여호와는 반드시 약속을 지키시는 신실한 하나님이시다. 여호수아는 이 약속을 성취하는 하나님의 사람으로 세워진 인물이다. 하지만 이 약속의 완전한 성취는 다윗-솔로몬 시대에 이루어진다(삼하 8:1-4; 왕상 4:21[MT 5:1] 참고).

여호수아의 책임(1:6-9)

> **사역** ⁶"강하고 담대하라 왜냐하면 너는 내가 너희 조상에게 줄 것이라고 맹세한 그 땅을 이 백성에게 기업으로 얻게 할 것이다. ⁷오직 매우 강하고 담대하여 나의 종 모세가 네게 명령한 모든 율법대로 행하도록 주의하라. 네가 가는 모든 곳에서 형통하도록 그것에서 오른쪽으로나 왼쪽으로 벗어나지 말라. ⁸이 율법책을 네 입에서 떠나지 말게 하고 밤낮으로 읊조림으로써ᵃ 거기에 기록된 대로 다 행하도록 주의하라. 왜냐하면 그때에 네가 네 길을 형통하게 할 것이며 그때에 네가 형통할 것이기 때문이다. ⁹내가 네게 명령하지 않았느냐? 강하고 담대하라. 두려워하지 말고 놀라지 말라. 왜냐하면 네 하나님 여호와가 네가 가는 모든 곳에 너와 함께 하기 때문이다."

[번역주] 8a: 원문의 동사 הגה는 '읊조리다'의 의미가 있으며(HALAT, BDB), 이곳에는 이 의미가 가장 적합하다. 이 동사가 "네 입에서 떠나지 말게 하고"와 대구를 이루기 때문이다.

하나님께서 여호수아와 함께하신다고 해서 모든 일이 저절로 되는 것은 아니다. 여호수아 편에서 감당해야 할 일이 있다. 하나님의 일은 여호수아의 일을 통해서 이루어진다. 여호수아가 아무 일도 하지 않는데 하나님의 일이 이루어지는 법은 없다. 여호수아가 해야 할 일을 놓고 볼 때 여호수아는 강하고 담대해야 한다. 여호수아가 해야 할 일은 이스라엘 자손이 가나안 땅을 기업으로 받도록 하는 일이다. 그 일을 수행할 수 있기 위해서 여호수아는 강하고 담대해야 한다. 약하고 소극적이어서는 안 된다.

사실상 그 땅은 하나님께서 조상들에게 주시겠다고 맹세하신 땅이다 (창 22:16-18; 24:7; 26:3-4 참고). 하나님이 약속하시는 것만으로도 충분할텐데 맹세까지 하셨다. 심지어 하나님은 쪼갠 고기 사이로 횃불이 지나가는 특별한 의식을 통해 이스라엘 자손이 가나안 땅을 얻을 것을 보장해

주셨다(창 15:8-21). 그런 만큼 이스라엘이 가나안 땅을 차지하는 것은 확실하고, 도무지 실패할 수 없는 일이다. 그럼에도 그 일은 여호수아의 활동을 통해서 성취된다. 여호수아의 활동은 하나님의 맹세를 구체화시키는 수단이다. 하나님의 주권적인 뜻과 여호수아의 책임 있는 활동은 동전의 양면처럼 하나로 연결된다. 따라서 여호수아에게 요구되는 책임은 매우 실제적인 것이다. 그 일을 위해 그는 강하고 담대해야 한다.

"강하고 담대하라"는 명령에서 더 생각해야 할 것이 있다. 하나님은 여호수아에게 "오직 매우 강하고 담대하여 모든 율법대로 행하도록 주의하라"(7a)고 말씀하신다. 이 말씀에서 볼 수 있는 바와 같이 여호수아에게 요구되는 강함과 담대함이란 "모든 율법"대로 행할 수 있기 위한 것이다. 율법대로 행하는 것은 결코 쉬운 일이 아니다. 각종 유혹을 이겨내고 크고 작은 어려움과 위험을 감수해야 한다. 아간의 범죄와 아이성 전투의 실패를 생각해보라(수 7:1-5). 또한 가나안 사람이 가진 철병거 앞에서 무력감을 느낀 요셉 자손을 생각해보라(수 17:16). 이것은 "율법" 곧 하나님의 말씀대로 순종하는 것이 얼마나 어려운 일인지를 보여주는 좋은 예들이다. 그러므로 여호수아와 이스라엘 자손은 "강하고 담대하게" 일어서서 하나님이 모세를 통해 주신 율법에 따라 행해야 한다. 율법에서 좌로나 우로나 벗어나지 말아야 한다. 율법을 떠나 형통을 기대할 수 없다(시 1:1-3 참고).

그러나 율법을 지키는 용기와 담대함은 저절로 생기지 않는다. 그것은 율법을 가까이하고 묵상하는 것에서 비롯된다. 하나님은 여호수아에게 "이 율법책을 네 입에서 떠나지 말게 하고 밤낮으로 읊조리[라]"고 명하신다. 율법을 지키는 용기와 담대함은 율법 그 자체의 힘에서 온다. 그것은 인간의 의지가 만들어낼 수 있는 것이 아니다. 늘 율법을 소리 내어 읽고("네 입에서 떠나지 말게 하고") 그 의미를 되새겨 묵상할 때 마음이 움직이고 용기가 생겨 율법을 순종할 수 있게 된다. 그리고 그렇게 할 때야 비로소 여호수아와 이스라엘이 성공할 수 있고 그들의 길이 형통할 수 있다.

강하고 담대한 마음과 태도를 가지는데 중요한 요소가 또 있다. 그것은 하나님이 함께하신다는 것에 대한 굳건한 믿음이다. 전능하신 하나님이 함께 하시는데 두려워하거나 놀라야 할 다른 그 무엇이 또 있을 수 있겠는가? 하나님은 여호수아가 그 무엇에도 두려워하거나 놀라지 않아야 할 이유를 이렇게 말씀하신다: "왜냐하면 네 하나님 여호와가 네가 가는 모든 곳에서 너와 함께 하기 때문이다"(9b).

9a에 나오는 문장의 형식에도 주목해야 한다: "내가 너에게 명령하지 않았느냐? 강하고 담대하라. 두려워하지 말고 놀라지 말라"(9a). 여기에 사용된 수사의문문과 명령문은 여호수아를 격려하기 원하시는 하나님의 사랑과 은혜를 잘 나타내 보여준다. 여호수아 앞에 놓인 사명을 생각할 때, 또한 눈에 보이는 이스라엘의 형편을 고려할 때 여호수아는 두려워하고 낙심할 수도 있다. 그러기에 하나님은 마치 아버지가 사랑하는 아들에게 하듯이 여호수아에게 용기를 북돋아 주신다. "내가 너에게 명령한 것이 아니냐?" 하나님이 명령한 것이기에 성공이 보장되어 있다. 하나님의 명령과 약속은 막연하거나 공허하지 않다. 하나님이 살아 계신 것처럼 그분의 명령과 약속도 살아있다. 하나님의 어떠하심과 같이 그분의 명령과 약속 또한 그러하다. 그러므로 하나님의 신실하심과 그분의 능력을 믿을 때 더욱 강하고 담대하게 말씀에 순종할 수 있다.

2.2 지파들의 연합(수 1:10-18)

이 단락은 정복전쟁의 성공적인 수행을 위해 이스라엘 자손들이 여호수아의 지도력 하에 하나가 되는 것의 중요성을 가르친다. 백성들은 "진중에 두루 다니는" 관리들의 역할을 통해 연합하고 통일적으로 움직여야 한다(10-11절). 백성들은 또한 "형제"이다(12-18절). 그들은 혈통적으로 공통의 조상을 둔 "형제"일 뿐만 아니라 "언약의 피"(הַדַּם־הַבְּרִית)로 여호와 앞에서 하나의 공동체로 결속된 "형제"이다(출 24:8 참고). 이 언약 공동체 안에는 혈통적으로 아브라함의 자손이 아닌 자들도 포함되었을 수 있다(출 12:38 참고). 여호수아서는 백성들의 공동책임(corporate responsbility)를 강조한다.

요단을 건너기 위한 준비(1:10-11)

> **사역** ¹⁰여호수아가 백성의 관리들에게 명령하였다. ¹¹"진영 가운데로 가서 백성에게 명령하여 이르기를 '너희를 위해 식량을 준비하라. 왜냐하면 삼일 안에 너희가 이 요단을 건너 너희 하나님 여호와께서 너희에게 차지하라고 주신 그 땅을 차지하러 들어갈 것이기 때문이라'고 하라."

하나님의 말씀이 끝나자 여호수아는 백성의 관리들에게 명령을 내린다(10절). 동사 "명령하다"(צוה)는 여호수아가 모세의 계승자로서 권위 있게 백성을 이끄는 모습을 나타낸다. "백성의 관리들"은 모세가 세웠던 "천부장과 백부장과 오십부장과 십부장"(출 18:21)에 해당하는 사람들일 것이다. 관리들의 존재는 이스라엘 자손이 질서를 유지할 수 있도록 나름의 행정조직을 갖추고 있었음을 나타낸다.

관리들이 해야 할 일은 진영 가운데로 다니며 백성들에게 여호수아의 명령을 전달하는 일이다. 여호수아의 명령은 물론 하나님이 내리신 명령이다. 하나님의 명령이 여호수아와 관리들을 통해 백성들에게 신속히 바르게 전달됨으로써 백성들이 일사불란하게 그 명령을 받드는 하나님의 군대가 된다. 명령의 내용은 요단을 건너기 위해 식량을 준비하라는 것이다. 지금 이스라엘 자손의 진영은 요단 동편 모압 평지에 있다. 그들은 이미 요단 동편의 두 왕(바산 왕 옥과 헤스본 왕 시혼)을 멸하고 그들의 땅을 점령한 상태였다(신 2:26-37; 3:1-11). 그러므로 이스라엘 자손에게는 그들에게서 빼앗은 곡식과 양식이 많았을 것이다. 양식에 관한 명령은 이런 형편을 배경으로 이해될 수 있다.

여호수아의 명령에 따르면 이스라엘 자손은 "삼일 안"에 요단을 건넌다. 이는 여리고 정탐기사와 충돌되는 것처럼 보인다. 정탐기사에서 정탐들이 이스라엘 진영으로 돌아오기까지 걸린 시간은 적어도 삼일 이상이다(수 2:16, 22). 어쩌면 "삼일"은 정확한 시간의 길이라기 보다 중요한 시간을 나타내는 관습적 표현일 수 있다(창 30:36; 40:12-13; 출 3:18; 15:22; 민 10: 33; 33:8 참고). 그렇지 않다면 "삼일 안"은 여리고 정탐 이후의 시점에 계산된 시간일 가능성도 있다. 다시 말해, 여호수아의 이 명령은 시간적으로 2장 뒤에 일어난 일일 수 있다. 여호수아서는 반드시 연대기적 순서에 따라 기록된 책은 아니다. 여호수아서는 주제를 전개할 목적으로 연대기적 틀을 벗어나기도 한다.[2]

지파들의 연합(1:12-18)

> **사역** [12]르우벤 사람과 갓 사람과 므낫세 반지파에게 여호수아가 말했다. [13]"여호와의 종 모세가 너희에게 명령한 그 말을 기억하라. 이르기를 '너희 하나님 여호와께서 너희에게 안식을 주시고 너희에게 이 땅을 주시리라' 하였다. [14]너희 아내와 너희 아이들과 너희 가축들은 모세가 강 건너편에서 너희에게 준 그 땅에 거주하게 하고 너희 모든 강한 용사들은 ª오십 명씩 대열을 갖추어ª 너희 형제 앞에서 건너가 그들을 도우라. [15]여호와께서 너희처럼 너희 형제에게 안식을 주셔서 그들 역시 너희 하나님 여호와께서 그들에게 주시는 그 땅을 차지하기까지 하라. 그런 다음 여호와의 종 모세가 요단 건너편 해 돋는 곳에서 너희에게 준 너희 소유의 땅으로 돌아가 그것을 차지하라." [16]그들이 여호수아에게 대답하였다. 이르기를 "당신이 우리에게 명

---

[2] 이는 동일한 사건이 여호수아와 사사기에 기록된 것으로 보아 알 수 있는 일이다. 갈렙이 기럇 세벨을 정복한 일(수 15:14-19; 삿 1:10-15)과 단 지파가 라이스(레셈)를 점령한 일(수 19:47; 삿 18:27-29)이 여기에 속한다.

령한 모든 일을 우리가 행할 것이며 당신이 우리를 보내는 곳이 어디든 우리가 갈 것입니다. [17]우리가 모세에게 순종한 모든 일과 같이 그대로 당신에게 순종하겠습니다. 오직 당신의 하나님 여호와께서 모세와 함께하셨던 것처럼 당신과 함께하시기를 바랍니다. [18a]당신이 명령한 모든 일에 대해서[a] 당신의 명령에 순종하지 않고 당신의 말을 듣지 않는 모든 사람은 죽을 것입니다. 오직 강하고 담대하십시오."

[번역주] 14[a-a]: 원문의 חֲמֻשִׁים은 '오십 명씩' 전투대열을 갖춘 모습을 의미한다 (DCH III, 259). 동일한 사건이 기록된 신명기 3:18에서는 חֲמֻשִׁים 대신 '무장한 사람'을 뜻하는 חֲלוּצִים이 사용되었다. 18[a-a]: 원문의 לְכֹל אֲשֶׁר־תְּצַוֵּנוּ은 번역하기가 까다롭다. 하지만 전치사 לְ를 '특정'의 의미(~에 대해서, with respect to)로 이해하면 구문문제는 잘 해결된다.

식량준비에 관한 명령에 이어 여호수아는 지파들의 연합과 관련된 명령을 내린다. 명령의 대상은 특별히 르우벤, 갓, 므낫세 반지파이다. 여호수아는 그들에게 모세가 명령한 말을 상기시킨다. 여기서 모세가 "여호와의 종"이라는 사실이 강조된다. 이는 그의 말이 반드시 지켜져야 할 하나님의 명령이란 의미다. 모세의 명령에 따르면 요단 동편에서 기업을 분배 받은 지파들은 나머지 지파들(아홉 지파 반)과 함께 요단을 건너가서 그들을 도와 정복전쟁을 수행해야 한다(민 32:28-29; 신 3:18-20). 모세는 요단 동편의 지파들이 해야 할 일을 비교적 자세히 묘사한다: ① 아내와 자식과 가축은 집에 머물러야 한다(민 32:26 참고).[3] ② "모든 강한 용사들"(כֹּל גִּבּוֹרֵי הַחַיִל)이[4] "오십 명씩 대열을 갖추어" 형제들 앞에서 건너야 한다. ③ 그들은 형제들을 도와야 한다.

---

[3] 영어성경 NIV는 미완료 동사 יֵשְׁבוּ를 '허락'의 의미("may stay" "머물러도 좋다")로 번역한다. 그러나 전쟁에 아내와 아이들과 가축을 데리고 가는 것은 도움이 되기 보다 방해가 된다. 이런 점을 고려하면 새 미국인 표준성경(NASB)의 "shall stay"("머물러야 한다")가 바른 번역임을 알 수 있다. 개역개정역의 "머무르려니와"도 같은 관점을 나타낸다.

[4] 이들은 "이십 세 이상으로 싸움에 나갈 만한 모든 자"(민 1:3)를 가리킨다고 볼 수 있다.

모세의 명령에서 강조되는 것은 지파들 간의 연합이다. 요단 동편의 지파들은 이미 기업을 분배 받았음에도 불구하고 나머지 일곱 지파 반이 요단 서편에서 기업을 얻을 때까지 그들과 함께 정복전쟁을 수행해야 한다. 이 일을 함에 있어서 뒤처지거나 소극적이 되어서는 안 된다. 오히려 앞장서서 적극적으로 그 일을 수행해야 한다. 요단 동편의 지파들과 요단 서편의 지파들은 서로 남이 아니다. 모세는 그들을 "형제"라고 부른다. 그들은 모두 아브라함의 후손으로서 땅의 약속을 함께 받았기에 혈통적으로 "형제"이며 한 분 하나님과 피로써 언약을 맺은 한 언약공동체의 일원이기에 영적으로 "형제"이다(출 24:8 참고). 그러므로 그들은 정복전쟁을 포함하여 하나님을 섬기는 일에 연대책임을 지고 있다. 이런 의미에서 요단 동편의 지파들은 자기 일처럼 열의와 적극성을 가지고 요단 서편의 정복전쟁에 참여해야 한다.

특히 모세의 명령에 거듭 언급되는 '안식'에 주목할 필요가 있다: "너희 하나님 여호와께서 너희에게 안식을 주시고 너희에게 이 땅을 주시리라"(13b); "여호와께서 너희처럼 너희 형제에게 안식을 주셔서 그들 역시 너희 하나님 여호와께서 그들에게 주시는 그 땅을 차지하기까지 하라"(15a). 이 안식은 광야생활의 고생이 다 끝나고 가나안 땅에서 평안히 살게 될 일을 가리킨다. 저자는 책의 말미에서 안식이 이루어졌다고 언급한다: "여호와께서 조상들에게 맹세하신 것과 같이 그들에게 사방으로부터 안식을 주셨고 그들의 원수들 중에 한 사람도 그들을 대항할 수 없었다. 여호와께서 그들의 모든 원수들을 그들의 손에 주셨다"(21:44); "여호와께서 이스라엘에게 주변의 모든 적들로부터 안식을 주신지 오랜 후에 여호수아가 늙고 나이가 많았다"(23:1).

여호수아서는 이스라엘 자손이 앞으로 얻을 안식을 약속하면서 시작하고 그들이 이미 얻은 안식을 확인함으로써 끝맺는다. 여호수아서는 안식의 주제가 앞뒤를 장식하는 형식을 가지고 있다. 이는 책의 관심사가 무엇인지를 밝혀준다. 여호수아서는 이스라엘 자손이 안식을 얻게 될 일에 초점을 맞춘다. 이 안식은 태초에 아담이 에덴동산에서 가졌던 안식이다. 여호수아서에서 "안식을 주다"의 의미로 사용된 동사(נוח의 히필 A형)는 창세기 2:15에서 하나님이 아담을 에덴동산에 두신 일을 묘사하기 위해 사용된 동사(נוח의 히필 B형)와 어근이 동일하다.[5] 태초에 하나님이 아담을 에덴동산에 두신 이유는 안식을 누리게 하시고자 함이었다. 하나님이 이스라엘 자손을 가나안 땅으로 인도하신 이유도 마찬가지다. 이스라엘 자손이 가나안 땅에서 안식을 얻는 것은 태초에 아담이 에덴동산에서 안식을 얻은 것과 모형적인 유비관계에 있다. 이는 가나안 땅이 제2의 에덴동산으로 의도된 곳이라는 사실을 나타낸다.

여호수아서가 소개하는 안식은 궁극적으로 하나님의 안식과 연결된다. 시편 95:11은 광야 시대의 이스라엘 자손이 가나안 땅에 들어가지 못한 일을 놓고 "하나님의 안식"에 들어가지 못하였다고 설명한다. 이때 "하나님의 안식"은 창조의 육일 후 하나님이 안식하신 일과 관련된다(창 2:1-3 참고). 신약의 히브리서는 시편 95편을 통해 순종과 안식의 관계를 설명하면서 하나님의 안식을 창조의 제 칠일과 연결한다(히 4:3-4). 이런 관점에서 보면 이스라엘 자손이 가나안 땅에 들어가는 것은 창조의 제 칠일을 특징짓는 하나님의 안식에 들어가는 것과 같은 의미를 갖는다. 필자는 다른 곳에서 이 하나님의 안식은 창조 세계에 안식을 가져오는 하나님의 통치를 의미한다고 설명하였다.[6] 이렇게 이해된 안식은 단순히 광야생활의 종식이나 정복전쟁의 종결에 제한될 수 없다. 그것은 하나님

---

[5] נוח의 히필 B형은 주로 무언가를 어떤 장소에 두는 것을 묘사하는데 사용되지만, 창세기 2:15에서는 "안식"의 음조가 가미된 중의적 의미로 사용되었다고 보아야 한다. 창세기 저자는 2장 8절과 15절에서 하나님이 아담을 에덴에 두신 일을 반복해서 묘사한다. 그런데 특이하게도 8절에는 동사 '심'(שׂים)이 사용되고 15절에서는 נוח의 히필 B형이 사용된다. 이 변화는 저자의 의도를 반영한다. 저자는 "안식"의 음조를 띠는 נוח의 히필 B형을 사용함으로써 하나님께서 아담을 에덴에 두신 일이 곧 그에게 안식을 주는 일이었음을 나타내고자 하였던 것으로 보인다.

[6] 졸고, "창조와 하나님의 안식: 창세기 1:1-2:3의 신학,"「신학정론」 41/2 (2023): 59-70.

의 통치가 가져오는 축복의 상태이며 "전체 삶을 포괄하는 온전한 행복의 상태"이다.[7]

물론 여호수아 시대의 안식은 한계를 갖는다. 그것은 광야 방랑생활과 전쟁으로부터의 일시적인 안식은 의미할지 모르나 하나님의 통치 안에서 누리는 완전하고 참된 안식에는 여전히 미치지 못한다. 사사기가 보여주는 이스라엘의 형편이 그것을 반영한다. 그들은 하나님의 통치를 거부하고 끊임없이 우상숭배를 일삼았다. 그 결과로 사사시대를 특징 짓는 불안정과 혼란이 찾아왔다. 이는 여호수아가 가져온 안식의 한계를 잘 보여준다. 이것을 인식하고 히브리서 기자도 "만일 여호수아가 그들에게 안식을 주었더라면 그 후에 다른 날을 말씀하지 아니하셨으리라"(히 4:8)고 말한다. 여호수아 시대에 이루어진 안식은 사실상 후에 이루어질 더 완전한 안식을 지시하는 그림자이다.

여호수아가 잠정적으로 이룩한 하나님의 안식은 새 여호수아이신 그리스도 안에서 완전히 성취되었다. 신약은 그리스도 안에 있는 안식을 여호수아의 안식과 연결하여 설명한다(히 4:8-9 참고).[8] 여호수아가 가나안 족속을 몰아내고 옛 언약백성에게 안식을 준 것은 그리스도께서 십자가와 부활을 통해 악의 세력을 완전히 정복하고 새 언약백성에게 영원한 안식을 주실 일을 예표한다. 예수님은 여호수아의 직무를 완성하시는 새 여호수아이시다. 히브리서는 구약의 백성들과 마찬가지로 신약의 백성들도 안식에 들어가기 위해서는 믿음과 순종이 필요하다고 가르친다(히 4:11).

요단강 도하에 앞서 지파들의 결속을 다지고자 한 여호수아의 계획

---

[7] 쉬톨츠는 '안식'을 뜻하는 히브리어 '메누하'의 의미가 "전체 삶을 포괄하는 온전한 행복의 상태"(ein vollständiger, das ganze Leben umfassender Heilszustand)라고 설명한다. See Stolz, נוח, 46.

[8] Cf. D. M. Howard Jr., *An Introduction to the Old Testament Historical Books* (Chicago: Moody Publishers, 1993), 106: "Typologically, the NT equates the OT concept of rest with entering into Christ's 'rest.'"

은 성공적이었다. 르우벤, 갓, 므낫세 반 지파는 여호수아의 명령에 절대적 충성을 다짐한다: "누구든지 당신의 명령을 거역하여 무릇 당신의 시키시는 말씀을 청종치 아니하는 자 그는 죽임을 당하리니"(18절). 절대적 충성은 절대자에게만 합당하다. 이스라엘 자손이 여호수아에게 절대적 충성을 다짐하는 이유는 그가 절대자의 대리인이기 때문이다. 이는 지도자의 권위가 궁극적으로 하나님에게서 나온다는 사실을 가르쳐준다. 하나님의 뜻대로 세워지고 하나님의 말씀을 수행하는 리더십은 그 자체로 절대적인 권위를 갖는다. 요단 동편의 두 지파 반은 여호수아에게 모세가 가졌던 권위를 인정하고 있다: "우리는 범사에 모세를 청종한 것같이 당신을 청종하려니와"(17절). 백성들이 이처럼 여호수아를 중심으로 굳게 뭉친 것은 장차 정복전이 성공적으로 진행될 것임을 암시한다.

3.1 기생 라합(수 2장)

3.2 갈라진 요단강(수 3-4장)

    특주 1: 여호수아 3-4장의 문학적 구성

    특주 2: 언약궤의 구속사적 의미

3.3 마음이 녹는 왕들(수 5:1)

제3장
정복전쟁의 서막

수 2:1-5:1

여호수아 2:1-5:1은 여리고 정탐(2장), 요단강 도하(3-4장), 가나안 왕들의 반응(5:1)을 다룬다. 단락구분과 관련하여 주목해야 할 본문은 2:10-11과 5:1이다. 전자는 가나안 사람이 홍해의 기적과 요단 동편의 두 왕 시혼과 옥의 소식을 전해 듣고 보인 반응을 소개하며, 후자는 요단강의 기적을 전해 들은 가나안 왕들의 반응을 소개한다. 두 본문에는 모두 같은 표현들("마음이 녹다", "정신을 잃다")이 등장한다. 그러므로 여호수아 5:1은 2:10-11의 메아리와 같다. 스톤(L. G. Stone)은 두 본문이 "2:1-5:15에서 발견되는 전쟁준비 전체를 괄호로 묶으며, 이를 통해 이스라엘에 대한 가나안 사람의 반응을 여호와의 행위에 대한 반응으로 규정하고 여리고의 정복에 특별한 신학적 지위를 부여한다"고 설명한다.[1] 스톤의 설명은 여호수아 2-5장에서 가나안 사람과 왕들의 반응이 차지하는 중요성에 주의하게 한다.

그러나 스톤의 설명처럼 5장 전체를 2-4장과 하나로 묶는 것은 옳지 않다. 5:2-15의 관심사는 가나안 사람과 왕들의 반응이 아니다. 이곳에는 이스라엘 자손이 행한 의식들 곧 할례와 유월절이 기록된다. 반면에 5:1은 한편으로 요단강의 기적을 언급함으로써 3-4장의 내용을 확장하며, 다른 한편으로 가나안 왕들의 반응을 강조함으로써 2장에 소개된 라합의 말을 기억에 되살린다. 5:1은 요단강 기적의 의미를 가나안 사람의 반응이란 차원에서 설명하여 3-4장을 2장과 하나로 엮는다. 이러한 구성은 독자들에게 앞으로 펼쳐질 정복전쟁을 이해하는 방향을 제시한다. 가나안 사람은 이스라엘 자손에게 어떤 태도를 보일 것인가? 그들도 라

---

[1] Stone, "Ethical and Apologetic Tendencies in the Redaction of the Book of Joshua," 32.

합처럼 여호와를 "상천하지의 하나님"으로 인정할 것인가?

3.1 기생 라합(수 2:1-24)

여호수아 1장은 요단 도하를 예고하는 가운데 끝난다. 하지만 이야기의 흐름은 곧바로 요단 도하로 이어지지 않는다. 이야기는 먼저 여리고 정탐 사건을 소개한다. 여리고는 요단 건너편에서 이스라엘이 정복해야 할 첫 상대인 만큼 요단을 건너기 전 미리 그곳을 정탐하는 것은 당연한 일이다. 여리고 정탐기사에서 관심의 초점은 기생 라합이다. 라합은 자신의 집을 찾은 이스라엘 사람 정탐꾼에게 여호와께 대한 신앙을 고백하고 헌신적으로 그들을 돕는다. 라합의 이야기는 가나안 사람 또한 여호와를 인정하고 그분 편에 설 수 있다는 사실을 보여준다. 하나님과의 관계는 처음부터 "땅의 모든 족속"에게 열려 있다(창 12:3 참고).

정탐꾼의 파송(2:1)

> **사역** ¹눈의 아들 여호수아가 싯딤에서 정탐꾼 두 사람을 비밀리에 보내며 이르기를 "가서 그 땅과 여리고를 살펴보라"고 하였다. 그들이 한 매춘부의 집에 들어갔는데 그녀의 이름은 라합이었다. 그들이 그곳에서 잠자리에 들었다.

여호수아는 요단강을 건너기에 앞서 여리고의 형편을 알아보고자 하였다. 그는 싯딤에서 두 사람을 택하여 "비밀리에" 여리고로 보냈다. 그들이 맡은 임무는 "그 땅과 여리고"를 살피는 일이었다. 이스라엘은 이미 가나안 땅을 정탐한 바 있다. 그러므로 다시 그 땅을 정탐하는 것은 불필요한 일이었을 수도 있다.[2] 그러나 과거의 정탐활동은 가나안 전체 지역의 전반적인 탐사에 국한되었을 가능성이 크다(민 13:17-20 참고). 따라서 여리고와 같은 특정지역을 상대로 전쟁을 수행하기 위해서는 그 지역에 대한 구체적인 정찰이 더 필요했을 것이다. 아이성 전투에서도 이런 정탐활동이 이루어졌다(수 7:2 참고). 게다가 과거 모세가 하나님의 명령에 따라 열두 정탐꾼을 가나안에 보낸 일을 생각하면(민 13:1-3 참고), 지금 여호수아의 행위 역시 하나님의 명령에 따른 것이었다고 추측할 수 있다.

1절에 따르면 여호수아가 보낸 정탐꾼은 곧바로 기생 라합의 집에 들어간다. 라합은 매춘부(זוֹנָה)였으므로 그 집은 매춘 업소였거나 경우에 따라 매춘이 가능했던 여관이었을 수 있다. 어느 쪽이든 그 집은 외부인이 드나들기에 비교적 쉬웠을 것이다. 정탐꾼들은 매춘부와 놀아나는 난봉꾼으로 가장하였거나 그저 숙소를 찾는 손님으로서 그 집에 들어갔을 수도 있다. "잠자리에 들다"(שָׁכַב)는 성관계를 연상케 하는 말이다. 그러나 이 말이 전치사("~와 함께") 없이 단독으로 사용되었다는 점에 유의해야 한다. 라합은 이들이 이스라엘 진영에서 온 첩자인 것을 곧바로 알아차렸다(4절 참고). 아마도 정탐꾼들은 숙소를 찾는 손님으로 가장하여 그 집에 들어갔을 것이다.

---

[2] 셔우드는 성경에서 정탐과 관련하여 긍정적인 묘사를 발견하기 힘들고 정탐들이 여호수아에게 보고한 내용은 여호와께서 이미 말씀하신 바와 같다는 이유를 들어 정탐활동의 정당성을 부인한다. A. Sherwood, "A Leader's Misleading and a Prostitute's Profession: A Re-examination of Joshua 2," *JSOT* 31 (2006): 43-61. 그러나 전쟁에서 정탐활동은 언제나 당연한 일에 속한다. 아이성 전쟁에서도 정탐활동이 선행되었다(수 7:2).

여리고 왕과 라합(2:2-7)

사역 ²여리고 왕에게 소식이 전해졌다. "보십시오, 이스라엘 자손에서 사람들이 땅을 살피려고 밤에 이리로 왔습니다." ³여리고 왕이 라합에게 사람을 보내며 말했다. "네게 들어간 사람들 곧 네 집에 들어간 사람들을 끌어내라. 왜냐하면 온 땅을 살피기 위해 그들이 왔기 때문이다". ⁴그 여자가 그 두 사람을 데려다 숨기고는 말했다. "맞습니다. 사람들이 나에게 왔으나 그들이 어디서 왔는지 몰랐습니다. ⁵어두워져 성문이 닫힐 때 그 사람들이 나갔는데 어디로 갔는지 모르겠습니다. 서둘러 그들을 쫓아가십시오. 그러면 따라잡을 수 있을 것입니다." ⁶그러나 그녀는 그들로 지붕에 올라가게 했고 자신을 위해 지붕 위에 마련된 삼대로 그들을 숨겼다. ⁷그 사람들은 요단 길로 그들을 추격하여 여울로 갔으며 성문은 닫혔다.

정탐꾼에 대한 소식은 여리고 왕에게도 전해졌다: "보십시오, 이스라엘 자손에게서 사람들이 땅을 살피려고 밤에 이리로 왔습니다"(2절). 여호수아가 "비밀리에" 한 일이 여리고 왕에게 알려졌다는 것이 놀랍다. 왕은 곧바로 사람들을 라합의 집으로 보낸다. 여기서 이스라엘의 침략을 예상했던 왕은 경계를 강화하고 사람들의 출입을 철저히 살피고 있었음을 알 수 있다. 여리고 왕의 태도는 이스라엘에 호의적인 라합과 대조적이다. 정탐꾼들을 도운 라합과 달리 여리고 왕은 오히려 그들을 잡으려고 하였다(2:3). 이스라엘 자손이 홍해를 기적으로 건넌 일과 요단 동편의 두 왕에게 행한 일이 가나안 사람에게 잘 알려져 있었다는 사실을 고려하면(수 2: 10-11 참고), 이것은 많은 것을 시사한다. 여리고 왕의 태도는 열 가지 재앙을 당하면서도 여호와를 대적하였던 바로의 완고한 태도와 유사하다. 밀러(P. D. Miller)에 따르면 "이스라엘 정탐꾼들을 추적하고 찾는 일에 혈안이 된 여리고 왕의 행위"는 앞으로 가나안 사람이 여호와께 보일 저항을 예시한다.[3]

놀랍게도 라합은 왕에게서 사람들이 온다는 소식을 접하고 지붕 위에 (건조를 위해) 세워 둔 삼(아마)대에 정탐꾼들을 숨긴다.⁴ 라합에게 그 소식이 어떻게 전해졌을까? 위험을 감지한 라합이 주변을 철저히 살피고 있었기에 가능했던 일이 아닐까? 여리고 왕의 정보력과 대응이 놀랍고 신속한 만큼 라합의 정보력과 대응 또한 놀랍고 신속하다. 여리고 왕은 정탐꾼들을 잡으려 하고 라합은 그들을 보호하려고 한다. 여리고 왕은 이스라엘에 적대적이지만 라합은 이스라엘에 호의적이다. 라합은 가나안 사람이요 천한 매춘부에 지나지 않지만, 이스라엘 사람처럼 믿음으로 행동한다. 이것은 이스라엘 사람이면서도 불신앙으로 행동하는 사람과 대조를 이룬다(수 7:1 참고). 사람의 운명을 결정하는 것은 결국 "민족 정체성"(ethnic identity)이 아니라 여호와께 대한 신앙이다.⁵

라합에게는 지혜도 발견된다. 그녀의 말은 그녀가 매우 지혜로운 여인임을 나타낸다. 그녀는 "네게 들어간 사람들 곧 네 집에 들어간 사람들을 끌어내라"는 왕의 명령에 적극적으로 대답한다. 그녀는 낯선 사람들이 자신에게 왔다는 사실을 숨기려 하지 않는다. 그랬다면 더 큰 의심을 받았을 것이다. 그녀는 "맞습니다, 사람들이 나에게 왔으나 그들이 어디서 왔는지 몰랐습니다"(4b)고 대답한다. 솔직해 보이는 이 대답은 상대방의 의혹을 무너뜨린다. 더군다나 그녀는 사람(남자)들을 상대하는 매춘부다. 그녀에게 사람(남자)들이 들어가는 것은 전혀 이상한 일이 아니다. 라합은 이런 점들을 은근히 부각하며 자기에게 집중되는 의혹을 무장해제시킨다.

---

³ Miller, "The Story of the First Commandment: The Book of Joshua," 315.

⁴ 하워드는 여호수아 시대에 가나안에는 삼(아마)이 재배되지 않았으며 라합의 지붕 위에 있었던 것은 야생이었다는 볼링(R. G. Boling)의 설명을 따르면서 정탐꾼의 피신을 "섭리"로 이해한다(Howard, 100).

⁵ Cf. Rowlett, "Inclusion, Exclusion and Marginality in the Book of Joshua," 22.

이어서 그녀는 상대방을 따돌리기 위해 꾸며낸 말을 한다: "어두워져 성문이 닫힐 때 그 사람들이 나갔는데 어디로 갔는지 모르겠습니다. 서둘러 그들을 쫓아가십시오. 그러면 따라잡을 수 있을 것입니다"(5절). 이 말은 추격자들에게 실패에 대한 염려와 지금도 늦지 않았다는 희망을 동시에 불어넣는다. 어떤 이유로 매춘부가 되었는지 알 수 없지만, 라합은 분명 비범한 인물이었음에 틀림없다. 그녀의 말솜씨에서 그녀의 지혜가 읽힌다. 추격자들은 급히 서둘렀다. 그들은 요단의 '여울'(개역개정역은 '나루터')로 향하는 길로 그들을 추격해갔다. 그러자 성문이 닫혔다. 이것은 정탐꾼들이 "어두워져 성문이 닫힐 때" 나갔다는 라합의 말을 떠올리게 한다. 추격자들은 정탐꾼들이 간발의 차이로 조금 전에 떠났으며 서두르면 곧 따라잡을 수 있으리라고 생각했을 것이다.

여기서 '거짓말'의 문제를 생각할 필요가 있다. 라합의 말은 사실상 거짓말이다. 거짓은 칭찬할 일이 못 된다. 그것은 하나님이 금하시는 일이다(레 19:11 참고). 라합의 행위는 과연 정죄 받아야 할까? 라합의 거짓말은 정탐꾼을 돕기 위한 것이었다. 그녀의 거짓말은 여리고 측을 등지고 이스라엘 편에 서는 일이었다. 무엇보다도 그녀의 거짓말은 하나님을 경외하는 마음에서 나온 것이었다. 그러므로 그녀의 행위를 비난하는 것은 옳지 않다. 여호수아서도 라합의 행위를 부정적으로 묘사하지 않는다. 라합의 행위는 오히려 자신과 가족의 생명을 살리는 결과를 가져왔다(수 6:22-23 참고). 신약의 히브리서와 야고보서는 라합의 행위를 칭찬한다(히 11:31; 약 2:25). 히브리 남자아이를 살리기 위해 거짓말을 했던 히브리 산파들의 평가에도 주목할 필요가 있다: "그 산파들은 하나님을 경외하였으므로 하나님이 그들의 집안을 흥왕하게 하신지라"(출 1:21). 라합 역시 하나님을 경외하였으며 언약의 계보에 이름을 올리는 축복을 얻었다(룻 4:21; 마 1:5 참고).

라합의 신앙고백(2:8-11)

사역 ⁸그들이 아직 눕기 전에 그녀가 지붕 위의 그들에게 올라가서 ⁹그 사람들에게 말했다. "나는 여호와께서 이 땅을 너희에게 주신 것과 너희에 대한 공포가 우리에게 엄습한 것과 이 땅에 거주하는 사람이 모두 너희 앞에서 간담이 녹는 것을 안다. ¹⁰왜냐하면 여호와께서 너희가 애굽에서 나올 때 너희 앞에서 홍해 물을 말리신 일과 너희가 요단 건너편의 두 왕 시혼과 옥에게 행한 일 곧 그들을 진멸한 일을 들었기 때문이다. ¹¹우리가 듣고 마음이 녹았으며 너희 때문에 아무에게도 더 이상 정신이ᵃ 없었다. 왜냐하면 너희 하나님 여호와 그는 위로 하늘과 아래로 땅의 하나님이시기 때문이다."

[번역주] 11ᵃ: HALAT과 BDB는 원문의 רוּחַ를 '용기'(courage)로 번역한다. NAS, NIV, 독일어역본 ELB 등이 이 번역을 취한다. 그러나 רוּחַ는 '영혼/정신'(spirit) 또는 '바람'(wind)의 의미로 가장 많이 쓰인다. 칠십인역도 이 단어를 πνεῦμα로 옮긴다. 영역본 중에는 ESV가 이 번역을 취한다.

추격자를 따돌린 라합은 지붕에 올라가 정탐꾼들과 대화를 나눈다. 이 대화에서 라합은 정탐꾼들에게 놀라운 사실을 고백한다. 대답은 ABCB´A´ 형식으로 되어 있다. AA´에는 라합의 신앙고백이 나오고, BB´에는 여호와께서 하신 일에 대한 가나안 사람의 반응이 언급되며, 중앙의 C에는 라합과 가나안 사람이 들은 바 여호와께서 하신 일이 소개된다.

   A 여호와께서 가나안을 이스라엘 자손에게 주셨다(9a)
     B 가나안 사람이 두려워하고 간담이 녹았다(9b)
       C 여호와께서 홍해를 말리시고 요단 동편 왕들을 멸하셨다(10)
     B´ 가나안 사람의 마음이 녹았고 정신이 없었다(11a)
   A´ 여호와께서는 하늘과 땅에서 하나님이시다(11b)

위의 구성에서 알 수 있듯이 라합의 말은 여호와께 대한 신앙고백으로 둘러싸여 있다. 그녀의 신앙고백은 두 가지다. 하나(A)는 여호와께서 가나안 땅을 이스라엘 자손에게 주셨다는 것이고, 다른 하나(A')는 여호와께서 온 세상의 하나님이시라는 것이다. 라합은 이 신앙으로 정탐꾼을 "평안히 영접하고"(히 11:31), 여리고 왕이 보낸 사람을 따돌렸다. 그녀의 믿음은 "왕의 노함을 무서워하지 아니하고"(히 11:27) 백성을 애굽에서 인도해낸 모세의 믿음과 같다. 이 믿음은 어디서 온 것일까? 교차구조의 가운데 부분(C)은 그녀의 믿음이 여호와께서 역사 속에서 행하신 일에 근거한다는 사실을 보여준다. 이처럼 성경이 가르치는 믿음은 추상적인 관념이나 사상과 다르다. 그것은 역사적 실재에 근거한다. 믿음이 "바라는 것들의 실상이요 보이지 않는 것들의 증거"(히 11:1)인 이유가 여기에 있다.

라합의 신앙고백에서 빼놓을 수 없는 것은 그녀가 여호와께서 하신 일에 대해 "들었다"는 사실이다. 그녀는 홍해의 물이 마른 기적과 요단 동편의 왕들이 진멸 당한 일에 대하여 "우리가 들었다"고 밝힌다. 여기서 라합에게 믿음이 생긴 과정을 재구성할 수 있다: 여호와의 구원사건 → 들음 → 믿음. 여기서 알 수 있듯이, 믿음은 하나님이 역사 속에서 행하신 일을 듣는 것에서 생긴다. 이것은 사도 바울이 가르치는 바이기도 하다: "그러므로 믿음은 들음에서 나며 들음은 그리스도의 말씀으로 말미암았느니라"(롬 10:17).

하나님이 행하신 일을 들었다고 해서 모두 믿음이 생기는 것은 아니다. 라합의 말에 따르면 가나안 사람도 홍해의 기적과 요단 동편의 일을 전해 들었다. 그래서 그들에게 '애마'(אֵימָה) 즉 "두려움" 또는 "공포"가 엄습했다. 또한 그들의 마음이 녹았으며 아무에게도 더는 정신이 없었다. '마음이 녹았고 정신이 없었다'는 여호수아 5:1에서 요단강의 기적을 전해들은 가나안 왕들에 대해 사용된 표현이기도 하다. 그들도 라합처럼 여호와를 인정하고 그분 편에 설 것인가? 독자들은 책을 읽어가는 가운데 답을 얻게 된다. 가나안 사람은 여호와를 인정하지 않고 오히려 그분께 대항한다. 이것으로 미루어, 정복전쟁에서 결정적인 요소는 민족적 소속이 아니라 "종교적이고 윤리적인 선택"이다.[6]

라합이 맺은 언약(2:12-14)

> **사역** "[12]이제 부디 나에게 여호와로 맹세하세요. 내가 당신들에게 인애를 베풀었으니 당신들 또한 내 아버지의 집에 인애를 베풀고 나에게 진실의 증표를 주세요. [13]내 아버지와 내 어머니와 내 형제들과 내 자매들과 그들에게 속한 모든 사람을 살리시고 우리 목숨을 죽음에서 건져주세요." [14]그 사람들이 그녀에게 말했다. "만일 당신들이 우리의 이 일을 알리지 않으면 우리 목숨이 당신들을 대신하여 죽을 것이며 여호와께서 우리에게 이 땅을 주실 때 우리가 당신께 인애와 진실을 베풀 것입니다."

라합은 정탐꾼들에게 맹세의 관계를 맺기를 요청한다: "이제 부디 나에게 여호와로 맹세하세요 내가 당신들에게 인애를 베풀었으니 당신들 또한 내 아버지의 집에 인애를 베풀고 나에게 진실의 증표를 주세요"(12절). 여기서 "인애"(חֶסֶד)는 언약을 맺는 당사자들 사이에 성립되는 사랑과 충성의 관계를 나타낸다. "맹세" 역시 언약적인 용어이다. 고대 근동에서 맹세는 종종 언약관계를 인치는 엄숙한 표로서 행해졌다.[7] 사람들은 대개 손을 드는 행위를 통해 맹세하였다(출 6:8 참고). 특별히 '여호와로 한 맹세'는 신성한 것으로 간주하여 어떤 경우라도 파기할 수 없었다(수 9:18; 삼하 21:2 참고). 라합은 정탐꾼들과 이 언약을 맺음으로써 자신과 가족들의 생명을 보존하고자 하였다. 이 언약은 마침내 라합과 그녀의

---

[6] Angel, "There Is No Chronological Order in the Torah," 6.
[7] Cf. G. E. Mendenhall, "Covenant Forms in Israelite Tradition," *BA* 12I (1954): 51-76.

가족을 여호와의 백성으로 편입시키는 결과를 가져왔다.

라합이 요구한 "진실의 증표"(אוֹת אֱמֶת)란 무엇일까? 흥미롭게도 라합의 말 속에 나오는 "인애"와 "진실"은 정탐꾼들의 대답에서 그대로 되풀이된다: "우리가 당신께 인애와 진실을 베풀 것이오"(14b). 그러므로 목숨을 담보로 하는 정탐꾼들의 대답이 바로 라합이 요구한 증표였던 것 같다: "만일 당신들이 우리의 이 일을 알리지 않는다면 우리 생명이 당신들을 대신하여 죽을 것이오"(14a, cf. Howard, 106). 이 대답은 여호와로 맹세한 것이기에 더더욱 증표로서 부족함이 없다. 라합은 이 확실한 증표를 가지고 소망 가운데 구원을 기다릴 수 있었다. 정탐꾼들의 약속에는 조건이 첨가되어 있었다. 그것은 정탐꾼들의 일을 누설하지 않고 비밀로 지키는 것이었다.

여기서 라합과 언약을 맺은 정탐꾼들의 행위가 옳았는지에 대해 생각해 볼 필요가 있다. 하나님은 모세를 통하여 이스라엘 자손에게 가나안 사람과의 언약을 엄격하게 금하셨다: "너는 스스로 삼가 네가 들어가는 땅의 주민과 언약을 세우지 말라 ..."(출 34:12); "... 그때에 너는 그들을 진멸할 것이라 그들과 어떤 언약도 하지 말 것이요 그들을 불쌍히 여기지도 말 것이며"(신 7:2). 따라서 군(D. M. Gunn)은 정탐꾼의 행위를 부정적으로 평가한다: "정탐들이 이룬 합의가 제아무리 합당하고 호혜적이라 할지라도 정복전쟁의 규칙에서 벗어난 불법적인 언약이다."[8] 그러나 이 평가는 정복전쟁의 규칙을 오해한 것에서 비롯되었다. 하나님께서 가나안 사람과의 언약을 금하신 이유는 인종적인 차이 때문이 아니라 종교적인 문제 때문이다. 가나안 사람이 우상숭배자였으므로 그들과 언약을 맺으면 이스라엘 또한 우상숭배에 빠질 수밖에 없었다(출 34:15-16; 신 7:4 참고). 그러나 라합의 경우 이미 여호와께 신앙을 고백한 상태였다. 여호와와의 관계가 이스라엘에 본질적이란 사실을 고려하면 라합은 이

---

[8] Gunn, "Joshua and Judges," 108.

미 이스라엘 사람이 되었다고 말할 수 있다. 이런 이유로 성경은 라합을 부정적으로 평가하지 않는다. 오히려 성경은 정탐꾼을 숨긴 라합의 행위를 모든 사람이 본받아야 할 신앙의 모델로 부각한다(약 2:25; 히 11:31 참고).

정탐꾼의 탈출(2:15-21)

> **사역** [15]그녀가 그들을 줄로써 창문을 통해 내려보냈다. 왜냐하면 그녀의 집은 ª성벽의 성벽에ª 있었고 그녀는 성벽에 거주하였기 때문이다. [16]그녀가 그들에게 말했다. "추격하는 자들이 당신들을 따라잡지 못하도록 산으로 가셔서 추격하는 자들이 돌아갈 때까지 삼 일을 그곳에 숨었다가 그 후에 당신들의 길을 가십시오." [17]그 사람들이 그녀에게 말했다. "당신이 우리로 맹세하게 한 당신의 이 맹세에 대해 우리가 허물이 없을 것입니다. [18]보십시오, 우리가 이 땅에 들어올 것입니다. 이 붉은 실의 줄을 우리를 내려보낸 창문에 묶으십시오. 그리고 당신의 아버지와 당신의 어머니와 당신의 형제들과 당신의 아버지 집안사람을 모두 당신의 집으로 모으십시오. [19]당신의 집 문에서 밖으로 나가는 사람은 모두 자기 피가 자기 머리에 있을 것이며 우리는 허물이 없을 것입니다. 그러나 당신과 함께 집에 있을 사람이 누구든 그에게 손을 대면 그의 피는 우리 머리에 있을 것입니다. [20]만일 당신이 우리의 이 일을 말하면, 당신이 우리로 맹세하게 한 당신의 맹세에 대하여 우리가 허물이 없을 것입니다." [21]그녀가 말했다. "당신들의 말대로 할 것입니다." 그녀가 그들을 보냈고 그들은 갔다. 그녀는 붉은 줄을 창문에 묶었다.

> **[번역주]** 15ª-ª: "성벽의 성벽"은 낯설고 어색하지만 원문(קִיר הַחוֹמָה)을 그대로 옮긴 말이다. 대다수 번역본은 같은 단어 하나를 생략하는 방식으로 원문에 수정을 가한다. NAS, ESV, 독일어성경 ELB, 한글개역개정역이 그렇게 한다. NIV는 문제의 표현을 "part of the city wall"로 번역함으로써 원문에 가까이 가려는 노력을 보여준다.

정탐꾼들과 언약을 맺은 후 라합은 그들의 탈출을 돕는다. 라합은 성벽에 살았으므로 창문을 통해 줄을 이용하여 정탐꾼들을 성벽 아래로 내려보냈다. 여기서 먼저 여리고 성의 구조에 대한 설명이 필요하다. 고고학의 발굴에 따르면 여리고는 둔덕(Tell)으로 이루어진 도시의 상부와 하부에 각각 하나씩 성벽을 가지고 있는 이중성벽 구조로 되어있었다. 상부의 성벽 안으로 중앙도시(대략 6에이커)가 형성되어 있었고 하부 성벽까지의 경사면(제방)에도 사람들이 살고 있었다. 라합의 집이 있었던 곳은 하부 성벽이었던 것으로 보인다. 고고학이 발견한 하부 성벽의 구조는 바닥에서 18~20피트 정도 높이의 옹벽(retaining wall)이 제방을 둘러싸고 있는 형태이고, 이 옹벽 위에 다시 진흙 벽돌로 쌓은 성벽이 있었다. 아마도 라합의 집은 옹벽 위의 진흙 벽돌 성벽에 붙박이(built-in) 식으로 만들어졌던 것 같다. 15절의 히브리어 문장이 이것을 시사한다: בֵּיתָהּ בְּקִיר הַחוֹמָה("그녀의 집은 성벽의 성벽에 있었다"). "성벽의 성벽"은 돌로 된 아래의 옹벽과 진흙 벽돌로 된 위의 성벽을 가리킨다고 볼 수 있다. 정탐꾼들은 이 벽돌 성벽의 창문을 통해 탈출하였다. 이 창문은 성 밖의 바닥으로부터 적어도 20피트(대략 6미터) 이상 높이에 있었으므로 줄을 이용하지 않고는 창문을 통해 탈출하는 것은 불가능했다. 이 경우 고고학은 성경의 내용과 일치한다.

현재 본문은 정탐꾼들이 창문을 통해 탈출한 다음 성벽 아래에서 계속 라합과 대화를 나눈 것 같은 느낌을 준다. 하지만 실제로 그랬다고 보기는 어렵다. 왕이 군사들을 풀어 성안을 수색하고 있는 상황에서 그런 행위를 하는 것은 매우 위험한 일이다. 정탐꾼들은 필시 라합과 모든 대화를 끝낸 다음 창문을 통해 탈출하였을 것이다. 아마도 저자는 필요에 의해 15절에서 탈출장면을 먼저 묘사하고 16절에서 이전의 시점으로 되돌아가 정탐군들이 라합과 주고받은 대화를 다시 소개하였을 것이다. 여기서 이런 기법 - "되돌아가기"(backtrack)[9] - 이 사용된 이유는 창문

---

[9] 영거는 여호수아서에 사용된 문학 기법으로 "되돌아가기와 겹치기, 평행법, 교차

이 정탐꾼과 라합의 대화에서 주요한 소재가 되기 때문일 것이다(2:18, 21 참고).

라합은 정탐꾼들에게 산으로 도망하여 그곳에서 사흘 동안 숨어있으라고 조언한다. 추격자들이 정탐꾼들과 마주칠 일을 우려했기 때문이다. 그녀의 생각에 사흘이 지나면 추격자들이 추격을 포기할 것이었다. 정탐꾼들은 다시 한번 맹세를 지킬 것이라고 약속한다: "당신이 우리로 맹세하게 한 당신의 이 맹세에 대해 우리가 허물이 없을 것입니다." 원문에는 "허물이 없을 것입니다"(נְקִיִּם)가 문두(文頭)에 위치한다. 이는 맹세를 지키려는 의지를 강조하는 효과를 낸다. 정탐꾼들은 또한 라합에게 세 가지를 당부한다: 1) "붉은 실의 줄"을 창문에 맬 것, 2) 가족들을 다 집에 모으고 아무도 문 밖에 나가지 않도록 할 것, 3) 정탐꾼들의 일을 누설하지 않을 것. "자기 피가 자기 머리에 있을 것이며"(19a)는 자기가 한 행위대로 보응을 받는다는 것을 나타내는 관용적 표현이다(삼하 1:16; 왕상 2:37 참고).

"붉은 실의 줄"(תִּקְוַת חוּט הַשָּׁנִי)은 구약 해석사에서 그리스도의 피를 상징하는 모형으로 해석되기도 했다. 그러나 색이 같다는 이유만으로 그런 해석을 이끌어내는 것은 옳지 않다. 하워드는 "붉은 실"을 유월절 양의 피와 연결한다. 하워드의 설명을 따르면 라합이 "붉은 실"을 창문에 매는 것은 이스라엘 자손이 유월절 양의 피를 문설주와 인방에 바른 것과 비슷한 일이다(출 12: 7 참고). 유월절 양의 피가 애굽 사람을 멸하기 위해 지나가시는 하나님께 표가 되었듯이 라합의 "붉은 실" 역시 여리고 사람들을 멸하러 오는 이스라엘 사람에 표가 되었다(Howard, 116-17). 창세기 38:30에서 "붉은 실"은 쌍둥이 아들을 구분하는 표시로 사용되었다. 여기서도 그것은 라합의 집을 다른 집들과 구분하는 표시의 기능을

법, 수미쌍관, 정형화된 어구, 잘못된 종결 느낌, 반어법, 과장법" 등을 꼽는다. Younger, "The Rhetorical Structuring of the Joshua Conquest Narratives," 32.

하였다. "붉은 실"은 아가서 4:3에서 사랑하는 여인의 입술을 상징한다. 이는 "붉은 실의 줄"이 라합의 집에서 사용되던 일종의 장식품이었을 수도 있다는 생각을 하게 한다(Hess, 104). 라합은 남성들의 성애를 통해 수입을 얻는 매춘부였기 때문이다.

정탐꾼의 귀환(2:22-24)

> **사역** ²²그들이 떠나 산으로 가서 추격하는 자들이 돌아가기까지 삼 일을 그곳에 머물렀다. 추격하는 자들이 곳곳을 샅샅이 수색하였지만 찾지 못했다. ²³그 두 사람이 돌아갔다. 그들이 산에서 내려와 (강을) 건너 눈의 아들 여호수아에게 왔고 자기들에게 일어난 모든 일을 그에게 말했다. ²⁴그들이 여호수아에게 말했다. "참으로 여호와께서 이 모든 땅을 우리에게 주셨습니다. 더욱이 그 땅 모든 거주자가 우리 때문에 간담이 녹았습니다."

정탐꾼들은 라합이 일러준 대로 산에서 사흘을 머물렀다. 추격자들은 사흘 동안 집요하게 모든 곳을 샅샅이 수색하고 다녔다. 여기서 여리고 왕과 백성의 이스라엘에 대한 두려움과 적대감이 얼마나 컸는지를 알 수 있다. 그들이 볼 때 이스라엘 자손은 극도로 위험한 백성이다. 요단 동편의 강력한 두 왕 시혼과 옥을 멸한 백성이다. 어떻게 하든지 이들의 침략을 막아야 한다. 하지만 안타깝게도 그들은 적대적이고 공격적인 태도 이상의 것을 생각하지 못한다. 그들이 라합과 같은 태도를 보였더라면 어땠을까? 그러나 여호와를 믿고 두려워하는 마음은 모든 사람에게 주어지는 복이 아니다(수 11:20 참고).

정탐꾼들은 마침내 안전하게 여호수아에게 돌아왔다. 그들은 여호수아에게 "자기들에게 일어난 모든 일"을 보고했다. 그 보고에는 라합에 관한 이야기가 으뜸을 차지하였을 것이다. 그들은 라합이 한 말을 그대로 여호수아에게 전한다(9절 참고).

참으로 여호와께서 이 모든 땅을 우리에게 주셨습니다. 더욱이 그 땅 모든 거주자가 우리 때문에 간담이 녹았습니다(24절).

3.2 갈라진 요단강(수 3:1-4:24)

여호수아 3-4장은 이스라엘 자손이 요단강을 건너는 사건을 다룬다. 이 사건은 출애굽 당시 이스라엘 자손이 홍해를 건넌 사건과 비교된다. 홍해에서 그랬던 것처럼 이스라엘 자손은 기적에 의해 갈라진 강물 사이로 요단강을 건넌다. 이때 중요한 역할을 한 것이 법궤이다. 법궤는 이스라엘 자손보다 앞서 나아갔고, 법궤를 멘 제사장들이 강에 발을 들여놓자 강물이 멈추었다. 이때문에 이스라엘 자손은 마른 땅으로 요단강을 건널 수 있었다. 이 일은 애굽을 떠나는 일만큼이나 가나안 땅에 들어가는 일도 하나님이 직접 이루시는 구원역사라는 사실을 가르쳐준다. 그러므로 이스라엘 자손은 대대로 이 놀라운 사건을 기억해야 한다. 이를 위해 그들은 법궤가 멈추어 선 곳에서 열두 개의 돌을 취하여 가나안 땅의 진을 친 첫 장소(길갈)에 세웠다. 또한 법궤가 멈추어 선 요단강에도 열두 돌을 세웠다.

특주 1 여호수아 3-4장의 문학적 구성

여호수아 3-4장은 글의 흐름이 자연스럽지 않고 앞뒤의 연결이 모호하다는 인상을 준다. 여기에는 선명한 스토리 라인이 결여되고 플롯의 전개가 자연스럽지 않다. 그러기에 이 본문은 자주 비평가들의 비평적인 분석의 대상이 되어왔다. 노트(M. Noth)는 이 본문이 원래 요단과 길갈의 열두 돌을 설명하기 위해 만들어진 글이었으며, 전승의 과정을 거치면서 여러 단계의 주석과 첨가 등을 통해 변형되고 확장되었다고 주장한다. 현재 본문의 불일치와 모순들은 이런 긴 문서 형성의 과정에서 생겨난 부산물이다.[10] 소긴(J. A. Soggin)도 여호수아 3-4장에 원래의 "내적 통일성"을 부인하며 이 본문이 "고대의 예전을 역사화한 것"(the historicization of an ancient liturgy)이라고 이해한다.[11] 소긴과 유사하게 버틀러(T. C. Butler)는 여호수아 3-4장이 여호와의 전쟁에 초점을 맞춘 이야기와 제의적인 이야기가 결합된 것이라고 본다.[12] 이 주장들 배후에는 현재의 여호수아 3-4장 본문에 뚜렷한 불일치와 모순이 있다는 생각이 자리하고 있다.

예를 들면, 3:1에 사용된 동사 "유숙하다"(לין)는 이스라엘 자손이 요단을 건너기 전 강가에서 하룻밤 지낸 것을 나타낸다. 이것은 5절의 "내일" 요단을 건널 것이라는 여호수아의 말과 자연스럽게 연결된다. 하지만 3:2-4에는 그들이 요단을 건너기까지 사흘이 더 지났다는 기록이 나온다. 이런 불일치 때문에 소긴은 3:2-4를 신명기 역사가의 편집으로 돌린다.[13] 하지만 소긴의 주장대로 3:2-4이 편집의 산물이라면, 이는 편집자에게도 이 구절이 3:1과 충돌을 일으키지 않았다는 의미다. 카일(C. F. Keil)이나 우드스트라(M. H. Woudstra)와 같은 학자들이 말한 것처럼, לין의 의미가 꼭 "하룻밤 유숙하다"에 제한된다고 볼 필요는 없다.[14]

---

[10] M. Noth, *Das Buch Josua* (Tübingen: J. C. B. Mohr, 1938), 11-13.

[11] J. A. Soggin, *Joshua*, OTL (London: SCM Press, 1972), 50, 53. 소긴은 이 예전의 내용(유월절, 출애굽, 정복전쟁)이 역사적인 것을 부인하지는 않는다.

[12] T. C. Butler, *Joshua*, WBC 7 (Nahville: Thomas Nelson Publishers, 1983), 41-44.

[13] Soggin, *Joshua*, 55. 소긴에 의하면 신명기 역사가는 여호수아 5:10의 유월절까지 칠일의 기간을 만들기 위해 3:2의 "사흘"을 추가하였다. 나머지 나흘은 여호수아 4:19의 연대기 "첫째 달 십일"(이스라엘 자손이 요단에서 올라와 길갈에 진 친 시점)을 통해 확보된다. 소긴에 따르면 이 칠일은 "유월절을 위한 예전적 준비의 역할"(a liturgical role of preparation for the Passover)을 하였다. 그러나 유월절 준비를 위한 칠일의 기간이란 개념 자체가 낯설다. 원래 유월절 규정은 해의 첫 달 열흘에 어린 양을 취하는 것 외에 다른 준비를 언급하지 않는다(출 12:1-14).

[14] C. F. Keil, *Biblischer Kommentar über die prophetischen Geschichtsbücher 1. Bd.:*

비평학자들은 여호수아 3-4장에서 궤의 명칭 변화에도 주목한다: 궤(3:15; 4:10), 여호와의 궤(3:13; 4:5, 11), 언약궤(3:3, 6, 8, 11, 14, 17; 4:7, 9, 18), 증거궤(4:16). 그레이(J. Gray)는 이 변화를 "후대의 문학적 손질"에서 비롯된 것으로 간주한다. 그는 궤/여호와의 궤는 "더 오래된 내러티브 자료"에 돌리고, 언약궤와 증거궤는 각각 신명기 역사가(Deuteronomist)와 제사장 편집자(Priestly redactor)에게 돌린다.[15] 하지만 이런 구분은 현재의 본문을 미리 정해진 관점으로 재단한 결과이다. 저자는 궤가 가진 복합적 의미를 염두에 두고 의도에 맞게 선택적 용어를 사용했을 가능성이 크다.[16]

넬슨(R. D. Nelson)은 "3장과 4장에 나타나는 논리적 이탈과 지속적인 반복은 분명히 복잡한 저작과 편집역사의 산물이다"고 하면서도 문서 형성의 역사를 추적하는 가설은 모두 일반적인 동의를 얻는 데 실패했다고 밝힌다.[17] 여기서 구약의 본문을 통시적으로 연구하는 방법론의 한계를 엿볼 수 있다. 넬슨은 "이 두 장을 문학적 통일체로 읽는 가운데 그것들의 서사 형태(narrative shape)를 검토하는 것이 더 생산적"이라고 말한다.[18] 그는 또 "적절한 노력을 기울이면 독자들은 사실상 줄거리를 이해하

Josua, Richter und Ruth, 2. Aufl. (Leipzig: Dörfling und Franke, 1874), 25; M. H. Woudstra, *The Book of Joshua*, NICOT (Grand Rapids: Eerdmans, 1981), 79.

[15] J. Gray, *Joshua, Judges, Ruth*, NCBC (Grand Rapids: Eerdmans, 1986), 67.

[16] 볼링과 라이트는 4:16에서 언약궤가 증거궤로 바뀐 것에 대하여 다음과 같이 말한다: "By just so simple a maneuver as the use of this word once, the effect is to suggest that what had always been most important about the Ark was … the modifier that is used repeatedly with it to indicate its covenantal function-that is, creating unity without destroying diversity." R. G. Boling and G. E. Wright, *Joshua*, AB (Garden City: Doubleday, 1982), 181.

[17] R. D. Nelson, *Joshua*, OTL (Louisville: Westminster John Knox Press, 1977), 55, 65.

[18] Nelson, *Joshua*, 57. 넬슨에 따르면 본문에는 행동과 연설이 결합한 패턴이 나타난다: "Instead there is a pattern of narrative action (obedience and miracle) interwoven with associated speech (command, prediction, and explanation)."

는 데 아무런 어려움도 갖지 않는다"고 하며 통전적 본문 읽기를 권한다.

세이돈(P. P. Saydon)은 히브리어 성경을 바르게 해석할 수 있으려면 오늘날 대학교육에서 표준으로 받아들여지고 있는 문학적 기준이 아닌 성경이 기록될 당시의 문학적 규칙을 이해할 필요가 있음을 역설하며 여호수아 3-4장을 해석하는 데도 이런 점이 고려되어야 한다고 주장한다. 세이돈은 히브리어 내러티브에 나타나는 "문학적 또는 문체적 규칙"(literary or stylistic rules)을 다음 여섯 가지로 정리한다:[19]

1) 성경 기록자의 서사 양식은 대중적 양식(popular style)이다. 성경의 저자라고 해서 반드시 훈련된 저술가라고 생각할 필요는 없다.
2) 어떤 사건이 실제 일어난 시간보다 앞당겨(proleptically) 서술되는 경우도 있다.
3) 명령과 실행은 "불가분의 통일성"(indivisible unity)을 이루고 있어서 그 사이에 일어난 사건들이 연대기적 순서와는 달리 명령의 실행 뒤에 놓이기도 한다.
4) 반복
5) 때때로 저자는 서술된 사건과 아무런 연대기적 연결이 없음에도 불구하고 문맥과 논리적으로 연결된다는 이유로 자신의 말을 이야기 속에 끼워 넣기도 한다.
6) 간접 화법 대신 직접 화법의 사용

세이돈은 위에 소개된 히브리어 내러티브의 특징들에 비추어 여호수아서 3-4장을 분석하고 다음 결론에 도달한다: "전체 내러티브는 몇 가지 무딘 점에도 불구하고 논리적으로 구성되어 있으며 모순과 불일치에

---

[19] P. P. Saydon, "The Crossing of the Jordan: Josue 3; 4," *CBQ* 12 (1950): 195-97.

서 완전히 자유로운, 잘 짜인 이야기다."[20] 그러나 세이돈은 대체로 여호수아 3-4장의 통일성을 변호하는 선에서 멈춘다.

폴진(R. Polzin)은 본문의 수사적 특징들을 전체의 문학적 구성과 관련하여 설명한다.[21] 그는 여호수아 3-4장이 다섯 개의 에피소드로 이루어졌다고 본다: ① 요단강 도하(3:1-17), ② 요단 서편 야영지에 세운 돌(4:1-8), ③ 요단강에 세운 돌과 요단 동편 지파들의 도강(4:9-14), ④ 언약궤를 멘 제사장들의 상륙(4:15-18), ⑤ 길갈에 세워진 진과 기념의 돌(4:19-5:1). 이들 다섯 개의 에피소드들은 네 가지 차원(시간적, 공간적, 심리적, 구문적 차원)에서 통일된 작품을 이루도록 구성되었다. 예를 들어, 공간적 차원에서 본문은 두 가지 관점을 반영한다. 첫째부터 셋째 에피소드까지(3:1-4:14)는 이스라엘 자손의 시각에, 넷째와 다섯째 에피소드(4:15-5:1)는 가나안 사람의 시각에 초점을 맞춘다. 이는 본문의 또 다른 구성장치인 심리적 측면과 연결된다. 본문 4:14과 5:1은 각각 요단의 기적이 이스라엘 자손과 가나안 사람의 심리에 미친 영향을 묘사한다. 그러므로 4:14까지의 이야기는 이스라엘의 "속마음"에 관심을 기울이며, 4:15-5:1은 가나안 사람의 심리상태에 관심을 기울인다. 이를 뒷받침하기 위해 폴진은 기념의 돌을 세운 목적이 이중적이라는 주장을 편다. 4:7("이 돌들이 이스라엘 자손에게 영원히 기념이 되리라")에는 이스라엘 자손을 위한 목적이 언급되며, 4:24("이는 땅의 모든 백성에게 여호와의 손이 강하신 것을 알게 하며…")에는 가나안 사람을 위한 목적이 언급된다.

이러한 분석은 흥미로운 것이지만 본문을 미리 정해 놓은 구도에 억지로 맞춘다는 인상을 강하게 준다. 여호수아 4:24에 대한 분석이 대표적이다. 이 본문은 요단강이 갈라진 기적의 목적을 두 가지로 설명한

---

[20] Saydon, "The Crossing of the Jordan: Josue 3; 4," 207.

[21] P. Polzin, *Moses and the Deuteronomist. A Literary Study of the Deuteronomic History Part One: Deuteronomy, Joshua, Judges* (New York: The Seabury Press, 1980), 91-110.

다. 하나는 가나안 사람이 여호와의 강하심을 알게 하는 것이며, 다른 하나는 이스라엘 백성이 여호와를 경외하게 하는 것이다. 이는 여호수아 4:15-5:1이 가나안 사람의 심리상태에 초점을 맞춘다는 폴진의 주장과 배치된다. 폴진은 자신의 주장을 정당화하기 위해 마소라 본문을 수정하여("너희" → "그들") 여호와를 경외하는 일도 가나안 사람과 연결한다.[22] 이것은 분석자가 자신의 견해를 무리하게 본문에 강요하는 경우에 해당한다.

팩햄(B. Peckham)은 여호수아 3-4장에 사용된 서사기법으로 "예기적 서술과 재개"(prolepsis and resumption)를 이야기한다. 이 기법은 저자가 뒤에 일어날 일을 미리 이야기하고 다시 앞으로 되돌아가는 방식을 의미한다. 팩햄의 분석에 따르면 저자(편집자)는 이 기법을 사용하여 여호수아 3-4장에 통일성을 부여하였다.[23] 팩햄은 여호수아 3-4장이 각각 "둘러싸기 체계"를 가진 네 개의 단락으로 구성되었으며, 3장의 네 단락(1-5; 6-8; 9-13; 14-17)이 4장의 네 단락(1-9; 10-13; 14-19; 20-24)과 일대일 대응관계를 이루는 가운데 앞의 내용이 뒤에서 더 자세히 설명된다고 주장한다.

팩햄의 설명에는 장점과 함께 문제점도 있다. 팩햄의 장점과 단점을 정리하면 다음과 같다: 1) 3-4장에 "예기적 서술과 재개"(prolepsis and resumption)의 기법이 사용되었다는 설명은 이 본문을 통일적으로 읽을 가능성을 열어준다. 2) 3장과 4장 사이에 어느 정도 연결관계가 인정된다. 3장에서 언급되는 내용이 4장에서 구체적으로 설명되기도 하고 (3:5⇒4:24; 3:12⇒4:1-9), 3장에서 선언된 내용이 4장에서 성취되기도 한다 (3:7⇒4:14). 그러나 3장의 각 단락과 4장의 각 단락을 일대일로 대응시키

---

[22] 폴진의 이론에 대한 보다 구체적인 평가를 위해서는 졸고, "언어학적 담화분석을 통한 여호수아 3-4장의 구조이해", 『구약논집 18』(2020. 12.): 40-43를 참고하라.

[23] B. Peckham, "The Composition of Joshua 3-4", *CBQ* 46 (1984): 418-23. 팩햄은 여호수아 3-4장이 통일적인 글임을 인정하면서도 이 본문이 신명기적 편집자에 의해 두 단계 편집(Dtr¹, Dtr²)의 과정을 거쳤다고 주장한다.

는 것은 무리다. 3) 3-4장의 단락들이 각각 "둘러싸기 체계"를 가졌다는 주장은 근거가 불충분할 뿐만 아니라[24] 단락의 경계를 정하는 방식에도 문제가 있다.[25] 그러므로 3장과 4장이 각각 네 단락들로 구성되었다는 설명도 자연히 힘을 잃는다.[26]

필자의 분석을 따르면 여호수아 3-4장은 직접화법의 반복사용을 통해 등장인물의 말을 소개하는 데 많은 관심을 기울인다. 이는 본문의 관심이 시간적 순서에 따라 사건을 논리적으로 전개하는 데 있기보다 사건의 의미를 다각도로 설명하는 데 있다는 것을 뜻한다. 직접화법의 반복사용은 이야기의 흐름을 지연시키며, 글의 전개가 부자연스럽게 보이게 만들 수 있다. 때때로 이야기가 뒤로 되돌아가는 경우도 있다(3:9, 14). 여호수아 3장에서 독자들이 느끼는 부자연스러움은 이러한 문체상의 특성에서 기인한다. 따라서 그것은 이 본문의 기록에 사용된 자료의 복합성이나 이 본문 배후에 있을지도 모를 복잡한 문서 성장의 증거로 간주하여서는 안된다. 직접화법의 반복사용에서 여호수아는 여호와의 명령을 수행하고, 백성은 여호수아의 명령에 따른다는 사실이 확인된다. 요단강 도하는 백성이 여호수아의 인도에 따라 일심으로 여호와의 명령을 받드는 가운데 일어났다.

저자는 모든 내용을 한꺼번에 다 말하지 않고 등장인물의 입을 통해 조금씩 점진적으로 드러내는 방식을 취한다. 이를 통해 요단강 도하의

---

[24] 3장의 네째 단락(14-17절)에서 16b의 요단강 도하에 대한 기록("백성이 여리고 앞으로 바로 건널새")이 구성적 차원에서 14-16a와 17절에 의해 둘러싸였다고 보기 어렵다. 이 기록은 요단강이 갈라졌음을 알리는 16a의 진술과 인과관계로 자연스럽게 연결된다.

[25] 예를 들어, 4:10-13을 하나의 단락으로 묶는 것에는 문제가 있다. 14절을 도입하는 표현 "그날에"(בַּיּוֹם הַהוּא)는 10-13절에 기록된 사건이 있었던 날을 가리킨다. 따라서 14절은 10-13절과 연결되며 그것의 결론을 이룬다. 새로운 단락의 시작은 요단강 도하와 관련된 여호와의 마지막 말씀이 시작되는 15절이다.

[26] 팩햄의 이론에 대한 보다 구체적인 평가를 위해서는 졸고, "언어학적 담화분석을 통한 여호수아 3-4장의 구조이해", 44-46을 참고하라.

의미가 다양하게 조명되고 그 중요성이 더한층 강조된다. 이야기를 서서히 진행하는 서술방식을 고려할 때, 갑작스럽게 보이는 부분 – 지파별로 한 명씩 열두 사람을 택하라는 명령(3:12) – 은 앞으로(4장) 구체화할 일을 준비하기 위한 "예기적 서술"(prolepsis)로서 이야기의 플롯에 속한다.[27] 전체적으로 보아, 3장은 이스라엘 자손이 기적으로 요단을 건넌 일에 초점을 맞추며 4장은 그것을 기념하는 일에 관심을 기울인다. 특히 4장에서는 이스라엘 각 지파에서 선발된 열두 사람이 열두 돌을 취하여 길갈에 세운 일이 자세하게 설명된다. 여기서 관찰되는 표현의 반복, 즉 "지파별로 한 사람씩"(2회), "열두 사람"(2회), "이스라엘 자손 지파들의 수효대로"(2회), "열두 돌"(5회) 등은 언약공동체의 연합과 하나 됨의 중요성을 나타낸다. 무엇보다 본문은 언약궤가 수행하는 역할에 특별히 초점을 맞춘다. 3장에서 언약궤가 이름(언약궤 또는 궤)으로 9회, 대명사로 3회, 4장에서는 이름(언약궤, 증거궤, 궤)으로 7회, 대명사로 1회 언급된다. 언약궤가 여호와와 동일시되는 예도 있다(4:13). 이를 통해 이스라엘 자손이 요단을 건널 수 있었던 것은 오직 언약궤의 주인이신 여호와 때문이었는 사실이 강조된다.

결론적으로, 여호수아 3-4장을 통일적인 글로 보지 말아야 할 이유는 없다. 여호수아 3-4장은 등장인물(백성의 관리들, 여호수아, 여호와)의 말/명령과 내레이터의 설명으로 이루어진 글이다. 여호수아 3장과 4장은 각각 여섯 개의 소 단락으로 구분된다: 3:1(도입), 2-4(관리들의 명령), 5-6(여호수아의 말), 7-8(여호와의 말씀), 9-13(여호수아의 말), 14-17(끊어진 강물); 4:1-3(여호와의 말씀), 4-7(여호수아의 명령), 8-9(백성의 순종), 10-14(모세와 여호수아), 15-18(요단강 도하의 종결), 19-24(요단강 도하의 의미).

---

[27] 깃다이에 의하면, 성경 내러티브는 어떤 곳에서 언급한 특정사항을 더 발전시키지 않다가 나중에 완전한 의미로 다시 등장시키는 특징을 보인다는 점에서 '생략적'(elliptic)이다. See Y. Gitay, "Reflections on the Poetics of the Samuel Narrative: The Question of the Ark Narrative," *CBQ* 54 (1992): 222.

도입(3:1)

> **사역** ¹여호수아가 아침에 일찍이 일어났다. 그와 온 이스라엘 자손이 싯딤에서 출발하여 요단까지 갔고 건너기 전에 그곳에서 유숙하였다.

싯딤은 이스라엘 자손이 광야 여정에서 마지막으로 진을 쳤던 모압 평지의 한 장소였다(민 33:49 참고). 이곳은 여호수아가 여리고로 정탐꾼들을 보냈던 장소이기도 하다(수 2:1 참고). 이스라엘 자손은 그곳에서 출발하여 요단으로 갔다. 싯딤이 현대의 Tel el-Kefrein이나 Tel el-Hamman이라면 그곳에서 요단까지의 거리는 대략 11km이다(Dallaire, 877). 앞에서 설명한 것처럼, '유숙하다'가 꼭 하룻밤을 가리킨다고 볼 필요는 없다(특주 1 참고).

관리들의 명령(3:2-4)

> **사역** ²사흘 끝에ᵃ 관리들이 진영 가운데를 지나다니며 ³백성에 명령하였다. "너희가 너희 하나님 여호와의 언약궤와 레위 사람 제사장들이 그것을 멘 것을 보면 너희 장소에서 출발하여 그 뒤를 따라가라. ⁴그러나 너희와 그것 사이의 거리를 대략 이천 규빗 정도 되게 하고 그것에 가까이하지 말라. 그리하여야 너희가 갈 길을 알 수 있다. 왜냐하면 이전에 너희는 그 길을 가보지 않았기 때문이다."

> [번역주] 2a: 개역개정역은 NIV와 마찬가지로 여호수아 3:2의 히브리어 구문 שְׁלֹשֶׁת יָמִים מִקְצֵה를 "사흘 후에"로 옮긴다. 이 번역은 קְצֵה를 '~의 경과 후에' (nach Ablauf von ~)로 번역하는 HALAT의 지지를 받는다. 그러나 BDB는 מִקְצֵה가 '~ 끝에'(at the end of ~)를 뜻한다고 설명한다. NAS, ESV 등이 이 설명을 따른다. '끝'을 의미하는 קָצֶה를 고려한 좋은 선택이라 여겨진다.

이스라엘 자손은 요단에서 사흘을 머물렀다. 요단강 도하를 시작하기 위해 "사흘"이란 기간이 왜 필요하였을까? 아마도 여기서 "사흘"은 1:11의 "사흘"과 연결될 가능성이 크다. 그곳에서 여호수아는 "사흘 안에" 요단을 건널 것이라고 말한다. 그 말에 따라 여호수아는 요단에서 사흘을 기다린다. 여호수아가 시간에 관심을 기울이는 이유는 장차 있을 유월절을 바라보기 때문이다. 여호수아는 요단을 건넌 후 길갈에서 정해진 시간(유대력으로 1월 14일)에 유월절을 지키고자 시간을 조절하였다. 여호수아 4:19은 요단강 도하가 끝난 시점을 "첫째 달 십일"이라고 밝힌다. 나아가, 여호수아 5:10은 "그달 십사 일 저녁에는 여리고 평지에서 유월절을 지켰[다]"고 설명한다.

"사흘 끝에" 여호수아는 관리들을 통해 백성에게 요단강 도하를 위한 지침을 전달하였다. 백성은 1) 레위 사람 제사장들이 언약궤를 메는 것을 보면, 있는 곳에서 떠나 그 뒤를 따라야 하며(3절), 2) 언약궤와의 거리는 대략 이천 규빗(900미터) 정도 되게 하고 그것에 가까이하지 말아야 한다(4절).

이 지침은 이스라엘 자손이 요단을 건너는데 언약궤가 인도자 역할을 할 것을 알려준다. 언약궤가 백성 앞에서 가는 광경은 백성을 인도하는 것이 언약궤라는 사실을 보여준다. 광야에서도 이스라엘 자손을 인도한 것은 언약궤였다(민 10:33 참고). 백성은 언약궤를 바라보며 그것을 따라가야 한다. 언약궤와 일정한 거리를 유지해야 하는 것은 이런 신학적, 실천적 이유 때문이다(특주 2 참고). 그렇지 않으면 우왕좌왕 헤매다가 대열을 이탈하거나 다른 여러 가지 어려움을 당하기에 십상이다.

또한 백성이 언약궤와 거리를 띠우고 그것에 가까이하지 않아야 한다는 경고는 언약궤의 거룩성과도 관련된다. 언약궤는 하나님의 임재를 상징하는 거룩한 물건이다. 백성은 언약궤에 가까이하지 않음으로써 그것의 거룩성을 훼손하지 않아야 한다. 그렇지 않으면 큰 재앙이 임할 수 있다. 하나님은 자신의 거룩성을 침해하는 것을 결코 용납하지 않으신다(삼상 6:19-20; 삼하 6:1-8 참고). 하나님의 백성은 거룩하신 하나님을 경외하는 태도를 가져야 하며, 그런 태도가 그들을 올바른 길로 인도한다(Wray Beal, 98-99).

여호수아의 명령(3:5-6)

사역 ⁵여호수아가 백성에게 말했다. "너희 자신을 거룩하게 하라. 왜냐하면 내일 여호와께서 너희 가운데 놀라운 일을 행하실 것이기 때문이다." ⁶여호수아가 제사장들에게 또 말했다. "언약궤를 메고 백성 앞에서 가라ᵃ." 그들이 언약궤를 메고 백성 앞에서 갔다.

[번역주] 6ᵃ: "가라"는 원문의 "이브루"(עִבְרוּ)를 번역한 말이다. 개역개정역은 이 단어를 "건너라"로 번역한다. 여호수아서에서 "아바르"(עָבַר)는 주로 요단강을 건너는 행위를 묘사하는 말로 사용되기에 그런 번역이 선택된 것으로 보인다. 그러나 이 선택은 여호수아의 명령을 언약궤가 백성들보다 먼저 요단을 건너야 한다는 뜻으로 오해하게 만든다. 사실상 "아바르"는 관리들이 백성 가운데로 지나다니는 모습과 백성이 길을 가는 모습을 묘사하는데도 사용된다(수 1:11; 3:1, 4). 이 곳에서도 "아바르"는 후자의 의미로 사용되었다고 보아야 한다.

여기서는 여호수아가 백성에게 명령하는 자로 등장한다. 그의 명령에 따르면 요단강 도하에 앞서 이스라엘 자손은 먼저 자신을 거룩하게 해야 한다. 하나님께서 그들에게 "놀라운 일"(נִפְלָאוֹת)을 행하실 것이기 때문이다. 이곳에서 그 일이 무엇인지 자세히 설명되지 않아 처음 듣는/읽는 청중/독자에게 긴장(suspense)을 불러일으킨다. 요단을 건너는 일은 그만 큰 긴장되고 흥분되는 중요한 일이다.

자신을 거룩하게 하는 것은 옷을 빨거나 여인을 가까이하지 않는 행위를 포함한다(출 19:10, 15). 그것은 일체의 세속적인 것으로부터 자신을 구별한다는 의미를 함축한다. 여기에는 물론 "영적인 분별과 마음의 정돈"까지 포함된다(Kroeze, 53). 하나님은 거룩하신 분이기에 백성이 그분의 특별한 임재를 경험할 수 있기 위해서는 자신을 거룩하게 하지 않으면 안 된다. 이것은 요단을 건너는 일과 앞으로 펼쳐질 정복전쟁이 제의적인 성격을 갖는다는 의미이다. 다른 말로 하면, 요단을 건너는 일과 정복전쟁은 거룩하신 하나님의 뜻을 받들어 섬기는 일종의 예배행위다. 사실상 하나님의 백성이 하는 모든 일은 하나님을 섬기는 것으로 귀착되어야 한다. 그러므로 그들은 모든 일을 행함에 있어 자신을 거룩하게 하는 일에 우선된 관심을 가져야 한다. 오직 그런 방식을 통해서만 하나님이 행하시는 "놀라운 일"을 경험할 수 있다.

6절에서 여호수아는 또 다른 명령을 내린다. 이번에는 제사장들을 향한 명령이다. 시점상 이 명령은 5절의 명령이 있고 난 다음 날에 주어진 것이다. 5절에서 여호수아는 "내일" 여호와께서 "놀라운 일"을 행하실 것이라고 말했다. 이는 5절의 시점이 요단강 도하가 시작되기 전날이었음을 알려준다. 하지만 6절은 드디어 요단강 도하가 시작되는 상황을 보여준다: "여호수아가 제사장들에게 말하여 이르기를 언약궤를 메고 백성 앞에서 가라 하니 그들이 언약궤를 메고 백성 앞에서 갔다."

제사장들이 언약궤를 메고 백성 앞에서 가는 것은 상징적 의미가 있다. 그것은 언약궤의 주인이신 여호와께서 이스라엘 자손과 맺으신 언약에 따라 그들에게 가나안 땅을 주시려고 직접 그들 앞에서 가신다는 것을 나타낸다. 백성 앞에서 가시는 분은 여호와시다.

여호와의 말씀(3:7-8)

> **사역** ⁷여호와께서 여호수아에게 말씀하셨다. "오늘 내가 너를 온 이스라엘의 눈앞에서 크게 하기 시작하여 내가 모세와 함께했던 것처럼 너와 함께 할 것을 그들이 알게 할 것이다." ⁸"너는 언약궤를 멘 제사장들을 명하여 이르기를 '너희가 요단 물 가장자리까지 가면 요단에 멈추어 서라'고 하라."

앞에서 제사장들이 언약궤를 메고 백성 앞에서 가는 모습이 소개되었다. 따라서 독자들은 자연스럽게 그다음 장면을 기대하게 된다. 하지만 본문은 독자의 기대를 허문다. 여기서 화자는 갑작스럽게 여호와로 바뀐다. 이것으로 보아 본문의 관심이 무엇인지를 짐작할 수 있다. 본문의 관심은 요단강 도하의 광경을 차례로 보여주는 데 있지 않다. 본문은 일종의 "지연"(retardation)을 활용하면서 요단강 도하와 관련된 사항들을 다각도로 조명한다. 본문은 요단강 도하 사건 자체보다도 그 사건이 가지는 의미를 드러내는데 주력한다. 이것을 바르게 이해할 때 본문의 문학적 또는 구성적 특징에 대한 오해를 피할 수 있다.

7절은 여호와의 말씀을 통해 요단강 도하의 의미를 드러낸다. 여호와께서 여호수아에게 다음과 같이 말씀하셨다: "오늘 내가 너를 온 이스라엘의 눈 앞에서 크게 하기 시작하여 내가 모세와 함께했던 것처럼 너와 함께 할 것을 그들이 알게 할 것이다"(7절). 이는 여호와께서 여호수아의 지도력을 확증해 주신다는 의미다. 이스라엘은 여호수아의 지도력 아래 하나로 뭉쳐 정복전쟁을 수행하고 땅을 분배해야 한다. 무엇보다도 여호수아의 지도력은 하나님에게서 온 것이며 하나님의 뜻을 펼치는 도구이자 수단이다. 여호수아가 백성 앞에서 크게 되어야 할 이유가 여기에 있다. 여호수아에게 주어지는 영광은 결코 자신의 이기적인 욕심을 이루도록 하기 위한 것이 아니다. 이기적인 욕심은 결코 영광으로 이어지지 않는다. 자기 이름을 위해 바벨탑을 쌓았던 사람은 오히려 비참을 경험해야 했다(창 11:1-9). 다른 한편, 여호수아를 크게 하시는 분은 하나님이다. 여호수아가 스스로 위대해지는 것이 결코 아니다. 백성이 여호수아를 크게 만드는 것도 아니다. 한마디로 여호수아의 위대해짐은 사람에게서 나오는 것이 아니다(행 5:38-39 참고). 또한 여호수아가 위대해지기 위해서는 하나님이 그와 함께하셔야 한다. 크신 하나님이 여호수아와 함께하시기에 여호수아가 크게 되는 것이다.

이처럼 크게 되는 것과 하나님이 함께하시는 것은 비례관계에 있다. 하나님 없이 위대해지는 것은 교만으로 이어지며, 교만은 "패망의 선봉"이다(잠 16:18). 누군가 하나님이 함께하심으로써 크게 된다면 하나님 역시 그로 인해 크신 분으로 드러나게 된다. 하나님이 크신 분으로 드러나지 않는 위대함은 위대함이 아니다. 그러므로 여호수가 크게 된다는 말은 여호와의 크심이 드러난다는 말과 같다. 여호수아의 크게 됨과 여호와의 위대하심은 하나로 묶여 있다. 교회와 하나님의 관계도 마찬가지다. 그러므로 교회는 하나님이 함께하실 만한 공동체가 되도록 해야 한다.

8절에서 하나님은 계속해서 여호수아가 언약궤를 멘 제사장들에게 줄 명령을 알려주신다: "너희가 요단 물 가장자리까지 가면 요단에 멈추어 서라". 이렇게 하면 "놀라운 일"이 일어날 것을 제사장과 백성은 알고 있다(수 3:4 참고). 13절이 시간상 6-8절에 앞선다면 제사장과 백성은 "놀라운 일"이 강물이 끊어지는 일이라는 것도 알았을 것이다. 이들 중 많은 사람은 열두 정탐꾼 사건이 있었을 때 이십 세 이하였던 자들이다. 그들은 출애굽 당시 홍해를 마른 땅으로 건너는 기적을 경험했다. 그러므로 그들은 요단 강물이 끊어질 것이라는 말을 받아들일 준비가 되어있었다고 할 수 있다.

여호수아의 말(3:9-13)

사역 ⁹여호수아가 이스라엘 자손에게 말했다. "이리로 와서 너희 하나님 여호와의 말씀을 들으라." ¹⁰여호수아가 말했다. "이것으로써 살아 계신 하나님이 너희 가운데 계시고 그가 반드시 가나안 족속, 헷 족속, 히위 족속, 브리스 족속, 기르가스 족속, 아모리 족속 여부스 족속을 너희 앞에서 몰아내실 것을 너희가 알 것이다. ¹¹보라, 온 땅의 주의 언약궤가 너희 앞에서 ᵃ요단에 들어갈 것이다ᵃ. ¹²이제 너희를 위해 이스라엘 지파들에서 지파별로 한 사람씩 열두 사람을 택하라. ¹³온 땅의 주 여호와의 언약궤를 든 제사장들의 발바닥이 요단 물에 잠길 때 요단의 물 곧 위에서 내려오던 물이 끊어져 한 더미로 쌓일 것이다."

[**번역주**] 11ᵃ⁻ᵃ: 개역개정역은 원문의 עֹבֵר בַּיַּרְדֵּן를 "요단을 건너나니"로 번역한다. 그러나 이 번역이 가능해지려면 יַּרְדֵּן앞에 전치사 בְּ 대신 목적격 부호 אֵת가 와야 한다(수 1:11; 3:17 참고).

화자는 다시 여호수아로 바뀐다. 이곳에 소개된 여호수아의 말은 시간상 6-8절보다 앞선다. 언약궤가 움직이기 시작한 다음 여호수아가 다시 백성에게 하나님의 말씀을 전달하였다고 보기는 어렵다. 그뿐만 아니라 요단을 향한 행진이 시작된 상황에서 지파별로 한 사람씩 택하는 일을 한 것은 더욱 부자연스럽다. 개역개정역의 11절("보라, 온 땅의 주의 언약궤가 너희 앞에서 요단을 건너가나니")은 언약궤가 요단을 건너고 있는 현재 상황을 묘사한다는 인상을 준다. 그러나 이곳의 분사 "오베르"(עֹבֵר)는 불변화사 "힌네"(הִנֵּה)와 함께 임박한 미래를 표현한다(cf. WO'C 37.6f). 게다가 "요단을 건너가나니" 또한 원문의 구문을 오해한 번역이다(번역주 참고). 원문의 구문은 언약궤가 요단에 들어가는 모습을 묘사한다: "보라 온 땅의 주의 언약궤가 너희 앞에서 요단에 들어갈 것이다." 이 말은 언약궤가 출발하기 전의 상황을 지시하며 시점상 6절 앞에 속한다. 저자는

"되돌아가기" 기법을 사용하여 앞서 언급하지 않았던 새로운 내용을 추가로 소개한다. 이 기법은 요단강 도하와 관련된 일을 단계별로 풀어냄으로써 독자들이 그 일의 숨은 의미를 하나씩 발견하도록 해준다.

여호수아는 언약궤가 이스라엘 백성 앞에서 나아가는 일의 의미를 설명한다. 그것은 하나님이 가나안 족속을 몰아내실 일을 상징한다:

이것으로써 살아 계신 하나님이 너희 가운데 계시고
그가 반드시 가나안 족속, 헷 족속, 히위 족속, 브리스 족속,
기르가스 족속, 아모리 족속 여부스 족속을 너희 앞에서 몰아내실 것을
너희가 알 것이다.(10절)

이곳에서 언약궤가 "온 땅의 주의 언약궤"(11절) 또는 "온 땅의 주 여호와의 궤"(13절)로 규정된다. 이를 통해 하나님이 온 땅의 주인 되심이 강조된다. 온 땅의 주인이신 하나님은 가나안 땅의 소유권도 가지신다. 따라서 하나님이 그 땅의 소유권을 주장하시는 것은 당연하다. 이를 거부하는 것이 오히려 부당하다. 기생 라합은 하나님 앞에서 마땅히 취하여야 할 태도가 무엇인지를 대표적으로 보여준다(신 32:8; 행 17:26 참고).

12절은 앞에서 서술하지 않았던 내용에 다시 주의를 환기한다. 이러한 방식으로 저자는 이야기의 실타래를 하나씩 풀어간다. "이제 너희를 위해 이스라엘 지파들에서 지파별로 한 사람씩 열두 사람을 택하라." 독자들은 새로운 사실을 알게 되면서 그 의미를 묻게 된다. 그러나 답은 당장 주어지지 않는다.[28] 이런 지연(retardation)은 청중들에게 또 다른 긴장(suspense)을 불러일으키고 다음 이야기에 귀를 기울이게 한다. 선택된 열두 사람은 요단 강물이 갈라진 것을 기념하는 일에 관여한다. 하지만 이 사실이 밝혀지는 곳은 요단강 도하의 장면이 소개된 3:14-17 다음이다.

---

[28] Cf. Gitay, "Reflections on the Poetics of the Samuel Narrative," 222.

내러티브 차원에서는 13절에서야 비로소 5절의 "기이한 일"이 무엇인지 밝혀진다: "온 땅의 주 여호와의 언약궤를 든 제사장들의 발바닥이 요단 물에 잠길 때 요단의 물 곧 위에서 내려오던 물이 끊어져 한 더미로 쌓일 것이다." 앞에서 설명하였듯이, 이 말은 5절에 기록된 여호수아의 지시와 연결된다. 이스라엘 자손은 언약궤가 그들을 인도할 것이란 말을 들었을 때 요단 강물이 갈라질 것이란 말도 함께 들었다. 그러나 저자는 이를 현재의 위치(13절)에 오게 함으로써 요단 강물이 갈라지는 일이 독자들에게서 더욱 극적인 효과를 얻도록 한다. 저자는 '지연'과 '되돌아가기' 기법을 통해 이야기에 긴장을 불어넣고 요단 강물이 갈라지는 기적에서 이야기가 절정에 도달하도록 글을 구성하였다. 저자는 글의 구성을 통해 요단 강물이 갈라지는 기적의 중요성을 독자들에게 주지시키려고 하였다. 요단강의 기적은 하나님의 백성에게 반드시 기억되어야 할 중요한 사건이다.

끊어진 강물(3:14-17)

> **사역** ¹⁴백성이 요단을 건너려고 자기 장막에서 출발할 때 언약궤를 멘 제사장들이 백성 앞에서 갔다. ¹⁵궤를 멘 자들이 요단까지 오자 궤를 멘 제사장들의 발이 물가에 잠겼다. (추수하는 모든 날 동안 요단은 모든 강둑에 넘쳤다.) ¹⁶그러자 위에서 내려오던 물이 멈추어서 매우 멀리 사르단 곁의 성읍 아담에 한 더미로 쌓였고 아라바 바다 곧 염해로 내려가던 물은 완전히 끊어졌으며 백성은 여리고 앞에서 건넜다. ¹⁷여호와의 언약궤를 멘 제사장들은 요단 가운데 마른 땅에 굳게 섰고 온 나라가 요단을 다 건너기까지 온 이스라엘은 마른 땅으로 건넜다.

14절에서 이야기는 6절의 상황으로 되돌아가 그곳의 이야기를 다시 시작한다: "언약궤를 멘 제사장들이 백성 앞에서 갔다." 15a절은 궤를 멘 제사장들이 요단에 도착하여 그들의 발이 물가에 잠긴 것을 묘사하고, 16절은 그러자 바로 요단 물이 갈라지는 놀라운 광경을 묘사한다. 이러한 서술방식에서 저자의 의도를 엿볼 수 있다. 저자는 요단 강물을 가르는 초자연적 능력이 제사장들이 메고 온 궤에서 나왔다는 사실을 알려주고자 각별한 노력을 기울인다. 15b절(추수하는 모든 날 동안 요단은 모든 강둑에 넘쳤다.)은 삽입절로서 한글개역, ESV, NAS 등에서는 괄호로 처리된다. 이 삽입절은 인간의 관점에서 요단을 건너는 일이 불가능함을 강조한다.[29] 그런 만큼 하나님의 능력이 크게 두드러진다(고후 4:7; 12:9 참고). 이스라엘이 요단을 건넌 것은 오직 하나님의 능력에 의한 것이다.

16절은 하나님이 일으키신 기적을 매우 세밀하게 묘사된다: "그러자 위에서 내려오던 물이 멈추어서 매우 멀리 사르단 곁의 성읍 아담에 한 더미로 쌓였고 아라바 바다 곧 염해로 내려가던 물은 완전히 끊어졌으며 백성은 여리고 앞에서 건넜다". 아담(오늘날의 Tell ed-Damiyeh)은 여리고에서 북쪽으로 대략 24킬로미터 정도 떨어져 있는 성읍이다(Wray Beal, 101). 강물이 이곳에 "한 더미"로 쌓였다. 아담은 지진 때문에 정기적으로 강둑이 무너지고 진흙더미가 길게는 72시간까지 강물의 흐름을 막은 곳으로 알려져 있다.[30] 하나님은 자연현상을 이용하여 자신의 능력을 나타내고 구속사적 계획을 성취하실 수 있다. 그러나 자연현상과 무관하게 초자연적인 능력에 의해 요단 강물이 끊어졌을 수도 있다. 현재의 본문은 인간의 이해를 뛰어넘는 하나님의 초자연적인 능력을 강조하고 있다.

17절에 따르면 여호와의 언약궤를 멘 제사장들이 "요단 가운데 마른 땅에" 굳게 섰다. 처음에 이 제사장들은 요단 강물의 가장자리에 서 있었

---

[29] 오늘날에도 요단이 범람할 때는 깊이가 10피트(약 3미터) 이상에 달한다고 한다(Dallaire, 881).

[30] 킷천에 따르면 이런 일이 일찍이 주후 1270년에 있었으며 최근에는 1906년과 1927년에도 같은 일이 있었다. 특히 1927년에는 72시간이나 강물의 흐름이 막혔다고 한다. Wray Beal, *Joshua*, 101; Kitchen, On the Reliability of the Old Testament, 19-21.

다(15절 참고). 이제 강물이 갈라지자 강 가운데로 이동하여 백성이 도강을 마치기까지 그곳에 멈추어 서 있었다(Dallaire, 881). 본문은 온 이스라엘이 마른 땅으로 요단을 건넜다는 사실을 강조한다: "온 나라가 요단을 다 건너기까지 온 이스라엘은 마른 땅으로 건넜다." 여기서 표현의 변화에 주목해야 한다. 지금까지는 "백성"이나 "자손"이 이스라엘을 가리키는 말로 사용되었다. 그런데 이곳에는 "나라"(גּוֹי)라는 말이 사용된다. 이는 가나안 땅에서 이스라엘 백성을 통해 나라가 세워질 일을 가리키기 위한 것으로 보인다.

이 나라는 아브라함에게 약속되었던 "큰 나라"(גּוֹי גָּדוֹל, 창 12:2)이며 시내산에서 모세를 통해 이스라엘 자손에게 약속된 "거룩한 나라"(גּוֹי קָדוֹשׁ, 출 19:6)이다. 또한 이 나라는 하나님이 다스리신다는 의미에서 하나님 나라이다. 지금 이스라엘은 이 나라의 상속자로서 가나안 땅으로 들어간다. 자신의 노력과 능력이 아닌 하나님의 초자연적인 개입과 능력으로써 말이다. 연중 강폭이 가장 넓고 수심이 가장 깊은 시기에 마른 땅으로 요단을 건넜다는 사실이 이를 잘 말해준다. 오늘날에도 사람이 구원을 받아 하나님 나라의 상속자가 되는 것은 죽은 자를 다시 살리시는 하나님의 능력으로 말미암는다(요 1:12; 엡 2:1-10 참고). 과거 이스라엘 자손이 언약궤의 인도로 약속의 땅에 들어갔듯이, 오늘날 신자들은 예수 그리스도의 인도로 하나님 나라에 들어간다(요 10:9; 14:6; 행 4:12).

특주 2 언약궤의 구속사적 의미

여호수아 3장에서 언약궤는 이스라엘 자손이 요단을 건너는데 주도적인 역할을 하는 것으로 소개된다. 다른 곳에서 언약궤는 "그룹들 사이에 좌정하신 만군의 여호와의 이름으로 불리는 것"(삼하 6:2; 삼상 4:4)으로 묘사된다. 이는 언약궤 위 속죄소의 그룹들 사이가 하나님이 좌정하시는 곳으로 간주되었음을 말해준다. 하나님은 이 그룹들 사이에서 이스라엘 자손을 위한 명령을 내리셨다(출 25:22; 민 7:89). 언약궤에는 십계명이 기록된 돌 판이 들어있었으며(출 25:21), 언약궤 곁에는 모세의 율법책이 놓여 있었다(신 31:26). 또한 역대기에서 언약궤는 하나님의 발판으로 규정되며(대상 28:2), 시편은 이 발판 앞에서 백성이 엎드려 경배하였음을 알려준다(시 99:5; 132:7). 이 모든 것은 언약궤가 어떤 물건인지를 가르쳐준다. 언약궤는 하나님이 왕으로 좌정하셔서 백성을 다스리시는 왕의 보좌에 속한다. 한마디로 그것은 하나님의 왕적 임재와 통치를 나타낸다. 그러므로 언약궤가 백성 앞에서 나아가는 모습은 왕이신 하나님이 백성을 인도하시는 것을 상징한다. 이스라엘 백성은 왕이신 하나님의 인도에 따라 요단을 건너 가나안 땅으로 들어간다.

가나안 땅에 들어가는 일이 이런 형식을 취하는 것은 그 땅이 하나님께서 이스라엘 자손에게 주기로 하신 약속의 땅이기 때문이다. 이스라엘 자손은 자신들의 생각에 따라 자신의 힘으로 가나안까지 온 것이 아니다. 애굽에서의 체류와 광야생활은 조상에게 주어진 하나님의 약속이 성취되는 긴 과정이었다(창 15:13-14). 하나님은 열 가지 재앙과 홍해가 갈라지는 기적으로 이스라엘 자손을 애굽에서 구원하여 내셨으며, 구름 기둥과 불기둥, 만나와 메추라기, 반석에서 솟는 샘물 등의 기적들을 통해 그들을 약속된 땅까지 인도하셨다. 이제 그들이 들어갈 땅은 먹을 양식과 마실 물이 풍부한 아름다운 땅이다(신 8:7-10). 무엇보다 그곳은 하나님이 두루 임재하시는 거룩한 곳이다(레 26:11-12; 창 3:8 참고). 이는 모세가 가나안 땅에 대하여 부른 노래의 내용과 같다: "주께서 백성을 인도하사 그들을 주의 기업의 산에 심으시리이다 여호와여 이는 주의 처소를 삼으시려고 예비하신 것이라 주여 이것이 주의 손으로 세우신 성소로소이다 여호와께서 영원무궁하도록 다스리도다 하였더라"(출 15:17-18). 가나안 땅은 하나님이 다스리시는 나라가 세워질 장소이다. 이스라엘 자손이 언약궤의 인도로 가나안에 들어가는 모습은 이러한 사실을 잘 나타낸다.

나아가 언약궤의 그런 모습은 신약에서 새 이스라엘이 예수 그리스도의 인도로 하나님 나라에 들어가는 것을 지시한다. 사실 언약궤는 여러 면에서 예수 그리스도를 지시한다. 첫째, 언약궤가 하나님의 임재를 매개하듯이 예수님은 더 높은 차원에서 하나님의 임재를 매개하신다(마 1:23; 요 1:14 참고). 둘째, 언약궤는 십계명을 비롯한 하나님의 율법을 간직하고 때때로 하나님의 말씀이 임하는 장소로서 계시전달 매체였다면(출 25:22; 민 7:89), 예수님은 말씀이 육신이 되신 분으로서 구약의 모든 율법을 완성하시는 마지막 계시다(마 5:17; 요 1:14; 히 1:1-2 참고). 셋째, 언약궤 위의 속죄소는 백성을 위한 속죄의 장소였다는 점에서 자기 백성의 죄를 대속하신 예수님을 지시한다. 넷째, 언약궤는 하나님의 보좌에 딸린 발판으로서 하나님의 왕적인 통치를 나타내므로 다윗 왕가의 후손으로서 하나님의 왕권을 가지신 예수 그리스도를 지시한다(눅 1:30-33 참고). 이처럼 언약궤와 예수 그리스도 사이에는 모형(type)과 대형(antitype) 관계로 연결된다. 그러므로 구약에서 이스라엘 백성을 약속의 땅으로 인도하는 언약궤의 모습에서 사람들을 하나님께로 이끄는 "길"이신 예수 그리스도를 발견하는 것은 지극히 당연한 일이다(요 14:6; 행 4:12).

다른 한편, 가나안 땅이 비록 하나님의 나라가 세워질 곳이었지만 그래도 그곳에는 이스라엘 자손이 정복해야 할 적들이 있었다. 이 사실에 비추어보면 백성 앞서 나아가는 언약궤의 모습은 새로운 의미를 얻는다. 그것은 왕이 백성의 선두에서 적들을 물리치기 위해 나아가는 모습과 흡사하다. 민수기 10:35이 이것을 확인해준다. 이 본문은 언약궤의 움직임을 여호와께서 적들과 싸우시는 전쟁과 연결한다: "궤가 떠날 때에는 모세가 말하되 여호와여 일어나사 주의 대적들을 흩으시고 주를 미워하는 자가 주 앞에서 도망하게 하소서 하였고." 여기서 "흩다"에 해당하는 히브리어 동사 "푸츠"(פוץ)는 물이 흩어지는 것을 묘사하는데 사용되기도 한다: "어찌하여 네 샘물을 집 밖으로 넘치게 하겠으며(= 흩어지게 하겠으며) 네 도랑물을 거리로 흘러가게 하겠느냐(= "흩어지게 하겠느냐", 잠 5:16). 그렇다면 언약궤 때문에 요단 강물이 갈라지는 것은 이스라엘의 적들이 여호와 앞에서 흩어질 것을 상징하는 것으로 이해될 수도 있다. 시편에서 "깊은 물"이나 "큰물"은 종종 하나님의 백성을 위협하는 적들을 가리키기도 한다(시 69:2, 14; 144:7). 결론적으로, 언약궤가 백성 앞에서 나아가는 것은 백성의 적을 물리치는 분이 여호와이시며 앞으로 시작될 전쟁이 여호와의 전쟁임을 극적으로 보여준다. 홍해에서 모세가 노래했던 것처럼 "여호와는 용사"시다(출 15:3).

언약궤와 관련하여 생각해야 할 것이 더 있다. 앞에서 설명하였듯이 가나안 땅은 이스라엘 자손이 안식을 얻게 될 땅이다(수 1:13, 15; 21:44; 22:4). 이것을 고려하면 언약궤가 백성 앞에서 가는 것은 하나님이 그들을 안식의 땅으로 인도해 들이신다는 의미로 해석될 수 있다. 민수기 10:33이 이것을 잘 말해준다: "그들이 여호와의 산에서 떠나 삼일 길을 갈 때에 여호와의 언약궤가 그 삼 일 길에 앞서 가며 그들의 쉴 곳을 찾았고." 여기서 "쉴 곳"을 뜻하는 명사 "메누하"(מְנוּחָה)는 여호수아서에서 "안식을 주다"라는 의미로 사용된 동사 "야니아흐"(יָנִיחַ, נוח의 히필 미완료)나 "헤니아흐"(הֵנִיחַ, נוח의 히필 완료)와 어근이 같다(수 1:13, 15; 21:44; 22:4). 이스라엘 백성을 위해 "메누하"를 찾으시는 하나님께서 마침내 그들로 가나안에서 "야니아흐"/"헤니아흐"하게 하신다.

이는 구약에서 성전을 "메누하"로 간주하였다는 사실을 상기시켜 준다. 역대상 28:2은 성전이 언약궤를 위한 "안식의 집"(בֵּית מְנוּחָה)이라고 밝힌다. 흥미롭게도 역대상 22:9은 성전을 지을 솔로몬을 가리켜 "안식의 사람"(אִישׁ מְנוּחָה)으로 부른다. 이는 성전과 안식의 밀접한 관련성을 입증한다. 성전은 "안식의 사람"이 건축하는 "안식의 집"이다. 시편 132:8 또한 같은 가르침을 준다: "여호와여 일어나사 주의 권능의 궤와 함께 평안한 곳으로 들어가소서." 여기에 "평안한 곳"이 "메누하"이며 성전을 가리킨다. 한 걸음 더 나아가 이 구절은 언약궤가 안식의 땅인 가나안에 들어가는 모습을 연상시키기도 한다. 언약궤가 백성 앞에서 가는 모습을 바라보며 그 의미를 이해한 사람은 같은 찬송을 부를 수 있다:

여호와여 일어나사 주의 권능의 궤와 함께 안식의 장소로 들어가소서.

모세는 기적으로 홍해를 건넌 다음 부른 노래에서 가나안을 "주의 거룩한 처소"(출 15:13), "주의 기업의 산"(출 15:17), "주의 손으로 세우신 성소"(출 15:17)라고 불렀다. 그러므로 언약궤가 안식의 땅인 가나안으로 들어가는 것은 훗날 언약궤가 안식의 장소인 성전의 지성소에 들어가는 것과 구속사적으로 긴밀한 관계 속에 있다. 언약궤, 성전, 안식의 조합은 훗날 스스로 언약궤와 성전의 실체가 되시는 그리스도께서 주시는 안식으로 이어진다. 그리스도 안에 있으면 구약이 가르치는 하나님 나라의 원리(성전 안에서 하나님의 통치로 말미암는 안식)가 실현된다. 그리스도 안에 있으면 성전 안에 있는 것이며, 하나님의 통치가 실현되며, 안식을 누린다(마 11:28; 요 14:27 참고).

여호와의 말씀(4:1-3)

> **사역** ¹온 나라가 요단을 건너기를 마쳤을 때, 여호와께서 여호수아에게 말씀하셨다. ²"백성 중에서 각 지파에 한 사람씩 열두 사람을 택하라. ³그리고 그들에게 명령하라. '이곳, 요단 가운데, 제사장들의 발이 굳게 선 곳에서 열두 돌을 취하여 그것들을 너희와 함께 건너게 하고 너희가 밤에 유숙할 장소에 그것들을 두라.'"

"온 나라가 요단을 건너기를 마쳤다"는 말은 이전 구절(3:17) 마지막 어구(語句)의 축어적 반복이다. 이 재개(resumption)의 기법을 통해 내레이터는 3장의 내용을 이어간다. 앞에서 밝혔듯이, 이곳에 사용된 단어 "나라"(יוֹג)는 장차 가나안 땅에 세워질 다윗 왕국, 다른 말로 하나님의 나라를 가리키도록 의도되었다. 이스라엘 자손이 요단 도하를 마치자 여호와께서 여호수아에게 말씀하셨다. 각 지파에서 한 사람씩, 모두 열두 사람을 택하라는 말씀이다. 이 말씀은 이미 3장 12절에서 주어진 바 있다. 그곳에서 이 말씀은 여호수아를 통해 백성에게 전달되었다. 이제 백성이 요단을 다 건넌 시점에서 하나님은 다시 같은 말씀을 반복하신다. 이는 이 말씀이 매우 중요하다는 의미다.

3:12에서 "열두 사람을 택하라"는 명령이 처음 있었을 때, 그에 대한 이유나 목적은 설명되지 않았다. 이때문에 문맥의 흐름이 단절되는 긴장이 야기되었다. 비평가들은 이 구절을 "매달려 있는"("left hanging") 구절 또는 후대의 첨가로 평가하기도 한다.[31] 하지만 3-4장의 문맥에서 이 구절은 나름의 문학적 기능을 수행한다. 이 구절을 통해 조성되는 긴장은 독자들에게 궁금증을 불러일으키며 열두 사람을 택하는 행위의 중요성을 부각하는 효과를 낳는다.[32] 이 행위의 이유와 목적은 4:1-3절에서 자세히 설명된다. 그것은 요단 가운데 언약궤가 멈추어 선 곳에서 열두 돌을 취하여 요단 건너편 첫 야영지에 세우기 위한 일이다. 다시 말해 그것은 이스라엘 자손이 경험한 놀라운 구원사건을 기념하기 위한 일이다.

저자는 독특한 문학 기법을 사용하여 독자들의 관심을 요단 도하의 기적에서 요단 도하의 기억으로 향하게 한다. 이를 통해 하나님의 관심이 분명하게 계시된다. 하나님은 요단의 기적이 계속 기억되기를 원하신다. 요단의 기적은 그 시대만을 위한 것이 아니다. 그것은 모든 시대 모든 백성을 위한 사건이다. 이곳에 특별히 "각 지파", "열두 사람", "열두 돌"과 같은 표현이 사용되었다는 점에 주목할 필요가 있다. 이 표현들은 열두 지파로 구성된 이스라엘 자손이 모두 요단에서 경험한 기적을 기억하는 일에 하나가 되어야 한다는 것을 강조한다.

---

[31] See Soggin, *Joshua*, 59; Görg, *Joshua*, 18.

[32] 참고: 졸고, "언어학적 담화분석을 통한 여호수아 3-4장의 구조이해", 55.

여호수아의 명령(4:4-7)

> **사역** ⁴여호수아는 이스라엘 자손 중에서 각 지파에 한 사람씩 예비한 사람 열둘을 불렀다. ⁵여호수아가 그들에게 말하였다. "요단 가운데 있는 너희 하나님 여호와의 궤 앞으로 건너가서 이스라엘 자손 지파의 수효대로 너희 각자 돌 하나씩 들어 자기 어깨에 메라." ⁶"그리하여 이것이 너희 가운데 증표가 되게 하라. 훗날 너희 자손이 물어 말하기를 '이 돌들이 당신들께 무엇을 뜻합니까?' 하면", ⁷ᵃᵃ"너희는 그들에게 '요단 물이 여호와의 언약궤 앞에서 끊어졌으며 그것이 ᵃ요단에 들어갈 때ᵃ 요단 물이 끊어졌으므로 이 돌들이 영원하도록 이스라엘 자손에게 기념이 되어야 한다'고 말하라."

[번역주] 7ᵃ⁻ᵃ: 3:11 번역주 참고.

여호수아는 여호와의 말씀에 순종하여 미리 예비해 두었던 열두 사람을 불렀다. 여호수아는 이들에게 하나님이 주신 말씀을 그대로 전한다. 하나님의 말씀에 비해 여호수아의 명령에는 더욱 구체적인 요소가 있다. 여호수아는 열두 사람이 각자 돌 하나씩 들어 "어깨에 메라"고 말한다. 여호수아는 이 돌들의 목적이 무엇인지에 대해서도 구체적으로 설명한다. 그것은 이스라엘 자손이 하나님이 베푸신 기적으로 요단을 건넜다는 사실을 나타내는 "증표"(אוֹת)이자 "기념"(זִכָּרוֹן)이다. 하나님은 이따금 어떤 사물이나 의식을 "표징"이나 "기념"으로 사용하신다. 이를 통해 하나님은 구속사의 중요한 사건이 자기 백성에게 계속 기억되어 그 의미가 항상 새롭게 현실화되도록 하신다. 무지개(창 9:12), 할례(창 17:11), 무교절(출 13:1-16), 아말렉 전쟁(출 17:14), 안식일(출 31:13) 등이 대표적인 예들이다.

요단강의 기적 또한 후손들에게 계속 기억되어야 한다. 그것은 하나님의 백성이 약속의 땅으로 들어가도록 해준, 구속사의 획을 긋는 사건이다. 그러므로 부모들을 포함하여 앞선 세대들은 후세대에게 그 사건을 계속 전해주어야 한다(신 4:10; 6:7; 11:19 참고). 열두 개의 돌은 부모가 자녀를 교육하는데 필요한 도구이다. 여호수아는 열두 개의 돌을 지정된 장소에 세움으로써 후세대에 요단의 기적을 생생하게 가르칠 교육 도구를 미리 마련하였다. 이러한 의도가 여호수아의 말에서 잘 드러난다. 여호수아는 후세대가 열두 돌에 대하여 앞세대에게 던질 질문("이 돌들이 당신들께 무엇을 뜻합니까?")을 예상하고 있으며 이 질문에 대하여 앞세대가 후세대에 대답해야 할 말을 제공한다. 이는 오늘날 주일학교에서 사용하는 요리문답의 형식과 비슷하다.

오늘날 열두 돌은 더 이상 존재하지 않는다. 하지만 요단이 갈라진 기적은 성경의 기록으로 남아있다. 성경 기록은 기념의 돌만큼이나 기억을 위한 것이다. 예수님은 성령의 기억나게 하시는 일에 관해 말씀하신 적이 있다(요 14:26 참고). 성령의 기억나게 하시는 일은 무엇보다 성경의 기록과 관련된다. 성령께서는 성경이 기록되게 하심으로써 예수님의 가르침이 기억나게 하신다. 여호수아 3-4장에 기록된 말씀도 그런 역할을 한다. 모든 시대 모든 하나님의 백성은 여호수아 3-4장을 읽음으로써 요단이 갈라지고 하나님의 백성이 마른 땅으로 강을 건너 약속의 땅으로 들어간 놀라운 일을 기억하고 그 역사의 현장에 참여하며 그 역사의 일부가 되는 은혜를 누린다(신 5:3; 29:14-15[13-14] 참고).

여기서 주목해야 할 것 두 가지가 있다. 먼저, 이곳에는 관심의 초점이 언약궤에 모인다: "요단 물이 여호와의 언약궤 앞에서 끊어졌으며 그것이(언약궤) 요단에 들어갈 때 요단 물이 끊어졌으므로"(7절). 이 설명은 요단의 물이 언약궤로 인해 끊어졌다는 것을 이중으로 강조한다. 언약궤는 하나님의 임재를 나타내며 하나님의 임재는 능력을 수반한다. 하나님은 강물 뿐만 아니라 바다물까지 다스리신다. 하나님은 온 세상을 지으시고 주관하시는 창조자시며 역사의 주관자시다. 하나님의 이 놀라운 임재는 언약궤가 지시하는 예수 그리스도 안에서 바다를 다스리고(마 8:26-

27), 구속사의 새 길을 여는(요 14:6) 능력으로 다시 나타난다.

다음으로, 이곳에는 이스라엘 지파를 가리키는 숫자 "열둘"이 강조된다. 여호수아는 이스라엘 각 지파에서 택한 사람 열둘을 보내어 그들이 이스라엘 자손 지파의 수효대로 돌 하나씩 가져오도록 지시한다. 이스라엘 자손 지파의 수 "열둘"은 여호수아 4장 전반에 걸쳐 강조된다. 여호수아 4장에서 이스라엘 지파의 수를 나타내는 "열둘"은 무려 여섯 차례나 반복된다(2, 3, 4, 8, 9, 20절). 여호수아 4장에는 또한 "이스라엘 자손 지파의 수효"(שִׁבְטֵי בְנֵי־יִשְׂרָאֵל מִסְפָּר)라는 말도 두 차례 나온다(5, 8절). 이로써 이스라엘 각 지파가 합하여 하나의 공동체를 이루며 다 같이 정복전쟁에 참여하고 약속의 땅을 함께 기업으로 받는 한 하나님의 백성을 이룬다는 사실이 강조된다.

백성의 순종(4:8-9)

사역 ⁸이스라엘 자손이 여호수아가 명령한 그대로 행하였다. 그들이 여호와께서 여호수아에게 말씀하신 대로 이스라엘 자손 지파의 수대로 요단 가운데서 열두 돌을 들고 자신들과 함께 숙소로 운반하여 그곳에 두었다. ⁹또한 열두 돌을 여호수아가 요단 가운데 언약궤를 든 제사장들의 발이 선 곳 아래 세우니 오늘날까지 그곳에 있다.

이스라엘 자손은 여호수아의 명령에 순종하였다. 본문에 두 차례 반복되는 כַּאֲשֶׁר(~ 대로)는 이스라엘 자손이 여호수아의 명령을 가감 없이 그대로 수행했다는 것을 표현한다. 8절 첫 문장("이스라엘 자손이 여호수아가 명령한 그대로 행하였다.")의 구문형식 כַּאֲשֶׁר + כֵּן는 이스라엘 자손이 여호수아의 명령을 따르는 일에 한치의 소홀함이나 어긋남도 없었다는 것을 분명하게 드러낸다. 여호수아에 대한 백성의 이런 태도는 여호수아의 지도력이 굳건하게 세워졌다는 것을 의미한다. 이는 요단의 기적이 가져온 결과이다. 여호수아 3:7에서 하나님은 여호수아에게 "오늘 내가 너를 온 이스라엘의 눈앞에서 크게 하기 시작하여 내가 모세와 함께했던 것처럼 너와 함께 할 것을 그들이 알게 할 것이다"라고 말씀하셨다. 이제 이 말씀이 성취되어 여호수아가 권위를 가지고 지도력을 발휘할 수 있게 되었다.

이스라엘 자손은 요단 가운데서 열두 돌을 취하여 자신들이 머물 요단 서편의 첫 야영지에 두었다. 여호수아는 또한 "요단 가운데 언약궤를 든 제사장들의 발이 선 곳 아래"에도 열두 돌을 세웠다. 후자는 4:1-3에 기록된 여호와의 말씀에는 나오지 않는다. 폴진(R. Polzin)은 여호수아가 여호와의 말씀을 나름대로 해석하여 요단 가운데에도 열두 돌을 세웠다고 설명한다. 폴진에 따르면 여호수아의 행위는 "모세의 율법과 하나님의 말씀을 해석할 가능성"을 보여주는 일례다.[33] 폴진의 설명은 참고할 점이 있다. 하지만 적어도 현재 본문에 대한 설명으로는 만족스럽다고 할 수 없다. 요단에 열두 돌을 세운 것은 본문에 기록되지는 않았지만 여호와의 분명한 지시에 따른 것일 가능성도 배제할 수 없다. 더욱이 현재 본문은 이스라엘 자손이 "여호와께서 여호수아에게 말씀하신 대로" 했다는 것을 강조한다(수 11:15 참고).

9절의 "오늘날까지 그곳에 있었다"는 저자의 시점에서 나온 표현이다. 이 시점이 언제인지 알 수는 없다. 그것은 기록자의 시점과 역사적 사건 사이의 상당한 시간적 간격을 시사하는 것 같다. 그렇다고 해서 본문이 요단에 세워진 열두 돌의 기원을 설명하는, 역사성이 결여된 '기원론'(etiology)이라고 생각해서는 안 된다.[34] "오늘날까지 그곳에 있었다"는 이곳에 기록된 사건의 역사적 사실성을 보증하는 증언이며, 성경독자는

---

[33] Polzin, *Moses and the Deuteronomist*, 108-09.

[34] 알트와 노트 등은 "오늘까지 그곳에 있었다"와 같은 문구를 가진 본문이 주어진 관습이나 현상을 설명하고 합법화하기 위해 그 기원을 먼 과거로 투사하려는 목적을 가진다고 주장한다. Alt, *Kleine Schriften*, 185ff.; Noth, *Das Buch Josua*, 11f. 차일즈는 이 가

이 증언을 매우 무게 있게 받아야 한다.

모세와 여호수아(4:10-14)

사역 ¹⁰여호와께서 모세가 여호수아에게 한 모든 명령에 따라 여호수아가 백성에게 말하도록 명령하신 모든 일이 마치기까지 궤를 멘 제사장들은 요단 가운데 서 있었고 백성은 서둘러 건넜다. ¹¹백성이 모두 건너기를 마쳤을 때 여호와의 궤와 제사장들이 백성 앞에서 건넜다. ¹²르우벤 자손과 갓 자손과 므낫세 반지파는 모세가 말한 대로 이스라엘 자손 앞에서 ᵃ오십 명씩 대열을 갖추어ᵃ 건넜다. ¹³전쟁을 위해 무장한 사만 명 정도가 여호와 앞에서 전쟁을 위해 여리고 평원으로 건너갔다. ¹⁴그날에 여호와께서 온 이스라엘 앞에서 여호수아를 높이셨으니 그들이 모세를 두려워한 것처럼 그의 평생에 그를 두려워하였다.

[번역주] 12ᵃ⁻ᵃ: 1:14 번역주 참고.

이곳에서 이야기는 다시 앞으로 되돌아간다. 이를 통해 저자는 요단강 도하와 관련된 중요한 사항들을 기록에 남긴다. 먼저, 궤를 멘 제사장들이 요단 가운데 서 있는 동안 백성이 신속하게 강을 건넜으며, 백성이 모두 강을 건넌 후 궤와 제사장들이 백성 앞에서 강을 건넜다는 사실이 언급된다(10-11절). 처음에 궤는 백성 앞에서 갔다(수 3:3-4 참고). 강물이 끊어진 다음에 궤는 강 가운데 멈추어 섰고 백성의 도강이 끝나자 그들 앞에서 강을 건넜다. 요단강 도하가 진행되는 과정에서 궤의 위치가 백성의 앞에서 백성의 뒤로 바뀐다. 비슷한 일이 홍해에서도 있었다. 백성이

설에 반대하며 성경의 문구 "오늘까지"(עַד הַיּוֹם הַזֶּה)는 대부분 과거로부터 전해진 전승을 확인하는 "개인적 증언"(personal testimony)의 성격을 가진다고 주장한다. See B. S. Childs, "A Study of the Formula, 'Until This Day'," *JBL* 82 (1963): 292.

홍해를 건널 때 앞에서 그들을 인도하던 하나님의 사자가 그들의 뒤로 옮겨 가서 그들을 보호하였다(출 14:19-20). 이런 일이 요단에서도 일어났다. 요단강 도하에서 관찰되는 궤의 위치변화는 백성을 인도하고, 백성을 보살피며, 백성을 보호하는 분이 궤의 주인이신 하나님이신 것을 잘 보여준다.

다음으로, 요단 동편 지파들의 무장한 자 사만 명 정도가 이스라엘 자손들 앞에서 강을 건넜고, 그들이 싸우려고 여리고 평지에 이르렀다는 내용이 언급된다(12-13절). 이 일은 요단 동편의 지파들이 책임을 다하고 있으며, 이스라엘 자손이 한 공동체로 굳게 결속되어 있으며, 정복전쟁을 벌일 준비가 되어있음을 보여준다. 언약공동체에서 각자 책임을 다하며 공동체가 하나로 결속되는 일은 매우 중요하다(롬 12:4-8; 고전 12장 참고). 끝으로, 여호와께서 모든 이스라엘의 눈앞에서 여호수아를 높이셨다는 내용이 언급된다(14절). 여호수아가 백성 앞에서 크게 된 이유는 백성이 요단의 기적을 통해 하나님이 여호수아와 함께하신다는 사실을 보았기 때문이다. 하나님이 함께하시는 사람은 크게 된다(창 12:2; 39:2-3, 21-23; 삼상 3:19; 삼하 7:9; 단 1:9, 17 참고). 하나님이 크신 분이기 때문이다. 여호수아는 하나님이 그를 크게 하신 결과 백성이 그를 두려워하게 되었다. 이는 여호수아의 지도력이 공고해졌다는 의미다. 이처럼 진정한 지도력은 하나님과의 관계에서 온다. 여호수아는 기적에 의해 확증된 지도력으로써 정복전쟁에 임할 준비를 갖추었다.

본문에서 주목해야 할 또 한 가지 사항은 모세의 이름이 세 차례 반복되는 것이다. 위에서 우리는 저자가 "되돌아가기"(backtrack) 기법을 통해 요단강 도하와 관련된 세 가지 사항을 추가로 언급한 것을 보았다. 그런데 그 각각의 사항이 모두 다 모세와 관련하여 언급된다: 1) 궤를 멘 제사장들이 요단 가운데 서 있고 백성이 서둘러 강을 건넌 것은 모세가 여호수아에게 명령한 일이다; 2) 요단 동편 지파들의 무장한 자가 이스라엘 자손들 앞에서 요단강을 건넌 것은 모세의 지시에 따른 일이다; 3)

여호와께서 여호수아를 크게 하시자 "백성이 그를 두려워하기를 모세를 두려워하던 것 같이 하[였다]." 이는 옛 언약공동체에서 모세가 가졌던 규범적 위치를 잘 보여준다. 모세의 가르침("토라")은 이스라엘 자손이 따라야 할 규범이다. 여호수아의 역할은 모세의 가르침을 그대로 수행하는 일이다. 모세의 가르침에 충실할 때 여호수아는 모세에게 주어졌던 권위를 갖게 된다. 하나님의 백성 가운데 세워지는 지도자는 하나님의 말씀에 온전히 순종할 때 지도자로서의 권위를 가질 수 있다.

요단강 도하의 종결(4:15-18)

> **사역** ¹⁵여호와께서 여호수아에게 말씀하셨다. ¹⁶"증거궤를 멘 제사장들을 명하여 요단에서 올라오게 하라." ¹⁷그러자 여호수아가 제사장들에게 명령하였다. "요단에서 올라오라." ¹⁸여호와의 언약궤를 멘 제사장들이 요단 가운데서 올라오고 제사장들의 발바닥이 마른 땅으로 나왔을 때 요단의 물이 원래 장소로 돌아와 이전처럼 모든 강둑에 넘쳤다.

여호와께서 여호수아에게 궤를 멘 제사장들이 요단에서 올라오도록 명령하라고 말씀하신다. 여호와의 말씀에 따라 여호수아가 명령을 내렸고 궤를 멘 제사장들은 요단에서 올라왔다. 그러자 "놀라운 일"이 다시 일어났다(수 3:5 참고). 제사장들의 발이 육지에 닿자 물이 제자리에 돌아와 이전처럼 강둑에 넘쳤다. 물의 갈라짐이 여호와의 궤로 말미암은 기적이란 사실이 다시 확인되는 순간이었다. 여호와는 강물뿐만 아니라 모든 피조세계를 주관하고 다스리는 전능한 창조주시다. 이스라엘은 물론이고 가나안 사람도 이 사실을 알아야 한다. 가나안 사람이 여호와를 창조주로 알았다면 이후의 역사는 크게 달라졌을 것이다.

이곳에서 궤의 명칭에 나타나는 변화에 주목할 필요가 있다. 지금까지 주로 사용되던 명칭인 "언약궤"(אֲרוֹן בְּרִית)가 16절에서 "증거궤"(אֲרוֹן הָעֵדוּת)로 바뀐다. "증거궤"란 궤 안에 들어있는 "증거판"(לֻחֹת הָעֵדֻת, 십계명을 기록한 돌판)과 관련된 이름이다(출 31:18 참고). 십계명을 기록한 돌판을 "증거판"이라고 부른 이유는 그것이 하나님과 이스라엘의 언약관계를 규정하고 증거하기 때문일 것이다. 사실상 "증거판"은 신명기 9:11에서 "언약판"(לֻחוֹת הַבְּרִית, 개역개정역에는 "언약의 두 돌판")이라고도 불린다. 이렇게 볼 때 "증거궤"와 "언약궤"는 같은 말이라고 할 수 있다. 다만 이곳에서 "증거궤"는 궤 안에 담긴 계명에 주의를 환기하고자 선택된 이름으로 보인다. 가나안 땅에 상륙한 것은 하나님의 계명이다. 이 땅은 이제 하나님의 계명이 지배하는 곳이다. 이스라엘 자손은 이 계명에 따라 그 땅을 정복하고 계명에 순종하는 삶을 살아야 한다.

요단강 도하의 의미(4:19-24)

> **사역** [19]백성이 첫째 달 열째 날에 요단에서 올라와 여리고 동쪽 끝의 길갈에 진을 쳤다. [20]그들이 요단에서 취한 이 열두 돌을 여호수아가 길갈에 세우고 [21]이스라엘 자손에게 말했다. "너희 자손들이 후에 그들의 아버지들에게 '이 돌들이 무엇입니까?' 하고 물으면 [22]너희는 너희 자손들에게 알게 하기를 '이스라엘이 이 요단을 마른 땅으로 건넜다. [23]왜냐하면 너희 하나님 여호와께서 우리가 건너기까지 우리 앞에서 홍해를 말리신 것처럼 너희 하나님 여호와께서 너희가 건너기까지 너희 앞에서 요단 물을 마르게 하셨기 때문이다. [24]이는 땅의 모든 백성이 여호와의 손이 강한 것을 알도록 하기 위함이며 너희가 너희 하나님 여호와를 항상 경외하도록 하기 위함이다'라고 하라."

이스라엘 자손이 요단강에서 올라와 길갈에 진 친 것은 "첫째 달 열째 날"이다. 이 설명은 앞으로 있을 유월절 제사를 준비하기 위한 것이다(수 5:10-11). 이스라엘 자손은 약속의 땅에 들어온 다음 바로 유월절을 지키게 하려는 하나님의 섭리에 따라 가장 알맞은 시기에 요단을 건넜다. 요단을 건너기 전 사흘을 기다려야 했던 것도 시간 속에서 자신의 계획을 펼치시는 하나님의 뜻에 따른 일이었다(수 3:1-5 참고).

이곳에는 길갈에 세워진 열두 돌에 관한 이야기가 다시 거론된다. 앞에서(4:1-9) 열두 돌이 이스라엘 자손 가운데 영원히 "표징"과 "기념"이 될 것이라고 설명되었다. 이스라엘 자손은 열두 돌의 의미를 묻는 후손들에게 자신들이 경험한(전해 들은) "하나님의 큰일"을 가르쳐야 한다. 이스라엘 자손은 강둑에 물이 흘러넘치는 요단을 마른 땅으로 건넜다. 그들의 하나님 여호와께서 요단 물을 마르게 하셨기 때문이다. 7절에는 언약궤 앞에서 물이 끊어졌다고 언급됐지만, 이곳 23절에는 여호와께서 요단 물을 마르게 하셨다고 기록된다. 사실 7절에서도 언약궤는 살아 움직이는 인격체처럼 의인화된다: "그것[언약궤]이 요단에 들어갈 때"(בְּעָבְרוֹ בַּיַּרְדֵּן).

언약궤가 움직이는 것은 하나님이 움직이시는 것이다. 언약궤 앞에서 물이 끊어지는 것은 하나님 앞에서 물이 끊어지는 것이다. 요단 물을 마르게 하신 분은 하나님이시다. 또한 요단 물이 마른 것은 홍해의 물이 마른 것과 같다. 이스라엘 자손은 홍해의 물을 말리시는 하나님의 능력으로 출애굽 하였고, 요단의 물을 말리시는 하나님의 능력으로 약속의 땅에 들어왔다. 하나님의 백성이 구원을 얻어 약속을 기업으로 받는 것은 바다와 강 사이로 길을 여시는 하나님의 전능하신 능력 때문이다. 그러므로 하나님의 백성은 자신의 시작과 끝이 하나님의 능력 안에 있음을 기억해야 한다. 요단 가에 세워진 열두 돌은 이를 위해 존재한다. 지금 그 돌들은 없어졌지만 성경기록을 통해 오늘날까지 "표징"과 "기념"의 역할을 한다. 그 돌들은 예수님의 가르침을 기억나게 하는 성령의 역할과 유사하다(요 14:26 참고).

열두 돌을 통해 모든 시대 모든 하나님의 백성은 요단이 갈라진 역사를 자신의 역사로 받으며 그 역사의 일부분이 된다. 22-23절이 이것을

잘 가르쳐준다: "너희는 너희 자손들에게 알게 하기를 '이스라엘이 이 요단을 마른 땅으로 건넜다 왜냐하면 너희 하나님 여호와께서 우리가 건너기까지 우리 앞에서 홍해를 말리신 것처럼 너희 하나님 여호와께서 너희가 건너기까지 너희 앞에서 요단 물을 마르게 하셨기 때문이다." 이 말씀은 "너희"(열두 돌의 의미를 묻는 후대의 이스라엘 자손)가 직접 요단을 건넜고 "너희" 앞에서 요단 물이 말랐다고 설명한다. 이는 요단의 기적이 세대를 가로질러 언약백성 모두가 공유하는 역사적 경험이라는 사실을 확인해준다.

24절은 전치사 "르마안"(לְמַעַן)이 이끄는 전치사 구와 접속사 "르마안"(לְמַעַן)이 이끄는 부사절로 이루어져 있다. 둘은 모두 목적을 표현하는 구문(for the sake of ...; in order that ... may...)이다. 즉 이스라엘 자손이 기적으로 요단을 건넌 일의 궁극적인 목적을 설명하는 것이 24절의 구문적 기능이다. 요단의 기적이 바라보는 궁극의 목적은 두 가지다: 1) 땅의 모든 사람이 여호와의 손(능력)이 강하신 것을 아는 것; 2) 이스라엘 자손이 항상 여호와를 경외하는 것. "내가 여호와인 줄 알리라"는 출애굽의 맥락에서 자주 나타나는 말이다: "애굽 사람이 나를 여호와인 줄 알리라"(출 7:5); "네[바로]가 이로 말미암아 나를 여호와인 줄 알리라"(출 7:17); "너희[이스라엘]는 내가 여호와인 줄을 알리라"(출 10:2); "애굽 사람들이 나를 여호와인 줄 알리라"(출 14:18). 여호수아 4:24은 "땅의 모든 사람"과 "이스라엘 자손" 사이를 뚜렷이 구분한다. "땅의 모든 사람" 곧 세상 사람들에게 경험되는 하나님의 능력은 그들에게 예배의 태도(경외)를 불러일으키지 않는다. 그것은 다만 그들에게 "떨림"(רְגָזָה)과 "몸을 비트는 고통"(חִיל)으로 표현되는 두려움만 불러일으킬 따름이다(출 15:14 참고). 그러나 이스라엘 자손에게 하나님의 능력은 예배의 태도를 불러일으킨다. 하나님의 백성은 단순히 하나님의 능력을 경험하고 두려워 떠는 사람이 아니다. 하나님의 백성은 하나님을 경외하는 사람이다.

3.3 마음이 녹는 왕들(수 5:1)

> **사역** ¹요단 건너편 서쪽의 모든 왕과 바닷가에 있는 모든 가나안 사람 왕들이 여호와께서 이스라엘 자손이 건너기까지 그들 앞에서 요단의 물을 말리신 일을 듣자 그들의 마음이 녹았고 이스라엘 자손 때문에 그들에게 더 이상 정신이 없었다.

이스라엘이 요단을 건너는 일은 정복전쟁의 서막을 여는 일과 같다. 여호와의 언약궤가 요단을 가르는 기적은 앞으로 가나안 땅의 적들이 하나님의 능력 앞에 물처럼 흩어질 일을 예시한다. 여호수아 5:1은 요단의 기적을 접한 가나안 왕들의 반응을 소개함으로써 장차 펼쳐질 정복전쟁을 준비한다. 특히 이 구절은 여호수아 2:11에 기록된 라합의 말의 반복에 가깝다. 따라서 이 구절은 라합의 말과 함께 여리고 정탐과 요단강 도하 기사를 하나의 단락으로 묶는 문학적, 해석적 기능을 수행한다.

이곳에 언급된 "아모리 사람"과 "가나안 사람"은 요단 서편 지역 전체 거주민들을 가리키는 "폭넓은 명칭"이다(Woudstra 98). 아모리 사람들의 거주지는 산지였으며, 가나안 사람의 거주지는 지중해 연안이었다(Pitkänen, 149). 여기서는 요단이 갈라진 기적을 전해 들은 요단 서편지역 왕들의 반응이 소개된다: "그들의 마음이 녹았고 이스라엘 자손으로 인해 그들에게 더 이상 정신이 없었다." 이것은 기생 라합이 했던 말의 반복에 가깝다: "우리가 듣자 우리의 마음이 녹았고 너희로 인해 아무에게도 더 이상 정신이 없었다"(수 2:11). 이 말은 홍해의 기적을 전해 들은 가나안 사람의 반응에 대한 것이다. 그러므로 여기에 묘사된 가나안 왕들의 반응은 이전의 충격과 낙담이 배가되고 극대화된 것이었다. 그들은 홍해의 기적과 요단 동편에서 바산 왕 옥과 헤스본 왕 시혼에게 일어난 일을 전해 듣고 이미 정신을 잃고 간담이 녹은 상태에 있었다. 그러던 차에 자신들의 코앞에서 요단이 갈라지는 기적이 다시 일어났다. 그러니 그들의 마음이 어떠했겠는가?

　요단의 기적에서 가나안의 왕들은 "여호와의 손이 강하시다"(수 4:24a)는 사실을 분명히 깨달았을 것이다. 이제 그들은 여호와 앞에서 어떤 태도를 보일 것인가? 기생 라합이 그랬던 것처럼 여호와를 상천하지(上天下地)의 하나님으로 인정하고 그분께 항복할 것인가? 아니면 마음을 완고히 하여 여호와와 이스라엘에 대항할 것인가? 애굽의 바로 왕은 거듭되는 이적에도 하나님께 완고한 태도를 보이다가 결국 장자를 잃는 심판을 받았다. 가나안의 왕들이 바로와 같은 태도를 보이는 한 그들을 기다리는 것 역시 무서운 심판일 뿐이다. 그러므로 정복전쟁에서 펼쳐지게 될 모든 일은 가나안의 왕들이 스스로 선택한 일의 결과라고 해도 틀리지 않다. 여호수아 5:1은 요단의 기적에 대한 가나안 왕들의 반응을 소개함으로써 곧 시작될 정복전쟁을 준비한다.

4.1 할례(수 5:2-9)

특주 3: 할례의 의미

4.2 유월절(수 5:10-12)

제4장
길갈의 언약갱신

(수 5:2-12)

이스라엘 자손이 요단을 건넜기에 곧 전쟁이 시작될 것으로 기대하는 것은 당연하다. 그러나 뜻밖에도 전쟁은 지연되고 오히려 전쟁과 동떨어져 보이는 일들이 전개된다. 이스라엘은 할례를 행하며 유월절을 지키는 제의행위를 한다. 하지만 사실상 이 일은 요단강 도하에서 두드러지는 제의적 측면과 같은 맥락에 있다. 이것은 이스라엘 자손에게 중요한 일이 무엇인지를 확인해 준다. 그들에게 본질적인 것은 하나님을 섬기는 일이다. 요단을 건너는 일이나 정복전쟁을 수행하는 일이나 모두 하나님을 섬기는 한 가지 목적을 가진다. 그러므로 모든 일에 앞서 하나님을 섬기기 위한 제의적 조건들이 만족되어야 한다.

4.1 할례(수 5:2-9)

전쟁을 앞둔 자들이 하지 말아야 할 것이 할례다. 할례를 행한 자들은 적들의 공격에 무방비 상태가 된다. 세겜 사람들의 예가 이것을 잘 보여준다. 그들은 수적인 우세에도 야곱의 두 아들에게 무참히 살육을 당했다. 왜냐하면 할례가 그들을 무력화시켰기 때문이다(창 34:25 참고). 누구보다 이 일을 잘 알고 있었을 이스라엘 자손이 전쟁을 앞두고 할례를 행했다. 여호와께서 그것을 요구하셨기 때문이다. 하나님의 백성은 때때로 상식을 뛰어넘고 이성에 반하는 급진적인 일을 하도록 요구받는다.

할례의 시행(5:2-3)

사역 ²그때에 여호와께서 여호수아에게 말씀하셨다. "부싯돌로 칼을 만들어

> 다시 이스라엘 자손에게 두 번째로 할례를 행하라." ³여호수아가 부싯돌로 칼을 만들고 기브앗 하아랄롯에서 이스라엘 자손에게 할례를 행하였다.

요단을 건넌 후 하나님은 여호수아에게 명령을 내려 이스라엘 자손에게 할례를 행하도록 하셨다. 여호수아는 그 명령을 즉각 실행에 옮긴다. 이는 하나님과 여호수아의 친밀한 관계를 잘 보여준다. 원문의 "두 번째"(שֵׁנִית)는 출애굽에 앞서 행해졌던 할례를 염두에 둔 표현으로 이해되어야 한다(출 12:48-50 참고).¹ 하나님은 여호수아에게 "부싯돌로 칼을 만들라"고 하셨다. 십보라가 모세를 위해 아들에게 할례를 행할 때도 부싯돌을 사용했었다(출 4:25). 부싯돌의 사용은 그 일을 상기시키려는 의도 때문이었을 수 있다. 무할례는 모세의 생명을 위협할 정도로 하나님의 진노를 불러온 일이었다. 할례는 그처럼 중요한 일이다. 이스라엘 자손이 비록 요단을 건넜을지라도 할례를 행하지 않으면 하나님의 진노를 살 수밖에 없다. 할례는 약속의 땅을 차지하기 전에 반드시 갖추어야 할 언약백성의 자격요건이다(창 17:10). 여호수아는 하나님의 명령에 따라 "기브앗 하아랄롯"(גִּבְעַת הָעֲרָלוֹת, "포피의 언덕")에서 백성에게 할례를 행하였다. 이 명칭은 할례로 생겨난 "포피 더미"와 관련이 있다.²

---

1 세쏜의 연구에 따르면 "두 번째"란 포피의 부분적 절개로 이루어지는 애굽식 할례를 염두에 둔 표현이다. 즉 이스라엘 자손이 애굽에서 머무는 동안 그곳의 풍습대로 하였으나 이제 포피를 완전히 잘라내어 그것을 "개선"("improve")해야 한다는 의미라는 것이다. J. M. Sasson, "Circumcision in the Ancient Near East," *JBL* 85 (1966): 474.

2 유대교에서는 할례에서 잘린 포피를 흙으로 덮고 땅에 묻는 관습이 있다. 그라드볼은 이 관습을 근거로 "기브앗 하아랄롯"이 길갈 곁의 한 작은 언덕이었을 것이란 가설을 제안한다: "Wir wagen die Hypothese, unsere neben einem Kultortstehende *gib'at hā'arālōt* sei eine kleine, aus Erde oder einem Felsen bestehende natürliche oder künstliche Erhöhung gewesen, gleichsam eine Platform, auf der Josua und die Beschneider der späteren Jahrhunderte den religiösen Akt vollzogen. Neben oder unter der Platform wurden die Vorhäute vergraben." R. Gradwohl, "Der 'Hügel der Vorhäute' (Josua V)," *VT* 26 (1976): 239.

할례를 행한 이유(5:4-7)

> **사역** ⁴여호수아가 할례를 행한 이유는 이것이니 애굽에서 나온 모든 백성 곧 모든 전쟁의 사람들은 애굽에서 나올 때 광야의 길에서 죽었기 때문이다. ⁵나온 백성이 모두 할례를 받았어도 그들이 애굽에서 나올 때 광야의 길에서 태어난 백성은 모두 할례를 받지 않았다. ⁶왜냐하면 이스라엘 자손은 온 나라 곧 애굽에서 나온 전쟁의 사람이 멸망하기까지 사십 년간 광야에서 다녔기 때문이다. 그들이 여호와의 목소리를 듣지 않았으므로 여호와께서 그들의 조상에게 맹세하여 우리에게 주리라고 하신 그 땅 곧 젖과 꿀이 흐르는 땅을 그들이 보지 못하게 하시겠다고 맹세하셨다. ⁷그가 그들 대신 그들의 자손을 일으키셨고 여호수아가 그들에게 할례를 행하였다. 그들이 길에서 할례를 받을 수 없었으므로 할례 없는 자가 되었기 때문이다.

이 단락은 왜 이스라엘 자손에게 할례가 필요했는지를 설명한다. 애굽을 떠날 때 이스라엘 자손은 모두 할례를 행했다(출 12:48-50). 하지만 그들은 할례를 받은 백성답게 하나님과의 언약에 충실하지 못했다. 6절의 "그들이 여호와의 목소리를 듣지 않았으므로"는 특별히 가데스 광야의 일을 가리킨다. 그곳에서 그들은 가나안을 정탐한 사람들의 보고를 듣고 하나님을 원망하며 애굽으로 돌아가고자 했다(민 14:1-5). 이 일은 하나님의 진노를 불러왔고 당시 기준으로 이십 세 이상에 계수된 사람들이 다 죽기까지 사십 년 동안 광야에서 생활해야 하는 결과를 가져왔다(민 14:29-30). 그 사이 새로 태어난 아이들은 할례를 받을 수 없었다. 광야에서 이동하는 중이었기 때문이다. 여호수아가 할례를 해야 했던 사람은 이 새로운 세대이다. 하나님께 대한 헌신은 세대마다 새롭게 행해져야 하고 그 징표도 매 세대가 새로 가져야 한다(신 4:10; 6:7; 11:19; 31:19; 33:10).

할례 의식은 그 자체로 하나님과의 관계를 보증하지 않는다. 애굽에서 나온 사람은 모두 할례를 받았음에도 광야에서 하나님의 심판을 받아 멸망하였다. 할례는 이 의식이 의미하는 바가 충족될 때야 비로소 진정한 효력을 가진다(할례의 의미에 대해서는 특주 3을 참고하라). 할례의 의미가 충족되지 않을 때 하나님의 맹세까지 취소될 수 있다. 하나님은 맹세로써 이스라엘 자손에게 가나안 땅을 주시겠다고 약속하셨다(창 22:16-18; 24:7; 26:3-4 참고). 하지만 놀랍게도 하나님은 그 약속을 맹세로써 철회하셨다(6절; 민 14:21-23 참고). 맹세하신 일을 맹세로써 취소하시다니 이 얼마나 당혹스럽고 충격적인 일인가? 그 이유는 이스라엘 자손이 할례받은 자의 정체성에 반하여 하나님께 반역하였기 때문이다. 할례받은 자가 자신의 정체성에 충실하지 않을 때 할례는 무의미한 것이 되고 만다.

그럼에도 언약백성에게 할례 의식은 매우 중요하다. 그것은 언약백성임을 확인해 주는 증표이다(창 17:11). 할례가 없는 자는 언약백성일 수 없다. 이스라엘 자손은 할례를 통해 자신이 언약백성임을 확인하고 그러한 신분에 걸맞은 삶을 살도록 힘써야 한다. 여호수아가 이제 막 가나안 땅에 들어온 이스라엘 자손에게 할례를 행한 것은 이런 이유 때문이다.

애굽의 수치(5:8-9)

> **사역** ⁸온 나라가 다 할례받기를 마쳤을 때 그들은 회복되기까지 진영의 자기 처소에 머물렀다. ⁹여호와께서 여호수아에게 말씀하셨다. "오늘 내가 너희에게서 애굽의 수치가 굴러가게 했다." 그래서 오늘날까지 그곳 이름을 길갈이라고 부른다.

할례는 육체에 큰 고통을 수반한다. 또한 상처가 아물려면 상당한 시간이 필요하다. 상처가 치유되는 동안 유월절과 무교절이 지켜졌을 것이다. 여리고를 바로 앞에 두고 이런 일을 요구한 하나님과 그 요구에 순종한 이스라엘이 놀랍기만 하다. 하나님은 어떤 상황에서도 이스라엘을 보호하실 수 있다. 이스라엘의 위험은 적들이 가까이 있다는 사실에 있지 않다. 하나님의 말씀에 순종하는 한 이스라엘은 안전하다. 그러므로 이스라엘이 참으로 힘써야 할 일은 하나님의 말씀에 순종하는 일이다. 경우에 따라 하나님의 요구는 위험하고 불합리해 보일 수도 있다. 그럴수록 "강하고 극히 담대하여" 말씀에 순종하는 것이 성공의 첩경이다(수 1:7).

할례가 끝나고 치유를 기다릴 때 하나님은 여호수아에게 "내가 오늘날 애굽의 수치를 너희에게서 굴러가게 하였다"(개역한글)고 말씀하셨다. "애굽의 수치"(חֶרְפַּת מִצְרַיִם)에 대해서는 다음 설명을 참고할 필요가 있다:

> '수치'로 번역된 히브리어 '헤르파'는 우선 '비방, 조롱, 모욕적인 말' 등을 의미하고, 다음으로 '수치' 또는 '불명예'의 상태를 의미하기도 한다. 다윗의 아들 암논이 이복 여동생 다말을 강간하였을 때 다말에게 생겼던 처절한 감정이 바로 이 '수치'였다(삼하 13:13). 또한 야곱의 아내 라헬이 아이를 낳을 수 없었기에 처하게 되었던 굴욕의 형편이 이 '수치'였다(창 30:23). 그뿐만 아니라 사람이 범할 수 있는 허물과 죄에 대해서도 이 단어가 사용된다(욥 19:5). 그 밖에도 뺨을 맞는 것처럼 신체에 가해지는 상해도 '헤르파'로 묘사된다(애 3:30). 종합할 때 '애굽의 수치'란 이스라엘 자손이 애굽에서 겪은 모든 정신적, 육체적 굴욕과 수치를 가리킨다고 하겠다. 이 수치에는 이스라엘이 애굽에 있을 때 애굽인을 본받아 범했던 모든 도덕적, 영적 허물과 죄도 포함된다고 보아야 옳다. 이스라엘이 약속의 땅에 들어가기 위해서는 그런 과거와의 철저한 단절이 필요했다. 그런 부끄러운 과거를 그대로 가지고 약속의 땅으로 들어갈 수는 없다. … 이스라엘 자손이 길갈에서 행한 할례는 그것을 상징적으로 나타낸다. 그들은 과거와 완전히 결별해야 했다.[3]

---

[3] 졸저, 『창조의 목적과 하나님의 나라: 적용이 있는 구약성경 신학』, 개정증보판 (서

지명 "길갈"(גִּלְגָּל)은 "굴러가게 하다"에 해당하는 히브리어 "갈랄"(גָּלַל)에서 유래한 말이다. 이곳은 이스라엘 자손이 "애굽의 수치"를 벗어버린 장소이다. 그들은 이곳에서 할례를 행함으로써 "언약의 징표"를 다시 가질 수 있게 되었고, 언약백성으로서 자기정체를 새롭게 할 수 있었다. 이렇게 길갈은 언약의 역사에 중요한 장소이다. 길갈은 언약백성이 "굴러가게" 해야 할 것이 무엇인지를 알려주는 지리적 증인으로 남아있다.

특주 3 할례의 의미

남성의 포피를 자르는 의식인 할례는 방식의 차이는 있지만, 이집트를 비롯한 고대 근동의 여러 지역에서 위생이나 그 밖의 다른 목적을 위해 행해졌다.[4] 그러나 구약 이스라엘에서 할례는 아브라함 때부터 하나님과 맺은 언약관계를 표시하기 위해 특별한 "징표"로서 행해졌다: "너희는 양피를 베어라 이것이 나와 너희 사이의 언약의 표징이니라"(창 17:11). 하나님은 할례를 통해 아브라함과 그의 후손들이 하나님과 언약을 맺은 백성이며 하나님께 속한 백성이란 사실을 육체의 살 속에 깊이 새겨 넣도록 하셨다: "이에 내 언약이 너희 살에 있어 영원한 언약이 되려니와"(창 17:13b). 이렇게 할례는 언약과 동일시될 정도로 하나님과의 관계에서 본질적인 것이었다. 할례가 있는 자는 언약이 있으며, 할례가 없는 자는 언약이 없는 것으로 간주하였다. 그러므로 이스라엘 자손이나 그들의 종에게서 남자 아이가 태어나면 반드시 팔일에 할례를 행해야 했다(창 17:12). 누군가 할례를 받지 않으면 언약을 배반한 자로 간주되어 백

울: 부흥과개혁사, 2023), 315-16. 원본의 경어체는 평어체로 바꾸었음을 밝힌다.

[4] 이집트에서 할례는 성년식이었던 것으로 알려져 있다. J. M. Sasson, "Circumcision in the Ancient Near East," *JBL* 85 (1966): 474.

성에게서 끊어지는 저주를 받아야 했다(창 17:14).

모세는 아들에게 할례를 행하지 않았다는 이유 때문에 목숨을 잃을 뻔할 정도로 하나님께 진노를 산 적이 있다(출 4:18-26). 미디안에서 하나님의 부르심을 받아 애굽으로 돌아가던 도중에 그런 일이 있었다. 하나님은 애굽 왕 바로를 심판하시기 위해 그의 아들을 죽일 계획을 가지고 계셨다. 그런데 그 계획을 받들어 섬길 모세가 아들에게 할례를 행하지 않았다는 이유로 죽을 위기에 처하였다. 이는 할례를 받지 않는 자는 언약을 배반한 자로 간주되어 백성에게서 끊어질 것이라는 경고의 실행에 해당한다. 할례를 행하지 않거나 받지 않는 자는 비록 모세라 할지라도 하나님의 진노를 살 수밖에 없다. 할례가 아니라면 모세와 바로를 구분해주는 것은 없으며 이스라엘과 애굽을 구분해주는 것도 없다. 그러므로 모세에게 일어난 일은 하나님의 백성에게 본질적인 것이 할례 곧 하나님과의 언약이라는 사실을 생생하게 가르쳐준다. 이스라엘 자손은 할례를 받을 때야 비로소 언약백성의 정체성을 가지게 되며 애굽 사람과 구별되고 애굽의 속박에서 벗어난 자가 된다.[5]

할례는 유월절과 깊은 관계에 있다. 이스라엘 자손은 할례를 행한 후에야 유월절을 지킬 수 있었다(출 12:48). 출애굽 당시에 이스라엘 자손은 먼저 할례를 행한 다음 유월절을 지켰다(출 12:50). 흥미롭게도 출애굽 과정에서 확인되는 할례 → 유월절의 순서는 약속의 땅에 들어가는 과정에서 그대로 재현된다. 이는 할례와 유월절이 하나님의 백성의 정체를 구성하는 본질적인 요소라는 사실을 잘 나타낸다. 할례를 언약의 증표로 갖지 않고 유월절 어린 양의 피를 증거로 갖지 않으면 애굽을 탈출할 수 없고 약속의 땅으로 들어갈 수도 없다.

여기서 약속의 땅 가나안이 성소의 성격을 갖는다는 사실을 상기할

---

[5] 참고: 졸고, "네 아들 네 장자를 죽이리라: 출애굽기 4:18-26에 대한 주해적, 신학적 연구", 「프로에클레시아」12 (2007): 120-25.

필요가 있다. 앞에서 언약궤와 관련하여 소개했던 것처럼, 모세는 홍해의 기적을 경험하고 부른 노래에서 이스라엘 자손이 들어갈 가나안 땅을 "주의 기업의 산", "주의 처소", "주의 손으로 세우신 성소"라고 불렀다(출 15:17). 이 노래에 따르면 이스라엘 자손은 이제 "주의 성소"에 들어가는 관문에서 할례를 행하였다고 말할 수 있다. 다른 말로 하면, 이스라엘 자손이 길갈에서 행한 할례는 성소 안으로 들어가는 자에게 요구되는 정결 의식이었다. 이는 할례와 성소를 연결하는 에스겔 선지자의 관점과 일치하는 것이기도 하다: "주 여호와께서 이같이 말씀하셨느니라 이스라엘 족속 중에 있는 이방인 중에 마음과 몸에 할례를 받지 아니한 이방인은 내 성소에 들어오지 못하리라"(겔 44:9). 이사야에게서도 같은 관점이 발견된다: "시온이여 깰지어다 깰지어다 네 힘을 낼지어다 거룩한 성 예루살렘이여 네 아름다운 옷을 입을지어다 이제부터 할례받지 아니한 자와 부정한 자가 다시는 네게로 들어옴이 없을 것임이라"(사 52:1).

그런데 할례의 의미는 외형적인 표시의 차원에서 끝나지 않는다. 육체에 행한 할례는 언약백성의 내적 특성인 마음의 할례를 상징한다. 육체의 포피를 제거하는 일은 마음의 가죽을 제거하는 일과 기표(signifier)와 기의(signified)의 관계로 서로 연결된다(렘 4:4 참고). 마음의 할례가 없는 육체의 할례는 무의미하다. 육체에서 부정한 것(포피)을 제거하는 이유는 마음에서 부정한 것을 제거해야 할 것을 지시하기 위함이다(사 52:1 참고). 할례를 행하지 않는 자는 이방인과 같이 부정하다(겔 44:7 참고). 아이크롯(W. Eichrodt)은 구약에서 "무할례와 부정의 개념이 점점 더 같아지므로, 할례는 부정의 제거를 의미함과 동시에 거룩한 규례들을 지킬 의무를 가지고 하나님의 백성의 공동체에 가입되는 것을 의미한다"고 설명한다.[6] 마음에 할례를 행하지 않는 자는 하나님을 사랑할 수 없다는

---

[6] W. Eichrodt, *Theologie des Alten Testaments Teil I: Gott und Volk*, 5. Aufl. (Berlin: Evangelische Verlagsanstalt, 1957), 82.

것이 신명기의 가르침이다(신 30:6). 할례가 하나님의 백성이 지녀야 할 언약의 징표인 이유가 여기에 있다. 하나님의 백성은 하나님을 사랑하는 자여야 한다.

그러나 구약 이스라엘 자손은 전반적으로 육체의 할례에 만족하고 마음의 할례를 행하는 일에는 실패했다. 그들이 하나님과 맺은 언약을 깨고 불순종을 일삼다가 마침내 이방에 포로로 사로잡혀 간 것은 근본적으로 마음의 할례에 실패했기 때문이다(레 26:41 참고). 신명기는 하나님이 친히 백성의 마음에 할례를 행하실 미래를 내다본다(신 30:1-8). 이때가 되면 사람들이 자발적으로 여호와의 말씀을 청종할 것이다. 선지자 예레미야가 깨어진 "옛 언약"을 대신할 "새 언약"(בְּרִית חֲדָשָׁה)을 예언하였을 때에도 같은 미래를 바라보았다(렘 31:31). 예레미야는 새 언약이 오면 가능해질 마음의 변화를 이야기한다. 그때에는 하나님이 친히 사람들의 마음에 율법을 기록하실 것이다: "내가 나의 법을 그들의 속에 두며 그들의 마음에 기록하여 나는 그들의 하나님이 되고 그들은 내 백성이 될 것이라"(렘 31:33). 에스겔 선지자가 예언한 "굳은 마음의 제거"와 "부드러운 마음의 수여" 또한 새 언약 시대에 있을 마음의 할례를 가리킨다(겔 36:26). 에스겔이 사용한 용어 "화평의 언약"(בְּרִית שָׁלוֹם, 겔 34:25; 37:26)은 이것이 가져올 하나님과 백성 사이의 화평을 나타낸다(롬 5:10-11; 고후 5:18-19; 엡 2:16; 골 1:20). 예수님은 십자가에서 흘리신 "언약의 피"로써 이 구원의 새 시대를 여셨다(마 26:28; 눅 22:20).

그러나 "마음에 기록된 율법"이란 개념이 오직 새 언약 시대만을 위해 마련된 것으로 생각해서는 안 된다. 신명기에는 하나님의 말씀을 마음에 새기거나 마음에 두라는 요구가 자주 나온다(신 6:6; 11:18; 30:14; 32:46). 시편이 복이 있다고 평가하는 사람, 곧 "여호와의 율법을 즐거워하여 그의 율법을 주야로 묵상하는" 사람은 마음에 할례를 받고 율법을 가진 사람임이 분명하다(시 1:1-2). 여호와의 율법으로 인해 영혼이 소성되고, 여호와의 교훈으로 인해 마음이 기뻐지며, 여호와의 계명으로 인해 눈이 밝아지는 것 역시 마음의 가죽이 제거되지 않고는 기대할 수 없는 일이다(시 19:7-8). 여호와의 율법을 찬양하는 시편 119편의 긴 시는 마음에 언약의 증표를 가진 사람의 노래가 틀림없다. 그렇다면 이들을 새 언약 시대의 사람들과 구분하는 것은 무엇일까? 카이저(W. C. Kaiser Jr.)는 새 언약이 여러 면에서 옛 언약과 연속성을 가지므로 옛 언약의 "갱신" 또는 "회복"이라고 설명한다.[7] 그럼에도 둘 사이에는 "새롭다"고 할 만한 차이도 존재한다: 1) 옛 언약은 짐승의 피가 언약을 세우는 수단이었다면(출 24:8), 새 언약은 그리스도의 피가 언약을 세우는 수단이다(마 26:28; 눅 22:20); 2) 옛 언약에 비해 새 언약은 그 효력이 훨씬 더 풍성하고 강력하다(렘 31:34; 욜 2:28-30; 히 9:13-14); 3) 옛 언약에 비해 새 언약은 수혜자의 범위가 훨씬 더 광범위하다(사 66:18-21).

결국, 구약이 가르치는 마음의 할례는 예수 그리스도께서 자기 피로 새우신 새 언약에서 일어날 완전한 내적 변화를 바라본다. 바울은 이 변화를 "손으로 하지 아니한 할례" 또는 "그리스도의 할례"라고 부른다(골 2:11). 곧이어 바울은 "그리스도의 할례"에 대하여 이렇게 부연한다: "너희가 세례로 그리스도와 함께 장사 되고 또 죽은 자들 가운데서 그를 일으키신 하나님의 역사를 믿음으로 말미암아 그 안에서 함께 일으키심을 받았느니라"(골 2:12). 이는 곧 세례가 "그리스도의 할례"를 가리키는 외적 표징이라는 의미다. 옛 언약에서 마음의 변화를 가리켰던 할례와 마찬가지로 세례는 새 언약에서 내적 변화를 표시한다. 이런 의미에서 세례는 새로운 할례이며 새 언약의 징표이다.

---

[7] 카이저가 새 언약과 옛 언약 사이에 연속되는 요소로 꼽는 것은 다음 다섯 가지다: 1) 동일한 하나님, "내 언약"; 2) 동일한 율법, "내 토라"; 3) 동일한 신적 교제, "나는 그들의 하나님이 될 것이다"; 4) 동일한 백성, "그들은 내 백성이 될 것이다"; 5) 동일한 용서, "내가 그들의 죄를 용서할 것이다." W. C. Kaiser Jr., *The Promise-Plan of God. A Biblical Theology of the Old and New Testaments* (Grand Rapids: Zondervan, 2008), 201-02.

4.2 유월절(수 5:10-12)

> **사역** [10]이스라엘 자손이 길갈에 진을 치고 그달 십사일 저녁에 여리고 평원에서 유월절을 지켰다. [11]그들은 유월절 다음 날, 바로 이날에 그 땅의 소산에서 무교병과 볶은 곡식을 먹었다. [12]그 땅의 소산을 먹은 다음 날부터 만나가 그쳐 이스라엘 자손이 다시는 만나를 얻을 수 없었으며 그 해에 가나안 땅의 소산을 먹었다.

할례에 이어 유월절이 지켜졌다. 때는 "그달 십사 일 저녁"이었다. "그달"이란 이스라엘이 요단을 건너 길갈에 진 친 달, 곧 새해 "첫째 달"을 가리킨다(수 4:19).[8] 이때는 원래 유월절을 지키도록 정해진 때였다. 이스라엘은 첫째 달 10일에 어린 양이나 염소를 취하고, 같은 달 14일 해 질 때에 그것을 잡도록 되어있었다(출 12:2-6 참고). 이스라엘 자손이 가나안 땅에 들어가는 과정은 정확히 이 시간순서에 맞춰져 있었다. 그들은 첫째 달 10일에 요단을 건너 길갈에 진을 쳤고, 같은 달 14일 저녁에 여리고 평지에서 유월절을 지켰다. 이는 이스라엘의 가나안 입성 시점과 유월절 기간을 맞추는 것이 하나님의 의도였다는 사실을 나타낸다. 여기서 유월절의 중요성이 다시 확인된다. 유월절은 출애굽을 가능하게 했으며 약속의 땅에 들어온 것을 표시하는 이정표였다.

유월절은 이스라엘이 어린 양의 피로 하나님의 심판을 피하고 생명을 보존한 일을 기념하는 절기이다. 그러므로 할례와 마찬가지로 유월절은 이스라엘의 자기 정체성에 근간을 이루는 사건이다. 이스라엘은 약속의 땅에 들어온 즉시 유월절을 지킴으로써 하나님의 특별한 보호를 입은 자신들의 정체성을 재확인하였다. 이후 유월절은 배교로 점철된

---

[8] 원래 유대력에서 이달은 "아빕"(Aviv)으로 불리었으나(출 13:4; 23:15; 34:18; 신 16:1), 후대에는 바벨론의 영향으로 "니산"(Nisan)이라 불리게 되었다(느 2:1; 에 3:7).

구약 이스라엘의 역사에서 하나님과의 관계가 회복되는 중요한 순간마다 중심을 차지했던 절기가 되었다(왕하 23:21-23; 대하 30:1-5; 스 6:19-22). 신약에서 예수님은 유월절에 십자가에 달려 돌아가신 것으로 소개된다(마 26:2; 막 14:1; 요 19:14 참고). 예수님은 새 언약의 백성을 위한 "유월절 양"이시다(고전 5:7). 이런 의미에서 예수 그리스도의 십자가는 유월절의 성취이다.

유월절 다음날(15일) 이스라엘은 마침내 "그 땅의 소산"(עֲב֣וּר הָאָ֑רֶץ)을 먹을 수 있었다. 그들이 먹은 음식은 "무교병과 볶은 곡식"이었다. "무교병"은 무교절에 먹도록 규정된 음식이다. 이스라엘 자손은 유월절 양을 잡는 날 저녁부터 일주일 동안 "누룩 없는 떡"(מַצּוֹת)을 먹어야 했는데, 이것을 "무교절"(הַמַּצּוֹת)이라 부른다(출 12:17-20 참고). 이스라엘 자손이 그 땅의 소산을 먹자 만나가 그쳤다. "그 땅의 소산"이란 "여리고 평지"에서 난 소산일 가능성이 크다[9]. 만나는 광야 40년간 이스라엘의 생명을 보존해준 식물이었다. 그러므로 만나의 중단은 광야 생활이 끝나고 젖과 꿀이 흐르는 가나안 땅에서 새로운 삶이 시작되었음을 상징한다. 이제 이스라엘 자손은 약속의 땅에서 하나님이 새로운 방식으로 공급하시는 풍성한 양식을 얻게 된다. 광야 시절의 만나나 가나안 땅의 소산이나 다 주께서 주시는 양식이다(마 6:11 참고). 부활절 이후를 살아가는 오늘의 성도들은 유월절 양이신 그리스도께서 공급하시는 새 양식 덕분에 다시는 주리지 아니하며 항상 풍족한 삶을 살아간다(요 6:27, 35, 55 참고).

---

[9] 알프링크는 "여리고의 들판이 충분한 양식을 공급하였을 것이므로 다음 날에 만나가 다시는 내리지 않았고 이후에도 계속 그랬다"고 설명한다(Alfrink, 37).

5.1 여호와의 군대대장(수 3:13-15)

5.2 여리고 전쟁(수 6장)

　특주 4: 헤렘의 구속사적 의미

5.3 아이 전쟁(수 7:1-8:29)

제5장

여호와의 전쟁

수 5:13-8:29

지금까지의 내용은 정복전쟁을 준비하는 것이었다면 이제부터 소개되는 내용은 본격적인 정복전쟁이다. 이 전쟁은 가나안 땅을 이스라엘 자손에게 주시려는 여호와의 계획을 성취하며 여호와께서 친히 지휘하시는 전쟁이라는 점에서 다른 전쟁과 뚜렷이 구별된다. 그것은 "여호와의 전쟁"이다. 요단 강물이 갈라지게 하신 여호와의 능력은 이제 가나안의 요새들이 무너지고 적들이 진멸 당하는 일에서 강력하게 증거된다.

5.1 여호와의 군대대장(수 5:13-15)

> **사역** [13]여호수아가 여리고에 있을 때 눈을 들어 보니, 보라, 한 사람이 그 앞에 서 있는데 그의 손에 뺀 칼이 있었다. 여호수아가 그에게 가서 말했다. "당신은 우리를 위하는가? 아니면 우리 적을 위하는가?" [14]그가 대답했다. "아니다. 나는 여호와의 군대대장이기 때문에 지금 왔다." 여호수아가 그 앞에 부복하여 절하고 그에게 말했다. "주께서 종에게 무엇을 말씀하시렵니까?" [15]여호와의 군대대장이 여호수아에게 말했다. "네 발에서 신을 벗으라. 왜냐하면 네가 선 그곳은 거룩하기 때문이다." 그러자 여호수아가 그렇게 했다.

이 본문의 지리적 배경은 "여리고"이다. 13절은 "여호수아가 여리고에 있었을 때"라는 말로써 시작한다.[1] 카일은 이 말이 여호수아의 생각을 나타낸다고 설명한다(Keil 43). 즉 여호수아가 생각 속에서 여리고 안에 들

---

[1] 개역개정역의 "여호수아가 여리고에 가까이 이르렀을 때"는 여리고 전쟁을 앞둔 시점에 여호수아가 "여리고 안에" 있었을 수 없다는 생각에서 나온 번역인 것 같다.

어가 여리고의 정복을 궁리하고 있었다는 것이다. 그러나 "여리고에"가 꼭 이 도시 "안"을 가리킨다고 볼 필요는 없다. 여리고와 그 주변지역(여리고 평지)을 모두 포함하여 편의상 "여리고"라고 불렀을 수 있다. "눈을 들어 보았다"는 여호수아의 눈앞에 무언가 중요한 광경이 펼쳐지고 있음을 표현한다. 뒤따르는 간투사 "보라"(הִנֵּה)는 독자의 시선을 그 광경에 주목하게 한다. 그 광경은 한 사람이 손에 칼을 빼 들고 서 있는 모습이다. 이것은 매우 특이한 광경이다. 여호수아로서는 그가 여리고 사람이 아닌가 하고 의심할 수도 있다. 하지만 이 사람은 혼자다. 다른 사람들이 그와 함께했다는 기록은 없다. 이 사람은 이스라엘 군대가 진을 치고 있는 곳에 홀로 나타났다. 그것도 손에 칼을 빼 든 채로 말이다. 이 이상한 사람은 과연 누구인가? 여호수아는 그에게 다가가서 질문한다. "당신은 우리를 위하는가? 아니면 우리의 적을 위하는가?"

뜻밖에도 그 사람은 여호수아가 기대하는 대답을 하지 않는다. 그는 "아니다, 나는 여호와의 군대대장이기 때문에 지금 왔다"고 말한다. "지금"은 정복전쟁, 특히 여리고의 정복을 위한 전쟁을 앞둔 시점이다. 이 역사적 순간에 여호와의 군대대장이 나타났다는 것은 무엇을 의미하는가? 그것은 여호와께서 정복전쟁을 시작하신다는 신호이다. 그렇다면 그는 왜 여호수아의 질문에 부정적으로 대답하였을까? 그것은 부정적인 대답("적군 편이다")이라기보다 질문의 타당성을 부정하는 말이다. 그는 여호와의 군대대장 자격으로 왔다. 그가 할 일은 누구의 편을 드는 일이 아니다. 그는 여호와의 군대대장으로서 여호와의 전쟁을 수행하기 위해 왔다. 그러므로 여호수아와 이스라엘 자손에게 중요한 일은 그들 스스로 여호와 편에 서는 일이다. 이스라엘 진영에 속하였다는 사실이 저절로 여호와 편에 속하였다는 증거가 되는 것은 아니다. 반대로 여리고 사람이라는 사실 자체가 여호와의 반대편에 속했다는 증거가 되는 것도 아니다. 이스라엘 사람 아간이 진멸의 대상이 되고 여리고 사람 라합이 진멸을 피한 것이 이를 입증한다(수 6:22-23; 7:24-26).

"여호와의 군대대장"에 대해 설명이 더 필요하다. 우선, "여호와의 군대"(צְבָא־יְהוָה)는 천상에서 여호와의 보좌를 둘러 있는 "하늘의 군대"(צְבָא הַשָּׁמַיִם, 왕상 22:19)나 여호와께서 거느리시는 영적인 군대를 가리킬 가능성이 있다(왕하 6:17; 단 8:11). 열왕기하 6:17에는 이 군대가 엘리사를 두르고 있는 광경이 묘사된다. 여호수아 5장의 문맥에서도 "여호와의 군대"는 이스라엘 자손을 위해 싸울 "하늘의 군대"를 가리킬 수 있다. 하지만 여호수아서에서 "하늘의 군대"가 이스라엘 자손을 위해 싸웠다는 기록은 나오지 않는다. 출애굽기 12:41에서 "여호와의 군대"는 이스라엘 군대를 가리키는 말로 사용된다. 그곳에서 "군대"를 뜻하는 히브리어 단어는 복수형태(צְבָאוֹת)로 나타난다. 민수기에서는 그 단어의 단수형태(צְבָא)가 이스라엘 각 지파의 군대를 가리키는 것으로 사용된다(민 10:15, 16, 19, 20, 23, 24, 26, 27). 여호수아서는 이스라엘이 정복전쟁을 펼치는 일을 기록한 책이다. 그러므로 이곳에 나타나는 "여호와의 군대"는 이스라엘 군대를 가리키는 것으로 보는 것이 자연스럽다. 이스라엘 군대는 여호와의 군대이다. 이스라엘 군대를 이끄는 지휘관도 궁극적으로 여호와시다. 이것을 분명히 하시기 위해 여호와께서는 정복전쟁이 시작되기 직전에 여호수아에게 자신을 "여호와의 군대대장"이라고 부르는 특별한 존재를 보내셨다.

그렇다면 이 특별한 존재의 정체는 무엇일까? 여호수아는 하나님을 경배하듯이 그를 경배하려고 했다: "그 앞에 부복하여 절하고"(14절중, 대하 20:18; 느 8:6; 겔 44:4 참고). 그것은 단지 신분이 낮은 자가 높은 사람에게 보이는 태도일 수도 있다(룻 2:10; 삼상 25:23; 삼하 14:4; 왕상 1:31 참고). 여호수아가 사용하는 칭호 "내 주"(אֲדֹנִי) 또한 하나님께 사용하는 칭호 "주님"(אֲדֹנָי)과는 다르다. 따라서 여호수아의 태도나 말만 가지고는 여호와의 군대대장의 정체를 확인할 수 없다. 여기서 현재의 광경이 모세가 호렙산에서 경험했던 일과 유사하다는 점에 유의할 필요가 있다. 모세에게 여호와의 사자가 "네 발에서 신을 벗어라 네가 서 있는 그곳은 거룩한 땅이니라"(출 3:5)고 말하였듯이, 여호수아에게 여호와의 군대대장이 "네 발에서 신을 벗어라 네가 서 있는 그곳은 거룩하니라"(수 5:15)고 말한다. 이 비교는 두 인물 사이의 깊은 관련성을 보여준다. 이는 여호수아가 만난 군대대장이 천사 이상의 존재로 해석되어야 한다는 의미일 수 있다. 왜냐하면 모세에게 나타났던 여호와의 사자는 여호와 자신과 구분이 어려울 정도로 여호와와 동일시되기 때문이다(출 3:1-22 참고). 카일에 의하면, 여호수아는 호렙산의 일을 기억하고 자신에게 나타난 존재가 "모세에게 자신을 아브라함과 이삭과 야곱의 하나님으로 알리신 분과 같은 분"이란 사실을 무언 중에 알았다(Keil 1874:44).

여호와의 군대 대장이 천사 이상의 특별한 존재라면, 그를 성육신 이전의 성자 하나님으로 생각할 수는 없을까? 사실상 성육신 이전에 그리스도는 태초부터 하나님과 함께 계셨던 "말씀"(λόγος)이자 하나님 자신이셨다(요 1:1). 또한 그리스도는 하나님의 보내심을 받아 이 땅에 오셨다는 의미에서 "하나님의 사자"이다(요 8:42 참고).[2] 더 나아가 그리스도는 하늘의 군대를 움직일 수 있는 분이기도 하다(마 26:53). 그뿐만 아니라 그리스도는 "통치자들과 권세들을 무력화하여 드러내어 구경거리로 삼으시고 십자가로 그들을 이기[신]"(골 2:15) 신-인적 용사시다. 그리스도는 마귀와 세상과 사망을 이기셨으며(마 4:1-11; 요 16:33; 딤후 1:10), 마침내 모든 원수를 이기실 최고의 용사시다(고전 15:25). 무엇보다도 그리스도는 "입의 검"으로 회개하지 않는 자들과 싸우시며(계 2:16), "[만국을] 다스려 질그릇 깨뜨리는 것과 같이 하[실]"(계 2:27) 마지막 때의 용사시다. 사도 요한은 이 용사가 수행할 종말론적 전쟁을 이렇게 묘사한다: "그의 입에서 예리한 검이 나오니 그것으로 만국을 치겠고 친히 그들을 철장으로 다스리며 또 친히 하나님 곧 전능하신 이의 맹렬한 진노의 포도주 틀

---

[2] 말라기 3:1은 여호와의 길을 예비할 "사자"와 갑자기 여호와의 성전에 임할 "언약의 사자"(מַלְאַךְ הַבְּרִית)에 대해 예언한다. 여기서 두 인물은 각각 세례자 요한과 예수 그리스도를 가리킨다고 보아야 한다(막 1:2-3 참고).

을 밟겠고"(계 19:15). 이런 내용은 그리스도가 구약의 여호수아 앞에 나타난 여호와의 군대 대장과 같이 "여호와의 전쟁"을 수행하시는 분인 것을 잘 보여준다.

그러므로 그리스도와 여호와의 군대 대장 사이에는 분명히 긴밀한 관계가 있다. 그럼에도 그 둘을 동일시하기에는 어려운 면이 있다. 다시 말해, 여호수아 앞에 나타난 여호와의 군대 대장이 곧 성육신 이전의 그리스도라고 단정하는 것은 무리다. 그 이유는 성경이 그것에 대해 명확한 설명을 제공하지 않기 때문이다. 따라서 여호와의 군대 대장은 "모형론적 방식으로"(in a typological way) 그리스도를 지시하는 하나님의 자기 계시 정도로 이해하는 것이 가장 적절해 보인다(Howard, 160).

여호와의 군대 대장과 관련하여 생각해야 할 것이 하나 더 있다. 여호수아가 그에게 "내 주여 종에게 무엇을 말씀하려 하시나이까"하고 묻자, 그는 "네 발에서 신을 벗어라 네가 서 있는 그곳은 거룩하니라"고 대답했다. 여기서 "발에 신을 벗어라"는 말이 의미하는 것은 무엇일까? 헤밀턴(V. P. Hamilton)에 따르면 "신발이 힘이나 권위, 소유권 등을 나타내는 상징물이므로 여호수아보다 크신 분 앞에서 당연히 벗어 그의 발 앞에 두어야 한다는 뜻"일 수 있다.[3] 고대 이스라엘에서 신을 벗어 이웃에게 주는 행위는 권리를 포기 또는 양도한다는 의미가 있었으므로 헤밀턴의 설명은 타당해 보이는 면이 있다(룻 4:6-8 참고). 그러나 그 경우 문제가 되는 것은 기업 무를 자의 권리나 의무와 관계된 사회적 관습이나 제도이다. 그것과는 달리 이곳에서는 거룩과 관계된 제의적 의무가 핵심이다. 여호수아가 신을 벗어야 하는 이유는 그가 서 있는 곳이 거룩하기 때문이다. 거룩한 곳에는 속된 것이 들어설 여지가 없다. 여호수아가 신고 있는 신은 거룩의 영역에 적합하지 않는 세속에 속한다. 이는 신이 그 자

---

[3] V. P. Hamilton, *Handbooks on the Historical Books* (Grand Rapids: Baker Academic, 2001), 29.

체로 속된 것이기 때문이 아니라 먼지나 더러운 것에 노출될 수밖에 없는 특성 때문일 것이다(Keil 1878:372).[4]

여호와의 군대 대장은 여호수아가 서 있는 곳이 거룩한 곳이라고 말한다. 이 말은 여호와의 군대대장에게 그가 나타난 목적을 묻는 여호수아의 질문에 주어진 대답이다. 이것을 고려하면 "거룩한 곳"은 현재 여호수아가 서 있는 물리적 공간에 국한될 수 없다. 그것은 정복전쟁 앞에 서 있는 여호수아의 지도자적 위치와 관련된 것으로 이해할 수도 있다. 이 위치는 여호와께서 주신 위치이며 여호와께서 함께하시는 자리다. 그러므로 여호수아가 힘써야 할 것은 그의 자리가 요구하는 제의적 자질 곧 거룩을 지키고 유지하는 일이다. 그렇지 않으면 거룩하신 여호와의 도우심을 기대할 수 없고 도리어 그분의 진노를 살 수밖에 없다. 여호와의 군대 대장의 손에 들려진 칼이 이스라엘 진영을 향할 수도 있다.

이런 의미에서 여호수아의 역할은 제사장의 역할과 비슷하다. 여호수아는 정복전쟁을 수행해야 할 군대의 지휘관이지만, 그 일은 제사장들의 제사행위처럼 거룩하게 이루어져야 한다. 헤르츠베르그의 다음 설명은 이 점을 잘 드러낸다: "어떤 경우이든 이제 다가오는 일은 성소의 공간에서 일어나는 사건으로 특징지어져야 한다"(Hertzberg, 37). 여기서 "다가오는 일"이란 우선 여리고 전쟁이다. 여리고 전쟁의 전 과정을 살펴보면 그것이 제의행위에 더 가깝다는 것을 알 수 있다. 군사들이 여리고를 함락하기 위해 공격을 개시하기보다 제사장들이 법궤를 메고 성 둘레를 돈다. 법궤 행렬은 결국 여리고 성을 무너지게 했으며 이것은 하나님의 임재가 전쟁의 승패를 결정했음을 나타낸다. 전쟁이 끝난 뒤에도 전리품

---

[4] 헤밀턴 역시 이 해석의 타당성을 인정한다: "The command to remove one's shoes may reflect either that sandals, because of the impurity deriving from the hide of a carcass, were taken off before entering the sacred sanctuary, hence contributing to the idea that the priests ministered barefooted before Yahweh." See Hamilton, *Handbooks on the Historical Books*, 29.

은 군사들에게 돌아가지 않고 하나님께 바쳐진다. 이렇듯이 정복전쟁은 성소에서 일어나는 제의행위와 방불하다. 여호수아가 발에서 신을 벗어야 했던 것은 이 일을 준비하기 위함이었다.[5]

다른 한편, 여호수아가 정복해야 할 땅이 실은 성막이 세워지고 여호와께서 두루 다니실 거룩한 장소라는 점도 고려해야 한다(레 26:11-12 참고). 앞에서도 언급하였던 것처럼, 모세의 노래에서 가나안 땅은 "주의 거룩한 처소"이자 "주의 손으로 세우신 성소"로 불린다(출 15:13, 17). 여호수아가 선 곳이 거룩하다는 말씀에는 이것에 대한 암시가 담겨있다. 여호수아가 들어온 가나안 땅은 성소가 세워질 거룩한 곳이다. 그러므로 거룩하지 않은 것은 가나안 사람이든 이스라엘 진영에 속한 자이든 모두 이곳에서 추방되거나 진멸되어야 한다.

끝으로, 정복전쟁 차원에서 여호수아를 만난 존재가 여호와의 군대대장이란 사실에 다시금 주목할 필요가 있다. 가나안 족속과의 전쟁을 앞두고 여호와의 군대대장이 손에 칼을 들고 나타난 것은 매우 의미심장한 일이다. 그것은 앞으로 전개될 정복전쟁의 성격을 밝혀준다. 정복전쟁은 여호와의 군대대장이 직접 나서서 싸우는 전쟁이다. 그런 만큼 이스라엘 자손에게 승리가 보장된 전쟁이다. 그러나 이스라엘 편에서 감당해야 할 책임이 있다. 이스라엘은 하나님의 거룩하심과 같이 거룩해야 한다. 그들은 발에서 신을 벗듯이 속된 것을 벗어버려야 한다. 오직 그렇게 할 때만이 하나님이 주시는 승리에 참여할 수 있다. 오늘날 성도들이 믿음의 여정에서 직면하는 싸움도 여호와께서 요구하시는 싸움이요 여호와의 지혜와 능력 안에 승리가 보장된 싸움이다. 따라서 그들에게도 같은 책임이 요구된다. 그들도 하나님의 거룩하심과 같이 거룩해야 한다(히 12:14 참고).

---

[5] 이것은 하나님이 시내산에 강림하실 때의 일과 닮은 점이 있다. 그때 이스라엘 자손은 하나님의 임재를 준비하며 자신을 성결하게 한다는 의미에서 옷을 빨았다(출 19:10-11).

5.2 여리고 전쟁(6:1-27)

여호수아 6장은 여리고 전쟁을 소개한다. 여리고 전쟁은 이스라엘 자손이 가나안에서 싸운 첫 번째 전쟁이다. 그러기에 여리고 전쟁은 전체 정복전쟁을 대표한다. 여호수아서에서 여리고 전쟁은 전쟁의 모델로서 계속 언급된다(수 8:2; 10:1, 28, 30). 여리고는 여호수아가 마지막 연설에서 언급한 유일한 성읍 이름이기도 하다(수 24:11). 여호수아 6장에서 여리고 정복은 세 단계로 서술된다: 여호와의 말씀(2-5절), 여호수아의 지시(6-7절), 정복의 실행(8-21절). 이를 통해 눈앞의 풍경이 화가의 손을 통해 희미한 스케치에서 선명한 그림으로 발전하듯 여리고 정복의 면면들이 더욱 명료하게 드러난다.

굳게 닫힌 성문(6:1)

> **사역** ¹여리고는 이스라엘 자손 앞에서 굳게 닫혀 나오는 사람도 없고 들어가는 사람도 없었다.

이 구절은 당시 여리고 사람들이 이스라엘 자손을 크게 두려워하고 있었음을 알려준다. 기생 라합의 말에 비추어볼 때 그들은 이스라엘 자손 앞에서 홍해가 마르고 요단 동편의 바산 왕 옥과 헤스본 왕 시혼이 진멸 당한 일을 들어 알고 있었다. 그것은 그들의 간담을 녹이고 정신을 잃게 만드는 일이었다(수 2:10-11). 그런데 이제 이 두려운 백성이 요단을 건너와 자신들을 공격할 준비를 하고 있다. 무엇보다도 그들을 더 두렵게 만든 것은 과거 홍해 바다가 그랬던 것처럼 이곳 요단 강물이 이스라엘 자손 앞에서 갈라진 일이다. 이것은 그들을 극도의 공포 속으로 몰아넣었을 것이다(수 5:1). 이스라엘 자손이 길갈에서 할례를 행하고 여리고 평지에서 유월절을 지키는 동안에도 여리고 사람들이 가만히 있었던 이유는 이 공포와 두려움 때문이었을 것이다(창 35:5 참고).

"여리고가 굳게 닫혔다"는 것은 여리고 사람의 내적 태도를 나타내는 것이기도 하다. 그것은 이스라엘 자손에 대한 적대감을 나타낸다. 이 적대감은 이스라엘의 하나님 여호와에 대한 적대감과 맞닿아 있다. 홍해의 기적과 요단의 기적은 이스라엘 자손 배후에 여호와가 계신다는 사실을 증거한다. 그럼에도 여리고 사람은 이스라엘 앞에서 문을 굳게 닫아 잠그는, 폐쇄적이며 저항적인 태도를 취한다. 이는 이집트 왕 바로의 완고한 태도를 연상케 한다. 바로는 하나님의 능력이 거듭 나타났지만, 이스라엘 자손을 보내기를 거부하였다. 여리고 왕과 그의 백성이 택한 길도 이와 다르지 않다. 그들이 완고하지 않고 충분히 지혜로웠다면 기생 라합과 같이 여호와를 인정하고 그분께 항복하였을 것이다. 여리고 사람이 문을 굳게 닫아 잠근 것은 아이러니하게도 그들 스스로 멸망에 갇힌 자가 된 것을 나타낸다. 그들이 이스라엘에 호의적이었다면 하나님의 호의를 받을 수 있었을 지도 모른다(수 11:20 참고).

"여리고가 굳게 닫혔다"는 것은 또 다른 의미가 있다. 그것은 이스라엘 자손 편에서 여리고를 공격하는 일이 쉽지 않았다는 의미다. 고고학의 발굴을 따르면 여리고는 이중성벽으로 요새화되어 있는 도시였다.[6] 이렇게 철저하게 방어 시스템이 갖춰진 도시를 공격하는 것은 쉬운 일이 아니다. 특히 도시의 성문이 굳게 닫혀 있었으므로 공격이 거의 불가능한 형편이었다고 해도 지나친 말이 아니다. 이는 홍해나 요단 못지않게 이스라엘 자손에게 큰 장애물이었을 것이다. 그러나 아무리 큰 장애물이라 할지라도 이스라엘 자손에게는 문제가 되지 않는다. 홍해와 요단도 그들 앞에서 갈라지지 않았는가? 이스라엘 자손에게 여호와가 함께하시는 한 그들을 가로막을 수 있는 것은 없다(슥 4:7).

---

[6] 졸고, "여호수아의 정복전쟁에 대한 역사적 고찰", 「신학정론」 37/1 (2019): 321. 여리고의 크기는 상부 중앙 도시를 둘러싸고 있는 벽의 둘레가 약 600 미터, 하부 옹벽의 둘레가 대략 800 미터라고 한다(Alfrink, 38; Woudstra, 109).

여호와의 말씀(6:2-5)

> **사역** ²여호와께서 여호수아에게 말씀하셨다. "보라, 내가 여리고와 그 왕과 강한 용사들을 네 손에 주었으니 ³너희 모든 전쟁의 사람은 성을 에워싸고 성을 한 번씩 돌되 육일 동안 그렇게 하라. ⁴일곱 제사장이 양각 나팔 일곱을 들고 궤 앞에 가고 일곱째 날에는 일곱 번 성을 돌며 제사장들은 나팔을 불 것이다. ⁵양각 뿔을 길게 불 때 너희가 나팔 소리를 들으면 백성은 모두 큰 함성을 지를 것이다. 그러면 성벽이 자기 아래로 무너질 것이고 백성은 각자 앞으로 올라갈 것이다.

화자로 등장하는 여호와는 앞서 소개된 "여호와의 군대대장"일 수도 있다(Keil, 1874: 45). 구약에서 여호와께서 보내신 존재가 여호와와 동일시되는 경우가 종종 있으므로 이런 추측이 가능하다(창 18:1ff.; 출 3:1-5 참고). 여호와의 군대대장의 퇴장에 대한 기록이 없다는 것 또한 이 추측에 힘을 실어준다. 현재 맥락에서 그것은 여호와의 군대대장이 여호수아와 계속 함께한다는 인상을 불러일으킨다. 하지만 6:1의 구문은 이 구절이 새로운 단락의 시작임을 나타낸다. 게다가 여호수아서에는 여호와께서 수시로 여호수아에게 말씀하신다(1:1; 3:7; 4:1, 15; 5:2, 9). 그러므로 이곳에서 여호수아에게 말씀하시는 여호와를 여호와의 군대대장이라고 생각해야 할 이유는 없다.

여리고 성문이 굳게 닫혔을 때 여호와는 여호수아에게 "보라"고 말씀하시며 해야 할 일을 알려주신다. 여호수아의 눈에 보이는 것은 굳게 닫힌 여리고의 성문일 뿐이다. 그러나 여호수아가 보아야 할 것은 그것이 아니다. 그가 보아야 할 것은 하나님이 하실 일이다. 하나님은 여호수아에게 "내가 여리고와 그 왕 곧 강한 용사들을 네 손에 주었다"(2절)고 말씀하신다.[7] 여호수아가 육안으로 보기에 여리고는 접근을 허용하지 않

---

[7] 원문에서 "여리고와 그 왕"과 "강한 용사들" 사이에 접속사가 빠졌다. 이는 그 둘

는 난공불락의 성과 같았지만, 하나님이 보실 때 여리고는 이미 여호수아의 수중에 있는 것이나 다름없다. 그렇게 되는 것이 하나님의 확고한 뜻이기 때문이다. 완료형 동사 문장 "내가 주었다"가 이를 잘 나타낸다. 하나님은 여호수아가 시선을 돌려 모든 것을 뜻대로 이루시는 하나님의 능력을 보라고, 믿으라고 명하신다. 믿음은 보지 못하는 것을 보게 하는 방편이다(히 11:1 참고). 마태는 새로운 여호수아이신 예수님께 "하늘과 땅의 모든 권세"가 주어졌다고 증언한다(마 28:18). 성도들은 예수님 안에서 여리고 같은 세상을 이긴 것을 믿음으로 보아야 한다(요 16:33; 요일 5:5 참고).

믿음은 순종을 수반한다. 하나님은 이스라엘 자손에게 믿음이 아니고는 도무지 따를 수 없는 일을 요구하신다. 그들은 여리고 성을 매일 한 번씩 육일 동안 돌고, 일곱째 날에는 일곱 번 돌아야 한다. 이 행진에 참여할 사람은 "모든 전쟁의 사람"(כֹּל אַנְשֵׁי הַמִּלְחָמָה)과 언약궤 앞에서 나팔을 불 일곱 제사장들이다. 백성은 마지막 순간 나팔소리가 길게 울려 퍼질 때 큰 소리로 외쳐야 한다. 그렇게 하면 성벽이 무너져 내린다고 한다. 일반 사람에게 이 요구는 아주 엉뚱하고, 상식적이지 않고, 어리석게 보일 수 있다. 하나님은 이스라엘에 그런 일을 하도록 요구하신다. 인간에게 어리석게 보이는 일일수록 하나님의 지혜와 능력을 더욱 크게 드러낸다(고전 1:18 참고). 하지만 인간의 어리석음과 하나님의 지혜 사이의 간격은 너무 커서 그 요구에 응하기가 매우 어렵다. 이스라엘은 믿음으로 그 간격을 뛰어넘어 순종의 자리로 가야 한다. 이스라엘에 요구되는 순종은 완전한 순종이다. 본문에서 강조되는 숫자 "일곱"은 그것을 의미한다. 육일 간의 창조가 일곱째 날의 안식으로 완성되는 것에서 알 수 있듯이(창 2:1-3), 일곱은 "완성"의 수다. 이스라엘 자손이 일곱 날 동안 여리고 성을 돌고 일곱째 날에는 일곱 번 그렇게 해야 하는 것은 그들의 순종

이 동격 관계에 있음을 나타낸다(Keil 1874, 45).

이 완전해야 함을 나타낸다. 완전한 순종이 완전한 승리를 가져온다. 여리고가 무너지는 것은 이스라엘이 순종의 길을 완주하는 순간이다.

이스라엘 자손에게 요구된 순종의 유형에 대해 더 생각해보아야 한다. 군사들이 성 주변을 육일 간 매일 한 번씩, 일곱째 날에는 일곱 번 반복해서 돈다. 언약궤가 이 행렬과 함께하고 일곱 제사장들이 각자 양각 나팔을 들고 언약궤 앞에서 행진한다. 백성은 길게 울리는 나팔소리를 듣고 큰 소리로 외친다. 이는 군사작전이기보다 제의행렬에 가깝다. 양각 나팔을 든 제사장들과 언약궤는 이 행렬의 제의적 성격을 잘 대변해 준다. 언약궤가 함께 하는 행렬의 모습은 여리고 성을 도는 분이 여호와 자신임을 나타낸다. 제사장들의 "나팔소리"(קוֹל הַשּׁוֹפָר)는 여호와의 임재를 알리며(출 19:19 참고), 군사들은 "용사"(אִישׁ מִלְחָמָה, 출 15:3)이신 여호와를 옹위하며, 백성이 외치는 "큰 함성"(תְּרוּעָה גְדוֹלָה)은 여호와의 임재를 환호하는 "즐거운 함성"이다.⁸ 다윗이 언약궤를 예루살렘으로 메어 올릴 때에도 "나팔소리"와 백성의 "즐거운 함성"이 함께 울려 퍼졌다(삼하 6:15; 대상 15:16, 28). 이는 여리고 전쟁에서 울려 퍼진 나팔소리와 백성의 함성이 언약궤의 행차에 수반되는 현상이란 사실을 확인해 준다. 그것은 여호와의 임재를 선포하고 환호하는 제의적 행위다. 시편 47편도 이런 이해를 지지한다:

1 너희 만민들아 손바닥을 치고 즐거운 소리로 하나님께 외칠지어다
2 지존하신 여호와는 두려우시고 온 땅에 큰 왕이 되심이로다
3 여호와께서 만민을 우리에게, 나라들을 우리 발아래에 복종하게 하시며

---

⁸ 히브리어 "테루아"(תְּרוּעָה)는 "전쟁의 함성"(Kriegsgeschrei)을 의미하기도 하지만 제의적인 맥락에서 들을 수 있는 "즐거운 함성"(Jubel)을 의미하기도 한다(HALAT, 1648). 이것이 "마술적 효과를 내는 신호"(magisches Wirkzeichen)일 수 있다는 괴르그의 해석은 이 행위가 가진 제의적 함의를 간과한 것이다(Görg, 28).

4 우리를 위하여 기업을 택하시나니 곧 사랑하신 야곱의 영화로다(셀라)
5 하나님께서 즐거운 함성 중에 올라가심이여 여호와께서 나팔 소리 중에 올라가시도다
6 찬송하라 하나님을 찬송하라 찬송하라 우리 왕을 찬송하라
7 하나님은 온 땅의 왕이심이라 지혜의 시로 찬송할지어다
8 하나님이 뭇 백성을 다스리시며 하나님이 그의 거룩한 보좌에 앉으셨도다
9 뭇 나라의 고관들이 모임이여 아브라함의 하나님의 백성이 되도다
세상의 모든 방패는 하나님의 것임이여 그는 높임을 받으시리로다

이 시편은 "뭇 나라의 고관들"이 "하나님의 백성"이 될 날을 내다보고 있다. 하나님은 온 땅의 왕이시다. 그럼에도 이 노래는 여리고의 제의행렬을 연상케 한다. 시인이 노래하듯이 여호와는 "온 땅에 큰 왕"(2절)으로서 가나안 사람을 이스라엘의 "발아래에 복종하게 하시며"(3절) 그 땅을 이스라엘 자손에게 "기업"(4절)으로 주시고자 백성의 "즐거운 함성"(5절)과 제사장들의 "나팔소리"(5절) 가운데 여리고로 올라가신다. 이렇듯이 여리고에 들어가시는 분은 여호와시다. 요단이 여호와의 언약궤 앞에서 갈라졌듯이 굳게 닫힌 여리고의 성문 또한 여호와의 언약궤 앞에서 무너질 것이다. 여리고를 도는 언약궤 행렬은 이것을 나타낸다. 여리고 전쟁에 참여하는 이스라엘 자손은 사실상 그들 가운데 임하시는 여호와를 환호하는 예배자들이다. 이런 의미에서 "여기에 묘사된 일들은 거룩한 공간에서 일어난 사건"이다(Hertzberg, 40).

여호수아의 지시(6:6-7)

사역 ⁶눈의 아들 여호수아가 제사장들을 불러 그들에게 말했다. "언약궤를 메라. 제사장 일곱은 양각 나팔 일곱을 들고 여호와의 궤 앞에 갈 것이다."

> ⁷그들이ª 백성에게 말했다. "가서 성을 돌되 무장한 자가 여호와의 궤 앞에 갈 것이다."

[번역주] 7ª: 복수형 동사 – "그들이 백성에게 말했다"(וַיֹּאמְרוּ אֶל־הָעָם) – 는 화자가 여호수아가 아님을 나타낸다. 이것은 여호수아가 화자로 나타나는 6절과 충돌을 일으킨다. 이런 문제를 인식한듯 맛소라 학자는 단수형 동사(וַיֹּאמֶר)로 읽기를 제안한다. 칠십인경 – "그리고 그가 그들에게 말하여 이르기를 너희는 백성에게 명령하라"(καὶ εἶπεν αὐτοῖς λέγων παραγγείλατε τῷ λαῷ) – 은 여기서 한 걸음 더 나간다. 아마도 히브리어 본문의 의도를 고려한 번역인 듯하다. 여호수아의 명령은 관리들을 통해 백성/군대에게 전달되었을 것이다. 따라서 7절의 복수형 동사의 주어는 관리들이라고 보아야 한다.

여호수아는 다시 "눈의 아들"로 불린다. 여호수아는 여호와의 말씀을 받들기 위해 제사장들과 백성에게 지시를 내린다. 여호수아의 지시에는 앞에서 언급되지 않았던 내용이 추가된다. 이는 내러티브가 진행하면서 불필요한 반복을 피하고 관련 사항을 서서히 드러내는 서사 기법에 해당한다(Keil 1874:46). 이곳에서 추가로 밝혀지는 내용은 – 비록 당연한 일이긴 하지만 – 1) "제사장들"이 언약궤를 메는 것과 2) "백성"이 함께 나가 여리고를 도는 것과 3) "무장한 자들"이 언약궤 앞에서 행진하는 것이다. 이 행렬이 여호와의 임재를 증시 하는 제의적 성격을 가지지만 "무장한 자들"이 선두에 나서는 라인업은 그것이 군사작전의 하나라는 사실을 나타낸다. 여리고를 도는 것은 결국 이 성을 정복하기 위한 것이다. 무엇보다도 언약궤가 이 행렬의 중심에 서는 것은 그것이 신적인 출정(出征)에 해당하는 것임을 나타낸다. 구약에서 언약궤가 그 처소에서 출발하는 것은 여호와께서 적들을 흩으시기 위해 일어나시는 것을 의미한다(민 10:35; 삼상 4:3ff. 참고).

여호수아의 지시로 더욱 선명해진 언약궤 행렬의 모습은 다음과 같다. 제사장들이 언약궤를 메고, 그 앞에 제사장 일곱이 양각 나팔 일곱을 잡고 가며, 무장한 자들도 언약궤 앞에서 간다. 나팔을 든 제사장들과 무장한 자 중 누가 행렬의 선두인지는 아직 명확하지 않다. 제사장들이 나팔을 어떻게 사용할 것인지에 대해서도 아직 불분명한 부분이 있다. 독자들은 처음 육일 동안 나팔의 사용에 대해서 알지 못하며 나팔 소리가 길게 울려야 할 시점이 언제인지도 모른다. 이런 공백은 내러티브가 진행되면서 점차 채워지며 독자들이 궁금증을 가지고 글에 집중하게 만든다. 현 단계에서 독자들의 시선을 사로잡는 것은 언약궤가 세 번이나 언급되고 이중 두 번은 "여호와의 궤"로 불린다는 점이다. 이는 언약궤의 행렬이 여호와의 행렬이며 여리고 성을 도는 분이 여호와라는 사실을 부각한다.

끝으로, 7절에 언급된 "백성"이 누구를 가리키는지 생각해볼 필요가 있다. 3절에서 하나님은 여리고 성 주위를 매일 한 바퀴씩 돌 사람으로 "모든 전쟁의 사람들"(כֹּל אַנְשֵׁי הַמִּלְחָמָה, 개역개정역에는 "모든 군사")을 지명하셨다. 민수기의 기록대로라면 이 사람들은 "이십 세 이상으로 싸움에 나갈 만한 모든 자"(민 1:3)를 가리킨다. 그러므로 7절에서 여리고 성을 돌도록 지명된 "백성"은 일반 백성을 제외한 군사들일 가능성이 크다. 여호수아서에서 군사는 "전쟁의 백성"(עַם הַמִּלְחָמָה, 개역개정역에서는 "군사") 또는 "백성"으로 불리기도 한다(수 8:1, 5 참고).

첫째 날 행진(6:8-11)

사역 ⁸여호수아가 백성에게 말하자 일곱 양각 나팔을 든 일곱 제사장 ᵃ여호와 앞에서 가며 나팔을 불고ᵃ 여호와의 언약궤는 그들 뒤에서 갔다. ⁹무장한 자들이 나팔을 부는 제사장들 앞에서 갔고 ᵇ후군은 언약궤 뒤에 갔으며 그런 가운데 (제사장들은) 계속해서 나팔을 불었다.ᵇ ¹⁰백성에게 여호수아가 명령을 내렸다. "내가 너희에게 '외치라'고 말하는 순간까지 외치지 말고 너희 목소리를 들리게 말며 너희 입에서 아무 말도 나오지 않게 하라. 그런 다음 외칠 것이다." ¹¹여호와의 궤가 그 성읍을 한 번 돌고 그들이 진영으로 와서 진영에서 유숙하였다.

> [번역주] 8ᵃᵃ: 히브리어 구문 - לִפְנֵי הַכֹּהֲנִים תָּקְעוּ - 에서 전치사(לִפְנֵי)의 목적어인 "제사장들"(הַכֹּהֲנִים) 뒤에 바로 이 제사장들을 주어로 갖는 완료형 동사(תָּקְעוּ)가 오는 것이 특이하다. 이것을 이상하게 여긴 마소라 학자들은 난외주(qere)에서 완료형 동사를 제사장들을 수식하는 분사(תֹּקְעֵי)로 바꾸기를 제안한다. 그러나 이러한 제안은 불필요하다. תָּקְעוּ과 הַכֹּהֲנִים 사이에 접속사 אֲשֶׁר가 생략되었다고 보면 구문상의 어려움이 제거된다(출 18:20 참고; Keil 1874:46).
> 9ᵃᵃ: 히브리어 구문 - וְהַמְאַסֵּף הֹלֵךְ אַחֲרֵי הָאָרוֹן הָלוֹךְ וְתָקוֹעַ בַּשּׁוֹפָרוֹת - 은 나팔을 부는 후군에 대한 묘사일 수도 있다. 칠십인경은 이렇게 읽기를 지지한다. 그러나 4-5절에서 나팔을 불 자들로 지명된 것은 제사장들이다. 이 원칙이 9, 13절에서 바뀌었다고 보기는 어렵다. הָלוֹךְ וְתָקוֹעַ בַּשּׁוֹפָרוֹת 앞에 "제사장"이 생략되었다고 보는 것이 최선책이다(Howard, 171 참고).

여호수아의 명령이 떨어지자 행진이 시작되었다. 이제 독자들은 마치 관중이 직접 현장에서 행사를 지켜보듯이 눈앞에 펼쳐지는 장엄한 행렬의 모습을 선명하게 보게 된다. 양각 나팔을 든 제사장들은 행진하는 동안 계속 나팔을 분다. 앞에서 설명하였듯이 이 나팔소리는 행렬 가운데 함께하시는 여호와의 임재를 알리는 신호이다(출 19:16, 19 참고). 행렬의 순서도 제일 선두에 무장한 자들이 위치하고, 그 뒤를 나팔을 부는 제사장들이 따르며, 다음으로 언약궤가 위치하고, 후군이 그 뒤를 따르는 형식이다. 제사장들이 양각 나팔을 불며 행진하는 동안 백성(군사)은 침묵을 지켜야 한다. 그들이 외쳐야 할 시점은 여호수아가 신호를 줄 때이다: "내가 너희에게 '외치라'고 말하는 순간까지 외치지 말고"(10절b). 여호수아가 줄 신호는 제사장들이 양각 나팔을 길게 불 때와 연결되며, 이는 일곱째 날에 있을 일이다(4-5절 참고). 그러나 그 정확한 시점이 언제인지 - 일곱째 날 일곱째 바퀴를 돌 때 - 에 대해서는 16절에서야 완전히 밝혀진다.

여기서 주목해야 할 점이 두 가지 있다. 먼저 언약궤 행렬의 행진이 계속되는 동안 백성(군대)이 철저하게 침묵을 지켜야 한다. 여호수아는 이것을 매우 강조한다:

외치지 말고

너희 목소리를 들리게 말며

너희 입에서 아무 말도 나오지 않게 하라(10a - 원문의 어순)

　　일곱째 날 일곱 번째 행진이 있을 때까지 지속한 철저한 침묵은 마지막 함성의 효과를 극대화하는 결과를 가져올 것이다. 여호수아는 이것을 목적으로 백성에게 철저한 침묵을 요구했던 것 같다(Alfrink, 39). 앞에서 설명한 대로 백성의 외침은 여호와의 임재를 환호하는 제의적 함성에 해당한다. 물론 이 함성은 성안의 적들이 겁에 질리게 하는 효과도 수반했을 것이다. 잠잠하던 백성이 일거에 큰 함성을 지르고 그와 동시에 성벽이 무너지는 광경을 생각해보라. 그렇지 않아도 간담이 녹던 여리고 사람에게 그것은 공포를 넘어 절망을 안겨주는 일이었을 것이다. 그러나 침묵 뒤의 함성은 여호와의 임재를 더 크고 놀랍게 환호하기 위한 것이었다는 점도 기억해야 한다.

　　다음으로 주목해야 할 사항은 언약궤와 관련된 것이다. 8절에서 언약궤는 여호와와 동일시된다. 양각 나팔을 들고 언약궤 앞에서 행진하는 제사장들이 "여호와 앞에서" 행진하는 것으로 묘사된다. 또한 11절은 언약궤가 여리고 성을 도는 것이야말로 행진의 실질적인 의의(意義)임을 말해준다. 행진의 목적은 여호와의 궤가 여리고 성을 도는 데 있다. 여리고를 상대하여 싸우시는 분은 여호와시다.

육 일까지의 행진(6:12-14)

사역 [12]여호수아가 아침에 일찍 일어났고 제사장들은 여호와의 궤를 메었다. [13]일곱 제사장들이 일곱 양각 나팔을 들고 여호와의 궤 앞에서 가며 계속해서 나팔을 불었고 무장한 자들은 그들의 뒤에서 갔으며 후군은 여호와의 궤 뒤에서 가며 (제사장들은) 계속해서 나팔을 불었다. [14]그들이 둘째 날에 그

> 성을 한 번 돌고 진영으로 돌아왔으니 육일 동안 그렇게 했다.

둘째 날부터 여섯째 날까지의 행진에는 이렇다 할 만한 새로운 내용이 언급되지 않는다. 제사장들이 언약궤를 메고, 일곱 나팔을 잡은 일곱 제사장이 언약궤 앞에서 나팔을 불며 행진하고, 무장한 군사들과 후군이 각각 전방에서 앞서가고 후방에서 뒤를 따른다. 여기서는 "백성"이 따로 언급되지 않는다. 이는 무장한 군사들과 후군이 여호수아에게서 성을 돌도록 명령을 받은 "백성"임을 간접적으로 시사한다. 여호수아가 아침에 일찍이 일어났다는 언급은 독자에게 새로운 사실을 알게 한다. 성을 도는 일은 아침에 일찍 이루어졌다. 내레이터는 내러티브가 진행되는 가운데 적절한 장소에 새로운 내용을 추가함으로써 불필요한 반복을 피하면서 독자들이 전체 그림을 다각도에서 볼 수 있도록 서사 기교를 발휘한다.

일곱째 날과 여리고 정복(6:15-21)

사역 ¹⁵일곱째 날이 되자 그들이 동틀 때 일찍 일어나 이 규례대로 성을 일곱 번 돌았으니 오직 그날에만 성을 일곱 번 돌았다. ¹⁶일곱 번째 제사장들이 나팔을 불자 여호수아가 백성에게 말했다. "외치라, 여호와께서 그 성을 너희에게 주셨기 때문이다. ¹⁷그 성은 여호와께 바친 것이 될 것이니 그 성과 그 안에 있는 모든 것이 그렇게 될 것이다. 오직 기생 라합은 살리니 그녀와 그녀와 함께 집에 있는 모든 사람이 그렇게 될 것이다. 왜냐하면 우리가 보낸 사자들을 그녀가 숨겼기 때문이다. ¹⁸오직 너희는 바친 것에서 삼가하여 너희가 바치고서도^a 그 바친 것에서 무언가를 취함으로써 이스라엘 진영을 바친 것이 되지 않게 하고 그것을 괴롭게 하지 않도록 주의하라. ¹⁹은과 금과 놋그릇과 철은 여호와께 거룩하니 그것들은 다 여호와의 곳간으로 들어갈 것이다." ²⁰백성이 외치고 그들은 나팔을 불었다. 백성이 나팔 소리를 듣자 백성이 큰 함성을 질렀고 성벽은 자기 아래로 무너졌으며 백성은 각자 성을 향해 앞으로 올라가 그 성을 취하였다. ²¹그들이 남자로부터 여자에 이르기까지, 아이로부터 노인에 이르기까지, 소와 양과 나귀까지 칼

> 날로 진멸하였다.

> [번역주] 18ª: 히브리어 문장 פֶּן־תַּחֲרִימוּ וּלְקַחְתֶּם은 난해하다. 이런 이유로 칠십인경은 그것을 "너희는 바친 것에 마음을 두고 그것을 취하지 아니하도록"(μήποτε ἐνθυμηθέντες ὑμεῖς αὐτοὶ λάβητε ἀναθέματος)으로 읽는다. 하지만 이 경우 접속사 פֶּן에게 직접 지배를 받는 동사는 둘째 동사(לקח)이며 첫째 동사(חרם)는 둘째 동사에게 종속된다(GKC § 150m2). 그러므로 첫째 동사를 접속사 פֶּן과 직접 연결하여 "바치지 않도록"으로 번역해서는 안 된다.

구약에서 일곱은 특별한 수이다. 그것은 완성을 의미한다. 하나님은 일곱째 날에 안식하심으로써 창조를 완성하였다(창 2:1-3 참고). 여리고의 정복에도 이 원리가 작동한다. 여리고 성은 이스라엘 자손이 성 주위를 돌며 행진한 지 칠일 만에 무너졌다. 그것도 일곱째 날 일곱 번째 행진이 진행될 때 백성이 외치는 함성소리와 함께 성이 무너졌다. 여호수아는 마지막 일곱 번째 행진에서 제사장들의 나팔 소리에 맞추어 백성에게 "외치라"고 명령했다(16절). 더 정확하게는, 제사장들이 나팔을 길게 불 때 그것이 백성에게 "외치라"는 신호가 되었다(수 6:5 참고). 나팔 소리가 아니고는 백성이 일제히 큰 소리로 외치게 할 방법이 어디 있겠는가? 그러므로 실제상황을 재구성하면, 여호수아가 제사장들에게 먼저 길게 나팔을 불라는 신호를 주었고 백성은 이 나팔소리에 맞추어 함성을 질렀다. 내레이터는 이런 정황을 자세히 묘사하기보다 여호수아의 신호가 보내는 메시지에 초점을 맞춘다.[9] 내레이터에게 중요한 것은 백성이 외치

---

[9] 본문에서 나팔 소리, 백성의 외침, 여호수아의 명령 사이에 관계가 불분명하다는 이유로 여러 단계의 편집을 주장하는 사람들도 있다(Soggin, 82; Görg, 30). 그러나 그런 주장은 사진(寫眞)처럼 실제상황을 있는 그대로 재현하는 것이 주된 관심사가 아닌 본문의 문학적 특성과 배치된다. 본문을 지배하는 것은 여리고 정복의 중요한 면을 강조하려는 수사적 의도이다. 실제 상황은 이 의도 안에 전제되어 있다. 긴장이나 모순처럼 보이는 내용은 수사적 의도 속에 전제된 실제상황의 재구성을 통해 해결되며 편집의 역사를 상정함으로써 해결될 문제는 아니다.

는 일이며 여호와께서 여리고를 이스라엘 자손에게 주셨다는 사실이다. 결과적으로 여호수아의 명령("외치라, 여호와께서 그 성을 너희에게 주셨기 때문이다")은 제사장들의 나팔소리를 통해 백성에게 전달되었다.

기생 라합과 바친 물건에 대한 여호수아의 명령(17-19절)도 현재의 위치에 부적합해 보인다(Hertzberg, 42). 제사장들이 나팔을 불고 언약궤 행렬이 마지막 순간을 향해 행진하는 가운데 여호수아가 그런 명령을 내렸다고 보기는 어렵다. 그것은 행진이 시작되기 전 진영에서 관리들을 통해 백성에게 전달되었을 가능성이 크다(7절 참고). 그러나 내레이터는 그것을 현재의 위치에 배치한다. 그 이유는 라합의 구출과 바친 물건의 진멸이 여리고 정복의 절정을 장식하기 때문일 것이다.

이스라엘 자손은 여리고 성과 그 가운데 있는 모든 것을 여호와께 온전히 바쳐야 한다. 그것은 여호와께 "바친 것"(הַחֵרֶם)이기 때문이다. 여기서 "바친다"는 것은 사람을 포함한 생명체는 완전히 죽이는 것을 말하며 물건은 완전히 파괴하는 것을 의미한다. 은금이나 동철과 같이 파괴할 수 없는 물건들은 사람들이 사용해서는 안 되고 반드시 "여호와의 곳간"에 들여야 했다. 이른바 "헤렘"으로 알려진 이 행위는 여리고를 정복하신 분이 여호와 자신이며 여리고에 속한 모든 것은 여호와의 전리품이란 사실을 나타낸다(헤렘에 대한 설명은 1장의 '여호수아서의 신학'을 참고하라.). 이스라엘 자손은 헤렘을 수행함으로써 여리고에 대한 여호와의 주권을 인정해야 한다. 나머지 가나안의 도시국가들에 대해서도 같은 원칙이 적용된다(수 10:40 참고). 이는 가나안 땅의 진정한 주인이 여호와시며 이스라엘 자손은 여호와로부터 땅을 나누어 받는다는 사실을 나타낸다. 원래 이스라엘 자손이 가나안 사람에게 헤렘을 행하도록 명령한 것은 모세이다(신 7:16; 20:16-17). 그러나 모세의 명령에는 가축들의 진멸은 포함되지 않는다. 여리고의 경우 가나안의 첫 도시였던 만큼 땅의 "첫 소산"에 해당하기에 가축을 포함하여 모든 것을 여호와께 바쳐야 했다(출 23:19; 레 23:10; 민 18:12-13).

헤렘 명령에는 구약 이스라엘의 사상세계를 지배하는 연대성의 원리가 작동한다. 누군가 욕심을 품고 "바친 것"에 손을 대면 이스라엘 진영 전체가 "바친 것"이 되어 고통을 당해야 한다(18절). 이스라엘 자손은 언약 공동체의 일원으로 서로 긴밀한 연대관계 속에 있다. 공동체를 떠나 개인의 존재를 생각할 수 없고 공동체에 영향을 미치지 않는 개인의 행위를 생각할 수 없다. 공동체에서 누군가 "바친 것"을 취하면 공동체 전체가 불법에 가담한 것으로 간주되어 "바친 것"이 된다. 이런 일을 막기 위해서는 범법자를 공동체에서 제거하여 그와의 연대관계를 끊어야 한다(삿 20:12-13 참고).

나아가 "바친 것"에 손을 대는 것은 그것과 연대관계를 갖는다는 의미다. 다시 말해 그것은 여리고 편에 서는 행위이다. 그러므로 "바친 것"에 손을 대는 사람은 여리고처럼 "바친 것"이 될 수밖에 없다. 또한 임의로 여리고의 물건을 취하면 이는 그것이 대변하는 가나안 문화에 예속된다는 의미이다. 물론 아이성의 물건은 이스라엘 자손이 취하도록 허용된다(수 8:2). 그러나 그것은 어디까지나 하나님의 허락 안에서 이루어진 일이다. 따라서 가나안 문화에 대한 예속일 수가 없다. "바친 것"의 경우 이야기는 달라진다. 그것에 손을 대는 행위는 하나님을 배반하고 자신을 가나안에 예속시키는 결과를 가져온다. 하나님 편에서 그것은 결코 허용될 수 없는 일이기에 특별한 조치가 불가피하다. 불법을 한 자를 진멸함으로써 공동체에서 정신적, 문화적 오염원을 제거해야 한다.

기생 라합과 그녀의 집안은 여리고 사람과 함께 헤렘에 처해져야 했다. 그러나 앞에서 보았듯이 라합은 이스라엘 정탐꾼을 숨김으로써 여리고를 떠나 이스라엘 편에 섰다. 더군다나 라합은 정탐들과 언약을 맺음으로써 이스라엘과 깊은 유대관계를 가지게 되었다. 그러므로 그녀는 실질적으로 여리고에 속한 것이 아니라 이스라엘에 속하였다고 보아야 한다. 이는 그녀가 헤렘의 대상이 될 수 없다는 의미이다. 만일 여호수아가 이것을 무시하고 라합과 그녀의 집에 헤렘을 가하였더라면 그것은 "바친 것"에 손을 대는 행위만큼이나 언약을 깨는 행위로서 이스라엘 진영에 하나님의 진노를 불러왔을 것이다.

지금까지 17-19절을 살펴보았다. 앞에서 언급하였듯이 이 부분은 원래 여리고를 돌기 시작하기 전 진영에서 이스라엘 자손에게 전달된 것이었으나 여리고 전쟁의 목적을 분명히 하기 위해 전략적으로 이곳에 배치되었다. 그러므로 20절은 16절에 이어진다고 보아야 한다. 16절에서 여호수아는 제사장들의 나팔 소리를 통해 백성에게 "외치라"는 신호를 주었다. 이것에 이어지는 내용이 20절 초반에 기록된다: "백성이 외치고 그들은 나팔을 불었다." 이 구절 뒤에 나오는 문장(ויהי + temporal phrase)은 "시간의 전환"을 나타내며,[10] 이를 통해 저자는 여리고 성이 무너지는 순간을 더욱 자세하게 소개한다.

> 백성이 나팔 소리를 듣자 백성이 큰 함성을 질렀고 성벽은 자기 아래로 무너졌으며 백성은 각자 성을 향해 앞으로 올라가 그 성을 취하였다. 그들이 남자로부터 여자에 이르기까지, 아이로부터 노인에 이르기까지, 소와 양과 나귀까지 칼날로 진멸하였다.

이 설명을 통해 독자들은 당시의 역사적 상황을 더욱 자세히 알게 된다. 특히 여리고 성벽이 무너지는 장면에 주목할 필요가 있다. 저자는 성벽이 무너지는 모양을 다음과 같이 묘사한다: "성벽이 아래로 무너졌고 백성은 각자 성으로 올라가 성을 빼앗았다". 먼저, 성벽이 "아래로" 무너졌다는 것은 무엇을 나타내는가? 고고학이 이것을 알 수 있는 단서를 제공해준다. 고고학의 발굴은 여리고 성의 외벽이 바닥으로부터 18~20피트 높이까지 돌로 쌓은 옹벽(retaining wall)이 제방을 둘러싸고 있으며 그

---

[10] Cf. M. H. Patton and F. C. Putnam, *Basics of Hebrew Discourse. A Guide to Working with Hebrew Prose and Poetry* (Grand Rapids: Zondervan, 2019), 71-72.

위에 다시 진흙 벽돌로 쌓은 벽이 있는 구조로 되어있는 것을 확인했다. 이것은 "성벽이 자기 아래로 무너졌다"는 여호수아의 기록을 이해할 수 있게 해준다. 그것은 진흙 벽돌로 된 상부의 성벽이 하부의 옹벽 밑으로 무너져 내리는 것을 묘사한다. 또한 "백성이 성으로 올라갔다"는 말은 옹벽 밑에 비스듬히 쌓인 진흙 벽돌 경사면을 통해 백성이 성으로 올라가는 모습을 묘사하는 것일 수 있다. 이런 점들에 근거하여 토론토의 고고학자 우드(B. Wood)는 여호수아 6장의 여리고 전쟁기사가 전쟁의 상황을 직접 지켜본 목격자의 증언이라고 주장한다.[11]

특주 4 헤렘의 구속사적 의미

여호수아에 기록된 헤렘 명령이 오늘날에는 어떤 의미가 있을까? 오늘날에도 헤렘 명령은 여전히 유효한가? 그렇다면 그것은 어떻게 실행되어야 하는가? 가나안 사람에게 가해진 헤렘은 하나님의 적에게 내려진 저주와 같은 것이다. 여호수아 8:29은 아이 왕의 시체가 해질 때까지 나무에 달렸다는 내용을 소개한다. 그것은 신명기의 규정에 따른 것으로서 아이 왕이 저주를 받았다는 사실을 나타낸다(신 21:23). 아이 왕은 나무에 달리는 저주를 받음으로써 헤렘에 처한 아이 주민의 운명을 대표적으로 보여주었다. 헤렘과 관련된 이런 내용은 바울이 갈라디아 교회에 한 말을 상기하게 한다: "그리스도께서 우리를 위하여 저주를 받은바 되사 율법의 저주에서 우리를 속량하셨으니 기록된바 나무에 달린 자마다 저주 아래에 있는 자라 하였음이라"(갈 3:13). 이 말씀은 그리스도께서 십자가에 달리신 사건이 헤렘과 같다는 사실을 알려준다. 그리스도께서는 율법을 지키지 못함으로 헤렘을 당해야 할 처지에 있는 자들을 대신하여 십

---

[11] See https://www.youtube.com/watch?v=nJNjhnTe4B0&t=1987s (참고일: 2024. 4. 17.)

자가에서 친히 헤렘을 당하셨다. 그러므로 그리스도 안에서 헤렘을 면할 길이 열렸다. 그리스도를 믿는 자들은 결코 정죄를 당하지 않는다(롬 8:1).

그러나 그리스도의 십자가 사건 이후에도 여전히 구약시대 가나안 사람 같은 하나님의 적들이 존재한다. 그들은 여호와를 인정하지 않으며 그분의 통치를 거부한다(시 2:1-3 참조). 이들을 어떻게 해야 하는가? 그러기에 헤렘은 그리스도 안에서 극복된 것으로 여기고 쉽게 넘어갈 문제가 아니다. 물론 오늘날에도 구약의 경우처럼 헤렘이 행해져야 한다는 의미는 아니다. 헤렘은 구약 시대에, 특히 여호수아 시대에 이스라엘 백성이 행하도록 주어진 하나님의 특별한 명령이다. 클라인이 말한 대로 그것은 종말에 있을 하나님의 의로운 심판을 예시하는 특별한 사건이다. 하나님은 오늘날 그의 백성에게 헤렘을 명령하신 일이 없다. 오히려 지금은 복음이 전파되어야 할 때이다(마 24:14). 지금은 "은혜 받을 만한 때"이며 "구원의 날"이다(고후 6:2; 눅 4:19; 사 49:8; 61:2). 그러므로 지금은 복음을 전해야 할 때다. 복음을 전파함으로써 죄인들이 자신들을 대신하여 헤렘의 심판을 받으신 그리스도를 믿게 하고, 종말에 나타날 최후의 헤렘을 피할 수 있도록 해야 한다.

더 나아가 헤렘이 하나님의 백성을 영적 타락에서 지키고 보호하기 위한 것이었다는 점도 기억해야 한다. 그리스도의 십자가 사건 이후에도 하나님의 백성은 여전히 안팎으로 죄의 유혹을 받는 상황에 놓여있다. 오늘날 성도는 죄에서 구원을 받은 자이지만 여전히 자기 속에 "육체의 소욕"이 살아있는 것을 본다(갈 7:17). 나아가 바울은 "공중의 권세 잡은 자"와 "불순종의 아들들에게 역사하는 영"(엡 2:2)에 대해 말한다. 바울은 또한 하나님의 백성이 상대하여 싸워야 할 "통치자들과 권세들과 이 어둠의 세상 주관자들과 하늘에 있는 악의 영들"(엡 6:12)에 대해 말한다. 마찬가지로 사도 베드로도 "우는 사자 같이 두루 다니며 삼킬 자를 찾[는]" 성도들의 "대적 마귀"(벧전 5:8)에 대해 말한다. 이는 하나님의 백성이 싸워야 할 전쟁이 무엇인지를 알려준다. 하나님의 백성은 마귀의 권세와 죄의 세력에 대하여 단호히 헤렘 전쟁을 수행하여 자신과 공동체를 영적 타락에서 지켜야 한다.

기생 라합(수 6:22-25)

> **사역** ²²그 땅을 정탐한 두 사람에게 여호수아가 말했다. "그 여자 기생의 집으로 들어가서 너희가 그녀에게 맹세했던 것처럼 그곳에서 그 여자와 그녀에게 속한 사람 모두를 데리고 나오라." ²³정탐꾼 청년들이 들어가서 라합과 그녀의 아버지와 그녀의 어머니와 그녀의 형제들과 그녀에게 속한 모든 사람과 그녀의 모든 친족을 데리고 나와 이스라엘 진영 밖에 머물게 했다. ²⁴그 성을 그들이 불살랐으니 그 안에 있는 모든 것을 그렇게 했다. 오직 은과 금과 놋그릇과 철은 여호와의 곳간에 들였다. ²⁵기생 라합과 그녀의 아버지 집과 그녀에게 속한 모든 사람을 여호수아가 살렸으니 그녀가 오늘날까지 이스라엘 가운데 거주하였다. 왜냐하면 여호수아가 여리고를 정탐하도록 보낸 사자들을 그녀가 숨겼기 때문이다.

여기서 이야기는 다시 기생 라합으로 되돌아간다. 저자는 필요할 때 "되돌아가기"(backtrack)와 "재개"(resumption)의 기법을 통해 앞서 간단히 언급한 내용을 더 자세히 설명하곤 한다. 이곳에서 이 기법이 사용된 이유는 기생 라합의 이야기로 여리고 정복의 대미를 장식하려는 의도 때문인 것 같다. 여리고 정복 기사에서 라합은 그만큼 중요한 위치를 차지한다.

기생 라합은 믿음으로 정탐꾼들을 숨겨주는 "선대"(히브리어로는 언약적 사랑을 뜻하는 "헤세드")를 베풀고 그들에게 여리고를 공격할 때 자신과 자신의 집에 "선대"를 베풀어 주기를 맹세로써 약속해달라고 요구했다(2:12-13). 정탐꾼들은 이 요구대로 "네가 우리의 이 일을 누설하지 아니하면 우리의 목숨으로 너희를 대신할 것이요 여호와께서 우리에게 이 땅을 주실 때에는 인자하고 진실하게 너를 대우하리라"(2:14)고 약속하였다. 정탐꾼들은 라합에게 이 약속을 줌으로써 그녀와 언약을 맺었다. 그것은 라합과 그녀의 가족을 언약공동체인 이스라엘에 편입시키는 것과 같은 일이었다. 그러므로 이스라엘은 라합과 그녀의 가족을 보호함으로써 언약에 대한 충성을 증명해야 했다. 그렇지 않으면 언약을 깨는 것이 되어 언약의 주인이신 여호와께 진노를 살 수밖에 없다. 여호수아는 이것을 잘 알기에 특별히 정탐한 두 사람에게 "그 여인에게 맹세한 대로" 하라고 하였다.

기생 라합의 믿음은 그녀와 그녀의 가족에게 놀라운 축복을 가져왔다. 라합이 여호와를 인정하고 믿음을 고백하지 않았더라면 어떻게 되었겠는가? 24절은 여리고 성이 모두 불태워졌다고 말해준다. 이처럼 라합과 그녀의 집도 모두 불태워졌을 것이다. 하지만 라합은 여호와를 인정하고 그분께 대한 신앙을 행동으로 고백함으로써 생명을 얻었을 뿐만 아니라 하나님의 백성이 되는 은혜를 입었다(히 11:31; 약 2:25 참고). 여호수아 저자는 이 사실을 강조하고 있다: "여호수아가 기생 라합과 그의 아버지의 가족과 그에게 속한 모든 것을 살렸으므로 그가 오늘날까지 이스라엘 중에 거주하였으니 이는 여호수아가 여리고를 정탐하려고 보낸 사자들을 숨겼음이었더라"(25절). 이 설명은 여리고 성이 당한 불행한 운명의 의미를 되새기게 한다. 그들도 라합과 같이 이스라엘에 호의적인 태도를 보이고 여호와 앞에 투항하는 믿음의 자세를 취했더라면 이스라엘 중에 거주하는 은혜를 입을 수 있었을 것이다(요 6:37 참고).

라합의 이야기는 오늘을 위한 교훈도 담고 있다. 가나안 여인 라합이 그랬던 것처럼 오늘날 세상 사람들도 여호와를 인정하고 그분께 나와야 한다. 그래야만 자신과 가정이 구원을 얻고 생명을 보존할 수 있다(행 16:31 참고). 그렇지 않으면 여리고 성이 무너지고 그 안의 모든 것이 불에 탄 것처럼 그들도 무서운 심판을 받게 된다. 신약은 믿지 않는 자들에게 임할 종말의 불심판을 가르친다(벧후 3:7; 계 18:8; 20:9-10 참고).

여리고 전쟁 후기(6:26-27)

> **사역** ²⁶그때 여호수아가 맹세했다. "어떤 사람이 일어나 이 성 곧 여리고를 건축하면 저주를 받을 것이다. 그가 장자를 대가로 그것의 기초를 놓을 것이며 막내아들을 대가로 그것의 문을 달 것이다. ²⁷여호와께서 여호수아와 함께하시므로 그의 소문이 그 온 땅에 알려졌다.

여호수아는 이스라엘 자손에게 여리고가 다시는 건설되어서는 안 된다는 취지의 맹세를 하도록 시켰다. 맹세의 내용은 다음과 같다: "누구든지 일어나서 이 성 여리고를 건설하는 사람은 여호와 앞에서 저주를 받을 것이다. 그는 장자를 대가로 그 기초를 놓을 것이며 막내아들을 대가로 그 문을 세울 것이다." 이 저주는 여리고가 보여주었던, 여호와께 대한 저항과 반역의 정신은 가나안 땅에서 결코 용납될 수 없다는 것을 천명하는 것이다. 이 저주는 훗날 아합 왕 시대에 그대로 응하게 된다. 아합 시대에 벧엘 사람 히엘이라 하는 사람이 여리고 성을 재건하였다. 열왕기 저자는 히엘이 "장자 아비람을 대가로 그 기초를 놓고 막내 아들 스굽을 대가로 그 문을 세웠다"(왕상 16:34)고 전한다.

여리고 전쟁기사는 "여호와께서 여호수아와 함께 계시니 그의 소문이 온 땅에 퍼졌다"는 진술로 일단락된다. 이곳에는 가나안 사람과 그들의 왕들의 "마음이 녹았다"거나 "정신을 잃었다"는 표현은 나오지 않는다(수 2:11; 5:1 참고). 그러나 여리고에서 일어난 기적은 요단이 갈라지는 기적 못지않게 가나안 사람에게 큰 두려움을 안겨주었을 것이다(수 10:1-2 참고). 문제는 그들이 이 놀라운 기적을 행하시는 여호와 앞에서 어떤 태도를 보일 것인가 하는 것이다. 기생 라합과 같이 여호와를 인정하고 그분께 자비를 구하며 투항할 것인가? 아니면 여리고의 왕과 백성처럼 완고한 태도를 보일 것인가? 불행하게도 이어지는 정복전쟁 기사는 가나안 사람이 올바른 선택을 하지 못했음을 보여준다. 더욱 불행한 사실은 이스라엘 자손에게도 여호와께 마땅히 보여야 할 충성과 순종의 태도를 보이지 못한 사람이 있었다는 것이다. 그것은 기생 라합의 이야기와 함께 참 이스라엘 사람이 누구인지에 대한 질문을 하게 만든다.

5.3 아이 성 전쟁(수 7:1-8:29)

여리고 전쟁 이후 이스라엘 자손은 곧바로 아이를 정복하기 위한 작전을 개시한다. 하지만 이 일은 아간의 범죄 때문에 심각한 어려움에 부딪혔다. 아간은 유다 지파 출신이었는데 여리고 전쟁에서 바친 물건을 취함으로써 이스라엘 진영 전체에 여호와의 진노를 불러왔다. 그 결과 여리고에 비해 훨씬 쉬워 보였던 전쟁에서 이스라엘은 패배를 맛보아야 했다. 여호수아서 7-8장은 아간으로 야기된 이스라엘의 패배 문제를 다룬다. 아이와 같이 작은 성읍의 정복이 두 장에 걸쳐 자세하게 소개되는 것이 놀랍다. 이렇게 많은 기록 분량은 아간의 범죄가 그만큼 중요한 문제라는 것을 보여준다. 이 단락은 크게 두 분으로 나눌 수 있다: 1) 아간의 범죄와 이스라엘의 실패(수 7:1-26), 2) 아이의 정복(수 8:1-29).

5.3.1 아간의 범죄와 이스라엘의 실패(수 7:1-26)

이 단락은 도입(1절), 아이 성 전투의 패배(2-5절), 여호수아의 탄원(6-9절), 여호와의 책망과 지시(10-15절), 제비뽑기와 범인의 색출(16-23절), 처벌과 결말(24-26절)로 이루어져 있다. 이처럼 여호수아 7장은 그 자체로 기승전결을 가진 완결된 이야기의 형식을 취하고 있다. 같은 어휘 - "여호와의 진노"(אַף יְהוָה), "그의 진노"(אַפּוֹ) - 가 처음(1절)과 끝(26절)에서 전체를 감싸고 있는 구조도 주목해야 할 요소이다. 이 본문은 이스라엘 자손에게 임한 여호와의 진노가 어떻게 해결되는지에 초점을 맞춘다.

아간의 범죄와 여호와의 진노(7:1)

> **사역** ¹ª그러나 이스라엘 자손이 바친 것에 대하여 배신행위를 하였으니 ᵇ곧 유다 지파에 속한 세라의 아들 삽디의 아들 갈미의 아들 아간이 바친 것에서 얼마를 취하였다. ᶜ그래서 여호와의 진노가 이스라엘 자손에 대하여 타올랐다.

접속사 "그러나"는 이곳의 내용이 앞에 있는 것과 상반된다는 것을 나타낸다. 앞에서 보았던 여리고 정복 기사는 매우 희망적인 설명과 함께 마무리되었다: "여호와께서 여호수아와 함께하시니 그의 소문이 온 땅에 퍼졌다"(6:27). 이 설명은 여호수아가 여리고에서 얻은 승리의 기세를 몰아 승리의 행진을 이어갈 것이란 기대를 하게 만든다. "그러나" 이런 기대를 뒤엎는, 예기치 못한 일이 이스라엘 진영 내부에서 일어났다. 이 일은 정복전쟁에 큰 차질을 가져온 것으로서 이스라엘 자손에게는 외부의 적보다 내부의 문제가 공동체의 안위를 해치는 더 큰 문제라는 사실을 일깨워준다. 하나님의 백성에게 가장 큰 위협은 외부의 적이 아니라 그들의 정체성을 무너뜨리는 내부의 문제이다.

저자는 이스라엘 자손이 "바친 것"에 대하여 "배신행위"를 하였다고 말한다. "배신행위"로 번역된 "마알"(מַעַל)은 이스라엘 자손이 미디안 여인들의 유혹을 받아 행한 우상숭배를 묘사하는데 사용된 말이다(민 31:16). 우상숭배는 하나님과의 언약을 깨는 범죄이다. 그처럼 "바친 것"에 대한 범죄 역시 반 언약적이다. 그것은 하나님의 명령을 어기는 일이다. "바친 것"을 취하는 것은 우상을 따르는 것과 같이 하나님을 배반하는 일이다. 그것은 "바친 것"이 대변하는 가나안 문화에 예속되는 일로서 "바알브올에게 가담[하는]"(민 25:3) 일과 그 성격이 같다. 이런 관점이 여호수아 22장에서도 발견된다. 그곳에서 우상숭배자들로 의심받는 요단 동편 지파들의 행위가 "마알"로 묘사되는 것을 볼 수 있다(수 22:16).

신명기 13장은 우상숭배에 가담한 이스라엘의 성읍에 대하여 "바친 것"에 상응하는 헤렘의 형벌을 규정한다. 이는 "바친 것"에 대한 범죄가 우상숭배와 같다는 사실을 보여주는 또 하나의 증거다.

다른 한편, "마알"(מַעַל)이 제의적인 맥락에서 사용되는 용어라는 점도 간과해서는 안 된다. 레위기 5:15은 "여호와의 성물"(קָדְשֵׁי יְהוָה)에 대해 범한 죄를 "마알"로 규정한다. 이것은 이스라엘 자손이 "바친 것"에 대해 범한 죄를 "마알"이라고 규정하는 것과 같다. "바친 것"이란 말 그대로 여호와께 바친 것으로서 "여호와께 거룩한 [것]"(לַיהוָה קֹדֶשׁ הוּא)에 해당한다(수 6:19). 그러므로 "바친 것"에 손을 대는 것은 여호와의 거룩성을 침해하는 행위로서 거룩하신 여호와의 진노를 촉발하게 된다. 여기서 정복전쟁이 시작되기 전 여호와의 군대 대장이 여호수아에게 했던 말씀을 상기할 필요가 있다: "네 발에서 신을 벗어라 네가 서 있는 그곳은 거룩하니라"(수 5:15). "바친 것"에 대한 범죄는 정복전쟁에서 거룩의 중요성을 강조하는 이 말씀에 역행하는 일이다.

그렇다면 "바친 것"에 대한 이스라엘 자손의 범죄는 구체적으로 무엇일까? 1b는 유다 지파에 속한 아간이 "바친 것" 중에서 얼마를 취하였다고 밝힌다. 이 추가정보는 이스라엘 자손이 죄를 범한 것으로 간주하는 이유가 사실은 아간 한 사람 때문이라는 것을 알려준다. 여기서 옛 언약공동체에서 작동하는 연대성의 원리를 엿볼 수 있다. 이 원리에 따라 아간 한 사람의 죄가 공동체 전체의 죄로 간주된다. 이스라엘 자손이 전체로서 여호와의 진노의 대상이 되는 이유가 여기에 있다. 여호와께서는 아간 한 사람 때문에 이스라엘 자손 전체가 "바친 것"을 취한 것으로 간주하신다. 말하자면, 1) 아간 한 사람이 "바친 것"을 취함으로써 여호와를 배반하였기에 이스라엘 전체에 반역의 죄가 드리워졌으며, 2) 아간 한 사람이 "바친 것"에 관한 제의적 규례를 파괴하였기에 이스라엘 전체의 거룩성이 파괴되어 거룩하신 여호와의 진노를 촉발하였다.

하나님의 주변은 제사직분을 맡은 여러 사람의 행동 여부에 따라 영향을 받을 뿐만 아니라 심지어 이스라엘 사람 가운데 아무개가 우연히 거룩의 율법을 깨는 경우에도 영향을 받는다. 이런 이유로 고대 이스라엘은 적어도 어느 정도 까지는 개인이 다른 이스라엘 사람의 잘못에 책임을 지는 공동체 책임을 인정하고 수용하였다. 이스라엘은 하나님께서 자신을 나타내 보이시고 이를 통해 이 세상 모든 곳에 축복을 발하실 수 있는 적합한 환경을 유지할 책임을 지고 있었다.[12]

옛 언약공동체를 지배하던 이 연대성의 원리는 아간을 소개하는 방식에서도 잘 드러난다. 아간은 증조할아버지로 거슬러 올라가는 계보의 형식 속에서 소개된다. 이는 조상과 후손이 세대의 간격을 뛰어넘어 한 가족을 이룬다는 관점을 반영한다. 십계명의 제2계명은 이 원리를 가장 뚜렷하게 보여준다: "… 나 네 하나님 여호와는 질투하는 하나님인즉 나를 미워하는 자의 죄를 갚되 아버지로부터 아들에게로 삼사 대까지 이르게 하거니와"(출 20:5). 필자는 다른 곳에서 구약이 가르치는 연대성의 원리 대해 다음과 같이 설명한 적이 있다.

구약은 가정적으로나 사회적으로 경험되는 현상들에서 확인 가능한 연대관계의 차원을 뛰어넘어 보다 근본적인 차원에서 하나님의 백성을 하나로 묶는 연대성의 원리가 존재함을 알려준다. 언약공동체에 속한 개개인은 언약의 원리 안에서 연합하여 하나의 유기적 통일체를 이룬다는 것이 구약의 가르침이다. 십계명에서 이스라엘 백성이 2인칭 단수 "너"로 불리는 것, 백성들 전체를 가리키기 위해 사용된 "이스라엘 집"(בֵּית יִשְׂרָאֵל)이나 "내 백성"(עַמִּי)과 같은 표현들, 이스라엘 백성이

---

[12] J. S. Kaminsky, "Joshua 7: A Reassessment of Israelite Conceptions of Corporate Punishment," *The Pitcher is Broken*. Memorial Essays for Gösta W. Ahlström, S. W. Holloway and L. K. Handy, eds., JSOTS 190 (Sheffield: Sheffield University Press, 1995), 341.

전체로서 아브라함의 "씨" 또는 하나님의 "장자"로 불리는 사실(창 12:7; 출 4:22) 등은 이스라엘이 단순한 개인들의 집합체 그 이상임을 잘 나타낸다. 특히, 모세가 가나안 점령을 앞둔 시점에서 시내산 언약의 의미에 대하여 이스라엘 자손들에게 한 말에 주목할 필요가 있다: "이 언약은 여호와께서 우리 조상들과 세우신 것이 아니요 오늘 여기 살아 있는 우리 곧 우리와 세우신 것이라"(신 5:3). 이 말씀은 하나님의 백성이 세대를 가로질러 동일한 하나의 공동체를 이룬다는 사실을 가르쳐준다.[13]

구약이 가르치는 연대성의 원리는 신약의 가르침 속에서 지속한다. 구약 이스라엘 백성이 옛 언약 하에서 연대관계를 가졌듯이 신약의 성도는 새 언약 안에서 긴밀한 연대관계를 가진다. 예수님이 가르치신 포도나무와 가지의 비유(요 15:1-8)나 바울이 가르친 몸과 머리의 비유(엡 1:22)는 새 언약 공동체 안에 존재하는 연대성의 원리를 잘 말해준다. 언약 공동체 안에서는 모든 구성원이 유기체처럼 서로 연결되어 있다: "만일 한 지체가 고통을 받으면 모든 지체가 함께 고통을 받고 한 지체가 영광을 얻으면 모든 지체가 함께 즐거워하느니라"(고전 12:26). 초대교회 성도들이 서로 물질을 통용한 것은 공동체의 연대성을 강조하는 언약의 원리를 잘 구현한 것이다(행 4:32). 바울이 고린도 교회를 향해 "이 악한 사람은

---

[13] 졸고, "구약에서 보응과 연대책임: 십계명의 제2계명을 중심으로", 「신학정론」 35/2 (2017): 205. 로빈손이 지적한 히브리어 문법의 특성 역시 구약을 지배하는 공동체적 사고를 반영한다고 볼 수 있다: 1) 단위들을 나타내는 명사들에 비해 집합명사들이 우위를 차지함, 2) 연계 상태(the construct state)의 사용에 깔린 사고의 통일성, 3) נֶפֶשׁ, לֵב, דָּם과 같은 단수 명사들을 복수 어미들과 함께 사용. See H. W. Robinson, "The Hebrew Conception of Corporate Personality," in *Werden und Wesen des Alten Testaments*. Vorträge gehalten auf der internationalen Tagung alttestamentlicher Forscher zu Göttingen vom 4.-10. September 1935, P. Volz, Hrsg., BZAW 66 (Berlin: Walter de Gruyter, 1936), 55. 하지만 로빈손의 "공동 인격" 이론은 구약성경이 강조하는 개인의 중요성을 간과하는 것 같다.

너희 중에서 내쫓으라"(고전 5:13)고 했을 때도 그의 관심을 사로잡고 있었던 것은 공동체의 연대성을 강조하는 언약의 원리다.

여호와는 이스라엘의 범죄에 대하여 진노하셨다. "여호와의 진노가 타올랐다"(וַיִּחַר־אַף יְהוָה)는 표현은 하나님의 진노가 얼마나 격렬한 것이었는지를 가늠할 수 있게 해준다. 그것은 무엇이든 삼켜버릴 듯한 기세로 타오르는 불길에 비교된다. 하나님은 이스라엘의 반역행위에 대하여, 자신의 거룩성을 침해하는 일에 대하여 특별히 진노하신다. 그것은 언약을 깨는 일이다(수 7:11 참고). 이 경우 하나님의 진노는 언약을 지키시려는 하나님의 열심에서 나오는 것이다. 이스라엘은 "지상 만민 중에서" 하나님이 "자기 기업의 백성으로" 택하신 민족이다(신 7:6). 그들은 "여호와께서 다만 … 사랑하심으로 말미암아 … 자기의 권능의 손으로 … 그 종 되었던 집에서 애굽 왕 바로의 손에서 속량하[신]" 백성이다(신 7:8). 그들은 하나님의 "아들"이요 하나님의 "장자"다(출 4:22). 이스라엘에 대한 하나님의 불타는 진노는 이 언약적 사랑과 헌신에서 나온다. 그러므로 그분의 "타오르는" 진노는 사실상 그분의 "타오르는" 사랑의 다른 얼굴이다. 이 사랑은 세상을 위해 자기 아들을 보내신 일에서 가장 분명하게 나타났다(요 3:16).

아이 성 전투의 패배(7:2-5)

사역 ²여호수아가 여리고에서 벧엘 동편, 벧아웬 곁에 있는 아이로 사람들을 보내며 그들에게 말하였다. "올라가서 그 땅을 정탐하라." 이에 그 사람들이 올라가서 아이를 정탐하고 ³여호수아에게 돌아와서 말하였다. "백성이 모두 올라가게 마시고 이천 명이나 삼천 명 정도 올라가서 아이를 치게 하소서. 모든 백성이 수고롭게 그곳에 가게 하지 않아도 됩니다. 그들이 소수이기 때문입니다. ⁴그래서 백성 중 삼천 명 정도가 그곳으로 올라갔으나 그들이 아이 사람들 앞에서 도망하였다. ⁵아이 사람들이 그들 중 삼십육 명 정도 쳐죽이고 성문 앞에서부터 스바림까지 그들을 추격하여 비탈길에서 그들을 쳐

죽였다. 이에 백성의 마음이 녹아서 물이 되었다.

이스라엘을 사랑하시는 여호와가 이스라엘에 대하여 진노하시는 데도 여호수아는 그것을 알지 못하고 또 다른 정복 전쟁을 계획한다. 지금까지 여호수아는 하나님과 긴밀한 관계 속에서 모든 일에 하나님의 뜻을 받드는 모습을 보여왔다. 그런데 이곳에서는 그런 모습이 보이지 않는다. 지금 여호수아에게는 여호와보다 땅의 정복이 더 중요한 것처럼 보인다. 여호와는 이스라엘을 향하는데 여호수아는 땅을 향한다. 하나님과 여호수아 사이의 이런 괴리는 앞으로의 실패를 예고한다. 여호수아가 기대하는 승리는 이스라엘이 자신의 힘과 노력으로 얻는 것이 아니다. 그것은 여호와가 주시는 승리이다(수 1:3).

여호수아가 정복하고자 한 도시는 "아이"(הָעַי)였다. "아이"는 벧엘 동편의 벧아웬 곁에 있었다. 올브라이트(W. F. Albright) 이후 "아이"는 오늘날의 "키르벳 엣-텔"(Khirbet et-Tell)과 동일시된다. 이는 벧엘과 벧아웬을 각각 현대의 "베이틴"(Beitin)과 "텔 마리얌"(Tell Maryam)으로 보는 관점과 맞물려 있다(Hess 159). 하지만 이 견해를 따를 경우 여호수아가 소개하는 아이 전쟁을 비역사적인 것으로 보거나 그 내용을 크게 수정해야 하는 결과에 이른다. 왜냐하면 "키르벳 엣-텔"은 초기 청동기 시대 말(2400 BC)에 폐허가 된 후 철기시대 1기(1200 BC)에 재건되기까지 사람이 거주하지 않았다는 것이 고고학계의 정설이기 때문이다. 이에 대하여 우드(B. G. Wood)는 일반적으로 성경의 벧엘과 현대의 "베이틴"을 동일시하는 것에 의문을 제기하고 "키르벳 엘-마카티어"(Khirbet el-Maqatir)를 "아이"에 대한 새로운 후보로 제안한다.[14] 우드의 설명을 따르면 이 지역은 벧엘의 동편이면서 벧아웬에 가까워야 한다는 지리적 조건을 만족시키면서도, 여호수아에 기록된 아이 전투의 역사성을 포기하지 않도록 해

---

[14] Wood, "The Search for Joshua's Ai", 230-31.

준다.

여호수아는 사람들을 보내어 아이를 정탐하게 했다. 우드(B. Wood)는 아이가 예루살렘을 중심으로 하는 남부 도시국가들에 전략적으로 중요한 곳이었으며, 여호수아는 이곳을 정복함으로써 남부 지역과의 전쟁에서 유리한 위치를 점하고자 했을 것으로 추측한다.[15] 아이를 정탐한 사람들이 여호수아에게 보고한 내용은 낙관적이기보다 불신앙적이다. 그들은 아이가 "소수"이니 백성이 모두 "수고"할 필요가 없다고 말한다. 이 말은 전쟁의 승리가 백성의 수효와 수고에 달려있다고 생각하는 그들의 불신앙을 드러낸다. 그들은 벌써 여리고의 승리가 어떻게 가능했는지를 망각하고 있다. 어찌 보면 그들의 태도는 "바친 것"을 취한 아간의 태도만큼 불신앙적이고 반역적이다. 더 놀라운 것은 여호수아가 이들의 말을 그대로 따르고 있다는 사실이다. 그는 전쟁의 승패가 사람의 수효나 수고에 달렸지 않고 여호와께 달려있으니 그분의 인도 하심을 구하자고 말해야 했다(삼상 14:6; 17:46-47 참고). 그러나 그에게서 그런 말을 들을 수 없다.

여호수아는 정탐꾼들의 제안대로 "백성 중 삼천 명 정도"를 아이로 올려보냈다. 여기서 "천"이라는 숫자에 대하여 생각해 볼 필요가 있다. 몬손(J. M. Monson)은 이곳에서 "천"의 숫자는 "'특수 병력'이라 부를 수 있는 작은 그룹"을 의미한다고 주장한다.[16] 멘덴홀(G. Mendenhall) 역시 유사한 연구결과를 제시한 바가 있다.[17] 사실 "천"을 뜻하는 "엘렢"(אֶלֶף)은 숫자 "천"으로부터 시작하여 이스라엘 백성을 나누는 분할단위 (אַלְפֵי יִשְׂרָאֵל, 민 1:16; 10:4; 수 22:21; 22:30)와 가문단위(삿 6:15; 삼상 10:19; 23:23)까지 그 의미영역 안에 포함한다. 이런 점을 고려할 때, "엘렢"이

---

[15] Wood, "The Search for Joshua's Ai", 237-38.

[16] Monson, "'The Mother of Current Debates' in Biblical Archaeology," 446.

[17] G. Mendenhall, "The Census Lists of Numbers 1 and 26," *JBL* 77 (1958): 52-66.

문자적인 "천"을 의미하지 않을 가능성도 배제할 수 없다. 그것은 정확한 수를 알 수 없는 병력단위를 가리킬 수도 있다.

앞에서 살펴보았던 것처럼 아이 전쟁은 실패가 예견된 전쟁이었다. 전쟁의 주인이신 여호와께서 이스라엘에 대하여 진노하고 계셨고 이스라엘 자손은 자만심에 빠져 있었다. 그들은 전쟁의 승리가 자신들의 수고와 수효에 달려있다고 생각했다. 그들은 여리고 물건의 유혹에 예속된 아간 만큼이나 가나안의 세속적인 정신에 편승하고 있었다. 그러므로 가나안 사람에게 일어날 일이 그들에게 일어난 것은 당연한 일이다. 그들은 전쟁에서 패배하여 적어도 "삼십 육 명" 이상의 병력을 잃었으며 "백성의 마음이 녹아 물이 되었다." 앞에서 가나안 사람과 왕들이 이스라엘 소문을 듣고 "마음이 녹았다"고 했다(수 2:11; 5:1). 그런 일이 이스라엘 자손에게 일어났다. 이것은 여호와의 군대대장이 여호수아에게 나타난 일을 상기시킨다. 여호와는 무작정 이스라엘을 편드시는 분이 아니다. 그분이 요구하시는 것은 거룩이다. 거룩을 잃으면 이스라엘도 가나안 사람과 같은 운명에 처할 수 있다.

여호수아의 탄원(7:6-9)

사역 ⁶여호수아가 겉옷을 찢고 여호와의 궤 앞에서 얼굴을 땅에 대고 저녁까지 엎드렸으니 그와 이스라엘의 장로들이 (그렇게 했으며) 자신들의 머리에 티끌을 뿌렸다. ⁷그리고 여호수아가 말하였다. "아아, 주 여호와여, 도대체 왜 이 백성으로 요단을 건너게 하셔서 우리를 아모리 사람의 손에 내어 주시고 우리를 멸하려 하십니까? 차라리 우리가 기꺼이 요단 저편에 정착했더라면 좋았겠습니다. ⁸용서 하소서ª 주여, 이스라엘이 원수들 앞에서 등을 돌린 마당에 제가 무슨 말을 하겠습니까? ⁹가나안 사람들과 땅의 모든 거민들이 (그것을) 듣고 우리를 에워싸고 우리 이름을 땅에서 끊어버릴 것이니 당신의 크신 이름을 위하여 어떻게 하시려 합니까?"

[번역주] 8ª: "용서하소서"는 원문의 בִּי를 번역한 말이다. 이 말은 범죄에 대해 용서를 구하는 강한 의미로 사용되는 예도 있고(민 12:11), 말하려는 바에 대해 공손하게 용서를 구하는 의미로 사용되기도 한다(삿 6:13; 13:8). 여기서는 후자의 의미로 사용된 것 같다(cf. JM § 105c). 대다수 번역본은 이 말을 번역하지 않고 있지만 영역본 NIV는 "pardon your servant"로 번역한다.

예상치 못했던 패배 앞에서 여호수아는 겉옷을 찢었다. 옷을 찢는 것은 찢어지게 아픈 마음의 고통과 슬픔을 표현하는 행위다. 야곱은 사랑하는 아들 요셉이 죽었다는 소식을 듣고 옷을 찢었다(창 37:34). 다윗도 사랑하는 친구 요나단이 죽었다는 소식 앞에서 옷을 찢었다(삼하 1:11). 이런 슬픔과 고통이 여호수아를 사로잡았다. 그러나 여호수아는 슬픔과 고통의 늪에 빠진 상태에 머물지 않았다. 그는 궤가 상징하는 여호와의 임재 앞에 나갔다. 궤는 요단강이 갈라지고 여리고 성벽이 무너지는 일에 주도적 역할을 했던 성물(聖物)이다. 그것은 이스라엘 자손에게 전쟁의 승리를 보증하는 기물이기도 하다(민 10:35 참고).

여호수아는 장로들과 함께 얼굴을 땅에 대고 저녁까지 궤 앞에 엎드렸다. 그들은 머리에 티끌까지 뿌리며 패전의 아픔과 슬픔을 통절하게 표현했다. 암논에게 추행을 당하였던 처녀 다말 역시 비슷한 행위를 함으로써 극도의 슬픔을 표현하였다(삼하 13:19). 여호수아와 장로들이 이런 일을 한 것은 그들이 당시의 상황을 얼마나 심각하게 받아들였는지를 반증한다. 그들이 당한 패배는 호르마에서 있었던 일시적 사건(민 14:39-45)을 제외하면 출애굽 이후 처음 겪는 일이었다. 그뿐만 아니라 그것은 앞으로 있을 정복전쟁을 불투명하게 만드는 일이기도 했다. 아이는 예루살렘을 비롯한 남부 도시국가들을 공격하기 위한 관문과도 같은 곳이기에, 이곳의 실패는 정복전쟁 전체에 큰 차질을 가져올 수밖에 없다. 그러므로 여호수아와 이스라엘의 장로들이 아이 전투의 패배를 심각하게 받아들인 것은 당연한 일이다. 하지만 이 절체절명의 순간에 여호와를 찾았다는 것은 매우 고무적인 일이다. 여호와는 자기를 찾는 자들을 외면

하시지 않는다(시 22:24; 51:17; 사 55:6-7 참고).

여호수아는 입을 열어 여호와께 탄원을 올린다. 하지만 그의 탄원에는 불평과 원망이 섞여 있다. 그는 전쟁에 패한 책임이 여호와께 있다는 생각을 노골적으로 표현한다: "도대체 왜 이 백성으로 요단을 건너게 하셔서 우리를 아모리 사람들의 손에 내어 주시고 우리를 멸하려 하십니까?" 이 말은 참으로 이해하기 힘든다. 그는 왜 자신과 이스라엘 진영에 문제가 있을 것이란 생각은 못하였을까? 그의 말은 심지어 반역적이기까지 하다: "차라리 우리가 기꺼이 요단 저편에 정착했더라면 좋았겠습니다." 이 말은 광야 시절 어려운 현실 앞에서 차라리 애굽에 머물렀더라면 더 좋았겠다고 불평한 출애굽 1세대 이스라엘 자손의 반역적인 태도를 연상시킨다(출 14:11-12; 16:3; 17:3; 민 11:4-6; 14:1-4).

그러나 여호수아에게는 분명히 다른 요소가 있다. 이 다른 요소를 함께 보아야 그가 한 말의 진의(眞意)를 파악할 수 있다. 그는 원망과 불평에 이어 곧바로 변명을 덧붙인다: "용서하소서 주여, 이스라엘이 원수들 앞에서 등을 돌린 마당에 제가 무슨 말을 하겠습니까?" 이 말로 미루어 볼 때, 여호수아는 여호와를 공경하는 태도를 가지고 있었으나 그럼에도 이스라엘이 패배한 상황 앞에서 자신의 답답한 심경을 원망 조로 표현하였던 것임을 알 수 있다. 즉 하나님을 원망하는 것이 그의 본래 의도가 아니었다는 말이다. 사실 여호수아가 염려한 것은 여호와의 이름이다: "당신의 크신 이름을 위하여 어떻게 하시려 합니까?" 이것은 이스라엘이 심판 받아야 할 상황 속에서도 먼저 여호와의 이름(명예)을 걱정하였던 모세의 모습을 기억하게 만든다(민 14:15-16).

물론 여호수아는 이스라엘의 앞날도 걱정하였다. 그는 가나안 사람이 아이 전투에서 이스라엘이 패한 소식을 전해 듣고 사기충천하여 이스라엘을 공격해올 것을 우려하였다: "가나안 사람들과 땅의 모든 거민들이 (그것을) 듣고 우리를 에워싸고 우리 이름을 땅에서 끊어버릴 것이니"(9절). 하지만 이것은 불필요한 걱정이다. 여호와께서 이스라엘과 함께하시는 한 땅의 거민들이 모두 힘을 합한다 할지라도 이스라엘을 이길 수는 없다. 사실은 여호수아 자신도 그런 믿음을 가지고 있었다. 과거에 열두 정탐꾼이 대부분 가나안 정복이 불가능하다고 하였을 때 "그 땅 백성을 두려워하지 말라 그들은 우리 먹이라 그들의 보호자는 그들에게서 떠났고 여호와는 우리와 함께하시느니라 그들을 두려워하지 말라"(민 14:9)고 하였던 인물이 여호수아다. 그러나 이스라엘의 패배라는 새로운 현실 앞에서 여호수아는 당혹감을 감추지 못하고 있다. 그는 이스라엘이 패배할 수도 있으며 더 큰 패배를 겪을 수 있다는 사실을 직시하였다. 이런 현실 앞에서 그는 여호와의 크신 이름을 생각하였다. 어찌 보면 이것은 여호와께서 나서 주시기를 바라는 탄원에 가깝다.

> 하나님이여 침묵하지 마소서 하나님이여 잠잠하지 마시고 조용하지 마소서 무릇 주의 원수들이 떠들며 주를 미워하는 자들이 머리를 들었나이다 그들이 주의 백성을 치려 하여 간계를 꾀하며 주께서 숨기신 자를 치려고 서로 의논하여 말하기를 가서 그들을 멸하여 다시 나라가 되지 못하게 하여 이스라엘의 이름으로 다시는 기억되지 못하게 하자 하나이다(시 83:1-4).

위의 시에서 "주의 원수"가 하는 말("이스라엘의 이름으로 다시는 기억되지 못하게 하자")은 여호수아의 말("우리 이름을 땅에서 끊어버릴 것이니")과 연결된다. 시인이 이스라엘의 이름을 말살하려는 원수들의 모습에서 "주의 원수"를 보았듯이 여호수아가 이스라엘의 이름을 끊으려는 가나안 사람의 의도에서 여호와의 원수를 보았다. 사실상 여호수아의 탄원에서 "우리 이름"과 "당신의 크신 이름"이 대구를 이룬다. 이는 이스라엘의 이름과 여호와의 이름이 하나로 묶여 있다는 여호수아의 인식을 드러낸다. 이런 인식에 따라서 여호수아는 여호와께서 개입하시기를 탄원 드리고 있다.

여호와의 책망과 지시(7:10-15)

사역 ¹⁰여호와께서 여호수아에게 말씀하셨다. "일어나서 가라. 너는 왜 이렇게 엎드려 있느냐? ¹¹이스라엘이 범죄하였고 심지어 내가 그들에게 명령한 나의 언약을 어겼다. 그들은 바친 것에서 취하였을 뿐만 아니라 (그것을) 도적질하고 속이고 자기 물건들 사이에 두었다. ¹²이스라엘 자손이 원수들에 맞서지 못하고 원수들 앞에서 등을 돌린 이유는 그들이 바친 것이 되었기 때문이다. 너희 가운데서 바친 것을 멸하지 않으면 내가 다시는 너희와 함께하지 않을 것이다. ¹³일어나 백성을 거룩하게 하며 말하라. '내일을 위해 너희 자신을 거룩하게 하라. 이스라엘의 하나님 여호와가 이같이 말씀하셨다. 너희 가운데 바친 것이 있으니 바친 것을 너희 가운데서 제거하기까지는 너희가 원수들에 맞서지 못할 것이다. ¹⁴너희는 아침에 너희 지파별로 가까이 나아오라. 여호와께서 뽑으시는 지파는 가문별로 가까이 나아오고, 여호와께서 뽑으시는 가문은 집안별로 가까이 나아오고, 여호와께서 뽑으시는 집안은 남자별로 가까이 나아오라. ¹⁵바친 것과 함께 뽑힌 자는 불로 태워질 것이니 그와 그에게 속한 모든 것이 그렇게 될 것이다. 왜냐하면 그가 여호와의 언약을 어기고 이스라엘에서 미련한 일을 하였기 때문이다.'"

여호와께서도 여호수아를 크게 책망하지 않으셨다. 여호수아가 잠시 방심하고 하나님 대신 사람의 수효와 수고에 의지하는 태도를 보였던 것은 사실이다. 그러나 실패를 경험한 다음 여호와의 궤 앞에 엎드린 그의 모습은 여전히 그가 하나님께 헌신된 인물임을 입증한다. 그는 실패 속에서도 하나님의 명예를 염려하고 있다. 이를 보신 하나님은 여호수아에게 문제의 원인과 해결책을 알려주신다. 하나님은 이스라엘의 실패가 이스라엘의 범죄 때문이라고 말씀하신다. 이스라엘의 범죄를 설명하는 동사 다섯은 모두 복수형이다. 이는 아간 한 사람이 범죄하였지만 하나님은 이스라엘 전체가 범죄한 것으로 간주하신다는 것을 의미한다. 위에서 설명하였듯이, 이스라엘은 백성이 상호 연대관계에 있는 언약공동체이다. 그러므로 개인의 죄는 개인의 것으로 머물지 않고 공동체의 것으로 간주된다.

하나님은 이스라엘의 죄를 매우 심각한 것으로 여기신다. 하나님은 일반적인 단어 "하타"(חָטָא)를 사용하여 "이스라엘이 죄를 지었다"고 밝히신 다음 다섯 개의 다른 동사들을 더 사용하여 이 죄의 문제점을 낱낱이 파헤치고 그것의 심각성을 강조하신다. 이스라엘은 하나님이 명령하신 언약을 "어겼다"(עָבַר). 앞에서 설명하였듯이 "바친 것"에 손을 대는 행위는 "여호와의 성물"을 범하거나 우상숭배에 가담하는 일만큼 반 언약적 "배신행위"이다. 언약을 "어겼다"는 말이 개념적 차원에서 그 죄의 본질을 밝힌다면 나머지 동사들 – "취하다"(לָקַח), "도적질하다"(גָּנַב), "속이다"(כָּחַשׁ), "두다"(שִׂים) – 은 범죄행위를 구체적으로 설명한다. 하지만 여기서도 행위+의미, 의미+행위의 연결이 있다. 아간은 바친 것 중 얼마를 "취함"(행위)으로써 "도적질"(의미)하였고, 그것을 물건들 사이에 "둠"(행위)으로써 하나님과 사람들을 "속였다"(의미). 도적질과 거짓은 십계명이 금하는 일로서 아간이 범한 죄의 반 언약적 성격을 강화한다. 이 죄 때문에 이스라엘 자손이 "바친 것"이 되었기에 아이 전쟁에서 패배할 수밖에 없었다. 그러므로 이스라엘 자손이 전쟁에서 이기려면 그들 가운데서 바친 것을 멸하지 않으면 안 된다.

"맞서지 못하고 등을 돌렸다"는 말은 적들의 기세에 밀려 도망하는 모습을 나타낸다. 이스라엘이 "바친 것"이 되었기에 그런 결과가 왔다. 가나안 사람과 이스라엘 자손의 입장이 뒤바뀌었다. 원래는 가나안 사람이 "바친 것"으로서 "진멸"의 대상이었다(신 7:22-23 참고). 그러나 이제 이스라엘 자손이 도리어 가나안 사람에게 "진멸" 당해야 할 처지에 놓였다. 말하자면 이스라엘 자손은 하나님의 적이 되고 가나안 사람은 하나님의 심판을 수행하는 도구가 되었다. 이런 운명의 역전은 하나님에게 중요한 것은 민족 정체성이 아니라 언약 정체성 곧 하나님과의 관계임을 잘 보여준다. 훗날 이스라엘 자손은 언약 정체성에 반하는 일을 일삼다가 결국 멸망하고 만다(왕하 24:2).

현재 상황에서 이스라엘 자손이 해야 할 일은 자신들의 진영 안에서 "바친 것"을 제거함으로써 그것과의 연대관계를 끊고 하나님과의 관계를 회복하는 일이다. 다른 한편, 진영에서 "바친 것"을 제거하지 않으면 그것은 공동체 전체를 동일한 반역의 정신으로 감염시킬 수 있다. 이에 대하여 그린버그(M. Greenberg)는 다음과 같이 설명한다:[18] "바친 물건(헤렘)의 남용은 범인 및 그와 접촉하는 모든 사람이 헤렘이 지닌 금기의 지위(the taboo status)에 감염되도록 만든다(신 7:26; 13:16; 수 6:18 참고). 이것은 부정한 상태가 지닌 전염성과 전적으로 유사하다. 시체의 부정함을 규정하는 율법은 실질적으로 아간의 범죄 이야기에 대한 가장 좋은 주석이다."[19] 이 설명에 비추어볼 때, "바친 것"의 제거는 공동체에서 죄의 오염과 확산을 제거하는 의미가 있는 것으로 이해될 수 있다. 필자는 다른 곳에서 이 문제에 대해 다음과 같이 설명한 적이 있다.

구약 이스라엘 백성에게 공동체의 정결과 거룩을 유지하는 것은 매우 중요한 의무였다. 공동체의 일원들은 도덕적으로 불의한 일이 공동체에 들어오지 못하고 영적으로 부정한 것들이 전체를 오염시키지 못하도록 철저히 감시해야 했다. 그들 가운데 거하며 그들을 다스리고 그들의 예배를 받으시는 하나님이 거룩하고 의로운 분이시기 때문이다. 하나님은 공동체의 의가 깨어지고 거룩이 더럽혀지는 것을 용납하지 않으신다. 이 경우 하나님의 은혜로운 임재는 진노의 채찍으로 돌변한다. 그러므로 이스라엘 백성은 공동체의 정결을 유지하는 일을 소홀히 해서는 안 되었다. 신명기에서 거듭 등장하는 "너희 중에서 악이나 죄를 제하라"(신 13:5; 17:7; 21:9, 21, 22, 24; 24:7)는 요구는 악의 문제가 단순

---

[18] M. Greenberg, "Some Postulates of Biblical Criminal Law," in *Essential Papers on Israel and the Ancient Near East*, F. E. Greenspahn, ed. (New York: NYU Press, 1991), 345.

[19] 민수기 19:14에 기록된 정결법에 따르면 시체가 있는 장막의 사람들과 그곳에 들어가는 사람들은 모두 부정하다고 간주되었다.

히 개인의 차원에만 국한되지 않는다는 사실을 잘 나타낸다. 그들은 공동체 내에 우상숭배자가 생겨나도록 방치해서는 안 되었으며(신 13장), 범인을 알 수 없는 살인사건의 경우에도 공동체 차원에서 의가 세워지는 방향으로 문제가 처리되도록 되어있었다(신 21:1-9).[20]

하나님은 여호수아에게 공동체에서 "바친 것"을 제거하는 방안을 알려주셨다: "내일을 위해 너희 스스로를 거룩하게 하라." 이것은 요단강 도하의 때를 상기하게 만든다. 당시에 여호수아는 백성에게 "너희 스스로를 거룩하게 하라 내일 여호와께서 너희 가운데 놀라운 일을 행하실 것이기 때문이다"(수 3:5)라고 말했다. 이 말에 비추어보면 이곳에서 하나님이 백성에게 거룩을 요구하신 이유를 알 수 있다. 하나님께서 특별한 방식으로 백성 가운데 임하셔서 "바친 것"에 손을 댄 범인이 누구인지를 밝히시는 "놀라운 일"을 하실 것이다. 이곳에 네 차례(능동형 3회, 수동형 1회) 사용된 동사 "라카드"(לכד)는 "제비를 통해 (범인을) 색출한다"는 의미를 갖는다 (HALAT, 503). 일반적으로 제비뽑기는 범인을 색출하시는 분이 하나님 자신인 것을 나타내는 방식이다(삼상 14:41-42 참고). 14절에서 "라카드"의 주어가 세 번씩이나 여호와로 명시되는 것은 이것을 분명하게 확인해준다.

제비뽑기가 진행되는 방식에도 유의할 필요가 있다. 가장 먼저 범인이 속한 "지파"가 뽑히고, 다음으로 그가 속한 "가문"과 "가족"이 차례로 뽑히고, 마지막으로 뽑힌 가족의 남자 중에서 "범인"이 지목된다. 이 방식은 공동체가 유기적 통일체를 이룬다는 것을 보이기에 매우 효과적이다. 제비뽑기가 진행되는 동안 사람들은 줄곧 어느 지파의 어떤 가문이 뽑히고, 어느 가족의 어떤 사람이 범인으로 지목되는지 신경을 곤두세우

---

[20] 졸고, "구약에서 보응과 연대책임", 214-15.

며 지켜보았을 것이다. 이를 통해 공동체의 구성원은 자신이 전체의 한 부분이며 서로에게 연대책임을 지고 있다는 사실을 경험적으로 확인할 수 있었을 것이다.

"바친 것과 함께 뽑힌 자"는 그에게 속한 모든 것과 함께 불태워져야 했다. 이는 "바친 것"을 취한 죄가 불로 태워 없애야 할 만큼 심각하다는 것을 나타내기 위한 특별한 조치인 것으로 보인다. 그것은 여호와와의 언약을 깨는 "미련한 일"이다. 오직 여호와의 능력과 도우심으로 출애굽하고 광야 40년의 세월을 지나 가나안까지 온 이스라엘 자손이 아닌가? 그런 이스라엘 자손의 처지에서 여호와와의 관계를 깨는 것은 배은망덕한 일일 뿐만 아니라 스스로 복을 발로 차는 어리석은 일이다(사 55:2 참고). "미련한 일"을 뜻하는 히브리어 "느발라"(נְבָלָה)는 레위인의 첩을 욕보이다가 죽게 한 기브아 사람들의 만행(삿 20:6)과 자신에게 도움을 준 다윗을 모욕한 나발의 무분별한 행위(삼상 25:25)와 누이동생을 폭행한 암논의 치욕적인 행위(삼하 13:12)를 묘사하는 말이기도 하다. 이들의 공통점은 자신들의 무분별한 행위로 모두 생명을 잃게 되었다는 점이다. "바친 것"을 취한 자도 이들과 같은 운명에 처해지게 된다.

"이스라엘에서 미련한 일을 하였기 때문이다"는 여호와 언약관계에 있는 이스라엘의 정체성을 염두에 둔 말씀이다. 흥미롭게도 많은 경우 "느발라"는 "이스라엘"과 함께 언급된다(창 34:7; 수 7:15; 삿 20:6; 삼하 13:12; 렘 29:23). 이는 이스라엘에서 그런 미련하고 무분별한 행위가 있어서는 안 된다는 의미이다. 이스라엘은 여호와를 섬기도록 선택된 "제사장 나라"(מַמְלֶכֶת כֹּהֲנִים)이자 "거룩한 백성"(גּוֹי קָדוֹשׁ)이다(출 19:6).

제비뽑기와 범인 색출(7:16-23)

> **사역** ¹⁶여호수아가 아침에 일찍 일어나서 이스라엘을 그 지파별로 가까이 나오게 하니 유다 지파가 뽑혔다. ¹⁷또 그가 유다의 가문들을 가까이 나오게 하니 세라 사람의 가문이 뽑혔으며 세라 사람의 가문을 남자별로 가까이 나오게 하니 삽디가 뽑혔다. ¹⁸또 그가 그의 집을 남자별로 가까이 나오게 하니 유다 지파에 속한 세라의 아들 삽디의 아들 갈미의 아들 아간이 뽑혔다. ¹⁹여호수아가 아간에게 말하였다. "내 아들아, 부디 이스라엘의 하나님 여호와께 영광을 돌리고 그분께 찬송을 드려라. 네가 한 일을 어서 나에게 고하라. 나에게 숨기지 말라." ²⁰그러자 아간이 여호수아에게 대답하며 말했다. "참으로 제가 이스라엘의 하나님 여호와께 죄를 짓고 이러이러하게 했습니다. ²¹제가 노획물 가운데 시날의 좋은 외투 하나와 은 이백 세겔과 오십 세겔 무게의 금덩어리를 보고 탐심이 생겨 그것들을 취하였습니다. 보소서 그것들은 저의 장막 안 땅속에 숨겨져 있고 은은 그 아래에 있습니다." ²²여호수아가 사자들을 보내자 그들이 그 장막으로 달려갔는데, 보라 그것들이 그의 장막 안에 숨겨져 있었고 은은 그 아래에 있었다. ²³그들이 그것들을 장막 안에서 취하여 여호수아와 온 이스라엘 자손에게 가져가서 여호와 앞에 그것들을 쏟아 부었다.

날이 바뀌고 아침 일찍부터 제비뽑기가 시작되었다. 이 일을 하는 데 걸린 실제 시간은 상당히 길었겠지만, 이야기 시간은 매우 짧다. 이로 인해 독자들은 제비뽑기가 어떤 방식으로 이루어졌는지 자세히 알지 못한다. 저자는 핵심적인 내용에만 초점을 맞추고 나머지는 과감하게 생략한다. 저자는 "이러이러하게"란 표현으로써 실제로는 길었을 아간의 말을 간단하게 일축한다. 이런 선별적 기록방식이야말로 성경 내러티브의 특징이다(Hertzberg, 54). 주목할 만한 점은 이와 같이 경제적인 기록에서 아간의 계보가 자세히 소개된다는 점이다. 이것은 저자가 강조하고자 하는 것이 무엇인지를 알게 해 준다. 저자는 아간의 계보를 상세히 소개함으로써 공동체가 유기적 통일체이며 개인이 과거와 현재를 아우르는 전체의 일부라는 공동체 규범을 크게 강조하고 있다.

19절에서 여호수아는 아간을 향해 "내 아들"이라고 부른다. 구약에서 이 칭호는 종종 윗사람이 아랫사람을 부를 때 사용된다(삼상 3:6; 4:16; 26:17; 삼하 18:22). 이곳에서 그것은 특별히 공동체의 연대감 - 아간은 유다 지파의 "아들"이면서 전체의 "아들"이다 - 을 표현한다. 하지만 이 "아들"은 공동체에 하나님의 진노를 불러왔기에 제거되어야 할 "아들"이다. 그러기에 여호수아의 말에는 아픔과 비통함이 묻어났을 것이다(Dallaire, 906). 여호수아는 아간에게 "여호와께 영광을 돌리고 그분께 찬송을 드리라"고 간곡히 - "부디"(נָא) - 타이른다. 여호수아의 말은 사실상 여호와의 판결과 행하심이 의로우시다는 것을 고백하라는 요구이다(HALAT, 1562). 그런 고백이야말로 여호와께 "영광"(כָּבוֹד)과 "찬송"(תּוֹדָה)을 돌리는 일이다. "하나님께 대한 예배는 예배자의 전적인 솔직함(volle Offenheit)을 포함한다"(Hertzberg, 54). 여호수아가 아간에게 그런 고백을 요구한 것은 그에게서 잘못을 시인하지 않는 완고함을 보았기 때문일 수도 있다.

사실상 아간은 제비뽑기가 진행되는 시간 동안 그저 침묵을 지키고 있었다. 독자들은 그가 어떤 생각을 했는지 짐작만 할 수 있을 뿐이다. 아마도 그는 극도의 두려움과 긴장 속에서 자신에게 제비가 떨어지지 않기만 기대하고 있었을 것이다. 그가 자기가 저지른 잘못의 심각성을 깨닫고 뉘우치는 솔직한 사람이었다면 제비뽑기가 시작되기 전에 옷을 찢고 머리에 티끌을 뿌리며 범인으로 자처하고 나서야 했다(수 7:6 참고). 그랬다면 혹시 하나님께 긍휼을 입었을 수도 있다(욜 2:13-14 참고). 하지만 아간에게는 그런 일이 일어나지 않았다. 이는 하나님이 엘리 제사장의 아들들과 마찬가지로 아간을 "죽이기로 뜻하셨[기]"(삼상 2:25) 때문일 것이다(수 11:19-20 참고). 아간의 완고함은 그의 말에서도 어느정도 확인된다. 그는 자신이 손댄 물건에 대해 "바친 것"(חֵרֶם) 대신 "노획물"(שָׁלָל)이란 단어를 사용한다. 이 단어의 선택은 그의 속마음을 드러낸다: 전쟁에서 승자가 패자에게서 전리품을 취하는 것이 무어 그리 큰 잘못인가? 그것이 정당하지 않다면 최소한 이해해 줄 수 있는 일은 아닌가? 이처럼 아간의 어휘선택은 "바친 것"을 소홀히 여긴 그의 속내를 간접적으로 드러낸다.

아간은 궁지에 몰리자 자신의 잘못을 시인하지 않을 수 없었다. 그는 "이스라엘의 하나님 여호와께 죄를 지[었다]"고 고백하였다. 실로 아간이 지은 죄의 본질은 그가 하나님께 죄를 지었다는 사실에 있다. 사실상 모든 죄는 하나님의 말씀을 어기는 것이며, 그런 차원에서 죄는 하나님을 범하는 일이라고 할 수 있다. 이는 인간의 죄가 결국 아들을 내어주는 하나님의 희생을 요구한다는 개념과 이어진다. 그런데 아간이 밝히는 범죄의 동기가 독자들에게 많은 생각을 불러일으킨다. 그는 노획물 가운데 "좋은"(טוֹב) 것을 "보고"(רָאָה), "탐하고"(חָמַד), "취하고"(לָקַח), "숨겼다"(טָמַן). 여기에 나열된 행위들은 에덴동산의 하와를 생각하지 않을 수 없게 만든다. 창세기 3:6에서 이 동사들은 하와의 범죄행위를 묘사하는 말로 사용된다. 다만 아담과 하와의 숨는 행위를 묘사하는 단어(הִתְחַבֵּא, 창 3:8)가 이곳의 것과 다를 뿐이다. 결국 인류의 조상이나 아간이 하나님을 반역하도록 부추긴 것은 다름 아닌 "탐욕"이다. "탐욕"은 인간이 안고 있는 근원적인 문제이다. 인류를 불행으로 이끌었던 "탐욕"은 이스라엘 자손을 불행으로 몰아넣었다. 그러므로 하나님과 인간의 기본관계를 규정하는 십계명이 "탐욕"의 문제를 다루는 것은 당연한 일이다. 탐욕은 하나님 대신 다른 "좋은 것"을 추구하는 욕구이기에 우상숭배의 원인이다. 신약에서 바울은 탐심을 우상숭배라고 못 박는다(골 3:5).

아간이 훔친 물품들은 "시날의 좋은 외투 하나와 은 이백 세겔과 오십 세겔 무게의 금 막대기"였다.[21] 헤쓰(R. S. Hess)는 여기에 소개된 물품

---

[21] 고대 이스라엘에서 세겔은 무게를 표시하는 말이었다. 헤쓰의 계산에 따르면 "은 이백 세겔"은 대략 2.7 kg이며 "금 오십 세겔"은 대략 560g이다(Hess, 168).

목록이 주전 이천 년대의 것이라고 밝힌다. 이 설명은 한편으로 짜독(R. Zadok)의 연구에 근거한 것인데, "시날"(שִׁנְעָר)에 상응하는 설형문자 "샨하르"(Šanhar)가 오직 주전 16~13세기의 설형문자 텍스트에만 발견된다고 한다(Hess, 30). 다른 한편, 헤쓰는 "오십 세겔 무게의 금 덩이리"란 문구도 주전 14세기 미타니 왕의 선물 목록에 등장하는 문구와 유사하다는 점을 지적한다. 헤쓰의 설명에 따르면 두 문구가 동일한 어순(덩어리-금-숫자-세겔-무게)을 가지며 "덩어리"에 해당하는 단어들이 모두 "혀"를 의미한다. 이 설명은 여호수아 7장이 주전 16~13세기 근동의 상황을 그대로 반영한다는 것을 알려준다.

처벌과 결말(7:24-26)

> **사역** ²⁴여호수아가 세라의 아들 아간과 은과 외투와 금덩어리와 그의 아들들과 그의 딸들과 그의 소와 그의 나귀와 그의 양들과 그의 장막과 그에게 속한 모든 것을 사로잡았고 온 이스라엘이 그와 함께했다. 그들이 그들을 아골 골짜기로 데리고 올라갔다. ²⁵그러고는 여호수아가 말했다. 왜 네가 우리를 괴롭게 했느냐? 오늘 여호와께서 너를 괴롭게 하실 것이다. 그러자 온 이스라엘이 그를 돌로 쳐 죽이고 그들을 불로 살랐다. 그들이 그들을 돌로 쳐 죽였다. ²⁶그들이 그의 위에 오늘날까지 남아있는 큰 돌무더기를 쌓아 올렸다. 그러자 여호와께서 맹렬한 진노에서 돌이키셨다. 그러므로 사람들이 오늘날까지 그 장소의 이름을 아골 골짜기라고 부른다.

범인이 밝혀지자 여호수아와 이스라엘 백성은 그를 처벌하는 일을 하였다. 15절에서 하나님은 범인과 그에게 속한 모든 것이 불에 태워져야 한다는 뜻을 밝히셨다. 처벌은 이 뜻에 따라 이루어졌다. 여기서는 처벌에 포함되는 대상이 소상하게 언급된다. 아간이 취한 "바친 것"은 물론이고 그와 그에게 속한 식구들과 가축들과 심지어 장막까지 다 사로잡히고 몰수되어 처형장소로 운반되었다. 본문에는 처형당할 대상의 전체성이 강조될 뿐만 아니라 처형하는 사람들의 전체성도 강조된다: "온 이스라엘"이 처형장소에 갔으며 그들 모두가 처형에 동참했다. 전체에 대한 이런 강조는 아간의 범죄가 공동체 전체의 문제라는 점을 부각하기 위한 것이다. 아간이 공동체 전체에 "아골"(עָכוֹר) 즉 "괴로움"을 가져왔기에 그의 집 전체가 "괴로움"을 당해야 한다. 처형 장소로 언급된 "아골"은 이 사실을 기념하기 위해 지어진 이름이다.

나아가서, 아간에게 가해진 철저한 처벌은 공동체에서 철저하게 죄를 제거하기 위한 방편으로 이해될 수도 있다(신 13:5; 17:7 참고). 민수기 19:14에 따르면, 시체가 있는 장막에 들어가는 사람과 그곳에 있는 사람은 모두 부정하다. 이와 마찬가지로 아간이 취한 "바친 것"은 사람들이 손대지 못하도록 금기시된 물건으로서 그의 집 전체를 부정하게 만들었다. 그러므로 "이스라엘이 아간의 집 전체를 진멸한 것은 공동체 전체를 위험에 처하게 만드는 오염원을 제거하기 위한 특단의 방편이었다"고 말할 수 있다.[22] 이것에 더하여, 아간의 처벌로 여호와의 "맹렬한 진노"(חֲרוֹן אַף)가 그쳤다는 점에 주목할 필요가 있다. 이는 아간에게 가해진 무서운 형벌이 여호와의 "맹렬한 진노"에 상응하는 것으로서 아간이 범한 죄의 심각성을 가르쳐준다.

그러나 아간이 벌을 받는 것은 당연하지만, 그의 아들들과 딸들은 어떤가? 물론 그들도 아버지의 죄에 가담했을 수는 있다. 하지만 그렇지 않았을 가능성도 같이 존재한다. 이것에 어려움을 느꼈는지 칠십인역(LXX)은 25절에서 아간 자신만 돌에 맞아 죽었다는 번역을 제공한다: καὶ ἐλιθοβόλησαν αὐτὸν λίθοις πᾶς Ισραηλ ("그리고 온 이스라엘이 돌로써 그를 쳐 죽였다"). 하지만 맛소라 본문(MT)은 돌에 맞아 죽은 자를 한번은 단수로, 한번은 복수로 모두 두 차례 밝힘으로써 아간과 그의 가족들이 함께 처벌받았음을 분명하게 밝힌다. 아마도 칠십인경 역자들은 아간의

---

[22] 졸고, "구약에서 보응과 연대책임", 216.

가족들의 죽음에 신학적으로 어려움을 느끼고 그것을 삭제하였을 가능성이 크다.[23]

그렇다면 아간뿐 아니라 그의 자녀까지 모두 돌에 맞아 죽은 것을 어떻게 이해해야 하는가? 신명기 24:16은 분명히 처벌에 개인주의 원칙을 규정한다. 에스겔 18장이나 예레미야 31:29-30의 경우도 부모가 자식의 죄로 인해 처벌받지 않으며 자식이 부모의 죄로 인해 처벌받지 않는다는 "개인처벌"(individual culpability)의 원칙을 분명히 한다. 하지만 구약에는 개인이 공동체 일부로서 가족이나 국가의 문제에 대해 연대책임을 져야 한다는 가르침도 엄연히 존재한다(출 20:5-6; 신 5:9-10). 그러므로 아이스펠트(O. Eißfeldt)와 같은 과거의 비평학자는 공동체의 연대성을 강조하는 고대 이스라엘의 종교가 시간이 지남에 따라 개인주의를 강조하는 방향으로 발전하였다는 설명을 내놓기도 했다.[24] 그러나 이런 관점은 오늘날에는 "일반적으로 극복된" 것으로 간주될 정도로 학자들 사이에 폭넓은 지지를 얻지 못한다.[25]

구약 이스라엘은 처음부터 "공동책임"(corporate responsibility)과 "개인처벌"(individual culpability)의 원칙을 함께 가지고 있었다. 구약에는 공동체의 연대책임을 강조하는 본문이 있는가 하면 개인의 책임을 강조하는 본문도 있다. 전자는 하나님과의 언약을 파괴함으로써 그분의 진노를 격발한 심각한 사안들에 해당되며 그 외의 범죄들은 모두 후자에 속한다. 신명기 24:6이 강조하는 개인 책임도 살인, 과실 치사, 부녀자 유괴

---

[23] J. Schabert, *Solidarität in Segen und Fluch im Alten Testament und in seiner Umwelt*, BBB 14 (Bonn: Peter Hanstein Verlag, 1958), 116.

[24] O. Eißfeldt, *Vom Werden der biblischen Gottesanschauung und ihrem Ringen mit dem Gottesgedanken der griechischen Philosophie*. Rede gehalten beim Antritt der Vereinigten Friedrichs-Universität Halle-Wittenberg am 12. Juli 1929, HUR 42 (Halle: Niemeyer, 1929), 13.

[25] R. Scoralick, *Gottes Güte und Gottes Zorn: Die Gottes prädikatonen in Ex 34,6f und ihre intertextuellen Beziehung zum Zwölfprophetenbuch*, HBS (Freiburg: Herder, 2002), 29.

등 "일상적인 범죄"(secular offences)를 처벌하는 규정이다.[26] 재판관이 법정에서 판결을 내릴 때는 대개 이 규정을 따랐다. 선지자 예레미야나 에스겔이 강조하는 개인처벌은 "공동책임"을 무효로하는 새로운 "법안"이 아니라 당시 사람들이 가진 그릇된 사고 - "아버지가 신 포도를 먹었으므로 아들들의 이가 시다"(렘 31:29; 겔 18:2) - 를 염두에 둔 목회적 메시지에 해당한다. 구약이 보여주는 이런 사회적, 법률적 배경에 비추어 볼 때, 아간과 그의 자녀가 왜 모두 처벌을 받아야 했는지를 알 수 있다. 아간은 하나님과의 언약을 깨는 특별한 범죄행위를 하였다. 하나님은 그런 아간의 죄를 특별한 방식으로 처벌하심으로써 그 죄의 심각성을 보이시고 공동체를 그 죄의 파괴적 영향으로부터 보호하고자 하셨다(신 13:13-17 참고).

이렇게 보면 아간의 자녀가 아버지의 죄에 동조 내지 동참했느냐 하는 것은 그다지 중요한 문제가 아니다. 다윗이 밧세바와 불륜으로 얻은 아이는 자신에게 아무 잘못이 없었을지라도 하나님은 그 아이의 생명을 취하셨다. 이유는 다윗이 범죄함으로 인해 "여호와의 원수로 크게 훼방할 거리를 얻게 하였기" 때문이다(삼하 12:14). 왕국 분열 이후 북이스라엘의 첫 왕이었던 여로보암에게도 유사한 일이 있었다. 하나님은 여로보암의 죄로 인해 그에게 속한 모든 사내를 끊어버리고자 하셨다. 그런데 그 사내 중에는 "여호와를 향하여 선한 뜻을 품었던" 사람(아비야)도 포함되어 있었다(왕상 14:13). 이런 예들은 하나님이 죄의 심각성을 가르치시고 죄의 영향력을 막으시기 위해 비록 개인적으로는 무죄한 자들이라 할지라도 부모와 함께 처벌하셨다는 것을 보여준다. 이것이 개인주의에 익숙한 사람들에게는 불합리하게 보일 수 있다. 그러나 하나님의 의와 공동체의 거룩은 무엇보다도 우선시되어야 할 가치이다. 개인의 죄와 무

---

[26] Greenberg, "Some Postulates of Biblical Criminal Law," 345.

관하게 처벌받은 이들의 희생은 이것을 교훈하기 위한 방편이었다. 아간과 그의 자녀의 처형은 오늘날 성도들도 교회의 거룩과 성결을 위해 연대책임을 지고 있다는 사실을 일깨우는 산 교훈으로 남아있다.

아간의 처형으로 여호와의 "맹렬한 진노"가 그쳤다. 사람들은 그곳에 큰 돌무더기를 쌓고 "괴로움의 골짜기"란 뜻의 "아골 골짜기"(עֵמֶק עָכוֹר)라 칭하였다. 그들은 그 돌무더기를 바라보면서 자신들을 괴로움의 골짜기로 밀어 넣는 것이 무엇인지를 뼛속 깊이 새겼을 것이다. 그것은 탐욕에 이끌려 하나님의 뜻을 저버리는 것이다. 그렇다! 비록 젖과 꿀이 흐르는, 아름다운 약속의 땅에 들어왔다 할지라도 하나님을 거부하고 탐욕을 좇을 경우 그 땅은 "아골 골짜기"로 바뀔 수 있다. 훗날 호세아 선지자는 비록 범죄하여 심판 받을 수밖에 없는 백성들이라 할지라도 회개하고 돌이키면 "아골 골짜기"가 변하여 "소망의 문"(פֶּתַח תִּקְוָה)이 될 것이라고 예언하였다(호 2:15).

이 단락을 마치기 전에 아간의 이야기가 신약과 연결되는 면을 간단히 살펴보고자 한다. 사도행전 5:1-11은 아간의 사건을 연상시키는 이야기를 소개한다. 아나니아와 그의 아내 삽비라의 이야기가 그것이다. 아나니아는 자신이 가진 소유를 팔아 그중에 얼마를 숨기고 전 재산을 다 교회에 바치는 것처럼 가장하며 나머지를 사도들에게 가져갔다. 이 일로 인해 아나니아와 그의 아내는 모두 심판을 받아 목숨을 잃었다. 아나니아의 잘못은 몇 가지 면에서 아간의 잘못과 유사하다: 1) 전자는 복음전파의 초기에, 후자는 정복전쟁의 초기에 있었던 일이다; 2) 두 사람은 모두 하나님께 바친 것의 일부를 숨겼다(재산의 일부를 숨기고 전부를 바친 것처럼 행세한 것은 바친 것의 일부를 숨기는 것과 같은 일이다); 3) 두 사건은 범죄자 자신뿐만 아니라 가족(아간의 경우 자녀, 아나니아의 경우 아내)의 죽음까지 초래하였다. 물론 아나니아의 경우 아내도 남편의 범죄에 가담했다고 볼 만한 증거가 있다(행 5:1-2). 그러나 전반적으로 아간과 아나니아 사이에는 무시하지 못할 유사점들이 있다. 이는 옛 언약공동체와 마찬가지로 새 언약공동체에서도 하나님과 공동체를 속이는 "배신행위"는 하나님의 "맹렬한 진노"를 불러오며 공동체가 그런 죄에 감염되지 않아야 한다는 것을 가르친다(Wray Beal, 167).

5.3.2 아이 정복(수 8:1-29)

여호수아 8장은 이스라엘 자손이 마침내 아이 정복에 성공하는 것을 보여준다. 아이 정복을 막는 것은 이 성의 강력한 군사력 때문이 아니라 이스라엘의 "배신행위" 때문이었다. 이 문제가 모두 해결되었기에 승리는 자연스러운 결과이다. 아이 정복은 정복전쟁의 승패가 오직 여호와와의 바른 관계에 달려있음을 가르친다. 여호수아 8장은 내용에 따라 다섯 문단으로 나눌 수 있다: 1) 여호와의 격려와 지시(1-2절), 2) 복병의 매복(3-9절), 3) 본진의 이동(10-13절), 4) 접전과 승리(14-23절), 5) 헤렘과 전쟁의 종결(24-29절).

여호와의 격려와 지시(8:1-2)

> **사역** ¹여호와께서 여호수아에게 말씀하셨다. "두려워 말고 낙심치 말라. 모든 전쟁의 백성과 함께 아이로 올라가라. 보라, 내가 아이 왕과 그의 백성과 그의 성읍과 그의 땅을 네 손에 주었다. ²여리고와 그 왕에게 행한 대로 아이와 그 왕에게 하라. 다만 전리품과 가축은 너희를 위해 약탈해도 좋다. 너(희)를 위해 성읍 뒤편에 매복을 두라."

아간의 문제가 일단락되자 하나님은 여호수아에게 격려의 말씀을 주셨다: "두려워 말고 낙심치 말라." 여호수아는 전쟁의 패배와 아간의 일로 힘든 시간을 보냈다. 그러나 하나님은 두려움과 낙심에 빠진 여호수아의 마음을 아신다(시 103:14 참고). 이 '아심'이 인간에게 위로를 주며 새로운 출발을 위한 용기를 제공한다. 하나님은 여호수아에게 "모든 전쟁의 백성"과 함께 아이로 올라가라고 말씀하신다. 하나님이 함께하시며 승리를 보장하시는 전쟁이지만 "전쟁의 백성"(군사)이 모두 참여해야 한다. 이곳에 사용된 완료형 동사 '나탓티'(נָתַתִּי, "내가 주었다")는 승리가 기정 사실인 것을 표현한다. 땅의 주인이신 하나님이 아이 성을 주시기로 작정한 이상 그것을 막을 수 있는 존재는 없다. 아이와 관련된 네 번의 언급(왕, 백성, 성읍, 땅)은 승리의 확실성과 완전성을 보장하는 표현이다.

하나님은 이스라엘이 아이에 해야 할 일의 모델로 여리고와 그 왕의 일을 언급하신다. 여리고는 이스라엘이 가나안 땅에서 정복한 첫 도시다. 그러므로 여리고의 정복은 후속하는 정복전쟁의 본보기가 된다. 이스라엘 자손은 여리고와 그 왕을 "헤렘" 즉 완전히 진멸하여 여호와께 바쳤듯이 아이와 그 왕도 그렇게 해야 한다. 그러나 아이의 경우 하나님은 이스라엘 자손이 전리품을 취할 수 있도록 허락하신다. 이 전리품은 원래 하나님께 속한 것이지만 하나님은 그것을 이스라엘 자손에게 나누어 주신다. 그러므로 전리품은 이스라엘의 당연한 권리가 아니라 하나님이 주시는 선물이다. 아이를 정복하시는 분은 하나님 자신이기 때문이다. 하나님은 여호수아에게 아이를 공격할 전술("매복")을 알려주심으로써 당신 자신이 전쟁의 최고 지휘관인 것을 나타내신다. 여리고를 기적으로 무너뜨리신 하나님은 아이를 군사작전을 통해 정복하신다. 초자연과 자연은 모두 하나님이 자가 뜻을 성취하시기 위해 사용하시는 도구이다.

복병의 매복(8:3-9)

사역 ³여호수아와 모든 전쟁의 백성이 아이로 올라가려고 일어났다. 여호수아가 강한 용사 삼만 명을 택하고 밤에 그들을 보냈다. ⁴그가 그들에게 명령하였다. "보라, 너희는 성 곁 곧 성 뒤편에 매복해야 한다. 성에서 너무 떨어지지 말고 모두 준비하고 있으라. ⁵나 및 나와 함께 하는 모든 백성은 성으로 가까이 갈 것이다. 그들이 전처럼 우리를 상대하기 위해 나오면 우리는 그들 앞에서 도망할 것이다. ⁶우리가 그들을 성에서 떼어놓기까지 그들은 우리 뒤를 따라나올 것이다. 왜냐하면 그들은 '저들이 전처럼 우리 앞에서 도망한다'고 말할 것이기 때문이다. 그래서 우리가 그들 앞에서 도망할 것이다. ⁷너희는 매복한 곳에서 일어나 성을 점령해야 한다. 너희 하나님 여호와께서 그것을 너희 손에 주실 것이다. ⁸너희가 그 성을 빼앗으면 그 성을 불로 태워 여호와의 말씀대로 하여야 한다. 보라, 내가 너희에게 명령하였다." ⁹여호수아가 그들을 보내니 그들이 매복할 곳으로 가서 아이 서편, 아이와 벧엘 사이에 머물렀고 여호수아는 그 밤에 백성 가운데 유숙하였다.

여호수아는 여호와의 명령을 즉각 실행에 옮겼다. "올라가려고 일어났다"는 표현이 그것을 말해준다. 그들은 아이로 올라가기를 거부하거나 주저하지 않았다. 그들은 여호와의 말씀을 믿고 그대로 순종하였다. 여호수아는 여호와께서 말씀하신 대로 복병을 선발하고 그들에게 해야 할 일을 자세히 알려주었다. 복병 이야기가 이처럼 전면에 나서는 이유는 그것이 이 전쟁의 가장 중요한 요소이기 때문이다. 아이 전쟁에서 복병은 여리고 전쟁에서 성을 도는 일만큼 중요하다. 전자에 군사작전의 특성이 두드러지고 후자에 주로 제의적 특성이 있을지라도 그 둘은 모두 여호와께서 가르쳐 주신 전술이라는 점에서 같다. 이스라엘이 전쟁에서 승리하는 것은 오직 여호와께서 그들과 함께하시기 때문이다. 복병이 해야 할 일은 다음과 같다: 1) 아이 서편의 벧엘과 아이 사이에 매복할 것, 2) 전쟁이 시작되고 여호수아가 이끄는 본진이 아이 사람들을 유인하여 성 밖으로 이끌어내기를 기다릴 것, 3) 때가 되면 매복한 곳에서 일어나 성을 점령할 것, 4) 성을 점령한 후 그것을 불태울 것. 복병들은 여호수아의 명령에 따라 밤에 매복할 곳으로 갔고 여호수아는 본진에서 백성과 함께 유숙하였다.

매복 전술이 성공하기 위해서는 아이 사람들이 이스라엘의 유인책에 속아 넘어가 성 밖으로 멀리 나오는 것이 관건이다. 그렇지 않으면 매복은 무의미한 시도가 되고 만다. 하지만 여호수아의 계획은 적중한다. 그 이유는 아이러니하게도 첫 번째 전투에서 이스라엘이 아이 사람들 앞에서 도망한 전력이 있기 때문이다. 아이 사람들은 이번에도 같은 일이 일어난 것으로 착각하고 그만 유인책에 걸려들고 만다. 그들은 "저들이 전과 같이 우리 앞에서 도망한다"고 말하며 성문을 열어 둔 채 이스라엘 병사들을 뒤쫓는다. 이 때 서편에 숨어있던 복병들이 뛰어나와 성을 점령하고 그곳에 불을 지른다. 결국 아이 사람에게는 이전의 승리가 지금의 패인이 되는 셈이다. 반대로 이스라엘의 입장에는 이전의 패배가 지금 승리의 원인이 된다. 여기서 우리는 과거의 실패를 현재와 미래의 승리를 위한 도구로 삼으시는 하나님의 지혜를 발견한다. 하나님의 백성에게 과거의 뼈아픈 실패는 현재와 미래의 성공을 위한 값진 도구가 된다.

다음으로 넘어가기 전에 지리 및 연대기에 관한 문제를 살펴볼 필요가 있다. 여호수아가 본진의 주력부대와 함께 밤을 유숙한 곳은 어디인가? 여리고 근처인가 아니면 아이 근처인가? 전자라면 복병들이 밤에 먼저 아이의 매복장소로 떠났고 여호수아는 다음날 아침에 주력부대와 함께 아이로 올라간 것이 된다. 3-9절 뒤에 이어지는 10절은 이것을 뒷받침하는 것처럼 보인다: "여호수아가 아침에 일찍 일어나 백성을 점호하고 그와 이스라엘의 장로들이 백성 앞에서 아이로 올라갔다." 그러나 이런 읽기는 11-13절에서 난관에 부딪힌다. 이곳에는 여호수아가 주력부대와 함께 아이의 북쪽에 진을 친 다음 복병을 매복지에 배치한 것으로 묘사되기 때문이다. 손쉬운 해결책은 이곳의 복병이 3-9절에 소개된 첫 번째 복병과 다른 추가조치로 이해하는 것이다. 복병의 숫자가 앞에서는 삼만으로, 이곳에는 오천으로 언급되는 것도 이런 이해를 뒷받침한다. 그러나 여기에는 또 다른 어려움이 있다. 첫째, 복병들의 매복 시간이 지나치게 길다. 이 해석대로라면, 전날 밤부터 매복활동을 해오던 삼만의 복병들은 하룻 밤 더 매복장소에 머물러야 한다. 이는 복병들이 적들에게 노출될 위험을 배가하는 무리한 작전이다. 둘째, 복병들의 숫자가 지나치게 많다. 아이는 전체 인구가 12,000에 불과한 작은 성읍이다. 이 작은 성읍을 공격하기 위해 매복에 투입된 병사들만 35,000이었다는 것은 매우 비현실적이다. 셋째, 매복장소가 같다. 처음의 삼만과 나중의 오천이 모두 "아이 서편, 아이와 벧엘 사이"에 매복하였다. 이는 그 둘을 다른 그룹으로 보기 어렵게 만드는 요소다. 그렇게 많은 복병이 한 장소에서, 그것도 매복작전을 편다는 것이 가능한 일인가?

이런 어려움에 대하여 주석가들은 여러 가지 해결책을 제시하였다. 어떤 이들은 본문의 내용이 서로 충돌을 일으킨다는 점을 인정하고 그 원인을 사용된 자료의 다양성이나 본문이 전승되는 과정에서 수반된 추가기록이나 변형에 돌린다(Soggin, 103; Görg, 37-38). 이처럼 성경 기록의 통일성과 완전성을 부인하는 해석과 달리 충돌처럼 보이는 본문의 내용들을 기록자의 독특한 기록 방식에 돌리는 해석들도 있다. 이 해석은 크게 둘로 나뉜다: 1) 3-9절은 주력 부대가 여리고에서 아이로 이동하기 전날 밤 복병들이 먼저 매복지로 파견된 내용을, 10-11절은 다음 날 아침 주력부대가 아이로 올라가 진지를 구축하는 내용을 다룬다. 12절은 3-9절의 내용을 반복하는 것으로서 "회상"(flashback)에 해당하며 13절은 전체를 요약한다(Wray Beal, 181-82). 2) 3-9절은 아이에서 실행될 군사작전을 미리 소개하는 "예기적 묘사"(a proleptic description)이며 11-13절은 이 작전이 실행에 옮겨진 일을 묘사한다. 10절은 주력부대와 복병이 함께 아이로 올라가는 모습을 소개한다(Woudstra, 137). 복병들 수(數)의 차이 – "삼만"(3절), "오천"(12절) – 에 대해서는 두 해석 모두 필사의 오류라는 입장을 취한다.[27]

---

[27] 카일에 의하면, 원래 복병의 수는 오천이었으나 필사자가 원래 알파벳으로 표시되던 숫자를 풀어 옮기는 과정에서 실수(ה → ל)를 하였다(Keil. 63).

위의 두 해석 중 첫째 해석이 내러티브의 흐름에 더 적합하다. 3-9절이 앞으로 있을 군사작전(11-13절)을 미리 묘사하는 "예고"(preview)로 보아야 할 서사적 근거가 부족하다. 여호수아가 "밤에 그들[복병]을 보냈다"(3절)는 말과 그가 "그 밤에 백성 가운데 유숙했다"(9절)는 말은 "여호수아가 아침에 일찍 일어났다"는 10절의 진술과 자연스럽게 연결된다. 3-9절과 10절을 연결하는 이런 시간적, 논리적 순서는 이 부분이 실제 상황을 순차적으로 묘사한다는 것을 나타낸다. 여호수아의 말(4-8절)을 제외한 나머지 부분(3, 9, 10절)이 모두 와우 연속법으로 서술되는 것 또한 이 읽기를 지지한다. 결론적으로 3-9절은 여호수아가 여리고에서 복병들을 선발하여 아이로 보낸 일을, 10-11절은 다음날 그가 주력부대와 함께 아이로 올라간 일을 묘사한다. 12절은 "회상"의 형식으로 복병의 매복을 재확인해 주며 13절은 전체(복병의 매복과 주력부대의 위치)를 요약한다. 13절 후반의 기록("여호수아가 그 밤에 골짜기 가운데로 들어갔다.")은 여호수아가 다음날 시작될 전쟁을 위해 야음을 틈타 군사들과 함께 아이 북쪽의 진지로부터 골짜기 가운데로 이동한 것을 알려준다(Wray Beal, 182). 아래 표는 지금까지의 분석을 정리한 것이다.

    1-2절: 아이로 올라가 복병을 두라는 여호와의 명령
    3-9절: 여호수아가 여리고에서 복병들을 선택하여 밤에 아이 근처 매복
       지로 보냄
    10-11절: 다음 날 아침 여호수아와 주력부대가 아이로 올라가 진을 침
    12절: 회상(flashback)의 형식으로 3-9절을 부연함
    13절: 복병과 주력부대의 위치에 대한 요약설명

위의 분석은 이 본문이 서로 충돌을 일으키는 다양한 자료들의 복합체이거나 복잡한 성장의 과정을 거친 전승의 산물이라는 비평학자들의 견해가 성급한 결론임을 보여준다. 뒤에 더 설명이 주어지겠지

만, 12-13절의 회상과 요약은 아이 전투의 핵심전술인 매복작전에 필수적인 지형조건을 더욱 현장감 있게 상술하기 위한 부가설명으로 보인다. 이런 서술방식은 이곳이 처음이 아니다. 여호수아 3-4장이나 6장에서 확인할 수 있었던 "되돌아가기"(backtrack)는 사실상 이곳의 "회상"(flashback)과 다르지 않다. 여호수아서 저자는 이런 문학 기법을 자유롭게 사용하여 정복전쟁의 이모저모를 생생하게 소개하며, 잊혀서는 안 될 중요한 사항들을 재차 기억에 되살린다.

역사적 이슈와 관련하여 복병의 수가 3절에서 30,000, 12절에서 5,000으로 언급된 것에 대해 설명이 필요하다. 앞에서 언급한 것처럼 이 차이는 필사의 오류에 따른 것일 수 있다. 그러나 어느 쪽이 원래의 것이든 복병의 수로는 비현실적이다 싶을 정도로 많다. 그러기에 헤르츠버그는 원래 복병의 수가 30이었으나 후대에 "000"(천, אֶלֶף)이 더해져 30,000으로 변경되었을 가능성을 언급한다(Hertzberg, 57).[28] 여기서 구약 이스라엘에서 "천"을 의미하는 히브리어 "엘렙"(אֶלֶף)이 숫자가 아닌 부족의 하위단위로 사용되기도 했다는 사실에 주목할 필요가 있다(삿 6:15; 삼상 10:19; 23:23; 미가 5:2[MT 5:1]). 이 사실에 비추어 멘덴홀(G. Mendenhall)은 민수기 1장과 26장의 인구조사 맥락에 사용된 "엘렙"을 수적인 의미의 "천"이 아닌 불특정수의 병사들로 이루어진 군사단위로 보아야 한다고 제안한다.[29] 멘덴홀의 연구에 따르면 고대 근동의 도시국가 마리(Mari)에는 "가윰"(gayum)으로 불린 사회단위가 존재했으며 각 "가윰"에서 9명의 병사가 징집되어 하나의 그룹을 이루는 군대조직이 있었다고 한다. 마리의 예는 구약 이스라엘의 군사단위 "엘렙"의 규모 역시 크지

---

[28] 이 추측은 원래 아이 전쟁 기사가 "특정한 지역에 매인" 전승이었으나 후대에 전체 이스라엘의 이야기로 재해석되었다는 생각에 기초한다. 참고: Alt, *Kleine Schriften*, 184.

[29] Mendenhall, "The Census Lists of Numbers 1 and 26," 52-66.

앉았을 것이라는 추측을 가능하게 한다. 이 추측이 옳다면 여호수아가 복병으로 택한 "30 엘렢"의 규모도 다시 해석되어야 한다. 하지만 "엘렢"의 규모가 얼마였는지 정확히 알 수는 없다.[30]

본진의 이동(8:10-13)

> **사역** [10]여호수아가 아침 일찍 일어나 백성을 점호하고 그와 이스라엘 장로들이 백성 앞에서 아이로 올라갔다. [11]그와 함께 있던 모든 전쟁의 백성이 올라가 그 성읍 앞으로 가까이 접근했다. 그들은 아이 북쪽에 진 쳤으며 진과 아이 사이에는 골짜기가 있었다. [12]그가 약 오천 명을 취했고 그들을 아이와 벧엘 사이, 그 성읍의 서쪽에 복병으로 배치했다. [13]이와 같이 그들은 백성 곧 성읍 북쪽의 온 군대와 성읍 서편의 복병을 배치했다. 여호수아가 그 밤에 골짜기 가운데로 들어갔다.

전날 밤 복병을 아이 근처 매복지로 파견한 여호수아는 다음 날 아침 일찍 싸움에 나갈 백성을 점호하고 장로들과 함께 아이로 올라갔다. 이곳에 이스라엘의 장로들이 등장하는 이유는 이 전쟁이 "민족공동체의 행위"(ein Handeln der Volksgemeinde)인 것을 보여주기 위한 것이다(Hertzberg, 58). 여호수아와 장로들이 "백성 앞에서" 적군을 향해 가는 광경은 요단 강 도하에서 언약궤를 멘 제사장들이 백성 앞에서 간 일을 생각하게 만든다(수 3:3-4, 14). 언약궤가 상징하는 하나님의 임재는 이제 백성의 지도자를 통해 매개된다. 여호수아와 장로들이 백성 앞에서 나아가는 것은 사실상 여호와가 백성을 인도하시는 것을 나타낸다. 그들은 백성 앞에서 하나님을 대리하고 하나님의 뜻을 받드는 자들이다. 여리고와 달리 이곳에서 언약궤가 전면에 나서지 않는 이유도 적군을 물리치는 하나님의 능

---

[30] 멘덴홀은 엘렢의 규모가 하나로 고정되어 있었던 것은 아니라고 한다. Mendenhall, "The Census Lists of Numbers 1 and 26", 63.

력이 초자연적인 방식이 아닌 인간 지도자가 하나님의 뜻에 따라 수행하는 군사작전을 통해 나타날 것이기 때문이다.

여호수아와 장로들이 이끄는 이스라엘의 주력부대는 아이로 올라가 골짜기를 사이에 두고 성읍 북쪽에 진을 쳤다. 아이를 오늘날의 키르벳 엘-마카티어(Khirbet el-Maqatir)와 동일시하는 우드(B. G. Wood)의 주장이 옳다면, 이 골짜기는 와디 엘-가예(Wadi el-Gayeh)일 것이다. 우드의 탐사는 이 골짜기 북쪽에 군사적으로 중요한 언덕이 존재한다는 것을 확인하였다.[31] 앞에서 언급한 것처럼 12절은 9절의 내용 - 여호수아가 여리고에서 아이 서편의 매복지에 복병을 보낸 일 - 을 다시 언급한다. 매복 장소에 대한 설명이 두 곳에서 모두 같기에 달리 생각할 여지가 없다. 그 일은 여호수아와 이스라엘 군대가 아이 북쪽에 진 친 시점 하루 전에 이루어졌다. 그러므로 12절의 동사는 NIV에서처럼("had taken...and set") 과거완료로 해석되어야 한다: "취했었고 ... 두었었다." 복병 수효의 차이 - 3절의 30,000과 12절의 5,000 - 는 필사의 오류에서 비롯되었다고 앞에서 설명하였다. 둘 중 어느 것이 원래의 수인지 알 수 없으나 "천"에 해당하는 히브리어 "엘렢"이 15명 내외로 이루어진 고대 이스라엘의 군사단위를 나타낸다면 실제 복병의 수는 많아야 5~600명 정도였을 것이다(Wary Beal, 179).

13절은 "성읍 서편"의 복병과 "성읍 북편"의 본진을 다시 한번 확인해준다. 이곳에 "복병"으로 번역된 단어 "아켑"(עָקֵב)은 사전적으로 "후군"(後軍)을 의미한다(HALAT, 826). 원래 "복병"을 의미하는 "오렙"(אֹרֵב) 대신 이 단어가 사용된 까닭은 적군들 배후에서 공격하는 복병의 역할을 부각하기 위해서인 것 같다. 13절 초반의 주어 "그들은" 여호수아와 장로들을 가리킨다. 복병과 본진의 군사 모두를 하나로 묶어 "백성"(הָעָם)으로 표현한 것은 다시금 전쟁이 민족공동체의 일임을 강조하기 위함이

---

[31] Wood, "The Search for Joshua's Ai," 228-31.

다. 13절 후반의 "여호수아가 그 밤에 골짜기 가운데로 들어갔다"는 말은 여호수아가 다음날에 있을 전쟁을 위해 밤에 군사들을 이끌고 성 가까이 이동한 것을 가리킨다.

접전과 승리(8:14-23)

사역 ¹⁴아이 왕이 보자 아이 사람들이 서둘러 일찍 일어나 이스라엘과 만나서 전쟁하려고 나아갔으니 곧 그와 그의 모든 백성이 아라바 앞쪽의 정해진 장소로 갔다. 그러나 그는 성읍 뒤편에 자기를 향한 복병이 있는지 알지 못했다. ¹⁵여호수아와 모든 이스라엘이 그들 앞에서 패하여 광야 길로 도망했다. ¹⁶성읍 안의 모든 백성이 가세하여 그들을 추격했다. 그들이 여호수아를 추격했기 때문에 성읍에서 멀어졌다. ¹⁷아이와 벧엘에 이스라엘을 뒤쫓아 나가지 않은 사람은 하나도 남지 않았다. 그들은 성읍을 열어두고 이스라엘을 추격했다. ¹⁸그러자 여호와께서 여호수아에게 말씀하셨다. "네 손의 단창을 아이를 향해 뻗으라. 왜냐하면 네 손에 내가 그것을 줄 것이기 때문이다." 그래서 여호수아가 손의 단창을 그 성읍을 향해 뻗었다. ¹⁹그의 손이 뻗자 복병이 서둘러 자기 장소에서 일어나 달려갔다. 그들이 성읍으로 들어가 그것을 점령했다. 그들이 서둘러 성읍에 불을 붙였다. ²⁰아이 사람들이 돌아서서 보니, 보라, 성읍의 연기가 하늘로 솟아올랐다. 그들에게는 이리로든 저리로든 도망할 힘이 없었다. 그러자 광야로 도망하던 백성이 추격자를 향해 돌아섰다. ²¹여호수아와 모든 이스라엘은 복병이 성읍을 점령하고 성읍의 연기가 솟아오르는 것을 보고 돌이켜 아이 사람들을 쳤다. ²²이들(복병)이 그들(아이 사람)을 상대하려고 성읍에서 나왔으므로 그들(아이 사람)은 이편과 저편의 이스라엘 가운데 갇혔다. 그들(이스라엘)이 생존자와 도망자를 남기지 않을 때까지 그들(아이 사람)을 쳤다. ²³아이 왕을 그들이 산 채로 사로잡아 여호수아에게 데려갔다.

이스라엘 군대가 공격을 준비하는 동안 아이 왕은 그것을 지켜보고 있었다. 그는 요단의 기적을 전해 듣고 마음이 녹고 정신을 잃을 정도로 충격에 빠졌었다(수 5:1). 거기에다 여리고가 무너졌다는 소식까지 더해졌을 것이니 아이 왕과 백성의 사정은 어떠했겠는가? 그들에게 유일한 희망은 기생 라합이 그랬던 것처럼 여호와를 인정하고 그분의 자비를 구하는 길뿐이다. 그러나 아이 왕은 그런 은혜를 입지 못하였다. 그는 마음을 완고히 하여 요단과 여리고가 확인해준 여호와의 권능을 무시하고 이스라엘에 맞서는 반역의 길을 택하였다. 그는 여전히 인간의 노력이 최선의 결과를 가져오리라는 순진한 낙관론에 빠져 있었다. 14절에 사용된 동사들 - "보다"(רָאָה), "서두르다"(מָהַר), "일찍 일어나다"(שָׁכַם), "나오다"(יָצָא) - 은 아이 왕과 백성이 기울인 인간적 노력을 보여준다.

그들은 자신들이 모든 상황을 잘 파악하고 있으며 충분한 대응책을 가지고 있다고 생각했던 것 같다. 이런 오판은 첫 번째 전쟁의 승리가 불러일으킨 오만 때문일 가능성이 크다. 물론 그들은 이스라엘이 다시 공격해올 것을 예상하고 대비책을 마련했을 수도 있다. 17절에 언급된 벧엘의 참전이 이런 추측을 뒷받침한다. 아이 왕은 이스라엘의 공격에 대비하여 벧엘에 원병이나 직접적인 참여를 요청했을 가능성이 크다. 하지만 아이 왕이 "보았던" 것은 이스라엘 편에서 보여주기를 바랐던 것일 뿐이다. 그가 정작 보아야 했던 것은 그의 시야에 숨겨져 있었다. 아이 왕의 눈먼 "보기"는 요단과 여리고의 소식에 대하여 귀먼 "듣기"로 반응한 것과 같다. "보는 눈과 듣는 귀"는 누구에게나 허락된 축복이 아니다 (신 29:4; 마 13:13; 막 8:18; 눅 8:10; 요 9:39).

14절의 "아라바"(הָעֲרָבָה)는 요단 열곡(裂谷, rift valley)을 가리킬 가능성이 크다. 지형적으로 요단 열곡은 강 동편과 서편 양쪽에 평행으로 솟아 있는 두 단층절벽 사이의 저지대로 구약에서 "아라바"로 불린다(HALAT, 833). 길갈과 여리고 등 요단강 주변의 지역들이 모두 여기에 속한다.[32] 그렇다면 "아라바 앞쪽의 정해진 장소"란 아이 성을 기준으로 동쪽의 요단 계곡 방향을 향하는 한 장소였을 것이다. "정해진 장소"(הַמּוֹעֵד)는 전쟁이 일어나면 으레 군사들이 집결하는 장소를 의미한다.

여호수아는 미리 정해진 각본대로 아이 사람들 앞에서 패하는 척하며 도망쳤다. 아이 사람들은 여기에 속아 자신들이 우세하다고 생각하고 이스라엘을 추격하기 시작했다. 성 안에 남아 있던 수비대도 승리를 자신하였던 모양이다. 그들은 성문을 열어 둔 채로 추격에 가세하였다. 전쟁에서 필수인 용의주도함이 아이 사람과 함께 하지 않았다. 하나님이 심판하기로 한 사람들이니 그럴 수밖에 없었다(수 11:20; 삼상 2:25). 그들은 이스라엘의 유인책에 넘어가 성읍에서 점차 멀리 떨어졌다. 17절의 "아이와 벧엘에 이스라엘을 뒤쫓아 나가지 않은 사람은 하나도 남지 않았다"는 언급은 어떤 식이든 벧엘이 전쟁에 가담하였다는 것을 알려준다. 벧엘은 이스라엘이 정복한 왕들의 목록(수 12:9, 16) 이외 다른 정복전쟁 기사에는 등장하지 않는다. 그러므로 벧엘은 아이와 함께 이스라엘에게 정복되었다고 보는 것이 합리적이다. 벧엘은 아이와 인접 지역이었으므로 아이의 운명은 벧엘과 직결될 수밖에 없는 형편이었다.[33]

아이 사람들이 성에서 멀어지자 하나님께서 다시 여호수아에게 말씀하셨다: "네 손의 단창을 아이를 향해 뻗으라." 하나님은 훌륭한 야전 지휘관처럼 전쟁의 형편을 지켜보시고 적절한 때에 적절한 명령을 내리셨다. 아이 전쟁에서 하나님은 최고의 지휘관으로서 이스라엘 군대를 지휘하셨다. 여호와가 누구신가? 애굽 군대를 물리치신 "전사"(אִישׁ מִלְחָמָה, 출 15:3)요 "전쟁에 강한"(גִּבּוֹר מִלְחָמָה, 시 24:8) 용사시지 않는가? 아이를

---

[32] 여호수아 5:10에서 "여리고 평지"를 가리키는 "아르봇 여리고"(עַרְבוֹת יְרִיחוֹ)는 여리고 주변지역이 "아라바"(הָעֲרָבָה)의 일부인 것을 나타낸다.

[33] 여호수아 12:9에 아이의 위치를 설명하는 말 "벧엘 곁의 아이"(הָעַי אֲשֶׁר־מִצַּד בֵּית־אֵל)는 벧엘과 아이의 인접성을 잘 확인해준다. 스톤은 정복전쟁 당시 아이는 "벧엘을 지키는 요새"로 기능하였을 것이라고 추정한다. Stone, "Early Israel and Its Appearance in Canaan," 145. 동일한 관점에서 몬손은 여호수아 8:23의 "아이 왕"(מֶלֶךְ הָעַי)은 사실상 벧엘로부터 파견된 "지방 관료"(a regional officer)였을 수 있다고 주장한다. Monson, "'The Mother of Current Debates' in Biblical Archaeology", 443-44. 다른 한편, 라이트(G. E. Wright)나 브라이트(J. Bright) 같은 역사학자는 원래 벧엘 전쟁이 후대에 아이 전쟁으로 바뀌었다고 추정하기도 한다. Wright, *Biblical Archaeology*, 48; Bright, *A History of Israel*, 130.

향해 단창을 뻗는 행위는 일차적으로 복병들을 위한 신호이다. 여호수아가 그렇게 하자 곧바로 복병들이 매복 장소에서 달려나온 것이 그것을 입증한다. 아마도 여호수아는 군사들이 잘 볼 수 있는 위치에서 미리 약속된 신호를 주었을 것이며 복병들은 미리 배치해 둔 초병들을 통해 신속하게 신호를 전달받았을 것이다(Keil 1874:64).

다른 한편, 여호수아의 행위는 과거 모세가 아말렉 전쟁에서 한 행위와 같이 상징적인 의미를 갖는다. 당시 모세는 아론과 훌과 함께 언덕 위로 올라가 여호와의 지팡이를 잡은 손을 들어 올리는 일을 하였다(출 17:8-16). 그것은 아말렉을 물리치는 능력이 여호와께로 말미암는다는 것을 나타내는 상징 행위였다.[34] 여호수아의 행위 역시 그런 의미를 가졌다. 전쟁이 끝날 때까지 단창을 든 손을 뻗고 있는 여호수아의 모습 자체가 그 행위에 군사적 신호 이상의 상징성을 부여한다(수 8:26). 무엇보다 하나님이 직접 여호수아가 손의 단창을 뻗는 일과 아이의 정복을 연결하신다: "네 손의 단창을 ... 뻗으라 ... 네 손에 그것을 줄 것[이다]"(수 8:18). 한마디로 손의 단창을 뻗은 여호수아의 행위는 아이를 정복하는 용사가 여호와란 사실을 나타내는 상징 행위이다.

여호수아가 손의 단창을 아이로 향해 뻗자 복병들이 바로 매복장소에서 일어나 아이 성으로 달려갔다. 그들은 아이를 점령하고 성에 불을 질렀다. 이스라엘을 추격하던 아이 사람들이 예감이 이상했는지 뒤를 돌아보았다. 그러자 그들의 눈에 들어온 광경은 성에서 하늘로 치솟는 연기였다. 그제야 그들은 이스라엘의 전략에 말려들었다는 것을 알아차렸다. 하지만 때는 이미 늦었다. 도망치던 이스라엘이 공격모드로 돌아섰고 성을 장악한 이스라엘 복병들이 노도처럼 자신들을 향해 달려오고 있었다. 이제 그들은 양방향에서 이스라엘 군대에 포위되어 도망칠 수도 없게 되었다. 22절에서 주어와 목적어가 명시되지 않는 문장이 반복되

---

[34] 졸고, "하나님의 백성의 적, '아말렉'", 「신학정론」34/1 (2016): 228.

는데, 이것은 적군과 아군이 뒤섞여 싸우는 전쟁의 혼란상을 반영하는 언어적 장치일 수 있다(Wray Beal, 185). 마침내 아이 사람들은 전멸되고 오직 왕만이 산채로 사로잡혀 여호수아에게 끌려왔다.

헤렘과 전쟁의 종결(8:24-29)

> **사역** ²⁴아이 사람들이 이스라엘을 추격하던 광야의 들에서 이스라엘이 아이의 모든 주민을 다 죽였고, 그들 모두 완전히 칼날에 쓰러져 죽자 온 이스라엘이 아이로 돌아와 그것을 칼날로 쳤다. ²⁵그날에 남자부터 여자에 이르기까지 쓰러진 사람은 모두 만 이천 명으로 아이의 모든 사람이었다. ²⁶여호수아는 아이의 모든 주민을 진멸하기까지 단창을 뻗은 그의 손을 거두지 않았다. ²⁷이스라엘은 여호수아에게 명하신 여호와의 말씀에 따라 다만 가축과 그 성읍의 노획물만을 자신들을 위해 약탈하였다. ²⁸여호수아가 아이를 불태우고 영원한 무더기가 되게 하였으므로 오늘날까지 폐허가 되었다. ²⁹아이 왕은 저녁때까지 나무에 매달아 두었다가 해가 질 때 여호수아가 명령을 내리니 그들이 그 시체를 나무에서 내려 성문 입구에 던지고 그 위에 큰 돌무더기를 쌓아서 오늘날까지 있다.

24절은 앞에 묘사된 전쟁의 상황을 간단히 요약하면서 전쟁의 마지막 마무리로 넘어가는 전환을 이룬다.³⁵ 아이와 벧엘의 군사들이 모두 섬멸되고 아이 왕이 산 채로 사로잡혔을 때 전쟁은 실질적으로 종결되었다.³⁶ 이제 남은 일은 아이 성의 완전한 파괴, 주민들의 "헤렘", 그리고 전리품

---

³⁵ 히브리어 구문(וַיְהִי + כְּ + InfC)도 이곳이 전환임을 나타낸다.

³⁶ 벧엘과의 전쟁은 이곳에 묘사되지 않는다. 여호수아 12:16은 여호수아와 이스라엘 자손이 쳐서 멸한 왕들의 명단에 벧엘 왕도 포함한다. 또한 여호수아 12:9은 아이가 "벧엘 곁"에 있는 도시라는 점을 특별하게 강조한다. 하지만 벧엘의 정복은 다른 곳에 소개되지 않는다. 따라서 벧엘이 아이와 함께 여호수아의 군대에 정복되었다고 보는 것이 자연스럽다. 다만 여호수아 8장에서는 벧엘의 참전 외에 다른 내용은 소개되지 않고 오직 아이의 정복만 중요하게 다뤄질 뿐이다.

의 처리이다. 여호수아의 군대는 먼저 아이 성으로 가서 성읍의 남은 주민을 모두 진멸하였다. 이들은 요단이 갈라진 기적과 여리고가 무너진 기적을 전해 듣고도 여호와의 군대인 이스라엘에 대항하는 길을 택하였다. 그러므로 그들이 당한 "진멸"은 하늘과 땅의 주인이신 하나님을 인정하지 않고 마음을 완고히 하여 그분을 대항한 일에 대한 하나님의 의로운 심판이다. 앞에서 언급하였듯이 여호수아가 "아이의 모든 주민을 진멸하기까지" 단창을 든 그의 손을 뻗고 있었던 것은 아이 사람을 진멸하시는 분이 하나님이신 것을 나타낸다.

전쟁에서 죽은 아이 사람들의 수로 언급된 "셔넴 아사르 엘렢" (שְׁנֵים עָשָׂר אֶלֶף)은 "엘렢"의 의미에 따라 다르게 해석될 수 있다. "엘렢"은 숫자 "천"을 의미할 수도 있고 불특정수의 단위를 의미할 수도 있다.[37] 전자를 따른다면 죽은 사람의 수는 "만 이천"이었을 것이며 후자를 따른다면 "열두 엘렢" 이외 구체적인 숫자를 말하기는 어렵다. "아이의 모든 주민을 다 죽였[다]"는 아이 전쟁의 승리를 강조하는 수사적 표현이다. 그것을 문자적으로 받아들여 아이 군사들이나 주민들 가운데 생존자가 아무도 없었을 것으로 생각하는 것은 기록자의 수사적 의도를 간과한 데서 오는 오해이다. 여호수아 10:20의 히브리어 문장은 가나안의 남부 연합군이 이스라엘 군대에 의해 완전히 도륙당하였다는 진술에 이어 요새로 도망한 자들에 대한 설명을 덧붙인다. 이는 가나안 사람의 완전한 멸망을 강조하는 여호수아의 전쟁기사를 어떻게 이해하여야 하는지에 대한 지침을 제공한다. 그것은 이스라엘의 승리를 강조하는 수사적 표현이다.[38]

---

[37] 여호수아 8:3-9의 주해를 참고하라.

[38] 참고: 졸고, "여호수아서에 나타나는 '미결'과 '완결'의 긴장", 124-25. 영거는 여호수아서가 가나안 사람의 살육을 묘사하는 방식을 고대 근동의 전쟁기사에 나타나는 "전형적인 어법"(stereotyped syntagms)과 마찬가지로 "과장법"(hyperbole)이라고 말한다. K. L. Younger, Jr., *Ancient Conquest Accounts: A Study in Ancient Near Eastern and*

27절은 이스라엘이 여호와께서 주신 명령에 따라 전리품을 처리하였다고 밝힌다. 본문은 부사 "오직"(רַק)과 목적어 "그 성읍의 가축과 전리품"(הַבְּהֵמָה וּשְׁלַל הָעִיר הִיא)을 문장 앞에 둠으로써 이스라엘 자손이 취한 물건이 제한적이었음을 강조한다. 문장 후반부의 "여호수아에게 명하신 여호와의 말씀에 따라"는 이 제한이 여호와의 명령에 따른 일이었음을 확인해 준다. 실제로 하나님은 아이 전쟁이 시작되기 전 같은 표현을 사용하여 취할 물건의 품목을 제한하셨다: "다만 전리품과 가축은 너희를 위해 약탈해도 좋다"(수 8:2). 이스라엘 자손이 이 말씀에 순종한 것은 여리고 전쟁의 형편과 대비된다. 그곳에서 아간은 하나님이 금지하신 물건을 취함으로써 그분께 "배신행위"(מַעַל)를 하였다(수 7:1). 하지만 이제 이스라엘 자손은 하나님의 명령에 순종하는 충성스러운 모습을 보이고 있다. 이것은 이스라엘 자손이 아간의 사건으로부터 교훈을 얻었다는 의미이다. 하나님의 백성은 언제나 고난의 연단을 통해 순종의 중요성을 배운다(시 119:71; 히 5:8 참고).

28-29절은 여호수아가 아이 성읍과 아이 왕에게 한 일을 알려준다. 여호수아는 아이 성을 불태워 영원한 무더기가 되게 하였다. 아이 성은 복병들에 의해 이미 불이 붙은 상태에 있었다(수 8:19). 그러므로 여호수아가 아이를 불태웠다는 말은 아이의 최종적인 파괴를 가리킨다고 보아야 한다. 아이는 여리고와 마찬가지로 완전히 불태워졌다(수 6:24 참고). 여리고에 대해서는 저주와 함께 재건을 금지하는 예언적 선포가 주어졌던 반면(수 6:26), 아이의 경우에는 저자의 시점에서 "오늘날까지" 폐허가 되도록 "영원한 무더기"(תֵּל־עוֹלָם)로 만들어졌다는 언급이 추가된다. 아이에게 가해진 이런 운명은 하나님을 적으로 삼는 자들에게 있을 철저한 심판을 예시한다(출 17:14; 신 7:24 참고). 아이 왕에게 일어난 일도 같은 의

Biblical History Writings, JSOTS 98 (Sheffield: Sheffield Academic Press, 1990), 241-66.

미를 갖는다. 아이 왕이 저녁때까지 나무에 달린 것은 그가 하나님께 저주받은 사람인 것을 나타낸다(신 21:23 참고). 아이 왕의 운명은 하나님의 적들에게 임할 무서운 저주를 보여준다. 이 저주를 면하기 위해서는 십자가 나무에서 죄인들을 대신하여 저주를 받으신 그리스도께로 피하여야 한다(갈 3:13).

특주 5: 에발 산의 제단과 고고학

제6장

에발 산의 언약갱신

(수 8:30-35)

여호수아는 아이를 정복한 후 백성과 함께 에발 산에서 여호와와의 관계를 새롭게 하는 언약갱신 의식을 갖는다. 이는 요단강 도하 직후 길갈과 여리고 평지에서 있었던 할례와 유월절 축제에 이어 약속의 땅에서 행해진 두 번째 언약갱신 의식이다. 사실상 이 의식은 모세의 명령에 따른 것이다. 모세는 이스라엘 자손에게 가나안에 들어가면 먼저 에발 산으로 가서 석회를 바른 돌에 율법을 기록하고 다듬지 않은 돌로 만든 제단에 번제와 화목제를 드리라고 명하였다(신 27:1-8 참고). 이 의식은 언약백성으로서 이스라엘의 정체를 재확인하며 언약의 주인이신 여호와께 다시 충성을 다짐하는 의미를 갖는다.

지금 이것이 절실한 이유는 여리고와 아이 전쟁에서 찾을 수 있다. 그곳에서 이스라엘 자손은 "바친 물건"(חֵרֶם)을 취함으로써 여호와께 "배신행위"(מַעַל)를 하여 그분의 진노를 사는 혹독한 경험을 하였다. 그러므로 아이 전쟁이 끝났을 때는 여호와와의 관계를 새롭게 하는 일이 그 어느 때보다 절실한 시점이었다. 이스라엘은 여호와와의 올바른 관계 안에서만 정복전쟁의 승리를 기약할 수 있다. 에발 산의 언약갱신은 이를 위한 것이다.

더 나아가 그것은 할례나 유월절처럼 약속의 땅이 어떤 곳인지를 천명하는 의미를 갖는다. 약속의 땅은 여호와께서 자기 백성 이스라엘을 다스리시는 곳이다. 이스라엘은 그곳에서 모세의 율법에 따라 여호와를 섬기는 "제사장 나라"를 세워야 한다(출 19:6). 가나안 중앙에 위치한 에발 산에서 여호와께 제단을 쌓고 그분의 율법을 기록하고 낭독하는 것은 가나안이 여호와께서 다스리시는 땅이란 사실을 선포하는 행위이다.

이는 에발 산이 세겜의 한 산이라는 것을 상기할 때 더욱 분명해진다. 세겜은 족장 아브라함이 가나안 땅에서 처음으로 하나님께 제단을 쌓은 곳이다. 그때 하나님은 아브라함에게 "내가 이 땅을 네 자손에게 주시리라"(창 12:7)고 약속하셨다. 이제 이스라엘 자손은 이 유서 깊은 곳에서 다시 여호와께 제단을 쌓았다. 그것도 더 이상 타국인이 아니라 그 땅의 새로운 백성으로서 그렇게 했다. 이는 아브라함에게 주셨던 하나님의 약속이 성취되었다는 것을 의미하며 가나안 땅의 참된 주인이 여호와이신 것을 나타낸다.

에발 산의 여호수아(8:30)

> **사역** [30]그때 여호수아가 에발 산에서 이스라엘의 하나님 여호와께 제단을 세웠다.

아이 성을 정복한 후 여호수아는 에발 산으로 갔다. 에발 산은 아이에서 북으로 대략 32 킬로 떨어진 곳이다(Howard, 212).[1] 이스라엘이 적들의 방해를 받지 않고 그곳까지 갔다는 사실이 놀랍다. 이스라엘은 그곳에서 언약갱신 의식을 가진 다음 무사히 길갈로 돌아왔다(수 9:6 참고). 정복전쟁이 진행되는 도중에 이런 일이 가능했을까? 에발은 그리심과 함께 가나안 중앙산지의 주요도시 세겜(오늘날의 Tell Balaṭa)에 있었던 산이다.[2] 아마나 서신(The Amarna Letters)에 따르면 주전 14세기 중엽에 세겜 지역은 라바유/라바야 (Labayu/Labaya)라는 카리스마적 인물이 지배하고 있었다.[3] 이는 초기 정복전쟁(주전 15세기 말에서 14세기 초)에서 세겜

---

[1] 이것은 아이가 Khirbet et-Tell이란 관점에서 계산한 것이다. 그러나 아이에 대한 새로운 후보인 Khirbet el-Maqatir에서 계산하더라도 결과는 크게 달라지지 않는다. 두 장소 사이의 거리는 불과 1 킬로 정도에 지나지 않기 때문이다.

[2] 에발 산(해발 940 m)과 그리심 산(해발 868 m)은 각각 세겜의 북서쪽과 남서쪽에 위치한다. See *NIDOTTE*, vol. 4 (Grand Rapids: Zondervan, 1997), 551.

[3] Stone, "Early Israel and Its Appearance in Canaan," 159; Kitchen, *On the Reliability of the Old Testament*, 166; Mazar, *Archaeology of the Land*, 237.

이 권력의 공백지가 아니었음을 나타낸다. 그러므로 에발 산의 언약갱신이 여호수아 말년에 세겜에서 있었던 언약갱신과 동일시되기도 한다(수 24장 참고).[4] 본문전승의 역사도 이 본문의 위치가 불안정하다는 것을 나타낸다. 칠십인경은 이 본문을 9:2 뒤에, 사해사본은 5:2 앞에 배치한다. 게다가 8:30에서 와우 연속법 대신 분리형 부사(disjunctive adverb) "아즈"(אָז, "then")로 시작하는 구문도 이 본문을 독자적인 단락(a self-contained unit)으로 볼 여지를 제공한다(Howard, 213; Wray Beal, 194). 하지만 신명기는 이스라엘이 가나안에 들어간 다음 곧바로 에발 산에서 언약갱신 의식을 가지도록 규정한다(신 11:29; 27:4). 앞에서 설명하였듯이 바친 물건과 관련된 이스라엘의 범죄와 그에 따른 전쟁의 패배 역시 아이 전쟁 직후에 여호와와의 관계를 새롭게 하는 의식이 필요했음을 시사한다.

역사가들 가운데는 세겜이 이스라엘과 우호적인 관계에 있었으며 기브온과 마찬가지로 이스라엘과 화친조약을 맺었을 것으로 생각하는 이들도 있다.[5] 실제로 8:33은 이방인도 에발 산의 언약갱신에 참여하였다고 밝힌다. 이방인에 해당하는 히브리어 "게르"(גֵּר)는 이스라엘에서 일정한 권리를 보장받는 "거류 외국인"(resident alien)을 가리킨다. 그들은 유월절(출 12:48), 안식일(출 20:10), 칠칠절(신 16:10-12), 초막절(신 16:13-14), 초실절(신 26:10-11) 등 이스라엘의 절기에도 참여할 수 있었다. 칠십인경은 이들을 "개종자"(προσήλυτος)로 번역한다. 그러므로 세겜 사람들이 개종을 조건으로 이스라엘과 조약을 맺고 "게르"의 지위를 얻었을 가

---

[4] Cf. Angel, "'There is no chronological order' in the Torah," 8.

[5] 알트는 산지의 농민이던 세겜 사람들이 도시국가로부터 고립된 상태에 있었기에 광야로부터 들어오는 유목민 이스라엘과 우호적인 관계를 맺음으로써 스스로의 안전을 확보하고자 하였을 것으로 추측한다. Alt, *Kleine Schriften*, 141-42. 알트의 가설은 여호수아서가 보여주는 정복전쟁의 역사성에 회의적인 태도를 취하는 관점과 결부되어 있다. 다른 한편, 할페른은 여호수아서에 기록된 정복전쟁의 역사성을 받아들이는 입장에서 세겜 사람들이 기브온 사람들처럼 이스라엘과 동맹관계를 맺었을 것으로 본다. Halpern, "Gibeon," 313.

능성이 없지 않다. 여호수아 12장의 여호수아가 정복한 왕들의 명단에 세겜이 빠진 것은 이 가능성에 무게를 더한다. 그러나 부재(absence)가 곧 비존재(non-existence)의 확실한 증거는 아니다. 성경이 분명하게 밝히지 않는 일을 무리하게 추측하는 일도 바람직하지는 않다. 사실상 8:33의 "게르"는 이스라엘이 출애굽 할 때 그들과 함께 했던 "수많은 잡족"(עֵרֶב רַב, 출 12:38)의 후손들을 가리키는 말일 수 있다. 또한 이스라엘이 길갈과 세겜 사이를 본토인들의 방해 없이 왕복으로 여행할 수 있었던 것은 여리고 전쟁과 아이 전쟁이 본토인들에게 불러 일으킨 두려움과 공포 때문이었을 가능성도 없지 않다(창 35:5 참고).

제사와 율법의 기록(8:31-33)

> **사역** ³¹그것은 여호와의 종 모세가 이스라엘 자손에게 명하였고 모세의 율법책에 기록된 대로 그 위에 쇠를 휘두르지 않은 온전한 돌로 된 제단이었다. 그들이 그 위에다 여호와께 번제를 드렸고 화목제를 바쳤다. ³²그가 그곳에서 돌 위에 모세의 율법 사본을 기록하였는데, 그것은 그가 이스라엘 자손 앞에서 기록한 것이었다. ³³온 이스라엘과 장로들과 관리들과 재판장들이 여호와의 언약궤를 멘 레위인 제사장 앞에서 궤의 양편에 서되 이방인과 본토인이 같았으며 절반은 그리심 산 앞에 서고 절반은 에발 산 앞에 섰으니, 이는 이전에 여호와의 종 모세가 이스라엘 백성을 축복하도록 명령한 대로였다.

여호수아가 에발 산에서 여호와께 제단을 세운 것은 여호와의 종 모세가 내린 명령에 따른 일이었다. 모세의 이름은 여호수아가 모세의 후계자로 세워지고 이스라엘 자손이 그의 지도력에 복종하는 모습을 소개하는 책의 도입부(수 1:1-9, 10-18)와 요단강 도하 사건을 다루는 곳(수 3-4장)에서 여러 차례(15회) 언급되었다. 그 후 이곳에서 다시 모세의 이름이 전면에 나선다. 비록 모세의 이름이 명시적으로 언급되지 않는 곳(수 5:2-8:29)에서조차 모세와 모세가 내린 명령(할례와 유월절, 헤렘)이 중요한 자리를 차지한다. 이는 여호수아와 이스라엘 자손이 약속의 땅을 기업으로 얻는 일에 모세의 율법이 규범적이라는 사실을 나타낸다. 여기서도 그것이 강조된다. 여호수아가 에발 산으로 간 것은 모세의 명령에 따른 일이었다(신 11:29; 27:4, 13). 그가 그곳에서 한 일들 - ① "쇠를 휘두르지 않은 온전한 돌"로 제단을 쌓은 것, ② 그 위에 번제와 화목제를 드린 것, ③ 돌들을 세우고 거기에 율법을 기록한 것, ④ 백성들 앞에서 율법을 낭독한 것 - 또한 모두 모세가 명령했던 것들이다(신 27:1-26). 그러므로 이곳에 묘사된 여호수아의 모습은 모세의 계승자로서 철저하게 모세를 따르는 모습이다.

또한 이곳에 소개된 여호수아의 활동은 시내산 언약비준 의식(출 24:1-18)에 등장하는 모세를 연상케 한다. 그곳에서 모세는 ① 여호와의 모든 말씀을 기록하고, ② 제단을 쌓고, ③ 여호와께 번제와 화목제를 드리고, ④ 여호와의 말씀을 백성에게 낭독했다. 에발 산의 언약갱신에서 여호수아는 시내산 언약비준 의식에서 모세가 했던 역할을 그대로 수행하였다. 이런 의미에서 에발 산의 여호수아는 제2의 모세라고 말할 수 있다.[6]

"쇠를 휘두르지 않은 온전한 돌"이란 인위적으로 다듬지 않은, 자연 그대로의 돌을 가리킨다. 이 방식은 시내산에서 하나님이 모세에게 주신 가르침과 일치한다. 하나님은 모세에게 칼로 다듬은 돌로 제단을 만들지 말라고 하셨다. 그 이유는 돌에 칼을 휘두르는 일이 제단을 더럽힌다는 것이다(출 20:25). 이는 "새긴 우상"을 만들지 말라는 십계명의 금지와 관계된다(칼로 돌을 다듬는 것은 우상을 만드는 일과 유사하다는 이유로)는 견해 (Woudstra, 147)와 다듬은 돌로 제단을 만드는 가나안 사람과의 차별화를 위한 것이라는 견해(Howard, 215)가 있다. 그러나 본문에는 이런 견해를 뒷받침할 만한 증거가 발견되지 않는다. 본문에서 강조되는 것은 인위적

---

[6] Römer, "Book-Endings in Joshua," 99.

으로 가공되지 않은 "온전한"(שָׁלֵם) 돌이다. 이는 언약당사자들 간의 온전한 관계를 연상시킨다. 이 제단에서 드려진 "화목제"(שְׁלָמִים) 역시 언약 당사자들 간의 온전한 관계를 상징하는 것으로서 제단의 돌을 설명하는 형용사 "온전한"(שָׁלֵם)과 어근이 동일한다. 따라서 이 문제는 언약백성의 온전한 순종과 헌신이라는 차원에서 이해되는 것이 바람직하다.[7]

이스라엘 자손이 드린 제사는 "번제"와 "화목제"였다. "번제"(עֹלָה)는 주로 죄의 속죄를 위한 제사였으며(레 1:4 참고), "화목제"(שְׁלָמִים)는 언약 안에서 나누는 친밀한 교제를 나타내는 제사였다(신 27:7 참고). 그러므로 이스라엘 자손이 에발 산에서 번제와 화목제를 드린 것은 자신들의 죄를 속죄하고 여호와와 자신들 상호간의 친밀한 교제를 새롭게 하기 위한 것이었다. 하나님과 언약 당사자들 상호간의 친밀한 교제를 위해서는 속죄가 전제되어야 하며, 속죄는 반드시 하나님과 언약 당사자의 친밀한 교제로 이어진다. 구약 이스라엘 백성에게 번제와 화목제는 대개 함께 드려지는 제사였다(출 20:24; 24:5; 레 9:22; 삿 20:26; 21:4; 삼상 10:8; 13:9; 삼하 6:17, 18; 삼하 24:25; 왕상 8:64; 대하 29:35; 31:2). 구약 이스라엘 자손은 시내 산 언약 비준의식에서도 번제와 화목제를 드렸다(출 24:5). 번제와 화목제가 가리키는 속죄와 화목은 신약에서 속죄제물과 화목제물이 되신 그리스도 안에서 완전히 성취되었다(히 9:12; 롬 3:25).

여호수아는 번제와 화목제를 드린 다음 이스라엘 자손들이 지켜보는 가운데 돌에다 모세의 율법 사본을 기록하였다. 현재의 문맥은 이 돌이 제단의 돌을 가리킬 수도 있다는 인상을 준다. 하지만 에발 산의 언약갱신을 소개하는 신명기 27장은 이에 대하여 분명한 설명을 제공한다. 이 설명에 따르면 율법을 기록한 돌은 석회를 바른 것으로서 제단의 돌과

---

[7] "거룩한 것은 인간의 기교나 손질에서 제외되어야 한다"는 헤르츠베르그의 설명에도 문제가 있다(Hertzberg, 61). 성막을 만들 때 활약했던 브살렐과 오홀리압의 기술과 재능이 여호와께서 주신 지혜와 총명으로부터 왔다고 설명되기 때문이다(출 36:1).

는 뚜렷하게 구별된다(신 27:2-4). 여호수아가 이 돌에 율법을 기록한 것은 시내산 언약 체결의식에서 모세가 "여호와의 모든 말씀"을 기록한 것과 비교된다. 모세와 마찬가지로 여호수아는 여호와의 율법을 기록함으로써 이스라엘 자손이 여호와의 통치를 받는 백성이며 가나안 땅이 여호와의 율법이 지배할 곳임을 천명하였다. 한마디로 그것은 여호와는 이스라엘의 하나님이며 이스라엘은 그분의 백성임을 확인하고 선포하는 엄숙한 의식이었다(레 26:12; 렘 7:23; 11:4; 30:22 참고). 이런 이유로 본문은 여호수아가 "이스라엘 자손 앞에서" 율법을 기록하였다는 사실을 강조한다.

이스라엘 자손은 전체로서 하나님과 언약관계 속에 있다. 그들은 아브라함에게 주어진 약속의 성취로 생겨난 언약백성이다. 그들이 출애굽하여 가나안 땅까지 올 수 있었던 것도 이 언약 때문이었다. 그러므로 이스라엘 자손은 예외 없이 언약갱신 의식에 참여하여야 한다. 이곳에서 "모든 이스라엘"이 강조되는 이유도 그것 때문이다. 그러나 여기서 "모든 이스라엘"은 특별히 일반 백성을 가리키는 것으로 보인다. 뒤이어 백성의 지도자들 – 장로들, 관리들, 재판관들 – 이 따로 언급되기 때문이다. 에발 산의 언약갱신 의식에는 일반 백성과 지도자들이 모두 참여하여 그들의 하나님이 여호와인 것을 고백하며 그분의 율법에 순종할 것을 다짐하였다. 주목할 만한 것은 "이방인"도 이 의식에 참여하였다는 사실이다. 이들은 외국인이면서도 이스라엘 자손과 동거하는 "거류 이방인"(resident aliens)을 가리킨다. 아마도 이들은 이스라엘 자손들이 출애굽 할 때 그들과 함께 나온 이방인들의 후손들이었을 가능성이 크다(출 12:38 참고). 또한 광야 생활 40년 동안 여러 계기로 이스라엘 편에 들어온 이방인들이 있었다고 가정하면(수 6:25 참고), 그들도 이 무리에 포함되었을 가능성이 있다. 이곳에 언급된 이방인은 하나님과 이스라엘의 언약관계가 민족적으로 배타적이지 않았음을 알려준다.

이스라엘 자손은 언약궤를 중심으로 절반씩 양편에 섰다. 더 자세히 말하면, 백성 중 절반은 축복을 위해 그리심 산 앞에, 나머지 절반은 저주를 위해 에발 산 앞에 섰다.[8] 신명기 27:11-13에 따르면 그리심 산 편에 선 자들은 르우벤을 제외한 레아의 네 아들(시므온, 레위, 유다, 잇사갈)과 라헬의 두 아들(요셉, 벤야민)이며, 에발 산 편에 선 자들은 르우벤과 레아의 막내 아들 스불론과 여종들의 아들들(갓, 아셀, 단, 납달리)이다. 이는 이스라엘 열두 지파 가운데 더 축복을 받은 지파들이 축복을 선포하였으며, 상대적으로 그렇지 못했던 지파들이 저주를 선포하였다는 인상을 강하게 준다. 르우벤이 축복하는 그룹에 서지 못한 것은 아버지의 침상을 더럽힌 잘못 때문이었을 가능성이 크다(창 35:22; 49:4). 흥미로운 사실은 이곳에 축복이 더 강조된다는 점이다. 본문은 "이는 이전에 여호와의 종 모세가 이스라엘 백성을 축복하도록 명령한 대로였다"는 설명을 추가한다. 축복에 대한 이런 강조는 에발 산의 언약갱신이 가나안 땅에서의 새로운 출발을 바라보고 있기 때문이다.[9]

율법의 낭독(8:34-35)

> **사역** [34]그 후에 그가 율법책에 기록된 모든 내용대로 율법의 모든 말씀 곧 축복과 저주를 낭독하였다. [35]모세가 명령한 모든 것 중에 여호수아가 이스라엘의 온 회중과 여자들과 아이와 그들 가운데 사는 이방인 앞에서 낭독하지 않은 말씀이 하나도 없었다.

---

[8] 세겜을 사이에 두고 그리심 산은 남쪽(오른편)에, 에발 산은 북쪽(왼편)에 위치한다. 지질학적 구조로 인해 남쪽의 그리심 산이 더 풍요롭고 상쾌한 곳이라고 있다고 한다(Auld, 61).

[9] 신명기 27장은 오히려 저주를 전면에 내세운다. 그곳에는 축복하는 율법 대신 저주하는 율법만이 언급된다. 브레이 빌은 신명기가 이스라엘의 실패를 내다보고 있기 때문에 특별히 저주를 부각시킨다고 설명한다(Wray Beal, 198). 그러나 신명기 27장에 소개된 저주의 율법은 레위기 18장에 기록된 가나안 사람의 타락한 풍습과 관계된다. 그러므로 신명기는 이스라엘 자손이 가나안 땅에서 새롭게 시작할 생활을 염두에 두고 특별히 가나안 사람의 가증한 풍습을 정죄하는 율법을 강조하여 기록하였을 것이라는 추측도 가능하다.

"그 후에"는 이스라엘 자손이 두 그룹으로 나뉘어 한 그룹은 그리심 산 앞에, 다른 한 그룹은 에발 산 앞에 선 이후를 가리킨다. 이곳에서 율법을 낭독한 이는 여호수아로 언급되지만 신명기에는 레위 사람들로 언급된다(신 27:14). 이는 불일치이기 보다 동일한 사건을 바라보는 시각의 차이를 나타낸다. 신명기는 실제로 율법을 낭독한 이가 레위 사람이었다는 사실을 알려주는 반면, 여호수아서는 여호수아가 전체 의식을 주관하였다는 의미에서 그를 율법의 낭독자로 소개한다. 레위 사람들이 축복과 저주의 율법을 낭독할 때 그리심 산 그룹과 에발 산 그룹은 각각 "아멘"으로 응답하는 역할을 하였다(신 27:11-26). 여기서 주목해야 할 점은 축복과 저주에 관한 율법이 균형 있게 낭독되었다는 사실이다. 이는 오늘날 예배에서도 축복과 저주의 말씀이 균형 있게 선포될 필요가 있다는 점을 일깨워준다(Hamilton, 58).

다른 한편, 이곳에는 이스라엘 백성 가운데 거류하는 이방인 외에 여자들과 아이들도 언급된다. 이방인을 포용하는 언약공동체는 당연히 여자와 아이도 배제하지 않는다. 여자와 아이도 언약공동체의 정상적인 일원이다. 본문은 "이스라엘의 온 회중"(יִשְׂרָאֵל כָּל־קְהַל)에 더하여 특별히 여자와 아이를 따로 언급함으로써 그것을 강조한다. 예수님은 "어린 아이들을 용납하고 내게 오는 것을 금하지 말라 천국이 이런 사람의 것이니라"(마 19:14)고 하셨으며, 바울도 "너희는 유대인이나 헬라인이나 종이나 자유인이나 남자나 여자나 다 그리스도 예수 안에서 하나이니라"(갈 3:28)고 가르친다. 에발 산의 언약갱신은 먼 훗날 새 언약 하에서 이루어질 일을 미리 지시하는 듯하다.

특주 5 에발 산의 제단과 고고학

1982-1989년에 여덟 차례에 걸쳐 에발 산의 북동쪽 높은 산마루에서 고고학적 발굴이 이루어졌다. 이 발굴을 주도한 인물은 이스라엘의 고고

학자 쩨어탈(A. Zertal)이었다. 쩨어탈에 따르면 이곳의 두 지층(Stratum I, II)에서 제의적 특징을 보이는 구조물이 발견되었다.[10] 하부 지층(Stratum II)에서 발굴된 구조물에는 다량의 재와 동물 뼈가 들어있었으며, 대략 3cm 두께의 석회 조각들(20개 정도)도 함께 발견되었다(Pitkänen, 195). 또한 상부 지층(Stratum I)에는 다듬지 않은 돌로 지어진 직사각형 모양(9×4 m)의 중앙 구조물이 있고, 잘 정돈된 돌들과 다량의 동물 뼈를 포함한 재로 채워져 있었다. 특이한 점은 중앙 구조물에 이중 경사로가 있어서 하나는 꼭대기로 향하고 다른 하나는 주변을 둘러싸고 있는 벽으로 향한다. 연대기적으로 이 두 지층은 각각 주전 13세기 후반부와 주전 12세기 초반부의 것으로 추정된다. 왜냐하면 하부지층(Stratum II)에서 라암세스 2세(Ramessess II, 1304-1237 BC)의 통치 후반기 것으로 추정되는 스카라베와 기하학적 모양을 가진 석인(石印)이 발견되었기 때문이다. 두 지층 사이나 상부 지층 끝에 파괴의 흔적이 보이지 않는 것으로 미루어 이곳은 평화롭게 버려진 것으로 추정된다. 쩨어탈은 이 구조물이 원래 번제단이었을 것으로 본다.

그렇다면 그것은 여호수아가 에발 산에 쌓은 번제단 및 율법을 기록한 돌과 어떤 관계에 있을까? 특기할 만한 사실은 이곳 제단에 조각상(figurines)이나 율법에서 금지된 동물의 뼈가 발견되지 않는다는 점이다. 이는 이 제단과 이스라엘의 밀접한 관련성을 암시한다(Zertal 1994:64). 물론 이곳에서 율법에 제사용 짐승으로 언급되지 않은 "다마 사슴"(fallow deer) 뼈가 발견된 것도 사실이다. 하지만 신명기 율법은 사슴을 식용동물에 포함시키고 있다(신 14:5). 이는 이곳에서 발견된 사슴의 뼈가 제사와는 무관하게 식용으로 사용되었던 짐승의 잔재이며, 다만 제단 내부를

---

[10] A. Zertal, "'To the land of the Perizzites and the Giants': On the Israelite Settlement in the Hill Country of Manasseh," *From Nomadism to Monarchy: Archaeological and Historical Aspects of Early Israel*, I. Finkelstein and N. Na'aman, eds. (Jerusalem: Israel Exploration Society, 1994), 61.

채우는데 사용되었을 것으로 추측해볼 수도 있다(Pitkänen, 201). 이렇게 보았을 때 에발 산의 제단은 여호수아의 언약갱신 의식과 관련된 것일 가능성이 없지 않다. 이곳에서 발견된 석회(white plaster) 역시 같은 방향을 지시한다. 여호수아는 에발 산의 언약갱신 의식에서 석회를 바른 돌에 율법을 기록하였기 때문이다(신 27:4). 물론 율법이 기록된 돌이 발견된 것은 아니나, 오랜 시간을 거치는 동안 글이 지워졌을 수도 있고 아직 발굴되지 않은 주변의 어느 곳에 묻혀 있을 수도 있다.

그러나 여전히 문제로 남는 것은 연대기와 관련된 것이다. 쩨어탈이 말한 것처럼 이곳의 제의 시설이 라암세스 2세 시대의 것이라면 출애굽과 정복전쟁의 시기를 주전 13세기 후반으로 낮추어 잡아야 한다. 하지만 앞에서 이미 설명하였듯이 이것은 성경 내외의 다른 증거들과 맞지 않는다. 따라서 나아만(A. Na'aman)이나 마자르(A. Mazar) 등 고고학자들의 견해처럼 이 시설이 제의장소가 아니라 사사 아비멜렉 때에 세겜에 있었던 "엘 브릿 신전"(בֵּית אֵל בְּרִית, 삿 9:46)과 관계된 것일 수도 있다.¹¹ 여기서 문제점은 이곳에 불에 탄 흔적이 남아있지 않다는 사실이다(삿 9:49 참고). 하지만 사사기는 "엘 브릿 신전"에 속한 "저장고"(צְרִיחַ) 또는 "세겜 망대"(מִגְדַּל־שְׁכֶם)가 화재로 파괴되었다고 밝힌다(삿 9:49). 그러므로 화재의 흔적은 제의시설 주변의 어딘가 묻혀 있거나 세월의 흐름 속에서 소실되었을 가능성도 있다. 그러므로 에발 산의 제의시설이 사사시대의 것일 수 있다는 생각에 여전히 개방적일 필요가 있다(Hess, 191).

이것은 또 다른 가능성으로 인도한다. 이 제의시설이 여호수아에게 소급될 가능성이다. 즉 여호수아 시대에 만들어졌던 원래의 제단이 사사시대에 이르러 새로운 제의 용도로 변경되었을 수 있다는 말이다. 정복전쟁 당시 길갈에 이어 실로가 제의 중심지로 부상하면서 에발 산의 제단이 백성의 관심에서 점차 멀어지면서 자연스럽게 혹은 의도적으로 처

---

11 Mazar, *Archaeology and the Land of the Bible*, 251. Cf. Hess, *Joshua*, 191.

음 제의시설(Stratum II)이 땅 속에 묻히고 그 위에 "엘 브릿 신전"과 같은 새로운 시설이 세워졌을 수도 있다. 또한 라암세스 2세의 통치 후반기의 것인 스카라베 조차도 연대측정을 위한 절대적 기준이 될 수는 없다. 쩨어탈도 인정하듯이 그것은 여호수아의 제단이 세워진 후 많은 시간이 지난 다음에 종교적 타락이 가속화되면서 그곳에 우상숭배의 일환으로 바쳐진 것일 수도 있다. 뿐만 아니라 쩨어탈은 하부지층(Stratum II)과 상부지층(Stratum I) 사이의 간격도 상당히 클 수 있음을 인정한다. 왜냐하면 연대측정의 기준으로 사용되는 철기시대 1기의 도자기에 대해 충분히 정확한 지식을 가지고 있지 않기 때문이다(Zertal, 66). 이는 결국 하부지층에서 발견된 최초의 제의 시설이 주전 15세기 말이나 14세기 초에 여호수아가 만들었던 에발 산의 제단일 수 있다는 추측을 가능하게 만든다.

에발 산의 제단[12]

---

[12] J. H. Walton (ed.), *Zondervan Illustrated Bible Backgrounds Commentary* (Grand Rapids: Zondervan, 2009), 39.

7.1 기브온과의 화친(수 9장)

특주 6: 기브온의 역사성

7.2 남부 정복(수 10장)

특주 7: 여호수아의 긴 하루

7.3 북부 정복(수 11:1-15)

제7장

가나안 왕들의 반응

(수 9:1-11:15)

여호수아 5:13-8:29에서 이스라엘 자손이 요단을 건넌 후 가나안에서 펼친 정복전쟁을 살펴보았다. 이 전쟁에서 이중성벽을 갖춘 요새인 여리고 성이 언약궤로 상징화되는 여호와의 임재와 왕적 권세로 말미암아 기적적으로 무너지고 기생 라합과 그의 가족들을 제외한 성의 주민들과 왕이 모두 여호수아에 의해 진멸되었다. 아이 성 역시 마찬가지다. 아이의 정복은 정복전쟁의 주인공이 여호와이며 전쟁의 승리가 오직 여호와의 능력에 달려있다는 것을 다시금 확인시켜 주었다. 왜냐하면 아이의 크기가 여리고에 비해 훨씬 작았음에도 불구하고 이스라엘 자손이 여호와의 명령을 어겼을 때 패배를 경험하였고, 여호와와의 관계를 회복하자 승리를 얻을 수 있었기 때문이다. 그러므로 여호수아 5:13-8:29은 여호수아가 이끈 정복전쟁이 여호와의 전쟁이며 가나안에 대하여 소유권을 주장하시는 분은 온 땅의 주인이신 여호와란 사실을 가르쳐준다.

이 전쟁에 대하여 가나안 지역 도시국가들의 왕들과 주민들은 어떤 반응을 보였을까? 이미 여호수아 2:9-11에서 기생 라합을 통해 그들의 반응을 확인하였다. 라합에 따르면 "마음이 녹았고 정신이 나갔다"(수 2:11). 이스라엘 자손이 언약궤의 인도로 요단강을 기적으로 건넜을 때에도 가나안의 왕들은 동일한 반응을 보였다(수 5:1 참고). 이런 배경은 여리고 전쟁과 아이 전쟁 이후 가나안 왕들의 반응이 어떠했을지 짐작할 수 있게 해준다. 여호수아 9:1-11:15의 내용은 이 문제, 즉 여호와의 군대인 이스라엘에 대하여 가나안 왕들이 보인 반응에 초점을 맞춘다. 스톤(L. G. Stone)이나 밀러(P. D. Miller) 같은 학자들은 여호수아서의 관심이 여호와의 행위에 대한 가나안 왕들의 반응을 보이는데 있다고 주장한다.[1] 가나안의 왕들이 애굽의 바로처럼 여호와께 완고한 태도를 취할 것인가? 아니면 여호와의 주권과 권세를 인정하고 그분께 항복하며 나아올 것인가?

7.1 기브온과의 화친(수 9:1-27)

여호수아 9장의 문학적 통일성에 대해 회의적인 시각이 많다. 대표적인 이유를 꼽으면 다음과 같다. 첫째, 기브온 사람들의 상대가 한편으로는 "이스라엘 사람"(אִישׁ־יִשְׂרָאֵל, 개역정역에는 "이스라엘 사람들") 또는 "사람들"(הָאֲנָשִׁים, 개역개정역에는 "무리")로 언급되고(7절, 14절), 다른 한편으로는 "여호수아"로 언급된다(8절). 둘째, 3절의 "기브온 주민들"이 7절에서 "히위 사람"으로 바뀐다. 셋째, 15절 이후에는 "회중"(עֵדָה)과 "회중의 지도자들"(נְשִׂיאֵי הָעֵדָה)이 새로 등장한다. 넷째, 본문에는 불필요한 중복처럼 보이는 부분이 있다(6-9절, 19-23절, 26-27절). 비평가들 사이에서 이런 요소들은 본문이 통일성을 결여하고 있으며 다양한 성장의 과정을 거친 증거로 받아들여지고 있다. 하지만 부조화 또는 차이로 여겨지는 요소들을 설명하는 방식에 있어서 합의된 견해는 없다.[2]

---

[1] Stone, "Ethical and Apologetic Tendencies in the Redaction of the Book of Joshua," 25-36; Miller, "The Story of the First Commandment: The Book of Joshua," 311-24. Cf. Rowlett, "Inclusion, Exclusion and Marginality in the Book of Joshua," 15-23.

[2] 오경의 자료들이 여호수아에 이어진다고 보고 본문(수 9장)에서도 자료를 구분하고자 시도한 학자들이 있다. 브루노는 본문에 기본적으로 엘로힘 문서(E)와 베냐민 전승(B)이 들어있으며, 여기에 신명기적 편집층(Rᵈ)과 제사장적 편집층(Rᵖ)이 더해졌다고 주장한다. 흥미롭게도 브루노는 엘로힘 문서가 다룬 내용은 원래 세겜에 관한 이야기였을 것으로 추측한다. 이는 세겜과 이스라엘의 관계에 대한 기록이 정복기사에 빠질 수 없다는 가정에 따른 것이다. A. Bruno, *Gibeon* (Leipzig: Deichertsche Verlagsbuchhandlung, 1923), 129-41.
묄렌브링크는 여호수아 9장은 "여호수아 개정본"(Josuarezension)과 "이스라엘 사람 개정본"(Israelitenrezension)이 결합된 문서라고 주장한다. 전자는 이방인들이 제단에서 섬기게 된 일을 설명하는 "제의적 기원론"(eine kultische Ätiologie)이며, 후자는 기브온을 중심으로 하는 네 도시가 이스라엘과 언약을 맺은 것은 불법임을 설명하는 "세속역사"의 성격을 가진 "기원론"이다. 이 설화는 사울이 기브온을 공격한 행위를 정당화하려는 의

도로 만들어졌다(삼하 21장 참고). K. Möhlenbrink, "Die Landnahmesagen des Buches Josua," *ZAW* 56 (1938): 241-45.

다른 한편, 하나의 기본 이야기에 다른 내용이 첨가되고, 여기에 또 다른 편집작업이 이루어졌다고 주장하는 학자들도 있다. 할베는 기브온 사람들의 특별한 법적 위치를 설명하는 기본전승(3-7, 9aba, 11-15a)이 기브온 사람들을 제의 노예로 격하하는 내용(8, 16-17, 22, 23*, 25, 26, 27*)에 의해 확장되었다고 주장한다. 할베는 사무엘하 21:1-14가 초기 왕정시대까지 기브온 사람들이 누린 특별한 지위("열등하지만 확실한 권리")를 전제한다고 보고, 초기왕정시대가 여호수아 9장의 기본전승이 생겨날 수 있는 "최종기한"(terminus ad quem)이라고 추측한다. 그러나 이 전승이 기브온을 공격한 사울의 행위를 정당화하기 위한 이야기라는 묄렌브링크의 주장에는 반대한다. 이 전승에는 그런 이야기에 나올 법한 논쟁적 어투가 없기 때문이다. 할베에 따르면 기본 전승의 배후에 있는 실제 역사는 이웃 도시국가들과 분쟁 중이었던 기브온이 에브라임과 베냐민 지파에게 원군을 요청한 일이었으며, 이것이 각색되어 기본전승의 내용을 이루게 되었다. 기본전승의 확장(성소에서 나무 패고 물긷는 자에 관한 이야기)은 이방인을 강제노역에 동원하는 솔로몬의 정책을 정당화하기 위한 목적을 갖는다. 여기에 더하여 신명기적 편집(9bb, 10, 24, 27bb)과 제사장적 첨가(15b, 18-21, 27절의 "회중을 위해")가 이루어졌다. Halbe, "Gibeon und Israel," 613-41.

서덜랜드는 할베가 기본전승의 확장이라고 본 부분을 포로기 후의 상황과 연결한다. 그는 "회중의 지도자"로 표현되는 엘리트 그룹의 지배형태는 포로기 후의 "제사장 지배체제"(hierocracy)와 유사한 것으로 본다. 이 관점에 따르면 여호수아 9장은 포로기 후에 최종편집이 이루어진 글이다. R. K. Sutherland, "Israelite Political Theories in Joshua 9," *JSOT* 17 (1992): 72.

뢰젤은 15절을 분기점으로 앞부분에서 기본전승을 찾고 뒷부분에서 확장을 찾는 할베의 방식에 반대한다. 할베의 이론은 16절 이하에서 더 이상 "이스라엘 사람"이 나오지 않는다는 사실에서 정당성을 구하지만, 뢰젤은 그런 생각에 동의하지 않는다. 앞 부분은 뒷부분을 요구하며 뒷부분은 앞 부분을 전제로 한다. 하지만 뢰젤은 문학적인 차원에서 "이스라엘 사람"과 "여호수아" 사이에 관찰되는 긴장을 중요하게 받아들인다. 6절에서 기브온의 대화상대로 여호수아가 먼저 언급되는데 반해 7절에서는 이스라엘 사람들이 기브온에게 대답한다. 더군다나 이스라엘 사람이 화자로 등장하는 곳에서 상대방은 "히위 사람"으로 언급된다(7절). 이런 이유로 뢰젤은 본문에 "여호수아 전승"과 "이스라엘 사람 전승"이 결합되어 있다고 주장한다. 묄렌브링크의 견해를 생각나게 하는 주장이나 뢰젤은 본문에서 역사적 결론을 도출하려고 하지는 않는다. H. N. Rösel, "Anmerkungen zur Erzählung vom Bundesschluß mit den Gibeoniten," *BN* 28 (1985): 30-35.

리버는 여호수아 9장의 이야기와 사건의 순서에 불일치와 모순이 있음을 인정한다. 하지만 그는 자료를 구분하거나 원래의 기록을 재구성하는 것에 회의적이다. 자료의 구분이나 원래 기록의 재구성은 본문의 다양한 요소들이 만들어내는 문학적 효과(긴장)를 파괴할 뿐이다. 리버는 기브온 사람을 대하는 태도에 있어서 여호수아와 이스라엘 사람 사이에 차이가 있으며, 이것이야 말로 이 이야기가 갖는 "특별한 맛"(special flavour)이라고 말한다. 리버는 비슷한 내용의 반복을 상이한 자료의 존재에 대한 증거로 받아들이지 않는다. 그것은 "성경 내러티브의 일반적 특징"이다. 15절 이후에 나타나는 말 "회중"(הָעֵדָה)도 반드시 후대의 첨가로 간주해야 하는 것은 아니다. 12지파 부족공동체는 정복전쟁 시기 이전부터 형성되어 있었다고 보아야 하기 때문이다. 하지만 리버는 여전히 문서형성 여기서 비평가들에게 부조화 또는 차이로 보이는 부분들이 실제로 그런 것인지 신중히 검토할 필요가 생긴다. 본문의 어떤 내용이 독자들에게 낯설게 보이는 이유는 그들 나름대로의 문학적 기준에 비추어 본문을 읽으려 하기 때문일 가능성도 있다. 본문의 원래 기록자나 독자들에게 익숙하고 자연스러운 내용이 그들과 전혀 다른 문화적, 정신적, 시대적 배경을 가진 현대의 비평가나 독자들에게는 어색하고 부자연스러울 수 있다. 동일한 사건을 다루는 한 본문에서 같은 사람이 서로 다른 명칭으로 소개되는 현상도 그 중에 하나다. 4절에 단수(집합명사)로 언급된 "이스라엘 사람"(אִישׁ־יִשְׂרָאֵל)이 14절에서 "그 사람들"(הָאֲנָשִׁים)로 되었다가 15절 이하에서는 "회중의 지도자들"(נְשִׂיאֵי הָעֵדָה)로 바뀐다.[3] 하지만 이 변화는 일반적인 것("사람")에서 구체적인 것("지도자")으로 발전을 보이는 까닭에 이야기에 비약이나 단절을 가져오지는 않는다. 사건을 전개하는 가운데 저자는 회중의 지도자가 중요한 역할을 했다는 사실을 밝히고 싶었을 수도 있다. 공동체 사이의 일(조약)이었기에 더더욱 그랬을 것이다.

비평가들은 "회중"(הָעֵדָה)이 후대의 제사장적 편집(P)에 속한다고 주장한다. 하지만 이 말은 출애굽 이후 이스라엘 공동체를 가리키는 말로

과 편집의 과정을 인정한다. 초기전승과 후대작품 사이에 내적 모순은 분명히 있다. 후대작품은 문제의 언약을 기브온 사람의 속임수 탓으로 돌리지만, 초기전승에서는 이스라엘의 지도자들이 처음부터 기브온 사람들에게 "나무를 패며 물을 긷는 자"의 위치를 약속한다. 21절 끝에 나오는 표현(כַּאֲשֶׁר דִּבְּרוּ לָהֶם הַנְּשִׂיאִים "지도자들이 그들에게 **말했었던 대로**")이 그것을 암시한다. 초기전승은 정복전쟁 시기에 강자(이스라엘)와 약자(기브온) 사이에 맺어진 보호조약을 전해주며, 후대작품은 이 조약을 기브온 사람들의 속임수에 의한 것으로 바꾸었다. 이러한 개작의 의도는 기브온 사람들을 박해한 사울의 행위를 정당화하는 것이었을 수 있다(cf. Möhlenbrink). J. Liver, "The Literary History of Joshua IX," *JSS* 8 (1963): 227-43.

[3] 그린쯔의 연구에 의하면, 힛타이트 조약문서에 "사람들" – the "men of Ismirikka," the "men of Hayasa," the "men of Harsama," the "men of Pikurzi" – 은 해당지역의 지도자를 가리키며 여호수아 9장의 "그 사람들"은 이 시기의 언어관습을 반영한다. See J. M. Grintz, "The Treaty of Joshua with the Gibeonites," *JAOS* 86 (1966): 119.

자주 사용된다(출애굽기 16회, 레위기 17회, 민수기 81회). 리버(J. Liver)가 잘 설명한대로(각주 2), 이스라엘의 12 부족 공동체는 정복전쟁 이전부터 형성되어 있었기에 이곳의 "회중"을 굳이 후대의 특별한 편집에 돌려야만 할 이유는 없다.

기브온 사람들이 히위 사람으로 불리는 것은 어떤가? 여호수아 11:3 에서 히위 사람은 "미스바 땅 아래 헤르몬 산 아래" 거주하는 것으로 소개된다. 이와 유사하게 사사기도 히위 사람을 "바알 헤르몬 산에서부터 하맛 입구까지 레바논 산에 거주하는" 사람으로 설명한다(삿 3:3). 하지만 기브온 사람은 예루살렘에서 불과 9km 정도 밖에 떨어지지 않은 곳에 있었다. 두 정보를 종합하면, 이는 히위 족속이 주로 시리아와 인접한 가나안 북쪽에 거주하면서 그 일부가 가나안 남쪽의 기브온 지역까지 이주하여 살았다는 추측이 가능하다. 흥미롭게도 칠십인역(LXX)은 여호수아 9:7에서 히브리어 본문(MT)의 "히위 사람"(החוי)을 "호리 사람"(Χορραῖος) 으로 옮긴다. 게다가 창세기 36장의 히브리어 본문 역시 히위 사람을 호리 사람(החרי)과 동일시한다(2절과 29절 참고). 이는 히위 사람과 호리 사람의 밀접한 관련성을 보여준다.[4] 일반적으로 호리 사람은 후르인(Hurrians)과 동일시된다.[5] 후르인은 원래 아르메니아 출신으로 후기 청동기(주전 1550년 이후)에 아나톨리아, 시리아에 퍼져 살았으며, 미타니(Mittani, 대략 1500~1300 BC)는 이들 후르인들이 연합하여 세운 왕국이다.[6] 정복전

---

[4] 블렌킨솝에게서도 같은 생각을 확인할 수 있다: "A relationship does, however, exist between Hivites and Horites (Hurrians) though its precise nature cannot be established at present, It seems more probable that the Hivites represented a separate group having affinities with the Hurrians rather than a term synonymous with them or one of several subdivisions." J. Blenkinsopp, *Gibeon and Israel: The Role of Gibeon and the Gibeonites in the Political and Religious History of Early Israel* (Cambridge: University Press, 1972), 21.

[5] M. A. Morrison, "Hurrians," *AYBD*, Vol. 3 (New Haven: Yale University Press, 2008), 335.

[6] See Morrison, "Hurrians," 336; R. S. Hess, *Joshua*, TOTC (Downers Grove: IVP,

쟁 시기에 가나안 지역에 살던 히위 사람은 이들 후르인(또는 히위 사람)의 한 분파였을 가능성이 크다.[7]

위의 설명은 여호수아 9:7에서 기브온 사람 대신 히위 사람이 언급되는 것에 대해 어떤 이해의 가능성을 열어주는가? 저자는 왜 이곳에서 새로운 명칭을 사용하였을까? "히위 사람"은 편집자가 미쳐 제거하지 못한 옛 문서자료의 흔적인가? 하지만 이는 편집자가 자기 일에 매우 부주의 하거나 미숙하다는 가정 하에서만 가능한 추측이다. 더 좋은 방법은 본문의 배후에 있을 수 있는 글의 의도를 추측하는 일이다. 본문의 저자는 기브온 사람이 진멸해야 할 대상이라는 점을 강조하기 위해 그들의 민족명칭을 언급했을 수 있다. 여호수아 3:10에서 히위 종족은 이스라엘 자손이 반드시 진멸해야 할 종족에 속하는 것으로 언급된다. 다른 한편, "히위 사람"은 이스라엘 사람들이 기브온 사람들에게 속은 이유를 암시하기 위해 선택된 명칭일 수도 있다. 당시 히위 사람들은 가나안 북부지역과 시리아, 아나톨리아 지역에 주로 거주하였다. 그렇다면 이스라엘의 입장에서 자신들을 멀리서 온 사람들이라고 소개하는 히위/기브온 사람의 말이 더욱 그럴듯해 보였을 수 있다.[8] 이 추측이 타당하다면, 부자연스럽게 보이는 말이 오히려 해석의 중요한 단서가 된다.

기브온 사람을 상대하는 측이 이중인 것은 어떻게 보아야 하는가? 그것은 소위 이스라엘 전승과 여호수아 전승이 결합되었다는 증거인가? 하지만 이스라엘은 출애굽 직후부터 백성을 대표하는 조직을 갖추고 있었으며(출 18:21-22; 민 11:16; 13:1-16 참고), 이들이 여호수아와 함께 백성을

1996), 29.

[7] 멘덴홀은 "히위"를 소아시아의 "길리기아"와 동일시한다. See Mendenhall, *The Tenth Generation*, 156. Cf. Pitkänen, *Joshua*, 211.

[8] 고대 근동에서 빠르게 진군하는 적을 만나기 위해 먼 거리에서 오는 일은 "일반적으로 잘 알려진 역사적 사실"(a normal well known historical fact)이다. 아시리아 왕들은 종종 이런 일을 자랑하기도 했다. See Grintz, "Treaty of Joshua with the Gibeonites," 122.

이끄는 역할을 했다는 사실을 생각하면 어려움은 해소된다(수 1:10; 3:2; 9:15, 18, 19; 14:1; 19:51; 21:1 참고). 본문의 통일성을 인정하지 않는 슈미트(G. Schmitt)와 같은 학자도 "정치적 결정이 중요한 여호수아 9장에서 백성공동체가 여호수아와 나란히 등장하는 것은 적절하다"고 말한다.⁹ 할페른(B. Halpern) 또한 "이스라엘 진영에서 여호수아와 장로들이 동시에 상호 의존적 권위를 행사했을 가능성을 배제할 수 없다"고 하며 "이스라엘 회중은 성경역사의 여러 고비마다 행정정책에 영향을 미쳤다"고 설명한다(삼상 8:11-12; 14:36-45; 삼하 19:1-15[2-26]; 왕상 12 참고).¹⁰

본문에서 관찰되는 중복 또한 문서의 복합성에 대한 증거는 아니다. 리버(J. Liver)가 말한 대로, 본문에 나타나는 말이나 행위의 반복은 성경 내러티브의 공통된 특징이다. "이 반복 양식의 한 특징은 하나의 사건을 일반적으로 묘사한 다음 세부적으로 묘사하는 것이며 같은 사건의 여러 국면에서 되어야 할 일과 되어진 일을 동일한 말로 반복하는 것이다."¹¹

여호수아서 9장은 도입(1-2절)을 제외하면 크게 두 부분으로 나누어진다. 전반부(3-15절)는 이스라엘과 기브온이 평화조약을 체결하기까지의 과정을 이야기하며, 후반부(16-27절)는 그 이후에 벌어진 일을 이야기한다. 전반부는 다시 네 개의 소단락으로 나누어진다: 1) 기브온 사람들의 슬기(3-6절), 2) 이스라엘의 의문(7-8절), 3) 기브온 사람들의 해명(9-13절), 4) 언약체결(14-15절). 후반부는 모두 네 개의 소단락으로 이루어진다: 1) 드러난 진실(16-17절), 2) 회중의 반응과 지도자들의 대응(18-21절), 3) 여호수아의 비난과 기브온 사람들의 해명(22-25절), 4) 여호수아의 판결(26-27절).

---

⁹ G. Schmitt, *Du sollst keinen Frieden schließen mit den Bewohnern des Landes*, BWANT 91 (Stuttgart: Kohlhammer, 1970), 30. (Halbe, "Gibeon und Israel," 620에서 재인용)

¹⁰ Halpern, "Gibeon: Israelite Diplomacy in the Conquest Era," 310.

¹¹ Liver, "The Literary History of Joshua IX," 231.

도입(9:1-2)

> 사역: ¹요단 건너편 산지와 저지와 레바논 어귀까지 큰 바다의 모든 해변에 있는 모든 왕들 곧 헷 사람과 아모리 사람과 가나안 사람과 브리스 사람과 히위 사람과 여부스 사람이 듣자 ²여호수아와 이스라엘과 싸우려고 하나로 함께 모였다.

"요단 건너편"은 요단 서편의 가나안 본토를 지칭하는 말이다. "산지"(הר)는 이스르엘 계곡부터 예루살렘까지 이어지는 에브라임 산지(또는 사마리아 산지)와 예루살렘에서 네게브까지 이어지는 유다 산지로 이루어지는 "중앙 산간 지역"(the Central Hill Country)을 말한다. "저지"(שְׁפֵלָה)는 "대략 벧호론부터 브엘세바까지 유다 산지와 나란히 뻗어 있으면서 유다 고원지대를 블레셋 본토와 분리하는 낮은 산록지역"이다.¹² "레바논 어귀까지 이르는 큰 바다"는 지중해를 의미한다. 삼중의 지리적 정보("산지", "저지", "해변")는 가나안 본토 전체지역을 포괄하기 위한 것이다. 이곳에는 가나안 본토에 거주하는 여섯 종족이 나열된다. 다른 곳(신 7:1; 수 3:10; 24:11)에는 일곱 종족이 나열되기도 한다. 여섯 종족이 나열되는 경우는 이곳 외에 일곱(출 3:8, 17; 23:23; 33:2; 34:11; 신 20:7; 수 12:8)이 더 있으며, 이중 둘(수 12:8; 신 20:7)은 종족이 열거되는 순서까지 이곳과 일치한다. 이곳의 목록은 비록 일곱에서 하나가(기르가스) 빠진 종족들을 담고 있지만 가나안에 거주하는 모든 종족을 나타내기 위한 것이다. 두 차례 반복되는 단어 "모든"(כֹּל)이 이 해석을 뒷받침한다.

가나안의 모든 왕들은 여호수아와 이스라엘과 싸우려고 하였다. 이유는 그들이 전해 들은 소식 때문이었다. 본문은 그 소식이 무엇인지 구체적으로 밝히지 않는다. 하지만 문맥을 통해 그것이 여리고와 아이의

---

12 Miller & Hayes, *A History of Ancient Israel and Judah*, 16.

멸망에 관한 것임을 알 수 있다. 가나안의 왕들은 이스라엘과 싸우기 위해 동맹을 맺었다. "모이다", "함께", "하나로"(פֶּה אֶחָד, "한 입으로")와 같은 표현이 이것을 말해준다. 이스라엘과 싸우는 일에 가담하지 않은 가나안의 왕들은 없다. 세 차례 연이어 나타나는 지리적 정보와 두 차례 반복되는 "모든"이 그것을 강조한다. 하지만 가나안의 왕들이 하나의 연합군을 만든 것은 아니다. 지리적으로 인접한 지역의 왕들만 서로 군사동맹을 맺었다(수 10-11장 참고).

여호수아서는 이스라엘을 대하는 가나안 왕들의 태도에 변화와 발전이 있음을 보여준다. 요단강의 기적에 관한 소식이 전해졌을 때 가나안의 왕들은 '마음이 녹고 정신이 나가는' 반응을 보였다(수 5:1). 하지만 여리고가 무너지고 아이가 멸망했다는 소식이 전해지자 그들은 군사동맹을 맺고 이스라엘과 싸우려고 한다. 이는 마음 속의 공포와 두려움이 오히려 적대감으로 굳어지고 마침내 공격적인 행위로 표출되었다는 사실을 알려준다. 마음의 공포와 두려움은 정반대 방향으로 발전할 수도 있다. 가나안의 왕들은 이스라엘에게 백기를 들고 항복할 수도 있었다. 하지만 그들은 다른 길을 택했다. 그들은 나름대로 방책을 마련했다. 4절은 기브온 사람들 "또한"(גַם) "슬기롭게"(בְּעָרְמָה) 행했다고 밝힌다. 이는 가나안의 왕들도 나름 슬기롭게 행했다는 것을 의미한다. 그들은 제각기 홀로 이스라엘을 상대할 수 없다고 판단하고 공동대응에 나섰다. 그들은 서로 힘을 합하기만 한다면 능히 이스라엘을 이길 수 있을 것이라고 생각했다.

그러나 그것은 어리석은 생각이었다. 그들은 이스라엘이 여호와의 인도와 보호를 받는 특별한 민족임을 분명히 들어 알고 있었다(수 2:11; 5:1 참고). 홍해가 갈라지고 요단 강물이 끊어진 사건은 이스라엘의 하나님 여호와가 누구인지를 뚜렷이 증거한다. 여리고가 무너지고 아이가 멸망한 사건도 마찬가지다. 그런데도 가나안의 왕들은 서로 힘을 합하기만 한다면 이스라엘과 싸워 이길 수 있다고 생각했다. 이 얼마나 어리석고 미련한 판단인가! 그러므로 그들이 슬기롭게 행동했다는 암시는 독자들에게 그들의 어리석음과 완고함을 꼬집는 아이러니로 다가온다. 여호수아서 저자는 그들의 마음이 완고해진 이유를 그들을 멸하고자 하시는 하나님의 뜻에서 찾는다(수 11:20).

기브온 사람들의 슬기(9:3-6)

> **사역** ³기브온 주민들이 여호수아가 여리고와 아이에 행한 일을 듣고 ⁴그들 또한 슬기롭게 행하여 가서 사신으로 행세했다. 그들은 낡은 자루와 낡고 찢어져 기운 포도주 부대를 나귀에 싣고 ⁵발에는 낡아서 헝겊으로 덧댄 신을 신고 낡은 외투를 입었으며 식량의 떡은 모두 마르고 부스러진ᵃ 것이었다. ⁶그들이 길갈 진영의 여호수아에게 와서 그와 이스라엘 사람에게 말하였다. "우리는 먼 땅에서 왔으니 이제 우리와 언약을 맺으십시오."

> **[번역주]** 5ᵃ: 한글 개역개정역, 영어 NAS역, 독일어 NLB는 נִקֻּדִים을 "곰팡이가 난"("moldy," "schimmlig")으로 번역한다. 이는 칠십인역(εὐρωτιῶν)의 영향인 것 같다. 하지만 원래 이 단어의 의미는 "부스러진 것" 또는 "작은 과자"이다(BDB, HALAT). 열왕기상 14:3에서 이 단어는 후자의 의미로 사용된다. 하지만 이곳에 더 어울리는 의미는 "부스러진 것"이다.

"기브온 주민들"은 전체 주민을 대표하는 대표단을 가리킨다. 그들이 "사신으로 행세했다"는 말이 이를 뒷받침한다. 전체 주민이 모두 사신 노릇을 할 수는 없다. "사신으로 행세했다"(יִצְטַיָּרוּ)는 말은 종종 주석가의 토론거리가 된다. 이 말은 "사신"의 의미를 가진 명사 "찌르"(צִיר)에서 온 동사(Hitpael, impf. 3. m. pl.)로 간주되며, 오직 이곳에 한번 나타난다. 그런데 뒤에서(12절) 이 동사와 형태가 매우 유사한 동사(הִצְטַיַּדְנוּ)가 사용된다. 이 동사(צוד의 Hitpael, pf. 1. c. pl.)의 의미는 "양식을 준비했다"(supply oneself with provisions)이다. 의미상으로 이 말이 여기에(4절) 더 잘 어울린다. 여행을 떠나기에 앞서 음식을 준비하는 모습이 자연스러울 뿐만 아니라 바로 뒤에 기브온 사람들이 준비한 "양식"(צֵידָם)이 구체적으로 언급되기 때문이다. 사실상 "찌르"(צִיר)와 "찌드"(צִיד)의 마지막 자음 (ר와 ד)은 매우 흡사하며 필사의 과정에서 실수를 유발하기 쉽다. 더군다나 여러 히브리어 사본들과 역본들(LXX, ESV, NJB 등)이 "양식을 준비했다"(וַיִּצְטַיְּדוּ)를 지지한다. 그러므로 "양식을 준비했다"가 원본일 수도 있다. 하지만 마소라 본문(MT)도 의미가 잘 통한다. "사신으로 행세했다"는 이야기 초두에 제시된 "요약진술"일 수 있다(Woudstra 155). 다수의 번역본들(개역개정, NIV, NAS, ELB6, NLB 등)이 마소라 본문을 따른다.

기브온 사람의 대표들은 길갈의 이스라엘 진영으로 왔다. 이 길갈은 이스라엘 자손이 요단을 건넌 후 진을 치고 기념비를 세웠던 장소일 가능성이 크다. 이스라엘 자손은 그곳에서 할례를 행하고 유월절을 지키는 등의 언약갱신 의식을 가졌다. 여호수아는 이곳을 정복전쟁의 전진기지로 삼고 조직적으로 전쟁을 펼쳤다. 이스라엘 군대는 정복전쟁을 수행하는 가운데 수시로 길갈의 본진으로 돌아와 전력을 가다듬었다(수 10:15, 43 참고). 정복전쟁이 어느 정도 일단락되었을 때, 이스라엘 자손은 길갈에서 땅을 분배하였다(수 14:6 참고). 주석가들 중에는 의견을 달리 하는 이들도 있다. 이곳의 길갈이 요단 계곡의 장소라면, 이스라엘 자손이 에발 산에서 제단을 쌓은 후 40~50km 정도 거리를 되돌아갔다는 "이상한" 이야기가 되기 때문이다(Howard, 224). 카일은 에발 산과 그리심 산에서 가까운 곳(Dschildschilia)을 길갈로 본다(신 11:29-30 참고).[13] 이곳은 1) 에발 산에서 남쪽으로 대략 7시간 거리에 있으며, 2) 높은 산등성이에 위치하여 서쪽으로는 저지대와 지중해, 동쪽과 북쪽으로는 각각 길르앗 산지와 헤르몬 산을 바라볼 수 있어서 정복전쟁의 구심점이 되기 적절하

---

[13] 오늘날에는 et-Tell("아이"의 후보 중 하나) 남동쪽의 Khirbet ed-Dawwara나 세겜 동편의 el 'Unuq이 성경의 길갈로 간주된다(Hess, 196).

다(Keil, 69). 카일의 설명은 상당히 설득력이 있다. 그러나 본문에는 길갈이 새로운 장소임을 가리키는 어떤 언급도 없다. 비록 에발 산에서 요단 계곡까지의 거리가 멀기는 하지만, 이곳은 이스라엘 수중에 들어온 안전한 장소이며 여리고 들판으로부터 풍부한 양식을 얻을 수 있는 장소였다. 따라서 여리고 곁의 길갈이 정복전쟁의 베이스 캠프가 되기에 가장 적합했다고 볼 수 있다(Alfrink, 37; Hertzberg, 66).

가나안의 모든 왕들과 같이 기브온 주민들도 "들었다". 기브온 주민들의 경우 그들이 들은 내용이 구체적으로 기록된다. 그것은 "여호수아가 여리고와 아이에 행한 일"이다. 이 소식을 듣고 기브온 주민들은 "슬기롭게" 행했다. 이곳에 사용된 표현 "또한"(גַּם)은 가나안의 왕들도 나름 슬기롭게 행했다는 의미다. "슬기"로 번역된 "오르마"(עָרְמָה)는 부정적인 의미("교활")를 갖기도 한다. 출애굽기 21:14에서 이 단어는 이웃을 "교활하게" 죽이는 행위를 묘사하는데 사용된다. 하지만 잠언에서 이 단어는 긍정적인 의미("슬기")로 쓰인다(잠 1:4; 8:5,12). 대다수 주석가는 이곳에서 "오르마"가 부정적인 의미로 쓰였다고 본다. 그러나 이곳에 소개된 기브온 주민의 행위에는 기생 라합의 행위를 연상케 하는 요소들이 많다. 라합과 유사하게 기브온 주민들은 여호와께서 애굽에서 행하신 일과 요단 동편의 두 왕들에게 행하신 일을 들었다고 말한다(9-10절, 수 2:10 참고). 라합이 가족과 친지들의 생명을 위하여 책략을 꾸몄듯이 기브온 주민들도 그렇게 했다(수 2:3-5 참고). 무엇보다도, 이곳에서 기브온 주민들은 나머지 가나안 주민들과 대조를 이루는 방식으로 묘사된다. 그러므로 기브온 주민들의 행위를 부정적으로 그리는 것이 저자의 의도라고 보기는 어렵다. 비록 기브온 사람이 거짓을 꾸몄지만, 그 배후에는 크고 두려운 여호와 하나님에 대한 인식과 깨달음이 있었다. 저자는 11장에서 비록 간접적이긴 하지만 기브온 사람이 이스라엘과 화친한 일을 긍정적으로 평가한다. 그것은 여호와에게서 난 일이며 기브온 사람이 여호와께 은혜를 입은 일이다(수 11:19-20 참고).

기브온 주민들은 여호수아를 만나기 위해 철저히 준비했다. 그들은 자신들이 인근에 있는 부족이라는 인상을 주지 않기 위해 최대한 노력을 기울였다. 그들은 아주 멀리서 온 것처럼 꾸몄다. 그들이 준비한 물품은 모두 "낡고", "찢어져서 깁고", "헝겊으로 덧댄" 것들이었다. 네 차례 되풀이되는 단어 "낡은"(בָּלֶה)은 그들이 얼마나 남루한 모습으로 보이려고 했는지를 알려준다. 그들이 준비한 식량도 말라서 "부스러진 것"(נִקֻּדִים)이었다. 이러한 노력은 어떻게 하든지 멸망을 피하고자 하는 그들의 간절함을 반영한다. 그들도 나머지 가나안 종족들처럼 이스라엘과 싸우는 길을 택할 수 있었다. 여호수아 10:2은 기브온이 "왕도들 중 하나처럼 큰 성읍이며 아이보다 크고 그곳 사람들은 모두 용사들"이라고 설명한다. 이렇게 크고 강한 성읍이 이스라엘과 싸우려 하기보다 이스라엘 앞에서 스스로를 낮추고 어떻게 하든지 화친을 맺고자 노력한다. 여타의 가나안 종족들과 강한 대조를 보이는 이 모습은 한 가지로만 설명될 수 있다. 그들은 여호와를 두려워하였다.

그렇지만 기브온 사람들이 어떻게 "먼 땅에서" 온 것처럼 행세할 생각을 했을까? 이스라엘 자손이 먼 땅의 사람들과 화친을 맺을 수 있다는 규칙은 모세에게서 왔다(신 20:10-15 참고). 기브온 사람들이 모세의 가르침을 알고 있었을까? 분명히 그들은 이스라엘에 대하여 많은 정보를 가지고 있었다(9-10절 참고). 24절에 의하면, 기브온 사람들은 심지어 여호와께서 모세에게 가나안 땅의 모든 주민을 멸하라고 하신 명령을 들어 알고 있었다. 기브온 사람들이 이스라엘과 화친을 맺기 위해 그토록 세심한 노력을 기울인 사실을 고려한다면, "이것을 이루는 길을 찾기 위해 필요한 모든 일을 다 하였을 것이라고 생각하는 것은 결코 경신(輕信, credulity)이 아니다"(Howard, 223-24).

기브온 사람들의 대화상대로 등장하는 인물은 여호수아와 이스라엘 사람이다. 단수로 기록된 "이스라엘 사람"(אִישׁ יִשְׂרָאֵל)은 집합적으로 이해되어야 한다. 이 말을 주어로 갖는 문장(7절)에서 복수형 동사(וַיֹּאמְרוּ,

"그들이 말했다")가 사용되는 사실이 이를 뒷받침한다. "이스라엘 사람"은 14절에서 "사람들"(הָאֲנָשִׁים)로, 15절부터는 "회중의 지도자들"(נְשִׂיאֵי הָעֵדָה)로 언급된다. 기브온 사람들은 여호수아와 회중의 지도자들에게 요청한다: "이제 우리와 언약을 맺으십시오." 청유형("언약을 맺읍시다") 대신 사용된 화법(단순 명령)은 이스라엘과 대등한 관계를 주장하지 않고 이스라엘의 수락을 요청하는 기브온의 낮은 자세를 잘 나타낸다. 그레이(J. Gray)에 의하면, 기브온 사람의 요청에 사용된 전치사(לְ)는 "낮은 편의 유익을 위한 봉신-조약의 형식"을 나타낸다(Gray, 100). 고대 근동의 맥락에서 언약/조약은 대개 신의 이름으로 맹세함으로써 체결된다. 이렇게 체결된 조약은 어떤 경우에도 지켜져야 한다. 기브온 사람들은 이를 잘 알고 있었기에 이스라엘과 조약을 맺고자 했다. 기브온 사람들의 입장에서 그것은 매우 슬기로운 선택이었다.

특주 6 기브온의 역사성

비평가들은 대개 여호수아 9장의 내용을 역사적 사실로 받아들이지 않는다. 그들은 현재의 본문이 저자(또는 편집자) 당시의 기브온이 처한 특별한 위치를 설명하기 위해 생겨났다고 생각한다.[14] 이러한 생각은 고고학계의 연구결과로 인해 더욱 힘을 얻는다. 일반적으로 기브온은 예루살렘에서 북서쪽으로 대략 10km 떨어진 곳에 위치한 "엘-집"(el-Jib)과 동일시된다.[15] 1950년대 후반에 이뤄진 탐사는 이곳에서 정복기(후기 청동기시대)의 유물을 발굴하지 못했다. 대규모 성벽이 발견되긴 했으나 초기

---

[14] 할베는 현재의 본문이 이방인을 강제노역을 위한 노예로 삼은 솔로몬의 정책(왕상 9:20-21 참고)을 정당화하기 위한 글이라고 본다. See Halbe, "Gibeon und Israel," 613-41. 서덜랜드는 포로기 후에 기브온 사람이 성전에서 일하는 이유를 설명하는 것이 최종 편집자의 목적이라고 본다. Sutherland, "Israelite Political Theories in Joshua 9," 72-73.

[15] See J. H. Walton et al., *The IVP Bible Background Commentary: Old Testament* (Downers Grove: IVP Academic, 2000), 222.

철기시대(대략 BC 12c)의 것으로 추정되기에 정복전쟁과 무관한 것으로 간주된다(cf. Pressler, 69). 하지만 이 발굴을 이끈 프릿챠드(J. B. Pritchard)는 발굴이 제한된 구역에서 이뤄졌다는 이유로 여호수아 시대의 "큰 성읍"(עִיר גְּדוֹלָה)이 더 발견될 가능성을 완전히 배제하지 않는다.[16]

소긴은 el-Jib에서 후기 청동기의 묘지가 발견된 사실을 거론하며 기브온이 정복기에 존재했던 도시라고 추정한다(Soggin, 110). 블렌킨솝(J. Blenkinsopp)은 여호수아 9장과 10:1-5의 상황이 아마나 시기(The Amarna Period, BC 14c) 팔레스타인의 정치상황과 잘 맞아떨어진다고 보고, 이 시기에 기브온은 예루살렘 왕의 관할에 속한 도시였을 것이라고 추측하기도 한다.[17] 블렌킨솝은 심지어 아마나 서신(the Amarna letters)이 알려주는 세겜의 통치자 라바유(Lab'ayu)와 "하비루"의 동맹은 이스라엘-기브온의 동맹과 다르지 않다고 주장한다.[18] 할페른(B. Halpern)은 기브온이 이스라엘과 화친을 맺은 일을 "하비루"와 이스라엘의 공조를 보여주는 한 예로 보기도 한다.[19] 이러한 점들을 종합할 때, 여호수아 9장의 역사적 진정성을 포기해야 할 이유는 없다.

이스라엘의 의문(9:7-8)

> **사역** [7]이스라엘 사람이 히위 사람에게 말했다. "아마도 네가 내 가운데 거주하는 듯하니 내가 어떻게 너와 언약을 맺겠느냐?" [8]그들이 여호수아에게 말했다. "우리는 당신의 종들입니다." 여호수아가 그들에게 말했다. "너희는 누구이며 어디서 왔느냐?"

---

[16] J. B. Pritchard, *Gibeon, Where the Sun Stood Still: The Discovery of the Biblical City* (Princeton: Princeton University Press, 1962), 157-58. (Pitkänen, 215에서 재인용)

[17] Blenkinsopp, *Gibeon and Israel*, 30-32.

[18] Blenkinsopp, *Gibeon and Israel*, 32.

[19] Halpern, "Gibeon," 312.

이스라엘의 지도자들이 먼저 말했다. 이곳에서 기브온 사람들은 특별히 "히위 사람"(החוי)으로 소개된다. 히위 사람은 이스라엘 자손이 제거하거나(נשל, 신 7:1) 쫓아내야(יוריש, 수 3:10) 할 종족들 가운데 하나다. 저자는 이 사실을 상기시키려는 의도로 기브온 주민들의 민족정체를 밝힌 것으로 보인다. 그것이 아니라면, 이 명칭은 이스라엘이 기브온 사람의 말에 속아넘어간 이유를 암시하기 위한 것일 수도 있다. 당시 히위 사람은 주로 가나안 북부와 시리아 지역에 살고 있었기 때문이다. 이스라엘 사람의 말에서 화자와 청자는 모두 단수로 표현된다. 구약에서 단수는 자주 집합적 의미로 사용된다. 이는 구성원 전체를 하나로 인식하는 연대의식을 나타낸다. 개인은 단순히 전체의 일부로 머물지 않고 공동체의 문제에 대하여 연대책임을 진다. 공동체 또한 단순히 개인의 총합이 아니며 개인의 문제를 공동체 전체의 문제로 삼는다. 이 연대의식이 구약 언약 공동체를 지탱하고 이끄는 원동력 중에 하나였다.

이스라엘의 지도자들은 기브온 사람들을 미심쩍게 바라보았다. 비록 기브온 사람들이 먼 땅에서 온 것처럼 꾸미긴 했지만, 이스라엘의 지도자들은 곧이곧대로 받아들이지 않았다. 온갖 전술과 책략이 난무하는 전쟁의 상황을 고려하면, 이스라엘의 지도자들이 보인 태도는 당연하다. 하지만 이들의 태도에는 애매한 면도 없지 않다. "아마도"(אולי)라는 표현은 기브온 사람들에게 변명할 여지를 줄 수 있다. 또한 의문사 "어떻게"(איך)는 (가까운 곳에 살지 않는다는) 납득할 만한 증거를 준다면 조약을 맺을 수 있다는 인상을 주기까지 한다.

불안과 동시에 희망을 발견한 기브온 사람 대표들은 8절에서 이스라엘의 최고 지도자 여호수아에게 말한다. 이는 불안에서 벗어나 희망을 굳히기 위한 좋은 대화전략일 수 있다. 그러므로 내러티브 차원에서 기브온 사람의 대화상대가 이스라엘의 지도자에서 여호수아로 바뀌는 것(7절 → 8절)은 어색한 일이 아니다.[20] 기브온 사람들은 우선 상대의 경계심을 완화하면서 상대가 환영할 말을 한다: "우리는 당신의 종들입니다."[20] 이 말은 단순히 상대를 높이는 공손한 표현이 아니다. 그것은 조약을 맺고자 하는 정치적 맥락에서 나온 말이다. 기브온 사람들은 고대 근동의 조약관계에서 종의 위치를 자처하고 있다. 스스로 종이 되겠다고 찾아온 사람을 마다할 이유가 어디 있는가? 기브온 사람들은 이스라엘 자손을 주인으로 섬기겠다는 뜻을 분명히 했다. 그들의 말은 여호수아의 마음을 한층 더 편하게 했을 것이다. 이어지는 여호수아의 질문("너희는 누구이며 어디서 왔느냐?")은 경계심에서 관심으로 발전한다는 느낌을 불러일으킨다.[21]

기브온 사람들의 해명(9:9-13)

> **사역** [9]그들이 그에게 말했다. "당신의 종들은 당신의 하나님 여호와의 이름으로 인해 아주 먼 땅에서 왔습니다. 왜냐하면 우리는 그분의 명성과 그분이 애굽에서 행하신 모든 일을 들었기 때문이며 [10]요단 저편에 있는 아모리 사람의 두 왕 곧 헤스본 왕 시혼과 아스다롯에 있는 바산 왕 옥에게 행하신 모든 일을 (들었기 때문입니다). [11]우리 장로들과 우리 땅의 모든 주민들이 우리에게 '여행을 위해 너희 손에 양식을 취하고 가서 그들을 만나 그들에게 '우리는 당신들의 종이니 이제 우리와 언약을 맺으십시오'하고 말하라'고 했습니다. [12]이것은 우리의 떡인데, 우리가 당신들에게 오기 위해 출발하던 날에 우리 집에서 준비했을 때는 따뜻했던 양식입니다. 그러나 이제 보십시오. 말랐고 부스러기가 되었습니다. [13]이 포도주 부대는 우리가 채울 때 새것이었습니다. 그런데 보십시오. 찢어졌습니다. 우리의 이 겉옷과 신발은 매우 먼 여행으로 인해 낡았습니다.

---

[20] 할베는 8절에서 기브온 사람들의 대화상대가 바뀌는 것(이스라엘 사람 → 여호수아)이 이야기의 흐름을 단절시킨다고 주장한다. 할베에 따르면 8절은 두번째 이야기꾼(storyteller)이 22-27절에 첨가될 여호수아의 역할을 준비하기 위해 "계산적으로"(ermittelnd) 삽입된 구절이다. See J. Halbe, "Gibeon und Israel," 621, 629.

[21] 리버는 기브온 사람들에 대한 태도에 있어서 이스라엘 사람과 여호수아 사이에 나타나는 차이가 "이야기의 특별한 맛"(the special flavour of the story)이라고 설명한다. See Liver, "The Literary History of Joshua IX," 230.

기브온 사람들은 먼 길을 마다 않고 여호수아를 찾아온 이유를 밝힌다. 그들은 여호수아의 탁월한 지도력이나 이스라엘의 뛰어난 군사력을 언급하지 않는다. 그들이 언급한 것은 여호와의 이름과 그분의 명성이다. 그들은 여호와께서 애굽에서 행하신 일과 요단 동편의 두 왕들에게 행하신 일이 자신들을 움직였다고 설명한다. 이 설명은 아첨이나 거짓이 아니다. 비록 외적으로 속임수라는 수단이 동원되었지만 그들의 중심에는 여호와 하나님을 두려워하는 마음이 있었다. 그렇지 않았다면 그들은 가나안 땅의 다른 종족들처럼 이스라엘과 싸우는 길을 택하였을 것이다. 이스라엘과 화친을 맺기 위해 발휘된 "슬기"(עָרְמָה)는 가나안의 다른 종족들과 동맹을 맺는 어리석은 "책략"으로 나타났을 가능성이 매우 크다(1-2절 참고). 기브온 주민들이 여호와 하나님을 두려워한 것은 특별한 일이었음에 분명하다. 거기에는 기브온 사람들을 구원하시고자 하는 하나님의 섭리가 있었다고 보아야 한다. 여호수아서 기자는 기브온 사람이 이스라엘과 화친을 맺은 것은 하나님에게서 난 일이라고 밝힌다(수 11:19-20 참고).

기브온 사람들은 자신들이 "아주 먼 땅에서"(מֵאֶרֶץ רְחוֹקָה מְאֹד) 왔다고 말한다. 이 표현은 6절의 "먼 땅에서"(מֵאֶרֶץ רְחוֹקָה)에 비해 더욱 강화된 것이다. 이를 통해 그들은 여호수아의 의혹을 불식시키고자 하였다. 그들이 히위 사람이었다는 사실이 그들에게 유리하게 작용하였을 수 있다. 앞에서 소개하였듯이, 히위 사람은 원래 아르메니아 출신으로 정복 전쟁이 있던 후기 청동기 시대에 주로 아나톨리아와 시리아 지역에 퍼져 있었다. 11절에서 기브온은 장로들이 지배하는 곳으로 소개되는데, 이는 대개 왕이나 한 특별한 지도자가 지배하는 가나안 도시국가들의 형편과 달리 아나톨리아의 지배체제와 가깝다고 한다(Hess, 195-96). 이런 요소들은 여호수아와 백성의 지도자들로 하여금 기브온 사람들의 말을 더욱 쉽게 받아들이도록 만들었을 수 있다. 그럼에도 여호수아와 지도자들의 책임이 경감되는 것은 아니다. 여호와께서 멸하라고 하신 종족 가운데 히위 족속이 포함되기 때문이다. 여호수아와 지도자들이 기브온 사람들의 말을 받아들일 수 있었던 가장 중요한 이유는 그들의 속임수, 즉 남루한 옷차림, 찢어져 기운 포도주 부대, 말라 부스러진 떡이었다.

언약체결(9:14-15)

> **사역** ¹⁴그 사람들이 그들의 양식에서 얼마를 취하고 여호와의 입에 묻지 않았다. ¹⁵여호수아가 그들과 화친하여 그들을 살리는 언약을 맺고 회중의 지도자들이 그들에게 맹세했다.

"그 사람들"(הָאֲנָשִׁים)은 6절에 언급된 "이스라엘 사람"(אִישׁ יִשְׂרָאֵל)을 지시한다. 칠십인역은 이 말을 "지도자들"(ἄρχοντες)로 번역한다. 칠십인역의 일반적 경향으로 미루어 보아, 이는 15절 이후에 자주 등장하는 표현(נְשִׂיאִים, "지도자들")과 조화시키기 위한 노력이라고 여겨진다. 이스라엘의 지도자들은 기브온 사람들에게서 양식 얼마를 취하였다. 이 행위는 언약을 채결하는 과정의 일부(언약을 비준하는 식사)로 간주되기도 한다.²² 구약의 다른 곳에서 식사가 언약체결의 한 요소로 나타나는 예들이 있다. 이삭과 아비멜렉이 언약을 맺을 때(창 26:26-31), 야곱과 라반이 언약을 맺을 때(창 31:44-55), 이스라엘 자손이 시내산에서 하나님과 언약을 맺을 때(출 24:11)가 그런 경우다.

그러나 이스라엘의 지도자들이 기브온 사람에게서 양식을 취한 것은 단지 그들의 말을 확인하기 위한 일이었을 수 있다. 문맥은 이 해석을 지지한다. 언약체결 장면은 15절에 소개된다. 이러한 배열은 14절의 내용이 언약체결 의식과 무관하다는 것을 나타낸다. 또한 14절에서 양식을

---

²² See F. C. Fensham, "The Treaty between Israel and the Gibeonites," *BA* 27 (1964): 96-100; Boling and Wright, *Joshua*, 265; Gray, *Joshua*, 101; Blenkinsopp, *Gibeon and Israel*, 36. Cf. Halbe, "Gibeon und Israel," 620-21.

취한 일과 여호와의 입에 묻지 않은 일이 대조를 이룬다. 이 대조는 스스로의 판단에 의존하는 이스라엘 지도자들의 그릇된 태도를 부각시킨다. 그들은 기브온 사람들의 음식이 정말 말라서 부스러진 조각이 되었는지 스스로 확인하려고 했을 뿐 하나님께는 묻지 않았다. 상대가 여호와께서 언약을 맺지 말라고 엄히 명하신 종족(히위 사람)이었음을 생각할 때, 그들의 잘못은 더욱 심각하다.

"여호와의 입"(פִּי יְהוָה)은 여호와의 말씀 또는 명령을 가리키는 은유이다(사 1:20; 40:5; 렘 9:12[11]; 삼상 15:24; 민 14:41 참고). 그러므로 여호와의 입에 묻지 않았다는 말은 여호와의 말씀을 들으려 하지 않았다는 말과 같다. 민수기 27:18-23에 의하면, 제사장 엘르아살은 우림의 판결을 통해 여호와의 말씀을 받고 여호수아와 이스라엘 회중은 그 말씀에 순종해야 한다.[23] 하지만 이곳에서 여호수아와 회중의 지도자들은 그렇게 하지 않았다. 아이 전쟁의 실패도 사실은 여호와의 말씀을 듣는 일에 실패한 결과였다(수 7:1-2 참고). 이스라엘 자손은 언제나 자신의 판단을 중시하고 하나님의 말씀을 무시하는 위험에 노출되어 있었다. 이것은 그 어떤 위험보다도 이스라엘을 더 위태롭게 했다. 하나님으로 말미암아 사는 민족이 하나님을 떠나 어떻게 살 수 있겠는가! 기브온과의 관계에서 드러난 이스라엘의 실수는 훗날 큰 비극을 초래한다(삼하 21:1-14 참고).

마침내 여호수아는 기브온과 화친하고 그들을 살려주겠다는 언약을 맺었다. 여기에 사용된 표현 "카라트 베리트"(כָּרַת בְּרִית)는 언약을 체결하는 행위를 표현하는 전문용어이다. "카라트"는 언약을 채결하는 과정에서 짐승을 쪼개는 행위를 묘사하는 말이다(렘 34:18 참고). 따라서 "카라

---

[23] "우림"(אוּרִים)은 어원상 빛을 뜻하는 "오르"(אוֹר)와 연결된다. 따라서 "우림"의 사용은 계시를 받는 일에 빛이 핵심 요소였다는 것을 나타낸다. 아마도 계시가 주어질 때 제사장의 흉패에 부착된 우림 "확증의 표로서 특별하거나 기적적인 빛이 동반되었다"고 가정할 수 있다. See C. Van Dam, אוּרִים in *NIDOTTE*, vol. 1 (Grand Rapids: Zondervan, 1997), 330.

트 베리트"는 언약의 엄중함을 표현한다. 그것은 언약을 파기할 경우 쪼개진 짐승과 같은 운명에 처하게 될 것이라는 경고를 담고 있다. 언약의 내용은 기브온 사람들의 생존을 보장하는 것이다. 그 대가로 기브온 사람들은 이스라엘을 종주국으로 섬겨야 한다(8절 참고). 이 관계는 어떤 경우에도 파기되어서는 안된다. 언약에는 으레 맹세가 포함된다.[24] 맹세는 언약의 엄중함을 강화한다. 이스라엘의 지도자들도 맹세하였다.[25] 18절은 그들이 "이스라엘의 하나님 여호와"로 맹세했다고 밝힌다. 그러므로 이 언약은 반드시 지켜져야 한다. 그것을 어기는 것은 여호와의 이름을 "함부로"(לַשָּׁוְא, "in vain")로 부르는 일에 해당하는 큰 죄이다(출 20:7 참고).

드러난 진실(9:16-17)

> **사역** [16]저들과 언약을 맺은 지 삼일 끝에 그들은 저들이 자기에게 가까이 있으며 자기 가운데 저들이 거주한다는 것을 들었다. [17]이스라엘 자손들이 출발하여 셋째 날에 저들의 도시들에 도착하였다. 저들의 도시들은 기브온과 그비라와 브에롯과 기랏여아림이었다.

---

[24] 고대 근동의 힛타이트 종주권 조약에서 속국은 종주국이 부과하는 의무를 지키기로 서약하는 맹세를 포함하였다. See Mendenhall, "Covenant Forms in Israelite Tradition," 60-61. Cf. O. Palmer Robertson, *The Christ of the Covenants* (Phillipsburg: Presbyterian and Reformed Publishing, 1980), 6-7.

[25] 힛타이트 종주권 조약에서 종주국은 맹세하지 않았다. 조약의 내용은 오직 속국에게만 구속력이 있었다. See Mendenhall, "Covenant Forms in Israelite Tradition," 56. 이런 이유로, 그린쯔는 이스라엘과 기브온 사이의 조약을 종주권 조약의 하나로 간주할 수 없다고 주장한다. 그린쯔의 연구에 따르면 고대 힛타이트에는 종주권 조약과 달리 어떤 나라에 피보호국(protégé)의 지위를 부여하는 조약이 있었다. 이 조약은 쌍방에게 모두 구속력을 갖는 내용을 포함한다. 이스라엘이 기브온과 맺은 조약은 기본적으로 기브온에게 평화와 생존을 보장하는 조약이다. 그러므로 기브온과의 조약은 "피보호국과의 조약"(treaty with protégé)에 해당한다. See Grintz, "The Treaty of Joshua with the Gibeonites," 114-16, 121-24. 하지만 기브온과의 조약은 신명기의 전쟁규칙을 따르는 것이다. 신명기의 전쟁규칙이 가르치는 화친조약은 그린쯔가 말하는 "피보호국과의 조약"과는 다르다(신 20장 참고). 그것은 오히려 힛타이트 종주권 조약에 더 가깝다. 따라서 기브온과 맺은 조약은 이스라엘 판 종주권 조약일 가능성이 크다.

이스라엘 자손은 기브온 사람들과 언약을 맺은 지 "삼일 끝"에 자신들이 속았다는 사실을 알게 되었다. 기브온 사람들은 이스라엘 자손 "가까이" 있을 뿐만 아니라 심지어 그들 "가운데" 거주한다. 흥미롭게도, 이 두 표현이 들어있는 문장("저들이 자기 가까이 있으며 자기 가운데 저들이 거주한다")은 교차대구의 형식을 갖는다.

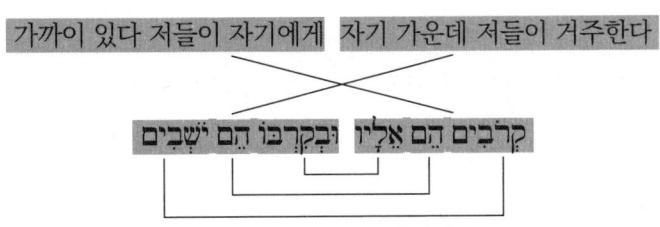

"자기 에게"(אֵלָיו)와 "자기 가운데"(בְּקִרְבּוֹ)가 중앙에 배치되고, 대명사 "저들"(הֵם)이 다음 자리에 오고, "가까이 있다"(קְרֹבִים)와 "거주하다"(יֹשְׁבִים)가 전체를 감싸고 있다. 또한 서로 대응관계에 있는 단어들끼리 동일한/유사한 각운을 갖는 것도 주목할 만하다(ם֯, ם.., וֹ/ı). 이러한 구성을 통해 저자는 이스라엘 자손이 차지할 땅의 한 가운데 기브온 사람들이 거주한다는 사실을 강조한다. 그 이유는 신명기 20:10-20의 전쟁규칙 때문이다. 이 규칙에 따르면 이스라엘 자손은 가까이 있는 이방인들을 살려서는 안 된다. 그들을 본받아 우상숭배의 관습에 빠질 우려가 있기 때문이다(신 20:18 참고). 그러므로 이방인들이 이스라엘과 공존하기 위해서는 여호와를 하나님으로 믿고 섬기는 일이 우선되어야 한다. 기생 라합의 경우처럼 말이다. 여호수아가 기브온 자손들에게 여호와의 성소에서 섬기는 일을 하도록 규정한 것은 이런 이유 때문이라고 할 수 있다(수 9:27 참고).

"삼일 끝"은 여호수아 3:2에도 나오는 표현이다. 그곳에서 "삼일 끝"은 이스라엘 자손이 요단강에 당도한 시점을 기준으로 계산된 시간이다. 이곳에서 "삼일 끝"은 이스라엘 자손이 기브온 사람들과 언약을 맺은 시점을 기준으로 계산된 시간이다. 이 시점에 이스라엘 자손은 아직 길갈에 머물고 있었다. 이스라엘 자손이 기브온을 향해 출발한 시간은 기브온 사람들의 정체가 알려진 다음이다. 본문을 있는 그대로 읽으면, 길갈에서 기브온까지 가는데 걸린 시간은 이틀이 넘는다. 17절은 이스라엘 자손이 기브온에 당도한 시점이 "셋째 날"이라고 밝힌다. 길갈에서 기브온까지의 거리가 대략 30km인 점을 감안하면(Woudstra, 161), 이는 다소 뜻밖의 설명이다. 그러나 "셋째 날"이라고 해서 반드시 72시간을 생각할 필요는 없다. 출발 시간이 오후이고 도착시간이 오전이면 날수로는 삼일이지만 시간으로는 30시간 내외 정도가 될 수도 있다.[26] 이 시간에 기브온은 길갈에서 쉽게 갈 수 있는 곳이다.

이스라엘 자손이 어떻게 기브온 사람들의 정체를 알게 되었을까? 아마도 기브온 사람들 자신에게서 그런 정보가 흘러 나갔을 가능성이 크다. 기브온 사람들은 이미 이스라엘과 맺은 화친조약으로 인해 생존을 보장받고 있었다. 그런 가운데 그들은 시간이 흐르면서 더 이상 신분을 숨기기 어려웠고 또 그럴 필요도 없다고 여겼을 수 있다. 거짓으로 맺은 조약이긴 하지만, 그래도 맹세로 보장된 조약이 아니던가! 더군다나 "여호와로 한 맹세"(an oath sworn by Yahweh)로 말이다(19절 참고). 기브온 사람들은 거짓이 탄로났을 때 어떻게 될 것인지를 생각했을까? 거짓에 의해 맺어진 조약은 무효가 될 수도 있지 않는가? 과연 그들은 "여호와로 한 맹세"가 파기될 수 없다는 사실을 알았을까? 그들의 치밀한 준비를 고려할 때, 그랬을 가능성을 완전히 배제할 수는 없다. 물론 그들은 만에 하나 있을지도 모를 위험도 생각했을 것이다. 하지만 그들은 위험을 감수하면서 이스라엘과 화친하는 길을 택했다. 이 선택에서 그들의 절박함

---

[26] Cf. Hertzberg, *Die Bücher Josua, Richter, Ruth*, 67: "Die Zahl gibt hier wie in V.17 einen kurzen Zeitabschnitt an, der länger als ein Tag und eine Nacht; die mit Jesu Auferstehung verbundene Zeitangabe von drei Tagen umfaßt bekanntlich zwei Nächte und den dazwischenliegenden Tag."

을 엿볼 수 있다. 절박함은 급진적(radical) 선택을 하게 한다.

신약은 세상에 침투해 들어오는 천국은 인간에게 급진적 선택을 요구한다고 가르친다: "세례요한의 때부터 지금까지 천국은 침노를 당하나니 침노하는 자는 빼앗느니라"(마 11:12). 천국은 침노하는 자 곧 그것을 위해 전력투구하는 자에게 주어지는 선물이다.[27] 신학적 차원에서 가나안 땅으로 진군해 들어오는 이스라엘 군대는 세상으로 침투해 들어오는 하나님 나라의 군대에 비교된다.[28] 그렇다면 이스라엘과 화친을 맺기로 한 기브온 사람의 급진적 선택은 천국을 소유할 자가 마땅히 보여야 할 급진적 태도에 비교될 수 있다(막 9:43, 47 참고).

17절은 기브온 사람들이 거주했던 지역에 대해 새로운 정보를 제공한다. 기브온 외에도 그비라, 브에롯, 기럇여아림이 더 언급된다. 앞에서 밝혔듯이, 기브온(오늘날의 el-Jib)은 예루살렘에서 북서쪽으로 약 10km에 있다. 그비라(오늘날의 Khirbet el-Kefireh)는 기브온에서 서쪽으로 8~9km에, 기럇여아림(오늘날의 Tell el-Azhar)은 그비라에서 남쪽으로 2~3km에 있다(Walton, 223). 브에롯의 위치는 아직 분명하게 밝혀지지 않고 있다. 이 네 도시들은 블레셋의 다섯 도시들(가사, 가드, 아스돗, 에그론, 아스글론)처럼 "모종의 느슨한 연맹"을 이루고 있었던 것 같다(Howard, 228). 정복전쟁이 일단락된 후 이 네 도시는 베냐민 지파에 귀속되었다(수 18:25-26, 28 참고).

---

[27] 이에 대한 설명은 이 책의 96-101쪽을 참조하라.

[28] 래드는 예수 안에서 임한 하나님 나라를 다음과 같이 설명한다: "the eschatological Kingdom has itself invaded history in advance, bringing to men in the old age of sin and death the blessings of God's rule. History has not been abandoned to evil; it has become the scene of cosmic struggle between the Kingdom of God and the powers of evil." See G. E. Ladd, *The Presence of the Future* (Grand Rapids : Eerdmans, 1974), 326.

회중의 반응과 지도자들의 대응(9:18-21)

> **사역** ¹⁸그러나 이스라엘 자손은 그들을 치지 않았다. 왜냐하면 회중의 지도자들이 이스라엘의 하나님 여호와로 그들에게 맹세했기 때문이다. 모든 회중이 지도자들을 향해 불평하니 ¹⁹모든 지도자들이 모든 회중에게 말했다. "우리가 이스라엘의 하나님 여호와로 그들에게 맹세했으니 이제 그들을 건드릴 수 없다. ²⁰이것을 우리가 그들에게 할 것이니 곧 그들을 살리는 것이다. 그러면 우리가 그들에게 맹세한 맹세로 인하여 진노가 우리에게 임하지 않을 것이다." ²¹지도자들이 그들에게 말했다. "그들이 살게 하라." 지도자들이 그들에 대해²⁹ 말한대로, 그들은 모든 회중을 위해 물 긷는 자와 나무 패는 자가 되었다.

기브온 사람들에게 속았다는 사실을 알게 되었음에도 이스라엘 자손은 그들을 칠 수 없었다. 회중의 지도자들이 "이스라엘의 하나님 여호와"로 그들에게 맹세했기 때문이다. 이 맹세를 어기는 것은 여호와의 이름을 "함부로" 부르는 일과 같다(출 20:7 참고). 그것은 여호와께서 벌하실 큰 죄이다(삼하 21:1-2 참고). 기브온과 화친조약을 맺는 일에 있어서 회중의 지도자는 여호와께 묻지 않는 잘못을 범하였다. 그러나 그들은 여호와로 맹세한 조약을 깨는 일을 함으로써 이중의 잘못을 범하지는 않았다.

내레이터는 18절에서 요약의 형식으로 간단히 언급한 내용을 19-21a절에서 자세히 설명하는 방식을 취한다. 이것은 구약 내러티브에서 종종 볼 수 있는 현상이다.³⁰ 내레이터는 모든 회중이 지도자들을 향해 "불평했다"(לון의 니팔형)고 밝힌다. 이는 이스라엘 자손이 광야생활 중에

---

²⁹ 히브리어 전치사(לְ)는 "말하기 동사"(*verb dicendi*)와 함께 쓰일 경우 "~에 대해/관해"의 의미를 갖는다(HALAT, 483).

³⁰ 가령 여호수아 7:1에서 아간의 범죄로 인한 여호와의 진노가 요약의 형식으로 먼저 간단히 소개된 다음, 2-5절에서 여호와의 진노가 어떤 방식으로 나타났는지 자세히 설명된다(cf. Woudstra, 162).

되풀이했던 악습을 상기하게 만든다. 그들은 기회 있을 때마다 하나님께 불평하고 모세와 아론을 원망했다(출 15:24; 17:3; 민 14:2, 27; 16:41[17:2] 참고). 하지만 이곳에 소개된 회중의 불평은 과거의 그것과는 크게 다르다. 여기서 회중의 불평은 지도자들의 잘못으로 인한 것이다. 그럼에도 "불평"이란 말은 부정적 뉘앙스를 갖는다. 아마도 회중이 불평한 이유는 지도자들이 하나님께 묻지 않고 잘못된 조약을 맺었기 때문이 아니라 기브온 사람들을 살리는 것에 대한 불만 때문이었을 것이다.

"모든" 회중의 불평에 대해 "모든" 지도자들이 대답하였다. 여기서 강조되는 "모든"은 공동체 전체가 그 문제를 심각하게 받아들였다는 의미다. 지도자들은 회중에게 기브온 사람들을 칠 수 없는 이유를 밝혔다. 그들의 말에는 "맹세"가 명사(שְׁבוּעָה)로 한 번, 동사(נִשְׁבַּע)로 두 번 등장한다. 이는 문제의 핵심이 "맹세"임을 나타낸다. 이 맹세는 특히 "이스라엘의 하나님 여호와로" 한 것이다. 그러므로 그것은 결코 파기되어서는 안 된다. 이스라엘은 이 맹세에 따라 기브온 사람들을 살려야 한다. 회중의 지도자들은 이 사실을 매우 강조한다. "이제 그들을 건드릴 수 없다"는 말은 기브온 사람의 생존권이 보장되어 있다는 의미다. 20절 초반절에서 지시 대명사 "이것"(זֹאת)이 문장 첫머리에 오고 그것의 지시내용("그들을 살리는 것")이 부정사구 형식으로 뒤에 온다. 이 문장구성은 기브온 사람들을 살려야 한다는 지도자들의 강한 의지를 잘 표현한다.

==이것을== 우리가 그들에게 할 것이니 곧 ==그들을 살리는 것이다==

회중의 지도자들은 이 맹세를 어길 경우 이스라엘에 "진노"(קֶצֶף)가 임할 것이라고 생각했다. 이스라엘은 아간이 여호와께 바친 물건을 취한 일로 인해 "진노"를 경험한 적이 있다(수 22:20 참고). 여호와로 한 맹세를 어기는 것은 바친 물건을 취하는 일만큼이나 여호와를 무시하는 반역행위이다. 그것은 하나님의 진노를 살 수밖에 없다(삼하 21:1-2 참고). 회중의 지도자들은 아간의 사건을 통해 이것을 뼈저리게 깨달았던 것으로 보인다. 흥미로운 점은 회중의 지도자들이 여호와께 묻지 않은 일에 대해서는 진노가 없었다는 점이다. 그 이유는 아마도 회중의 지도자들이 경솔하긴 하였으나 고의로 여호와를 무시한 것은 아니었기 때문일 것이다. 여호와는 실수가 많은 인간이지만 그들의 마음과 사정을 헤아리시는 자비하신 분이다(시 103: 8-14 참고). 다른 한편, 기브온 사람을 살게 하는 것이 여호와의 뜻이었다는 점도 기억할 필요가 있다(수 11:19-20 참고). 하나님은 종종 인간의 실수나 잘못을 통해 자신의 뜻을 이루기도 하신다(창 45:5 참고).[31]

"그들이 살게 하라." 기브온 사람들은 결국 생존을 보장받는다. 하지만 그들은 "모든 회중을 위해 물 긷는 자와 나무 패는 자"(21b)가 되어야 했다. 다른 말로, 그들은 이스라엘 회중을 섬기는 종이 되어야 했다. 어찌 보면 이것은 새로운 일이 아니다. 기브온 사람들은 이스라엘과 조약을 맺을 때 이미 종으로 자처하였다(8절). 이스라엘 편에서도 처음부터 "강제노동"(מַס)에 동원할 의도로 그들과 조약을 맺었다고 보아야 한다. 신명기의 전쟁규칙에 의하면, 먼 곳의 성읍이 이스라엘과 화친을 맺기를 원할 경우 그 성읍의 주민은 모두 이스라엘에게 종이 되어 "강제노동"을 해야 한다(신 20:11 참고). 그렇다면 "모든 회중을 위해 물 긷는 자와 나무 패는 자"가 되는 것이 기브온 사람들에게 어떤 의미에서 새로운 처벌이 될 수 있는가? 이에 대한 대답은 신명기 29:11[29:10]에서 찾을 수 있다. 그곳에는 나무 패는 일과 물 긷는 일이 "거류 외국인"(גֵּר, resident aliens)에게 할당된, 가장 천한 일로 언급된다.[32]

---

[31] 흥미롭게도, 폴진은 기브온 사람이 이스라엘과 맺은 언약 때문에 죽음을 면할 수 있었던 것과 이스라엘 역시 하나님과 맺은 언약 때문에 생존할 수 있었던 것을 비교한다. 폴진은 이스라엘과 하나님의 언약관계에 대해 설명하는 신명기 29장이 여호수아 9장의 배경을 이룬다고 본다. See Polzin, *Moses and the Deuteronomist*, 117-21.

[32] 고대 힛타이트에서는 물 긷는 일이 처벌의 한 형태이었으며 "물 긷는 자"는 아무 권리도 갖지 못하는 하층민이나 버려진 사람들에게 사용된 표현이었다. See Grintz,

21b는 기브온 사람들의 운명이 회중의 지도자들에 의해 결정되었다고 밝힌다. 하지만 이것은 22-23절의 내용과 상반되는 것처럼 보인다. 22-23절에서 기브온 사람들을 처벌하는 자는 여호수아이다. 어떤 비평가는 21절이 기브온의 생존에 대한 책임을 여호수아에게서 회중의 지도자들에게 돌리려는 후대의 편집이라고 주장한다(Pressler, 33-34). 다른 비평가는 21절이 오히려 더 오래된 초기의 이야기라고 주장한다.[33] 그러나 이 주장들은 일반적인 설명에서 구체적인 내용으로 옮겨가는 구약 내러티브의 이야기 방식에 대한 오해에서 비롯되었다. 내레이터는 21b에서 일반적으로 소개한 내용을 22-25절에서 더 자세히 설명한다. 이 방식은 18절과 19-21a에서도 확인한 바 있다.

여호수아의 비난과 기브온의 해명(9:22-25)

사역 ²²여호수아가 그들을 불러 그들에게 말하였다. "왜 너희는 우리 가운데 거주하면서 우리를 속여 말하기를 '우리는 너희에게서 매우 멀리 떨어져 있다'고 하였느냐? ²³이제 너희가 저주를 받아 너희에게서 종이 되어 내 하나님의 집을 위해 나무를 패며 물을 긷는 자가 끊어지지 않을 것이다." ²⁴그들이 여호수아에게 대답하여 말했다. "당신의 하나님 여호와께서 그의 종 모세에게 명령하여 모든 땅을 당신들에게 주고 땅의 모든 거주민들을 당신들 앞에서 멸하라고 하신 일이 당신의 종들에게 분명히 들렸습니다. 그래서 당신들 때문에 우리가 우리 생명을 위해 매우 두려워하여 이 일을 하였습니다. ²⁵이제 보십시오. 우리는 당신의 손에 있습니다. 당신이 보기에 좋고 옳은 대로 우리에게 하십시오."

"Treaty of Joshua with the Gibeonites," 120.

[33] 이 주장에 따르면 21b의 표현 "지도자들이 그들에 대해 말한대로"(כַּאֲשֶׁר דִּבְּרוּ לָהֶם הַנְּשִׂיאִים)는 회중의 지도자들이 처음부터 기브온 사람들에게 물 긷는 자와 나무 패는 자의 지위를 약속했다는 것을 알려준다. See Liver, "The Literary History of Joshua IX," 232. Cf. E. A. Knauf, *Josua*, ZB (Zürich: Theologischer Verlag Zürich, 2008), 94-95.

앞에서 지도자들은 기브온 사람들에 "대해" 말하였다. 여기서는 여호수아가 직접 기브온 사람들과 말한다. 이 대화에서 기브온 사람들이 처벌받는 과정이 더 자세히 소개된다. 여호수아는 기브온 사람들을 불러서 왜 거짓을 말했느냐고 따져 물으며 저주를 선언한다. 저주의 내용은 그들이 대대로 "하나님의 집을 위해 나무 패는 자와 물 긷는 자"가 되어야 한다는 것이다. 앞에서 설명한 바와 같이, 나무 패는 일과 물 긷는 일은 당시의 문화에서 가장 천한 일이었다. 기브온 사람들이 "하나님의 집"을 위해 일하도록 한 것은 그들이 이방인이라는 사실을 고려한, 특별한 조치였을 가능성이 있다. 다시 말해, 기브온 사람들에게 우상숭배의 가능성을 근본적으로 차단하기 위해 "하나님의 집"을 위해 봉사하도록 했다는 것이다. 이렇게 보면, 기브온 사람들에게 가해진 "저주"는 오히려 그들에게 "축복"이 되었다고 할 수 있다. 여호와를 아는 경건한 성도는 그분을 위한 어떤 봉사도 마다 하지 않는다(시 84:10[11] 참고). 기브온 사람들은 생명을 건졌을 뿐만 아니라 여호와를 섬기는 일을 하게 되었다. 구약의 관점에서 이것은 분명히 축복이다.

여호수아가 말한 "하나님의 집"(בֵּית אֱלֹהִים)은 모세 시대에 만들어진 "성막"(מִשְׁכָּן) 또는 "회막"(אֹהֶל מוֹעֵד)을 가리킨다. 여호수아 시대에 실로에 세워진 회막은 "여호와의 집"(בֵּית יְהוָה)으로 불리기도 했다(수 18:1; 삼상 1:7 참고). 여호수아는 특별히 1인칭 소유격을 사용하여 "내 하나님의 집"이라고 말한다. 이를 통해 여호수아는 하나님과의 친밀한 관계를 표현하고 기브온 사람들도 하나님을 섬겨야 한다는 점을 강조한다.

24절에서 기브온 사람들은 자신들이 왜 거짓을 꾸밀 수밖에 없었는지를 길게 설명한다. 그들은 먼저 여호와께서 모세에게 명령하신 내용을 전해 들었다고 말한다. 그들의 어투에는 참 이스라엘 자손에게서나 볼 수 있는 믿음의 태도가 들어있다. 실은 이스라엘 자손 중에도 여호와의 명령에 무관심한 자들이 있다. 아간이 그런 자였으며 광야에서 죽어간 출애굽 1세대가 그런 자들이었다. 하지만 기브온 사람들은 비록 이방인이었음에도 불구하고 모세를 여호와의 종이라고 부르며 모세를 통해 주어진 여호와의 명령에 크게 주의를 기울인다. 이것이 다가 아니다. 그들은 가나안 땅과 주민들에 대한 여호와의 뜻과 말씀을 전해 듣고 두려워하였다(수 2:9 참고). 기브온 사람들이 살게 된 것은 이러한 태도 때문이다. 이사야 선지자는 여호와의 말씀으로 인해 두려워 떠는 자들에 대해 이렇게 예언한다: "내 말을 듣고 떠는 자 그 사람은 내가 돌보려니와"(사 66:2b).

25절에 기록된 기브온 사람들의 말("우리는 당신의 손에 있습니다")은 모든 것을 여호수아의 처분에 맡긴다는 뜻이다. 하나님의 사람을 의지하는 것은 지혜로운 태도이다. 그것은 하나님을 의지하는 것과 같다. 하나님을 의지하는 자는 부끄러움을 당하지 않으며 그분의 도우심을 받는다(시 25:2; 28:7 참고). 기브온 사람들이 덧붙여 한 말("당신이 보기에 좋고 옳은 대로 우리에게 하십시오")에서도 그들의 지혜가 엿보인다. 그들은 여호수아에게 보기에 "좋은"(טוֹב) 대로 할 뿐만 아니라 "옳은"(יָשָׁר) 대로 하라고 말한다. 여호수아에게 "좋은" 일은 기브온 사람들을 죽이는 일일 수 있다(삼하 21:2 참고). 하지만 그것은 "옳은" 일이 아니다. 기브온 사람들은 여호와로 한 맹세로 보호받고 있다.

여호수아의 판결(9:26-27)

> **사역** ²⁶그가 그들에게 그렇게 하여 그들을 이스라엘 자손의 손에서 건져냈고 이들이 그들을 죽이지 않았다. ²⁷그 날에 여호수아가 여호와께서 택하실 장소에서 오늘에 이르기까지 회중과 여호와의 제단을 위해 나무 패는 자와 물 긷는 자가 되게 하였다.

"그가 그들에게 그렇게 했다"는 것은 여호수아가 기브온 사람들의 말과 같이 "옳은" 일을 했다는 의미이다. 여호수아는 기브온 사람들을 이스라엘 자손의 손에서 건져냈다. 이곳에 사용된 동사 "건져내다"(נצל의 히필)는 이스라엘 자손의 거센 반발과 여호수아의 적극적 개입을 암시한다. 앞에서(21절) 회중의 지도자들이 기브온 사람에 대하여 "그들이 살게 하라"고 말하는 것을 보았다. 하지만 기브온 사람들에게 그 판결을 마지막으로 선언한 사람은 여호수아다. 이는 기브온 사람들이 "나무 패는 자와 물 긷는 자"가 되도록 한 판결의 절차에도 그대로 적용된다. 앞에서(21절)와 달리 이곳에서는 "여호와의 제단"이 새로 추가된다. 그렇다고 기브온 사람들에게 새로운 일이 추가되었다고 생각할 필요는 없다. "회중"을 위한 일과 "여호와의 제단"을 위한 일은 별개가 아니라 하나로 이해되어야 한다. "회중"과 "여호와의 제단"이 나란히 언급된 사실이 이런 이해를 뒷받침한다. 기브온 사람들은 이스라엘 자손을 대신하여 제사를 위해 필요한 나무와 물을 공급했다.

기브온 사람들이 섬길 곳은 "여호와께서 택하실 장소"이다. 이 표현은 신명기에 자주 나타난다(신 12:5, 11, 14, 18, 21, 26; 16:2, 6, 7, 11, 15, 16).[34] 여호수아서는 신명기/모세의 가르침을 그대로 이어받는다. 이것은 여호수아가 모세의 명령대로 했다는 사실을 강조하는 본문에서 확인할 수 있는 내용이다(수 4:10; 8:31; 11:12, 15, 23; 14:2, 5; 21:8; 22:4). 여호수아서에서 "여호와께서 택하실 장소"는 우선 "실로"이며(수 18:1), 최종으로는 성전이 세워지는 예루살렘이다. "오늘에 이르기까지"(עַד־הַיּוֹם הַזֶּה)는 본문의 기록시점을 가리킨다. 하지만 이 시점이 언제인지는 불명확하다. 여호수아 6:25에도 같은 표현이 나타난다. 그곳에서 이 표현은 라합이 아직 살아있을 때를 가리킨다.

---

[34] 하워드에 따르면 이 표현은 신명기에 모두 21번 나타난다(Howard, 231).

7.2 남부 정복(수 10:1-43)

기브온과의 화친조약 이후 여호수아는 가나안 남부 지역의 정복에 나선다. 하지만 흥미롭게도 이 정복전의 계기를 마련해준 것은 가나안의 왕들이다. 그들은 기브온이 이스라엘과 화친을 맺었다는 소식을 듣고 연합군을 형성하여 기브온을 공격하였다. 가나안 사람의 입장에서 그것은 현명한 일이었을 수도 있으나 실상은 대단히 어리석고 무모한 일이었다. 가나안 왕들은 이스라엘이 하나님의 능력으로 출애굽을 하고 가나안까지 오게 된 사실을 이미 알고 있었다. 그들은 하나님께서 이스라엘 자손 앞에서 홍해를 마르게 하신 일과 요단 동편의 두 아모리인 왕국(바산과 헤스본)을 멸하신 일을 알고 '마음이 녹고 정신이 남지 않았다'(수 2:9-11). 거기에 더하여 하나님의 궤 앞에서 요단 강물이 갈라지고 이스라엘 자손이 마른 땅으로 요단을 건넜다는 소식도 가나안 왕들에게 전해졌다. 이 일로 인해 가나안 왕들은 다시 한번 '마음이 녹고 정신이 남지 않은' 상태에 빠졌다(수 5:1).

일은 여기서 멈추지 않았다. 그것은 시작에 불과했다. 여리고와 아이가 차례로 무너지고 왕과 백성이 진멸되었다. 이제 왕도(王都) 중에 하나와 같이 큰 기브온 마저 이웃 도시들과 함께 이스라엘 편에 섰다. 그럼에도 가나안 왕들이 이스라엘과 싸우겠다고 생각한 것은 어리석고 무모하기 짝이 없는 일이다. 앞에서 살펴보았듯이, 그들은 어리석은 일을 하면서도 스스로 현명하다고 생각했다. 어디서 이런 오판이 왔을까? 그것은 오직 한가지로만 설명이 가능하다. 가나안 땅을 이스라엘 자손에게 주시는 것은 변함없는 하나님의 뜻이다. 그랬기에 하나님은 가나안 사람을 그들의 완고함 가운데 버려 두시고 은혜를 입지 못하게 하셨다(수 11:20 참고). 한 마디로, 정복전쟁은 하나님의 계획과 섭리 가운데 진행되었다.

7. 2. 1 기브온 전쟁(수 10:1-15)

9:1에서 가나안의 민족들이 모두 모여 여호수아와 이스라엘 군대를 대항하려고 했다는 일반적 진술이 있었다. 여기서는 그것에 대한 보다 구체적인 설명이 나온다. 가나안 남부의 다섯 왕들이 예루살렘 왕을 중심으로 연합군을 형성하여 이스라엘 군대와 싸우려고 했다. 그들은 먼저 이스라엘과 화친한 기브온을 공격하였다.

기브온을 침공한 남부 연합군(10:1-5)

> **사역** ¹예루살렘 왕 아도니제덱이 여호수아가 여리고와 그 왕에게 행한 것처럼 아이와 그 왕에게 행하여 아이를 점령하여 진멸하였다는 것과 기브온 주민들이 이스라엘과 화친하고 그들 가운데 있다는 것을 듣자 ²매우 두려워하였다. 왜냐하면 기브온은 왕도들 중에 하나 같이 큰 성이며 아이보다 크고 남자들은 모두 용사였기 때문이다. ³예루살렘 왕 아도니제덱이 헤브론 왕 호람과 야르뭇 왕 비람과 라기스 왕 야비아와 에글론 왕 드빌에게 보내어 말하되 ⁴"나에게 올라와 나를 도우라. 우리가 기브온을 치자. 그것이 여호수아와 이스라엘 자손과 화친하였기 때문이다." ⁵아모리 사람의 다섯 왕들 곧 예루살렘 왕, 헤브론 왕, 야르뭇 왕, 라기스 왕, 에글론 왕이 모여 올라왔으니 그들과 그들의 군대들이었다. 그들이 기브온을 향해 진을 치고 그것에 대항하여 싸웠다.

여리고와 아이가 이스라엘에게 멸망한 소식(수 6-8장)과 기브온이 이스라엘과 화친을 맺은 소식(수 9장)이 예루살렘 왕에게 전해졌다. 그 소식은 주변 국가들에게도 전해졌을 것이다. 예루살렘이 먼저 언급된 이유는 이 도시가 인근 지역을 대표하는 세력이었음을 나타낸다. 구약에서 예루살렘이란 이름은 이곳에 처음으로 등장한다. 정복전쟁 시기에 요새화된 예루살렘 성은 오늘날 "구 도시"(Old City)의 남쪽에 위치했던 산등성이였을 것으로 추정된다.³⁵ 요새화된 도시 외에도 예루살렘에 속한 크고 작은 촌락들이 있었을 것이다(cf. Herzberg, 150; Auld, 68). 아마나 서신(The Amarna Letters)에서 예루살렘은 중요한 도시로 등장한다. 이것으로 미루어 볼 때, 정복전쟁 시기에 이 도시에 속한 인구가 상당했을 것으로 추측할 수 있다(Pitkänen, 222).

예루살렘 왕 "아도니제덱"(אֲדֹנִי־צֶדֶק)은 그 이름의 뜻이 "나의 주는 의롭다"이다. 이 이름은 아브라함을 축복한 "살렘" 왕 "멜기제덱"(מַלְכִּי־צֶדֶק, "나의 왕은 의롭다")과 그 의미와 소리가 유사하다. "살렘"은 예루살렘의 다른 이름이다(시 76:2[3] 참고). 따라서 "제덱"(צֶדֶק)이 예루살렘에서 숭배되던 신(神)이었다는 주장도 있다.³⁶ 이 주장을 따르면 "아도니제덱"은 "제덱은 나의 주다"로 이해해야 한다. 하지만 구약에서 "제덱"이 신의 이름으로 사용된 경우는 없다. 따라서 이 단어는 말그대로 "의"(義)로 이해하는 것이 자연스럽다. 고래로 예루살렘의 왕은 "의"를 중요한 덕목으로 여겼던 것 같다. 하지만 아도니제덱이 중요시한 "의"는 참다운 "의"가 아니다. 참다운 "의"는 오직 하나님과 바른 관계 안에서만 얻을 수 있다. 하나님을 떠난 사람은 "의"의 모양을 가졌다 해도 내용은 죄로 오염되어 있다(롬 3:10 참고).

아도니제덱은 여호수아가 여리고의 왕과 아이의 왕에게 한 일과 기브온이 이스라엘과 화친을 맺었다는 소식을 전해 듣고 "매우 두려워하였다." 그는 자신도 여리고 왕과 아이 왕처럼 될 수 있다고 생각했던 것 같다. 여리고의 정복기사(수 6장)는 여리고 왕의 운명에 대해서는 침묵한다. 하지만 이곳에서 여리고 왕도 아이 왕과 같은 운명에 처해졌다는 사

---

³⁵ Cf. Boling and Wright, Joshua, 278; Walton, The IVP Bible Background Commentary, 223.

³⁶ See D. G. Schley, "ADONI-ZEDEK," vol. 1 of The Anchor Yale Bible Dictionary, D. N. Freedman, ed. (New Haven: Yale university Press, 2008), 75.

실이 밝혀진다. 여리고 왕도 해가 질 때까지 시체가 나무에 달리는 저주를 받았다(수 8:29 참고). 이 소식을 전해 들은 아도니제덱은 두려워하지 않을 수 없었다. 아도니제덱을 더욱 두렵게 만든 것은 기브온이 이스라엘과 화친한 일이다. 기브온은 "왕도들 중에 하나 같이 큰 성"이었다. 이 표현에서 당시 기브온은 왕이 지배하지 않았음을 알 수 있다. 기브온의 주민은 히위 사람으로서 장로들이 다스리는 체제를 가지고 있었다(9:11 참고).[37] 그러나 크기에 있어서 기브온은 왕도에 못지 않았으며, 심지어 아이보다 더 컸다. 게다가 기브온은 예루살렘과 아주 가까운 거리(북서쪽으로 10km 정도)에 있었다. 뿐만 아니라 기브온의 모든 남자들은 전쟁에 익숙한 용사들이었다. 이들이 이스라엘 편에 섰다. 그러기에 아도니제덱이 크게 두려워한 것은 당연한 일이다.

아도니제덱은 인근의 네 도시국가와 연합하여 기브온을 치려고 하였다. 헤브론은 예루살렘에서 남쪽으로 대략 32km, 야르뭇(오늘날의 키르벳 엘-야르묵, Khirbet el-Yarmuk)은 예루살렘에서 남서쪽으로 대략 24km, 라기스(오늘날의 텔 에드-두웨이르, Tell ed-Duweir)는 예루살렘에서 남서쪽으로 대략 48km, 에글론은 라기스와 헤브론 사이에 있는 곳(텔 아이툰, Tell Aitun)으로 라기스에서 남동쪽으로 대략 11km 떨어진 곳에 있다(Walton, 223-25). 이 도시들의 거주민은 모두 아모리인이었다. "아모리인"은 가나안에 거주하는 모든 사람들을 지칭하는 포괄적인 이름으로 사용되는 경우도 있으나(창 15:16 참고), 여기서는 중앙 산지에 거주하는 사람들을 가리킨다(수 10:6 참고). "아모리인"은 메소포타미아의 초기 텍스트에서도 등장하며, 그곳에서 이 이름은 시리아, 레바논, 팔레스타인 등 서쪽에서 온 사람("westerners")을 뜻한다(Howard, 127).

아모리인의 입장에서 기브온의 배신은 용인할 수 없는 일이었다. 그

---

[37] 히위 사람의 출신지인 아나톨리아의 지방정부는 장로들이 관할한 것으로 알려져 있다. See Grintz, "Treaty of Joshua with the Gibeonites," 121.

것은 자신들의 생존을 위협하는 일이었다. 기브온을 손에 넣은 이스라엘의 칼날은 그들에게 향할 것이 뻔하기 때문이다. 이런 이유로 그들은 예루살렘과 연합하여 기브온을 공격하였다. 하지만 그것은 오판이었다. 그들이 생존하려면 이스라엘과 화친한 기브온을 본받아야 했다. 이스라엘과 함께하시는 분이 누구신가? 애굽의 바로 왕을 심판하시고 홍해를 가르신 분이다. 정복전쟁 당시 가나안의 도시국가들은 대개 애굽에 예속되어 있었다. 이것을 고려하면, 예루살렘과 나머지 네 국가들이 한 일은 참으로 어리석고 무모한 일이었다. 그들이 충분히 지혜로웠다면, 어떻게 하든 이스라엘 편에 서려고 했을 것이다. 기브온과 가나안 남부 도시들 사이에 두드러지는 태도의 대조(화친과 공격)는 그들이 맞이할 운명의 대조(생존과 멸망)를 반영한다.

기브온의 원군요청(10:6)

> **사역** ⁶기브온 사람들이 길갈의 진영에 있는 여호수아에게 보내어 말하기를 "당신의 손을 당신의 종들에게서 거두지 마시고 속히 우리에게 올라와 우리를 구원하고 우리를 도우십시오. 왜냐하면 산지에 거주하는 아모리인의 모든 왕들이 우리에게 모였기 때문입니다."

기브온 사람들은 길갈의 진영의 여호수아에게 급히 도움을 요청하였다. 네 개의 연속되는 명령형 화법 - 거두지 말라(אַל־תֶּרֶף), 올라오라(עֲלֵה), 구원하라(הוֹשִׁיעָה), 도우라(עָזְרֵנוּ) - 은 기브온 사람들의 다급한 상황을 잘 표현한다. 기브온은 이스라엘과 언약을 맺었기에 그런 요청을 할 수 있었다. 고대근동의 종주권 조약에서 종주국은 속국이 적들의 공격을 받을 경우 군사적 지원을 약속하였다. 기브온이 여호수아에게 한 말("우리에게 올라와 우리를 구원하고 우리를 도우십시오.")은 아도니제덱이 주변의 왕들에게 한 말("나에게 올라와 나를 도우라")과 대응한다. 기브온의 요청은 아도니제덱의 요청을 무효화시킨다.

여기서 이스라엘과 화친을 맺고자 한 기브온의 입장을 다시 평가할 필요가 있다. 기브온(과 그비라, 브에롯, 기럇여아림)은 예루살렘을 비롯한 가나안 남부 도시국가들의 반발과 공격을 예상했지만 이를 무릅쓰고 이스라엘과 화친조약을 맺었던 것으로 보인다. 가나안 사람에게 기브온의 행위는 외부 침략자 편에 서는 일이었다. 그것은 분명히 배신행위다. 이는 정복전쟁 당시 가나안의 정치적 형편을 반영하는 것으로 이해될 수 있다. 아마나 서신(the Amarna Letters)은 그 당시 가나안이 정치적으로 매우 혼란한 상태에 있었음을 알려준다.[38] 일례로, 예루살렘의 통치자 에르헤바(ER-Ḫeba)는 온 땅이 "하비루"에게 빼앗겼다고 말한다(EA 286).[39] 기브온이 이스라엘과 화친조약을 맺은 일은 이런 현상의 하나일 수 있다. 기브온은 예루살렘의 아도니제덱을 주군(overlord)으로 섬기다가 이스라엘의 여호수아를 새로운 주군으로 받아들였을 가능성이 크다.[40] 이 경우 기브온은 분명히 예루살렘의 공격을 예상했을 것이다.

기브온과 이웃 도시들이 다른 도시국가들로부터 예상되는 공격을 아랑곳하지 않고 이스라엘과 화친을 맺은 것은 이스라엘과 이스라엘의 하

---

[38] Cf. N. Na'aman, "AMARNA LETTERS," *AYBD*, vol. 1 (New Haven: Yale university Press, 2008), 178-79.

[39] J. B. Pritchard, ed., *The Ancient Near East* (Princeton: Princeton University Press, 2011, 436-37). "하비루"는 원래의 정치적, 사회적, 경제적 위치에서 내몰려 이곳저곳을 다니며 문제를 일으키던 무리를 가리키는 말이다. "하비루"는 고대근동 전역에 광범위하게 나타나며 주전 이천 년대 전체 기간에 퍼져 있었다. 멘덴홀은 "히브리"가 "하비루"에서 파생된 말이라고 주장한다. See Mendenhall, *The Tenth Generation*, 135-41.

[40] Cf. Halpern, "Gibeon," 312: "Therefore, the Israelite treaties with Gibeon and Shechem may reflect the general process of defection by indigenous peoples from their aritoctratic Canaanite overlords to an insurgent camp. Gibeon and Shechem, ruled by their elders, chose to make common cause with the Irsealite invaders agains the monarchs of Jerusalem and other towns."

나님 여호와를 향한 그들의 태도를 반영한다. 그들은 이스라엘과 여호와를 가나안의 모든 세력보다 더 크고 두려운 존재로 인식했다. 이것이 그들의 생명을 구하였다. 여호와와 그의 백성 편에 서는 일은 현세를 넘어 영원한 생명을 얻는 일이다(창 12:3; 마 10:28 참고).

여호수아의 참전(10:7-10)

> **사역** [7]여호수아가 길갈에서 올라갔다. 그와 또 함께 있는 모든 전쟁의 백성과 모든 강한 용사들이 (올라갔다). [8]여호와께서 여호수아에게 말씀하셨다. "그들 때문에 두려워하지 말라. 내가 그들을 네 손에 주었다. 그들 가운데 한 사람도 네 앞에 서지 못할 것이다." [9]여호수아가 그들에게 갑자기 갔으니 밤새 길갈에서 올라갔다. [10]여호와께서 이스라엘 앞에서 그들을 혼란케 하시니 이스라엘이 기브온에서 그들을 아주 크게 도륙하고 벧호론의 오르막길에서 그들을 추격하여 아제카와 막케다까지 그들을 도륙하였다.

여호수아는 기브온의 요청에 즉각 응하였다. 이스라엘이 기브온과 화친을 맺은 이상 기브온 편에 서서 그를 돕는 것은 당연한 일이다. 언약을 통해 이스라엘은 기브온과 긴밀한 관계로 묶여 있다. 이것이 고대근동의 언약관습과 어떻게 연결되든 간에, 이스라엘은 여호와와 언약을 맺은 특별한 백성이다. 그러므로 이러한 신분에 걸맞도록 언약관계에 충실하여야 한다. 여호수아는 일반 군사들 및 최고의 용사들과 함께 길갈로부터 기브온으로 올라갔다.

여호와께서도 이 일을 옳게 여기셨다. 그분은 여호수아에게 "두려워하지 말라"는 말씀과 함께 승리를 보장해주셨다. "두려워하지 말라"는 여호수아의 소명기사(1:9)와 아이 전쟁기사(8:1)에도 등장한다. 승리를 보장하는 말씀("네 손에 주었다") 또한 다른 곳-여리고 전쟁기사(6:2)와 아이 전쟁기사(8:1, 18)-에 등장한다. "네 앞에 서지 (עמד)못할 것이다"와 유사한 표현은 여호수아 1:5에 나온다.[41] 이런 말씀들은 여호와께서 전쟁에 개입하신다는 것을 나타낸다. 기브온은 여호와의 이름과 그분이 하신 놀라운 일을 듣고 그분을 섬기기로 한 백성이다. 이들을 공격하는 것은 여호와를 공격하는 것과 같다(창 12:3 참고). 이런 이유로 여호와께서 전쟁에 개입하셨다. 그러므로 이 전쟁은 여호와의 전쟁이다.

9절은 여호수아가 적군들에게 "갑자기"(פִּתְאֹם, suddenly) 나타난 것을 강조한다. 아모리인 연합군에게 여호수아와 이스라엘 군대의 등장은 갑작스러운 것이었다. 그것은 그들을 당황스럽게 하고 혼란에 빠지게 만들었다. 여호수아는 밤새 길갈에서 기브온으로 올라갔다. 요단 계곡의 길갈로부터 산지에 있는 기브온으로의 야간행진은 대단한 일이다(Nelson 1997:140). 이는 기브온과의 언약에 대한 여호수아의 헌신을 잘 보여준다. 동시에 그것은 기브온을 도우시는 하나님의 손길이 신속함을 나타낸다. 여호수아를 통해 여호와께서 전쟁에 개입하시기 때문에 이런 설명이 가능하다. 기브온과 같이 여호와를 인정하고 그분께 나아오는 자는 여호와의 신속한 도우심과 보호를 받는다.

10절은 여호와께서 적군을 "혼란케 하심"(הָמַם)으로써 이스라엘에게 패하도록 하신 일을 설명한다. 이때 여호와께서 사용하신 수단이 무엇일까? 우레소리가 그런 수단으로 사용된 경우도 있다(삼상 7:10). 이곳에서는 이스라엘 군대의 갑작스러운 공격이 적들을 혼란에 빠뜨린 것 같다. 문맥이 그것을 암시한다. 이스라엘의 갑작스러운 등장(9절)과 적들이 혼란에 빠진 일(10절)이 연이어 언급되기 때문이다. 새벽에 느닷없이 나타난 이스라엘 군대는 적군들을 충격에 빠뜨리고도 남았을 것이다. 여호와께서는 이것을 아시고 이스라엘 군대가 "갑자기" 전장에 나타나도록 하셨다. 물론 이곳에 구체적으로 언급되지는 않았지만 하나님은 또다른 특

---

[41] 개역개정역의 "너를 능히 대적할 자가 없으니"에서 "대적하다"는 문자적으로 "서다"(יָצַב)의 히트파엘형)의 의미다.

별한 방식으로 적들의 혼란을 가중시키셨을 수 있다. 여호와는 능력이 무한하실 뿐만 아니라 지략이 뛰어난 최고의 용사시다.

기브온에서 이스라엘 군대는 큰 승리를 거두었다. 적들은 이스라엘의 기습공격을 예측하지 못했고 그에 대한 대비책을 갖지 못했다. 그래서 그들은 많은 군사를 잃고 도망칠 수밖에 없었다. 그들이 도주한 경로는 벧호론의 오르막길을 지나 아제카와 막게다까지다. 벧호론은 기브온에서 북서쪽으로 대략 2마일 떨어진 상벧호론(Beit Ur el-Foqa)과 그곳에서 북서쪽으로 대략 1.5마일 떨어진 하벧호론(Beit Ur et-Tahta)으로 이루어진 쌍둥이 도시다(Walton, 225). 기브온에서 상벧호론까지 가는 길은 오르막(710 → 776 미터)이며 그곳에서 하벧호론까지 가는 길은 내리막이다(Woudstra, 172). 아제카는 벧호론으로부터 남쪽으로 대략 15마일(Wray Beal, 230), 막게다는 아제카에서 남쪽으로 대략 14마일 떨어진 곳이다(Walton, 225). 전체적으로 이스라엘은 기브온에서 막게다까지 대략 32.5마일 정도의 먼 거리를 추격하였다. 이는 이스라엘의 의도를 엿볼 수 있게 해준다. 이스라엘이 원한 것은 단순한 승리가 아니었다. 가나안 남부 지역의 완전한 정복이 이스라엘의 목표였다.

여호와의 개입(10:11-13)

사역 [11]그들이 이스라엘 앞에서 도망할 때 그들은 벧호론의 비탈길에 있었다. 여호와께서 아제카에 이르기까지 하늘로부터 큰 돌을 그들에게 던지셔서 그들이 죽었는데, 이스라엘 자손이 칼로 죽인 사람보다 우박의 돌에 죽은 사람이 더 많았다. [12]그때 곧 여호와께서 이스라엘 자손 앞에 아모리 사람들을 내어 주시던 날에 여호수아가 여호와께 말씀드렸다. 그리고 그가 이스라엘 앞에서 말하였다.

"태양아, 기브온에 머물라.
달아, 아얄론 골짜기에."

> ¹³그때 태양이 머물고 달이 멈췄다.
> 나라가 원수를 보복하기까지.
>
> 야살의 책에 그것이 기록되지 않았는가? 태양이 하늘 중간에 멈추고 거의 온종일 서둘러 지지 않았다.

이 기록은 앞에서 소개된 전쟁의 상황에 대한 확장 내지 상세한 묘사이다. 저자는 "되돌아가기"(backtrack)와 "겹치기"(overlap) 기법을 사용한다. 이를 통해 저자는 기브온 전쟁에서 반드시 기억해야 할 중요한 요소에 독자의 관심을 집중시킨다. "되돌아가기"와 "겹치기"는 요단강 도하 기사(3-4장)와 여리고 정복기사(6장)에서도 확인할 수 있었다. 저자는 이 기법을 효과적으로 사용하여 정복전쟁의 중요한 요소를 기록에 남기고 있다(cf. Younger, 32).

11절은 적들이 이스라엘 앞에서 도망하고 여호와께서 그들을 멸하시는 광경을 묘사한다. "벧호론의 비탈길"(מוֹרַד בֵּית־חוֹרֹן)은 상벧호론에서 하벧호론으로 내려가는 "내리막"을 가리키는 것 같다. 이곳에서 여호와의 개입이 적극적으로 나타났다. 하나님은 하늘에서 큰 우박을 내리셨다. "큰 돌을 던지셨다"는 말씀은 하늘에서 우박이 쏟아지는 것을 표현하는 은유이다. 이 은유가 갖는 수사적 효과는 전쟁에서 적군을 물리치시는 여호와의 용사 이미지를 부각시키는 것이다. 인간 용사들이 물매로 돌을 던져 적군을 명중시키듯(삿 20:16 참고), 신적 용사이신 여호와께서 하늘로부터 큰 돌을 던져 적군들을 멸하셨다. 본문은 적들 가운데 칼에 죽은 자보다 우박에 죽은 사람이 더 많았다고 밝힌다. 이는 전쟁의 승리가 여호와에 의한 것이었음을 확인해준다.

12-13절에는 매우 특별한 내용이 담겨있다. 이곳에는 여호와께서 이스라엘의 승리를 극대화하기 위해 천체의 움직임을 사용하신 일이 기록되어있다. 이 특별한 일이 일어난 시점은 12절에서 시간의 부사 "그

때"(אָז)로 표현되고, 이는 다시금 시간의 부사구 "여호와께서 … 내어 주시던 날에"(בְּיוֹם תֵּת יְהוָה)로 부연된다. 그러므로 12-13절의 사건은 이스라엘이 아모리인 연합군을 추격하고 아모리인 연합군이 이스라엘 앞에서 도망할 때 일어났다. 다시 말해, 그것은 여호와께서 적들을 혼란케 하시고(10절) 하늘로부터 적들에게 큰 돌(우박)을 던지시는(11절) 것과 같은 시간에 있었다. 이 특별한 사건은 여호수아가 여호와께 말씀드리는 일로부터 시작한다. 여호수아가 여호와께 말씀드린 내용이 무엇인지는 알 수 없다. 또한 여호와께서 여호수아에게 어떤 대답을 주셨는지도 알 수 없다. 본문에 명시되지 않았기에 정확히 알 수는 없지만, 여호수아는 승기를 잡은 상황에서 어떻게 해야 할지를 여쭈었고, 여호와께서는 여호수아가 해야 할 일(태양과 달을 향해 명령하는 일)을 알려주셨을 가능성이 크다. 모세도 물이 없다는 이유로 백성이 불평하는 상황에서 여호와께 엎드렸고 여호와로부터 반석에게 "명령하라"는 지시를 받은 적이 있다(민 20:8).

문법적으로 태양과 달에게 명령하는 이가 누구인지 모호하다. "여호수아가 여호와께 말씀드렸다" 바로 다음에 나오는 문장 "그리고 그가 이스라엘 앞에서 말하였다"에서 주어 "그"는 바로 앞에 나오는 "여호와"를 가리킬 수도 있다.[42] 이 경우 태양과 달에게 명령하시는 분은 여호와로 이해되어야 한다. 이런 이해는 여호와께서 천지를 지으신 창조주라는 사실과 잘 조화된다. 여호와께서는 태양과 달을 지으신 창조자시기에 그것들에 명령을 내리실 수 있다. 하지만 인간이 태양과 달에게 명령을 내리는 것은 부자연스러워 보인다.[43] 이런 이유로 하워드는 태양과 달에게 명

---

[42] 노트는 본문이 여러 단계의 편집을 거친 글이며 원래의 문서에서 "그"는 여호와였을 가능성을 제기한다. 하지만 현재의 본문에서 "그"는 여호수아를 지시하다(Noth 1938, 38-39).

[43] 이러한 생각이 성경적인지는 더 생각해보아야 할 문제다. 인간은 원래 하나님의 형상대로 창조된 존재로서 하나님의 아들의 지위와 신분을 갖는다(창 5:1-3; 6:1-4 참고). 인간이 하나님과의 관계에서 아들의 지위를 갖는다는 것은 이미 여러 성경신학자들이 주목한 내용이다. 인간은 하나님의 아들로서 세상에 대하여 통치자의 권세를 갖는다

령한 분이 여호와시라고 주장한다. 그는 이 구절이 "하나님께서 주도권을 가지고 자연 현상에 대한 큰 권세를 드러내시며, 그것들에게 직접 말씀하시며, 그것들이 명령에 순종하도록 하시는 증거"를 제공한다고 설명한다(Howard, 240).

그러나 태양과 달에게 명령한 이가 여호수아라고 해서 여호와의 주권과 능력이 부정되거나 무시되는 것은 결코 아니다. 본문(12절)은 분명히 여호수아가 여호와께 말씀드린 일을 먼저 언급하고 이어서 태양과 달에 관한 이야기를 소개한다. 이 순서는 태양과 달에 관한 일이 여호수아의 요청에 대한 여호와의 응답임을 암시한다. 다시 말해, 여호수아는 여호와의 말씀에 따라 태양과 달에게 명령을 내렸다. 이 경우 여호와의 주권과 능력은 전혀 손상 받지 않는다. 여호와께서는 여전히 모든 것을 주관하고 실행하시는 주권자요 전능자로 남는다. 태양과 달에게 명령하라고 하신 분도 여호와시고 태양과 달을 멈추신 분도 여호와시다. 앞에서 언급한 것처럼, 모세의 경우에도 여호와의 지시를 받아 반석에게 명령을 내렸고, 이 명령에 따라 반석이 물을 내었다(민 20:7-11). 한 가지를 더 첨가하자면, "그가 이스라엘 앞에서 말하였다"에서 장소의 전치사 "앞에서"(לְעֵינֵי)는 화자가 공간적으로 이스라엘 앞에 서 있었음을 나타낸다.

(창 1:26-28; 시 8:5-8 참고). 물론, 인간이 세상에 대하여 갖는 통치권은 하나님께서 온 것이며, 이런 의미에서 인간은 하나님과 독립적으로 통치권을 행사할 수 없다. 인간은 철저히 하나님께 의존되어 있으며, 그런 위치에 머물러야 한다. 인간이 하나님과 올바른 관계 있는 한, 인간은 하나님의 아들로서 만물을 다스리고 지배하는 지위와 권세를 갖는다. 이런 차원에서 보면, 여호수아가 하늘의 태양과 달을 향하여 명령하고 태양과 달이 그 명령에 순종한 것은 이상한 일이 아닐 수 있다. 더욱이 여호수아는 인류의 타락 이후 새롭게 형성된 하나님의 아들인 이스라엘(출 4:22)을 대표하는 지도자임을 고려하면, 여호수아가 한 일은 하나님의 아들에게 주어진 놀라운 권세의 증거로 해석될 여지가 있다. 이런 측면에서 생각하면, 신약의 "여호수아"("예수"는 히브리어 "여호수아"에 대한 헬라식 이름이다)가 바다를 향해 명령하시는 것은 구약의 여호수아가 한 일의 연장선에서 이해될 수 있다. 다만, 신약의 여호수아는 인간이면서 동시에 하나님이시기에 그의 권세는 구약의 여호수아가 가진 권세에 비해 훨씬 우월하며 절대적이다. 하나님의 아들에 대한 심도있는 성경신학적 설명은 그레엄 골즈워디, 『하나님의 아들과 새 창조』, 강대훈 옮김(서울: 부흥과개혁사, 2016)을 참고하라.

13a절의 "나라가 원수를 보복하기까지"에서 "나라"가 "원수"와 연계관계("원수의 나라")에 있다고 보는 견해가 있다(Boling & Wright, 284-85). 이 경우 "원수의 나라"는 "보복하다"의 목적어가 된다. 흥미롭게도 칠십인역은 이 구절을 "하나님께서 그들의 원수를 보복하시기까지"(ἕως ἡμύνατο ὁ θεὸς τοὺς ἐχθροὺς αὐτῶν)로 번역한다. 여기서 칠십역이 "나라"를 "원수"와 연계관계에 있는 것으로 이해하였음을 알 수 있다. 하지만 저자가 아모리인들의 다섯 도시국가들을 "나라"(גוי)로 규정하였다고 보기는 힘들다. 왜냐하면 저자는 특별한 경우에 이스라엘에 대하여 이 표현을 사용하기 때문이다(수 3:17; 4:1; 5:6, 8). 여호수아서에서 이 표현은 족장들에게 주어진 "나라"의 약속을 상기시킴과 동시에 이스라엘 자손이 약속의 땅에서 세울 "나라"를 내다보게 만든다. 따라서 이곳에서도 "나라"는 같은 의미로 사용되었다고 보아야 한다.

다음으로 풀어야 할 중요한 해석적 이슈는 여호수아의 명령에 따라 태양과 달이 멈춘 사건이다. 여호수아는 태양을 향해 "기브온에 머물라"고 명령하였다. "머물다"에 해당하는 동사 "다맘"(דָּמַם)은 일차적으로 "조용하다"(be silent), "말을 못하다"(be dumb) 등의 의미를 갖는다(BDB). 그런데 이 단어는 13절에서 동작의 멈춤을 뜻하는 동사 "아마드"(עָמַד)와 평행을 이룬다. 따라서 "다맘"(דָּמַם) 역시 동작의 중지(motionless)를 뜻하는 것으로 이해하는 것이 자연스럽다. 본문은 태양과 달이 멈춘 사건을 이야기한다. 하지만 카일은 이 해석이 13b의 "태양이 … 거의 온종일 서둘러 지지 않았다"는 설명과 조화되지 않는다고 본다. 카일이 보기에 이 설명은 태양이 멈춘 것이 아니라 "태양의 더욱 느린 이동"(eine langsamere Fortbewegung der Sonne)을 의미한다(Keil, 82). 그렇다면 이동의 중단을 뜻하는 동사 "아마드"(עָמַד)는 문자적으로 이해되면 안 된다. 여기서 이 동사는 태양의 이례적인 "느린 이동"을 강조하는 표현으로 간주되어야 한다. 그러나 태양이 멈추었다 이동한 것에 대해서도 "서둘러 지지 않았다"고 말할 수 있지 않을까? 중요한 것은 이 날이 평상시와 다르게 특별히 길었다는 사실이다.

"거의 온종일 서둘러 지지 않았다"는 표현에 대해 더 생각해볼 문제가 있다. "온종일"(יוֹם תָּמִים)은 대개 태양이 떠오르는 아침부터 태양이 지는 저녁까지의 기간을 가리킨다. 이를 고려하면, 태양이 "온종일" 지지 않았다는 표현은 어색하다. 본문은 태양의 움직임과 "온종일"이 서로 무관하다는 인상을 준다. 여기서 "온종일"(하루)을 말하는 기준에 대한 질문이 생긴다. 태양이 뜨고 지는 것을 기준으로 삼을 때는 그런 표현이 어색하고 심지어 불가능하다. 이런 이유로 포이쓰레스(V. S. Poythress)는 "온종일"이 노동과 휴식의 리듬을 근간으로 삼는 시간이해를 나타낸다고 설명한다. 고대인은 "하루"의 개념을 태양이 뜨고 지기까지의 시간이나 그 밖의 기계적인 장치에 의한 시간의 길이(오늘날의 경우 24시간)가 아니라 노동과 휴식의 리듬을 기준으로 생각하였다는 것이다.[44] 이 설명은 고대인의 시간이해에 대한 정확한 답은 아니라 할지라도 여러 이해의 가능성 중 하나는 될 수 있다.[45] 이 설명에 따르면 "온종일"은 여호수아가 적군들을 물리치기 위해 활동한 시간을 의미한다.

특주 7 여호수아의 긴 하루

태양과 달이 멈춘 사건은 어떻게 이해해야 좋을까? 이것은 대답하기 어려운 질문이다. 지금까지 제시된 수많은 해석들이 문제의 어려움을 잘 대변한다. 알프롱크는 17세기 이후부터 제시된 해석들을 자세히 소개한다(Alfronk, 66-67): 1) 구름에 일어나는 빛의 반사, 2) 우박과 관련된 빛의

---

[44] See V. S. Poythress, *Interpreting Eden: A Guide to Faithfully Reading and Understanding Genesis 1-3* (Wheaton: Crossway, 2019), 245-46.

[45] 포이쓰레스는 창세기 1장의 "하루"도 기계적 장치에 따른 시간 길이(24시간)가 아닌 노동과 휴식의 리듬을 기준으로 한 표현으로 이해하기를 하나의 가능성으로 제안한다. See Poythress, *Interpreting Eden*, 265-66.

굴절, 3) 해가 지기 전에 적들을 물리치고자 하는 여호수아의 소원에 하나님이 우박으로 응답하심, 4) 여호수아는 해가 뜨기 전에 적들을 기습 공격하려 하였고, 여호와는 우박을 통해 해가 어두워지게 하심으로써 여호수아의 소원을 들어주심, 5) 우박이 내렸을 때 여호수아는 햇빛이 계속 비취기를 원했고, 실제로 우박이 지나갔을 때 두 번째로 햇빛이 나타남, 6) 여호수아가 뜨거운 햇볕 때문에 태양이 빛을 비추지 않기를 원했고, 이 소원에 따라 우박이 내렸음, 7) 여호수아가 적들을 추격하며 비탈길로 내려갔을 때 뒤로(동쪽) 태양이 솟아올랐고 앞으로(서쪽) 달이 보였으며, 이때 태양과 달이 같은 장소에서 지평선 위에 멈춘 것처럼 보였음, 8) 운석이 떨어지고 대기권에 남아있는 물질로 인해 야기된 빛의 현상으로서 11절의 "돌"은 이 운석이 부서진 조각(힛타이트 왕 무르실리스 2세 (Mursilis II, 1353-1325) 시대에 소아시아에 운석이 떨어졌다고 함), 9) 자연현상에 대한 시적인 묘사.

알프롱크(Alfronk, 67-68) 자신은 메소포타미아의 천문 관련 텍스트에서 "멈추다"가 태양과 달이 어두워지는 현상에 대해 사용되며 구약의 하바국 3:11에서도 태양과 달이 어두워지는 현상이 같은 동사(수 10:13에 나오는 עָמַד)로 묘사된다는 점에 근거하여 본문의 사건을 설명한다. 그는 본문의 사건이 구름이나 뇌우(雷雨) 등에 의해 "대기의 어두워짐"(atmosferische verduistering)을 가리킨다고 주장한다(겔 32:7f.; 합 3:10f.; 욜 2:10f.; 3:15f. 참고). 특히 고대근동의 문화에서 태양과 달이 어두워지는 대기현상은 아주 불길한 일로 간주되었으며, 만월(滿月) 무렵에 그런 일이 있을 경우 더욱 그러했다고 한다. 알프롱크에 따르면 구약에서도 대기현상이 "불길한 의미"(een omineuse betekenis)를 갖는다. 가령 여호와께서 적들을 벌하러 오실 때 어두운 구름, 천둥, 번개, 우박, 폭우 등과 같은 현상이 동반된다(사 30:27-30; 나 1:1-6; 합 3; 시 18:8-16 등). 여호수아 10:12-14에 기록된 내용도 이와 비슷한 현상이다. 10-11절에 산문으로 기록된 "기상현상"(meteorologisch verrschijnsel)이 12-14절에서 시적

으로 표현되었다.[46]

그러나 태양과 달의 "멈춤"이 대기가 어두워지는 "기상현상"이라는 주장은 받아들이기 어렵다. 본문에는 "멈추다"가 "속히 내려가지 않았다"로 부연된다. 따라서 본문이 말하는 것은 태양과 달의 움직임에 관한 것이지 대기에 일어나는 기상현상이 아니다. 무엇보다도 본문은 우박이 내리는 것과 태양과 달이 멈추는 현상을 따로 구분한다. 그것은 동일한 현상의 다른 표현(산문과 운문)이 아니다. 본문은 여호와께서 우박으로 적들을 멸하실 "그때"(אָז) 여호수아가 여호와께 말씀드린 결과로 태양과 달이 멈추었다고 밝힌다.

알프롱크의 해석에서 짚고 넘어가야 할 문제가 또 있다. 그의 해석은 초자연적 현상을 과학적으로 설명가능한 자연현상으로 축소하려는 경향을 보인다. 이것은 구약이 증언하는 초자연적 현상을 이해하는 올바른 방식이 아니다.[47] 구약에는 과학법칙이나 자연현상으로 환원될 수 없는 기적들에 관한 기록이 많다. 홍해가 갈라지고 요단 강물이 멈춘 일도 그런 일들에 속한다. 여기서 소긴의 설명을 참고하는 것이 유익하다: "그래서 이 현상을 성경이 말하는(고대 세계의 여러 곳에서 발견되는 것과 같은) 수많은 기적들 가운데 하나로 간주하는 것이 더 신중한 태도다. 성경의 메시지에서 기적은 언제나 자격없는 인간에게 이해하기 어려운 방식으로 은혜를 베푸시는 하나님의 특별한 개입이라는 점을 기억해야 한다"(Soggin, 123).

본문의 사건을 고대 근동의 우주론이나 세계관과 관련짓는 해석도 있다. 고대 근동 사람들은 음력 14일에 만월(滿月)이 됨과 동시에 태양과 달이 각각 동쪽하늘과 서쪽하늘에(즉, 정반대의 위치에) 나타나는 것을 좋

---

[46] Cf. Mendenhall, *The Tenth Generation*, 84.

[47] Cf. Woudstra, *The Book of Joshua*, 176: "The reader should be open to any attempt to explain the text on the basis of proper philological considerations, but rationalizing attempts for the purpose of satisfying the modern scientific mind should be avoided."

은 징조로 보았던 반면, 13일이나 15일에 이런 일이 일어나면 흉조로 받아들였다고 한다. 왈톤(J. H. Walton)에 따르면 여호수아가 가나안 사람의 관습을 익히 잘 알고 있었기에 그들이 흉조로 여기는 일이 일어나기를 기도하였고, 그 기도에 대한 응답으로 15일에 태양과 달이 각각 동쪽 하늘과 서쪽 하늘에 함께 나타나는 천문현상이 일어났다. 그 결과 가나안 연합군이 크게 두려워하여 전의를 상실하고 이스라엘에게 패배하였다.[48] 이 설명은 기발하긴 하지만 본문의 내용과 조화되지 않는다. 본문은 태양과 달이 멈춘 사건 외에 날짜(14일이나 13일 또는 15일)에는 전혀 관심을 기울이지 않는다. 또한 본문은 태양과 달이 반대위치에 나타난 현상보다는 태양이 속히 지지 않은 일에 초점을 맞춘다. 여호수아가 가나안 사람의 관습을 이용했다는 암시는 본문 어디서도 찾아볼 수 없다.

블렌킨솝(J. Blenkinsopp)은 본문의 내용을 신화적 관점에서 설명한다. 그는 기브온에서 태양신 "샤마쉬"(ŠMŠ)가 숭배받았다는 헬러(J. Heller)와 두스(J. Dus)의 주장에 근거하여 태양과 달에게 명령하는 여호수아의 행위를 이해한다. 블렌킨솝에게 여호수아의 행위는 기브온의 신(태양과 달)이 전쟁에 개입하지 못하도록 막는 것을 의미한다. 다시 말해, 여호수아는 여호와만 전쟁에 개입하셔야 한다는 뜻에서 태양과 달을 향해 멈추도록(전쟁에 개입하지 못하도록) 명령하였다.[49] 이와 유사한 관점이 괴르그에게서도 발견된다. 괴르그는 원래 태양신의 도움으로 여호수아가 적들을 물리쳤으나 이것이 신명기 편집자에 의해 "역사의 주관자이신 여호와께서 이스라엘에게 승리를 주신" 이야기로 바뀌었다고 가정한다(Görg, 50). 이런 가설들은 본문의 해석적 난제(태양과 달이 멈추는 사건)를 신화와 연결하여 풀어보려는 시도이다. 하지만 본문에 묘사된 태양과 달에서

---

[48] See J. H. Walton, "Joshua 10:12-15 and Mesopotamian Celestial Omen Texts," *Faith, Tradition & Historiography in Its Near Eastern Context*, A. R. Millard, J. K. Hoffmeier, D. W. Baker, eds. (Indiana: Eisenbrauns 1994), 181-90.

[49] Blenkinsopp, *Gibeon and Irsael*, 47-48.

신(deities)을 생각하기란 어렵다. 여기서 태양과 달은 여호수아의 명령에 따라 멈추는 피조물일 뿐이다. 그것은 모세의 명령에 따라 반석이 물을 낸 일과 동일선상에 있다. 이 사건은 모두 온 세상을 다스리시는 하나님의 주권과 능력, 그리고 하나님과 특별한 관계에 있는 사람의 놀라운 권세를 증언한다.

버틀러는 다른 차원에서 태양과 달을 신들과 연결한다. 그의 설명에 따르면 여호수아는 가나안 사람이 위대한 "신들"(the great "gods")로 여긴 태양과 달에게 명령을 내렸다. "이를 통해 여호수아의 중요성이 강조된다. 여호수아는 여호와께로부터 능력을 부여받은 기도의 사람이다"(Burtler, 117). 이 설명은 본문의 배후에 가나안의 신들을 겨냥한 논쟁적 의도가 있다는 관점을 반영한다. 하지만 본문은 이방 신들에 대한 논쟁적 요소보다는 초자연적 기적과 그로 인한 전쟁의 승리에 관심을 기울인다. 본문의 관심사는 이방 신들의 무력함과 헛됨을 강조하는데 있지 않아 보인다.

끝으로, 본문의 내용을 시적인 표현으로 이해하는 해석도 있다. 이 해석은 해와 달에 관한 본문의 기록이 시라는 점에 주목한다:

"태양아, 기브온에 머물라. 달아, 아얄론 골짜기에."
그때 태양이 머물고 달이 멈췄다.
나라가 원수를 보복하기까지.[50]

일반적으로, 시에 사용된 표현은 상징적 의미를 전달하는 경우가 많다. 그러기에 시적 표현을 문자 그대로 받아들이는 것은 삼가야 할 일이다. 예를 들어, 사사기 5:20에서 드보라가 부른 노래 "별들이 하늘에서

---

[50] 동사 "보복하다"(נקם)는 목적어를 취할 때 대개 전치사(מִן 또는 מֵאֵת)를 취한다. 하지만 수 10:13에서 이 동사는 전치사 없이 사용된다. 우드스트라에 따르면 이는 이 구절의 시적 특성 때문일 수 있다(Woudstra, 175, n.32).

부터 싸우되 그들이 다니는 길에서 시스라와 싸웠도다"를 문자적으로 이해하면 곤란하다. 그것은 이스라엘이 하솔 왕 야빈의 군대와 그의 군대대장 시스라를 물리친 일을 시적으로 장엄하게 노래한 것이다. 하박국 3:11에 기록된 하박국 선지자의 기도도 마찬가지다. 여호수아 11:13에서처럼 이곳에도 해와 달이 "멈추었다"(עָמַד)는 표현이 나온다. 하지만 하박국서에서 이 표현은 천문 또는 지구물리 현상을 가리키지 않는다. 그것은 원수를 물리치는 여호와의 크고 두려운 능력을 노래하는 시적 표현이다. 하워드는 여호수아 10:12-15의 내용 또한 사사기 5:20과 하박국 3:11처럼 시적으로 이해해야 한다고 주장한다(Howard, 249).

하워드는 본문의 내용을 시적으로 이해해야 하는 또 다른 이유를 말한다. 그것은 본문에 묘사된 태양과 달의 위치 및 그것과 관계된 시간이다. 본문에 의하면 같은 시간에 태양과 달이 각각 기브온(동쪽)과 아얄론 골짜기(서쪽)에 머물렀다. 이것은 이른 아침에만 가능한 일이다(cf. Wray Beal, 230; Holzinger, 40). 하지만 여호수아의 명령은 해가 지려고 하는 저녁 무렵에나 어울린다. 해가 떠오른 지 얼마 되지도 않은 아침에 태양이 질 것을 염려하여 그런 명령을 내리는 것은 이상한 일이 아닌가?

하워드는 본문의 강조점이 기적 그 자체에 있지 않고 하나님께서 인간에게 "순종하셨다"는 사실에 있다고 주장한다. 그는 14a절의 구문(קוֹל+בְּ+שָׁמַע)에 근거하여 그런 주장을 한다. 하지만 여호와의 순종이란 개념은 신학적으로 매우 낯설다. 민수기 21:3에서 그 구문은 하나님이 이스라엘의 기도를 들으신 것을 표현한다. 여기서도 그것이 다르게 이해되야 할 이유는 없다. 여호와께서 여호수아의 기도를 들으신 일이 전무후무한 사건으로 언급된 이유는 여호수아의 기도가 너무나 놀랍게 응답되었기 때문일 수 있다. 여호와께서는 천체를 동원하여 이스라엘 편에서 싸우셨다. 14b절의 "왜냐하면 여호와께서 이스라엘을 위해 싸우셨기 때문이다"가 그것을 지시한다.

하지만 태양과 달에 관한 기사는 여전히 시적 언어로 되어 있지 않는가? 이것은 그 기사가 문자적으로 이해되어서는 안 된다는 의미가 아닌가? 이 문제제기는 전적으로 타당하다. 시적 언어는 그 문학적 특성에 맞게 해석되어야 한다. 그러나 이 경우는 다르다. 13b절에서 산문 형식의 글이 "태양이 하늘 중간에 멈추고 거의 온종일 서둘러 지지 않았다"는 사실을 재확인해준다. 이 구절이 인용문에 속하지 않고 내레이터의 설명이라면 더욱 중요한 의미를 갖는다.[51] 내러티브에서 내레이터의 말은 하나님께서 하시는 말씀과 같이 권위있고 신뢰성이 있다.[52] 이런 관점에서 보면, 하나님께서 내레이터를 통해 그 사건의 역사적 진실성을 확인해 주셨다고 말할 수 있다. 사실상 본문은 여호수아가 한 말이 인용인 것과 인용의 출처(야살의 책, סֵפֶר הַיָּשָׁר)까지 정확하게 밝힌다. 여기서 역사적 정보를 정확히 전달하려는 저자의 의도를 읽을 수 있다. 그러므로 본문은 태양이 멈춘 기적을 이야기하는 것이 분명하다.

그렇다면 여호수아가 이른 아침에 해와 달에게 명령한 것은 어떻게 보아야 하는가? 태양이 막 떠오른 아침에 태양이 멈추기를 바라는 것은 이상한 일이 아닌가? 이 질문에 대하여 카일(Keil, 82)이 유익한 설명을 제공한다: "전쟁이 얼마간 지속되면서 저녁이 되기 이전에 적들을 물리칠 수 없을 것이라는 우려가 생기자, 그때 여호수아가 날을 길게 해달라는 기도를 여호와께 드렸고 그 기도가 바로 응답되었다. 그래서 적들

---

[51] 우드스트라(Woudstra, 174)는 인용의 출처를 언급하는 부분("야살의 책에 그것이 기록되지 않았는가?")을 제외한 12-15절 전체가 인용에 속한다고 본다. 그 이유는 15절 때문이다. 15절의 "여호수아와 그와 함께 한 온 이스라엘이 길갈의 진영으로 돌아왔다"는 현재의 위치에 도무지 맞지 않아 보인다. 전쟁이 끝나지 않은 상황에서 이스라엘 군대가 길갈로 돌아왔다고 볼 수는 없기 때문이다. 하지만 본문에 사용된 문학기법을 이해하면 오해는 풀린다. 영거에 의하면, 여호수아 10장에 "되돌아가기와 겹침"(backtrack and overlap)의 문학기법이 사용되었으며, 15절이 그것을 보여주는 표시다. 저자는 15절을 통해 앞의 사건을 일단락 짓고 16절부터 다시 그 사건으로 되돌아간다. See Younger, "The Rhetortical Structuring of the Joshua Conquest Narratives," 13. 우드스트라 또한 15절이 "후에 일어난 일을 내다보는 요약"일 가능성을 언급한다.

[52] Y. Amit, *Reading Biblical Narratives. Literary Criticism and the Hebrew Bible*, trans. I. Lotan (Minneapolis: Fortress 2001), 95

이 도망쳤을 때에도 태양은 아직 하늘에 있었다." 하지만 카일은 날이 길어진 것이 특별한 천문현상(태양이 실제로 멈추는 일)에 의한 것이 아니라 "종교적 직관"에 따른 주관적 생각일 수 있다는 의견을 하나의 가능성으로 제시한다. 즉 날의 길이는 보통때와 같지만 그 날에 성취된 일이 너무나 크고 놀라운 것이어서 여호수아와 이스라엘 자손에게는 마치 태양이 멈추고 날이 길어진 것처럼 여겨졌을 수 있다는 것이다(Keil, 83).

하지만 이러한 해석도 본문이 강조하는 기적의 성격을 충분히 정당하게 다룬다고 보기는 어렵다. 본문은 태양이 하늘 중간에 멈추었다는 사실과 속히 내려가지 않았다는 사실을 강조한다. 그것은 여호수아의 명령에서 언급되고 내레이터의 말에서 다시금 확인된다. 내레이터는 인용을 사용하고 인용의 출처까지 밝힘으로써 일어난 사건의 역사성을 크게 부각시킨다. 이러한 요소에도 불구하고 이 사건을 단지 "종교적 직관의 주관적 영역"으로 환원시키는 것은 옳지 않다. 본문은 분명히 전무후무한 기적을 소개한다. 화란의 주석가 크로제는 이렇게 말한다: "하나님의 손이 온 세상의 질서를 완전히 통제하고 있기에 그분은 자신이 원하는 바를 하신다"(Kroeze, 135). 카일 자신도 이것을 부정하지 않는다. 그는 다음과 같이 반문한다: "전능하신 창조자시며 자연의 보존자께서 자연의 힘이 가진 효력을 자신의 뜻대로 이끄시고 다스리셔서 그것들이 구원의 목적을 실현시키는데 기여하도록 할 만한 능력을 갖지 않으셨겠는가?"(Keil, 84).

카일은 계속해서 다음과 같이 설명한다: "지구의 자전에 일어난 갑작스러운 제동으로 인해 인간의 손이 만든 모든 업적이 파괴되고 지구와 달이 궤도에서 벗어날 것이란 반대 역시 아무 것도 증명해내지 못한다. 왜냐하면 그런 주장을 하는 사람들은 별을 창조하셨을 뿐만 아니라 별들과 천체에 힘을 부여하셔서 세상이 존재하는 동안 규칙적으로 자기 궤도를 돌게 하신 하나님의 전능하신 손이, 즉 하늘과 땅의 모든 것을 붙드시고 보존하시며 다스리시는 하나님의 손이, 그와 같은 파괴적 결과를 예방할 수 없을 정도로 짧지 않다는 사실을 잊고 있기 때문이다"(Keil, 84). 끝으로, 카일은 여호수아의 특별한 한 날 뿐만 아니라 성경의 모든 기적을 이해하는데 참고할 만한 중요한 관점을 언급한다.

그처럼 시각적인 태양의 멈춤이나 태양이 지평선에 더 오래 머물면서 계속 보이는 일은 전능하신 하나님의 능력이 일으킬 수 있는 일이다. 하나님은 천체의 일반적인 운행법칙을 중지시키지 않으면서도 우리가 알 수 없고 자연과학으로도 파악할 수 없는 천문현상을 통해 그렇게 하실 수 있다"(Keil, 84).

중간 마무리(10:14-15)

> **사역** [14]여호와께서 사람의 목소리를 들으신 날은 전에도 없었고 후에도 없었다. 왜냐하면 여호와께서 이스라엘을 위해 싸우셨기 때문이다. [15]여호수아와 그와 함께 한 온 이스라엘이 길갈의 진영으로 돌아왔다.

이 본문은 기브온 전쟁에 관한 기사가 종결되었다는 인상을 준다. 15절이 여호수아와 이스라엘 군대가 길갈의 진영으로 돌아왔다고 밝히기 때문이다. 하지만 기브온 전쟁에 관한 기사는 16-27절에서 계속된다. 16-27절은 특별히 막케다에서 있었던 일을 다루는데, 막케다는 이미 10절에 언급되었던 장소다. 10절은 이스라엘 군대가 막케다까지 아모리인 군대를 추격한 일을 소개한다. 그러므로 16-27절의 내용은 10절에 소개된 일과 연결된다고 보아야 한다. 이렇게 보면, 15절은 현재의 위치에 잘 맞지 않아 보인다. 따라서 비평가에게 15절은 10장이 편집된 글임을 보여주는 증거가 되기도 한다(Gray, 109).

이것은 본문을 지나치게 직선적 역사기록의 관점으로 읽으려 하는데서 오는 오해다. 본문은 역사적 사실을 전해주는 역사기록이지만 모든 것을 철저히 연대기적 순서에 따라 서술하는 방식을 취하지는 않는다. 본문은 때로 연대기적 순서를 벗어나는 파격을 보이기도 한다. 이를 통해 저자는 자유롭게 앞뒤를 오가며 기브온 전쟁과 관련된 중요한 사건을 서술한다. 이것은 저자가 그저 마음 내키는 대로 글을 썼다는 의미는 아니다. 저자는 나름의 문학장치를 통해 그렇게 한다. 이는 10장에서 만나는 글의 패턴에서 알 수 있다. 예를 들어, 7-10절은 기브온에서 벌어진 전쟁을 묘사한다. 독자들은 이곳에서 이스라엘의 승리를 알 수 있다. 이는 전쟁기사가 여기서 끝나도 된다는 의미다. 하지만 저자는 11-13절에서 다시 이전으로 돌아가 기브온 전쟁의 일면을 새롭게 조명한다. 이를 통해 독자는 하나님이 전쟁에 개입하셔서 놀라운 기적을 베푸신 일을 자세하고도 충분히 알게 된다. 이런 기법이 16절 이하에도 사용된다. 기브온 전쟁기사는 14-15절로 끝나도 된다. 하지만 저자는 16절 이하에서 다시 이전으로 돌아간다. 그 이유는 기브온 전쟁에서 기억해야 할 중요한 사실을 자세히 밝히기 위함이다. 이런 방식으로 저자는 기브온 전쟁과 관련된 중요한 사건들을 하나씩 단계별로 흥미진진하게 풀어낸다.[53]

14-15절이 10장 기록에 구성적 요소라는 사실은 14b-15절의 문장들이 42b-43절에서 거의 동일한 형태로 반복된다는 것에서도 알 수 있다. 이 구절은 남방정복을 서술하는 본문에서 마치 노래의 "후렴구"와 같은 역할을 한다. 이 후렴구는 이곳에서 이스라엘이 여호와의 도우심으로 승리했다는 사실을 효과적으로 강조한다.

14절의 표현 "전에도 없었고 후에도 없었다"는 여호와께서 여호수아의 기도를 들으신 사실이 독특하다는 의미가 아니라 여호와께서 사람의 기도를 들으시고 이스라엘에게 승리를 주신 방식이 유일무이하다는 의미다. 천체를 향해 명령하는 형식의 기도가 드려지고 그 기도가 응답되

---

[53] 이는 앞에서 소개했던 "되돌아가기"(backtrack)와 "겹치기"(overlap) 또는 "재개"(resumption)에 해단하는 문학기법이다.

는 것은 구약에서 유례를 찾아볼 수 없다. 신약의 여호수아(예수)에게서 유사한 예들이 발견된다. 예수님이 광풍이 이는 바다를 향하여 "잠잠하라 고요하라"고 명령하시자 광풍이 그치고 바다가 잔잔해졌다(막 4:39). 여호수아가 한 일과 예수님이 하신 일은 구속사적 차원에서 서로 연결된다. 그것은 다같이 하나님의 형상으로 지어진 인간에게 주어진 권세의 크기와 놀라움을 보여주는 것일 수 있다. 인간이 하나님의 아들로서 하나님의 뜻을 수행할 때 천지만물이 그의 권세에 복종한다(슥 4:7; 마 17:20 참고).

7.2.2 계속되는 전쟁(수 10:16-43)

막케다 굴에 숨은 왕들(10:16-21)

사역 [16]이 다섯 왕들이 도망하여 막케다 굴에 숨었다. [17]여호수아에게 "우리가 막케다 동굴에 숨어있는 다섯 왕들을 찾았습니다"라는 소식이 전해지자 [18]여호수아가 대답했다. "큰 돌들을 굴려다 굴 입구에 두고 사람들을 그곳에 배치하여 그들을 지키게 하라. [19]너희는 너희 원수들 추격하기를 멈추지 말고 그들을 쳐부수라. 그들이 자기 성읍에 들어가지 못하게 하라. 너희 하나님 여호와께서 그들을 너희 손에 주셨기 때문이다." [20]여호수아와 이스라엘 자손이 매우 큰 살육으로 그들을 살육하여 그들이 소멸되기까지 하였을 때, 그들 중 생존자들이 도망하여 요새화된 성읍들로 들어갔다. [21]모든 백성이 막케다 진영의 여호수아에게 평안히 돌아왔다. 그러나 아무도 이스라엘 자손을 위협하지[a] 못했다.

[번역주] 21[a]: 원문의 표현(חָרַץ אֶת־לְשֹׁנוֹ ...)은 출애굽기 11:7에서 거의 동일한 형태로 나타난다. 그곳에서 이 표현은 개가 짖으며 위협하는 것을 묘사한다(HALAT). 이곳에서도 같은 의미로 사용되었다. 그것은 가나안 사람이 이스라엘 자손을 위협하는 것을 표현한다.

앞에서 설명하였듯이, 이 단락은 저자가 "되돌아가기"의 기법을 이용하여 다시금 10절의 상황으로 돌아간다. 이렇게 하여 막케다에서 벌어진 전쟁의 상황을 더욱 자세히 소개한다. 막케다는 라기스와 헤브론 중간 정도에 위치하는 "키르벳 엘-콤"(Khirbet el-Qom)으로서 남부 연합국에 속한 여러 도시국가의 중앙에 위치한다(Walton, 225; Nelson, 145). 16절에 언급된 "다섯 왕들"은 기브온을 공격한 아모리인 왕들이다. 그들은 군사적으로 힘을 합하면 '배반자' 기브온을 응징하고 남쪽으로 향하는 이스라엘의 공격을 사전에 차단할 수 있을 것이라고 계산했을 것이다. 하지만 그들의 계산은 착오였다. 그들은 예상치 못한 기습공격에 부딪혀 혼란에 빠졌고 마침내 도망을 칠 수밖에 없었다. 이때 하나님께서 우박을 내리시고 천체를 움직이시는 기적을 통해 전쟁에 개입하셨다. 그 결과 적들은 거의 섬멸 당하였고 아모리인 다섯 왕들은 가까스로 피신하여 막케다의 한 동굴에 몸을 숨겼다. 이들의 초라한 모습은 하나님께 대항하여 세를 규합하고 전력을 강화하는 인간의 노력이 얼마나 헛된지를 확인해준다. 생존을 위한 최선의 방책은 하나님을 인정하고 그분의 백성과 화친하는 일이다.

여호수아에게 막케다 동굴의 이야기가 전해졌다. 이때 여호수아는 막케다의 진영에 있었다. 21절이 그것을 알려준다. 아마도 여호수아는 막케다까지 적군들을 추격하고 그곳에 진영을 세웠을 것이다(10절 참고). 여호수아는 막케다 동굴의 이야기를 전해 듣자 동굴 입구를 돌로 막고 그곳에 보초를 세워 지키도록 하였다. 그리고 나머지 군사들은 계속 적군들을 추격하게 하였다. 목표는 적군들의 완전한 섬멸이다. 그것은 하나님께서 명하신 일이기도 하다(신 20:16-17 참고). 여호수아는 하나님께서 적군을 이스라엘의 손에 주셨다고 말한다. 하나님께서도 여호수아가 기브온 전쟁에 참여할 때 "내가 그들을 네 손에 주었다"(8a)고 말씀하셨다. 여호수아의 명령대로 이스라엘 군대는 적군들을 추격하여 그들을 거의 다 섬멸하였다. "그들이 소멸되기까지 그들을 매우 크게 살육하기를 마쳤다"(20a)는 그날에 이스라엘 군대가 이룬 승리의 완전성을 확인해준다.

하지만 본문은 적군들 가운데 여전히 살아남은 자가 있어서 요새화된 자신들의 성읍으로 도망쳤다는 사실도 밝힌다. 이 정보는 정복전쟁의 이면을 들여다볼 수 있게 해준다. 종종 정복전쟁은 짧은 시간 안에 단번의 공격으로 적들을 모두 물리친 전쟁으로 간주된다. 하지만 여호수아서는 그렇게만 말하지 않는다. 초기의 정복전쟁은 충분히 성공적이었지만 살아남은 적군들과 적들의 도시들도 있었다. 이스라엘은 이들과 지속적인 싸움을 벌여야 했다. 사사기 1장은 그런 역사적 상황을 더욱 구체적으로 알려준다. 여호수아서는 책의 특성상 정복전쟁의 성공에 강조점을 두기에 그런 세부사항에 대해서는 비교적 관심을 덜 기울인다.

20절은 여호수아 자신도 추격전에 참여하였다고 밝힌다. 이는 모든 백성이 막케다의 여호수아에게 돌아왔다는 진술과 상충된다. 하지만 이 차이를 너무 확대해석해서는 안 된다. 아마도 저자는 이스라엘 군대가 여호수아의 명령에 따라 추격전을 벌였기에 여호수아가 추격전에 직접 참여하지는 않았더라도 그렇게 한 것처럼 묘사했을 수 있다. 21b의 "아무도 이스라엘 자손을 위협하지 못했다"는 전쟁의 결과 이스라엘이 얻은 명성과 세력을 강조한다. 출애굽기 11:7에는 "위협하다"(חָרַץ)의 주어로 "개"(כֶּלֶב)가 언급된다. 이는 이 동사가 원래 개의 행동을 묘사하는 말이라는 추측을 가능하게 한다. 이 추측이 옳다면, 이곳에서 이 동사는 추가적인 의미를 얻는다. 그것은 이스라엘을 위협하는 가나안 사람을 비하하는 의미도 갖는다. 가나안 사람 가운데 아무도 "개"처럼 이스라엘 자손에게 짖는 자가 없었다.

아모리인 왕들의 처형(10:22-27)

> **사역** ²²여호수아가 말하였다: "동굴 입구를 열고 동굴에서 이 다섯 왕들을 내게로 끌어내라." ²³그들이 그렇게 하여 이 다섯 왕들 곧 예루살렘 왕, 헤브

> 론 왕, 야르뭇 왕, 라기스 왕, 에글론 왕을 그에게로 끌어냈다. ²⁴그들이 이 왕들을 여호수아게 끌어냈을 때 여호수아가 이스라엘 모든 사람을 부르고 자기와 함께 갔던ª 용사들의 지휘관들에게 말하였다. "가까이와서 너희 발로 이 왕들의 목을 밟으라." 그러자 그들이 가까이가서 발로 그들의 목을 밟았다. ²⁵여호수아가 그들에게 말하였다. "두려워말고 놀라지 말라. 강하고 담대하라. 왜냐하면 여호와께서 너희가 싸울 너희 모든 원수에게 이처럼 하실 것이기 때문이다." ²⁶그 후에 여호수아가 그들을 쳐서 죽이고 다섯 나무에 매달았으며 매달린 자들은 저녁까지 나무에 있었다. ²⁷해가 졌을 때 여호수아가 명령하자 그들이 그들을 나무에서 내려 그들이 숨었던 동굴에 던지고 큰 돌을 동굴 입구에 두니 바로 오늘날까지 있다.

[번역주] 24ª: 원문의 형태(הֲהֵלְכוּא)는 이상하다. 끝 자음 א은 뒤따르는 א의 영향으로 생긴 '중복오사'(dittography)인 것 같다.

적군들의 추격을 마친 후 여호수아는 막케다 동굴에 갇힌 다섯 왕들을 처리한다. 그는 우선 동굴에 있는 왕들을 끌어내도록 명령한다. 저자는 동굴에 있는 왕들의 이름을 제외하고 도시와 왕의 칭호를 차례로 열거한다. 이것은 이스라엘 자손이 거둔 승리의 크기를 부각시키기 위한 것이다. 다섯 나라의 왕들이 포로로 사로잡힐 정도로 이스라엘은 큰 승리를 거두었다. 여호수아는 모든 백성을 그 자리로 불러모았다. 이 역시 백성들에게 그들이 거둔 큰 승리를 확인시키고 그들에게 미래에 있을 전쟁에 용기와 자신감을 주기 위한 것이다. 백성들은 하나님께서 이미 주신 승리를 보며 미래에 하나님이 주실 승리를 기대한다. 하나님의 백성은 과거 속에서 미래를 본다. 하나님이 역사의 주관자시기에 그런 믿음이 가능하다.

여호수아는 계속해서 함께 추격에 나섰던 용사들의 지휘관에게 명령한다. 여호수아의 명령은 특별하다. 가까이 와서 다섯 왕들의 목을 밟으라는 것이다. 이 행위는 적에 대한 승리를 극적으로 보여주기 위한 상징

행위다. 열왕기는 다윗이 적들을 물리친 일에 대하여 '원수를 발바닥 밑에 두었다'고 표현한다(왕상 5:3[MT 5:17]). 시편이 장차 메시야가 얻을 승리를 언급할 때에도 비슷한 표현을 사용한다: "여호와께서 내 주에게 말씀하시기를 내가 네 원수들로 네 발판이 되게 하기까지 너는 내 오른쪽에 앉아 있으라 하셨도다"(시 110:1). 신약에서 바울사도는 모든 원수를 그리스도의 발 아래 둘 때 (고전 15:25)와 하나님께서 사탄을 성도의 발 아래에서 상하게 하실 일에 대해 말씀한다(롬 16:20). 이 말씀들은 모두 뱀의 머리를 상하게 할 여인의 후손을 예언하는 창세기 3:15의 말씀과 연결된다. 본문에 기록된 사건 역시 그런 방향으로 이해되어야 한다.[54] 그것은 미래에 하나님의 백성이 메시아 안에서 얻게될 악의 세력에 대한 완전한 승리를 예고한다.

지휘관들은 여호수아의 명령대로 하였다. 그들은 아모리인 다섯 왕의 목을 밟았다. 이것은 이스라엘 자손이 하나님의 백성이자 그분의 아들로서 가진 권세를 나타낸다. 하나님의 아들을 대적하는 자는 누구든, 비록 세상의 왕들이라 할지라도 발에 밟히게 된다. 이 일은 기브온 전쟁에서 하늘의 태양과 달이 여호수아의 명령에 복종한 것과 비교된다. 천지의 주재이신 여호와께서 함께하시는 백성은 태양과 달을 향해 명령하며 세상의 왕들을 복종시키는 권세와 능력을 가진다. 마침내 여호수아는 아모리인 다섯 왕을 죽이고 그들을 다섯 나무에 매달았다. 이것은 그들이 저주를 받아 죽었다는 것을 의미한다(신 21:3 참고). 그들은 함께 꾀하여 여호와와 그의 백성을 대적하였으므로 이런 형벌을 받았다(시 2편 참

---

[54] Cf. Dempster, *Dominion and Dynasty*, 127: "He then commands Israelite chieftains to place their feet on the necks of the enemy, indicating thereby an object lesson in dominion to all Israelites. The kings are then slain and hung on a tree until evening (Josh. 10:24-26). ... There are echoes of the seed of the woman's crushing the serpent's head and of the placing the curse upon the seed of the serpent." See also Robertson, *The Christ of the Covenants*, 101.

고). 아모리인 다섯 왕이 받은 형벌은 아이 왕이 당한 일과 같다(수 8:29 참고). 여호수아는 해가 지자 시체를 나무에서 내려 그들이 숨었던 동굴에 던지도록 했다. "던지다"(שׁלך)는 왕들의 시체가 그들의 신분과는 정반대로 쓸모 없는 물건처럼 천하게 취급되었음을 알려준다.

여호수아가 저녁에 시체를 나무에서 내린 것은 모세의 율법 때문이다. 모세는 여호와께서 기업으로 주시는 땅을 더럽히지 않기 위해 그런 율법을 제정했다(신 21:23). 가나안은 이스라엘 자손이 거할 땅이지만 동시에 하나님께서 임재하실 땅이기도 하다(레 26:11-12 참고). 이는 정복전쟁이 시작될 무렵 여호와의 군대대장이 여호수아에게 한 말에서도 암시된다: "네 발에서 신을 벗으라 네가 선 곳은 거룩하니라"(수 5:15a). 하나님이 임재하시는 거룩한 땅이 저주받은 자의 시체로 더렵혀져서는 안된다. 그 땅은 거룩하게 보존되어야 하다. 이스라엘 자손은 스스로 거룩해야 할 뿐만 아니라 주변환경까지 거룩하게 보존하여야 한다(신 23:12-14 참고). 그들의 하나님이 거룩하신 분이기 때문이다.

이곳에서 여호수아는 모세의 명령을 충실하게 따르는 자로 등장한다. 그와 동시에 여호수아는 모세의 위치에서 백성을 인도하는 모습을 보인다. 그는 과거 모세가 백성을 이끌며 그들을 인도했던 것과 같이 한다. 모압 평지에서 모세는 다가올 정복전쟁을 내다보며 백성들에게 '두려워 말고 놀라지 말라'고 권면했다(신 20:3). 모세는 여호수아에게도 같은 말로 권면하였다(신 31:8). 모세는 또한 '강하고 담대하라'는 말로 백성과 여호수아를 격려하기도 했다(신 31:6-7). '두려워 말고 놀라지 말라'와 '강하고 담대하라'는 여호수아가 모세의 후계자로 세워졌을 때 하나님이 그에게 직접 주신 격려의 말씀이기도 하다(수 1:6-7, 9). 그런데 이곳에서 여호수아는 동일한 말로 백성을 권면하고 격려한다. 이를 통해 여호수아가 모세의 위치에서 하나님을 대리하여 백성을 이끌고 있다는 것을 알 수 있다.

남부 도시국가의 정복(10:28-39)

사역 ²⁸그날에 여호수아가 막게다를 취하고 칼날로 그것과 그것의 왕을 쳤으며 그것과ᵃ 그 안에 있는 모든 생명을 진멸하여 한 생존자도 남기지 않았다. 그가 여리고 왕에게 한 것처럼 막게다 왕에게 하였다. ²⁹여호수아와 그와 함께 한 온 이스라엘이 막게다에서 립나로 건너가 립나와 싸웠다. ³⁰여호와께서 그것과 그것의 왕도 이스라엘의 손에 주셨다. 그가 칼날로 그것과 그 안에 있는 모든 생명을 쳐서 그 안에 한 생존자도 남기지 않았다. 그가 여리고의 왕에게 한 것처럼 그것의 왕에게 하였다. ³¹여호수아와 그와 함께 한 온 이스라엘이 립나에서 라기스로 건너가 그것에 대항하여 진을 치고 그것과 싸웠다. ³²여호와께서 라기스를 이스라엘의 손에 주시니 그가 둘째 날에 그것을 취하고 칼날로 그것과 그 안에 있는 모든 생명을 쳤으니 립나에게 한 모든 일과 같았다. ³³그때 게셀 왕 호람이 라기스를 도우려고 올라왔다. 그러나 여호수아가 그와 그의 백성을 쳐서 한 생존자도 그에게 남기지 않았다. ³⁴여호수아와 그와 함께 한 온 이스라엘이 라기스에서 에글론으로 건너가 그것에 대항하여 진을 치고 그것과 싸웠다. ³⁵그날에 그들이 그것을 취하고 칼날로 그것을 쳤으며 그날에 그 안에 있는 모든 생명을 진멸하였으니 라기스에게 한 모든 일과 같았다. ³⁶여호수아와 그와 함께 한 온 이스라엘이 에글론에서 헤브론으로 올라가 그것과 싸웠다. ³⁷그들이 그것을 취하고 칼날로 그것과 그것의 왕과 그것의 모든 성읍들과 그 안에 있는 모든 생명을 쳐서 한 생존자도 남기지 않았으니 에글론에게 한 모든 일과 같았다. 그가 그것과 그 안에 있는 모든 생명을 진멸하였다. ³⁸여호수아와 그와 함께 한 온 이스라엘이 드빌로 돌아가서 그것과 싸웠다. ³⁹그가 그것과 그것의 왕과 그것의 모든 성읍들을 취하고 그것들을 칼날로 쳤으며 그 안에 있는 모든 생명을 진멸하여 한 생존자도 남기지 않았다. 그가 헤브론에 한 것처럼 드빌과 그것의 왕에게 하였으며 립나와 그것의 왕에게 한 것과 같았다.

[번역주] 28ᵃ: 원문의 남성 복수형 어미(אֹתָם의 ם)는 필사상의 오류일 가능성이 있다. 문맥은 여성 단수 어미(אֹתָהּ)를 요구한다. BHS 비평각주에 제시된 바와 같이 다수의 히브리어 사본과 칠십인경 루키안 역본(𝔊ᴸ)은 여성 단수 어미를 가진다.

막케다의 동굴에서 아모리인 다섯 왕들을 처형한 후 여호수아는 계속하여 가나안 남부지역의 정복에 나선다. 이때 여호수아는 여섯 도시국가를 정복하고 그 왕들과 백성을 칼날로 쳐서 멸한다. 여기에는 기브온 전쟁에 참가했던 헤브론, 라기스, 에글론도 포함된다. 막케다, 립나, 드빌은 기브온 전쟁에 참가하지 않았다. 흥미롭게도 예루살렘의 정복에 관한 언급은 나오지 않는다. 그 이유는 아마도 이때는 아직 예루살렘이 정복되지 않았기 때문일 것이다. 사사기 1:8에 의하면, 예루살렘은 후에(아마도 여호수아 사후에) 유다 지파가 점령하고 불태웠다.[55] 게셀 왕 호람에 관한 기록도 흥미롭다. 호람은 라기스를 돕기 위해 군대를 이끌고 왔으나 결국 여호수아의 칼날에 모두 죽었다. 하지만 게셀의 점령에 관한 기록은 없다. 여호수아 16:10은 이스라엘(에브라임)이 게셀에 거주하는 가나안 족속을 쫓아내지 못하였다고 밝힌다.

헤브론의 정복에 대해서도 설명이 필요하다. 본문은 여호수아가 이끄는 이스라엘 군대가 헤브론을 정복하고 왕과 백성을 모두 진멸하였다고 밝힌다(36-37절). 나아가 여호수아 11:21은 여호수아가 헤브론에서 아낙 사람들을 멸한 사실을 소개한다. 하지만 이 둘은 별개의 사건이 아니다. 왕과 백성을 진멸할 때 아낙 사람들도 같은 운명에 처해졌다고 보아야 한다. 그런데 문제는 여호수아 15:14이 헤브론에서 아낙 자손을 쫓아낸 인물로 갈렙을 언급한다 점이다. 문제를 더욱 어렵게 만드는 것은 사사기 1:10이다. 여기서는 헤브론에서 아낙 자손을 쫓아낸 자가 유다 지파다. 이런 차이가 의미하는 것은 무엇일까?

비평가들에게 그것은 여호수아서의 기록이 역사적으로 믿을 만하지

---

[55] 이것은 예루살렘의 정복에 관한 사무엘서의 기록과 상반되어 보인다(삼하 5:6-10 참고). 하지만 예루살렘의 정복에 관한 기록이 꼭 한 번이어야 한다고 생각할 필요는 없다. 정복전쟁 때 일차로 파괴된 도시가 후에 재건되었을 가능성도 있다. 대표적인 예가 하솔이다. 하솔은 여호수아에 의해 불태워졌지만 사사 드보라 때 다시 이스라엘을 위협하는 세력이 되었다(수 11:13; 삿 4:1-3 참고).

않다는 증거로 받아들여진다. 비평가들은 전체 이스라엘 군대가 단시일에 가나안을 정복한 것처럼 기록하는 여호수아서에 비해 개별 지파가 각자 실패를 경험하며 땅을 점령하는 과정을 묘사하는 사사기 1장이 역사적 사실에 더 가깝다고 본다.[56] 하지만 이런 평가는 여호수아서의 전쟁기록에 대한 오해에서 기인한다. 여호수아서의 전쟁기록, 특히 현재의 본문(수 10:28-39)은 여호수아가 수행한 정복전의 승리를 강조한다. 이를 위해 실질적으로 개인이나 개별 지파가 거둔 승리를 여호수아와 이스라엘 군대 전체에게 돌리기도 한다. 헤브론의 경우가 그렇다. 사사기 1:10과 여호수아 15:15이 각각 헤브론에서 아낙 자손을 멸한 자로 유다 지파와 갈렙을 언급한다. 여기에는 실질적으로 모순이 없다. 갈렙이 유다 지파에 속했기 때문이다. 갈렙이 유다 지파를 대표하는 인물이었기에 한 곳에서는 그에게 승리를 돌리고 다른 곳에서는 유다 지파에게 승리를 돌릴 수 있다. 갈렙의 승리는 유다 지파의 승리이며 그 반대도 사실이다. 이런 관계를 확장하면 갈렙과 유다 지파의 승리는 곧 여호수아와 전체 이스라엘의 승리로 간주될 수 있다. 여호수아서는 지파들 간의 연합과 하나됨을 강조한다. 그러기에 더욱 이런 관점이 타당한다.

드빌의 경우도 마찬가지다. 본문 38-39절은 여호수아가 이끄는 온 이스라엘 군대가 드빌을 점령하고 그곳의 왕과 백성을 진멸하였으며 한 명의 생존자도 남기지 않았다고 강조한다. 하지만 여호수아 15:15-17과 사사기 1:11-13은 갈렙의 아우 그나스의 아들 옷니엘이 드빌을 점령하였다고 밝힌다. 이 둘은 명백히 모순처럼 보인다. 하지만 여호수아서에 깊이 내재해 있는 공동체 정신(연대성)을 고려할 때 이 문제는 해결된다. 이스라엘은 언약 공동체이다. 이 공동체 안에서 모든 백성은 연대관

---

[56] Cf. Alt, *Kleine Schrfiten*, 180; J. H. Hayes & J. M. Miller, eds., *Israelite and Judean History* (London: SCM Press, 1990), 217; Dever, *Recent Archaeological Discoveries*, 79.

계로 하나가 된다. 개인의 문제는 공동체의 문제이며 공동체의 문제는 곧 개인의 문제이다. 공동체와 개인이 따로 분리되지 않는다. 따라서 옷니엘이 드빌을 점령한 사건은 곧 여호수아와 온 이스라엘의 승리로 간주될 수 있다. 이 관점에 따라 10:28-39은 가나안 남부정복을 여호수아와 이스라엘 군대에 돌린다.

이는 이곳에 나열된 모든 전쟁에 여호수아가 직접 참여하지 않았을 수도 있음을 의미한다. 이는 기브온 전쟁에 이은 추격전에서도 암시된다. 여호수아 10:21-22은 여호수아의 행위에 대해 모호한 정보를 제공한다. 한편으로, 여호수아는 군사들과 함께 직접 추격전에 나선 것으로 묘사된다. 그러나 다른 한편, 그는 막케다 진영에 머물렀던 것처럼 보이기도 한다. 추격에 나섰던 군사들이 막케다 진영의 여호수아에게 돌아온 것으로 설명되기 때문이다. 이것은 독자들을 당황스럽게 만든다. 하지만 앞에서 언급했듯이 여호수아는 이스라엘 군대가 적들을 추격하도록 명령한 전쟁의 최고 지휘관이다. 이런 이유로 여호수아는 실제로 막케다 진영에 머물렀지만 추격전에 참여한 것으로 간주되었을 수 있다. 사실상, 이스라엘 군대의 추격은 곧 여호수아의 추격이다. 이것은 나머지 전쟁에도 적용될 수 있다.

여호수아와 이스라엘 군대가 가나안 남부지역의 도시국가들을 단번에 영구적으로 정복했다고 단정해서도 안 된다. 어떤 도시의 정복은 되풀이되었을 가능성도 있다. 정복전쟁의 초기에 한 도시가 정복되었다가 시간이 지난 후에 잔존 세력이 다시 그 도시를 재건하였을 가능성도 배제할 수 없다. 하솔이 대표적인 예다. 하솔은 여호수아에 의해 정복되었다가 사사 드보라 시대에 다시 이스라엘을 위협하는 세력이 되었다(수 11:13; 삿 4:1-3 참고). 이는 본문(수 28-39)에 반복되는 표현인 "한 생존자도 남기지 않았다"(5회) 또는 "모든 생명을 쳤다/진멸하였다"(7회)를 문자 그대로 받아들이면 안 된다는 의미기도 하다. 그것은 여호수아가 수행한 정복전쟁의 승리를 강조하기 위한 수사적 표현이다. 이에 대한 예는 기브온 전쟁의 추격전에 관한 기록에서 찾아볼 수 있다. 그곳에는 적들이 "소멸되기까지"(עַד־תֻּמָּם, "till they were consumed"(ASV, GNV) 살육을 당했다는 설명이 나온다(수 10:20). 그런데 곧이어 "요새화된 성읍"으로 도망한 "생존자"에 관한 언급이 추가된다(수 10:21). 여기서 "소멸되기까지"가 전쟁의 승리를 강조하는 수사적 표현임을 알 수 있다. 여호수아 10:28-39에 반복되는 표현도 마찬가지다.

본문에 정형화된(stereotyped) 표현이 되풀이되는 현상도 이 글의 성격을 이해하는데 고려해야 할 요소다. 그것은 이 글이 문자적으로 이해되지 않아야 하는 것에 대한 또 다른 증거다. 브레이 빌(Wray Beal, 236)은 본문에 반복되는 요소들을 다음 도표로 제시한다.

사용된 구성요소	막케다	립나	라기스	게셀	에글론	헤브론	드빌
여호수아와 온 이스라엘이 도시 A에서 도시 B로 이동	X	X		X	X	X	
그것에 대항하여 진을 쳤다			X		X		
그것을 공격했다		X	X		X	X	X
여호와께서 [도시/왕]을 그들의 손에 주셨다		X	X				
그것을 취했다	X		X		X	X	X
도시/왕을 칼로 쳤다	X	X	X		X	X	X
한 왕이 도우려 올라왔다		X		X			
여호수아가 그를 물리쳤다							
모든 생명을 진멸하였다	X				X	X	X
한 생존자도 남기지 않았다	X	X		X		X	X
[도시/왕]에게 한 것과 같이	X	X	X		X	X	X

위의 도표는 본문이 정형화된 표현을 사용하고 있음을 잘 보여준다. 학자들은 이러한 점에 주목하고 본문의 내용을 "마치 엄밀한 통계학 정보처럼 단조롭게 문자적 의미로" 읽어서는 안 된다고 설명한다.[57] 킷천(K. A. Kitchen)은 본문이 "전면적이고 완전한 가나안의 정복"을 말해준다는 관점은 본문을 주의 깊게 읽지 않는 학자들이 "스스로 만들어낸 완전한 신화"(a whole myth of their own making)라고 비판한다.[58] 스톤(L. G. Stone)은 본문에 사용된 수사가 "고대의 고정된 군사용어"(the fixed idioms of ancient military jargon)를 반영할 가능성이 큰 것으로 본다.[59] 영거(K. L. Younger, Jr.)에 따르면 "한 생존자도 남기지 않았다"와 같은 표현이 고대 근동의 정복이야기에 등장하는 전형적인 수사법이다.[60] 그 표현은 "이스라엘 군대의 승리와 그들에게 저항하려고 하는 자들의 완전한 절망상태"를 나타낸다.[61]

고고학적 이유 때문에 본문에 기록된 정복전쟁이 역사적으로 근거가 없다고 주장하는 역사가들도 있다.[62] 이들은 본문에 열거된 가나안의 도시에서 후기 청동기에 속하는 파괴의 흔적이 나타나지 않으며 이스라엘이 정착한 곳으로 추정되는 지역(중앙 산지)에 어떤 물질문명의 변화가 관찰되지 않는다고 주장한다. 그러나 멀링(D. Merling)이 잘 지적한 것처럼 "침묵으로부터의 논증"(an argument from silence)은 논증의 힘이 약

---

[57] Provan a.o., *A Biblical History of Israel*, 153.

[58] Kitchen, *On the Reliability of the Old Testament*, 173-74.

[59] Stone, "Early Israel and Its Appearance in Canaan," 159.

[60] 일례로 주전 9세기 중엽의 모압 왕 메사가 남긴 비문에는 "이스라엘이 영원히 멸망하였다"고 선전하는 문구가 나온다(ANET 320-21). 또한 주전 13세기 이집트의 파라오 메르넵다/ 메렌프타(Merneptah/Merenptah)는 가나안 지역을 원정하고 남긴 한 비문에서 "이스라엘이 황폐하게 되었고 그 씨가 남지 않았다"고 선전한다(ANET 376, 378).

[61] Younger, "The Rhetortical Structuring of the Joshua Conquest Narratives," 21.

[62] Cf. Fritz, 105-06; Hayes & Miller, *Israelite and Judean History*, 260-62; Dever, *Recent Archaeological Discoveries*, 78-81.

하다. 그는 역사적 오류에 대해 이렇게 말한다: "많은 학자들은 어떤 것의 존재를 알지 않기를 선호하다. 그러나 어떤 것의 존재를 모르는 것은 그것의 비존재를 아는 것과 다르다. 전자는 결코 후자에 대한 건실한 증거가 될 수 없다. 어떤 것의 존재를 모르는 것은 그저 모르는 것일 뿐이다."[63] 과거를 추적하는 일은 언제나 어렵다. 특히 수천 년이 지난 사건은 더욱 그렇다. 역사의 물결과 파도가 과거의 흔적을 말끔히 지워버렸을 수도 있다. 아니면 발굴에 따르는 여러가지 제약과 한계 때문에 과거가 여전히 빛을 보지 못하고 있을 가능성도 없지 않다.

그러나 여호수아 10:28-39에 기록된 전쟁의 경우 전쟁의 흔적이 남아있을 것으로 기대하는 것 자체가 무리다. 이곳에는 성읍을 점령하고 왕과 사람들을 멸하였다는 기록은 있지만, 성읍을 파괴하고 불태웠다는 언급은 없다. 사실 정복전은 대규모 파괴전이 아니었다. 파괴전에 해당하는 것은 여리고, 아이, 하솔에서 있었던 전쟁이 전부다. 나머지는 왕을 제거하고 백성을 멸하는 일에 집중되었다. 정복전쟁 이후 이스라엘은 잿더미로 변한 파괴의 잔해 위해 새로운 삶의 터전을 건설하지 않았다. 그들은 가나안 사람의 성읍과 집과 우물과 포도원과 감람원을 그대로 차지했다(신 6:10-11; 19:1; 수 24:12-13 참고). 그러기에 정복전쟁의 흔적을 찾는 일과 이스라엘의 정착이 가져왔을 물질문명의 변화를 발견하는 일은 애당초 불가능하다. 이런 측면에서 볼 때, 정복전쟁의 증거를 찾는데 실패한 고고학의 노력은 역설적으로 성경기록의 사실성을 입증하는 것으로 받아들여질 수 있다.

이제 가나안 남부 지역의 정복전이 진행된 순서를 살펴보자. 이스라엘 군대는 먼저 막게다에서 북서쪽으로 진군하여 립나를 점령한다. 그 후 남서쪽으로 내려가 라기스를 점령하고 남동쪽으로 진군하여 에글론을 점령한다. 다음으로, 이스라엘 군대는 북동쪽으로 진군하여 헤브론을

---

[63] Merling, "The Book of Joshua 1: Its Evaluation by Nonevidence," 65.

정복한다. 마지막으로, 이스라엘 군대는 다시 남쪽으로 내려가 드빌을 정복함으로써 남부 정복전을 마무리한다. 남부 정복전이 진행되는 동안 이스라엘 군대는 막케다의 진영을 중심으로 작전을 펼쳤던 것으로 보인다(수 10:21 참고). 아래 지도에서 볼 수 있듯이, 막케다는 가나안 남부 도시국가의 중앙에 위치했다. 이스라엘 군대는 이곳을 거점으로 삼고 가나안 남부지역을 효과적으로 신속히 점령할 수 있었다.

본문은 이스라엘 군대가 여호와의 도우심으로 가나안 남부 지역을 점령할 수 있었다는 점을 강조한다. 그곳의 왕들과 백성은 모두 진멸을 당하였다. 그들이 아무리 필사적으로 저항했더라도 하나님이 함께하시는 군대를 당해낼 수는 없었을 것이다. 그들은 자신들이 상대하는 군대가 하늘과 땅의 주인이신 여호와의 군대라는 사실을 알아야 했다. 요단 강물이 갈라진 소식을 들었을 때, 그리고 여리고와 아이가 파괴되었을 때 그것을 알아야 했다. 기브온은 그것을 깨닫고 이스라엘과 화친을 맺

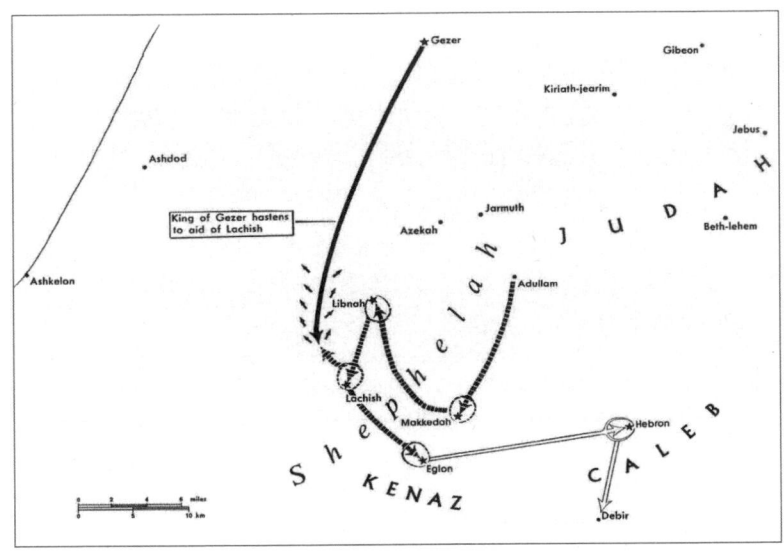

가나안 남부 정복전쟁[64]

었기에 멸망을 피할 수 있었다. 하지만 그것은 모두에게 허락된 축복이 아니다(수 11:19-20 참고). 대다수 가나안 사람은 자신들의 무지와 완고함과 죄악 가운데 멸망하고 말았다. 가나안 남부 정복전쟁은 여호와를 알지 못하는 자들이 받을 마지막 심판을 알려주는 역사의 산 증거로 남아 있다.

앞에서 언급한 것처럼, 가나안 남부 지역의 정복전쟁은 성읍을 불태우고 파괴하는 전쟁은 아니었다. 그것은 여호와를 인정하지 않고 우상숭배와 온갖 죄악에 매몰되어 있는 사람들을 심판하는 전쟁이었다(창 15:16; 레 18장 참고). 그러므로 이스라엘 자손은 가나안 사람의 소유를 그대로 물려받을 수 있었다. 말하자면 이스라엘 자손은 그들이 직접 건설하지 않은 성읍과 집과 우물과 포도원과 감람원을 취할 수 있었다. 이는 가나안 땅을 기업으로 주시겠다고 하신 하나님의 약속이 성취되었고 또 성취될 것임을 확인해준다.

최종 마무리(10:40-43)

> **사역** [40]여호수아가 온 산지와 남부와[a] 저지와 경사지와 그들의 모든 왕들을 치고 한 생존자도 남기지 않았으며 이스라엘의 하나님 여호와께서 명령하신 대로 호흡이 있는 모든 자를 진멸하였다. [41]여호수아가 가데스 바네아로부터 가자에 이르기까지, 그리고 고센 온 땅과 기브온에 이르기까지 그들을 쳤다. [42]이 모든 왕들과 그들의 땅을 여호수아가 단번에 취하였다. 왜냐하면 이스라엘의 하나님 여호와께서 이스라엘을 위해 싸우셨기 때문이다. [43]여호수아와 그와 함께 한 온 이스라엘이 길갈의 진영으로 돌아왔다.

> **[번역주]** 40[a] 개역개정역과 다수의 영역본은 원문의 음역('네겝/Negev')을 따른다. 여기서는 이 말의 뜻을 살려 '남부'(south, south-country)로 번역하였다.

---

[64] Y. Aharoni a.o., *The Carta Bible Atlas*, fifth ed. (Jerusalem: Carta, 2011), 56.

이곳에서 가나안 남부 정복전쟁에 대한 기록이 마지막으로 종결된다. 저자는 14-15절에서 일종의 "후렴구"(14b-15절이 42b-43절에서 그대로 반복됨) 형식을 사용하여 기브온 전쟁에 관한 기록을 일차로 종결 짓고, 16절부터 "되돌아가기"(backtrack) 기법을 사용하여 기브온 전쟁의 중요한 한 부분(아모리인 왕들의 처형)을 자세히 조명한다. 그런 다음 기브온 전쟁으로 인해 촉발된 남부 정복전쟁을 소개하고 40-43절에서 전체를 최종적으로 마무리한다. 저자는 정복전쟁이 이루어진 지역의 지리적 경계에 대한 묘사를 기브온을 언급함으로써 마친다. 이는 가나안 남부 정복전쟁이 기브온으로 인해 시작되었다는 사실을 상기시키는 효과를 갖는다. 저자는 주도 면밀한 사건의 전개와 적절한 표현 선택을 통해 "만족스러운 구성 디자인"을 창안해내는 문학적 탁월성을 보여준다(Nelson, 148).

40절에 열거된 네 지역 중 두 곳(산지와 저지)은 여호수아 9:1에 언급된 적이 있다. "산지"는 예루살렘, 헤브론, 드빌 등을 포함한다. "저지"(שְׁפֵלָה, 쉐펠라)에는 막케다, 에글론, 라기스, 립나, 야르뭇 등이 포함된다. "남부"(נֶגֶב, 네게브)는 아카바 만을 꼭지점으로 하는 역삼각형 모양의 지역으로서 북쪽 가장자리는 사해 남단에서 시작하여 브엘세바 지역을 관통하고 가자 근처 지중해까지 이어진다(NIDOTTE 4, 974). "경사지"(אֲשֵׁדוֹת, 아셰도트)는 중앙 산지에서 서쪽 저지로 내려가는 지역을 가리키거나 중앙산지에서 동쪽의 사해로 내려가는 지역을 가리킬 수 있다. 이런 점들을 모두 종합하면, 가나안 남부 정복전쟁의 범위는 28-39절에 열거된 도시국가들보다 많은 곳을 포함한다는 것을 알 수 있다.

주목해야 할 사항은 본문에 사용된 포괄적 용어들이다: "온 산지와 남부와 저지와 경사지", "모든 왕들을 치고", "한 생존자도 남기지 않았으며", "호흡이 있는 모든 자를 진멸하였다". 이 표현들은 정복전쟁의 완전한 승리를 강조한다. 앞에서도 설명하였듯이, 그것은 고대 근동에서 널리 사용된 승리의 수사에 해당한다. 이것은 이스라엘이 더 이상 전쟁을 하지 않아도 될 정도로 가나안 사람을 모두 섬멸했다는 의미로 받아들여서는 안 된다. 여호수아가 정복한 지역은 후에 재건되어 이스라엘에게 다시 위협이 되었을 수도 있다. 하지만 저자에게 여호수아의 승리는 완전하고 영구적인 의미를 갖는다. 저자는 여호수아의 승리에서 장차 완성될 최종 승리를 보았다. 다시 말해, 저자는 현재의 사건에서 미래를 앞당겨 보는 "단축기법"(telescoping)을 사용한다.[65] 그것은 '선지자적 관점'(prophetic viewpoint)과 연결된다. 선지자의 안목을 가진 저자에게 여호수아가 거둔 승리는 다윗 시대에 완성될 최종 승리에 대한 확실한 보증이었을 수 있다.

본문에는 지리적으로도 포괄적인 표현이 사용된다. '~부터 ~까지'나 '온 땅'이 그런 표현에 해당한다: "가데스 바네아로부터 가사에 이르기까지", "고센 온 땅". "가데스 바네아"는 시내 반도 북쪽의 바란 광야에 위치하며 가나안의 남쪽 경계와 인접한 지역이다(민 13:26 참고). "가자"는 지중해 연안에서 내륙으로 5km 떨어진 곳으로(NIDOTTE 4, 652), 애굽과 경계를 이루는 지역이다(Hess, 226). "고센"은 이스라엘 자손이 애굽에서 머물렀던 같은 이름의 장소가 아니다(창 47:27 참고). 이곳은 유다 산지에 속한다(수 15:51 참고). "기브온"은 이스라엘이 정복한 가나안 남부 지역의 최북단에 위치한다. 모든 것을 종합할 때, 본문(41절)에 소개된 지리적 정보는 이스라엘이 가나안 남부지역 전체를 정복했다는 것을 보여준다.

다른 한편, 본문에는 시간적으로 포괄적인 표현이 사용되기도 한다: "이 모든 왕들과 그들의 땅을 여호수아가 **단번에** 취하였다"(42a). 여기서 "단번에 취하였다"는 표현은 여호수아의 정복전쟁이 거침없이 신속하게 이루어졌음을 말해준다. 하지만 이 말은 전쟁의 승리를 강조하는 수사적 표현이란 사실도 잊어서는 안 된다. 그 말은 가나안 남부지역이 모두 "단번에" 이스라엘의 수중에 들어왔으며 이스라엘이 그곳을 완전히 점

---

[65] Cf. Bright, *A History of Israel*, 132; Malamat, *Early Israelite Warfare and the Conquest of Canaan*, 5; Halpern, "Gibeon," 315.

령했다는 의미로 이해해서는 안 된다. 여호수아서에는 정복전쟁이 장기간 지속되었음을 알려주는 언급도 있다(수 11:18; 14:12; 23:4-5 참고). 출애굽기 23:30이나 신명기 7:22역시 서서히 진행될 정복전쟁에 대해 이야기한다.

본문은 여호수아가 이스라엘의 하나님 여호와가 명하신 대로 하였다는 점을 강조한다. 가나안 족속을 진멸하고 그 땅을 점령하는 것은 하나님의 뜻이다. 하나님은 아브라함에게 약속하신 대로 가나안 땅에 "큰 나라"를 세우시려고 여호수아를 세우셨다(창 12:2; 수 1 6 참고). 여호수아는 이러한 하나님의 뜻을 받들어 정복전쟁을 수행했다. 그랬기에 정복전쟁은 성공적이었다. 하나님은 여호수아와 이스라엘 군대를 도우셨다. 더 구체적으로 말하면, 하나님은 이스라엘 자손을 위해 싸우셨다. 전쟁의 주인공은 여호와시다. 그러므로 이스라엘이 얻은 승리는 사실상 여호와의 승리다. 여호와가 아니었다면 이스라엘은 결코 승리를 얻지 못했을 것이다. "가데스 바네아"는 여호와를 믿지 못할 때 생기는 불행한 결과를 기억하게 만드는 장소다. 그것은 전쟁에서의 패배와 40년의 광야 생활이란 비극을 낳았다(민 14장 참고). "고센"은 이스라엘이 애굽에서 종살이하던 일을 상기시키는 이름이다. 그러나 그것은 이미 지나간 과거의 일이다. 여호와께서는 족장과 맺은 언약을 기억하사 이스라엘을 애굽에서 구원하셨다. 여호와께서는 또한 자기 명령에 순종하는 백성을 위해 싸우셨다. 정복전쟁의 승리는 여호와의 명령에 순종하는 자들의 싸움을 통해 나타나는 여호와의 승리다.

7.3 북부 정복(수 11:1-15)

가나안 남부지역을 정복한 후 여호수아와 이스라엘 군대는 가나안 북부지역을 정복하기 위한 전쟁에 나선다. 전쟁의 시작은 남부 정복전쟁이 그랬던 것처럼 가나안 사람 측에서 먼저 이스라엘에게 싸움을 걸어옴으로써 일어났다. 이것이 놀라운 점이다. 하솔 왕 야빈을 비롯한 북부 지역의 왕들은 남부 전쟁의 상황을 들어서 알고 있었다. 남부의 도시국가들은 연합하여 싸웠지만 이스라엘을 이길 수 없었다. 무엇보다 중요한 것은 여호와께서 전쟁에 개입하신 일이다. 여호와께서는 우박을 던지셔서 가나안 군대를 멸하셨고 하늘의 태양과 달을 멈추게 하심으로써 이스라엘에게 큰 승리를 주셨다. 하솔 왕 야빈은 이 크고 두려운 일을 들었음에도 불구하고 이스라엘과 싸우려고 하였다. 예루살렘 왕 아도니제덱처럼 그도 동맹국과 함께 대군을 동원하면 승리할 수 있을 것이라고 생각했다. 하지만 그것은 얼마나 어리석은 생각인가! 하늘의 태양과 달을 전쟁의 수단으로 사용하는 군대를 고작 군사의 수와 말과 병거의 힘으로 상대할 수 있다고 생각하는 것은 정상적인 사람에게는 있을 수 없는 일이다. 그것은 하나님께 은혜를 입지 못한 사람에게만 있을 수 있는 어리석음과 완고함이다(수 11:20). 그 옛날 애굽 왕 바로가 그랬다. 그는 하나님의 초자연적인 능력을 직접 경험하고도 하나님을 대적하는 일을 멈출 수 없었다. 하나님을 알고 그분의 뜻에 순종하는 것은 하나님의 은혜이다(신 29:4).

구성적으로나 내용적으로 북부 정복에 관한 기사는 남부 정복에 관한 기사와 여러 면에서 대칭을 이룬다. 첫째, 두 기사는 전쟁의 시작을 묘사하는데 유사성을 보인다. 남부 정복의 경우 예루살렘 왕 아도니제덱이 주변의 왕들과 연합군을 조직하고 기브온을 공격함으로써 전쟁이 시작되었다(10:1-5). 이처럼 북부 정복의 경우에도 하솔 왕 야빈이 주변의 왕들과 연합군을 형성하고 이스라엘을 공격함으로써 전쟁이 시작된다(11:1-5). 둘째, 두 기사는 모두 전쟁이 시작되기 전 여호와께서 여호수아에게 "그들 때문에 두려워하지 말라"고 격려하시는 말씀을 담고 있다(10:8a; 11:6a). 셋째, 두 기사는 모두 이스라엘의 기습공격을 이야기한다(10:9; 11:7). 넷째, 두 기사 모두 여호와께서 이스라엘에게 승리를 주시는 것으로 묘사한다(10:8, 10; 11:6, 8). 다섯째, 두 기사 모두 이스라엘이 벌인 추격전과 왕을 죽인 일을 묘사한다(10:19-20, 26; 11:8, 10). 여섯째, 두 기사 모두 유사한 표현으로 전쟁의 종결을 묘사한다: '호흡이 있는 자를 진멸하였다/하나도 남기지 않았다', '여호와께서 명령하신 대로 했다'(10:40; 11:14-15). 넬슨(Nelson, 151)이 말한 것처럼, 11장은 10장의 "문학적 거울"(a literary mirror)이다.

북부 연합군의 침략(11:1-5)

> **사역** ¹하솔 왕 야빈이 듣자 마돈 왕 요밥과 시므론 왕과 악삽 왕과 ²북쪽의 산지와 기나롯 남쪽의 아라바와 저지와 서쪽 돌의 고지대에 있는 왕들과 ³동쪽과 서쪽의 가나안 사람과 아모리 사람과 헷 사람과 브리스 사람과 산지의 여부스 사람과 미츠바 땅의 헤르몬 아래 히위 사람에게 사람을 보냈다. ⁴그들과 그들과 함께 한 모든 군대가 나왔는데, 백성이 바닷가 수많은 모래같이 많았으며 말과 병거가 매우 많았다. ⁵이 모든 왕들이 함께 모여 가서 이스라엘과 싸우려고 메롬 물가에 함께 진을 쳤다.

정복전쟁 시기에 가나안 북부지역에서 대표적인 도시국가는 하솔이었다. 하솔은 갈릴리에서 북쪽으로 15마일 정도 떨어진 곳으로 오늘날의 "텔 엘-케다"(Tell el-Qedah)와 동일시된다(NIDOTTE 4, 696). 하솔은 주전 19세기 경의 이집트 "저주 문서"(execration texts)와 주전 18세기의 "마리 서고"(the Mari archives)에서도 언급될 정도로 고대 근동에 영향력이 큰 도시였다.[66] 하솔의 면적은 당시의 기준으로 볼 때 넓은 200 에이커에 달하였으며 중기 청동기와 후기 청동기를 통틀어 가나안에서 가장 큰 도

---

[66] Cf. Y. Yadin, *Hazor: with a Chapter on Israelite Megiddo* (London: The Oxford University Press, 1972), 1-4.

시국가였다고 한다.[67] 힉소스 시대에 흙으로 건축된 성벽은 이 도시가 인구 5만을 수용할 정도의 크기였음을 보여준다(NIDOTTE 4, 697). 이는 하솔이 "이 모든 나라들의 머리"였다고 밝히는 본문의 진술(수 11:10b)과 조화를 이룬다. 이 도시는 주전 13세기 말경 격렬한 화재와 함께 파괴되었다. 고고학자들 중에는 이것을 여호수아의 정복전쟁과 연결하는 이도 있다.[68] 그러나 빔슨(J. J. Bimson)이 설명한 것처럼, 중기 청동기의 하솔이 15세기 후반(1400년경)에 여호수아에 의해 파괴된 다음 13세기 말(1230년경) 사사 드보라와 바락에 의해 최종으로 파괴되었을 수 있다.[69]

여기서 대두되는 문제는 하솔 왕의 이름이다. 여호수아 11:1에서 하솔 왕의 이름은 야빈으로 나타난다. 그런데 사사기 4장에서도 하솔 왕의 이름은 야빈이다. 이런 이유로 사사기 4장의 내용이 이차적이며 역사적 사실과 무관하다고 보는 학자들도 있다(Noth 1938, 41; Knauf, 112; Gray, 114). 그러나 이스라엘 사람 고고학자 야딘에 따르면 "야빈"은 주전 18세기의 마리 문서에도 등장하는 이름으로 하솔 왕의 "왕조 이름"(a royal dynastic name)이었을 가능성이 크다.[70] 그러므로 여호수아 11장과 사사기 4장이 모두 하솔 왕으로 "야빈"을 언급하는 것에 대해 이상히 여길 필요가 없다. 서로 다른 애굽의 왕들이 "바로"로 불렸던 것처럼, 서로 다른 하솔의 왕들도 "야빈"으로 불렸다고 보아야 한다.

북부 지역에서 하솔 왕 야빈이 한 역할은 남부 지역에서 예루살렘 왕 아도니제덱이 한 역할과 같다. 둘은 모두 "듣고"(שָׁמַע) 주변의 나라들에게 사람을 "보내"(שָׁלַח) 이스라엘에 대항하여 싸울 "군대"(מַחֲנֶה)를 모은

---

[67] Cf. Stone, "Early Israel and Its Appearance in Canaan," 147; Mazar, *Archaeology of the Land of the Bible*, 332.

[68] Cf. Stone, "Early Israel and Its Appearance in Canaan," 145-46; Bright, *A History of Israel*, 131-32; Wright, *Biblical Archaeology*, 50.

[69] Bimson, *Redating the Exodus and Conquest*, 172-87.

[70] See Yadin, *Hazor: with a Chapter on Israelite Megiddo*, 5.

다. 차이점은 아도니제덱에 비해 야빈이 훨씬 더 많은 수의 동맹국을 전쟁에 끌어들였다는 점이다. 이름이 언급된 세 도시 국가들(마돈, 시므론, 악삽)과 지역 단위로 분류된 무명의 왕들(북쪽의 산지, 기나롯 남쪽의 아라바, 저지, 서쪽 돌의 고지대)과 종족 별로 분류된 사람들(가나안 사람, 아모리 사람, 헷 사람, 브리스 사람, 여부스 사람, 히위 사람)이 일일이 열거된다. 이는 북부지역의 모든 도시국가와 왕들과 백성이 이스라엘과 싸우는 일에 하나가 되었음을 보여준다. 동원된 군사의 수효나 사용된 무기의 힘은 이스라엘에 비해 압도적이었다. 그들은 전쟁의 승패를 가르는 것이 군사력에 있다고 생각했다. 그들에게 이스라엘 군대는 "두 무리의 적은 염소 떼"처럼 보였을지도 모른다(왕상 20:27).

그러나 이스라엘은 하나님의 군대다. 하나님께 사람의 수효의 많고 적음이나 군사력의 강하고 약함은 문제가 되지 않는다(삼상 14:6 참고). 하나님은 그러한 것들을 비웃으신다(시 2:4 참고). 그들은 여호와께서 전쟁에 능한 용사이시며 전쟁은 여호와께 속한 것이란 사실을 알아야 했다(출 15:3; 삼상 17:47; 시 24:8). 여호와의 군대 앞에서 택할 수 있는 최선의 방책은 그분을 인정하고 그분께 항복하는 길이다. 기생 라합과 기브온 사람이 한 일은 가나안 사람의 생존을 위해 필요한 것이 무엇인지를 예시한다. 동시에 그것은 생사의 갈림길에서 바른 길을 택하는 것은 하나님의 은혜라는 사실을 재삼 확인해준다(수 11:20).

여기서 본문에 언급된 나라들과 지역들을 살펴볼 필요가 있다. 오늘날과 시간적으로 멀리 떨어진 고대의 장소를 파악하는 데는 많은 어려움이 따른다. 그러기에 많은 경우 학자들의 견해도 일치되지 않는다. "마돈"의 위치는 불명확하다. 칠십인 역에서 "마돈"은 "마론"(Marrwn)으로 번역된다. 칠십인 역은 5절의 "메롬" 또한 "마론"으로 읽는다. 따라서 "마돈"이 "메롬"과 같은 장소라고 생각하는 주석가도 있다(Hess, 229; Wray Beal, 250). "마돈"은 갈릴리 바다에서 서쪽으로 5마일가량 떨어진 "텔 카르네이 힛틴"(Tell Qarnei Hittin)과 동일시되기도 한다(Walton, 227;

Dallaire, 939; Woudstra, 188).[71] 하솔과 함께 한 도시국가들 가운데 마돈 왕의 이름만 소개된 것으로 미루어 마돈이 하솔의 가장 강력한 지원국이었음을 알 수 있다. "시므론"의 위치에 대해서는 대체로 이스르엘 서쪽에 있으며 나사렛에서 서쪽으로 5마일 떨어진 "키르벳-삼무니야"(Khirbeth Sammuniya)와 동일시하는 입장이 우세하다(Howard, 266; Walton, 228; Dallaire, 939; Pitkänen, 232; Hess, 229). "악삽"은 대체로 "시므론"에서 북북서쪽으로 12마일 정도에, 그리고 악코(Acco) 평원의 지중해 연안에서 3마일 정도에 위치한 "텔 케이산"(Tell Keisan)과 동일시된다(Walton, 228; Hess, 229-30; Pitkänen, 232).

"북쪽의 산지"는 갈릴리 바다 북서쪽의 산악지대를 가리키는 것 같다(cf. Butler, 126). "기나롯 남쪽의 아라바"에서 "기나롯"(כִּנְרוֹת)은 긴네렛(כִּנֶּרֶת, 갈릴리) 바다를 가리킨다(12:3; 19:35 참고). "아라바"(עֲרָבָה)는 대개 요단강 동편과 서편에 평행으로 솟아 있는 두 단층절벽 사이의 저지대를 의미한다(HALAT, 833). 여기서는 갈릴리 바다에 가까운 요단 계곡을 의미하는 것 같다. "저지"(שְׁפֵלָה)는 유다 산지와 블레셋 지역 사이에 위치하는 같은 이름의 산록지역을 가리키는 것 같지는 않다(수 9:1 주해 참고). 이곳에서는 가나안 중앙 산지의 서쪽 경사면이면서 갈멜산 이남에 위치하는 지역일 가능성이 크다(Alfronk, 69; Hess, 231). "서쪽 돌의 고지대"는 갈멜산 남쪽의 해안지역을 가리킨다(Boling, 306; Dallaire, 939; Hess, 231; Wray Beal, 251). 열왕기상 4:11에서 이 지역은 솔로몬 왕국의 네 번째 행정구역으로 언급된다. 이는 이 지역의 중요성을 알려준다. 3절에 언급된 "미츠바 땅"에 대해서도 설명이 필요하다. "미츠바"(מִצְפָּה)는 "전망대" 또는 "망루"의 의미를 가진다(HALAT, 590). 같은 이름의 장소가 라기스에도 하나(수 15:38), 길르앗에도 하나(삿 10:17), 벤야민에도 하나(수 18:26)

---

[71] 노트에 따르면 갈릴리에서 발견되었고 상형문자로 기록된 현무암 비문에서 마돈이 *mtn*으로 언급된다. 이 비문은 애굽이 지배하던 시기에 만들어진 것으로 추정된다(Noth 1938, 41-42).

가 있었다. 이곳에서 "미츠바"는 헤르몬 산이 있는 가나안 북부지역의 고지대를 가리키는 것 같다(cf. Boling, 306).

이곳에 "산지의 여부스 사람"이 언급된 것은 특이하다. "여부스"는 예루살렘과 같은 지역으로 가나안 남부지역에 속한다. 예루살렘은 기브온 전쟁에서 이스라엘과 싸운 남부 연합국의 중심도시다. 그 당시 예루살렘 왕 아도니제덱은 막케다에서 연합군의 네 왕들과 함께 죽었다(수 10:26). 하지만 남부 정복전에서 예루살렘은 더 이상 언급되지 않는다. 이 도시의 왕은 죽었으나 도시 자체와 주민은 큰 타격을 입지 않았던 것으로 보인다. 하솔 왕 야빈이 지리적으로 멀리 떨어진 예루살렘까지 전쟁에 참여하도록 요청한 것은 가나안 사람에게 이스라엘이 얼마나 위협적인 세력이었는지를 알려주는 증거다(Howard, 267).

가나안 연합군이 이스라엘과 싸우기 위해 집결한 장소는 "메롬 물가"(לְמֵי מֵרוֹם)였다. "메롬"이 "마돈"과 같은 장소라면, "메롬 물가"는 "텔 카르네이 힛틴"(Tell Qarnei Hittin) 근처의 샘이나 강일 가능성이 있다(Walton, 228; Hess, 232). 그러나 오늘날 "사페드"(Safed)에서 서북서 쪽에 위치한 "세메코니티스 호수"(Lake Semechonitis)를 후보지로 생각하는 학자도 있다(cf. Dallaire, 939). 또 다른 학자는 오늘날 "메론"(Meron)에서 북동쪽으로 4km 정도 되는 연못을 생각하기도 한다(Boling, 307; Woudstra, 190). 이와 같이 "메롬 물가"에 대한 의견은 분분하다. 지금으로서는 이 장소의 정확한 위치를 특정하기는 어렵다(Pitkänen, 233). 대다수 학자는 갈릴리 바다와 지중해 연안 사이의 어떤 장소라는 것에 의견을 같이 한다(Howard, 267).

저자는 여러 가지 표현 방식을 동원하여 이스라엘과 싸우기 위해 온 가나안 사람이 모두 출동한 것처럼 기록한다. 이곳에 열거된 수많은 도시명과 지역명과 민족명이 그 한 예다. 또한 "북쪽의 산지와 긴네롯 남쪽의 아라바", "동쪽과 서쪽의 가나안 사람", "(유다) 산지의 여부스 사람과 미츠바 땅의 헤르몬 아래 히위 사람" 등은 전체성을 나타내는 수사법(메리즘 – 대조를 통해 전체를 표현하는 법)이다. 이곳에 길게 열거된 가나안 족속들(가나안, 아모리, 헷, 브리스, 여부스, 히위) 또한 같은 문학적 기능을 가진다. "바닷가의 수많은 모래"가 이스라엘에 대항하는 적들의 수효를 묘사하는 비유로 사용되는 것도 본문의 수사적 의도와 관계된다. 가나안 사람이 모두 일어나 이스라엘과 이스라엘의 하나님 여호와를 대적했다 (시 2:1-3; 83:1-8 참고). 저자는 가나안 사람들이 수많은 "말"과 "병거"도 동원했다고 밝힌다.[72] 결론적으로, 가나안 사람은 자신들이 동원할 수 있는 모든 인적, 물적 자원을 총동원하였다. 하지만 이것은 하나님의 군대 앞에서 무용지물이 되고 말 헛된 노력이다.

이스라엘의 공격(11:6-9)

> **사역** [6]여호와께서 여호수아에게 말씀하셨다. "그들로 인하여 두려워하지 말라. 왜냐하면 내일 이때쯤 내가 그들 모두를 이스라엘 앞에서 살육 당한 자가 되게 할 것이기 때문이다. 너는 그들의 말의 뒷다리 힘줄을 끊고 그들의 병거를 불로 태우라. [7]여호수아와 그와 함께 한 모든 전쟁의 백성이 그들을 향해 메롬 물가로 갑자기 가서 그들을 습격했다. [8]여호와께서 그들을 이스라엘의 손에 주시니 그들을 치고 큰 시돈 까지, 미스르봇 마임까지, 동쪽으로 미츠바 평원까지 추격하였으며 그들 중에 한 생존자도 남지 않도록 쳤다. [9]여호수아가 여호와께서 말씀하신 대로 그들에게 행하여 그들의 말의 뒷다리 힘줄을 끊고 그들의 병거를 불에 태웠다.

무수한 적군과 강력한 무기 앞에서 여호수아와 이스라엘 군대는 두려워했을 수도 있다. 믿음이 있는 사람에게도 두려움은 찾아온다. 특별히 큰 위험이나 위협 앞에서 두려워하지 않을 사람은 아무도 없다. 인간은

---

[72] 한 연구에 의하면, 주전 1600년 직전부터 후기 청동기까지 400년 동안 병거/전차는 군사력과 동의어가 될 정도로 보편적인 군사용 무기였다고 한다. See R. Drews, "The 'Chariots of Iron' of Joshua and Judges," *JSOT* 45 (1989): 19.

누구나 할 것 없이 육체를 지닌 유한한 존재이다. 특히 아담의 타락으로 인해 인간은 본성상 두려움에 지배될 수 있는 연약한 존재가 되었다(창 3:10 참고). 그러기에 하나님의 말씀으로 늘 새롭게 격려를 받지 않는 한 인간은 두려움에서 벗어날 수 없다. 두려워하는 인간에게 필요한 것은 하나님의 말씀이다. 여호수아와 이스라엘 군대에게 필요했던 것도 하나님의 말씀이다. 적군들의 수효에 상응하는 군사나 그들의 말과 병거에 상응하는 무기가 필요했던 것이 아니다. 하나님의 말씀은 세상이 줄 수 없는 힘과 능력을 준다.

여호와께서는 여호수아에게 가장 필요한 말씀을 주셨다: "그들로 인하여 두려워하지 말라." 이 말씀은 그 자체로 여호수아와 이스라엘 군대에게 큰 격려가 되었을 것이다. 하지만 그 말씀은 약속까지 포함한다. 하나님은 아무 이유 없이 "두려워하지 말라"고 말씀하지 않으신다. 하나님께서 그런 말씀을 주신 까닭은 직접 두려움의 이유 곧 적들을 물리치실 것이기 때문이다. "두려워하지 말라"는 "여호와의 전쟁"에 항상 등장하는 표현이다(출 14:13; 신 20:3; 수 8:1, 10:8, 25; 삿 7:3 참고). "여호와의 전쟁"에서 적들은 여호와의 적이며 적들을 물리치시는 분도 여호와시다(출 14:14; 신 1:30; 수 10:14, 42; 23:10; 삿 20:35 참고). 그러므로 여호와의 군대인 이스라엘은 두려워할 필요가 없다. 다만 여호와를 믿으면 된다.[73]

본문에는 여호와께서 직접 적들을 물리치신다는 사실이 분명하게 언급된다. 여호와께서는 "내일 이때쯤 내가 그들 모두를 이스라엘 앞에서 살육 당한 자가 되게 할 것이[라]"고 말씀하신다. "살육 당한 자"(הֲלָלִים) 란 말은 칼로 적군을 죽이는 전투가 있을 것을 시사한다. 이스라엘 군대는 직접 적들과 맞붙어 싸워야 한다. 아무런 싸움도 없이 저절로 승리를 얻는 것은 아니다. 하지만 전쟁의 현장에 함께 하시고 전쟁을 주관하시는 분은 하나님이시다. 하나님은 여호수아에게 "내일 이 때쯤"(מָחָר כָּעֵת הַזֹּאת) 있

---

[73] See von Rad, *Der Heilige Krieg im alten Israel*, 9.

을 일을 미리 말씀하신다. 이는 하나님께서 전쟁의 시간조차 주관하신다는 사실을 나타낸다. 하나님은 초자연적인 능력으로 적군을 무력화하시고 이스라엘 군대의 칼날에 쓰러지게 하신다(8절). 기브온 전쟁에서 하나님은 적군을 혼란케 하시는 전략을 사용하셨다(수 10:10). 그것은 이스라엘 군대가 이른 아침에 적군을 급습한 전략이다(수 10:9). 여기서도 이스라엘 군대는 같은 전략을 사용한다. 그들은 메롬 물가로 "갑자기 가서" 적들을 "습격했다"(7절). 이것은 적들을 혼란에 빠트렸을 것이 분명하다. 본문에 명확히 기록되지는 않았지만, 여호수아가 이런 전략을 구사한 것은 최고의 용사이신 여호와께로 말미암은 일이라고 보아야 한다(출 15:3; 수 8:1-2; 삼하 5:22-25 참고).

저자는 전쟁의 상황을 자세히 소개하지는 않는다. 다만 여호와께서 적들을 이스라엘의 손에 주셨으며 이스라엘이 적들을 치고 추격한 일만 간단히 소개한다. 추격은 "큰 시돈까지, 미스르봇 마임까지, 동쪽으로 미츠바 평원까지" 이루어졌다. "큰 시돈"(צִידוֹן רַבָּה)은 가나안 서북쪽에 위치한 해안 도시 시돈과 그에 속한 지역을 가리킨다. "미스르봇 마임"(מֵי מִשְׂרְפוֹת)의 위치는 불명확하나, 시돈의 남쪽 경계 또는 리타니강(the Litani River)의 어떤 지역이라는 견해가 있다(Howard, 269; Nelson, 153; Walton, 228).[74] 미츠바 평원은 헤르몬산 부근의 지역이다(11:1-5 주해 참고). 본문의 지리적 정보의 중요성은 추격의 범위를 알려주는데 있는 것 같다. 추격전은 서쪽의 "시돈"에서 동쪽의 "미츠바"까지를 아우르는 광범위한 지역이다. 결국 본문은 이스라엘 자손이 가나안 북부지역 전체를 종횡 무진하며 적들을 물리쳤다는 사실을 강조한다.

---

[74] 리타니강은 레바논을 대표하는 강으로 바알벡(Baalbek) 서쪽에서 시작되어 서남쪽으로 레바논과 안티 레바논 산맥 사이를 지나 흐르다가 서쪽으로 급선회하여 지중해로 빠진다. See https://www.britannica.com/place/Litani-River-Lebanon (참고일: 2024. 5. 3.).

흥미롭게도, 남부 정복전쟁에 공식처럼 자주 사용되었던 표현('여호와께서 X를 이스라엘의 손에 주시니 이스라엘이 그것을 치고 한 생존자도 남기지 않았다')이 여기서도 사용된다(10:28-39 참고). "한 생존자도 남기지 않았다"는 말은 전쟁의 승리를 강조하기 위한 수사적 표현이다. 그것은 정말 아무 생존자가 없었다는 의미가 아니다. 기브온 전쟁의 경우처럼(수 10:20-21), 생존한 적들이 있었다고 보아야 한다(수 13:1-7; 23:4-5 참고). 하지만 이스라엘은 적들의 저항과 도전을 무력화시킬 정도로 큰 승리를 거두었으며 가나안을 점령하기 위한 굳건한 발판을 마련하였다. 남은 적들을 진멸하고 그들의 성읍을 차지하는 것은 시간문제일 뿐이다. 저자는 선지자의 관점으로 현재의 승리에서 미래의 최후 승리를 앞당겨 보는 단축기법(telescoping)을 사용하고 있다.

여기서 하나님이 여호수아에게 주신 명령을 다시 생각해볼 필요가 있다. 놀랍게도 하나님은 전쟁이 시작되기에 앞서 전쟁의 사후처리를 먼저 말씀하셨다: "너는 그들의 말의 뒷다리 힘줄을 끊고 그들의 병거를 불로 태우라"(6b). 이는 전쟁의 승리를 전제로 하신 말씀이다. 하나님께는 전쟁의 승리가 기정사실이다. 그런데 하나님은 왜 말의 뒷다리 힘줄을 끊고 병거를 불태우라고 하셨는가? 흥미롭게도 원문에는 목적어 "그들의 말"과 "그들의 병거"가 문장의 첫 자리에 온다. 이는 "말"과 "병거"를 강조하기 위해 목적어의 위치를 바꾼 경우에 해당한다. 하나님이 보실 때, 여호수아와 이스라엘 군대는 "말"과 "병거"에 관심을 갖거나 미련을 두어서는 안 된다. 이스라엘은 언제나 하나님을 의지해야 한다.

과거의 출애굽과 지금까지의 정복전쟁이 그것을 교훈한다. 이스라엘은 무기를 사용하지 않고도 "말"과 "병거"로 무장한 애굽 군대를 물리칠 수 있었다(출 14:23, 28). 또한 이스라엘은 공성술을 사용하지 않고서도 여리고 성을 무너뜨렸다(수 6:20). 나아가 이스라엘은 기상의 변화와 천체의 움직임까지 주관하시는 하나님의 도우심으로 적군들을 물리쳤다(수 10:11-14). 이스라엘 군대에게 "말"과 "병거"는 세상에 무엇과도 비교

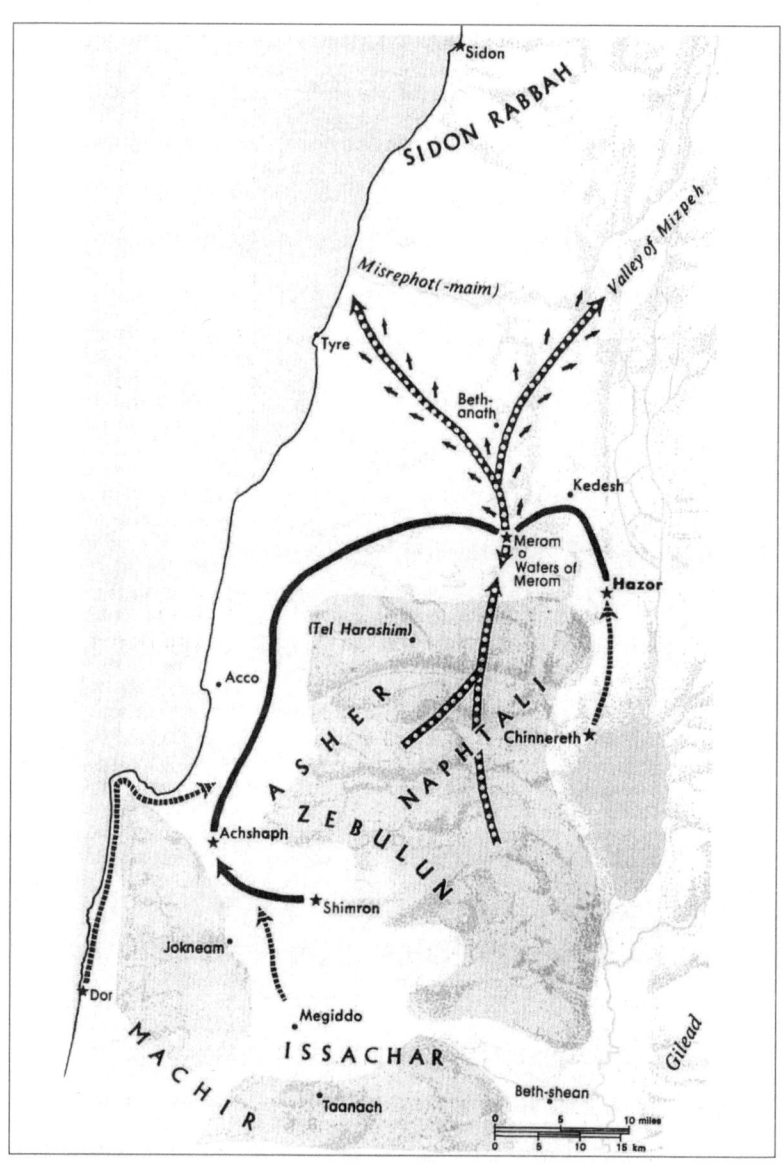

가나안 북부 정복전쟁[75]

---

[75] Aharoni, *The Carta Bible Atlas*, 57

할 수 없는 여호와의 능력이다(왕하 2:12; 6:17; 13:14 참고). 여호수아와 이스라엘 군대는 이것을 굳게 믿어야 하다. 장차 세워질 이스라엘의 왕들도 그렇게 해야 한다(신 17:16). 시편 20:7[8]은 이 믿음을 잘 표현한다:

어떤 사람은 병거, 어떤 사람은 말을 의지하나
우리는 여호와 우리 하나님의 이름을 자랑하리로다

여호수아는 여호와의 명령에 순종하였다. 그는 "말"과 "병거"에 관심을 가지고 그것을 전리품으로 취하고 싶은 마음을 가질 수도 있었다. 하지만 그렇게 하지 않았다. 여호수아는 아낌없이 말의 뒷다리 힘줄을 끊고 병거를 불로 태웠다. 그는 전쟁에서 중요한 것이 군사력이 아니라는 사실을 무수히 경험하였다. 그는 여호와의 명령에 순종하는 것이 전쟁의 승패를 좌우하는 결정적 요소임을 잘 알았다.

전쟁의 결과(11:10-15)

사역 [10]그때 여호수아가 돌아와 하솔을 취하고 그 왕을 칼로 쳤다. 왜냐하면 하솔은 이전에 이 모든 나라의 머리였기 때문이다. [11]"그들이"[a] 그 안의 모든 생명을 칼날로 쳐 진멸하니 호흡이 있는 자는 아무도 남지 않았다. 그가[a] 하솔을 불로 태웠다. [12]이 왕들의 모든 성읍과 그 왕들을 여호수아가 취하고 그들을 칼날로 쳐 진멸하기를 여호와의 종 모세가 명령한 대로 하였다. [13]다만 언덕 위에 있는 성읍들의 경우 이스라엘이 불태우지 않았고 오직 하솔만 여호수아가 불태웠다. [14]이 성읍들의 모든 전리품과 짐승을 이스라엘 자손이 취하였다. 오직 사람은 모두 멸하기까지 칼날로 쳤고 호흡이 있는 자는 아무도 남기지 않았다. [15]여호와께서 그의 종 모세에게 명령하신 대로 모세가 여호수아에게 명령하였고 여호수아가 그대로 하여 여호와께서 모세에게 명령하신 모든 일 중에 하나도 제쳐두지 않았다.

> [번역주] 11ª: 개역개정역에서 칼날로 치는 행위(נכה)와 불로 태우는 행위
> (שׂרף)의 주체는 여호수아다. 그러나 원문에서 전자는 복수형 동사로, 후자는
> 단수형 동사로 묘사된다. 이는 단수와 복수의 구분을 엄격히 하지 않는 히브리
> 어의 특징에 속하는 현상일 수 있다. 히브리어 어법에는 공동체의 연대성에 대
> 한 강한 인식이 스며 있는 것 같다.[76] 이 인식에 의하면, 이스라엘 군대의 일은
> 곧 여호수아의 일이며 그 반대도 성립된다. 이에 대한 예는 13절에서도 찾아볼
> 수 있다.

10절의 "그때"(בָּעֵת הַהִיא)는 이스라엘 군대가 추격전을 마쳤을 때다. 바로 뒤에(히브리어 구문에서는 앞에) 나오는 표현 "돌아왔다"가 이를 알려준다. 아마도 이스라엘 군대는 전쟁의 초반에 하솔을 무력화시키고 나머지 적들을 추격하였던 것으로 보인다. 이제 적들을 모두 섬멸하고 그들의 성읍과 전리품을 취한 다음(13-14절 참고), 하솔을 완전히 파괴하기 위해 되돌아왔다. 본문은 하솔이 완전히 파괴되어야 했던 이유를 밝힌다: "왜냐하면 하솔은 이전에 이 모든 나라의 머리였기 때문이다"(10b). "이 모든 나라의 머리"라는 표현에서 알 수 있듯이, 하솔은 정복전쟁 당시 가나안에서 가장 강력한 도시국가 중 하나였다.[77] 따라서 하솔의 파괴는 상징적 의미를 갖는다. 그것은 가나안의 적들이 이스라엘 앞에서 완전히 패배하였다는 것을 확인시켜주는 의미가 있다. 이스라엘은 가나안의 새로운 주인으로 자리를 공고히 하였다. 이것을 강조하기 위해 저자는 하솔의 정복과 파괴를 기술한다.

본문은 하솔이 불에 탔다는 사실을 두 차례나 언급한다(10절, 13절).

---

[76] 참고: 졸고, "구약에서 보응과 연대책임", 191-225.

[77] 크기에 있어서나 영향력에 있어서 하솔이 주전 2천 년기 팔레스타인에서 지배적인 세력이었다는 것은 고고학의 발굴이나 동시대의 기록물에서도 확인된다(11:1-5 주해 참고). 비록 간접적이긴 하지만 이것은 여호수아서의 기록이 주전 2천 년기 팔레스타인의 상황을 그대로 반영한다는 사실을 알려준다.

하솔이 격렬한 화재로 파괴된 사실은 고고학의 발굴에 의해서도 확인된다(11:1-5 주해 참고). 저자가 하솔이 불에 탄 사실을 거듭 언급하는 이유는 가나안 족속의 완전한 패망과 이스라엘의 전적인 승리를 강조하기 위함이다. 하솔의 파괴는 정복전쟁의 대미를 장식한다. 이스라엘은 가나안의 가장 강력한 세력인 하솔을 불태움으로써 전체 정복전쟁을 최고의 승리로 마무리한다. 정복전쟁에서 이스라엘이 불태운 성읍들은 여리고, 아이, 하솔이 전부다. 특별히 여리고와 하솔은 각각 정복전쟁의 시작과 끝과 관계된다. 정복전쟁은 견고한 성읍을 불태움으로 시작하여 거대한 성읍을 불태움으로 끝맺는다. 정복전쟁은 이스라엘에 맞설 나라가 없음을 확인해준다. 이스라엘에 대항하는 것은 이스라엘의 하나님 여호와께 대항하는 일이다. 여호와를 대항하는 자는 결국 불에 태워진다(히 12:29; 계 20:15 참고).

11절의 표현들 "모든 생명을 칼날로 쳐", "진멸하니", "호흡이 있는 자는 아무도 남지 않았다"는 남부정복 기사(10:28-43)에 같거나 비슷한 형태로 나왔다. 그곳에서 이 표현들은 전쟁의 승리를 강조하는 수사적 수단으로 사용된다. 이곳에서도 마찬가지다. 이 표현들은 "마치 엄밀한 통계학 정보처럼 단조롭게 문자적 의미로" 받아들여서는 안 된다. 그것은 "이스라엘 군대의 승리와 그들에게 저항하려고 하는 자들의 완전한 절망상태"를 강조하는 문학적 표현이다. 엄밀하게 말하면, 북부 정복전쟁에서도 살아남은 가나안 족속이 있었다. 사사기 4장에서 볼 수 있듯이, 하솔은 후에 다시 이스라엘을 위협하는 세력이 된다. 하지만 초기 정복전쟁에서 이스라엘과 여호수아는 분명히 하솔과 그 동맹국들을 물리치고 큰 승리를 거두었다. 이 승리는 후에 있을 최종의 승리를 보증한다. 이런 이유로 저자는 전쟁의 완전한 승리를 강조한다. 이는 미래를 앞당겨 보는 선지자의 예언적 화법과 관련된다.

본문은 또한 여호수아가 "여호와의 종 모세가 명령한 대로 하였다"(12b)는 사실을 강조한다. 이것은 여호수아서가 계속 강조하는 내용이다(1:13-15; 4:10; 8:31-33, 35; 14:5; 17:4; 20:1, 2; 21:8; 22:3; 23:6). 여호수아서는 여호수아가 모세의 명령대로 하였다는 사실을 매우 중요한 주제로 다룬다. 모세의 명령은 여호수아가 수행한 모든 일의 토대이자 절대 규범이다. 모세의 명령은 곧 여호와의 명령이기 때문이다. 본문은 모세가 "여호와의 종"이란 사실을 밝힘으로써 모세의 명령이 여호와의 명령이란 점을 분명히 한다. 15절은 여호수아가 한 일이 여호와의 명령으로 소급되는 것을 더욱 명료하게 밝힌다. 여호와의 명령은 모세를 통해 여호수아에게 전달되었다. 모세는 여호와의 명령을 받고 전달하는 일에 충성되었다(히 3:2, 5 참고). 여호수아는 그 명령을 그대로 순종했다. 그는 여호와의 명령 가운데 어느 하나도 소홀히 여기지 않았다. 이런 점에서 여호수아 자신도 여호와의 종이다. 여호수아는 여호와의 종인 모세의 명령에 순종함으로써 모세와 같이 여호와의 종이 되었다(수 24:29 참고).

8.1 정복전쟁의 요약(수 11:16-18)

8.2 진멸당한 왕들(수 12장)

제8장

정복전쟁의 종결

수 11:16-12:24

하솔을 중심으로 하는 가나안 북부 지역이 이스라엘 군대에 의해 정복당함으로써 정복전쟁은 모두 종결된다. 이제 저자는 정복전쟁을 간단하게 요약정리하고(11:16-23), 이스라엘 자손이 쳐서 멸한 왕들의 명단을 소개하면서(12장) 정복전쟁 기사를 끝맺는다. 정복전쟁을 요약정리하는 부분(11:16-23)은 남부정복 기사의 종결부(10:40-43)와 평행을 이룬다. 그곳에는 여호수아가 정복한 지역에 대한 개괄적 묘사(산지, 남부, 저지, 경사지)와 함께 왕들을 치고 사람들을 진멸하며 땅을 취한 일이 언급된다. 이곳에도 여호수아가 정복한 지역에 대한 개괄적 묘사(산지, 남부, 고센, 저지, 아라바, 이스라엘 산지와 그 저지)가 먼저 나오고 왕들을 쳐 죽인 일과 땅을 취한 일이 차례로 언급된다. 특히 두 본문 모두 동일한 구문(~부터 ~까지)을 사용하여 정복한 지역의 범위를 소개한다.

10:41 여호수아가 가데스 바네아로부터 가자에 이르기까지, 그리고 고센 온 땅과 기브온에 이르기까지 그들을 쳤다.

11:17 그가 세일로 올라가는 할락 산으로부터 헤르몬 산 아래 레바논 골짜기의 바알갓에 이르기까지 모든 왕들을 사로잡고 그들을 쳐 죽였다.

위의 비교는 11:16-23이 10:40-43과 구조상으로 대응관계에 있음을 나타낸다. 하지만 전자는 후자에 비해 더욱 포괄적인 성격을 띤다. 우선, 지리적 정보에 있어서 11:16-23은 가나안 전체지역을 아우르는 반면에 10:40-43은 가나안 남부지역만을 포함한다. 다음으로, 11:16-23은 가나안 사람이 진멸 당할 수밖에 없는 이유와 아낙 사람들이 진멸된 사실을 밝힌다. 또한 이 본문은 여호수아가 온 땅을 취하고 그것을 이스라엘 각 지파에게 분배하였다는 설명도 덧붙인다. 끝으로, 본문은 전쟁이 모두 끝났다고 선언한다(11:23).

8.1 정복전쟁의 요약(수 11:16-23)

여호수아가 얻은 승리(11:16-18)

> **사역** ¹⁶여호수아가 이 온 땅 곧 산지와 남부 온 지역과 고센 온 땅과 저지와 아라바와 이스라엘 산지와 그 저지를 취하였다. ¹⁷그가 세일로 올라가는 할락 산으로부터 헤르몬 산 아래 레바논 골짜기의 바알갓에 이르기까지 모든 왕들을 사로잡고 그들을 쳐 죽였다. ¹⁸많은 날 동안 여호수아가 이 모든 왕들과 전쟁을 하였다.

16절은 여호수아가 차지한 땅을 크게 일곱 지역으로 구분한다. 일곱은 정복의 완전성을 강조하는 숫자다. 16절에 나열된 지역 가운데 산지, 남부, 고센, 저지는 10:40-41에 언급된 장소들과 동일하다. 이곳에 새로 언급된 "아라바와 이스라엘 산지와 그 저지"에 대해서는 설명이 필요하다. "아라바"는 11:2에 소개된 "기나롯 남쪽의 아라바"와 같은 장소인 것 같다. 즉 갈릴리 바다에 가까운 요단 계곡이다. "이스라엘 산지"는 16a절의 "산지"와는 구분된다. "산지"는 남쪽의 유다 산지를, "이스라엘 산지"는 그것과 구분되는 중앙 산악지역을 가리킨다.[1] "이스라엘 산지"

---

[1] "이스라엘 산지"가 북 이스라엘을 가리킨다고 보고 이 본문이 솔로몬 왕국의 분열 이후에 기록된 것으로 간주하는 주석가도 있다(Gray, 117). 하지만 "이스라엘 산지"는 구약의 다른 곳에 나타나지 않는 표현이다. 따라서 이 표현이 왕국 분열 이후의 시점을 가리킨다고 볼 만한 근거가 불충분하다. 저자는 정치적 상황과는 무관하게 가나안의

와 함께 언급된 "저지"는 중앙 산악지대와 해변의 샤론 평원 사이 지역일 가능성이 크다(Nelson, 154).

17절은 여호수아가 차지한 땅의 범위를 소개한다. 남쪽 경계는 "세일로 올라가는 할락 산"이며 북쪽 경계는 "헤르몬 산 아래 레바논 골짜기의 바알갓"이다. "세일"은 야곱의 형 에서/에돔의 후예가 거주하는 땅으로 사해 남동쪽에 있다(창 32:3 참고). "할락 산"(bare/bald mountain)은 일반적으로 신 광야와 브엘세바 사이의 "제벨 할락"(Jebel Halaq)과 동일시된다(Walton, 228; Boling & Wright, 314).[2] "세일로 올라가는 할락 산"은 이 산의 동쪽 부분이 세일과 경계를 접하고 있다는 의미인 것 같다. 북쪽 경계로 소개된 "바알갓"의 위치는 불확실하다. 그러나 헤르몬 산 아래 레바논 골짜기의 어느 곳인 것만은 분명하다. 레바논 골짜기는 대개 베카 골짜기(Beqa Valley)와 동일시된다(Hess, 238).

16-17절에 사용된 포괄적 표현, 즉 '온 땅을 취하였다'와 '모든 왕들을 죽였다'는 문자적 의미로 받아들여서는 안 된다. 그것은 정복전쟁의 승리를 강조하는 수사적 표현이다. 13:1에서 알 수 있듯이, 여호수아가 거둔 승리는 최종적인 것이 아니며 그가 점령한 땅 역시 부분적인 것이다. 가나안 사람을 완전히 몰아내고 그 땅을 모두 차지하는 것은 아직 미래의 일이다. 저자 또한 이것을 모르지 않는다. 그럼에도 불구하고 여호수아가 거둔 승리는 너무나 크고 놀라운 것이다. 그것은 미래에 있을 완전한 승리와 땅의 점령을 예고하고 보증한다. 가나안 땅의 점령은 하나님이 약속하신 일이기 때문이다(수 1:3-4 참고). 저자는 이것을 염두에 두고 미래에 있을 완전한 승리를 현재의 승리에 투사하는 수사를 구사한다.

중앙 산악지대가 이스라엘 자손이 점령한 땅이란 의미에서 "이스라엘 산지"라는 이름을 사용했을 수도 있다.

[2] 이곳은 여호수아 10:41에 가나안 남부 경계지역으로 언급된 가데스 바네아와 인접한 곳이다(10:40-43 주해 참고).

18절이 이런 이해를 뒷받침한다. 여호수아 11:15까지의 기록만을 보면 정복전쟁이 단시일에 신속히 끝났을 것으로 생각하게 된다. 그러나 18절은 실제로 그렇지 않았음을 알려준다. 저자는 시간의 부사구 "많은 날 동안"(יָמִים רַבִּים)을 문장의 첫 자리에 둠으로써 전쟁이 오랜 기간 지속되었음을 강조한다. 이를 통해 정복전쟁에 대한 오해와 편견을 바로 잡을 수 있으며 정복전쟁을 기록한 저자의 방식을 더 잘 이해할 수 있다. 저자는 비교적 긴 시간에 일어난 많은 일들을 압축해서 꼭 필요한 내용만 기록했다(요 21:25 참고).

정복전쟁이 오랜 시간에 걸쳐 서서히 진행된 것은 하나님의 뜻에 따른 일이었다. 가나안 족속의 급속한 제거는 들짐승의 지나친 번성을 야기하여 이스라엘 자손을 위태롭게 할 수 있다. 하나님은 이를 염려하셔서 그들을 서서히 쫓아내실 것이라고 말씀하신 바 있다: "네가 번성하여 그 땅을 기업으로 얻을 때까지 내가 그들을 네 앞에서 조금씩 쫓아내리라"(출 23:30); "네 하나님 여호와께서 이 민족들을 네 앞에서 조금씩 쫓아내시리니 너는 그들을 급히 멸하지 말라 들짐승이 번성하여 너를 해할까 하노라"(신 7:22). 브레이 빌(Wray Beal, 254)이 잘 지적한 것처럼, "쫓아/몰아내다"(출 23:29-30; 레 20:23; 민 33:51-56; 신 4:37-38; 6:18-19)라는 말 자체가 정복전쟁이 오래 지속될 것을 암시한다.

진멸 당한 가나안 족속(11:19-20)

사역 [19]기브온에 거주하는 히위 사람 외에 이스라엘 자손과 화친한 성읍은 없었다. 그들은 전쟁으로 모든 것을 취하였다. [20] 왜냐하면 그들이 마음을 강하게 하여 이스라엘과 전쟁을 한 것은 여호와께로 말미암았기 때문이다. 그것은 그들을 진멸하여 자비를 얻지 못하게 하시고 여호와께서 모세에게 명령하신 대로 그들을 멸망시키기 위해서였다.

19-20절은 기브온 사람을 제외한 가나안 족속이 왜 진멸 당할 수밖에 없었는가에 관한 문제를 다룬다. 우선 이 본문은 기브온 사람들이 이스라엘과 화친한 일을 긍정적으로 평가한다. "기브온에 거주하는 히위 사람 외에"라는 표현은 그들을 여타의 가나안 사람과 구분한다. 기브온 사람이 한 일은 예외적이며 특별하다. 그들은 이스라엘에게 호전적인 태도를 보인 가나안 사람과 다르게 처신했다. 여호와와 이스라엘을 향해 마음을 "강하게" 한 사람과 달리 기브온 사람은 여호와를 인정하고 이스라엘 앞에 스스로를 "종"으로 낮추었다. 이런 겸손한 태도로 인해 자비를 얻었다. 본문의 설명에 따르면 이 일은 여호와께로 말미암았다. 여호와께서 그들에게 자비를 베푸셨다. 이는 여호와의 주권적인 뜻에 따른 일이다: "…나는 은혜 베풀 자에게 은혜를 베풀고 긍휼히 여길 자에게 긍휼을 베푸느니라"(출 33:19; 롬 9:15 참고). 결국, 기브온 사람이 이스라엘과 화친하게 된 배후에는 그들을 살리시고자 하는 여호와의 주권적인 자비가 있었다.

나머지 가나안 사람에게는 정반대의 일이 해당된다. 그들은 마음을 강하게 하여 이스라엘과 전쟁을 하였다. 그들이 진멸 당한 것은 이 어리석고 무모한 전쟁 때문이었다. 사실은 그들도 기브온 사람처럼 여호와를 높이고 이스라엘과 화친하는 길을 택할 수 있었다. 그랬더라면 전혀 다른 결과가 있었을 가능성이 크다. 하지만 여호와의 자비는 – 일반 은총을 제외하면(마 5:45 참고) – 모든 사람에게 허락된 복이 아니다. 그것은 인간의 공로와 무관하게 "택하심을 따라 되는 하나님의 뜻"(롬 9:11)으로 말미암는다. 사람들 가운데는 "멸하기로 예비된 진노의 그릇"(롬 9:22)도 있다. 불행하게도, 기브온 사람을 제외한 나머지 가나안 사람은 "멸하기로 예비된 진노의 그릇"이다. 다음 구절이 그것을 알려준다: "…여호와께서 모세에게 명령하신 대로 그들을 멸망시키시기 위해서였다"(수 11:21). 여기에 덧붙여야 할 내용이 있다. "멸하기로 예비된 진노의 그릇"은 자신의 멸망을 핑계할 수 없다. 그들이 망하는 것은 자신들의 죄 때문이다. 가나안 사람의 경우도 마찬가지다. 그들은 여호와를 대적하고 이스라엘과 전쟁하였기 때문에 진멸 당하였다.

여기서 마음을 강하게 하는 것이 무엇인지 생각해보아야 한다. '강하게 하다'로 번역한 동사(חזק의 피엘)는 여호와의 요구에도 불구하고 이스라엘을 보내지 않는 바로의 마음을 묘사하는데도 사용된다. 출애굽기의 여러 본문은 하나님이 바로의 마음을 강하게 하셨다고 밝힌다(출 4:21; 7:3; 9:12; 10:1, 20, 27; 11:10; 14:4, 8, 17). 우선 고려해야 할 사항은 하나님께서 선하고 부드러운 바로의 마음을 억지로 악하고 완고하게 바꾸신 것이 아니라는 점이다. 바로는 원래 악하고 완고한 마음을 가졌다. 그는 이스라엘 자손을 부당하게 노예로 삼고 학대하였을 뿐만 아니라 남자 아이가 태어나면 모두 죽였다(출 1:11-22). 그렇게 완고한 바로의 마음이 하나님의 개입으로 인해 더욱 강하게 되었다는 것이 출애굽기의 설명이다. 사실 히브리어 동사 חזק의 피엘은 그 자체로 부정적인 뉘앙스를 갖지는 않는다.[3] 그것은 오히려 긍정적 의미를 갖는다. 신명기 1:38, 3:28에서 이 동사는 여호수아의 마음을 담대하게 하는 것을 묘사한다. 무엇보다 이 동사의 기본형(Qal 형)은 여호수아를 격려하는 표현 "강하고 담대하라"(חֲזַק וֶאֱמָץ)에 사용된다(신 31:7, 23; 수 1:6-7, 9, 18). 이런 용례를 고려하면, 하나님은 바로의 마음을 '완악하게' 만드신 것이 아니라 '강하게' 하신 것으로 이해되어야 한다. 문제는 강하게 된 바로의 마음이 원래 악하고 완고하였다는데 있다.

그렇다면 하나님은 왜 악하고 완고한 바로의 마음을 강하게 하였을까? 출애굽기 10:1-2에 따르면 여호와께서 자신의 "표징"(אוֹת)을 애굽 사람에게 보이시고 이스라엘 자손이 여호와를 알기를 원하셨다. 여호와께서 보이고자 하시는 "표징"은 출애굽기 9:16이 밝히는 바와 같다: "내

---

[3] Cf. E. Kellenberger, *Die Verstockung Pharaos: Exegetische und auslegungs-geschichtliche Untersuchungen zu Exodus 1-15*, BWANT (Stuttgart: Kohlhammer, 2006), 34-37.

가 너를 세웠음은 나의 능력을 네게 보이고 내 이름이 온 천하에 전파되게 하려 하였음이니라." 이 말씀의 의미에 대해 필자는 다음과 같이 설명한 바 있다.

> 우선 하나님께서 바로의 마음을 강하게 하면 바로는 더욱 완강히 하나님의 뜻을 거부하게 될 것이다. 이러한 과정이 되풀이되는 가운데 바로는 여러 가지 재난을 겪게 될 것이며 이로써 그는 더 이상 우주의 질서와 조화(Maat)를 이루어내는 최고 권세자가 아님이 판명되어진다. 반면 모세로 말미암아 나타나는 기사이적을 통하여 이스라엘의 하나님 여호와야 말로 온 천지 만물을 다스리는 최고의 주권자요 경배 받으시기에 합당한 분이라는 사실이 드러나게 된다.[4]

하나님은 이 목적을 위해 바로의 완고한 마음을 강하게 하셨다. '강하게 하셨다'고 해서 바로에게 어떤 특별한 힘을 주입하셨다고 이해할 필요는 없다. 그것은 다만 바로의 부패한 마음에 내재된 악이 가감없이 드러나도록 하셨다는 의미로 이해될 수 있다(박윤선, 87). 타락 이후 인간은 누구나 할 것 없이 전적으로 부패한 존재가 되었다(창 6:5; 8:21; 신 9:6; 시 14:2; 51:5; 53:2; 렘 13:23; 롬 3:10; 엡 2:1-3 참고). 인간에게 선한 것이 있다면 그것은 오직 하나님이 베푸신 은혜의 결과다(창 3:15, 21; 6:8; 신 29:4; 왕상 19:18; 사 1:9; 겔 36:25-27). 이런 측면에서 보면, 하나님께서 바로의 마음을 강하게 하셨다는 말은 그의 악을 억제하시던 은혜의 손길을 거두셨다는 의미로 이해될 수 있다(살후 2:6-7 참고). 따라서 바로의 마음이 강해짐으로 인해 드러나는 모든 악은 그의 부패한 본성의 실상을 보여주는 것일 뿐이다.

---

[4] 졸고, "네 아들 네 장자를 죽이리라: 출애굽기 4:18-26의 주해적 및 신학적 연구", 「프로에클레시아」 12 (2007): 113. Cf. D. G. C. Cox, "The Hardening of Pharaoh's Heart in Its Literary and Cultural Contexts," *BSac* 163 (2006): 292-311.

위의 설명은 가나안의 왕들에게 그대로 적용된다. 바로와 마찬가지로 그들은 원래 악을 행하던 자들이다. 레위기 18장은 정복전쟁 당시 가나안에서 행해지던 악이 무엇인지를 소상히 알려준다. 하나님은 이들 악하고 완고한 자들의 마음을 강하게 하셨다. 그 이유가 본문 20절에 설명된다: "…그것은 그들을 진멸하여 자비를 얻지 못하게 하시고 여호와께서 모세에게 명령하신 대로 그들을 멸망시키시기 위해서였다." 결국 가나안 사람의 마음이 강해진 것은 그들 가운데 팽배한 악을 심판하기 위한 수단이었다(창 15:16 참고). 이런 의미에서 악인이 악행에서 돌이키지 못하고 계속 악을 행하는 것은 하나님의 심판이다(롬 1:24, 26 참고).

아낙 사람의 진멸(11:21-22)

> **사역** ^{21} 그때에 여호수아가 가서 산지와 헤브론과 드비르와 아납과 유다의 모든 산지와 이스라엘의 모든 산지에서 아낙 사람들을 쳐죽였다. 여호수아가 그들의 성읍들과 함께 그들을 진멸하였다. ^{22} 이스라엘 자손의 땅에 아낙 사람들이 남지 않았고 오직 가자와 가드와 아스돗에만 남았다.

21-22절은 여호수아가 아낙 사람들을 쳐죽인 일을 언급한다. 21절에 나열된 여섯 지역(산지, 헤브론, 드비르, 아납, 유다의 모든 산지, 이스라엘의 모든 산지)은 여호수아가 거둔 승리의 포괄성을 강조한다. 두 차례 반복되는 "모든"(כֹּל) 역시 포괄성을 강조한다. 유다와 이스라엘이 함께 언급된 것에도 같은 의미가 들어있다. 여기에 유다와 이스라엘이 구분된 것은 정치적 이유에서가 아니라 지리적인 이유 때문이다. 유다 지파는 예루살렘 이남 지역을 기업으로 분배받는다. 이에 반해 요셉 집안에 속한 에브라임과 므낫세를 위시하여 나머지 지파들은 대부분(시므온은 예외) 예루살렘 이북 지역을 기업으로 분배받는다. 게다가 이스라엘의 대다수 지파가 에브라임 지파에 속한 실로에서 기업을 분배 받는다(수 18 참고).

이런 이유로 유다 지파에게 귀속된 유다 산지와 구분하여 나머지 산악지대를 이스라엘 산지로 부르는 것은 자연스러운 일이다(Keil, 95).

정복전쟁 기사의 종결부에 아낙 사람의 진멸이 언급된 것에는 큰 의미가 있다. "아낡 사람"(הָעֲנָקִים)은 기럇 아르바(헤브론)를 세운 아르바의 후손들이다(수 15:13; 21:11). 여호수아 14:15에 의하면, 아르바가 아낙 사람들 가운데 "가장 큰 사람"이었다. 이는 아낙 사람이 키가 큰 거인족이었음을 시사한다. 신명기는 아낙 사람이 '강하고 많고 키가 크다'고 소개한다(신 2:10, 20-21; 9:2). 아낙 사람은 그 장대한 체구로 인해 이스라엘 자손에게 공포의 대상이었다. 광야 시절 가나안을 정탐한 사람들은 아낙 자손에 비해 이스라엘 자손이 "메뚜기" 같다고 하였다(민 13:33). 이 보고를 들은 이스라엘 자손은 모세와 아론을 원망하며 애굽으로 돌아가려고 하였다(민 14:1-4). 이것이 계기가 되어 이스라엘 자손은 가나안 땅으로 들어가지 못하고 광야에서 40년간 형벌과 고난의 세월을 보내야 했다(민 14:26-35). 이처럼 아낙 사람은 출애굽 1세대 이스라엘 자손이 가나안 땅으로 들어오지 못하게 된 결정적 요인이었다.

하지만 이스라엘 자손을 그토록 두렵게 한 아낙 사람도 여호수아의 칼에 모두 진멸 당하였다.[5] 저자는 블레셋의 몇 지역(가자, 가드, 아스돗)을 제외하면 가나안의 모든 지역에 아낙 자손이 남지 않았다고 밝힌다. 이것은 출애굽 1세대 이스라엘 자손이 아낙 사람에 대해 가졌던 두려움이 얼마나 터무니없는 것이었는지를 확인해준다. 그들은 여호와가 함께 하시는 한 그 어떤 적도 두려워할 이유가 없다는 사실을 깨닫지 못했다. 그들은 여호와의 능력으로 애굽에서 구원받았으나 그분의 능력을 믿지 못하는 모순에 빠졌다. 그들에게는 눈 앞의 장애물을 넘어 눈에 보이지 않는 분을 의지하는 믿음이 없었다. 정복전쟁 기사의 종결부는 여호와를

---

[5] 헤브론의 아낙 사람이 여호수아에 의해 진멸 당하였다는 진술에 대해서는 여호수아 10:28-39의 주해를 참고하라.

의지하는 백성에게 대항할 세력이 없음을 가르쳐준다. 그와 동시에 이 본문은 여호수아가 펼친 정복전쟁이 성공적이었음을 강조한다.

아낙 자손과 관련하여 더 언급되어야 할 사항이 있다. 21-22절은 일부 블레셋 지역을 제외한 모든 곳에서 아낙 사람을 진멸한 사람이 여호수아라고 밝힌다. 이것은 헤브론 지역에서 아낙 사람을 멸한 인물로 갈렙을 소개하는 여호수아 15:13-14과 상충되어 보인다. 이 문제에 대해서는 앞에서(수 10:36-37 주해) 자세히 설명하였다. 여기서 간단히 재론하면, 헤브론에서 실질적으로 아낙 사람을 제거한 인물은 갈렙(과 유다 지파, 삿 1:9-10 참고)이다. 하지만 여호수아는 정복전쟁의 총사령관이었기에 그에게 아낙 자손의 진멸에 대한 마지막 공로가 돌려졌다. 마지막으로, 구속사적 차원에서 여호수아가 아낙 자손을 진멸한 일을 생각해보아야 한다. 그것은 단순히 여호수아 당대의 일로 끝나지 않는다. 그것은 하나님의 백성이 얻을 궁극적 승리의 도상에 있는 일이다. 이 승리의 연장선에 다윗이 블레셋의 거인 장수 골리앗을 멸하는 일이 있다(삼상 17장). 더 나아가, 이 승리는 하나님의 백성을 위협하는 악의 세력을 완전히 멸할 신약의 여호수아를 바라본다(마 1:21; 엡 2:16; 히 2:14; 계 19:11-16).

기업으로 얻은 땅과 안식(11:23)

> **사역** ²³여호와께서 모세에게 하신 모든 말씀대로 여호수아가 온 땅을 취하였고 여호수아가 그것을 이스라엘에게 그들의 지파별 구분에 따라 기업으로 주었다. 그 땅이 전쟁에서 안식을 얻었다.

23절은 정복전쟁의 종결을 마지막으로 확인해준다. 여호수아가 "여호와께서 모세에게 하신 모든 말씀대로" 했다는 사실이 이곳에 다시 언급된다. 그것은 11:10-15에서도 충분히 강조되었던 내용이다. 그럼에도 이곳에 그것이 다시 언급되는 이유는 모세의 후계자로서 여호수아의 역할이 저자/책의 주요 관심사이기 때문이다. 저자는 기회가 있을 때마다 여호수아가 모세의 충실한 후계자로서 여호와의 말씀을 충성되게 받들었다고 기술한다. 저자의 관점에서 여호수아를 통해 성취된 것은 여호와의 말씀이다. 여호수아는 모세를 통해 받은 여호와의 말씀을 이루는 일에 온 몸과 마음을 바쳤다. 이런 측면에서 여호수아는 하나님의 말씀을 이루기 위해 이 땅에 오셨고 전 생애를 하나님의 말씀을 이루는 일에 바치신 신약의 여호수아를 지시하는 인물이다(마 26:54; 요 4:34; 6:38).

23절은 또한 여호수아가 "온 땅"을 취하여 이스라엘 각 지파에게 "기업"으로 나누어 주었다고 밝힌다. 정복전쟁의 승리는 자연스럽게 땅 분배로 이어진다. 이곳에 정복전쟁과 땅 분배가 모두 완료된 것으로 설명된 것은 저자가 지금까지 일관되게 유지해온 관점과 일치한다. 그것은 현재의 부분적 성취에서 미래의 완전한 성취를 보는 선지자의 예언적 어법에 속한다. 저자는 이스라엘 자손이 얻을 땅을 "기업"(נַחֲלָה)이라고 표현한다. 여호수아서에서 이 말은 여기에 처음 등장한다. 그것은 하나님이 주시는 것으로서 "기본적으로 타인에게 양도가 불가능한 영속적 소유지"를 의미한다(THAT 2, 56). 기업은 가족의 소유이며 가족 안에 상속자가 없을 경우 가장 가까운 친족이 그것을 물려받는다(민 27:8-11; 왕상 21:3-4). 어떤 경우라도 기업은 다른 지파에게 넘어가서는 안 된다(민 36장).

이스라엘 자손이 가나안 땅을 기업으로 받는 것은 단지 불안정하고 위험한 이동과 전쟁에서 안정적이고 평안한 정착으로 옮아가는 것 이상의 의미를 갖는다. 구속사의 더 넓은 맥락에서 그것은 여호와께서 족장 아브라함에게 주신 약속의 성취에 해당한다: "나는 이 땅을 네게 주어 소유를 삼게 하려고 너를 갈대아인의 우르에서 이끌어 낸 여호와니라"(창 15:7). 아브라함 자신은 이 약속의 성취를 보지 못했다. 그는 아내 사라의 매장지로서 막벨라 밭과 그것에 속한 굴을 소유로 얻은 것 외에는 일평생 나그네로 살았다(창 23:16-18). 하지만 여호와의 약속은 위대했다. 그것은 수백년이 지나 여호수아에 의해 실현되었다. 하지만 구속사의 흐름은 여기서 멈추지 않는다. 그것은 신약의 여호수아가 하나님의 백성에게 선사하는 땅/기업을 바라본다(마 5:5 참고). 이것은 "썩지 않고 더럽지 않고 쇠하지 아니하는 유업"(벧전 1:4)이며 종말에 나타날 "새 하늘과 새 땅"(벧후 3:13)이다.

끝으로, "그 땅이 전쟁에서 안식을 얻었다"(וְהָאָרֶץ שָׁקְטָה מִמִּלְחָמָה)는 표현을 생각해보자. 이 표현은 여호수아 14:15b에서 반복된다. 여기서 땅의 정복을 안식과 연결하는 저자의 관점을 엿볼 수 있다. 약속의 땅 가나안은 이스라엘 자손이 안식을 얻는 곳이다. 이것은 이미 여호수아 1:13, 15에서 언급된 내용이기도 하다. 필자는 그곳에서 이스라엘 자손이 가나안 땅에서 얻을 안식의 의미를 자세히 설명하였다. 여기서 첨언할 내용은 원문에 사용된 동사의 의미에 관한 것이다. 이곳에 사용된 동사 '샤카트'(שָׁקַט)는 여호수아 1:13, 15에 사용된 동사 '누흐'(נוּחַ)와 다르다. 하지만 두 동사의 의미는 같다. 이는 두 동사의 명사형의 용례를 살펴보면 분명해진다. '샤카트'의 명사형인 '셰케트'(שֶׁקֶט)는 역대상 22:9에서 '누흐'의 명사형인 '메누하'(מְנוּחָה)와 함께 나온다. 그곳에서 그 두 단어는 솔로몬이 '안식의 사람'(אִישׁ מְנוּחָה)으로서 얻은 '안식'(שֶׁקֶט)을 표현한다.

여호수아가 이루어 낸 안식은 솔로몬 시대에 이루어질 더 온전한 안식을 예고한다. 여호수아의 안식은 완전한 것이 아니다. 사사기에 반복해서 나타나는 '그 땅이 ~년 동안 평온하였다'(שָׁקַט)가 그것을 잘 말해준다(삿 3:30; 5:31; 8:28). 여호수아의 안식은 상실될 위험 속에 있었다. 그것은 더 온전한 안식을 바라본다. 여호수아의 안식은 솔로몬의 안식을 거쳐 신약의 여호수아에게서 성취될 안식의 그림자이다(마 11:28; 요 14:27; 16:33). 이 궁극의 안식은 창조의 제 칠일을 특징짓는 하나님의 안식이다. 히브리서가 그것을 알려준다(히 3:7 - 4:1-11). 아담의 타락 이후 인류는 하나님의 안식에서 추방되었다. 창세기 3장 이후에 펼쳐지는 역사는 인류가 다시 하나님의 안식 안으로 들어가는 긴 과정이다. 여호수아의 안식은 이 과정의 일부다. 구약에서 크게 강조되는 안식일 제도 역시 이런 안식-회복-역사의 맥락에서 그 본래적 의미를 갖는다. 히브리서는 안식에 들어가는 길이 순종으로 나타나는 믿음임을 가르친다(히 3:18-19). 하나님의 말씀에 대한 순종 없이 하나님의 안식을 얻고 누리는 삶은 불가능하다.

8.2 진멸당한 왕들(수 12:1-24)

이 장은 이스라엘 자손이 쳐서 멸한 왕들의 명단을 소개한다. 이 목록은 이스라엘 자손이 정복전쟁에서 거둔 큰 승리를 확인하고 기념하기 위한 것이다. 아울러 이 목록은 뒤이어 나올 땅 분배 기사를 준비하는 목적도 갖는다. 가나안 땅을 지배하던 왕들이 제거되었으므로 남은 일은 그 땅을 분배하는 일이다. 이 장은 요단 동편 지역의 두 왕 옥과 시혼에 대한 기록과 요단 서편의 서른 한 왕들의 명단으로 구성되어 있다. 물론 여호수아서에는 요단 동편 지역의 정복에 관한 기록은 나오지 않는다. 그것은 모세에 의해 이루어진 일이며 민수기 21:21-35와 신명기 2:24-3:11에 자세히 소개된다. 그럼에도 이곳에 그 일이 다시 언급되는 이유는 이스라엘의 승리에 대한 전체적 그림을 보여주기 위함이다. 요단 동편은 요단 서편처럼 하나님이 이스라엘 자손에게 주신 땅이다.

요단 동편의 두 왕(12:1-6)

> **사역** [1] 이들은 이스라엘 자손이 쳐죽인 그 땅의 왕들이다. 이스라엘 자손이 요단 건너편 해 돋는 곳에 있는 그들의 땅 곧 아르논 건곡에서 헤르몬산까지의 땅과 동쪽의 온 아라바를 차지하였다. [2] 시혼은 아모리 사람의 왕으로

> 헤스본에 거주하며 아르논 골짜기 어귀의 아로엘에서부터 그 골짜기 가운데와 길르앗 절반을 지나 암몬 자손의 경계인 얍복 골짜기에 이르기까지 다스렸다. ³또 동쪽 기느렛 바다까지의 아라바와 아라바의 바다 곧 염해까지의 아라바를 다스렸고 동쪽으로 벧여시못 방향과 남쪽으로 비스가 산기슭까지 다스렸다. ⁴바산 왕 옥은 르바임의 남은 자인데 아스다롯과 에드레이에 거주하며 ⁵헤르몬산과 살르가와 온 바산을 다스리되 그술 사람과 마아가 사람의 경계까지 다스렸으며 헤스본 왕 시혼의 경계까지 길르앗 절반을 다스렸다. ⁶모세와 이스라엘 자손이 그들을 죽였고 여호와의 종 모세가 그것을 르우벤 사람과 갓 사람과 므낫세 반 지파에게 소유로 주었다.

1절은 먼저 이스라엘 자손이 요단 동편에서 차지한 땅의 범위를 소개한다. 남쪽의 경계는 사해 동쪽 해안의 중간 지점 정도에 하구를 형성하는 아르논 골짜기이다.⁶ 북쪽 경계는 안티-레바논 산맥의 남쪽 끝단에 위치한 해발 2814 미터의 거대한 산 헤르몬이다(LzB, 685).⁷ 그리고 서쪽 경계는 레바논 계곡에서 갈릴리를 거쳐 사해로 이어지는 단층지역 아라바(עֲרָבָה) - 요단 열곡(裂谷, rift valley)이 여기에 속한다 - 이다. 동쪽 경계는 언급되지 않는다. 아마도 이 지역은 사막으로 되어 있어서 경계가 모호했기 때문일 것이다(Woudstra, 201).

2-3절과 4-5절은 각각 헤스본 왕 시혼과 바산 왕 옥이 다스린 지역을 소개한다. 이 두 지역은 요단 동편의 땅 분배를 서술하는 여호수아 13장에서 다시 언급되기에 그곳에서 필요한 설명을 제공하려고 한다. 6절은 모세와 이스라엘 자손이 아모리 사람의 두 왕 시혼과 옥을 죽이고 그 땅을 르우벤 사람, 갓 사람, 므낫세 반 지파에게 소유로 주었다고 밝

---

6 아르논 골짜기의 발원지는 요르단의 케락(Kerak)에서 북동쪽으로 10마일 정도 떨어진 곳(Lejjun)에 위치하며, 이곳에서 북북서 방향으로 15마일 정도 흘러서 사해로 합류한다. See G. L. Mattingly, "ARNON," *AYBD*, vol. 1 (New Haven: Yale university Press, 2008), 398.

7 안티-레바논 산맥은 오늘날 레바논과 시리아의 국경을 형성하는 산맥으로 남서쪽과 북동쪽으로 대략 93마일(150킬로) 정도 걸쳐 있다.

힌다. 이 일은 요단 서편에서 여호수아에 의해 이루어질 일에 대한 확실한 보증이다.

요단 서편의 왕들(12:8-24)

> **사역** [7]이들은 여호수아와 이스라엘 자손이 레바논 골짜기의 바알갓부터 세일로 올라가는 할락 산까지 요단 서편에서 쳐죽인 그 땅의 왕들이다. 여호수아는 그것을 이스라엘 지파들에게 구분에 따라 소유로 주었다. [8]곧 산지와 저지와 아라바와 경사지와 광야와 네게브 곧 헷 사람과 아모리 사람과 가나안 사람과 브리스 사람과 히위 사람과 여부스 사람의 땅이다. [9]여리고 왕이 하나이며 벧엘 곁의 아이 왕이 하나이며 [10]예루살렘 왕이 하나이며 헤브론 왕이 하나이며 [11]야르뭇 왕이 하나이며 라기스 왕이 하나이며 [12]에글론 왕이 하나이며 게셀 왕이 하나이며 [13]드빌 왕이 하나이며 게델 왕이 하나이며 [14]호르마 왕이 하나이며 아랏 왕이 하나이며 [15]립나 왕이 하나이며 아둘람 왕이 하나이며 [16]막게다 왕이 하나이며 벧엘 왕이 하나이며 [17]답부아 왕이 하나이며 헤벨 왕이 하나이며 [18]아벡 왕이 하나이며 랏사론 왕이 하나이며 [19]마돈 왕이 하나이며 하솔 왕이 하나이며 [20]시므론 므론 왕이 하나이며 악삽 왕이 하나이며 [21]다아낙 왕이 하나이며 므깃도 왕이 하나이며 [22]게데스 왕이 하나이며 갈멜의 욕느암 왕이 하나이며 [23]돌 고지의 돌 왕이 하나이며 길갈의 고임 왕이 하나이며 [24]디르사 왕이 하나이니 왕들의 합이 서른하나이다.

7절은 이스라엘 자손에 요단 서편에서 차지한 땅의 범위를 소개한다. 이스라엘 자손이 차지한 땅은 북으로 레바논 골짜기의 바알갓부터 남으로 세일로 올라가는 할락 산까지다. 이 지역은 여호수아 11:17의 주해서에서 설명한 바가 있다. 8절은 요단 서편의 땅을 먼저 지형적 특성에 따라 산지, 저지, 아라바(요단 열곡), 경사지, 광야, 네게브로 분류한 다음 민족적 특성에 따라 헷 사람과 아모리 사람과 가나안 사람과 브리스 사람과 히위 사람과 여부스 사람의 땅으로 구분한다. 이와 유사한 구분은 여호수아 9:1에서도 볼 수 있다.

이스라엘 자손이 요단 서편에서 멸한 도시의 왕은 모두 서른하나다. 이들은 모두 하나님을 대항하여 싸운 자들이다. 그들은 홍해를 가르고 요단 물을 말리시는 하나님의 능력을 전해 듣고 정신을 잃을 정도로 놀랐던 자들이다(수 5:1). 그럼에도 그들은 여호와 앞에 항복하는 대신 저항하고 도전하는 길을 택하였다. 그것은 열 가지 재앙 앞에서도 돌이키지 않고 도리어 더욱 마음을 완고하게 하였던 바로의 모습과 닮았다. 가나안의 왕들이 멸망할 수밖에 없었던 이유는 바로 이러한 반역적 태도와 완고함 때문이었다.

이곳에 나열된 서른 한 명 왕들의 명단은 온 세상의 왕이신 여호와께 바친 전리품과 같다는 인상을 강하게 받는다. 그들은 모두 헤렘에 처해졌으며 이는 그들이 여호와께 바친 자가 되었다는 의미다. 정복전쟁은 가나안의 모든 것을 여호와께 바치는 엄숙한 제사의 성격을 갖는다. 이스라엘 자손은 마치 제사에 참여하듯 성결함과 거룩함으로 전쟁을 수행했다(수 5:15 참고). 이 전쟁에 승리함으로써 이스라엘 자손은 가나안 땅과 그 왕을 여호와께 온전히 바쳤다. 서른 한 명의 가나안 왕들은 여호와께 바친 승리의 전리품이다.

여호와는 진정 온 세상의 왕이시다. 세상의 왕들이 힘을 모아 여호와를 대적하였으나 모두 허사였다. 9-24절에 열거된 왕의 명단은 정복전쟁 순서를 따르는 것으로 보인다. 9-18절에 나열된 스무 명은 가나안 남부 지역 왕들이며 19-24절에 나열된 열 한 명은 북부 지역 왕들이다. 이 모든 왕들이 이스라엘 자손 앞에 무릎을 꿇었다. 여호와를 대적하는 그들의 도모가 모두 허사가 되었다. 시편 2:1-4는 이것을 배경으로 부를 수 있는 시다.

> 어찌하여 이방 나라들이 분노하며 민족들이 헛된 일을 꾸미는가
> 세상의 군왕들이 나서며 관원들이 서로 꾀하여
> 여호와와 그의 기름 부음 받은 자를 대적하며

우리가 그들의 맨 것을 끊고 그의 결박을 끊어 버리자 하는도다
하늘에 계신 이가 웃으심이여 주께서 그들을 비웃으시리로다.

시인은 시온에 세워진 다윗 왕가를 염두에 두고 있었다. "내가 나의 왕을 내 거룩한 산 시온에 세웠다 하시리로다"(시 2:6)라는 구절이 이를 말해준다. 하지만 시의 내용은 역사적 다윗 왕가에 한정되지 않는다. 그것은 다윗 왕가에서 나올 궁극의 왕을 고대하며 바라본다. 훗날 신약의 사도들은 헤롯과 빌라도가 예수 그리스도를 십자가에 못박는 사건에서 이 시의 내용이 성취된 것으로 이해하였다(행 4:24-28). 예수의 부활은 하나님을 대적하는 세상 왕들의 시도가 허사임을 최종으로 입증한다. 예수의 부활 이후 온 땅에 퍼져 나가는 복음은 여호와의 권세 앞에 무기력한 세상의 모습을 확인해준다. 예수께서 다시 오실 때 여호와께 대항하는 세상의 세력은 최후의 심판을 받게 될 것이다. 여호수아에 의해 멸망을 당한 서른 한 명의 가나안 왕들은 종말의 여호수아에게 멸망 당할 세상 왕들의 운명을 예시한다.

9.1 땅 분배를 명하시는 하나님(수 13:1-7)

9.2 요단 동편의 땅 분배(수 13:8-33)

9.3 요단 서편의 땅 분배(수 14:1-19-51)

9.4 도피성과 레위인의 성읍(20:1-21:42)

9.5 땅 분배 종결(수 21:43-45)

특주 8: 안식의 땅 가나안

제9장

땅 분배

수 13-21장

여호수아와 이스라엘 자손은 여호와의 도우심으로 정복전쟁을 성공적으로 마쳤다. 여호와께서 족장들에게 약속하셨고 모세와 여호수아에게 거듭 약속하신 일이 마침내 성취되었다(참고: 창 15:18-21; 출 23:23, 28; 33:2; 34:11; 수 1:3-4). 이제 이스라엘 자손은 정복한 땅을 분배할 기념비적 시점에 이르렀다. 이스라엘 자손은 각 지파 별로 땅을 분배 받음으로써 가나안 땅에 정착할 수 있게 되었다. 약속의 땅에서 안식을 누리는 복된 시대가 도래한 것이다(참고: 수 1:13, 15; 21:44; 22:4).

땅 분배에 관한 기록은 크게 세 부분으로 나뉜다. 첫째, 여호수아 13장은 모세가 요단 동편에서 르우벤 지파와 갓 지파와 므낫세 반 지파에게 땅을 분배한 일에 대한 기록이다. 이 일은 민수기 32:33-42에도 기록되었으나 여호수아 13:8-33에서 보다 더 자세히 설명된다. 둘째, 요단 서편의 땅 분배는 여호수아 14-19장에 기록되어 있다. 셋째, 여호수아 20-21장은 도피성과 레위 지파의 소유지에 관한 기록을 담고 있다.

땅 분배 기록에 나타나는 특징을 살펴볼 필요가 있다. 먼저 주목해야 할 부분은 이스라엘 자손이 땅을 분배 받는 방식이다. 요단 동편의 땅 분배에 대해 저자는 모세가 이스라엘 자손에게 땅을 나눠주었다는 점을 강조한다(수 13:8, 15, 24, 29). 이는 이스라엘 자손이 스스로 땅을 차지한 것이 아니라 여호와께 땅을 받았다는 사실을 드러내기 위한 목적인 것으로 보인다. 여호수아 13:8에서 모세에게 붙여진 칭호 "여호와의 종"이 이런 설명을 정당화한다. 요단 서편의 땅 분배에서는 분배의 방식이 다르게 묘사된다. 여기서는 제비뽑기의 방식이 사용된다. 하지만 제비뽑기 또한 그 우연성과 불확정성으로 인해 땅을 주시는 분이 여호와인 것을 나타낸다. 여호와께서는 인간이 예측하거나 통제할 수 없는 것까지 다스리며 주관하시는 전능한 하나님이시다.

땅 분배의 방식에 대해 생각해야 할 사항이 더 있다. 요단 서편의 땅 분배는 처음에 길갈에서 이루어졌고(수 14:6), 나중에 실로에서 다시 땅 분배가 이루어졌다(수 18:10). 실로에서 이루어진 땅 분배의 경우, 땅을 분배 받지 못한 지파들이 각각 세 사람씩 대표를 선발하고 선발된 대표들이 각 지역을 다니며 지도를 그리며 그들이 그린 지도상의 지역들을 여호수아가 제비뽑기를 통해 각 지파들에게 분배하였다. 이것은 땅 분배의 다른 한 측면을 알려준다. 땅 분배는 제비뽑기와 아울러 이스라엘 자손의 적극적인 참여와 노력을 수반하였다. 이스라엘은 가만히 앉아서 그들에게 할당되는 땅을 받지 않았다. 땅 분배에 요구되는 인간의 능동적 역할은 "이 산지를 지금 내게 주소서" 하고 나선 갈렙의 모습(수 14:12), 아내를 얻기 위해 드빌을 정복한 옷니엘의 모습(수 15:16-17), 죽은 아버지를 대신하여 땅을 요구하고 나선 슬로브핫의 다섯 딸들의 모습(수 17:3-4)에서 두드러진다. 땅은 하나님이 주시는 선물임과 동시에 인간이 노력하여 얻는 성취이다.[1]

다음으로 주목해야 할 사항은 레위 지파에 대한 관심이다. 요단 동편의 땅 분배에서 레위 지파가 제외되었다는 언급이 두 차례(수 13:14, 33) 반복된다. 저자는 레위 지파에게 땅이 분배되지 않은 이유가 여호와께서 그들의 기업이 되시기 때문이라고 밝힌다. 레위 지파는 요단 서편의 땅 분배에서도 중요한 관심의 대상이 된다. 우선 땅 분배 기사의 도입부(수 14:1-5)에 레위 지파가 언급된다. 여기서 저자는 요셉 자손이 므낫세와 에브라임 두 지파로 분할되었기 때문에 레위 지파가 땅을 분배 받을 수

---

[1] 하우스는 이렇게 설명한다: "인간의 노력이 하나님의 주도권과 협력해야 한다. 순종이 기적을 동반해야 한다." House, *Old Testament Theology*, 209. 땅 분배에서 강조되는 하나님의 주권과 인간의 노력은 신약이 가르치는 하나님 나라의 원리와 연결된다. 예수님은 제자들에게 "세례 요한의 때부터 지금까지 천국은 침노를 당하나니 침노하는 자는 빼앗느니라"(마 11:12)고 말씀하셨다. 래드는 이 말씀을 다음과 같이 설명한다: "왕국의 역동적인 힘이 세상을 침투해 들어왔으므로 사람들은 급진적인 반응으로 응답해야 한다." Ladd, *A Theology of the New Testament*, 69.

없었다고 밝힌다. 다음으로 레위 지파가 언급되는 곳은 땅 분배 기사의 가운데 부분(수 18:7)이다. 여기서는 "여호와의 제사장 직분"이 레위 사람의 기업이라고 설명된다. 더 나아가 의미심장하게도 레위 지파는 땅 분배 기사의 종결부(수 21:1-42)에서 관심의 초점이 된다. 땅 분배 기사는 레위 지파가 거주할 성읍과 가축을 위한 목초지를 얻는 것에 대한 기록과 함께 끝난다. 이러한 구성은 땅 분배의 최종목적이 무엇인지를 가르친다. 가나안 땅은 레위 지파가 수행하는 제사장 직분을 통해 이스라엘 자손이 여호와를 섬기는 땅이다.

요단 서편 지역의 땅 분배 기사가 회막에 관한 기록을 중심으로 구성되어 있다는 점도 주목해야 할 중요한 요소이다. 이 책의 첫 장(여호수아서의 문학적 구성)에서 설명한 것처럼, 실로에 회막이 세워졌다는 기록은 요단 서편 땅 분배 기사의 중앙에 위치한다.

  A 14:6-15 분배시작: 갈렙의 기업
   B 15:1-17:18 유다와 요셉을 위한 제비뽑기
    C 18:1-10 **실로로 옮겨진 회막과 땅의 분배**
   B' 18:11-19:48 나머지 일곱 지파를 위한 제비뽑기
  A' 19:49-51 분배종결: 여호수아의 기업

이러한 글의 구성은 회막이 세워진 실로가 가나안 땅의 중심이라는 관점을 나타낸다. 이로부터 가나안 땅의 신학적 의미를 깨달을 수 있다. 가나안은 "여호와의 성막이 거하는 여호와의 소유지"이다(수 22:19). 가나안 땅은 여호와께서 거주하시는 땅이다(민 35:34). 또한 가나안 땅은 여호와께서 거니시는 땅이기도 하다(레 26:11-12). 이런 이유로 모세는 가나안 땅에 대하여 "주의 기업의 산" 또는 "주의 처소" 또는 "주의 손으로 세우신 성소"라고 노래하였다(출 15:17).

가나안 땅이 "성소"라는 개념은 이 땅이 안식의 장소라는 관점과 불

가분의 관계에 있다. 땅 분배 단락을 종결하는 곳에서 저자는 가나안 땅이 안식의 장소인 것을 분명하게 밝힌다: "여호와께서 조상들에게 맹세하신 것처럼 그들에게 사방으로부터 안식을 주셨다"(수 21:44a). 그런데 구약에서 안식의 장소로 간주되는 곳이 또 있다. 그곳은 다름 아닌 성전이다. 역대상 28:2에서 성전은 "여호와의 언약궤를 위한 안식의 집"(בְּרִית־יְהוָה בֵּית מְנוּחָה לָאֲרוֹן)으로 소개된다. 시편 132:8, 14이나 이사야 66:1에서도 성전은 "안식의 장소"(מָקוֹם מְנוּחָה 또는 מְנוּחָה)로 언급된다. 이것은 가나안 땅을 안식의 장소로 묘사하는 여호수아서의 관점과 연결된다. 안식의 장소인 가나안은 여호와의 성소이다. 이스라엘 자손은 여호와의 성소인 가나안에서 안식을 얻는다(특주 1 참고).

땅 분배 기사의 구성과 관련하여 언급해야 할 것이 하나 더 있다. 위의 도표에서 볼 수 있듯이 땅 분배는 갈렙에서 시작하여 여호수아로 끝맺는다. 갈렙과 여호수아는 이스라엘이 바란 광야 가데스에 머물던 때를 기점으로 20세 이상 된 사람들 가운데 유일한 생존자들이다. 그들은 가나안 땅의 정복에 대해 회의적이었던 사람들과 달리 "여호와께서 우리를 기뻐하시면" 가나안 땅을 차지할 수 있다고 주장했던 믿음의 사람들이다(민 14:8). 이들이 땅 분배 기사의 처음과 끝을 장식하는 것은 큰 의미를 갖는다. 그것은 가나안 땅의 신학적 의미를 또 다른 각도에서 밝혀준다. 여호와께 대한 믿음을 가진 자가 가나안 땅을 기업으로 얻는다. 이 원리는 신약에도 동일하다. 구속사적 차원에서 가나안 땅은 그리스도와 함께 임한 하나님 나라를 지시한다. 신약은 오직 믿음으로 하나님 나라에 들어간다고 가르친다(막 1:15; 롬 1:17 참고).

끝으로, 땅 분배 기사와 관련하여 언급해야 할 사항은 유다 지파에 관한 것이다. 요단 서편의 땅 분배에서 유다 지파는 갈렙을 필두로 하여 가장 먼저 땅을 분배 받는다(수 14:6-15:63). 땅 분배의 묘사에 있어서도 유다 지파가 분배 받은 땅이 가장 자세하게 묘사된다. 유다 지파의 경우. 분배 받은 땅의 경계가 먼저 소개된 다음 성읍들의 이름이 일일이 열거된다. 베냐민 지파의 경우에도 이런 방식이 적용된다(수 18:11-28). 하지만 베냐민 지파는 땅을 차지하는 일에 소극적이었다는 이유로 여호수아에게 책망을 받았으며 그들이 분배 받은 땅은 유다 지파의 것과 비교되지 않을 정도로 작다. 무엇보다 주목할 만한 사항은 유다 지파가 분배 받은 성읍의 숫자이다. 유다 지파는 무려 112개나 되는 성읍을 기업으로 받았다. 이 수치는 요셉 집안을 제외한 나머지 지파가 받은 성읍의 수효를 합한 것과 같다. 위의 내용은 유다 지파의 높은 위상을 잘 보여준다.

유다 지파의 중요성은 오경에서 출발하여 역사서와 선지서를 거쳐 신약으로 이어지는 구속사의 흐름에서 조명되어야 할 주제이다. 족장 야곱은 유다에 대하여 "너는 네 형제의 찬송이 될지라 … 네 아버지의 아들들이 네 앞에 절하리로다 … 규가 유다를 떠나지 아니하며 통치자의 지팡이가 그 발 사이에서 떠나지 아니하기를 실로가 오시기까지 이르리니 그에게 모든 백성이 복종하리로다"라고 예언하였다(창 49:8-10). 이 예언에 부합되게, 유다 지파는 광야생활 40년 동안 이스라엘 자손의 진영과 행군에서 가장 중요한 위치에 세워졌다. 유다 지파는 회막의 동쪽에 진을 쳤으며(민 2:3) 이스라엘 자손 열두 지파의 선두에서 행군하였다(민 10:14). 여호수아서가 유다 지파에게 특별한 관심을 기울이는 이유는 이런 역사-신학적 흐름 속에서 이해되어야 할 문제이다. 사사기는 유다 지파가 다른 지파와의 관계에서 주도적인 역할을 하는 것으로 묘사하며(삿 1:1-2; 20:18) 사무엘서는 유다 지파에서 다윗 왕이 등장하는 것을 알려준다(삼상 17:12). 구약의 선지자들은 다윗 왕가에서 등장할 왕을 예언하였으며(사 9:7; 렘 23:5; 호 3:5) 신약은 예수 그리스도께서 이 왕임을 확인해 준다(마 1:1; 눅 1:32; 롬 1:3). 결국, 여호수아서가 강조하는 유다 지파의 위상은 예수 그리스도로 이어지는 구속사의 방향을 지시한다.

이스라엘 자손 지파가 분배받은 땅(Woudstra, XIX)

9.1 땅 분배를 명하시는 하나님(수 13:1-7)

여호수아 13:1-7은 여호와께서 여호수아에게 땅을 분배하라고 명령하시는 것을 소개하며 전체 땅 분배 기사의 도입부를 형성한다. 여호와께서는 땅 분배를 명하시기에 앞서 이스라엘 자손이 아직 정복하지 못한 땅을 비교적 상세히 언급하신다. 그런 다음 그 땅 주민을 친히 쫓아내실 것이라 약속하시며 여호수아에게 땅 분배를 명령하신다. 여기서 아직 정복하지 못한 땅도 땅 분배의 대상이 된 사실을 알 수 있다. 이는 아마도 미정복지조차 여호와께서 이스라엘에게 주신 땅이며 언젠가 반드시 이스라엘 자손의 소유가 될 것이기 때문이다. 구성적 차원에서 이 본문은 전체 땅 분배 기사를 종결하는 여호수아 21:43-45와 상응관계에 있다. 땅 분배 기사는 도입과 종결을 가진 통일되고 잘 짜인 구성의 기록이다. 그런데 놀랍게도 종결부에는 이스라엘 자손이 모든 땅을 다 차지하였다고 기록된다. 이 역시 미래의 성취를 앞당겨 선언하는 예언적 화법에 속한다.

사역 ¹여호수아가 늙어 나이가 많아졌을 때 여호와께서 그에게 말씀하셨다. "너는 늙었고 나이가 많아졌으나 차지할 땅은 매우 많이 남아있다. ²이것이 남아있는 땅이니 블레셋 사람의 온 지역과 그술 사람의 모든 지역이다. ³즉 애굽 앞 시홀로부터 북쪽으로 가나안 사람에게 속한 에그론의 경계까지 곧 블레셋 다섯 지배자의 땅인 가자 사람의 땅, 아스돗 사람의 땅, 에스글론 사람의 땅, 가드 사람의 땅, 에그론 사람의 땅과 아위 사람의 땅이며 ⁴남쪽 가나안 사람의 모든 땅으로부터 시돈 사람에게 속한 므아라를 지나 아모리 사람의 경계 아벡까지의 땅이며 ⁵그발 사람의 땅과 동쪽 해 돋는 편의 모든 땅 곧 헤르몬 산 아래의 바알갓에서 하맛 입구까지의 땅이며 ⁶ᵃ레바논에서 미스르봇 마임까지 산지에 거하는 모든 사람 곧 모든 시돈 사람의 땅이다. ᵃᵇ내 자신이 그들을 이스라엘 자손 앞에서 쫓아낼 것이니 ᵇ오직 내가 너에게 명령한대로 그것을 이스라엘에게 기업으로 나누어 주라. ⁷이제 이 땅을 아홉 지파와 므낫세 반 지파에게 기업으로 분배하라."

13장으로 넘어오면 시간의 흐름을 나타내는 표현이 나온다. "여호수아가 늙어 나이가 많아졌을 때"라는 표현이다. 이 표현은 정복전쟁이 오래 지속되었음을 나타낸다(수 11:18 참고). 갈렙은 가데스에서 정탐활동을 하였을 때부터 정복전쟁이 끝나기까지의 시간을 45년이라고 밝힌다(수 14:10). 신명기 2:14에 근거하여 가데스에서 정복전쟁이 시작되기까지의 기간을 38년으로 본다면, 정복전쟁은 대략 7년 지속되었을 것으로 추정할 수 있다(Woudstra, 196; Howard, 329). 여호수아와 갈렙은 가데스에서 함께 정탐활동을 했으므로 그 둘은 비슷한 나이였을 가능성이 크다. 땅 분배를 시작할 당시 여호수아의 나이는 대략 85세였을 것이다(수 14:10 참고).

여호수아 10:28-39, 40-43의 주해에서 자세히 설명한 것처럼 여호수아가 수행한 정복전쟁은 성공적인 것이었지만, 그러나 여호수아가 가나안의 모든 적을 다 몰아내고 그 땅을 완전히 차지한 것은 아니었다. 여호수아가 단시일 안에 가나안 땅을 모두 정복한 것처럼 묘사하는 기록은 여호수아가 얻은 초기의 승리에서 후일에 있을 최종의 승리를 바라보는 선지자적 역사안목을 반영한다. 여호수아 13:1-7은 이스라엘 자손이 정복해야 할 땅이 많이 남아있었다는 사실을 구체적으로 밝힌다. 이곳에서 여호와는 여호수아에게 "차지할 땅은 매우 많이 남아있다"고 말씀하신다. 여호수아가 정복하지 못한 땅은 세 곳으로 소개된다: 1) 블레셋 지역과 그술(2-3절), 2) 시리아-팔레스타인 해안지역(4절), 3) 레바논의 산악지역(5-6aᵃ절).

블레셋 지역은 가자, 아스돗, 에스글론, 가드, 에그론 등 다섯 지역으로 세분된다. 이 지역들은 '세렌'(סֶרֶן)으로 불리는 자들이 지배했다. 사무엘상 6:16에도 이들이 블레셋 다섯 지역을 지배하는 것으로 설명된다. 블레셋 사람들은 에게 해 출신의 해양민족(the Sea Peoples)으로서 B.C. 12세기 초반에 가나안 남쪽 해안지대에 정착한 것으로 알려져 있다(ABD 5, 329). 여호수아의 정복전쟁 시기(B.C. 15세기 말)에 블레셋 사람들은 아직 가나안 땅에 이주하지 않았다. 그러므로 이곳에 언급된 '블레셋'은 기록자가 추가한 설명일 가능성이 크다. 즉 기록자의 시점(時點)에서 가나안의 남쪽 해안지대는 블레셋 사람들이 정착하여 살고 있었으므로 정복전쟁 시기와 관련하여서도 그 지역을 '블레셋'으로 불렀을 수 있다. 블레셋 사람과 함께 언급된 "아위 사람"은 사실상 블레셋 사람에 의해 멸망한 종족이다(신 2:23 참고). 정복전쟁 시기에는 "아위 사람"이 후에 블레셋 사람의 땅으로 불리게 될 곳에서 살았을 것으로 추정할 수 있다.

3절의 지리적 묘사에 나오는 "애굽 앞 시홀"은 애굽의 동쪽 입구에 위치하면서 블레셋 지역과 경계를 이루는 건곡(乾谷, Wadi el-Arish)일 가능성이 크다(Woudstra, 210; Pitkänen, 269).[2] "그술 사람"의 경우, 아하로니는 갈릴리 바다 북동쪽에 있는 지역의 거주민을 생각한다.[3] 그러나 여기서는 "그술 사람"이 "블레셋 사람"과 함께 언급된다. 따라서 가나안 남부의 같은 이름의 지역 사람으로 생각하는 것이 더 합당하다. 사무엘상 27:8은 애굽으로 가는 길에 있는 "그술 사람"을 언급한다.

4절에 나오는 시리아-팔레스타인 해안지역의 묘사는 남쪽에서 북쪽으로 움직이는 것 같다. "남쪽 가나안 사람의 모든 땅"은 블레셋 지역을 가리키며 "시돈 사람에게 속한 므아라"는 가나안 북부 지역의 한 도시를 가리키는 것 같다. 이곳의 정확한 위치는 알려지지 않았다. 시돈은 두로에서 북쪽으로 25마일 떨어진 지중해 연안의 도시다. "아모리 사람의 경계 아벡까지"에서 "아벡"은 가나안의 해안 평지 중에서도 가운데 부분을 차지 하는 샤론 평지의 한 도시로 간주되기도 한다(Pitkänen, 270). 이곳은 블레셋 사람들이 사울과 싸우기 위해 모였던 장소이기도 하다(삼상 29:1). 그러나 남쪽에서 북쪽으로 움직이는 본문의 지리적 묘사를 고려할 때, 이곳의 "아벡"은 "므아라"보다 더 북쪽에 위치한 곳일 가능성이 크다. 우

---

[2] "시홀"은 이사야 23:3과 예레미야 2:18에서 애굽의 나일강과 동일시된다. 하지만 이곳에서 "시홀"은 "애굽 앞"에 있는 것으로 소개된다.

[3] Aharoni, *The Carta Bible Atlas*, 63.

드스트라에 의하면, 이곳은 레바논의 고대 해안도시 비블로스의 남동쪽에 위치한 도시(오늘날의 Afqa)이다(Woudstra, 211; Howard, 299).

5-6aa절에는 여호수아가 정복하지 못한 지역의 하나로 레바논 산악지대가 소개된다. 이곳의 지리적 묘사는 서쪽 지중해 연안에서 동쪽의 헤르몬 산 방향으로 움직인다. 먼저, "그발 사람의 땅"에서 "그발"은 고대 페니키아의 유명한 항구도시로서 베이루트에서 북쪽으로 20마일 정도에 위치한다.[4] 다음으로,"동쪽 해 돋는 편의 모든 땅"은 "헤르몬 산 아래의 바알갓에서 하맛 입구까지"의 땅이다. "바알갓"은 헤르몬 산 아래의 레바논 골짜기, 즉 베카 골짜기(Beqa Valley)의 한 장소이다(수 11:16-18 주해 참고). 여호수아 11:17에 의하면, 여호수아는 "바알갓"까지의 영토를 점령하였다. "하맛 입구"는 영역본에서 주로 Lebo-hamath 또는 Lebo Hamath으로 번역된다(NASV, ESV, NIV). 이 지명은 구약의 다른 곳에서도 언급된다(민 13:21; 34:8; 왕상 8:65; 왕하 14:25; 대상 13:5; 대하 7:8; 겔 47:20; 48:1; 암 6:14). 이 본문들에서 "하맛 입구"는 대개 이스라엘의 북쪽 경계로 소개된다. 6a[a]절은 "모든 시돈 사람들의 땅"을 언급한다. "미스르봇 마임"은 시돈의 남쪽 경계이자 레바논의 서남쪽 경계인 것 같다(수 11:6-9 주해 참고). 여호수아 11:8은 여호수아가 "미스르봇 마임"까지 가나안 사람 군대를 추격하였다고 밝힌다.

6ab절에서 여호와께서는 여호수아에게 남아있는 가나안 사람을 쫓아내겠다고 약속하신다. 지금까지의 정복전쟁에서도 여호와께서 가나안의 적들을 멸하셨다. 이스라엘 자손이 정복전쟁을 펼쳤으나 그들과 함께 하시고 그들에게 승리를 주신 분은 여호와시다. 이것은 남아있는 땅의 정복에서도 그대로 있을 일이다. 여호와께서는 1인칭 인칭대명사를 사용하여 당신 자신이 직접 가나안 사람을 쫓아내실 것을 강조하신다: "내

---

[4] 그리스 사람들은 이 도시를 '책'(book)이란 의미의 비블로스(Byblos)로 불렀다, 그 이유는 그발 사람들이 수입산 '갈대'(reeds)로써 종이를 만들었기 때문이다(*AYBD* 2, 922).

자신이 그들을 이스라엘 자손 앞에서 쫓아낼 것이니." 6b절에서 여호와께서는 여호수아가 해야 할 일을 말씀하신다. 여호수아는 이제 이스라엘 자손에게 땅을 분배하여야 한다. 문장 앞에 오는 말 "오직"은 정복하지 못한 땅에 대한 염려를 버리고 땅을 분배하는 일에만 집중해야 하는 여호수아의 사명을 강조한다.

9.2 요단 동편의 땅 분배(수 13:8-33)

9.2.1 전체적인 경계묘사(수 13:8-13)

> **사역** ⁸그와 함께 르우벤 사람과 갓 사람이 모세가 요단 저편 동쪽에서 그들에게 준 기업을 받았는데 여호와의 종 모세가 그들에게 준 대로였다. ⁹곧 아르논 건곡 어귀의 아로엘에서부터 그 건곡 가운데의 성읍과 메드바의 온 고원지대를 지나 디본까지, ¹⁰그리고 헤스본을 다스린 아모리인 왕 시혼의 모든 성읍 곧 암몬 자손의 경계까지, ¹¹그리고 길르앗과 그술 사람과 마아갓 사람의 지역과 헤르몬 산 모든 지역과 살르가까지 이르는 바산의 온 땅 ¹²곧 아스다롯과 에드레이를 다스린 바산 왕 옥의 모든 나라들이다. 그는 르바임의 남은 자 가운데 마지막 남은 자이다. 모세가 그들을 치고 그들을 쫓아냈다. ¹³이스라엘 자손이 그술 사람과 마아갓 사람을 쫓아내지 않았으므로 그술과 마아갓이 오늘날까지 이스라엘 가운데 거주하였다.

단락을 시작하는 표현 "그와 함께"에서 "그"는 므낫세 반 지파를 가리킨다. 이 단락은 르우벤 지파, 갓 지파, 므낫세 반 지파가 요단 동편에서 분배 받은 땅의 전체적 묘사를 제공한다. 8절에서 저자는 여호와의 종 모세가 땅을 분배하였다는 점을 거듭 강조한다. 이는 요단 동편의 두 지파 반 역시 여호와의 백성이며 그들이 얻은 땅 역시 여호와께서 주신 "기업"이란 관점을 나타낸다. 언약백성의 연대성과 통일성은 여호수아서의 중요한 신학적 관심사이다. 그것은 여호수아서의 서론과 결론에서 강조된다(수 1:12-18; 22). 모세가 요단 동편의 땅을 분배한 일은 민수기 32:33-42에 간략히 기록되어 있다.

요단 동편의 두 지파 반이 받은 땅의 경계는 1) 남쪽으로 모압과 경계를 이루는 아르논 건곡(Arnon Stream, *Wadi el-Mujib*), 2) 동쪽으로 암몬과 경계를 이루는 지역, 3) 북쪽으로 헤르몬 산 주변의 지역이다. 이 지역은 헤스본 왕 시혼과 바산 왕 옥이 지배했던 땅과 대체로 일치한다(민 32:33 참고).

12b절에는 바산 왕 옥에 대한 묘사가 첨가된다. 바산 왕은 "르바임의 남은 자 가운데 마지막 남은 자"이다. "르바임"은 아낙 자손과 같이 '강하고 많고 키가 큰' 족속이었다(신 2:10-11, 20- 21). 바산 왕 옥이 누웠던 철 침상의 크기(405cm × 180cm)는 그가 얼마나 큰 거인이었는지를 짐작할 수 있게 한다(신 3:11 참고).

13절은 이스라엘 자손이 "그술 사람과 마아갓 사람"을 쫓아내지 못했다는 사실을 언급한다. "그술"은 오늘날 골란 고원으로 불리는 지역에 있던 아람 사람의 작은 왕국이다(EDB, 497). 그술은 다윗 시대에도 독립된 왕국으로 존재했다(삼하 3:3; 13:37 참고). "마아갓"은 헤르몬 산 남쪽에 있던 아람 사람의 작은 왕국이다(EDB, 835). 13b절의 "오늘날까지"(עַד הַיּוֹם הַזֶּה)는 저자가 살았던 시점을 가리킨다. 그러나 "오늘날까지"는 여호수아서에 수차례 반복되는 표현이며 모두가 한 시점을 가리킨다고 보기는 어렵다(수 6:25 참고). 여호수아 15:63은 여호수아서의 기록시점이 적어도 다윗이 여부스 사람에게서 시온 산성을 빼앗기 전이었을 것이라는 추측을 가능하게 한다(삼하 5:6-9 참고).

9.2.2 레위인의 기업(13:14)

> **사역** ¹⁴오직 레위 지파에게는 그가 기업을 주지 않았다. 여호와께서 그들에게 말씀하신 것처럼 이스라엘의 하나님 여호와의 화제(火祭)가 그들의 기업이었다.

이 본문은 레위인에게 기업이 분배되지 않는 사실을 언급한다. 레위인이 기업을 받지 않은 이유는 "이스라엘의 하나님 여호와의 화제(火祭)가 그들의 기업이" 되기 때문이다. "화제"(אִשֶּׁה, an offering by fire)는 제물을 불살라 드리는 제사를 가리킨다. 구약의 5대 제사(번제, 소제, 화목제, 속죄제, 속건제)는 모두 화제였다. 레위인은 화제 외에도 이스라엘 자손이 바치는 십일조를 받도록 되어 있었다(레 18:20-24). 레위인이 이런 특권을 얻은 이유는 그들이 백성을 대신하여 여호와를 섬기는 일을 했기 때문이다. 레위인이 성막에서 여호와를 섬기는 일을 함으로써 백성이 여호와를 섬길 수 있게 된다. 레위인의 섬김과 백성의 섬김은 하나로 연결되어 있다. 민수기 3:8-9이 이런 관계를 잘 알려준다.

> 레위 지파는 나아가 제사장 아론 앞에 서서 그에게 시종하게 하라 그들이 회막 앞에서 **아론의 직무와 온 회중의 직무를** 회막에서 시무하되 곧 회막의 모든 기구를 맡아 지키며 **이스라엘 자손의 직무를** 성막에서 시무할지니(강조는 필자의 사역).

위의 인용에서 알 수 있듯이, 레위인이 수행하는 직무는 사실상 이스라엘 자손이 수행해야 할 직무이다. 레위인은 회막에서 이스라엘 자손을 대신하여 여호와를 섬기도록 세워진 직분자이다. 원래 이스라엘 자손이 모두 회막에서 섬기는 일을 해야 한다. 하지만 하나님은 레위인을 세우셔서 그들의 일을 대신하게 하셨다. 아마도 그 이유는 회막에서 섬기는 일이 여호와를 가까이서 섬기는 일인 만큼 특별한 구별과 전적인 헌신이 필요했기 때문일 것이다(민 3:9-10; 8:5-19). 레위인의 헌신에 대해 이스라엘 자손은 십일조를 바침으로써 그들의 생계를 책임졌다(민 18:21, 24). 레위인과 이스라엘 자손 사이의 이런 관계는 구약 이스라엘 예배공동체에서 작동하는 원리를 나타낸다. 레위인의 헌신과 섬김에 이스라엘 자손이 연합되어 둘이 한 가지로 여호와께 드려진다.

이는 레위인이 이스라엘 자손의 장자를 대신한다는 사실에 의해서도 뒷받침된다. 출애굽 당시에 있었던 첫 유월절에서 애굽 사람의 장자는 모두 하나님의 심판을 받아 죽었으나 이스라엘 자손의 장자는 무사하였다. 이때부터 이스라엘 자손의 장자는 특별히 하나님의 소유가 되었다(출 13:2, 15). 그러므로 이스라엘 자손의 장자가 성막에서 여호와를 섬겨야 마땅하다. 그러나 여호와께서는 이스라엘 자손의 장자 대신 레위인을 세워 섬기는 일을 하게 하셨다(민 3:11-13; 8:16-18). 말하자면 레위인은 이스라엘 자손의 장자 위치에서 여호와를 섬기는 일을 하였다. 더욱이 이스라엘 자손이 전체로 하나님의 장자라는 사실은(출 4:22-23) 레위인의 역할에 대해 새로운 빛을 던져준다. 레위인은 이스라엘 자손의 장자를 대신함으로써 여호와의 장자인 이스라엘 자손 전체를 대신한다.

위에서 살핀 내용은 레위인이 이스라엘 예배공동체에서 차지하는 중요성을 알려준다. 레위인이 자기 역할에 충실할 때 이스라엘은 여호와를 섬기는 백성으로 존재할 수 있다. 이스라엘 자손에게 땅이 기업으로 분배된 이유는 그들이 레위인을 중심으로 여호와를 섬기는 예배공동체를 이루도록 하기 위함이다. 이것을 강조하기 위해 저자는 땅 분배에 관한 기록에서 레위 지파의 특별한 지위에 관심을 기울인다. 레위인으로 대표되는 구약 이스라엘 예배공동체는 신약에서 완성될 예배공동체의 모습을 바라본다. 예레미야 선지자는 "하늘의 만상"과 "바다의 모래"같이 레위인의 수효가 많아질 때를 예고한다(렘 33:22). 멜기세댁의 반차를 쫓는 영원한 대제사장 예수 그리스도 안에서 마침내 생겨난 예배 공동체는 예레미야의 예언의 실질적인 성취이다(롬 12:1; 벧전 2:9).

9.2.3 개별적인 경계묘사(13:15-33)

르우벤 지파가 받은 땅(13:15-23)

> **사역** [15]모세가 르우벤 자손 지파에게 그들의 가문에 따라 땅을 주었다. [16]그들에게 속한 지역은 아르논 강 어귀 아로엘에서 그 강 가운데 성읍과 메드바 곁 온 고원지대와 [17]헤스본과 헤스본에 속한 고원지대 모든 성읍 곧 디본과 바못 바알과 벧바알 므온과 [18]야하스와 그데못과 메바앗과 [19]기랴다임과 십마와 골짜기의 산에 있는 세렛 사할과 [20]벧브올과 비스가 산록과 벧여시못과 [21]고원지대 모든 성읍과 헤스본을 다스린 아모리인 왕 시혼의 모든 나라였다. 모세가 그와 미디안 지도자들 곧 에위와 레겜과 수르와 후르와 레바를 쳐죽였다. 이들은 그 땅에 거주하는 시혼의 귀족이었다. [22]브올의 아들 술사 발람을 이스라엘 자손이 칼로 죽여 살육된 자들 가운데 속하게 했다. [23]르우벤 자손의 경계는 요단과 그 지역이다. 이것이 르우벤 자손이 가문에 따라 받은 기업 곧 성읍들과 그 성읍들에 속한 마을들이다.

가장 먼저 르우벤 지파에게 분배된 땅이 묘사된다. "가문들에 따라 땅을 주었다"는 말은 각 지파의 크기와 필요를 고려하여 공평하게 땅 분배가 이루어졌음을 알려준다(Wray Beal, 286). 르우벤 지파가 분배 받은 땅의 남쪽 경계는 아르논 강이다. 아르논 강은 사해 동쪽의 북단과 남단 사이의 중간 지점에 위치한다. "메드바 곁의 온 고원지대"는 오늘날 요르단의 수도 암만에서 남쪽으로 20마일 정도 떨어진 비옥한 지대를 가리킨다(Walton, 232). 이 고원지대는 폭이 대략 30마일 정도이며 서쪽 사해 열곡으로 깎아지르는 급경사를 이룬다(Pitkänen, 239). 르우벤 지파가 분배 받은 땅의 북쪽 끝은 헤스본이다. 헤스본은 아르논과 얍복 사이의 중간에 위치하며 시혼의 왕도(王都)였다. 헤스본은 갓 지파에 속한 레위인의 성읍으로 언급되기도 하는데(수 21:39), 이는 헤스본이 갓 지파에게 양도되었다는 의미일 수 있다(Keil, 197). 르우벤 지파에게 분배된 것으로 언급되는 성읍은 헤스본 외에 열 둘이며, 모두 아모리 왕 시혼이 다스리던 곳이다.

21절은 모세가 미디안의 다섯 지도자 에위, 레겜, 수르, 후르, 레바를 쳐죽인 일을 언급한다. 이들은 시혼의 "귀족들"(נְסִיכִים)이다. 하지만 민수기 31:8에서 이들은 "미디안의 왕들"(מַלְכֵי מִדְיָן)로 소개된다. 이들은 미디안의 여러 부족들의 지배자이면서 시혼의 신하였을 것으로 보인다. 모세가 미디안의 지배자들을 죽인 이유는 "브올의 사건" 때문이다(민 25:16-18; 31:16). 이 사건에서 미디안 여자들이 이스라엘 자손을 유혹하여 우상숭배에 가담하고 음행을 하도록 만들었다(민 31:16). 그 결과로 이스라엘 자손은 여호와의 진노를 사게 되었고 미디안은 여호와의 원수가 되었다(민 25:3; 31:3). 이 일의 배후에는 브올의 아들 발람이 있었다. 여기서 발람은 "술사"(הַקּוֹסֵם)로 언급된다. 신명기 18:9-10에서 "술사"(개역개정역에는 "점쟁이"로 번역됨)는 여호와께서 가증하게 여기시는 자들 가운데 하나로 정죄된다. 발람은 결국 이스라엘 자손의 칼에 살육당한다. 이곳에 이 사건이 언급된 이유는 이스라엘 자손을 적대시하는 세력은 결국 심판을 받는다는 것을 보여주기 위한 것이다. 동시에 그것은 이스라엘 자손이 이방 민족에게 유혹을 받아 우상숭배와 음행에 빠지지 않아야 한다는 것을 교훈한다.

갓 지파가 받은 땅(13:24-28)

사역 ²⁴모세가 갓 지파 곧 갓 자손에게 그들의 가문에 따라 땅을 주었다. ²⁵그들에게 속한 지역은 야셀과 길르앗 모든 성읍과 암몬 자손의 땅 절반 곧 랍바 앞 아로엘까지와 ²⁶헤스본에서 라맛 미스베와 브도님까지와 마하나임에서 드빌 지역까지와 ²⁷골짜기의 벧하람과 벧니므라와 숙곳과 사폰, 헤스본

> 왕 시혼의 나라들 중 남은 곳, 요단과 요단 저편 동쪽으로 긴네렛 바다 끝까지 지역이다. ²⁸이것이 갓 자손이 가문에 따라 받은 기업 곧 성읍들과 그 성읍들에 속한 마을들이다.

갓 지파 역시 "그들의 가문들에 따라 땅을" 받았다(수 13:15 주해 참고). 25절은 먼저 "야셀"과 "길르앗의 모든 성읍들"을 언급한다. "야셀"의 위치에 대해서는 일치된 견해가 없다. "길르앗"은 남쪽의 아르논 강에서부터 북쪽의 바산까지 뻗어 있는 넓은 지역이다(Howard, 308-09). 여기에 언급된 "길르앗의 모든 성읍들"은 르우벤 지파의 영토를 제외한 길르앗 남부 지역을 가리키는 것 같다. "랍바 앞의 아로엘"은 갓 지파의 동쪽 경계이다. "랍바"는 암몬 왕국의 수도로서 오늘날의 암만(Amman)이다. "랍바 앞의 아로엘"은 16절에 언급된 "아르논 강 어귀의 아로엘"과는 다르다.

26절은 남쪽에서 북쪽 방향으로 갓 지파의 영토를 소개한다. 첫 번째로 소개되는 지역은 "헤스본에서 라맛 미스베와 브도님까지"이다. "헤스본"은 여호수아 13:17에서 르우벤 지파의 북쪽 끝으로 언급되지만 이곳에서는 갓 지파의 남쪽 첫 성읍으로 소개된다. 르우벤 지파와 갓 지파의 경계가 다소 겹쳤을 가능성도 생각해볼 수 있다. "라맛 미스베"와 "브도님"은 갓 지파의 중부지역에 속한 도시이다(Howard, 314). 두 번째로 소개되는 지역은 "마하나임에서 드빌 지역까지"이다. "마하나임"은 얍복 강 인근의 성읍이며 "드빌"은 알려지지 않은 장소이나 갓 지파의 북쪽 경계일 가능성이 있다.

27절은 갓 지파의 서편 경계지역을 소개하는 것 같다. 골짜기의 네 성읍(벧 하람, 벧 니므라, 숙곳, 자폰)은 모두 요단 계곡의 성읍들이다(Kroeze, 164). 성읍의 이름을 소개하는 순서는 남쪽에서 북쪽으로 움직이는 것 같다. "자폰"(צָפוֹן)은 문자적으로 '북쪽'을 뜻한다. "시혼의 나라들 중 남은 곳"은 시혼이 다스리던 곳으로서 르우벤 지파에게 분배된 지역을 제외한 나머지 땅을 가리킨다. "요단과 요단 저편 동쪽으로 긴네렛 바다 끝까지의 지역"은 갓 지파의 서쪽 경계를 확인해준다.

므낫세 반 지파가 받은 땅(13:29-32)

> **사역** ²⁹모세가 므낫세 반 지파에게 땅을 주었으니 므낫세 자손 지파의 절반에게 그들의 가문에 따라 주었다. ³⁰그들의 지역은 마하나임에서부터 바산 온 땅 곧 바산 왕 옥의 모든 나라와 바산에 있는 야일의 모든 마을 육십 성읍과 ³¹길르앗 절반과 아스다롯과 에드레이이다. 이는 므낫세의 아들 마길의 자손 곧 마길의 자손 절반이 그들의 가문에 따라 받은 것이다. ³²이것들은 모세가 모압 평지 곧 여리고의 요단 저편 동쪽에서 분배한 것들이다.

므낫세 반 지파 또한 "그들의 가문들에 따라" 땅을 받았다. 땅을 분배한 사람은 물론 모세이다. 므낫세 지파의 남쪽 경계는 마하나임이다. 마하나임은 갓 지파에 분배된 성읍이다. 여호수아 21:38은 마하나임이 갓 지파에게 속한 레위인의 성읍이라고 소개한다. 므낫세 반 지파가 받은 땅은 "마하나임에서 바산 온 땅(까지)"이다. "바산"은 야르묵 강에서 북쪽으로 헤르몬 산까지 미치는 비옥한 지역이다(Woudstra, 223). 여기에는 "야일의 모든 마을 육십 성읍"이 포함된다. "야일"은 므낫세의 아들이다 (민 32:41).

31절은 므낫세의 아들 마길의 자손이 얻은 땅을 소개한다. 마길의 자손이 얻은 땅은 "길르앗 절반과 아스다롯과 에드레이"이다. "길르앗 절반"은 갓 지파가 얻은 남부 길르앗을 제외한 북부 길르앗을 가리킨다(수 13:25 참고). "아스다롯"과 "에드레이"는 야르묵 강 상류에 위치한 성읍들이다(Kroeze, 165). 32절은 모세가 요단 동편의 모든 땅을 분배하였다는 사실을 밝힘으로써 요단 동편의 땅 분배 기사를 종결한다.

레위인의 기업(13:33)

> **사역** ³³그러나 레위 지파에게는 모세가 기업을 주지 않았다. 여호와께서 그들에게 말씀하신 것처럼 이스라엘의 하나님 여호와가 그가 그들의 기업이었다.

이곳에서 저자는 레위인이 기업을 분배 받지 못했다는 사실을 다시 강조한다. 레위인에 대한 언급은 요단 동편 지역의 땅 분배에 대한 전체적 묘사를 종결하는 부분(수 13:14)에서도 만날 수 있다. 레위인에 대한 거듭된 언급은 저자의 관심을 반영한다. 저자의 관점에서 이스라엘 자손에게 분배된 땅은 이스라엘 자손이 레위인의 섬김을 통해 여호와를 섬기는 거룩한 땅이다. 여호수아 13:14에서 레위인의 기업은 "이스라엘의 하나님 여호와의 화제(火祭)"로 설명되었다. 여기서는 "이스라엘의 하나님 여호와 그가 그들의 기업"이라고 설명된다. 이는 레위인이 여호와로 말미암아 산다는 의미다. 하지만 이것은 꼭 레위인에게만 국한되는 은혜가 아니다. 레위인은 이스라엘 자손을 대신하여 성막에서 섬기는 일을 하는 자들이다(민 3:11-13; 8:16-18). 따라서 레위인이 받는 은혜는 여호와로 말미암아 사는 이스라엘 자손의 형편을 대변한다고 할 수 있다. 광야 생활에서 이스라엘 자손은 하늘에서 내리는 만나와 반석에서 솟는 물을 통해 여호와가 자신들의 기업임을 경험적으로 확인하였다. 레위인의 기업인 여호와는 결국 이스라엘 자손의 기업이다.

> 여호와는 나의 산업과 나의 잔의 소득이시니 나의 분깃을 지키시나이다(시 16:5).

9.3 요단 서편의 땅 분배(수 14:1-19:51)

여호수아 14:1-19:51은 이스라엘 자손이 요단 서편 가나안에서 기업을 분배 받은 일에 대한 기록을 담고 있다. 요단 서편에서의 땅 분배는 두 단계로 이루어진다. 여호수아 14:1-17:18은 길갈에서 이루어진 땅 분배를 소개하고, 여호수아 18:1-19:51은 실로에서 이루어진 땅 분배를 소개한다. 두 단계의 땅 분배는 이스라엘 편에서 땅의 소유가 저절로 된 일이 아니고 믿음과 인내와 수고를 요하는 힘든 과정이었음을 시사한다. 하지만 중요한 것은 이스라엘 자손이 가나안 땅을 기업으로 얻었다는 사실이다. 족장들에게 주어졌던 여호와의 약속은 어김없이 성취되었다(창 15:18-21). 태초에 아담에게 에덴의 동산이 주어졌듯이 이스라엘 자손에게 가나안의 복된 땅이 주어졌다. 이제 이스라엘 자손은 에덴과 같은 안식의 땅에서 여호와를 섬기며 사는 복을 얻었다(창 2:15; 수 21:44 참고). 이 복은 종말에 그리스도 안에서 하나님의 백성이 얻을 영원한 기업을 지시하는 그림자이다(계 21장 참고).

9.3.1 도입(수 14:1-5)

이 단락은 두 단계로 진행된 요단 서편의 땅 분배 기사를 도입한다. 이곳에는 땅을 분배한 세 종류 지도자가 소개된다: 제사장 엘르아살, 눈의 아들 여호수아, 이스라엘 지파의 족장들. 요단 서편에서 기업을 분배 받은 지파는 모두 아홉 지파 반이다. 두 지파 반은 요단 동편에서 기업을 받았고 레위 지파는 기업을 받지 않도록 되어있었기 때문이다. 땅 분배는 모세를 통해 주어진 여호와의 명령에 따라 이루어졌다.

사역 ¹이는 이스라엘 자손이 가나안 땅에서 기업으로 얻은 것 곧 제사장 엘르아살과 눈의 아들 여호수아와 이스라엘 자손 지파들의 족장들이 분배한 것이다. ²그들의 기업은 여호와께서 아홉 지파와 반 지파에 대하여 모세를 통해 명령하신 대로 제비뽑기에 의해 정해졌다. ³왜냐하면 모세가 두 지파와 반 지파에게 요단 저편에서 기업을 주었기 때문이다. 그러나 레위 사람에게는 그들 가운데서 기업을 주지 않았다. ⁴왜냐하면 요셉의 자손이 므낫세와 에브라임 두 지파였기 때문이다. 레위 사람에게는 거주할 성읍과 가축과 소유물을 위한 들 외에는 그 땅에서 어떤 토지도 주지 않았다. ⁵여호와께서 모세에게 명령하신 그대로 이스라엘 자손이 행하여 그 땅을 분배하였다.

1절의 지시 대명사 "이는"은 요단 동편의 두 지파 반을 제외한 나머지 아홉 지파 반이 요단 서편에서 분배 받은 성읍들을 가리킨다. 이 성읍들에 대한 구체적인 소개(이름과 위치)는 14:6-19:51에서 볼 수 있다. 요단 서편 지역을 분배한 지도자들은 "제사장 엘르아살과 눈의 아들 여호수아와 이스라엘 자손 지파들의 족장들"이다. 이는 모압 평지에 있을 때 여호와께서 모세를 통해 하신 말씀을 따른 것이다(민 34:17). 민수기 34:18-29에는 엘르아살과 여호수아와 함께 할 족장들의 이름까지 소개된다.

그런데 기업을 분배한 지도자로 여호수아보다 엘르아살이 먼저 언급되는 것이 특별하게 다가온다. 여호수아서에서 엘르아살은 이곳에 처음으로 등장한다. 지금까지는 여호수아가 백성을 이끄는 최고 지도자 역할을 한 것으로 묘사되었다. 땅 분배에서 엘르아살이 갑자기 여호수아에 앞서 지도자로 언급되는 이유가 무엇일까? 민수기 27:21에서 그 답을 찾을 수 있다. 그곳에서 엘르아살은 여호수아와 이스라엘 자손에게 여호와의 뜻을 전해야 할 영적 지도자로 소개된다. 여호수아와 이스라엘 자손은 "엘르아살의 말을 따라 나가며 들어[와야]" 했다. 이 배경에 비추어 보면, 정복전쟁에서도 (분명하게 기록되지는 않았지만) 엘르아살은 여호와의 뜻을 알리는 영적 지도자로서 여호수아와 함께 했다고 보아야 한다.

2-3a절은 요단 서편의 땅 분배가 아홉 지파 반에게 제한되었다고 밝

힌다. 그 이유는 나머지 두 지파 반이 요단 동편에서 땅을 분배 받았기 때문이다. 본문은 땅 분배가 모세의 명령에 따라 이루어졌음을 강조한다. 모세는 "요단 저편" 곧 요단 동편에서 땅을 직접 분배하였을 뿐만 아니라 요단 서편의 땅 분배에 대해서도 명령을 남겼다. 엘르아살과 여호수아와 이스라엘 지파의 족장들이 한 일은 이 명령을 수행한 일이다. 이를 통해 모세의 탁월한 위치를 다시 확인할 수 있다. 하지만 모세의 탁월한 위치는 자기 자신에게서 나온 것이 아니다. 그것은 여호와와의 관계로부터 나온 것이다. 모세는 여호와의 명령을 받아서 전달하는 일을 하였다. 이것이 그의 위치를 특별하게 만들었다. 모세의 명령은 실상 여호와의 명령이었다. 이는 요단 서편의 땅 분배에 대해 중요한 사실을 알려 준다. 요단 서편의 땅 분배는 여호와의 명령에 따라 이루어졌다.

땅 분배에 관한 여호와의 명령은 제비뽑기를 포함하였다. 제비뽑기는 우연적이고 불확실한 방식이어서 인위적인 조작을 허용하지 않는다. 따라서 그것은 땅을 나눠 주시는 분이 여호와이신 것을 드러내기에 적합하다. 이스라엘 자손은 여호와로부터 땅을 받았다. 그러므로 이스라엘 자손은 "영구적으로"(לִצְמִתֻת, in perpetuity) 토지를 사거나 팔 수 없었다(레 25:23 참고). 민수기 26:52-56에 의하면, 제비뽑기에 "이름의 수대로"(שֵׁמוֹת בְּמִסְפָּר, according to the number of names)라는 특별한 세칙이 추가되었다. 즉, 이름의 수가 많은 쪽에 많은 땅이 분배되는 방식으로 제비뽑기가 이루어졌다. 하지만 이것이 구체적으로 어떤 방식이었는지 알기는 어렵다.

3b-4절은 a-b-a´ 형식으로 레위 사람들에게 기업이 분배되지 않은 것을 강조한다.

 A 레위 사람에게는 기업을 주지 않았다(3b).
  B 왜냐하면 요셉의 자손이 두 지파였기 때문이다(4a).
 A´ 레위 사람에게는 어떤 토지도 주지 않았다(4b).

레위 사람에 대한 강조는 요단 동편의 기업 분배에서도 확인한 내용이다(수 13:14, 33). 그곳에서 레위 사람은 토지 대신 "여호와의 화제" 또는 여호와 자신을 기업으로 받는다고 설명된다. 이곳에는 레위 사람이 기업을 받지 않은 이유로서 요셉의 자손이 두 지파(므낫세와 에브라임)인 것이 새롭게 언급된다. 이는 이스라엘 자손을 구성하는 지파의 수가 열둘이어야 한다는 관점을 반영한다. 같은 관점에서 에스겔 선지자는 이스라엘 열두 지파가 새롭게 땅을 분배 받을 미래에 대한 환상을 소개한다(겔 47:13). 레위 사람은 열두 지파를 대표하여 성소에서 여호와를 섬기는 직분을 수행한다. 레위 사람은 여호와를 섬기는 예배 공동체로서 열두 지파의 성격을 규정한다. 그러므로 레위 사람은 열두 지파에서 배제되는 것이 아니라 그들을 하나로 묶는 구심점이다.

5절은 이스라엘 자손이 "여호와께서 모세에게 명령하신 그대로" 땅을 분배하였다고 밝힌다. 이 기록은 이스라엘 자손의 적극적인 순종에 의해 땅 분배가 지체되거나 어려움 없이 단숨에 이루어졌다는 인상을 준다. 그러나 사실은 그렇지 않다. 많은 경우 땅 분배는 남아있는 적들을 몰아내는 일과 같이 가야 했다(수 14:11-12; 15:13-19; 16:10; 17:12-13, 14-18). 심지어 유다 지파와 요셉 자손을 제외한 일곱 지파는 기업을 분배하는 일에 적극 참여하지도 않았다(수 18:2-3). 전반적으로 땅 분배는 내부의 불순종을 극복하고 외부의 적들을 몰아내는 힘든 과정을 통해 이루어졌던 것으로 보인다. 그럼에도 저자는 땅 분배가 빠르게 일사천리로 이루어진 것처럼 서술한다. 이는 정복전쟁의 기술방식에서 확인하였던 바와 유사하다.

저자는 이곳에서 땅에 대한 약속의 성취를 강조하고 있다. 땅의 소유가 여러 가지 힘든 과정을 통해 서서히 이루어졌지만, 저자는 그 전 과정을 약속의 성취라는 관점으로 간략히 압축한다. 이스라엘 자손이 가나안 땅을 기업으로 얻는 것은 결국 하나님의 약속에 따라 되는 일이며, 그러기에 역사의 다양한 변수에도 불구하고 반드시 성취될 수밖에 없는 일이다. 이러한 선지자적 역사안목이 땅 분배 기사를 지배한다. 이는 신약을 지배하는 역사안목과 연결된다. 바울 사도는 예수 그리스도 안에 있는 성도는 시민권이 하늘에 있다고 가르친다(빌 3:20). 바울 사도는 또한 예수 그리스도 안에 있는 성도는 이미 그분과 함께 하늘에 앉혀진 상태에 있다고 가르친다(엡 2:6). 믿음의 관점에서 성도는 이미 그리스도와 함께 하늘의 기업을 얻었다.

9.3.2 길갈의 땅 분배(수 14:6-17:18)

요단 서편의 땅 분배가 시작된 장소는 길갈이다. 이스라엘 자손은 먼저 길갈에서 여호수아와 제사장 엘르아살과 각 지파의 족장들을 통해 기업을 분배 받았다. 길갈은 요단 근처의 장소로 정복전쟁의 베이스캠프가 있던 곳이기도 했다(수 9:6; 10:15 참고).

이 단락에는 갈렙을 선두로 하는 유다 지파의 땅 분배와 요셉 자손의 땅 분배가 차례로 나온다. 갈렙이 땅 분배의 선두에 위치하는 것은 중요한 의미를 갖는다. 그것은 갈렙의 믿음과 여호와의 약속을 기억하게 만든다. 갈렙은 가나안 정복이 불가능하다고 주장하는 대세에 맞서 정복전쟁의 승리를 확신하였고, 여호와께서는 갈렙과 그의 후손이 가나안 땅을 차지할 것이라고 약속하셨다(민 14:24). 갈렙이 요단 서편에서 가장 먼저 기업을 받는 자로 소개된 것은 이 약속의 성취를 강조하기 위함이다.

나아가 유다 지파와 요셉 자손의 기업 분배가 다른 지파의 기업 분배보다 먼저 소개되는 것도 주목할만한 일이다. 이는 유다 지파와 요셉 자손이 차지하는 역사적, 신학적 중요성과 관련이 있다. 후에 유다 지파에서 다윗 왕가가 나오며 요셉 자손을 통해 북 왕국이 세워진다(룻 4:18-22; 왕상 11:26; 12:25).

구성적 차원에서 주목해야 할 요소도 있다. 먼저, 땅 분배의 시작(수 14:6-15)과 땅 분배의 종결(수 17:14-18)이 긴밀한 관계 속에 있다. 전자는 아낙 사람이 거주하는 헤브론을 기업으로 얻는 갈렙의 믿음을 강조하며, 후자는 철 병거로 무장한 가나안 사람을 두려워하는 요셉 자손의 불신앙을 부각한다. 다음으로, 유다 지파와 에브라임 지파와 므낫세 지파의 땅 분배가 모두 실패에 대한 언급으로써 끝을 맺는다(수 15:63; 16:10; 17:12-13). 이러한 구성상의 특징은 땅을 얻는 과정이 복잡하였다는 것을 보여줌과 동시에 땅을 얻는 자에게 여호와께 대한 믿음이 중요하다는 사실을 가르친다.

9.3.2.1 땅 분배 시작: 갈렙의 기업(수 14:6-15)

갈렙의 회고(14:6-9)

> **사역** ⁶유다 자손이 길갈에 있는 여호수아에게 왔다. 그리고 그니스 사람 여분네의 아들 갈렙이 그에게 말했다. "당신은 여호와께서 가데스 바네아에서 하나님의 사람 모세에게 나와 당신에 대해 말씀하신 일을 압니다. ⁷여호와의 종 모세가 그 땅을 정탐하도록 가데스 바네아에서 나를 보낼 때 나는 사십세였습니다. 그리고 나는 내 마음에 있는 그대로 그에게 보고하였습니다. ⁸나와 함께 올라갔던 나의 형제들은 백성의 마음을 녹게 했습니다. 그러나 나는 나의 하나님 여호와를 온전히 좇았습니다. ⁹그 날에 모세가 맹세하여 말했습니다. '네 발이 밟은 땅은 반드시 너와 네 자손에게 영원까지 기업이 될 것이다. 왜냐하면 네가 나의 하나님 여호와를 온전히 좇았기 때문이다.'"

6절에 의하면 유다 자손이 가장 먼저 땅 분배를 위한 제비뽑기에 나섰다. 여기서 유다 지파가 땅 분배에 매우 적극적이었음을 알 수 있다. 요셉 자손 역시 땅 분배에 적극적이었다(수 17:14). 하지만 나머지 일곱 지파는 그렇지 못했다. 그들은 땅을 얻는 일을 지체하다가 여호수아에게 책망을 받았다(수 18:3). 땅 분배는 손쉽게 저절로 이루어진 일이 아니다. 그것은 이스라엘 자손의 적극적인 참여와 노력을 요하는 일이었다. 가나안 땅은 여호와의 약속에 따라 받는 은혜의 선물이지만 여호와의 약속에 믿음으로 반응하는 이스라엘 자손의 수고와 노력으로 차지하는 것이기도 했다. 이는 신약이 가르치는 하나님 나라에 대한 교훈과 연결된다. 하나님 나라는 전적으로 하나님이 주시는 선물이지만 가진 소유를 다 팔아서 사는 헌신을 수반한다(마 13:44).

유다 자손이 어떻게 땅을 분배하였는지는 설명되지 않고 대신 갈렙이 여호수아에게 말한 내용이 자세하게 소개된다. 갈렙은 유다 지파의 족장으로서 엘르아살과 여호수아와 함께 유다 자손에게 땅을 분배하는 일을 했던 것으로 보인다(수 14:1). 갈렙은 이미 모압 평지에서 여호와의 지시로 모세에 의해 엘르아살과 여호수아와 더불어 땅을 분배할 지도자로 세워졌다(민 34:19). 본문은 땅 분배에서 갈렙이 수행한 역할을 구체적으로 소개하는데 관심을 기울이지 않는다. 오히려 본문은 갈렙이 어떻게 헤브론을 자신의 기업으로 얻을 수 있었는가를 보이는데 많은 관심을 기울인다. 본문은 갈렙이 여호와의 약속에 믿음으로 반응함으로써 땅을 기업으로 받는 자의 모델이 된 것을 강조한다.

갈렙은 먼저 가데스 바네아에서 있었던 일을 간략히 회고한다(6b-9절). 갈렙의 의도는 여호수아에게 여호와의 말씀을 상기시키는 것이다. 갈렙에 따르면, 여호와께서 모세를 통해 자기에게 "네 발이 밟은 땅은 반드시 너와 네 자손에게 영원까지 기업이 될 것이다"(9a절) 하고 말씀하셨다. 민수기의 가데스 바네아 기사에는 갈렙이 회상하는 여호와의 말씀이 그대로 나오지 않는다. 대신 여호와께서 갈렙을 가나안 땅으로 인도해 들이실 것이며 그의 자손이 그 땅을 차지할 것이란 말씀이 나온다(민 14:24). 갈렙의 회상은 민수기에 기록되지 않았으나 그에게 개인적으로 주어진 약속이든지 민수기의 약속을 새롭게 표현한 것이라고 할 수 있다. 갈렙의 회상에서 새로운 요소("밟은 땅"이란 표현, 땅을 얻을 자에 갈렙 자신까지 포함시킴)는 신명기 1:36과 연결된다. 신명기 11:24과 여호수아 1:3에서도 땅의 약속과 관련하여 '밟는다'란 표현이 사용된다.

갈렙의 회고에서 주목해야 할 것은 첫째, 여호와와 그분의 말씀에 절대적인 권위를 돌리는 것이다. 갈렙은 여호와께서 모세를 통해 하신 말씀을 기억하고 그 말씀을 여호수아에게 상기시킨다. 갈렙은 여호와의 말씀을 굳게 붙잡는 말씀의 사람이다. 둘째, 갈렙은 "나의 하나님 여호와"란 표현을 사용하여 여호와와의 친밀한 관계를 강조한다. "나의 하나님 여호와"는 갈렙의 회고에 나오는 모세의 말에서도 사용되는 표현이다(10b절). 갈렙은 모세처럼 여호와와의 친밀한 관계로 특징지어지는 하나님의 사람이다. 셋째, 갈렙은 여호와께 충성된 태도를 가졌다. 갈렙의 그런 태도는 "백성의 마음을 녹게" 했던 자들의 태도와 뚜렷이 대조된다. 8b절의 접속사+일인칭 대명사 "나"(אָנֹכִי)는 형제들과 대조되는 갈렙의 태도를 강하게 부각한다. 여호와께 충성된 갈렙의 태도는 마음에서 우러나온 것이었다. "온전히 좇았습니다", "내 마음에 있는 그대로 보고했습니다"와 같은 표현이 그것을 잘 알려준다. 갈렙이 '여호와를 온전히 좇았다'는 것은 모세와 본문의 저자가 인정하고 확인해주는 바이기도 하다(9b절, 14b절).

갈렙의 고백과 요구(14:10-12)

> **사역** ¹⁰"이제 보십시오. 여호와께서 모세에게 이 말씀을 하신 때로부터 이스라엘이 광야에서 다닌 이 사십 오 년 동안 여호와께서 말씀하신 바와 같이 나를 생존하게 하셨습니다. 이제 보십시오. 나는 팔십오 세입니다. ¹¹오늘날 나는 아직도 모세가 나를 보낼 때와 같이 강하고 그때 나의 힘과 지금 나의 힘이 같아서 전쟁을 할 수 있고 출입할 수 있습니다. ¹²이제 그날에 여호와께서 말씀하신 이 산지를 나에게 주십시오. 왜냐하면 그곳에 아낙 사람들과 크고 요새화된 성읍들이 있다는 것을 그날에 당신이 들었기 때문입니다. 만일 여호와께서 나와 함께 하시면 여호와께서 말씀하신 대로 내가 그들을 몰아낼 것입니다."

갈렙은 과거에 여호와께서 모세를 통해 하신 말씀에 비추어 현재를 조명한다. 10절에 두 차례 나타나는 표현 "이제 보십시오"(וְעַתָּה הִנֵּה)가 그런 생각의 흐름을 드러낸다. 갈렙은 자신이 지금까지 생존한 것을 여호와께서 하신 말씀의 성취로 고백한다. 그가 오랜 광야생활과 수많은 전쟁을 통과하여 팔십오 세의 고령이 되도록 생존할 수 있었던 것은 자신의 타고난 건강이나 뛰어난 전투력 때문이 아니다. 그것은 여호와께서 하신 일이다. 갈렙이 사십오 년 전 그의 나이 사십이었을 때와 같이 지금도 여전히 강하여 일상생활("출입")은 물론이고 전쟁까지 할 수 있는 것은 여호와로부터 말미암은 일이다. 갈렙은 자신의 삶에서 여호와의 말씀이 성취되는 것을 생생하게 경험하였다. 여호와의 말씀은 시간과 상황에 예속된 인간의 한계에 메이지 않는다. 시간과 상황은 오히려 여호와의 말씀을 성취하는 도구이자 수단이다.

10절의 "사십오 년"은 가데스 바네아 사건부터 땅 분배가 시작되는 현재까지 계산된 시간이다. 이 계산에 의하면 초기 정복전쟁이 오 년간 지속된 것으로 이해할 수 있다. 하지만 광야생활 사십 년이 출애굽 시점부터 계산된 것이라면(민 14:34; 신 2:7), 정복전쟁은 칠 년간 지속되었다고 보아야 한다(민 10:11 참고).

10-11절에 기록된 갈렙의 고백은 자연스럽게 12절의 요구로 이어진다. 12절에서 갈렙은 자신이 기업으로 얻을 땅을 요구한다. 첫 마디 "이제"(וְעַתָּה)는 여호와께서 말씀하시던 때인 "그날에"(בַּיּוֹם הַהוּא)와 대조를 이루는 가운데 곧 성취될 하나님의 약속을 바라보는 갈렙의 "긴박감과 열심"(urgency and passion)을 잘 드러낸다(Nelson, 179). 12a절의 "여호와께서 말씀하신 이 산지"는 헤브론을 가리킨다(13절 참고). 지시대명사 "이"(הַזֶּה)는 갈렙이 헤브론 인근에서 말한다는 인상을 준다. 하지만 이 지시대명사가 지리적 인접성을 나타내지 않는 경우도 있다. 하나님은 요단 동편의 모압 평지에 있는 여호수아에게 "이 레바논"이라고 말씀하기

도 하셨다(수 1:4). 이와 같이 갈렙은 마음으로 헤브론을 생각하며 "이 산지"라고 말하고 있다. 갈렙은 마음으로 이미 헤브론에 있다. 이 현장감은 그 땅을 얻으려는 갈렙의 믿음과 열심을 대변한다. 믿음은 바라는 것을 현실화하며 보지 못하는 것을 보게 한다(히 11:1 참고).

"이 산지"를 수식하는 문구 "그날에 여호와께서 말씀하신"이 무엇을 염두에 둔 말인지가 모호하다. 갈렙에게 주어진 원래의 약속이 기록된 민수기 14장에는 이러한 모호함을 해소해주는 내용이 나오지 않는다. 하지만 현재 본문에서 해석의 단서를 찾을 수 있다. 갈렙은 헤브론을 요구하는 이유로서 여호수아가 들었던 말을 언급한다. 갈렙의 말에 따르면, 여호수아는 헤브론에 아낙 사람과 그들의 성읍들이 있다는 것을 들었다. 여호수아는 누구로부터 그 말을 들었을까? 여호수아 자신이 직접 정탐활동을 했으므로 헤브론에 대해 누군가에게 들을 필요가 없다. 그러므로 여호수아가 그것을 여호와께 들었다고 보는 것이 자연스럽다. 즉 여호와께서 모세를 통해 헤브론에 아낙 자손이 있어도 갈렙은 능히 그들을 몰아낼 수 있다고 말씀하셨다는 말이다. 갈렙은 이를 여호수아에게 상기시키며 "여호와께서 말씀하신 대로 내가 그들을 몰아낼 것입니다." 하고 말했을 가능성이 크다.

헤브론을 요구하는 갈렙의 모습에서 그의 믿음을 확인할 수 있다. 헤브론은 아낙 자손과 그들의 크고 요새화된 성읍들이 있는 매우 위험한 땅이다. 그럼에도 갈렙은 헤브론을 받기 원했다. 팔십오 세의 고령이었음에도 그랬다. 그 이유는 여호와께서 함께 하시면 능히 아낙 자손을 몰아낼 수 있다는 믿음 때문이었다. 갈렙이 헤브론을 기업으로 요구하고 나선 데는 또 다른 중요한 의미가 있다. 헤브론의 아낙 사람은 이스라엘 자손이 여호와께 반역하여 애굽으로 돌아가려는 마음을 가지게 한 존재이다(민 14:4). 말하자면, 아낙 사람은 이스라엘의 불신앙의 상징이다. 그러므로 갈렙이 헤브론을 기업으로 얻는 것은 대단히 큰 의미를 갖는다. 그것은 아낙 사람을 두려워한 이스라엘의 불신앙이 얼마나 터무니없는 것이었는지를 깨닫게 해준다. 동시에 그것은 앞으로 땅 분배가 가야 할 방향을 제시한다. 땅을 얻을 자는 아낙 사람을 두려워하지 않는 갈렙의 믿음을 본받아야 한다. 오늘날 하나님 나라를 기업으로 얻을 사람도 갈렙을 본받아야 한다(마 10:28 참고).

헤브론과 아낙 사람에 대한 설명이 조금 더 필요하다. 여호수아 10:36-37에 의하면, 헤브론은 여호수아의 군대에 의해 정복당하였다. 또한 여호수아 11:21은 여호수아가 헤브론의 아낙 사람들을 진멸하였다고 알려준다. 이것은 갈렙을 헤브론의 정복자로 소개하는 현재 본문과 충돌을 일으키는 것처럼 보인다. 그러나 실상은 그렇지 않다. 앞에서 이미 설명하였듯이, 여호수아는 정복전쟁의 최고 사령관이기에 여호수아 휘하의 장수나 군대가 거둔 승리와 공적은 곧 여호수아 자신의 승리와 공적이 된다. 여호수아 10:36-37과 11:21은 그런 차원에서 이해되어야 한다. 이 본문들은 실질적으로 갈렙이 헤브론에서 얻은 승리와 공적을 전쟁의 총 지휘자 여호수아에게 돌리고 있다.

승인된 갈렙의 요구(14:13-15)

사역 ¹³여호수아가 그를 축복하고 헤브론을 여분네의 아들 갈렙에게 기업으로 주었다. ¹⁴그러므로 헤브론이 오늘날까지 그니스 사람 여분네의 아들 갈렙의 기업이 되었다. 왜냐하면 그가 이스라엘의 하나님 여호와를 온전히 좇았기 때문이다. ¹⁵이전에 헤브론의 이름은 기럇 아르바였다. 아르바는 아낙 사람 중에 가장 큰 사람이었다. 그 땅이 전쟁에서 안식을 얻었다.

갈렙의 요구대로 헤브론이 그에게 기업으로 주어졌다. 13절은 여호수아가 갈렙을 축복하고 그에게 헤브론을 기업으로 주었다고 밝힌다. 여기서 여호수아가 모세의 후계자로서 기업을 분배하는 일에 마지막 권한을 가지고 있었음을 알 수 있다. 여호수아의 축복은 단순히 희망사항을 말하는 요식행위가 아니다. 그것은 모든 복의 근원이신 여호와의 이름으로 하는 행위이기에 실질적으로 효력을 지닌다. 여호수아가 빈 복에는 헤브론을 정복하고 그곳에서 하나님을 섬기며 번성하는 일이 포함되었을 것이다.

14절은 헤브론이 실질적으로 갈렙의 기업이 되었음을 알려준다. 저자는 그 이유를 "그가 이스라엘의 하나님 여호와를 온전히 좇았기 때문"이라고 분명하게 밝힌다. '온전히 좇았다'는 갈렙이 스스로에 대해 한 말이며(8절), 모세가 갈렙에 대해 한 말이기도 한다(9절). 결국 갈렙은 자기 자신과 여호와의 종 모세가 보기에도, 그리고 책의 저자가 보기에도 여호와를 온전히 좇았던 사람이다. "오늘날까지"는 기록자의 시점을 가리키는 표현이다. 여호수아서에서 기록자의 시점으로 가리키는 말로서 "오늘날까지"는 모두 열두 차례 나온다. 이 시점을 정확히 알 수는 없으나 대체로 다윗이 예루살렘을 정복하기 이전이었을 가능성에 무게가 실린다. 여호수아 15:63에서 "오늘날까지"는 예루살렘의 정복 이전 시점을 가리키는 것처럼 보이기 때문이다.

15절은 헤브론의 원래 이름인 '기랏 아르바'에 대해 간단히 소개한다. '아르바의 성읍'이란 뜻의 '기랏 아르바'는 아낙 사람 중에 가장 큰 사람이었던 '아르바'에게서 유래하였다. 족장 시대에는 헤브론이 여전히 '기랏 아르바'로 불리기도 했던 것 같다(창 23:2; 35:27). 아낙 사람 중 가장 큰 사람에게 속하였던 헤브론이 마침내 갈렙의 기업이 되었다는 것은 매우 의미심장하다. 그것은 여호와께서 함께 하시는 백성에게 맞설 수 있는 적은 존재하지 않는다는 것을 증거한다. 세상의 그 어떤 세력이라도 자기 백성에게 복을 주시려 하는 하나님의 뜻을 가로막을 수 없다(롬 8:31-39 참고). 예수 그리스도의 십자가와 부활을 통해 죄와 사망의 권세까지 모두 무너졌다(롬 8:2).

'갈렙의 기업' 단락은 "그 땅이 전쟁에서 안식을 얻었다"는 진술로써 끝맺는다. 이 진술은 정복전쟁 기사의 끝을 장식하는 말이기도 하다(수

11:23b). 전략적인 위치(정복전쟁의 끝, 기업분배의 시작)에 동일한 문구의 반복은 분명히 의도적이다. 그것은 정복전쟁과 기업분배가 지향하는 궁극의 목적이 땅의 안식임을 알려준다. 가나안은 이스라엘 자손이 하나님을 섬기는 가운데 안식을 누리는 거룩한 땅이다. 이런 의미에서 가나안은 신약의 성도가 그리스도 안에서 얻는 하나님 나라의 그림자이다.

9.3.2.2 유다 지파가 분배 받은 땅(수 15:1-63)

유다 지파는 요단 서편에서 가장 먼저 기업을 분배 받았다. 이것은 두 가지 측면에서 중요한 의미를 갖는다. 먼저, 유다 지파는 기업을 얻는 일에 매우 적극적이었다. 유다 지파와 요셉 자손을 제외한 일곱 지파는 땅을 차지하는 일을 지체하였다는 이유로 여호수아에게 책망을 받았다(수 18:3). 하지만 유다 지파는 갈렙과 함께 땅을 차지하는 일에 앞장섰다(수 14:6). 팔십오 세의 고령에 "이 산지를 나에게 주십시오"하며 아낙 사람의 헤브론을 요구하였던 갈렙의 신앙과 용기가 유다 지파를 이끌었던 것으로 보인다. 다음으로, 유다 지파가 가장 먼저 기업을 분배 받은 것은 구속 역사에서 유다 지파가 차지하는 위상과 관련이 있다. 광야 시절 이스라엘 자손의 행군대형에서 유다 지파가 선두에 섰다(민 10:14). 그 연장선상에서 유다 지파는 예수 그리스도께로 이어지는 다윗 왕가를 배출한다(눅 1:32 참고). 이는 근원적으로 유다에게서 모든 백성이 복종할 통치자가 나올 것이라고 한 야곱의 예언의 성취이다(창 49:10).

글의 구성 그리고 문학양식과 관련하여 언급되어야 할 내용이 있다. 1-12절은 유다 지파의 경계를 묘사하고 20-63절은 주로 유다 지파가 얻은 성읍의 목록을 소개한다. 두 기록 사이의 13-19절은 앞뒤 맥락과 잘 조화되지 않아 보이는 뜻밖의 내용을 담고 있다. 이곳에는 갈렙과 그의 조카 옷니엘이 각각 어떻게 헤브론과 드빌을 정복할 수 있었는지를 알려주는 짧막한 내러티브 양식의 글이 나온다. 하지만 내용상, 문학양식상 부조화와 긴장은 단지 표면적인 것일 따름이다. 13-19절은 적들을 물리치고 그들의 성읍을 차지하는 갈렙과 옷니엘의 놀라운 행위를 간결하지만 인상적으로 소개한다. 내용과 문학양식상의 긴장은 이런 효과를 크게 강화한다. 저자가 그렇게 한 의도는 딱딱한 목록 형식의 글에 의미와 정신을 불어넣기 위함이다. 다시 말해, 저자는 유다가 수많은 성읍을 얻은 것은 갈렙과 옷니엘이 보여준 강하고 용맹한 믿음의 싸움 때문이었음을 보여주려고 하였다. 갈렙과 옷니엘은 땅을 기업으로 얻는 자의 전형이다.

유다 지파의 경계(15:1-12)

사역 ¹유다 자손의 지파에게 가문별로 뽑힌 제비는 에돔의 경계까지, 남으로는 남쪽 끝의 씬ª 광야까지 이른다. ²그들의 남쪽 경계는 염해의 끝 곧 남으로 향하는 만(灣)에서 시작하여 ³남으로 아그랍빔 비탈까지 나아가 씬으로ª 건너가고 가데스 바네아 남쪽에서 올라가 헤스론을 지나며 아다르로 올라가 카르카로 선회하고 ⁴아스몬으로 건너가서 애굽 건곡으로 가며 바다에서 경계가 끝난다. 이것이 너희에게 남쪽 경계가 될 것이다. ⁵동쪽 경계는 요단 끝까지의 염해이다. 북쪽의 경계는 요단 끝의 해만(海灣)에서 시작한다. ⁶그 경계는 벧호글라로 올라가 벧아라바 북쪽으로 건너가고 그 경계는 르우벤 자손 보한의 돌로 올라간다. ⁷또 그 경계는 아골 골짜기에서 드빌로 올라가 북쪽으로 건곡 남쪽 아둠밈 비탈 맞은편의 길갈로 선회하며 그 경계는 엔세메스 물로 건너가 엔로겔에서 끝난다. ⁸또 그 경계는 힌놈의 아들 골짜기를 지나 여부스 사람의 남쪽 산허리 곧 예루살렘으로 가며 그 경계는 서쪽으로 힌놈의 골짜기 앞의 산 꼭대기로 건너가는데 그곳은 르바임 골짜기 북쪽 끝에 있다. ⁹또 그 경계는 산 꼭대기에서 넵도아 물의 샘으로 구부러져 에브론 산의 성읍들로 나아가며 그 경계는 바알라 곧 기럇 여아림으로 구부러진다. ¹⁰또 그 경계는 바알라에서 서쪽으로 선회하여 세일 산으로 가고 여아림 북쪽 산허리 곧 그살론으로 건너가며 벧세메스로 내려가 딤나를 지나간다. ¹¹또 그 경계는 에그론 북쪽 산허리로 나아가고 그 경계는 선회하여 식그론으로 가며 바알라 산을 지나 얍느엘로 나아간다. 그 경계의 끝은 바다이다. ¹²서쪽 경계는 대해와 해안이다. 이것이 가문별로 된 유다 자손의 사방 경계이다.

[번역주] 1ᵃ, 3ᵃ: "씬"은 원문의 צִן을 음역한 것이다. 이 지역은 출애굽 여정에서 엘람과 시내산 사이에 있는 '신 광야'(מִדְבַּר־סִין)와는 다른 곳이다(출 16:1 참고).

1절은 유다 지파가 얻은 땅의 남쪽 경계에 대한 개괄적 묘사를 제공한다. 유다의 남쪽 경계는 에돔의 영토와 접한다. 에돔의 영토는 사해의 동쪽과 남쪽에 위치한다. 유다 지파의 남쪽 경계는 대략 사해 남단에서 지중해까지 미쳤던 것으로 보인다. 남쪽 경계의 최남단으로 소개된 씬 광야의 정확한 위치는 불확실하다(Howard, 334). 민수기에서는 가데스 바네아가 씬 광야에 있는 것으로 묘사되기도 한다(민 20:1; 27:14). 가데스 바네아와 씬 광야는 경계가 모호하리 만큼 인접해 있었던 것 같다.

2-4절은 유다의 남쪽 경계를 자세하게 소개한다. 경계의 시작은 염해(사해) 남단의 만(灣)에서 시작하여 바다(지중해)에서 끝난다. 유다의 동쪽 경계는 염해(사해)이다. 5a의 "요단 끝까지의 염해"는 사해 남단에서 북단까지 전체를 아우르는 표현이다. 경계를 묘사하는 동사로 '나아가다'(יצא), '건너가다'(עבר), '올라가다'(עלה), '선회하다'(סבב)가 사용된다. 이들 동사는 유다 남쪽의 경계가 실제로 눈 앞에 펼쳐지는 것처럼 만드는 현장감과 생동감을 준다. 이처럼 세밀하고 사실적인 묘사에서 땅의 경계구분이 허구나 가상에 의한 것이 아니라 실제 역사에 기반한다는 것을 알 수 있다.

5b-11절과 12절은 유다의 북쪽과 서쪽 경계를 소개한다. 북쪽 경계는 "요단 끝의 해만" 곧 사해 북단에서 시작하여 지중해에서 끝나며, 서쪽 경계는 대해 곧 지중해와 그 해안이다. 남쪽과 서쪽 경계에 비해 북쪽 경계는 훨씬 더 자세하게 설명된다. 이곳에는 '경계'(גְּבוּל)라는 단어가 무려 13회 나타난다. 이는 유다가 사방의 경계가 정해진 땅을 기업으로 받았음을 확인해준다. 유다 자손은 마침내 자신의 땅에서 평안히 안식할 수 있게 되었다(수 21:44). 다른 한편, 경계의 강조는 언약공동체의 평화

로운 공존을 위한 측면이 있다. 땅의 경계가 불명확하면 분쟁의 가능성이 커질 수밖에 없다. 구약 이스라엘은 땅의 경계를 소중하게 여겼다(시 16:6). 그들은 땅의 경계를 존중하고 지키는 것을 삶의 중요한 규범으로 여겼다(신 19:14; 27:17; 잠 22:28; 23:10 참고). 이처럼 오늘날에도 각자에게 주어진 삶의 자리는 존중되고 보호받아야 한다.

남쪽 경계의 묘사와 마찬가지로 북쪽 경계의 묘사를 특징짓는 것도 그 생생한 현장성과 사실성이다. 이곳에는 남쪽 경계를 묘사하는 네 동사 외에도 '방향을 틀다'(פנה), '구부러지다'(תאר), '선회하다'(סבב), '내려가다'(ירד) 등의 동사가 사용된다. 또 이곳에는 방향을 나타내는 표현인 '북쪽'(צפונה), '맞은편'(נכח), '앞'(על־פני), '서쪽'(ימה)이 등장한다. 뿐만 아니라 이곳에는 구체적인 지형지물을 가리키는 표현도 자주 나타난다: '해만'(海灣), '보한의 돌', '아골 골짜기', '건곡'(Wadi), '아둠밈 비탈', '엔세메스 물', '힌놈의 아들 골짜기', '여부스 사람의 산허리', '산 꼭대기', '르바임 골짜기', '넵도아 물의 샘', '여아림 북쪽 산허리', '에그론 북쪽 산허리'. 이 표현들은 너무도 구체적이어서 경계묘사가 실제로 현장을 답사한 사람에 의한 기록임을 생생하게 느낄 수 있다.

갈렙, 옷니엘, 악사 이야기(15:13-19)

> **사역** [13]여호와께서 여호수아에게 주신 말씀에 따라 그가 여분네의 아들 갈렙에게 유다 자손 가운데 기럇 아르바 곧 헤브론을 몫으로 주었는데 아르바는 아낙의 아버지였다. [14]갈렙이 그곳에서 아낙의 세 아들 세새와 아히만과 달매 곧 아낙 자손을 쫓아냈다. [15]그가 그곳에서 드빌의 주민들에게 올라갔다. 이전에 드빌의 이름은 기럇 세벨이었다. [16]갈렙이 말했다. "기럇 세벨을 치고 그것을 빼앗는 자에게는 내 딸 악사를 아내로 주겠다." [17]갈렙의 형제 그나스의 아들 옷니엘이 그것을 빼앗으니 그가 자기 딸 악사를 그에게 아내로 주었다. [18]그녀가 와서 그를 부추기어 그녀의 아버지에게 들을 구하게 하였다. 그녀가 나귀에서 내리자 그녀에게 갈렙이 물었다. "무엇을 원하

> 느냐?" ¹⁹그녀가 말했다. "저에게 복을 주세요. 저에게 네게브 땅을 주셨으니 저에게 물의 샘들을 주세요." 그래서 그가 그녀에게 윗 샘들과 아래 샘들을 주었다.

갈렙이 헤브론을 기업으로 받는 이야기는 앞에(수 14:6-15) 이미 나왔으나, 이곳에 같은 이야기가 되풀이된다. 하지만 단순한 반복은 아니다. 앞에서는 헤브론을 기업으로 요구하는 갈렙의 믿음과 열심이 부각되었다면, 여기서는 헤브론에서 아낙 자손을 쫓아내는 갈렙의 군사활동이 이야기의 초점이 된다. 또한 이곳에는 옷니엘이 드빌(기랏 세벨)을 빼앗고 갈렙의 딸 악사를 아내로 얻는 이야기가 추가된다. 저자가 이곳에서 갈렙과 옷니엘의 이야기를 소개하는 이유는 땅을 기업으로 얻는 자의 모델을 보여주기 위함이다. 갈렙과 옷니엘 같이 용감하게 싸우는 자가 약속된 땅을 얻는다. 하나님의 약속은 믿음을 가지고 적극 행동하는 자에게 성취된다.

13절은 여호수아가 여호와의 명령에 따라 갈렙에게 헤브론을 기업으로 주었다고 설명한다. 여호와께서 언제 여호수아에게 그런 명령을 주셨는지 알 수는 없다. 과거에 하나님은 모세를 통해 "그가 밟은 땅을 내가 그와 그의 자손에게 주리라"고 말씀하신 일이 있다(신 1:36, 민 14:24 참고). 여호수아가 갈렙에게 헤브론을 기업으로 준 것은 이 말씀과 관련이 있다. 여호수아는 모세가 명령한 여호와의 명령을 실행에 옮긴 인물이다. 여호수아서는 그것을 매우 강조한다(수 11:15, 23). 이 본문도 그런 의미에서 "여호와께서 여호수아에게 명령하신 대로"라는 표현을 사용하는 것으로 이해할 수 있다.

14절은 갈렙이 쫓아낸 아낙 사람의 이름을 구체적으로 언급한다. 그들은 아낙의 세 아들로서 세새와 아히만과 달매이다. 이들은 민수기의 정탐기사에도 등장한다(민 13:22). 그런데 본문은 이들에 대해 "아낙 자손들"이라는 설명을 덧붙인다. 여기서 세새와 아히만과 달매가 아낙의 세

아들로 지칭되는 세 부족을 가리킨다는 사실을 알 수 있다. 갈렙은 신장이 큰 아낙 사람을 두려워하지 않고 그들과 싸워 승리함으로써 헤브론을 기업으로 얻었다. 이는 아낙 사람에 대한 이야기를 듣고 두려워하다가 광야에서 죽은 이스라엘 자손의 실패와 대조를 이룬다. 갈렙은 여호와를 온전히 좇았고 그런 갈렙에게 여호와께서 함께 하셨다(수 14:8-9, 12). 그 결과 갈렙은 믿음으로 땅을 기업을 얻는 자의 모델이 되었다.

15-17절은 갈렙의 조카 옷니엘이 드빌을 쳐서 취하는 이야기를 소개한다. 드빌은 헤브론 남서쪽에 위치하며 남부 유다 산지에 속한다 (Walton, 233). 갈렙은 헤브론에서 드빌의 주민들에게 올라가 그 성읍을 빼앗고자 하였다. 하지만 이번에는 그가 직접 그렇게 하지 않는다. 갈렙은 그것을 빼앗는 자에게 딸을 아내로 주겠다고 약속한다. 이는 땅을 정복하려는 열심에서 나온 특별한 헌신이다. 옷니엘은 그러한 헌신에 공감하여 드빌을 공격하는 일에 나선다. 옷니엘은 땅을 정복함으로써 아내를 얻는 이중의 복을 얻었다. 하나님의 약속을 믿고 용감하게 나서는 사람은 하나님이 큰 복으로 갚으신다. 다윗도 골리앗과 싸워 이긴 것이 계기가 되어 왕의 사위가 되었다가 마침내 그 자신이 왕이 되는 큰 복을 얻었다(삼상 17:24-27; 18:27).

18-19절은 갈렙의 딸 악사의 이야기를 소개한다. 이 이야기에는 적어도 세 가지가 생략되었다. 첫째, 악사가 아버지에게서 받기 원한 '들'(שָׂדֶה)의 소재가 언급되지 않는다. 둘째, 악사에게 부추김 받은 옷니엘의 반응과 그것의 결과가 소개되지 않는다. 셋째, 악사가 나귀에서 내린 것이 어떤 상황인지 설명되지 않는다. 이런 생략이 본문을 어색하게 보이도록 만든다. 본문은 남편을 부추기어 아버지에게 들을 구하도록 한 악사의 애살스러운 시도와 아버지에게서 물의 샘들을 요구하는 그녀의 적극적인 말에 독자의 관심을 모은다. 본문의 맥락에 비추어 볼 때, 이는 악사를 땅을 얻는 자의 모델로 제시하기 위함이다. 땅을 얻는 자는 악사와 같이 적극적인 태도를 가져야 한다. 갈렙은 악사의 요구에 응하여 그

녀에게 위 샘과 아래 샘을 주었다. 이를 통해 구하는 자에게 아낌없이 주시는 하나님의 마음을 깨달을 수 있다(마 7:8; 21:22 참고).

남쪽의 성읍들(15:20-32)

> **사역** [20]이것은 유다 자손 지파가 가문에 따라 받은 기업이다. [21]남쪽으로 에돔의 경계이자 유다 자손 지파의 끝에 있는 성읍들은 갑스엘과 에델과 야굴과 [22]기나와 디모나와 아다다와 [23]게데스와 하솔과 잇난과 [24]십과 델렘과 브알롯과 [25]하솔 하닷다와 그리욧 헤스론 곧 하솔과 [26]아맘과 세마와 몰라다와 [27]하살 갓다와 헤스몬과 벧벨렛과 [28]하살 수알과 브엘세바와 비스요댜와 [29]바알라와 이임과 에셈과 [30]엘돌랏과 그실과 호르마와 [31]시글락과 맛만나와 산산나와 [32]르바옷과 실힘과 아인과 림몬으로 모두 스물아홉 성읍과 그 마을들이다.

여기에는 유다 지파 남쪽의 성읍들이 하나하나 열거된다. 본문은 성읍의 수가 모두 스물아홉이라고 밝힌다. 하지만 본문에 기록된 성읍의 수를 합하면 서른여섯이다. 이것은 본문의 전승과정에서 일어난 변조(corruption) 때문일 가능성이 있다(Pitkänen, 292). 흥미롭게도 아시스는 원래의 목록에 새로운 도시가 추가되었을 것으로 본다. 그럼에도 원래의 합계가 유지된 이유는 유다 성읍의 수를 나머지 성읍의 수와 일치시킴으로써 "유다를 나머지 모든 지파에 상응하는 독립된 단위로 제시하기 위한 까닭"이라고 설명한다.[5] 놀랍게도 본문이 유다 지파에게 돌리는 성읍 수의 합산(112개)은 본문이 나머지 지파에게 돌리는 성읍 수의 합산과 동일하다.[6] 이는 우연의 일치로 보기 어렵다. 유다 지파의 특별한 위치를 부

---

[5] Assis, "How long are you slack to go to possess the Land," 22.

[6] 이는 요셉 자손과 단 자손에게 돌아간 성읍 수를 제외한 계산이다. 요셉 자손이 받은 성읍의 목록과 수는 여호수아서 본문에 기록되지 않았다. 므낫세 지파가 받은 성읍의 이름이 일부 언급되기는 하지만 극히 부분적이다(수 17:11 참고). 단 자손의 경우 그들이

각하려는 저자의 의도와 관련이 있는 것 같다.

저지의 성읍들(15:33-47)

> **사역** ³³저지에는 에스다올과 소라와 아스나와 ³⁴사노아와 엔간님과 답부아와 에남과 ³⁵야르뭇과 아둘람과 소고와 아세가와 ³⁶사아라임과 아디다임과 그데라와 그데로다임으로 열 네 성읍과 그 마을들이다. ³⁷또 스난과 하다사와 믹달갓과 ³⁸딜안과 미스베와 욕드엘과 ³⁹라기스와 보스갓과 에글론과 ⁴⁰갑본과 라흐마스와 기들리스와 ⁴¹그데롯과 벧다곤과 나아마와 막게다로 열 여섯 성읍과 그 마을들이다. ⁴²또 립나와 에델과 아산과 ⁴³입다와 아스나와 느십과 ⁴⁴그일라와 악십과 마레사로 아홉 성읍과 그 마을들이다. ⁴⁵또 에그론과 그 촌락들과 마을들과 ⁴⁶에그론부터 바다까지 아스돗 곁 모든 성읍과 그 마을들이며 ⁴⁷아스돗과 그 촌락들과 그 마을들이며 가자와 그 촌락들과 그 마을들이니 애굽 건곡과 대해(大海)와 해안까지 이른다.

일반적으로 '저지'(הַשְׁפֵלָה)는 "대략 벧호론부터 브엘세바까지 유다 산지와 나란히 뻗어 있으면서 유다 고원지대를 블레셋 본토와 분리하는 낮은 산록지역"을 가리킨다.⁷ 하지만 여기서는 저지가 지중해에 이르기까지 블레셋 지역 모두를 포함하는 것으로 묘사된다. 본문은 저지의 유다 성읍들을 네 그룹으로 나누어 소개한다. 첫 그룹(33-36절)의 성읍 수는 열 넷이라고 설명되나 실제로 나열된 성읍들의 수(열다섯)와는 차이를 보인다. 이 그룹의 끝에 나오는 '그데라'와 '그데로타임'(גְּדֵרֹתָיִם)이 하나로 계산되었을 가능성도 있다. '그데로타임'은 '담으로 두른 두 구역'(two

---

받은 성읍의 목록은 소개되나 그것들의 수와 총합은 언급되지 않는다(수 19:40-48 참고).

7 J. M. Miller & J. H. Hayes, *A History of Ancient Israel and Judah*, 2nd edition (Louisville: Westminster John Knox Press, 2006), 16.

enclosures)이란 의미를 가진다. 그러므로 '그데라와 그것의 두 구역'으로 이해될 여지가 있다(Pitkänen, 293). 칠십인역의 독법인 '그데라와 그 거주지'(Γαδηρα καὶ αἱ ἐπαύλεις)가 이런 이해를 보여준다.

둘째 그룹(37-41절)과 셋째 그룹(42-44절)의 성읍 수는 각각 열여섯과 아홉이다. 특이하게도 마지막 넷째 그룹(45-47절)의 성읍 수는 언급되지 않는다. 이곳에 포함된 에그론, 아스돗, 가자는 블레셋의 주요 지역들이다. 여호수아 13:3에서 이들은 아직 정복되지 않은 지역으로 소개된다. 넷째 그룹의 성읍 수가 언급되지 않는 이유는 이 지역이 실질적으로 유다의 손에 들어오지 않았기 때문일 가능성도 있다(Wray Beal, 306).

산지와 광야의 성읍들(15:48-62)

> **사역** ⁴⁸산지에는 사밀과 얏딜과 소고와 ⁴⁹단나와 기럇 산나 곧 드빌과 ⁵⁰아납과 에스드모와 아님과 ⁵¹고센과 홀론과 길로로 열한 성읍과 그 마을들이다. ⁵²또 아랍과 두마와 에산과 ⁵³야님과 벧답부아와 아베가와 ⁵⁴훔다와 기럇 아르바 곧 헤브론과 시올로 아홉 성읍과 그 마을들이다. ⁵⁵또 마온과 갈멜과 십과 윳다와 ⁵⁶이스르엘과 욕드암과 사노아와 ⁵⁷가인과 기브아와 딤나로 열 성읍과 그 마을들이다. ⁵⁸또 할훌과 벧수르와 그돌과 ⁵⁹마아랏과 벧아놋과 엘드곤으로 여섯 성읍과 그 마을들이다. ⁶⁰또 기럇 바알 곧 기럇 여아림과 랍바로 두 성읍과 그 마을들이다. ⁶¹또 광야에는 벧 아라바와 밋딘과 스가가와 ⁶²닙산과 소금 성읍과 엔게디로 여섯 성읍과 그 마을들이다.

유다 산지는 다섯 그룹으로 나뉘어 소개된다. 첫째 그룹(48-51절)은 열한 성읍, 둘째 그룹(52-54절)은 아홉 성읍, 셋째 그룹(55-57절)은 열 성읍, 넷째 그룹(58-59절)은 여섯 성읍, 다섯째 그룹(60절)은 두 성읍을 포함한다. 산지의 성읍들의 총합은 서른여덟이다. 끝으로, 유다 광야의 성읍은 여섯 개이다.

유다의 실패(15:63)

> **사역** ⁶³예루살렘에 거주하는 여부스 사람을 유다 자손이 쫓아내지 못하여 여부스 사람이 오늘날까지 유다 자손과 함께 예루살렘에 거주하였다.

특이하게도 유다 지파의 땅 분배 기사는 유다의 실패에 대한 기록으로 끝을 맺는다. 이는 적어도 세 가지 사실을 가르쳐준다.

첫째, 땅의 정복과 마찬가지로 땅의 분배 또한 아무 어려움 없이 단기간에 완성된 일이 아니다. 이스라엘 자손이 초기의 정복전쟁에 성공하였으나 정복해야 할 적들이 많이 남아있었던 것 또한 사실이다(수 13:1-7 참고). 예루살렘의 여부스 사람도 그 중에 하나다. 이스라엘 자손이 땅을 기업으로 받기 위해서는 남아 있는 적들을 몰아내야만 했다. 이 일에 이스라엘이 언제나 성공한 것은 아니다. 사사기 1장은 오히려 반대의 상황을 알려준다. 그곳에는 정복의 실패를 가리키는 표현 '쫓아내지 못하였다'가 자주 되풀이된다. 여기서 이 표현은 유다의 실패를 묘사하는 말로 사용된다. 특이 여기서는 '~ 할 수 있다'는 의미의 동사 '야콜'(יכל)이 유다의 무능을 부각한다. 이는 우리의 관심을 두 번째 이슈로 향하게 한다.

둘째, 유다는 예루살렘에서 여부스 사람을 쫓아낼 수 없었다. 이 실패는 그냥 실패가 아니다. 그것은 유다의 무능함에서 온 안타까운 결과이다. 하지만 그보다 더 근본적인 문제는 유다가 여호와와 바른 관계에 있지 않았다는 것이다. 갈렙이 보여준 본보기는 여호와께서 함께하시면 아낙 사람과 같이 천하무적의 용사라도 능히 쫓아낼 수 있다는 것이다(수 14:12; 15:14). 유다는 갈렙과 같이 여호와를 '온전히 쫓는' 일에 실패하였다. 결국 유다의 실패는 여호와께 대한 믿음의 실패이다. 어느 시대에나 하나님의 백성이 겪는 실패의 뿌리에는 하나님께 대한 믿음의 실패가 있다.

셋째, 저자는 땅을 얻는 일에 유다가 실패한 사실을 빼놓지 않고 언급한다. 이것은 땅 분배 기사에 현실성을 더한다. 그것은 땅 분배 기사가 그것이 지시하는 시대상황에 충실하도록 기록되었음을 반증한다. 저자의 시점을 표현하는 "오늘날까지"는 다윗이 예루살렘을 정복하기 이전을 가리키는 것 같다(삼하 5:6-9 참고). 여호수아 18:28에는 예루살렘이 베냐민 지파의 성읍으로 소개된다. 이는 베냐민과 유다의 경계에 놓인 예루살렘의 독특한 위치와 관련이 있는 것 같다. 유다의 경계묘사와 베냐민의 경계묘사에 다같이 '힌놈의 골짜기'와 '여부스 사람의 남쪽 산허리'(예루살렘)가 언급된다(수 15:8; 18:16). 이는 예루살렘의 소속을 다소 모호하게 만든다. 예루살렘은 베냐민의 성읍으로 언급될 수 있을 정도로 그 소속이 유동적이었던 것 같다.

9.3.2.3 요셉 자손이 분배 받은 땅(수 16:1-17:13)

요셉 자손은 에브라임과 므낫세 두 지파를 포함한다. 이곳에서 "요셉 자손"은 이 두 지파를 하나로 간주하는 저자의 관점을 담은 명칭이다. 에브라임 지파의 남쪽 경계가 전체 요셉 자손의 남쪽 경계로 제시된 것도 그런 관점을 반영한다(수 16:1-3). 요셉 자손이 두 지파임에도 "한 제비, 한 몫"이 분배된 것도 마찬가지다(수 17:14). 그러나 땅 분배 기사는 에브라임과 므낫세가 각자 자기의 땅을 분배 받은 독립된 두 지파로 소개하는 것도 사실이다. 요셉 자손이 두 지파가 된 것은 역사적으로 족장 야곱이 요셉의 두 아들을 자기 아들로 입양한 일에서 비롯된다(창 48:5). 또한 두 지파로 성장한 요셉 자손의 번성은 야곱이 한 예언적 축복의 성취이다(창 49:22-26). 이는 땅 분배를 약속의 성취 차원에서 서술하는 책의 관심을 상기시킨다.

에브라임의 경계가 먼저 서술된 것에도 주목해야 한다. 이 또한 야곱의 축복과 관련이 있어 보인다. 야곱은 당시의 관습에 반하여 요셉의 차남인 에브라임의 머리에 오른 손을 얹고 요셉의 장남인 므낫세의 머리에

왼손을 얹은 채 그들을 축복하였다(창 48:14). 이 행위는 에브라임을 장자의 위치에 세우는 의미를 갖는다(창 48:19). 후에 북 왕국 이스라엘이 에브라임 출신의 여로보암을 통해 세워진 것은 구약 이스라엘 역사에서 에브라임이 차지하는 중요성을 확인해주는 것이라고 하겠다.

구약 이스라엘 역사에서 요셉 자손의 비중이 아무리 크더라도 유다에 비할 바는 못된다. 유다는 아브라함 언약의 성취임과 동시에 새 언약을 향해 가는 다윗 왕가의 혈족으로서 구속사의 중심을 차지한다. 따라서 유다 지파의 기업과 관련해서는 땅의 경계, 성읍의 이름과 수가 매우 자세히 기록되지만 요셉 자손의 경우에는 그렇지 않다. 후자의 경우 땅의 경계에 대한 묘사 외에 다른 것은 거의 전무하다. 요셉 자손의 땅 분배 기사에서 두드러지는 것은 그들의 실패와 불신앙적 태도가 유다 지파에 비해 상대적으로 더 크게 부각되는 것이다. 그들은 가나안 주민들을 쫓아내지 못하였을 뿐만 아니라 그것을 합리화하기까지 한다(수 16:10; 17:12-13, 14-18).

전체적인 땅의 경계(16:1-4)

> **사역** ¹요셉 자손을 위한 제비는 여리고의 요단에서 출발하여 여리고 동쪽의 물로 나아가 여리고에서 벧엘 산지로 올라가는 광야로 가며 ²벧엘에서 출발하여 루스로 나아가며 아렉 족속의 경계로 넘어가 아다롯에 이르고 ³서쪽 야블렛 사람의 경계로 내려가 아래 벧호론의 경계와 게셀까지 이르며 그 끝은 바다이다. ⁴요셉 자손 므낫세와 에브라임이 기업을 얻었다.

1절에서 무생물인 '제비'(הַגּוֹרָל)가 '출발하여' '나아가는' 것으로 묘사된다. 여기서 '제비'란 제비뽑기에 의해 정해진 땅의 경계선을 가리키는 것으로 이해되어야 한다. 하나님은 제비를 통해 요셉 자손에게 친히 땅의 경계를 정해 주셨다. 요셉 자손(이스라엘)은 하나님께서 주시는 땅을 받는 은혜와 복을 누렸다(시 16:6 참고). 이곳에 묘사된 요셉 자손의 땅 경계는 남쪽에 국한된다. 이것은 대부분 에브라임 지파의 남쪽 경계에 해당하며 아래 벧호론에서 게셀을 지나 서쪽 바다(지중해)까지의 경계선을 제외하면 베냐민 지파의 북쪽 경계와 겹친다(수 18:12-13).

요셉 자손의 남쪽 경계는 여리고 근처의 요단에서 출발하여 여리고 동쪽의 물로 나아가 벧엘 산지로 올라가는 것으로 묘사된다. "여리고 동쪽의 물"은 엘리사의 샘으로 알려진 '아인 에스-술탄'('Ain es-Sultan)일 가능성이 크다(왕하 2:19-22 참고). 2절에서 벧엘과 루스가 별개의 장소로 언급된다. 그러나 사사기 1:23에 따르면, 루스는 벧엘의 원래 이름이다(창 28:19 참고). 이 둘을 조화시키기가 어려우나, 원래 루스에 속한/인접한 장소였던 벧엘이 후에 전체를 대표하는 성읍으로 성장하였을 것이라는 추측도 가능해 보인다(Walton, 234). 카일은 이곳의 벧엘이 루스로 불리던 성읍 벧엘이 아니라 벧엘의 남쪽 산허리를 의미한다고 설명하기도 한다(Keil, 138).

4절은 요셉 자손이 기업을 얻었다는 사실을 다시금 확인한다. 가나안 땅을 기업으로 주실 것이라는 여호와의 약속이 마침내 요셉 자손에게 성취되었다. 여호와는 약속을 이루시는 신실하신 하나님이시다. 이곳에는 출생 순서에 따라 므낫세가 에브라임보다 먼저 언급된다. 하지만 땅의 경계에 관한 기록에서는 순서가 바뀐다. 이는 에브라임을 므낫세보다 앞세운 야곱의 축복과 관련이 있어 보인다(창 48:14 참고).

에브라임 지파의 경계(16:5-10)

사역 ⁵가문에 따른 에브라임 자손의 경계이다. 그들의 기업의 경계는 동쪽으로 아다롯 앗달에서 위 벧호론까지다. ⁶또 그 경계는 서쪽으로 나아가 북쪽의 믹므닷에 이르고 또 그 경계는 동쪽으로 선회하여 다아낫 실로에 이르며 또 그것을 지나 야노아 동쪽으로 가며 ⁷또 야노아에서 아다롯과 나아라

> 로 내려가 여리고에 이르고 요단으로 나아간다. ⁸그 경계는 답부아에서 서쪽 가나 건곡으로 가며 그 끝은 바다이다. 이것은 에브라임 자손 지파가 가문에 따라 받은 기업이다. ⁹또 므낫세 자손의 기업 가운데 에브라임 자손을 위해 구별한 성읍들이 있으니 모든 성읍들과 그 마을들이다.

여기서는 에브라임 자손이 받은 땅의 경계가 자세하게 소개된다. 5b절은 동쪽의 아다롯 앗달에서 서쪽의 위 벧호론까지 이어지는 에브라임의 남쪽 경계를 알려준다. 이 경계선은 베냐민 지파의 북쪽 경계선과 일치한다(수 18:13-14 참고). 6-8절은 에브라임의 북쪽 경계를 두 단계로 소개한다: 1) 6-7절은 믹므닷을 기점으로 해서 동쪽으로 나아가 여리고 인근의 요단에서 끝나는 경계선을, 2) 8절은 답부아를 기점으로 해서 서쪽으로 나아가 바다(지중해)에서 끝나는 경계선을 알려준다. 동쪽과 서쪽 경계가 따로 기록되지 않은 이유는 남쪽과 북쪽 경계에 그 둘이 포함된다는 가정 때문일 것이다. 9절은 므낫세 자손의 기업 가운데 에브라임의 성읍과 마을이 있었다고 밝힌다. 므낫세와 에브라임은 구분되면서도 섞여 살았던 친밀한 형제 지파였다.

유다 지파의 경계묘사와 마찬가지로 이곳의 경계묘사도 구체성과 현실성으로 특징지어진다. 경계를 묘사하는 동사에서 그것을 알 수 있다: '나아가다'(יצא), '선회하다'(סבב), '지나가다'(עבר), '내려가다'(ירד), '이르다'(פנע), '가다'(הלך). 이 동사들은 경계의 지형을 마치 현장에서 눈으로 보는 듯한 느낌을 불러일으킨다. 에브라임 자손은 고대하던 아름다운 땅을 실질적으로 소유하게 되었다. 여기에는 '경계'(גבול)라는 단어가 다섯 차례 나온다. 에브라임 자손은 사방의 경계가 뚜렷이 정해진 땅을 기업으로 받았다. 그들은 마침내 자신의 땅에서 평안히 안식할 수 있게 되었다(수 21:44).

에브라임의 실패(16:10)

> **사역** ¹⁰그들이 게셀에 거주하는 가나안 족속을 쫓아내지 않았으므로 가나안 족속이 오늘날까지 에브라임 가운데 거주하여 강제노동을 하는 종이 되었다.

이 구절은 여호수아서의 저작 시점을 추측할 수 있는 단서를 제공한다. 저자가 본서를 기록하던 당시에는 가나안 원주민이 여전히 게셀에 거주하고 있었다. 그런데 열왕기상 9:16에 의하면 게셀은 애굽 왕 바로가 정복하여 솔로몬과 결혼한 자기 딸에게 예물(지참금)로 주었다. 이 정보에 비추어보면, 여호수아서는 적어도 솔로몬이 바로 왕의 딸과 결혼하기 이전에 기록되었다고 보는 것이 자연스럽다(왕상 3:1 참고).

유다 자손의 기업 분배에서 그랬던 것처럼 여기서도 실패에 대한 언급이 분배기사의 끝을 장식한다. 이는 땅 분배가 완성되기까지 오랜 시간과 복잡한 과정이 있었으며 그 속에는 실패를 야기할 수밖에 없었던 다양한 요인들이 있었음을 시사한다. 에브라임 지파가 가나안 족속을 쫓아내지 않은 것은 무엇보다도 여호와께 대한 충성과 순종이 온전치 못했음을 의미한다. 하나님은 이스라엘 자손에게 가나안 사람을 불쌍히 여기지 말고 그들을 모두 진멸하라고 명하셨다(신 7:2 참고). 가나안 사람이 이스라엘의 종이 되어 강제노동을 하는 것도 하나님의 말씀에 배치된다. 그것은 오직 이스라엘 자손에게서 멀리 떨어진 성읍의 사람에게만 허용되었다(신 20:15 참고).

므낫세 지파가 받은 기업(17:1-6)

> **사역** ¹요셉의 장자인 므낫세 지파를 위한 제비 곧 용사로서 길르앗의 아버지이며 므낫세의 장자인 마길을 위한 제비이다. 길르앗과 바산이 그에게 뽑

> 혔다. ²가문에 따른 므낫세의 나머지 자손들 곧 아비에셀 자손, 헬렉 자손, 아스리엘 자손, 세겜 자손, 헤벨 자손, 스미다 자손을 위한 제비가 뽑혔다. 이들은 요셉의 아들 므낫세의 남자 자손으로서 가문별로 된 것이다. ³므낫세의 아들 마길의 아들 길르앗의 아들 헤벨의 아들 슬로브핫에게는 아들이 없고 딸들만 있었다. 딸들의 이름은 말라, 노아, 호글라, 밀가, 디르사이다. ⁴그들이 제사장 엘르아살과 눈의 아들 여호수아와 지도자들 앞에 가까이 와서 말하기를 "여호와께서 모세를 명하시어 우리 형제들 가운데서 우리에게 기업을 주도록 하셨습니다"라고 하였다. 그래서 그가 여호와의 명령에 따라 그들의 아버지 형제들 가운데서 그들에게 기업을 주었다. ⁵므낫세의 몫으로 요단 저편의 바산과 길르앗 외에 열 개가 분배되었다.

이 단락은 므낫세 지파에게 기업이 분배된 것을 소개한다. 유다나 에브라임처럼 므낫세도 제비뽑기에 위해 땅을 분배 받았다. 하나님은 므낫세 지파에게도 땅을 선물로 주셨다. 땅에 대한 하나님의 은혜로운 약속은 이스라엘 자손 지파에게 차례로 성취되었다. 그런데 므낫세 지파의 땅 분배에서 두드러지는 것은 므낫세의 자손들이 비교적 자세히 소개되는 것이다. 그 이유는 므낫세 지파가 요단 동편과 서편에서 이중으로 기업을 얻은 것을 밝히기 위한 것이다. 이것과 함께 죽은 아버지를 대신하여 기업을 받는 딸들의 믿음과 용기를 소개하는 것도 본문의 주요관심사다.

1b절은 요셉의 장자인 마길이 요단 동편의 길르앗과 바산을 기업으로 받은 것을 알려준다. 물론 여기서 마길은 므낫세의 장자 개인이 아닌 마길의 가문을 가리키는 것으로 이해되어야 한다(Keil, 141). 마길은 전쟁에 능한 '용사'(אִישׁ מִלְחָמָה, 전쟁의 사람)였고, 그런 이유로 길르앗과 바산을 기업으로 얻을 수 있었다(민 32:39 참고). 본문의 표현인 "길르앗의 아비"(אֲבִי הַגִּלְעָד)에서 길르앗은 사람 이름이 아니라 지명(地名)이다. 이 단어에 붙은 정관사가 그것을 나타낸다. 그러므로 "길르앗의 아비"는 "길르앗의 주인"이란 의미로 이해하는 것이 자연스럽다(Keil, 141).

2절은 요단 서편에서 기업을 얻은 므낫세 자손을 소개한다. 여기에 언급된 여섯 이름(아비에셀, 헬렉, 아스리엘, 세겜, 헤벨, 스미다)은 사실상 마길의 아들들이다(민 26:30-32). 이들 중 헤벨을 제외한 다섯이 요단 서편에서 기업을 받았다. 그런데 문제가 된 것은 헤벨이다. 헤벨의 아들 슬로브핫은 아들이 없고 딸 다섯만 남기고 죽었다(민 26:33). 이는 슬로브핫에게 돌아가야 할 몫의 귀속문제를 야기했다. 이 문제는 과거에 이미 모세가 여호와의 지시에 따라 잘 정리하였다. 처음에 모세는 슬로브핫의 딸들이 아버지를 대신하여 기업을 받을 수 있도록 하였다가(민 27:1-11), 나중에 그들의 종족 안에서만 결혼해야 한다는 조건을 추가하였다(민 36:1-12). 이 후속 조치는 한 지파에 속한 땅의 일부가 다른 지파에게 넘어가는 것을 막기 위한 것이었다.

　4절에서 알 수 있듯이, 슬로브핫의 딸들은 이 규정에 근거하여 자신들의 권리를 요구하였다. 그들은 제사장 엘르아살과 여호수아와 지도자들 앞에 가까이 왔다. 이처럼 그들의 요구는 백성의 지도자들 앞에서 공적으로 합당하게 처리되었다. 땅 분배는 하나님께서 모세에게 명령하신 말씀대로 이루어졌다(수 14:2; 21:45 참고). 한편, 남성이 주축이 되는 고대 이스라엘의 땅 분배에서 여성의 자리는 애당초 전혀 없었을 것이라고 생각하기 쉽다. 하지만 그것은 사실과 다르다. 하나님은 슬로브핫의 딸들이 한 요구를 인정하시고 아버지를 대신하여 기업을 받을 수 있도록 허락하셨다. 구약 이스라엘에서 여성은 분명히 언약공동체의 일원으로 인정과 존중을 받았다(수 8:35; 15:18-19 참고). 슬로브핫의 딸들의 이름이 일일이 열거되는 것에서도 그런 관심을 읽을 수 있다.

　다른 한편, 슬로브핫의 딸들의 행위를 묘사하는 동사 '가까이 오다'(קרב)에서 능동적이고 적극적인 그들의 마음과 태도를 엿볼 수 있다. 앞에서 갈렙과 옷니엘과 악사의 모습에서도 그런 마음과 태도를 볼 수 있었다. 갈렙, 옷니엘, 악사, 슬로브핫의 다섯 딸들은 믿음으로 땅을 얻는 자들의 모델이다. 슬로브핫의 다섯 딸들이 요단 서편에서 기업을 받음으로써 므낫세 자손이 요단 서편에서 받은 기업은 모두 열 개가 되었다. 슬로브핫의 다섯 딸들은 다른 가문과 대등하게 각자 하나의 몫을 받았다. 므낫세 자손이 받은 몫은 요단 동편의 둘과 요단 서편의 열을 합하여 모두 열 둘이다.

므낫세 지파의 경계(17:7-11)

> **사역** [7]므낫세의 경계는 아셀에서 세겜 맞은 편의 믹므닷까지이며 또 그 경계는 오른쪽으로 엔답부아 주민들까지 간다. [8]답부아 땅은 므낫세에게 속하나 므낫세의 경계에 있는 답부아는 에브라임 자손에게 속한다. [9]그 경계는 또 가나 건곡으로 내려가 그 건곡의 남쪽에 이르는데 이 성읍들은 므낫세의 성읍들 가운데서 에브라임에게 속한다. 므낫세의 경계는 그 건곡의 북쪽에 있으며 경계의 끝은 바다이다. [10]남쪽은 에브라임에 속하고 북쪽은 므낫세에 속하며 바다가 므낫세의 경계이다. 그들은 북쪽의 아셀에 이르고 동쪽의 잇사갈에 이른다. [11]또 잇사갈과 아셀에도 므낫세의 소유가 있으니 벧스안과 그 촌락들, 이블르암과 그 촌락들, 돌의 주민과 그 촌락들, 엔돌 주민과 그 촌락들, 다아낙 주민과 그 촌락들, 므깃도 주민과 그 촌락들 세 구릉지이다.

7a절은 므낫세의 경계로 아셀과 세겜 맞은 편의 믹므닷을 언급한다. 아셀은 므낫세의 서북쪽에 위치한 아셀 지파를 가리키며 믹므닷은 므낫세의 최남단에 위치한 곳으로 에브라임의 북쪽 경계이기도 하다(수 16:6 참고). 저자는 먼저 므낫세의 북쪽 끝과 남쪽 끝을 소개하면서 므낫세의 경계를 기술하기 시작한다. 다음으로 7b-9절은 엔답부아에서 가나 건곡을 지나 바다(지중해)까지 이어지는 므낫세의 남쪽 경계를 묘사한다. 답부아와 가나 건곡은 에브라임의 북쪽 경계이기도 하다(수 16:8 참고). 8절은 답부아 주변의 땅("답부아 땅")은 므낫세에게 속하지만 답부아 성읍 자체는 에브라임에게 속한다고 설명한다. 9절에 의하면, 므낫세의 경계가 가나 건곡까지 내려가지만 가나 건곡 남쪽의 성읍들은 에브라임에게 속한다.

가나 건곡은 므낫세와 에브라임을 나누는 경계인 것 같다. 9b-10a절이 이것을 말해준다. 므낫세의 서쪽 경계는 바다(지중해)이다.

10b절은 므낫세의 북서쪽 경계(아셀 지파)와 북동쪽 경계(잇사갈 지파)를 언급한다. 서쪽 지중해에서 동쪽 요단까지 이어지는 긴 경계선이다. 11절은 잇사갈과 아셀에도 므낫세의 성읍이 있다고 밝힌다. 사실은 므낫세의 영토 안에도 에브라임 자손의 성읍이 있다(수 16:9 참고). 잇사갈과 아셀에 있는 므낫세의 성읍은 벧스안, 이블르암, 돌, 엔돌, 다아낙, 므깃도이다. 특이한 점은 벧스안과 이블르암 외에 나머지의 경우 모두 성읍 주민이 언급되는 것이다. 하지만 이 차이에 특별한 의미가 있는 것 같지는 않다.

므낫세 지파의 경계묘사는 유다와 에브라임의 경계묘사에 비해 자세하지 않다. 이는 사용된 동사의 종류나 수에서 분명하게 확인된다. 므낫세의 경계를 묘사하는데 사용된 동사는 '가다'(הלך), '내려가다'(ירד), '이르다'(פגע)가 전부이다. 브레이 빌이 잘 관찰하였듯이, 이곳에는 다른 지파의 경계묘사에 공식처럼 나타나는 문구인 "이것은 X 자손/지파가 가문에 따라 받은 기업이다"가 나오지 않는다(Wray Beal, 326). 또한 이곳에는 '기업'(נַחֲלָה)이라는 말도 빠져 있다. 그 대신 소유나 소속을 나타내는 전치사 '르'(ל)가 사용된다. 므낫세의 경계묘사에서 드러나는 상대적 결핍은 에브라임을 므낫세보다 앞세운 야곱의 축복과 관계되는 것일 수도 있다(창 48:19; 신 33:17 참고). 그럼에도 므낫세가 하나님이 주시는 몫을 받은 사실에는 변함이 없다(수 17:1 참고).

므낫세 지파의 실패(17:12-13)

> **사역** ¹²므낫세 자손이 이 성읍들을 점령할 수 없었으므로 가나안 사람이 작심하고 이 땅에 거주하였다. ¹³이스라엘 자손이 강해지자 가나안 사람에게 강제노역을 시켰다. 그러나 그들을 쫓아내지는 않았다.

12절의 "이 성읍들"은 11절에 언급된 여섯 성읍(벧스안, 이블르암, 돌, 엔돌, 다아낙, 므깃도)을 가리킨다. 므낫세는 이 여섯 성읍과 그에 딸린 촌락들을 점령할 수 없었다(삿 1:27). 므낫세는 이 성읍들을 점령하기에 역부족이었다. 그것은 가나안 사람의 기세를 살리는 결과를 가져왔다. 그들은 완강히 버티며 그 땅에 계속 거주하였다. 후에 이스라엘 자손이 강해졌을 때에도 그들을 쫓아내지 않고 강제노역을 시켰다. 이는 가나안 경내의 원주민을 모두 진멸하라는 하나님의 명령과 배치된다(신 7:2; 20:15).

이렇듯 므낫세 지파의 땅 분배 기사는 실패의 이야기로 끝맺는다. 이는 이스라엘 자손의 가나안 정착이 단기간에 완성된 일이 아니고 오랜 시간에 복잡한 과정을 거쳐 이루어진 일이라는 사실을 다시금 일깨워준다. 그런 과정이 불가피했던 이유는 이스라엘 자손의 불신앙 때문이다. 가나안 사람의 뛰어난 군사력이 문제가 아니다. 여호와의 능력을 의지하는 신앙의 결핍이 문제의 본질이다. 불신앙이 광야에서 사십 년간 방황하게 만들었던 것처럼 불신앙이 오랜 시간 땅의 점령을 지연시켰다. 이는 하나님 나라를 기업으로 받을 신약의 성도에게 매우 중요한 교훈이 된다.

9.3.2.4 분배 종결: 요셉 자손의 불평(수 17:14-18)

여호수아 17:14-18은 길갈에서 있었던 땅 분배 기사를 끝맺는다. 여기에는 요셉 자손이 자기에게 할당된 몫이 부족하다고 불평하는 내용이 주를 이룬다. 이 기사는 갈렙 이야기와 구성적으로 상응관계에 있으며 내용적으로는 그것과 대조를 이룬다. 먼저, 갈렙의 이야기(수 14:6-15)가 길갈에서 있었던 땅 분배 기사를 도입하고 요셉 자손의 이야기(수 17:14-18)가 이 기사를 끝맺는다는 점에서 두 본문은 구성적으로 상응관계에 있다. 다음으로, 갈렙의 이야기는 여호와를 의지하는 가운데 아낙 자손을 두려워하지 않고 헤브론을 기업으로 요구하는 갈렙의 믿음을 주된 내용으로 삼는 반면, 요셉 자손의 이야기는 자신에게 할당된 몫이 작다고 불평하며 철 병거로 무장한 가나안 사람 앞에서 두려워하는 요셉 자손의 불신앙을 주된 내용으로 삼는다는 점에서 두 본문은 대조를 이룬다. 길갈에서 있었던 땅 분배의 마지막을 장식하는 요셉 자손의 이야기는 약속의 땅을 기업으로 받는 자들이 경계해야 할 자세가 무엇인지를 가르친다.

> **사역** [14]요셉 자손이 여호수아에게 말했다. "왜 나에게 한 제비와 한 몫을 기업으로 주십니까? 나는 여호와께서 이처럼 많아지게 축복하신 백성입니다." [15]여호수아가 그들에게 말했다. "네가 많은 백성이라면 삼림으로 올라가 거기서 너를 위해 르바임과 브리스 사람의 땅을 개간하라. 참으로 에브라임 산지는 너에게 협소하다." [16]요셉 자손이 말하였다. "그 산지는 우리에게 충분하지 않고 골짜기 땅에 거하는 모든 가나안 사람에게는 벧 스안과 그 촌락에 있는 사람이든 이스르엘 골짜기에 있는 사람이든 철 병거가 있습니다." [17]여호수아가 요셉 자손 에브라임과 므낫세에게 말했다. "너는 많은 백성이고 큰 힘이 너에게 있으니 한 제비만 가질 것이 아니다. [18]산지도 네 것이 될 것이다. 그것은 삼림이니 그것을 개간하라. 그 끝까지 네 것이 될 것이다. 가나안 사람에게 철 병거가 있고 그들이 강하여도 그들을 쫓아낼 것이기 때문이다."

이곳에는 요셉 자손이 여호수아와 두 차례 주고받은 대화가 나온다. 두 차례 모두 요셉 자손이 먼저 여호수아에게 말한다. 대화의 흐름은 처음 주고받은 말의 내용이 다음 대화에서 심화되고 확장되는 방식이다. 첫 대화에서 요셉 자손은 자신들이 할당 받은 제비에 이의를 제기한다. 여호와의 축복으로 수가 많아진 백성임에도 "한 제비 한 몫"을 받은 것은 공평하지 않다는 것이다. 모압 평지에서 있었던 인구조사에 의하면, 요셉 자손은 므낫세 종족이 오만 이천 칠백 명, 에브라임 종족이 삼만 이천 오백 명으로 도합 팔만 오천 이백 명이다(민 26:34, 37). 이 수치에서 요셉 집안이 이스라엘 지파들 가운데 수적으로 가장 큰 지파인 것을 확인할 수 있다.

따라서 요셉 자손의 이의제기는 타당해 보이기도 한다. 하지만 문제 삼을 만한 요소도 있다. 요셉 자손의 일부(므낫세 반 지파)는 이미 요단 동편에서 기업을 얻었다. 그들이 한 제비만 얻었다는 주장은 이 사실을 고려하지 않은 것이다. 또한 제비뽑기는 여호와께서 주관하시는 일이다. 이는 요셉 자손이 "한 제비 한 몫"을 받은 것은 여호와로 말미암은 일이라는 뜻이다. 그러므로 그들의 이의제기는 사실상 여호와께 대한 것으로서 땅을 주시는 여호와께 올바른 태도가 아니다. 그들은 땅을 받는 것을 당연한 권리인 것처럼 여기는 것 같다. 그들에게는 감사의 모습이 보이지 않는다.

여호수아는 요셉 자손의 이의제기에 긍정적으로 답하지 않는다. 그는 요셉 자손을 위해 추가로 제비를 뽑는 대신 땅을 개간하라고 권고한다: "네가 많은 백성이라면 삼림으로 올라가 거기서 르바임과 브리스 사람의 땅을 개간하라." 이 말의 의미는 '너희 말에 너희가 많은 백성이라고 하니 그 많은 인력으로 땅을 개간하라'는 것이다. 즉, 이미 주어진 자원이 있으니 그것을 잘 활용하여 땅을 확장하라는 말이다. 그들에게 요구되는 것은 새로운 땅이 아니라 이미 받은 땅을 개간하는 일이다. 하나님의 백성에게 필요한 것은 새로운 은사가 아니라 이미 받은 은사를 잘 활용하는 일이다(마 25:14-30 참고). 15a절의 "삼림"은 에브라임 산지의 미개척 산림지역을 말하며, 15b절의 "에브라임 산지"는 이 이름으로 불리는 산지 전체가 아니라 그 일부 지역을 가리킨다(Nelson, 204). 요셉 자손은 에브라임 산지 일부에서 전체로 영토를 확장해야 한다.

16절에서 요셉 자손은 다시 여호수아에게 말한다. 이 말에서 그들의 문제가 더욱 분명히 드러난다. 16a절의 "그 산지"는 산림 지역을 제외한 에브라임 산지를 가리킨다. 요셉 자손은 이 산지가 그들에게 협소하다고 말한다. 그들은 또한 골짜기(산 사이의 평원)의 모든 가나안 사람 곧 동쪽의 벤 스안과 그 촌락 사람이든 서쪽의 이스르엘과 그 촌락 사람이든 모두 철 병거가 있다고 하며 두려움을 드러낸다.[8] 이러한 태도는 아낙 사람을 두려워 않고 헤브론을 요구한 갈렙의 태도와 큰 대조를 이룬다(수 14:12). 그것은 또한 아낙 사람을 두려워하며 가나안 정복 불가론을 주장한 정탐꾼들의 태도와 유사하다(민 13:31-33). 신앙의 관점에서, 가나안 사람의 철 병거는 결코 두려움의 대상이 될 수 없다. 애굽에서 이스라엘을 인도하여 내신 여호와께서 이스라엘과 함께 하시기 때문이다(신 20:1 참고). 이스라엘은 그간의 정복전쟁에서 이미 여호와의 능력을 충분히 경험하였다. 그들이 거둔 승리는 자신들의 것이 아니다. 여호와께서 함께 하셔서 적들과 싸우시고 승리를 주셨다(신 20:4; 수 23:1 참고). 요셉 자손은 이 역사를 쉽게 잊어버리고 가나안 사람의 철 병거를 두려워하는 불신앙의 늪에 빠졌다. 신앙은 언제나 불신앙에 잠식당할 위험에 노출되어 있다(고전 10:12; 16:13; 골 2:6-8 참고).

17-18절에서 여호수아는 재차 요셉 자손이 해야 할 일을 분명히 알려준다. 여호수아는 그들의 문제제기가 부당하다고 비난하지 않는다. 여호수아는 요셉 자손이 수적으로 많고 힘이 크다는 것을 인정하며 그들의 문제제기에 손을 들어준다: "한 제비만 가질 것이 아니다." 이 말은 또 다른 제비를 허락하겠다는 의미가 아니다. 에브라임 산지의 더 넓은 산림 지대를 개간하라는 의미다. 요셉 자손이 믿음을 가지고 적극 나서면 광활하게 펼쳐진 삼림의 끝까지 그들의 소유가 될 것이다. 그것이 다가 아니다. 벤 스안이나 이스르엘 같이 비옥한 평원도 그들의 소유가 될 수 있다. 그곳의 가나안 사람이 강하고 철 병거를 가졌다 해도 관계없다. 여호와께서 그들과 싸우실 것이기 때문이다. 중요한 것은 여호와를 의지하는 믿음이다. 이 믿음을 가지고 용기 있게 나서는 것이 땅을 얻는 자에게

---

[8] 여기서 철 병거는 전체가 철로 만들어진 것이 아니라 철 부품으로 보강된 것을 말한다.

요구되는 일이다.

9.3.3 실로의 땅 분배(수 18:1-19:48)

이스라엘 자손은 성소를 실로로 옮기고 그곳에서 남은 지파에게 땅을 분배하였다. 땅 분배는 길갈에서 완성되지 않았다. 길갈에서 땅을 분배 받은 지파는 유다와 에브라임과 므낫세 반 지파가 전부다. 땅을 분배 받지 못한 지파는 아직도 일곱이나 된다. 땅 분배는 이렇게 순차적으로 서서히 진행되었다. 그 가운데 이스라엘 자손의 믿음과 순종이 땅 분배의 완성과 지연을 좌우하는 중요한 변수로 작용하였다. 믿음을 가지고 땅 분배에 적극 참여한 지파는 비교적 빠른 시일 안에 많은 땅을 얻을 수 있었고 그렇지 않은 경우 땅의 소유는 상당히 지체되고 그 범위도 상대적으로 제한되었다. 일곱 지파는 땅을 얻는 일에 대단히 소극적이었고 그런 이유로 여호수아에게 크게 책망을 받았다(3절). 일곱 지파가 받은 성읍의 총합(112개)이 유다 지파가 받은 성읍의 수와 같은 것도 어떤 면에서 믿음과 그에 따른 순종의 차이와 관계된 일이라고 할 수 있다.

실로에서의 땅 분배는 독특한 방식으로 진행되었다. 각 지파에서 세 사람이 대표로 선발되고 이들이 돌아다니며 땅을 일곱 부분으로 그려 돌아오면 그것을 제비뽑기로 분배하는 방식이었다. 여기서 인간의 활동과 노력이 땅 분배에서 차지하는 중요성을 엿볼 수 있다. 땅은 하나님이 거저 주시는 선물이지만 이 선물을 받는 데는 인간의 활동과 노력이 반드시 수반되어야 한다. 제비뽑기의 순서는 베냐민, 시므온, 스불론, 잇사갈, 아셀, 납달리, 단이다. 이들 중 베냐민과 납달리의 땅 분배 기사는 땅의 경계가 먼저 소개되고 이어서 성읍들이 열거되는 방식을 취한다. 유다의 땅 분배 기사도 이런 형식을 취했다. 나머지 경우 성읍만 나열되거나 경계 묘사와 성읍 목록이 다양한 방식으로 섞인다. 시므온이 전자에 속하고 스불론, 잇사갈, 아셀, 단이 후자에 속한다.

일곱 지파의 땅 분배 기사에서 주목할 만한 또 다른 요소는 실패에 대한 언급이 나오지 않는 것이다. 유다 지파와 요셉 자손의 경우, 언제나 실패에 대한 언급이 땅 분배 기사의 끝을 장식하였다(수 15:63; 16:10; 17:12-13 참고). 일곱 지파에게 문제가 전혀 없었기 때문에 실패에 대한 언급이 빠진 것은 아닌 것 같다. 그들은 유다 지파나 요셉 자손에 비해 땅을 얻는 일에 소극적이었다(3절). 그럼에도 불구하고 실패에 대한 언급이 빠진 것은 기록자의 의도 때문일 가능성이 있다. 아마도 기록자는 땅 분배 기사를 밝고 긍정적인 어조로 끝맺고자 부정적인 내용을 제외하였을 것이다.

실로에 회막이 세워졌다는 진술이 전체 땅 분배 기사의 중심에 위치한다는 점에도 주목할 필요가 있다(여호수아서의 문학적 구성 참고). 꼬레파르(H. Koorevaar)에 의하면, 가나안의 지리적 중심인 실로에 회막이 세워졌다는 기록에서 여호수아서의 구조적, 신학적 목적이 드러난다.[9] 여호수아서는 땅 분배 기사의 중심에 회막이 세워졌다는 기록을 배치함으로써 이스라엘 자손이 여호와와 함께 거하며 여호와를 섬기는 것이 땅 분배의 목적임을 드러낸다. 레위 사람에 대한 언급도 이 목적에 이바지한다. 저자는 레위 사람이 기업을 분배 받지 않는 이유로 여호와의 제사장 직분을 수행한다는 점을 의도적으로 언급한다. 이를 통해 저자는 이스라엘 자손이 땅을 분배 받은 이유는 레위 사람의 지도 하에 여호와를 섬기기 위한 것이란 사실을 가르친다.

---

[9] Koorevaar, *De opbauw van het boek Jozua*, 290.

9.3.3.1 도입(수 18:1-10)

사역 ¹이스라엘 자손의 모든 회중이 실로에 모여 그곳에 회막이 거하게ᵃ 하였으며 그 땅은 그들 앞에서 정복되었다. ²이스라엘 자손 가운데 기업을 분배하지 않고 남은 지파가 일곱이었다. ³여호수아가 이스라엘 자손에게 말하였다. "너희가 언제까지 너희 조상의 하나님 여호와께서 너희에게 주신 땅을 차지하러 가기를 태만히 하겠느냐? ⁴지파별로 세 사람을 지명하라. 내가 그들을 보낼 것이니 그들은 일어나 그 땅을 두루 다니며 그들의 기업에 따라 그것을 그려서 나에게 와야 한다. ⁵"그리고 그들이 그것을 일곱 부분으로 나누어야 한다. 유다는 남쪽의 자기 지역에 머물 것이며 요셉 집안은 북쪽의 자기 지역에 머물 것이다. ⁶너희는 그 땅을 일곱 몫으로 그려서 그것을 여기 나에게 가져와야 한다. 내가 여기 우리 하나님 여호와 앞에서 너희를 위해 제비를 뽑을 것이다. ⁷왜냐하면 레위 사람은 여호와의 제사장 직분이 그들의 기업인 까닭에 너희 가운데 몫이 없기 때문이다. 그리고 갓과 르우벤과 므낫세 반 지파는 요단 건너편 동쪽에서 여호와의 종 모세가 그들에게 준 기업을 받았다." ⁸그 사람들이 일어나 갔으며 여호수아는 그 땅을 그리러 가는 사람들에게 명령하였다. "가서 그 땅을 두루 다니며 그것을 그려서 나에게 돌아오라. 여기 실로의 여호와 앞에서 내가 너희를 위해 제비를 뽑을 것이다." ⁹그 사람들이 가서 그 땅을 횡단하였으며 그것을 성읍들을 따라 일곱 몫으로 나누어 책에 그렸다. 그리고 실로 진영의 여호수아에게 왔다. ¹⁰여호수아는 실로의 여호와 앞에서 그들을 위해 제비를 뽑았고 그곳에서 여호수아가 이스라엘 자손의 구분에 따라 그 땅을 분배하였다.

[번역주] 1ᵃ 원문의 '야쉬키누'(יַשְׁכִּינוּ, שכן의 히필 미완료 1인칭 복수)를 번역한 말이다. 개역개정역은 이를 "세웠으며"로 번역하고 영역본 NAS, ESV, NIV 등은 "set up"으로 번역한다. 이 번역은 칠십인역(ἔπηξαν)과 일치한다. 하지만 '샤칸'(שכן)의 기본 의미는 '거주하다'(dwell)이며 여기서도 그런 의미로 사용되었다고 보아야 한다. '회막'의 다른 이름인 '미쉬칸'은 동사 '샤칸'에서 온 말로 '거주지'란 뜻을 가진다. 저자는 회막이 여호와께서 거주하시는 곳이란 의미를 상기시키고자 의도적으로 이 동사를 사용한 것으로 보인다. 단지 (회막을) '세운다'는 의미를 표현하려 했다면, '나타'(נטה)나 '타카'(תקע)가 더 적절한 선택이었을 것이다(창 12:8; 26:25; 31:25; 33:19 참조).

1a절에서 "이스라엘 자손의 모든 회중"은 제의적 함의를 가진 표현으로서 이스라엘 자손이 여호와를 섬기는 예배 공동체임을 나타낸다(수 22:17 참고). 이것에 걸맞게 이곳에서 "회중"이 제의장소인 "회막"과 나란히 언급된다. "회막"(會幕)은 문자적으로 "만남의 천막"(the tent of meeting, אֹהֶל מוֹעֵד)이란 뜻이다. 회막에서 이스라엘 자손은 여호와와 만났다(출 29:43). 회막의 다른 이름인 미쉬칸(מִשְׁכָּן)은 '거주하는 장소'(dwelling place)를 뜻한다. 그러므로 회막은 여호와께서 거주하시는 장소로 이해될 수 있다. 여기서 본문의 표현 "그곳에 회막이 거하게 하였으며"에 주목하여야 한다. 저자는 회막이 여호와께서 거하시는 장소라는 점을 염두에 두고 의도적으로 이런 표현을 쓴 것으로 보인다. 그런데 독특하게도 그 표현은 회막을 거주의 주체로 의인화한다. 이렇게 해서 회막과 여호와가 동일시되는 효과가 생겨난다. 이것의 수사적 의도는 실로에 세워진 회막을 통해 여호와께서 그곳에 거하신다는 사실을 강조하는 것이다.

다른 한편, 여호와께서는 실로에만 계시지 않는다. 원래 회막은 여호와께서 이스라엘 자손 가운데 거하시는 표시로 세워졌다(출 25:8; 29:45-46 참고). 이 배경에 비추어 보면, 실로에 세워진 회막은 상징적 의미를 갖는다. 그것은 여호와께서 이스라엘 자손 가운데 거하시는 것을 나타낸다. 레위기 26:11-12이 이런 이해를 뒷받침한다. 그곳에는 성막을 세우는 일과 여호와께서 이스라엘 자손 가운데 두루 다니시는 일이 평행을 이루도록 기록된다.[10] 이는 성막이 여호와께서 이스라엘 자손 가운데 두루 임재하시는 것을 나타내는 건물이란 뜻이다. 결국, 이스라엘 자손이 거하는 가나안 전체가 여호와께서 거하시는 곳이다. 민수기 35:34도 이것을 분명하게 가르친다: "너희는 너희가 거주하는 땅 곧 내가 거주하는 땅을 더럽히지 말라 나 여호와는 이스라엘 자손 중에 있음이니라"(개역개정).

---

[10] 꼬레파르가 잘 관찰하였듯이, 실로에 회막이 세워진 것은 레위기 26:11-12의 성취다. Koorevaar, *De opbauw van het boek Jozua*, 290.

이런 이해 속에서 모세는 가나안 땅에 대해 "주여 이것이 주의 손으로 세우신 성소로소이다"라고 했다(출 15:17). 이스라엘 자손은 실로에 회막을 세움으로써 가나안 땅 전체가 여호와께서 거하시는 거룩한 땅이며 자신들은 여호와를 섬기는 예배공동체란 사실을 분명히 했다.

1b절의 "그 땅이 그들 앞에서 정복되었다"는 1a절의 "모든 회중이 실로에 모여 그곳에 회막이 거하게 하였으며"의 당연한 결과이다. 여호와의 회막이 가나안의 지리적 중심인 실로에 세워졌다.[11] 위에서 설명하였듯이, 실로의 회막은 가나안이 여호와께서 거하시는 땅임을 드러내는 상징적 건물이다. 여호와께서 가나안에 거하시니 그 땅이 이스라엘 앞에서 정복되는 것은 당연한 일이다. 일찍이 모세가 노래하였듯이, 가나안은 여호와께서 영원무궁하도록 다스리실 땅이다(출 15:18). 그러므로 그 땅은 당연히 여호와의 군대 이스라엘에게 정복되야 한다. "정복되었다"로 번역된 '니크브샤'(נִכְבְּשָׁה, כבשׁ의 니팔 완료 3인칭 여성 단수)는 태초에 인간에게 주어진 명령에 나오는 동사 '키브슈하'(כִּבְשֻׁהָ, כבשׁ의 칼 명령 남성 복수 + 3인칭 여성 대명사 어미)와 연결된다(cf. Wray Beal, 340). 인간은 태초부터 땅을 정복하는 사명을 가졌다. 이스라엘 자손이 가나안 땅을 정복한 것은 이 사명의 실행이란 차원에서 이해될 필요가 있다. 태초의 아담처럼 이스라엘은 땅을 정복하여 하나님의 뜻이 지배하는 곳이 되게 해야 한다.[12]

---

[11] 실로는 오늘날의 키르벤 세일런(Khirbet Seilun)이며 예루살렘에서 북동쪽으로 19마일(대략 30km) 떨어진 곳에 있다. 고고학 발굴에 따르면, 중기 청동기 IIB 시대(Middle Bronze IIB, ca. 1750-1650 BC)부터 후기 청동기 IIA 시대(Late Bronze IIA, 14th Century BC)까지 이 지역에서 지속적인 제의활동이 있었다. 또한 실로 주변의 마을 밀집도는 사마리아 남쪽의 알려진 다른 지역에 비해 두세 배 크다고 한다. 이는 이스라엘의 가나안 정착 이후 실로가 정치적, 종교적 중심지였다는 것을 반증한다. See R. F. Youngblood, "Shiloh," *NIDOTTE*, vol. 4 (Grand Rapids: Zondervan, 1997), 1222.

[12] 태초의 아담은 땅을 정복하도록 하나님의 형상으로 창조되었다. 땅의 정복과 하나님의 형상의 연결은 하나님의 뜻이 실현되는 장소로서의 땅이라는 관점을 반영한다고 볼 수 있다.

2-7절은 다시 땅 분배 문제를 다룬다. 가나안이 정복되었지만 이스라엘 열두 지파 가운데 땅을 분배하지 않은 지파가 아직 일곱이나 된다. 이들은 길갈의 땅 분배에 참여하지 않았다. 여호수아의 책망("너희가 언제까지 너희 조상의 하나님 여호와께서 너희에게 주신 땅을 차지하러 가기를 태만히 하겠느냐")은 그들의 문제가 무엇인지를 드러낸다. 그들의 문제는 태만이다. 그들은 땅을 분배 받는데 적극적이지 않았다. 카일은 그들이 광야생활 동안 유목인의 삶에 익숙해 있었으므로 굳이 한 곳에 정착하기 위한 땅의 필요성을 느끼지 못했을 것이라고 설명한다(Keil, 112). 남아있는 가나안 사람과 싸우는 것도 큰 부담이었을 것이다(수 17:16 참고).[13] 하지만 이것이 그들에게 핑계거리가 될 수 없다. 하나님께서 조상들에게 주신 약속에 따라 가나안 땅을 그들에게 주셨다. 여호수아도 그것을 주지시킨다: "너희 조상의 하나님 여호와께서 너희에게 주신 땅." 그러므로 그들의 태만은 마땅히 책망을 받아야 할 불순종이다.

여호수아는 땅 분배를 위해 특별한 조치를 취한다. 각 지파에서 세 사람씩 모두 스물한 명을 지명하게 하고 그들이 땅을 두루 다니며 일곱 부분으로 나누어 그림을 그려 오도록 지시한다. 그리고 제비뽑기로써 땅을 분배하겠다고 말한다. 길갈의 땅 분배는 어떤 방식으로 이루어졌는지 알기 어렵다. 하지만 그곳에서 볼 수 있는 자세한 경계묘사는 땅의 탐사와 나름의 그림 그리기 활동이 있었음을 시사한다. 아무튼 실로의 땅 분배는 인간 편의 적극적인 참여와 노력이 땅을 기업으로 얻는 일에 매우 중요한 부분을 차지하였음을 알려준다. 하나님의 선물은 인간의 노력을 수반한다. 땅을 얻기 위해 적극 나서지 않는 자에게 땅의 소유는 요원한 일로 남는다. 하나님 나라를 선물로 받는 자에게도 같은 원리가 적용된

---

[13] 1절의 "그 땅은 그들 앞에서 정복되었다"는 여호수아서를 특징 짓는 예언적 화법의 하나로 이해되어야 한다. 저자는 미래에 완성될 정복을 이미 일어난 일인 것처럼 서술한다(수 10:40-43; 11:10-15, 16-18 주해 참고).

다(마 11:12; 눅 16:16 참고).

7절은 레위 사람이 땅을 기업으로 분배 받지 않는 이유를 설명한다. 동일한 설명이 길갈의 땅 분배와 더 거슬러 올라가 요단 동편의 땅 분배에서도 나온다(수 13:14, 33; 14:3-4). 레위 사람의 거주지에 대한 설명은 22장에 자세히 기록된다. 레위 사람이 땅을 기업으로 받지 않은 이유에 대해 저자는 "여호와의 제사장 직분"이 그들의 기업이 되기 때문이라고 설명한다.[14] 민수기의 규례에 의하면, 레위 지파에서 아론의 후손이 제사장이 되고 나머지는 제사장에게 시종하며 성소의 직무를 수행해야 한다(민 3:5-9; 8:19). 이런 점을 고려하면, 레위 사람은 넓은 의미에서 제사장 직분을 가진 것으로 이해할 수 있다. 중요한 것은 실로의 땅 분배를 도입하는 곳에서 "여호와의 제사장 직분"을 수행하는 레위인의 역할이 언급된다는 사실이다. 이는 1절에 언급된 "회막"과 함께 여호와를 섬기는 일의 중요성을 생각하게 만든다. 가나안 땅은 여호와를 섬기는 장소이다.

8-10절은 여호수아의 지시가 어떻게 실행에 옮겨졌는지를 알려준다. 각 지파에서 지명된 사람들은 땅을 두루 돌아다니며("횡단하였으며") 지형과 지세를 자세히 살피고 일곱 부분으로 나눈 것을 책에 그려서 여호수아에게 돌아왔다. 여호수아는 "실로의 여호와 앞에서" 제비를 뽑아 남은 일곱 지파에게 땅을 분배하였다. "실로의 여호와 앞"은 물론 회막을 가리킨다. 이스라엘 자손은 여호와 앞에서 땅을 분배 받았다. 그들은 여호와께서 주시는 땅을 선물로 받았다.

---

[14] 이 설명은 제사장 직분이 레위 사람 모두에게 해당된다는 인상을 준다. 신명기 31장에도 이와 유사한 경우가 있다. 9절에 "여호와의 언약궤를 메는 레위 자손 제사장들"이, 25절에는 "여호와의 언약궤를 메는 레위 사람"이 언급된다. 이 말씀은 레위 사람과 제사장의 구분을 허무는 것처럼 보인다. 이사야 선지자의 예언에는 심지어 이스라엘 자손 일반과 제사장의 구분을 허무는 듯한 내용이 나타난다(사 61:6 참고). 이는 이스라엘이 "제사장들의 나라"가 될 것을 이야기하는 출애굽기 19:6과 연결된다. 신약은 모든 성도가 "왕 같은 제사장들"이라고 가르친다(벧전 2:9). 레위인과 제사장의 관계에 대한 이해를 위해서는 졸저, 『창조의 목적과 하나님 나라: 적용이 있는 구약성경신학』(서울: 부흥과개혁사, 2023), 76을 참고하라.

7.3.3.1 일곱 지파의 분배(수 18:11-19:48)

일곱 지파의 분배는 베냐민, 시므온, 스불론, 잇사갈, 아셀, 납달리, 단 순으로 진행되었다. 분배의 순서에 어떤 의미가 있는지 분명히 알기는 어렵다. 선두의 베냐민과 시므온은 역사적, 지리적, 정치적으로 유다와 밀접한 관계에 있다(cf. Nelson, 207). 족장사에서 베냐민은 유다의 특별한 보호를 받는다(창 44:33 참고). 또한 지리적으로 베냐민 지파의 남쪽 경계는 유다 지파의 북쪽 경계 상당부분과 접한다(수 15:5-9 참고). 나아가 베냐민 지파는 왕국이 분열되었을 때 유다 지파 편에 서서 남왕국을 이루었다(왕상 12:21-24 참고). 시므온 지파는 유다 자손의 기업 중에서 기업을 받았으므로 유다 지파의 일부가 되었다고 해도 지나친 말이 아니다(수 19:1 참고). 일곱 지파 중에 앞의 넷(베냐민, 시므온, 스불론, 잇사갈)은 야곱의 부인에게서 났으며 뒤의 셋(아셀, 납달리, 단)은 첩에게서 났다는 점도 참고할 만한다(cf. Nelson, 207).

베냐민 지파가 분배 받은 땅(18:11-28)

사역 [11]베냐민 지파의 제비가 가문별로 올라왔다. 그들에게 제비 뽑힌 지역은 유다 자손과 요셉 자손 사이에 걸쳐 있다. [12]그들에게 북쪽 경계는 요단에서 시작하며 그 경계는 여리고의 북쪽 등성이로 올라가서 서쪽 산지로 올라가고 그 끝은 벧아웬 광야에 있다. [13]그리고 그곳에서 그 경계는 루스로 건너가서 루스 남쪽 등성이로 가는데 루스는 벧엘이다. 또한 그 경계는 아래 벧호론 남쪽 산지 곁에 있는 아다롯 앗달로 내려간다. [14]또한 그 경계는 구부러져 남쪽의 벧호론 맞은편 산지로부터 서쪽으로 선회하여 남쪽으로 향하며 그 끝은 기럇 바알 곧 유다 자손의 성읍인 기럇 여아림이니 이것이 서쪽이다. [15]남쪽은 기럇 여아림 끝에서 시작한다. 그 경계는 서쪽으로 나아가고 넵도아 물의 샘으로 나아간다. [16]또한 그 경계는 북쪽 르바임 골짜기에 있는 힌놈의 아들 골짜기 맞은편의 산 끝으로 내려가며 힌놈의 골짜기로 내려가

> 여부스 사람의 남쪽 등성이로 가고 엔로겔로 내려간다. ¹⁷그리고 북쪽으로 구부러져 엔세메스로 나아가고 아둠밈 맞은편의 글릴롯으로 나아가서 르우벤 자손 보한의 돌까지 내려간다. ¹⁸또 북쪽 아라바 맞은 편으로 건너가 아라바로 내려간다. ¹⁹또 그 경계는 북쪽으로 벤호글라 등성이로 건너가며 그 경계의 끝은 요단의 남쪽 끝에 있는 염해의 북쪽 해만(海灣)에 있으니 이것이 남쪽 경계이다. ²⁰그리고 요단이 동쪽의 경계를 이룬다. 이것이 베냐민 자손이 가문별로 주변 경계에 따라 받은 기업이다. ²¹베냐민 자손의 지파가 가문별로 받은 성읍은 여리고와 벤호글라와 에멕 그시스와 ²²벧아라바와 스마라임과 벧엘과 ²³아윔과 바라와 오브라와 ²⁴그발 암모니와 오브니와 게바로서 열두 성읍과 그에 딸린 마을들이다. ²⁵또 기브온과 라마와 브에롯과 ²⁶미스베와 그비라와 모사와 ²⁷레겜과 이르브엘과 다랄라와 ²⁸셀라와 엘렙과 여부스 곧 예루살렘과 기브앗과 기랏으로서 열네 성읍과 그에 딸린 마을들이다.

일곱 지파 가운데 베냐민에게 가장 먼저 제비가 뽑혔다("올라왔다", עָלָה). 기록의 분량 면에서도 베냐민 지파의 것이 가장 많고 내용적으로도 가장 상세하다. 이는 위에서 설명한 역사적, 지리적, 정치적 이유 때문이라 여겨진다. 베냐민 지파의 땅 분배 기록은 두 부분으로 구성되어 있다. 먼저 11-20절은 동서남북 땅의 경계를 자세히 묘사한다. 그리고 21-28절은 성읍들의 이름을 일일이 열거한다.

11-20절에 나오는 경계묘사는 유다 지파의 것에 필적할 만큼 길고 자세하다(수 15:1-12 참고). 경계가 묘사되는 방향은 북쪽(12-13절), 서쪽(14절), 남쪽(15-19절), 동쪽(20절)으로 시계 반대 방향이다. 각 방향에 할당된 구절에서 알 수 있듯이, 남쪽 경계가 가장 자세히 묘사된다. 그 이유는 남쪽 경계가 접하는 유다 지파의 중요성 때문일 가능성이 있다. 이곳에는 '경계'(גְּבוּל)가 모두 열두 차례 나온다. 경계묘사에 나타나는 방향표시와 지형지물도 매우 다양한다: 북쪽(צָפוֹנָה/צָפוֹן × 7), 서쪽(יָמָּה/יָם פְּאַת) ×

2), 동쪽(פְּאַת־קֵדְמָה), 남쪽(פְּאַת־נֶגְבָּה/נֶגְבָּה/נֶגֶב × 8), 맞은편(מוּל/נֹכַח/עַל־פְּנֵי × 4), 곁에(עַל), 끝/끝에(קָצֵה/תּוֹצָאוֹת × 6), 등성이(כָּתֵף × 4), 산지/산(הַר × 4), 광야(מִדְבָּר), 샘(מַעְיָן), 골짜기(גַּיְא × 2, עֵמֶק), 보한의 돌(אֶבֶן בֹּהַן), 염해(יָם־הַמֶּלַח), 해만(לָשׁוֹן), 요단(יַרְדֵּן × 3). 경계묘사에 사용된 동사의 다양성도 주목할 필요가 있다: 올라가다(עלה × 2), 건너가다(עבר × 3), 내려가다(ירד × 6), 구부러지다(תאר × 2), 선회하다(סבב), 나아가다(יצא × 4). 이처럼 경계묘사는 매우 사실적이다. 경계묘사는 이스라엘 자손이 가나안에서 기업을 분배 받은 역사적 사실을 그대로 반영한다.

앞에서 밝혔듯이, 베냐민 지파의 남쪽 경계는 많은 부분 유다 지파의 북쪽 경계와 접한다. 따라서 이곳에 언급되는 여러 지역이나 성읍은 유다 지파의 땅 분배 기록에도 나타난다. 이를 고려하면 17절의 "아둠밈 맞은편의 글릴롯"이 특이하게 여겨진다. 유다 지파의 땅 분배 기록에서는 이것이 "아둠밈 비탈 맞은편의 길갈"로 나타난다. 글릴롯은 길갈의 다른 이름으로 이해하는 것이 자연스러울 것 같다(cf. Howard, 364).

21-28절은 베냐민 지파가 가문별로 받은 성읍들을 하나씩 나열한다. 21-24절은 동쪽의 열두 성읍들을 나열하고, 25-28절은 서쪽의 열네 성읍들을 나열한다. 베냐민이 받은 성읍들의 수는 모두 스물여섯 개이다. 특이한 것은 "벤 아라바"가 유다 지파의 성읍 목록에도 나온다는 것이다(수 15:61). 이는 실로의 땅 분배에서 이전의 땅 분배에 일부 조정이 있었음을 보여주는 것일 수도 있다(Howard, 365). 시므온이 유다 지손의 기업 중에서 기업을 얻은 것도 그런 예들 가운데 하나일지도 모른다. 아무튼 베냐민 지파는 여호와의 약속에 따라 가나안에서 기업을 받았다. 그들은 이제 약속의 땅에서 여호와만을 섬기며 안식을 누리는 복된 삶을 살 수 있게 되었다.

시므온 지파가 분배 받은 땅(19:1-9)

> **번역** ¹두번째 제비가 가문별로 시므온 곧 시므온 자손의 지파에게 나왔다. 그들의 기업은 유다 자손의 기업 가운데 있었다. ²그들이 받은 기업은 브엘세바와ª 몰라다와 ³하살 수알과 발라와 에셈과 ⁴엘돌랏과 브둘과 호르마와 ⁵시글락과 벧말가봇과 아살 수사와 ⁶벧 르바옷과 사루헨으로 열세 성읍과 그에 딸린 마을들이다. ⁷또 아인과 림몬과 에델과 아산으로 네 성읍과 그에 딸린 마을들이다. ⁸또 남쪽의 라마 곧 바알랏 브엘까지 이 성읍들 주변의 모든 마을들이다. 이것이 시므온 자손 지파가 가문별로 받은 기업이다. ⁹시므온 자손의 기업은 유다 자손의 몫에서 받은 것이다. 왜냐하면 유다 자손의 몫이 너무 많았기 때문이다. 그래서 시므온 자손이 그들의 기업 가운데서 기업을 얻었다.

> **[번역주]** 2a원문에는 브엘세바 다음에 세바가 나온다: בְּאֵר־שֶׁבַע וְשֶׁבַע וּמוֹלָדָה. 하지만 이렇게 되면 여기에 나열된 성읍의 수(14)와 기록자의 계산(13) 사이에 차이가 생긴다. 따라서 일부 영역본(NAS, NIV)과 주석가들(Howard, Wray Beal 등)은 세바를 브엘세바의 다른 이름으로 이해한다. 개역개정역은 이 번역을 따른다. 하지만 원문은 세바를 별개의 성읍으로 제시한다. 아마도 세바가 브엘세바의 중복오사(dittography)일 가능성에 무게를 두는 넬슨의 설명이 적절한 것 같다(Nelson, 217). 역대상 4:28의 같은 성읍 목록에도 브엘세바 다음에 세바가 빠지고 몰라다가 온다.

두 번째 제비는 시므온 지파에게 뽑혔다. 베냐민 지파의 제비뽑기에 대해서는 동사 '올라오다'(עלה)가 사용된 반면(수 8:11), 여기서는 '나오다'(יצא)가 사용된다. 기록자는 같은 행위를 다양한 각도에서 바라보는 것 같다. 일곱 지파가 보낸 스물한 명의 대표들이 땅을 일곱 부분으로 나누어 그려온 그림이 제비뽑기를 위한 기본 자료가 되었을 것이다(수 18:4-6 참고). 이 기본 자료에 어떤 조정이 있었을 가능성도 완전히 배제할 수는 없다. 시므온 지파가 유다 자손의 지경 안에서 기업을 분배 받은 것이 그런 가능성을 시사한다.

시므온 지파가 자신들의 영토를 따로 갖지 못하고 유다 자손의 영토 안에 거주하게 된 것이 두드러져 보인다. 이는 족장 야곱이 한 예언의 성취로 보인다. 일찍이 야곱은 시므온이 형제들 가운데 흩어져 살게 될 것을 예언하였다(창 49:5-7). 이 예언의 배경은 시므온이 세겜 사람들에게 가한 폭력행위이다. 시므온은 누이 동생 디나가 세겜 사람의 추장 세겜에게 당한 추행을 보복하기 위해 레위와 함께 세겜 사람(남자)을 무차별 살육하였다(창 34:25). 이는 공의의 심판이기 보다 도를 넘은 증오의 표현이다. 언약 백성에게 증오는 허용되지 않는 불의다(출 23:4 참고). 시므온과 함께 거사를 꾸미고 실행한 레위의 후손 역시 이스라엘 자손 가운데 흩어져 살게 된다. 하지만 레위 자손의 경우 그것은 새로운 의미를 갖는다. 레위 자손은 시내 광야의 금송아지 사건에서 하나님께 특별히 헌신하였다. 이 일로 인해 그들은 이스라엘 자손들 가운데 흩어져 살며 율법을 가르치는 영적 지도자의 역할을 하게 되었다(신 33:8-11 참고).

시므온 자손이 받은 기업은 모두 열일곱 성읍과 그에 속한 마을들이다. 열일곱 성읍은 지역에 따라 두 그룹으로 나뉜다. 첫째 그룹은 브엘세바를 포함한 남부의 열세 성읍과 그에 속한 마을들이다(2-6절). 둘째 그룹은 네게브의 두 성읍(아인, 림몬)과 그에 속한 마을, 그리고 서쪽 저지(Shephelah)의 두 성읍(에델, 아산)과 그에 속한 마을들이다(7-8절). 이곳에 소개된 성읍의 일부는 유다의 성읍 목록에도 나온다: 몰라다, 하살 수알, 에셈, 엘돌랏, 호르마, 시글락, 아인, 림몬, 에델, 아산(수 15:21-32, 42). 유다가 시므온과 기업을 나눈 이유는 유다의 몫이 너무 많았기 때문이다(9절). 언약 공동체의 구성원은 형제이므로 소유를 나눌 수 있어야 한다(수 1:12-15 참고). 유다는 소유를 시므온과 나눔으로써 형제의 찬송이 되었다(창 49:8 참고).

스불론 지파가 분배 받은 땅(19:10-16)

> **사역** ¹⁰세 번째 제비가 스불론 자손에게 가문별로 올라왔다. 그들의 기업의 경계는 사릿까지다. ¹¹그들의 경계는 서쪽으로 올라가 마랄라로 갔으며 답베셋에 닿고 욕느암 앞의 건곡에 닿으며 ¹²사릿에서 동쪽 해 돋는 곳으로 돌이켜 기슬롯 다볼의 경계에 이르고 다브랏으로 나아가 야비아로 올라가며 ¹³그곳에서 동쪽 해 돋는 곳의 가드 헤벨로 건너가 엣 가신에 이르고 네아로 연결되는 림몬으로 나아간다. ¹⁴또 그 경계는 그곳을 선회하여 북쪽의 한나돈으로 가며 그 끝은 입다엘 골짜기이다. ¹⁵그리고 갓닷과 나할랄과 시므론과 이달라와 베들레헴 등 열두 성읍과 그에 딸린 마을들이다. ¹⁶이것은 스불론 자손이 가문별로 받은 기업 곧 이 성읍들과 그에 딸린 마을들이다.

세 번째 제비는 스불론 자손에게 뽑혔다. 스불론 자손이 받은 기업의 위치는 이스르엘 골짜기 북쪽이며 서쪽과 북서쪽으로는 아셀 지파가, 북쪽과 북동쪽으로는 납달리 지파가, 남동쪽과 남쪽으로는 잇사갈 지파가 있다(Woudstra, 283). 스불론의 서남쪽 경계는 므낫세의 경계와 맞닿는다. 그러나 스불론의 경계가 다른 지파들의 경계와 어떻게 연결 또는 구분되는지 정확하게 알기는 어렵다(Howard, 369).

스불론 지파의 땅 분배 기사에서 특별한 점은 땅의 경계묘사가 주를 이룬다는 것이다. 이곳에는 스불론 자손이 받은 성읍의 목록이 매우 축소된 형태로 소개된다. 그들은 열두 성읍을 받았지만 정작 목록에는 다섯 성읍의 이름만 나열된다: 갓닷, 나할랄, 시므론, 이달라, 베들레헴. 아마도 상대적으로 덜 중요한 성읍의 이름은 생략된 것 같다. 베들레헴은 유다의 베들레헴과 다르다(룻 1:1 참고).

스불론의 땅 분배 기사에는 "경계"(גְּבוּל)가 모두 네 차례 나타난다. 그리고 다양한 동사들이 경계를 묘사하는데 사용된다: '올라가다'(עלה × 2), '닿다'(פגע × 2), '돌이키다'(שוב), '나아가다'(יצא × 2), '건너가다'(עבר), '선회하다'(סבב). 또한 이곳에는 방향과 지형지물을 가리키는 다양한 표현도 나타난다: '서쪽으로'(יָמָּה), '~앞의'(עַל־פְּנֵי), '동쪽'(קֵדְמָה × 2), '해 돋는 곳'(מִזְרְחָה הַשֶּׁמֶשׁ/מִזְרָחָה), '북쪽의'(מִצָּפוֹן), '건곡'(נַחַל), '골짜기'(גֵּיא). 경계 묘사는 현장을 답사한 사람의 것에 걸맞게 자세하고 사실적이다. 스불론 자손은 여호와의 약속대로 가나안에서 기업을 받았다.

잇사갈 지파가 분배 받은 땅(19:17-23)

> **사역** ¹⁷잇사갈을 위해 네 번째 제비가 나왔으니 곧 잇사갈 자손에게 가문별로 나온 제비다. ¹⁸그들의 지역은 이스르엘과 그술롯과 수넴과 ¹⁹하바라임과 시온과 아나하랏과 ²⁰랍빗과 기시온과 에베스와 ²¹레멧과 엔간님과 엔핫다와 벧바세스다. ²²그 경계는 다볼과 사하수마와 벧세메스에 닿는다. 그들의 경계의 끝은 요단이니 열 여섯 성읍과 그에 딸린 마을들이다. ²³이것은 잇사갈 자손 지파가 가문별로 받은 기업 곧 성읍들과 그에 딸린 마을들이다.

네 번째 제비는 잇사갈 지파에게 뽑혔다. 잇사갈 지파의 경우 주로 성읍의 이름이 열거되고 경계에 관한 언급은 지극히 제한적이다. 잇사갈 지파의 영토는 므낫세의 북쪽, 아셀의 동쪽, 스불론의 남동쪽, 납달리의 남쪽에 위치한다(Woudstra, 285). 갈릴리가 잇사갈 동북쪽에 있고 요단이 잇사갈의 동쪽 경계를 이룬다. 22절에 언급된 세 성읍(다볼, 사하수마, 벧세메스)은 잇사갈의 북쪽 경계에 해당한다(Howard, 371). 잇사갈이 받은 영토의 많은 부분은 비옥한 곡창지대인 이스르엘 평원이 차지한다. 이는 야곱의 예언과 관련된다: "그(잇사갈)는 쉴 곳을 보고 좋게 여기며 토지를 보고 아름답게 여기고 어깨를 내려 짐을 메고 압제 아래 섬기리로다"(창 49:15). 여기서 '압제 아래 섬길 것'이라는 말은 아름다운 땅으로 인해 치를 대가를 가리키는 것 같다.¹⁵ 하지만 현재 본문이 강조하는 것은 잇사

---

15 잇사갈은 이스르엘 평원이 주는 풍요를 누리기 위해 가나안 사람의 지배에 복종

갈이 야곱의 예언대로 아름다운 땅을 기업으로 받았다는 사실이다. 잇사갈이 분배 받은 성읍은 모두 열여섯 성읍과 그에 속한 마을들이다.

아셀 지파가 분배 받은 땅(19:24-31)

> **사역** [24]다섯 번째 제비가 아셀 자손 지파에게 가문별로 나왔다. [25]그들의 지역은 헬갓과 할리와 베덴과 악삽과 [26]알람멜렉과 아맛과 미살이며 서쪽으로는 갈멜에 닿고 시홀 림낫에 닿는다. [27]또 해 돋는 곳으로 돌이켜 벧다곤으로 가고 스불론과 입다엘 골짜기에 닿아 북쪽으로 벧에멕과 느이엘에 이르고 왼쪽의 가불로 나아간다. [28]에브론과 르홉과 함몬과 가나이며 큰 시돈까지다. [29]그 경계는 방향을 바꾸어 라마와 요새화된 성읍 두로까지 가며 또 그 경계는 방향을 바꾸어 호사로 가고 그 끝은 악십 지역의 바다이다. [30]그리고 움마와 아벡과 르홉으로 스물두 성읍과 그에 딸린 마을이다. [31]이것이 아셀 자손 지파가 가문별로 받은 기업 곧 이 성읍들과 그에 딸린 마을들이다.

다섯 번째 제비는 아셀 지파에게 뽑혔다. 아셀 지파의 땅 분배 기록에서 볼 수 있는 특징은 성읍의 목록과 경계묘사가 혼재되어 있다는 것이다. 성읍의 이름이 열거되다가 땅의 경계가 소개되고 다시 성읍의 이름이 열거되는 형식이 반복된다. 아셀 지파의 남쪽 경계는 므낫세와 접하고 동쪽 경계는 스불론과 납달리와 접한다. 아셀 지파의 서쪽 경계는 지중해, 특히 갈멜에서 두로를 거쳐 시돈까지의 지중해 해안이다. 사사기 1:31은 시돈이 아셀 지파에 분배된 땅이었음을 알려준다. 아셀 지파에게 분배된 성읍은 모두 스물두 성읍과 그에 딸린 성읍들이다. 하지만 경계 묘

하게 되었을 가능성이 있다. See B. K. Waltke, *Genesis: A Commentary* (Grand Rapids: Zondervan, 2001), 610. 이스르엘 평원은 애굽에서 바빌론으로 가는 주요도로가 통과하는 까닭에 교역로를 장악하고자 하는 세력에 의해 침략당하기 쉬웠다는 점도 생각해야 한다. See J. H. Walton, *Genesis*, NIVAC (Grand Rapids: Zondervan, 2001), 716.

사와 성읍 목록이 혼재되어 있어서 어떻게 그런 계산이 나왔는지 정확히 알기는 어렵다. 아마도 갈멜과 시홀 림낫,[16] 스불론과 입다엘 골짜기는 성읍 수에 포함되지 않았을 것이다. 사사기 1:31은 이곳에 언급되지 않은 세 성읍 악고, 알랍, 헬바를 아셀의 영토에 포함시킨다.

아셀 지파의 영토가 소개되는 순서는 다음과 같다. 먼저, 25-26절은 헬갓을 출발점으로 삼아 서쪽 방향에 위치한 남쪽 경계지역의 성읍들을 소개한다. 27절은 다시 헬갓으로 돌아와[17] 그곳에서 동쪽 방향에 위치한 남쪽 경계지역을 언급한다. 스불론과 입다엘 골짜기는 남쪽 경계지역의 동쪽 끝에 해당한다. 이곳에서 경계는 방향을 바꾸어 북쪽으로 나아간다. 이 노선을 따라 나타나는 성읍들은 아셀의 동쪽 경계를 이루는 것 같다: 벧에멕, 느이엘, 가불.[18] 28절에는 아셀 지파의 북쪽에 위치하는 다섯 성읍이 열거된다: 에브론, 르홉, 함몬, 가나, 시돈. 시돈은 아셀 지파의 최북단에 위치한다. "큰 시돈"이란 표현은 이 성읍의 크기를 강조한다(수 11:8 주해 참고). 29절은 서쪽 지중해 연안의 성읍들을 소개한다: 라마, 두로, 호사, 악십. "요새화된 성읍 두로"(עִיר מִבְצַר־צֹר)란 표현은 두로가 군사적 방어시설을 잘 갖춘 성읍임을 강조한다. 30절에 열거된 움마, 아벡, 르홉은 아셀의 서남쪽에 위치한 지중해 연안의 성읍들이다(Howard, 374).

아셀이 분배 받은 땅은 갈릴리 산악지대 서쪽 경사면의 비옥한 땅과 어업과 교역에 유리한 지중해 연안 지역이다(Waltke, 612). 오래 전 족

---

[16] 갈멜은 지중해에 인접한 갈멜산 주변 지역을 가리키는 것 같다. 시홀 림낫에 대해서는 갈멜산 남쪽의 습지라는 견해가 있다(Noth 1938, 89).

[17] 이곳의 동사 '돌이키다'(שׁוב)는 기준점이 헬갓으로 돌아왔음을 나타낸다(Howard, 373).

[18] 가불은 솔로몬이 두로 왕 히람에게 성전과 왕궁 등 건축공사를 도운 대가로 선물한 갈릴리 지역의 성읍 스무 곳에 붙은 이름이다(왕상 9:13). 가불은 원래 갈릴리 지역 한 곳의 이름이었으나 솔로몬 시대에 그 지역 전체를 가리키는 이름이 되었을 가능성이 있다(Howard, 373).

장 야곱은 "아셀에게서 나는 먹을 것은 기름진 것이라 그가 왕의 수라상을 차리리로다"(창 49:20)라고 예언했다. 또한 모세도 "아셀은 아들들 중에 더 복을 받으며 그의 형제에게 기쁨이 되며 그의 발이 기름에 잠길지로다"(신 33:24)하고 축복하였다. 이 예언과 축복대로 아셀은 기름진 땅을 기업으로 받았다. 땅에 대한 하나님의 약속은 아셀에게 변함없이 성취되었다.

납달리 지파가 분배 받은 땅(19:32-39)

사역 ³²납달리 자손에게 여섯 번째 제비가 나왔는데 납달리 자손에게 가문별로 나왔다. ³³그들의 경계는 헬렙에서부터 곧 사아난님의 큰 나무에서부터 ᵃ아다미 네겝과 얍느엘을 지나 락굼까지며 그 끝은 요단이다. ³⁴그 경계는 서쪽으로 방향을 바꾸어 아스놋 다볼로 가고 거기서 훅곡으로 나아가 남쪽으로 스불론에 닿고 서쪽으로 아셀에 닿으며 해 돋는 쪽으로 요단의 유다에 닿는다. ³⁵요새화된 성읍들은 싯딤과 세르와 함맛과 락갓과 긴네렛과 ³⁶아다마와 라마와 하솔과 ³⁷게데스와 에드레이와 엔하솔과 ³⁸이론과 믹달 엘과 호렘과 벧아낫과 벧세메스로 열아홉 성읍과 그에 딸린 마을들이다. ³⁹이것은 납달리 자손 지파가 가문별로 받은 기업 곧 성읍들과 그에 딸린 마을들이다.

[번역주] 33ᵃ: "큰 나무"는 원문의 אֵלוֹן을 번역한 것이다. 다수의 영역본은 이 단어를 "oak"로 번역한다(ESV, NAS, NJB, RSV 등). 개역개정역도 같은 번역("상수리나무")을 제공한다. 그러나 אֵלוֹן(=אֵלָה) 사전적 의미는 "큰 나무"이다(HALAT, NIDOTTE). NIV의 번역 ("the large tree")이 그런 이해를 반영한다.

여섯 번째 제비는 납달리 지파에게 뽑혔다. 납달리의 땅 분배 기사가 서술되는 방식은 땅의 경계가 먼저 묘사되고 이어서 성읍의 목록이 소개되는 방식이다. 유다와 베냐민의 땅 분배도 이런 방식으로 기록되었다. 34b절에 의하면 납달리의 경계는 남쪽으로 스불론과 접하고, 서쪽으로 아셀과 접하며, 동쪽으로 요단과 접한다. 이곳에 기록되지는 않지만 잇사갈 또한 납달리 남쪽 경계와 접한다. 납달리 북쪽 경계는 생략된다. 납달리가 분배 받은 지역은 갈릴리 지역 중심부의 비옥한 산림지역이다 (Howard, 375).

33절은 헬렙에서 시작하여 요단에서 끝나는 납달리 남쪽 경계지역의 성읍들을 소개하며 34a절은 기준점인 헬렙에서 서쪽으로 방향을 돌려 스불론과 아셀까지 이르는 납달리 남쪽 경계지역의 성읍들을 소개한다. 34b절에 언급된 "요단의 유다"가 어디를 가리키는지 불분명하다. 칠십인 역은 유다를 생략한다. 카일에 의하면(Keil, 160), 이곳의 유다는 야일이 차지한 요단 동편의 길르앗 땅을 가리킨다(민 32:41; 대상 2:21, 22). 그 이유는 야일이 유다의 후손이므로 그가 차지한 땅을 유다라고 부를 수 있기 때문이라고 한다. 납달리가 얻은 성읍은 모두 열아홉이다. 이 총합은 이곳에 열거된 성읍의 수와는 다르다. 저자는 성읍 이름을 일일이 열거할 의도가 없었던 것 같다.

단 지파가 분배 받은 땅(수 19:40-48)

사역 [40]단 자손 지파에게 가문별로 일곱 번째 제비가 나왔다. [41]그들이 받은 기업의 영토는 소라와 에스다올과 이르 세메스와 [42]사알랍빈과 아얄론과 이들라와 [43]엘론과 딤나와 에그론과 [44]엘드게와 깁브돈과 바알랏과 [45]여훗과 브네브락과 가드림몬과 [46]메 야르곤과 락곤과 욥바 맞은편 지역이다. [47]단 자손의 영토가 그들에게서 없어지자ª 단 자손은 올라가서 레셈과 싸우고 그것을 점령하고 칼날로 그것을 치고 그것을 소유하고 거기에 거주하였으며 그들의 조상 단의 이름을 따라 레셈을 단이라고 불렀다. [48]이것이 단 자손 지파가 가문별로 받은 기업이니 곧 이 성읍들과 그에 딸린 마을들이다.

> [번역주] 47ª: '그들에게서 없어지다'는 히브리어 구문 מֵהֶם ... וַיֵּצֵא 을 옮긴 것이다. 개역개정역은 이 구문을 '확장되었다'로 번역하며 영역본 NASB도 비슷하게 번역한다("proceeded beyond"). 하지만 이 번역은 히브리어 구문이 나타내는 의미와 다를 뿐만 아니라 역사적 상황과도 배치된다. 단 자손은 자신들의 영토를 잃고 북쪽으로 이주하여 새로운 거주지를 얻는다(삿 1:34; 18:1, 27-29 참고). ESV, NIV, NJV 등 영역본은 문제의 히브리어 구문 מֵהֶם ... וַיֵּצֵא 을 "was lost to them"으로 번역한다.

마지막 일곱 번째 제비는 단 지파에게 뽑다. 41-46절은 단 지파가 받은 성읍들의 목록을 소개한다. 이곳에 나열된 성읍 중 여럿은 유다가 얻은 성읍의 목록에도 나온다: 소라와 에스다올(수 15:33), 딤나(수 15:57), 에그론(수 15:45). 이곳에 단 지파의 경계는 묘사되지 않는다. 그러나 이곳에 소개된 성읍들의 이름을 통해 그 경계를 대강 짐작할 수 있다. 단 지파의 남쪽 경계는 유다와 접하였고 서쪽 경계는 지중해였으며(46절에 언급된 욥바는 지중해 연안의 중요한 항구도시다) 동쪽 경계는 베냐민과 에브라임과 접하였고 북쪽 경계는 므낫세와 접하였다(Howard, 377).

47절은 단 자손이 원래 분배 받은 땅을 잃고 북쪽으로 이주했다는 기록을 담고 있다. 사사기 1:34은 단 자손이 그렇게 할 수밖에 없었던 이유를 알려준다, 가나안의 세력이 너무 강하였기 때문이다. 사사기 18장은 단 자손이 북쪽 먼 곳으로 이주하여 그곳에 정착하게 된 과정을 자세하게 소개한다. 단은 구약 이스라엘 영토의 최북단인 레셈(라이스)을 점령하고 그곳 이름을 단이라고 불렀다. 사사기 18장에서 레셈의 점령이 묘사되는 방식 – "한가하고 걱정 없이 사는 백성을 만나 칼날로 그들을 치며 그 성읍을 불사르되"(삿 18:27) – 은 창세기 49:17에 기록된 야곱의 기도를 생각하게 만든다: "단은 길섶의 뱀이요 샛길의 독사로다 말굽을 물어서 그 탄 자를 뒤로 떨어지게 하리로다."

단이 원래 분배 받은 땅에서 떠나 다른 곳으로 이주한 것은 칭찬할 일이 못된다. 그들은 하나님이 주신 땅을 차지하는데 실패하고 스스로 다른 땅을 선택하였다. 이는 땅 분배 기사에 부정적 여운을 남긴다. 이스라엘 자손이 땅을 기업으로 얻는 일은 저절로 된 것이 아니다. 그들은 많은 어려움과 실패를 겪어야 했다. 심지어 그들이 거둔 성공도 온전한 것이 아니었다. 이런 의미에서 여호수아서가 증거하는 이스라엘 자손의 땅 분배는 먼 훗날 그리스도 안에서 일어날 온전한 일을 지시하는 희미한 그림자이다.

9.3.4 땅 분배 종결: 여호수아의 기업(수 19:49-51)

사역 ⁴⁹그들이 경계에 따라 땅을 분배하기를 마쳤으며 이스라엘 자손이 눈의 아들 여호수아에게 자기들 가운데서 기업을 주었다. ⁵⁰여호와의 명령에 따라 그들이 그가 요구한 성읍 곧 에브라임 산지의 딤낫 세라를 그에게 주었으며 그가 성읍을 건설하고 그것에 거주하였다. ⁵¹이것이 제사장 엘르아살과 눈의 아들 여호수아와 이스라엘 자손 지파의 족장들이 실로의 회막 문 여호와 앞에서 제비로써 분배한 기업이다. 그들이 땅을 나누기를 마쳤다.

땅 분배가 모두 끝나자 이스라엘 자손이 여호수아에게 기업을 주었다. 지도자가 스스로 땅을 취하는 것은 바람직한 모습이 아니다. 여호수아는 백성에게서 땅을 받는 자세를 가짐으로써 마지막까지 올바른 지도자의 본보기가 되었다. 또한 백성은 여호수아에게 기업을 줌으로써 그들을 위해 수고한 지도자에게 합당한 존경과 예를 표하였다. 그러나 백성이 그랬던 것처럼 여호수아가 기업을 받은 것은 궁극적으로 여호와께로부터다. 본문은 "여호와의 명령에 따라" 이스라엘 자손이 "그가 요구한 성읍"을 주었다고 밝힌다. 갈렙의 경우처럼(수 14:12 참고), 여호와께서는 여호수아가 요구하는 성읍을 받도록 하셨다. 이는 갈렙과 마찬가지로 여호수아가 여호와를 온전히 믿고 순종했기 때문일 것이다. 여호수아의 기업에 관한 여호와의 명령이 기록된 곳은 없다. 아마도 그것은 민수기 14:30에 기록된 여호와의 약속과 관련이 있는 것 같다.

여호수아가 기업을 얻는 일이 요단 서편 땅 분배의 대단원을 장식하는 것은 중요한 의미를 갖는다. 요단 서편의 땅 분배는 갈렙과 여호수아가 시작과 끝에 배치됨으로써 전체를 감싸는 인클루지오 구성을 보인다. 갈렙과 여호수아는 출애굽 한 이스라엘 자손 가운데 여호와를 충성되게 믿고 따른 대표적 인물이다. 그들은 가데스 바네아에서 가나안을 정탐하도록 보낸 열두 사람 가운데 믿음의 보고를 한 유일한 인물들이다. 여호수아와 갈렙은 가나안에 크고 견고한 성읍이 있고 강하고 신장이 장대한 용사들이 있음을 보고 확인하였지만 그들과 싸워 이기고 그 땅을 차지할 수 있다고 굳게 믿었다. 그 이유는 오직 하나, 여호와께서 이스라엘과 함께 하신다는 믿음 때문이었다. 하나님은 이들의 믿음을 기뻐하시고 그들에게 가나안 땅에 들어갈 것을 약속하셨다. 그러므로 여호수아와 갈렙이 요단 서편 땅 분배의 시작과 끝을 장식하는 것은 여러 가지 중요한 의미를 갖는다: 1) 여호수아와 갈렙의 믿음이 헛되지 않았다, 2) 하나님의 약속은 반드시 성취된다, 3) 땅은 믿는 자에게 주어지는 하나님의 선물이다.

끝으로, 51절은 기업을 분배한 사람들(이스라엘의 족장들), 기업이 분배된 장소(실로의 회막 문 여호와 앞), 기업이 분배된 방식(제비뽑기)을 언급한다. 기업이 분배된 장소와 방식은 기업 분배의 전과정을 여호와께서 주관하셨다는 것과 이스라엘 자손이 여호와께로부터 기업을 받았다는 것을 나타낸다. 그러므로 이스라엘 자손은 이제부터 여호와만을 섬겨야 한다. 이곳에 다시 언급되는 "실로의 회막"은 여호와를 섬기는 예배 공동체로서 이스라엘의 존재와 사명을 일깨워준다.

9.4 도피성과 레위인의 성읍(수 20:1-21:42)

이스라엘 자손이 가나안에서 땅을 분배 받은 것은 그곳에서 여호와를 섬기기 위함이다. 이는 땅 분배 기사에 레위인에 대한 언급이 곳곳에 나타난다는 점에 의해서 암시된다. 요단 동편의 땅 분배를 소개하는 여호수아 13장의 경우, 전체적인 경계묘사의 끝(14절)과 개별적인 경계묘사의 끝(33절)에 각각 레위인의 기업에 대한 언급이 있다. 요단 서편의 땅 분배 기사는 전체의 도입(14:3b-4)과 실로의 땅 분배 도입(18:7a)에 각각 레위인의 기업에 대한 언급이 나온다. 이처럼 레위인의 기업에 관한 거듭된 언급은 가나안이 여호와를 섬기는 장소라는 점을 부각하는 기능을 한다. 레위인은 이스라엘 자손을 대신하여 성소에서 여호와를 섬기는 자들이다. 그들은 또한 이스라엘 자손에게 "주의 법도"와 "주의 율법"을 가르치는 임무를 가졌다(신 33:10). 이스라엘 자손은 가나안에서 레위인의 가르침에 따라 살아야 한다.

여호수아 20:1-21:45는 가나안이 여호와를 섬기는 장소임을 더욱 분명히 드러낸다. 요단 서편의 땅 분배가 종결된 다음 이곳에서 본격적으로 레위인의 성읍에 대한 언급이 이루어진다. 20장은 도피성에 관한 문제를 다루지만, 도피성 역시 레위인이 받은 성읍에 포함된다. 뿐만 아니라 도피성 제도는 그 나름의 독특한 방식으로 가나안이 여호와께서 거하시는 거룩한 땅임을 드러낸다. 21장은 레위 자손의 여러 가문(아론의 자손, 그핫, 게르손, 므라리)이 받은 성읍들을 차례로 소개한다. 레위인에게 성읍을 분배하는 일이 끝남과 더불어 땅 분배의 일이 모두 마무리된다(수 21:43). 레위인의 성읍이 확정됨으로써 땅 분배가 종결되는 글의 구성은 땅 분배의 목적을 밝히 드러낸다. 이스라엘 자손은 가나안에서 여호와만을 섬겨야 한다.

9.4.1 도피성의 지정(수 20:1-9)

도피성에 관한 말씀은 오경의 여러 곳에 나타난다(출 21:13; 민 35:9-34; 신 4:41-43; 19:1-13). 하나님은 모세를 통해 요단 동편과 서편에 각각 세 곳을 정하여 도피성을 삼도록 하는 율법을 주셨다. 이제 여호수아는 이 율법에 따라 도피성을 정한다. 요단 동편의 경우 모세가 이미 세 곳을 도피성으로 지정한 바 있다(신 4:41-43). 여호수아가 한 일은 이것을 재확인하는 일이다. 물론 요단 서편의 경우에는 여호수아가 직접 도피성을 정했다. 하지만 이 또한 모세의 명령에 따른 것이란 점에는 변함이 없다.

도피성의 원리(20:1-6)

> **사역** ¹여호와께서 여호수아에게 말씀하셨다. ²"이스라엘 자손에게 말하라. '내가 모세를 통해 너희에게 말한 도피성들을 너희를 위해 지정하여 ³알지 못하고 실수로 사람을 죽인 살인자가 그곳으로 도망하게 하라. 그것들이 너희가 피의 보복자에게서 피할 도피처가 될 것이다. ⁴그는 이 성읍들 중에 하나로 피하여 그 성읍의 성문 입구에 서서 그 성읍의 장로들 귀에 그의 일을 말할 것이다. 그러면 그들이 그를 자기들의 성읍으로 받아들이고 그에게 한 장소를 주어서 그가 그들과 함께 거주할 것이다. ⁵만일 피의 보복자가 그를 추격하면 그 살인자를 그의 손에 내어주지 말라. 왜냐하면 그가 알지 못하고 자기 이웃을 죽였고 이전에 그를 증오하지 않았기 때문이다. ⁶그는 재판을 위해 회중 앞에 설 때까지, 그 당시 대제사장이 죽을 때까지 그 성읍에 거주해야 한다. 그런 다음 그 살인자는 자기 성읍 곧 자기가 도망쳐 나온 성읍의 자기 집으로 돌아갈 것이다'".

이곳에서 하나님은 여호수아에게 도피성의 원리를 자세히 말씀하신다. 여호수아는 이스라엘 자손에게 이 원리를 가르쳐 그들이 이 원리에 따라 살도록 해야 한다. 3절에 의하면, 도피성은 알지 못하고 실수로 사람을 죽인 자가 도망하여 살 수 있도록 하기 위한 장소이다. 만일 어떤 사람이 실수로 사람을 죽였을 경우 죽은 사람의 친족(피의 복수자)이 그 살인자를 죽일 수 있다. 이는 피의 복수자 입장에서 생각하면 어느 정도 이해할 수 있는 일이다. 하지만 고의가 아니고 실수로 한 일에 대하여 목숨을 대가로 치러야 하는 것은 지나치게 가혹한 일이다(신 19:6 참고). 그것은 또 다른 억울한 죽음이다. 이스라엘 자손이 기업으로 받은 가나안에서 이런 일이 있어서는 안 된다. 가나안은 이스라엘 자손이 그들의 하나님 여호와와 함께 거하는 땅이다. 그 땅은 거룩하게 지켜져야 한다. 부당하게 죽은 자의 피는 그 땅을 더럽힌다. 그것은 무죄한 피를 흘리는 것과 같다(신 19:10 참고). 도피성은 이런 일을 막기 위해 세워진 제도이다. 민수기는 도피성 제도에 관한 규례에 이어 다음 말씀을 덧붙인다.

> 너희는 너희가 거주하는 땅을 더럽히지 말라 피는 땅을 더럽히나니 피 흘림을 받은 땅은 그 피를 흘리게 한 자의 피가 아니면 속함을 받을 수 없느니라 너희는 너희가 거주하는 땅 곧 내가 거주하는 땅을 더럽히지 말라 나 여호와는 이스라엘 중에 있음이니라(민 35:33-34).

4-5절은 실수로 사람을 죽인 자가 어떻게 해야 하는지를 설명한다. 그는 도피성으로 지정된 성읍 중 하나(필시 그에게 가장 가까운 곳)로 도망하여 그 성읍의 성문 입구에서 그곳의 장로들에게 자신의 사정을 말해야 한다. 그러면 성읍 장로들은 그를 맞아들여 그곳에 일정기간 머물 장소를 제공해야 한다. 피의 보복자가 추격해와도 그를 내주어서는 안 된다. 그는 아무 원한 없이 부지불식간에 사람을 죽였기 때문이다. "가령 사람이 그 이웃과 함께 벌목하러 삼림에 들어가서 손에 도끼를 들고 벌목하려고 찍을 때에 도끼가 자루에서 빠져 그의 이웃을 맞춰 그를 죽게 함과 같은 것이[다]"(신 19:5). 또 "악의가 없이 우연히 사람을 밀치거나 기회를 엿봄이 없이 무엇을 던지거나 보지 못하고 사람을 죽일 만한 돌을 던져

서 죽였을 때"와 같다(민 35:22-23).

6절은 알지 못하고 사람을 인 자가 도피성에 머물러야 할 기간에 대해 말한다. 이곳에는 두개의 עַד + 부정사 구문(~할 때까지)이 접속사 없이 병치된다: "재판을 위해 회중 앞에 설 때까지, 그 당시 대제사장이 죽을 때까지". 이 구문은 실수로 사람을 죽인자가 도피성에 머물러야 하는 기간을 두 단계로 설명하는 것으로 이해되어야 한다. 그는 먼저 회중 앞에서 재판을 받을 때까지 도피성에 머물러야 하다. 그런 다음 재판을 통해 자신의 무고함이 확정된 후 대제사장이 죽을 때까지 도피성에 머물러야 한다. 민수기 35:22-25이 이런 절차를 더 명확하게 알려준다. 이 절차는 사건을 처리함에 있어 공정한 판결이 있어야 한다는 것을 알려준다, 합당한 재판절차도 없이 고의적 살인인지 우발적 살인인지 함부로 판단해서는 안 된다(마 18:15-17 참고). 도피성 제도는 이스라엘 자손이 기업으로 받은 땅 가나안에서 실현해야 할 공의(justice)를 가르친다.

다른 한편, 도피성 제도는 부지 중에 실수로 사람을 죽인 자라 하더라도 그의 행위에 책임을 져야 한다는 것을 가르쳐준다. 부지 중에 실수로 일어난 일은 충분히 신중하거나 조심성이 있었더라면 일어나지 않았을 가능성이 크다. 이런 점에서 알지 못하고 한 일이라도 완전히 책임에서 자유로울 수 없다. 레위기에 의하면, 알지 못하고 지은 죄에 대해서도 속죄제를 드려 죄를 속하여야 한다(레 4:13). 도피성도 이런 차원에서 이해될 수 있다. 실수로 사람을 죽인 사람은 대제사장이 죽기까지 자기 집으로 돌아갈 수 없다, 그는 도피성에 머물러야 한다. 이것은 분명히 처벌의 일종이다. 그런데 왜 그가 대제사장이 죽기까지 도피성에 머물러야 했을까? 그에게 대제사장의 죽음은 어떤 의미를 갖는가? 그것은 그에게 속죄의 의미를 가졌던 것 같다(Kroeze, 224). 대제사장은 희생제사 제도를 대표하기에 그의 죽음이 그런 의미를 가질 수 있었다(Howard, 386). 대제사장의 죽음이 가져온 자유와 해방은 모든 믿는 자의 위대한 대제사장이신 예수 그리스도의 죽음이 가져올 자유와 해방을 지시한다 (박윤선, 147).

도피성의 지정(20:7-9)

> **사역** ⁷그래서 그들이 납달리 산지 갈릴리의 게데스와 에브라임 산지의 세겜과 유다 산지의 기럇 아르바 곧 헤브론과 ⁸요단 저편 여리고 동쪽에는 르우벤 지파 중에 평지 광야의 베셀과 갓 지파 중에 길르앗의 라못과ª 므낫세 지파 중에 바산의 골란을ᵇ 지정하였다. ⁹이것이 실수로 사람을 죽인 모든 이가 도망하여 회중 앞에 서기까지 피의 보복자 손에 죽지 않도록 이스라엘 모든 자손과 그들 가운데 거류하는 거류민을 위해 지정된 성읍들이다.

> [번역주] 8ª: 개역개정역의 "길르앗 라못"은 길르앗과 라못이 결합되어 하나의 고유명사를 이루는 것으로 오해될 여지가 많다. 그런 오해를 막아줄 바른 번역은 "길르앗의 라못"(רָאמוֹת בַּגִּלְעָד)이다. 8ᵇ: 개역개정역의 "바산 골란" 역시 8a와 같은 문제를 갖는다. "바산의 골란"(גּוֹלָן בַּבָּשָׁן)이 그런 문제를 해결한다.

이곳에는 도피성으로 지정된 성읍들이 소개된다. 요단 서편에서 세 성읍이 선정되고 요단 동편에서 세 성읍이 선정된다. 앞에서 언급하였듯이 요단 동편의 도피성은 이미 모세가 정해 놓은 것이다(신 4:41-43). 요단 서편에 지정된 도피성은 납달리 산지의 게데스, 에브라임 산지의 세겜, 유다 산지의 헤브론이다. 요단 동편의 도피성은 르우벤 지파에 속한 베셀, 갓 지파에 속한 길르앗의 라못, 므낫세 지파에 속한 바산의 골란이다. 도피성이 정해짐으로써 가나안은 여호와께서 이스라엘 자손과 함께 거하시며 공의로 다스리시는 거룩한 땅임을 드러내는 제도적 장치가 마련되었다.

9.4.2 레위 사람의 성읍(수 21:1-42)

마침내 레위 사람의 성읍이 정해지는 시점에 이르렀다. 레위 사람이 거주할 성읍과 그들의 가축을 위한 목초지가 정해짐으로써 땅 분배의 대업은 최종으로 마무리된다. 레위 사람은 이스라엘을 대신하여 성소에서 여호와를 섬기도록 선택된 자들이다(민 3:5-9 참고). 그들은 또한 이스라엘 자손에게 율법을 가르치는 직분을 맡았다(신 33:10; 대하 17:9 참고). 이를 위해 레위 자손은 자신들의 영토를 따로 갖지 못하고 이스라엘 자손 열두 지파 가운데 흩어져 살았다. 레위 자손은 이스라엘 자손 열두 지파가 각각 제공하는 성읍을 받아서 그곳에 살았다. 이스라엘 자손은 레위 사람의 물질적 생활을 책임지고 레위 사람은 이스라엘 자손의 영적 생활을 책임지는 구조다(레 18:25-32 참고). 이는 가나안 땅의 이스라엘이 여호와를 섬기는 예배 공동체임을 확인해준다.

레위 사람의 성읍에 대한 기록(수 21장)이 역사적 사실과는 무관한 후대의 것이라는 주장이 오래전부터 있었다. 벨하우젠(J. Wellhausen)은 이 기록이 포로기 후의 유대교에서 나온 "인공의 산물"(Kunstgewächs)로 간주한다.[19] 그 이유는 레위 사람에게 돌린 성읍 중 많은 곳이 사사시대와 왕정기에 여전히 가나안 사람의 거주지였으며 레위 사람이 특정한 장소에 밀집하여 거주했다는 증거가 없기 때문이라고 한다. 알트(A. Alt)는 여호수아 21장이 요시야 시대의 상황을 반영한다고 본다.[20] 알트에 따르면, 예루살렘부터 헤브론까지 유다 지역에 레위 성읍이 빠진 것은 유다 각 성읍에서 제의장소를 파괴하고 제의인력을 예루살렘으로 이주시킨 요시야의 개혁과 관련된다(왕하 23:8 참고). 알트의 제자 노트(M. Noth)는

---

[19] J. Wellhausen, *Prolegomena zur Geschichte Israels*, unveränderter photomechanischer Nachdruck der 6. Ausgabe von 1927 (Berlin: Walter de Gruyter, 2001), 155.

[20] Alt, *Kleine Schriften*, 258.

여호수아 21장이 신명기적 역사기록(포로기의 작품)에 덧붙여진 후대의 첨가라고 생각한다.[21] 이러한 비평적 시각은 영미권 학자에게도 나타난다. 볼링과 라이트는 고고학에 근거하여 여호수아 21장의 목록이 기원전 8세기 이전의 것일 수 없다고 주장한다(Boling & Wright, 494). 넬슨은 이 목록이 "어느 정도의 유토피아적 환상"(some degree of utopian fancy)이 들어간 후대의 "인공적 구성"(a largely artificial construction)이라고 하며 그것의 역사성을 부정한다(Nelson, 238).

그러나 여호수아 21장에 기록된 레위 사람의 성읍이 기원전 이천 년대 고대 근동의 관습에 부합한다고 보는 비평가도 있다. 다음은 바인펠트(M. Weinfeld)의 설명이다.[22]

우가릿 문서에서 알려진 바와 같이, 큰 왕을 위해 세금을 거둘 목적으로 왕의 신하들에게 전체 성읍들이 수여되었다. 이 성읍들이 실제로 신하들의 소유가 된 것은 아니다. 오히려 그들은 주민들에게서 세금을 거둘 영구적 권리를 받았으며 이와 마찬가지로 그곳에서 자신들의 주거지를 받았다(cf. PRU 16.153에 나오는 수여: '... 그는 손자들에게 그 성읍을 영구히[ana dāriš] 준다 ... 세금으로 내는 곡물과 포도주'). 이는 오랫동안 오해를 받아온 사실 즉 세겜, 헤브론, 길르앗의 라못 등과 같은 큰 성읍들이 제사장과 레위 사람에게 '제공된' 것을 잘 설명해준다(수 21:11, 21). 이 성읍들은 레위 사람의 주거지이며 그들의 소유가 아니었다. 그들은 이런 형편 속에서 역할을 수행하였다. 이 성읍들이 그들의 기업(nhlh)이라고 언급된 적은 없다. 그것들은 다만 '거주할 성읍'이었

---

[21] M. Noth, *Überlieferungsgeschichtliche Studien: Die Sammelnden und Bearbeitenden Geschichtswerke im Alten Testament*, 2. Aufl. (Darmstadt: Wissenschaftliche Buchgesellschaft, 1957), 45; id., *Das Buch Josua*, 100.

[22] M. Weinfeld, *The Place of Law in the Religion of Ancient Israel*, VTSup (Leiden: E. J. Brill, 2004), 32-33. (Pitkänen, 342에서 번역 재인용)

을 뿐이다(민 35:2-3; 수 21:2).

안타깝게도 앞서 소개한 비평가들은 여호수아 자체가 제공하는 역사적 증언을 너무 가볍게 여기며 그 신뢰성을 인정하지 않는다. 그들은 역사 속에 있을 수 있는 다양한 변수를 고려하지 않은 채 나름의 해석적 틀을 가지고 성경기록의 역사성을 판단한다. 예를 들어, 레위 사람의 성읍으로 지정된 곳이 사사시대와 왕정기에 가나안 사람의 거주지였다는 것이 레위인에게 그 성읍들이 분배되지 않았다는 충분한 증거가 될 수는 없다. 레위인에게 성읍이 분배된 것과 레위인이 실제로 그곳에 사는 것은 다른 문제이기 때문이다. 나아가 예루살렘부터 헤브론까지 유다 지역에 레위 사람의 성읍이 빠진 것 또한 그 자체로는 아무 것도 증명하지 못한다. 오히려 헤브론을 중시하는 여호수아 21장은 족장들의 전통과 정복전쟁기의 상황과 잘 부합한다(창 13:18; 23:19; 35:27; 수 15:13-14 참고). 여기서 여호수아의 다른 본문처럼 21장 또한 선지자적 관점에 따른 기록이란 점을 상기해야 한다. 여호수아 기록자는 초기 정복전쟁의 승리에서 최종적인 승리를 볼 수 있었던 선지자이다. 이 선지자는 미래에 완성될 예배 공동체의 모습을 내다보며 레위인이 받은 성읍들에 대해 기록했다. 선지자 에스겔은 이 관점을 이어받아 "여호와 샴마"라 이름할 종말의 예배 공동체를 내다보았다(겔 48:35).

도입(21:1-3)

> **사역** ¹레위 사람 족장들이 제사장 엘르아살과 눈의 아들 여호수아와 이스라엘 자손 지파들의 족장에게 이르러 ²가나안 땅 실로에서 그들에게 말했다. "여호와께서 모세를 통해 명령하시어 우리에게 거주할 성읍과 가축들을 위한 목초지를 주라고 하셨다." ³이스라엘 자손이 여호와의 명령에 따라 자신들의 기업 중에서 레위 사람에게 이 성읍들과 그에 딸린 목초지를 주었다.

레위 사람을 위한 성읍의 분배는 레위 사람 족장들의 요구에 의해 시작되었다. 레위 사람 족장들은 실로에 와서 제사장 엘르아살과 여호수아와 이스라엘 각 지파의 족장들을 만났다. 제사장 엘르아살과 여호수아와 이스라엘 각 지파의 족장들은 땅 분배 전 과정을 이끈 지도자 그룹이었다(수 14:1 참고). 레위 사람 족장들은 과거에 여호와께서 모세를 통해 하신 말씀에 근거하여 자신들의 요구를 정당화한다. 민수기 35장은 레위 사람이 거주할 성읍에 관하여 여호와께서 모세에게 명령하신 내용을 알려 준다.

그 기록에 의하면 이스라엘 자손은 도피성 여섯 곳을 포함하여 도합 사십팔 개의 성읍을 레위 사람에게 거주할 장소로 주어야 한다. 흥미로운 것은 레위 사람이 거주할 성읍을 지정하는 방식이다. 소유가 많은 지파는 많은 성읍을 내놓아야 하고 소유가 적은 지파는 적은 성읍을 내놓아야 한다(민 35:8). 하지만 여호수아 21장은 이 원칙에서 벗어나는 것 같다. 이곳에서 각 지파는 균등하게 네 성읍씩 내놓는다. 예외를 꼽자면 유다와 시므온이 함께 아홉 성읍을 내놓고 납달리 지파가 세 성읍을 내놓는다(수 21:16, 32). 그런데 납달리 지파가 받은 성읍의 수(19개)는 시므온(17개)과 스불론(12개)과 잇사갈(16개)의 것보다 더 많다. 여호수아 21장은 민수기의 율법이 다소 다르게 적용되기도 했음을 알려준다. 그러나 큰 틀에서 민수기의 율법은 그대로 지켜졌다고 볼 수 있다. 유다와 시므온이 낸 아홉 성읍은 사실상 유다 한 지파에서 나온 것이다. 유다가 받은 몫이 너무 많았기에 시므온은 유다의 기업 중에서 자신의 기업을 얻었다(수 19:9). 유다는 가장 많은 몫을 받은 지파 답게 자신의 기업을 형제 지파와 나누었고, 그 결과 가장 많은 수의 레위 사람 성읍을 내게 되었다.

다른 한편, 민수기 35:4-5는 레위 사람의 성읍을 둘러싼 목초지의 크기를 알려준다. 그것은 "성벽에서부터 밖으로 사방 천 규빗"이어야 한다. 또한 "성을 중앙에 두고 성 밖 동쪽으로 이천 규빗, 남쪽으로 이천 규빗, 서쪽으로 이천 규빗, 북쪽으로 이천 규빗"이어야 한다. 이것을 그림으로 나타내면 다음과 같다(cf. Wenham, 261).

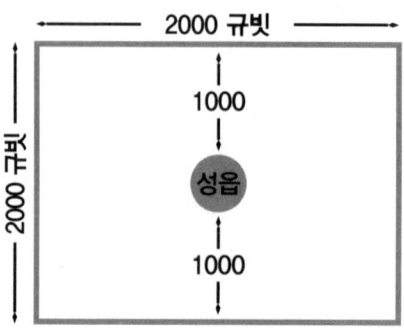

3절은 이스라엘 자손이 여호와의 명령에 순종하였다는 사실을 밝힌다. 그들은 자신들이 얻은 기업 중에서 성읍들과 그에 딸린 목초지를 레위 사람에게 주었다. 이스라엘 자손은 레위 사람에게 물질적 필요를 공급하고 레위 사람은 이스라엘 자손에게 영적 필요를 공급한다. 이렇게 해서 가나안 땅에 여호와를 섬기는 예배 공동체가 세워졌다. 레위 사람이 받은 성읍 주변의 치수가 길이와 너비가 같다는 사실이 매우 인상적이다. 이 수치는 중앙의 성읍이 한 점일 때만 가능한 이상적인 수치라고 보아야 한다. 선지자 에스겔은 제사장과 레위인이 거할 거룩한 장소인 길이와 너비가 같은(25000 규빗 × 25000 규빗) 땅의 환상을 소개한다(겔 48:20). 신약에서 사도 요한은 길이와 너비와 높이가 같은 종말의 성전도시 새 예루살렘의 환상을 소개한다(계 21:16). 결국 레위 사람의 성읍은 종말에 완성될 예배 공동체를 지시하는 한 모형이다.

전체적인 설명(21:4-8)

사역 ⁴제비가 그핫 가문에게 나왔고 레위 사람 중 제사장 아론의 자손이 제비를 통해 유다 지파와 시므온 지파와 베냐민 지파에서 열세 성읍을 가졌다. ⁵나머지 그핫 자손은 제비를 통해 에브라임 지파의 가문들과 단 지파와 므

> 낫세 반 지파에서 열 성읍을 가졌다. ⁶게르손 자손은 잇사갈 지파의 가문들
> 과 아셀 지파와 납달리 지파와 바산에 있는 므낫세 반 지파에서 제비로 열
> 세 성읍을 가졌다. ⁷므라리 자손은 가문별로 르우벤 지파와 갓 지파와 스불
> 론 지파에서 열두 성읍을 가졌다. ⁸이스라엘 자손이 여호와께서 모세를 통해
> 명령하신 대로 제비를 통해 이 성읍들과 그에 딸린 목초지를 레위 사람에게
> 주었다.

이 단락은 레위 사람이 거주할 성읍의 분배에 대한 개요를 소개한다. 레위 사람은 제비를 통해 성읍을 분배 받았다. 이곳에는 "제비"(לגּוֹרָל)가 모두 다섯 차례 언급된다. 이를 통해 여호와께서 전체 과정을 주관하셨다는 사실이 강조된다. 레위 사람은 여호와에게서 자신들이 거주할 성읍과 목초지를 받았다.

레위 사람 중에 가장 먼저 제비가 나온 가문은 그핫 가문이다. 그핫은 레위의 세 아들 중 둘째이며 첫째와 셋째는 게르손과 므라리다(창 46:11 참고). 그핫 가문에 제비가 가장 먼저 나온 이유는 제사장 아론의 자손이 이 가문에 속하기 때문이다. 그핫 자손 중에서도 제사장 아론의 자손이 가장 먼저 성읍을 분배 받았다. 이들에게 할당된 성읍은 유다 지파와 시므온 지파와 베냐민 지파에서 낸 열세 성읍이다. 이들은 다른 레위 사람의 성읍에 비해 예루살렘과 가장 가까운 위치에 있다. 이는 앞으로 예루살렘 성전에서 섬겨야 할 제사장의 임무를 고려한 하나님의 오묘한 섭리를 생각하게 만든다.

제사장 아론의 자손을 제외한 나머지 그핫 자손은 에브라임 지파와 단 지파(북쪽으로 이주하기 전)와 요단 서편의 므낫세 반 지파에서 낸 열 성읍을 받는다. 레위의 첫째 아들인 게르손의 자손은 잇사갈 지파와 아셀 지파와 납달리 지파와 요단 동편(바산)의 므낫세 지파가 낸 열세 성읍을 받았다. 끝으로, 레위의 셋째 아들인 므라리의 자손은 요단 동편의 두 지파(르우벤과 갓)와 요단 서편의 스불론 지파에서 열두 성읍을 받았다.

8절은 이스라엘 자손의 순종과 헌신을 강조한다. 그들은 "여호와께

서 모세를 통해 명령하신 대로" 하였다. 이스라엘 자손의 순종과 헌신은 그들을 "제사장 나라"와 "거룩한 백성"으로 세우는 복된 결과를 가져온다(출 19:6). 이렇게 해서 가나안은 여호와께서 영원무궁하도록 다스리시는 "주의 거룩한 처소"가 된다(출 15:13). 구약의 여호수아가 내다보는 이 일은 신약의 여호수아를 통해 완성된다(계 21장 참고).

아론의 자손이 받은 성읍(21:9-19)

> **사역** ⁹그들은 유다 자손 지파와 시므온 자손 지파에서 여기에 이름으로 소개되는 이 성읍들을 주었다. ¹⁰레위 자손 가운데 그핫 가문에 속한 아론의 자손이 성읍을 가졌다. 왜냐하면 그들에게 첫째로 제비가 나왔기 때문이다. ¹¹그들에게 아낙의 아버지 아르바의 성읍 기럇 아르바 곧 유다 산지의 헤브론과 그 주변의 목초지를 주었다. ¹²그러나 그 성읍의 들과 그에 딸린 마을들은 여분네의 아들 갈렙에게 소유로 주었다. ¹³아론의 자손에게 준 것은 살인자의 도피성 헤브론과 그에 딸린 목초지, 립나와 그에 딸린 목초지, ¹⁴얏딜과 그에 딸린 목초지, 에스드모아와 그에 딸린 목초지, ¹⁵홀론과 그에 딸린 목초지, 드빌과 그에 딸린 목초지, ¹⁶아인과 그에 딸린 목초지, 윳다와 그에 딸린 목초지, 벧세메스와 그에 딸린 목초지로 아홉 성읍이며 이들 두 지파에서 나온 것이다. ¹⁷또 베냐민 지파에서 나온 것은 기브온과 그에 딸린 목초지, 게바와 그에 딸린 목초지, ¹⁸아나돗과 그에 딸린 목초지, 알몬과 그에 딸린 목초지로 네 성읍이다. ¹⁹아론의 자손 제사장들의 성읍은 모두 열세 성읍과 그에 딸린 목초지이다.

4-8절에서 레위 사람이 받은 성읍의 개요가 나왔다면, 이제부터는 레위 사람이 받은 성읍의 이름이 구체적으로 소개된다. 먼저 9-19절은 그핫 자손 가운데 제사장 아론의 자손이 받은 열세 성읍의 이름을 하나씩 열거한다. 각 성읍은 그에 딸린 목초지와 함께 레위 사람에게 제공되는데, 이는 레위 사람의 가축과 짐승들을 위한 것이다(민 35:3 참고). 특별히 주

목할만한 것은 헤브론에 대한 설명이다. 여호수아 14:14에 의하면, 헤브론은 여분네의 아들 갈렙의 기업이다. 하지만 이곳에서 헤브론의 소속이 더 자세하게 밝혀진다. 헤브론은 제사장 아론의 자손이 거주할 성읍이자 살인자의 도피성이다. 갈렙의 기업은 헤브론에 속한 "들"과 그에 딸린 "마을들"이다(12절).

나머지 그핫 자손이 받은 성읍(21:20-26)

> **사역** ²⁰레위 사람 그핫 자손의 가문들 곧 그핫 자손 가운데 남은 자들에게는 에브라임 지파에서 나온 성읍들이 돌아갔다. ²¹그들에게 준 것은 에브라임 산지에 있는 살인자의 도피성 세겜과 그에 딸린 목초지, 게셀과 그에 딸린 목초지, ²²깁사임과 그에 딸린 목초지, 벧호론과 그에 딸린 목초지로서 네 성읍이다. ²³또 단 지파에서 나온 것은 엘드게와 그에 딸린 목초지, 깁브돈과 그에 딸린 목초지, ²⁴아얄론과 그에 딸린 목초지, 가드 림몬과 그에 딸린 목초지로서 네 성읍이다. ²⁵또 므낫세 반 지파에서 나온 것은 다아낙과 그에 딸린 목초지, 가드 림몬과 그에 목초지로서 두 성읍이다. ²⁶모두 열 성읍과 그에 딸린 목초지가 남은 그핫 자손의 가문들에게 돌아갔다.

이 단락은 제사장 아론의 자손을 제외한 그핫 자손이 받은 성읍들과 목초지를 구체적으로 알려준다. 광야시절 그핫 자손은 성소에서 가장 귀중한 물건(언약궤, 진설상, 등잔대, 금제단 등)을 운반하는 직분을 맡았다(민 4:4-16 참고). 가나안 정착 이후에도 필요한 경우(예, 전쟁) 그핫 자손이 언약궤를 운반했을 가능성이 크다. 비제사장 계열의 그핫 자손이 받은 성읍은 에브라임 지파에서 네 성읍, 단 지파에서 네 성읍, 요단 서편의 므낫세 반 지파에서 두 성읍으로 도합 열 성읍이다. 살인자의 도피성 세겜이 비제사장 계열 그핫 자손에게 돌아간 것도 주목할만한 요소다.

게르손 자손이 받은 성읍(21:27-33)

사역 ²⁷레위 사람 가문들 중에 게르손 자손에게 준 것은 므낫세 반 지파에 속한 살인자의 도피성 바산의 골란과 그에 딸린 목초지, 브에스드라와 그에 딸린 목초지로서 두 성읍이다. ²⁸또 잇사갈 지파에서 나온 것은 기시온과 그에 딸린 목초지, 다브랏과 그에 딸린 목초지, ²⁹야르뭇과 그에 딸린 목초지, 엔간님과 그에 따린 목초지로서 네 성읍이다. ³⁰또 아셀 지파에서 나온 것은 미살과 그에 달린 목초지, 압돈과 그에 딸린 목초지, ³¹헬갓과 그에 딸린 목초지, 르홉과 그에 딸린 목초지로서 네 성읍이다. ³²또 납달리 지파에서 나온 것은 살인자의 도피성 갈릴리의 게데스와 그에 딸린 목초지, 함못 돌과 그에 딸린 목초지, 가르단과 그에 딸린 목초지로서 세 성읍이다. ³³게르손 사람이 가문별로 받은 성읍은 모두 열세 성읍과 그에 딸린 목초지이다.

이 단락은 레위의 첫째 아들인 게르손의 자손이 받은 성읍들과 목초지를 구체적으로 알려준다. 그것들은 요단 동편의 므낫세 반 지파에서 나온 두 성읍과 요단 서편의 세 지파(잇사갈, 아셀, 납달리)에서 나온 열한 성읍이다. 요단 서편의 경우 잇사갈 지파와 아셀 지파가 각각 네 성읍씩 내었고 납달리 지파가 세 성읍을 내었다. 게르손 자손이 받은 성읍은 도합 열셋이다. 이 중에서 두 곳(바산의 골란, 갈릴리의 게데스)이 살인자의 도피성이라는 점도 주목해야 할 요소이다.

므라리 자손이 받은 성읍(21:34-42)

사역 ³⁴남은 레위 사람 중 므라리 자손에 준 것은 스불론 지파에서 나온 욕느암과 그에 딸린 목초지, 가르다와 그에 딸린 목초지, ³⁵딤나와 그에 딸린 목초지, 나할랄과 그에 딸린 목초지로서 네 성읍이다. ³⁶또 르우벤 지파에서 나온 것은 베셀과 그에 딸린 목초지, 야하스와 그에 딸린 목초지, ³⁷그데못과 그에 딸린 목초지, 메바앗과 그에 딸린 목초지로서 네 성읍이다. ³⁸또 갓 지

> 파에서 나온 것은 살인자의 도피성 길르앗의 라못과 그에 딸린 목초지, 마하나임과 그에 딸린 목초지, ³⁹헤스본과 그에 딸린 목초지, 야셀과 그에 딸린 목초지로서 모두 네 성읍이다. ⁴⁰레위 사람 가문들 중에 남은 자 곧 므라리 자손이 가문별로 제비 뽑아 받은 성읍은 모두 열두 성읍이다.

마지막으로 이 단락은 레위의 셋째 아들 므라리의 자손이 받은 성읍과 목초지를 열거한다. 이들이 받은 성읍은 도합 열둘이다. 요단 서편의 스불론 지파가 네 성읍을 내었고 요단 동편의 두 성읍(르우벤, 갓)이 각각 네 성읍씩 내었다. 여기에는 도피성 둘(베셀과 길르앗의 라못)이 포함된다. 그런데 길르앗의 라못과 달리 베셀의 경우는 살인자의 도피성이라고 설명되지 않는 것이 특이하다.

마무리(21:41-42)

> **사역** ⁴¹이스라엘 자손의 소유 가운데 레위 사람이 얻은 성읍은 모두 사십팔 성읍과 그에 딸린 목초지이다. ⁴²이 성읍들 각각의 주위에 목초지가 있었으며 이 모든 성읍들이 다 그러했다.

이 짧은 본문은 레위 사람에게 분배된 성읍과 그에 딸린 목초지에 관한 기록을 마무리하는 역할을 한다. 이곳에는 레위 사람이 모두 사십팔 성읍과 그에 딸린 목초지를 받았다는 사실이 언급된다. 사십팔이란 숫자는 여호와께서 모세에게 말씀하신 것과 같다(민 35:7). 레위 사람은 여호와께서 모세를 통해 약속하신 말씀대로 사십팔 성읍과 그에 딸린 목초지를 받았다. 앞에서 설명한 것처럼, 레위 사람이 사십팔 성읍을 분배 받은 것과 그들이 그곳에 실제로 거주하는 것은 다른 문제다. 그럼에도 레위 사람의 성읍이 정해진 것은 이스라엘 자손이 가나안에서 하나님을 섬기는 예배 공동체로 출발할 준비가 완료되었다는 의미다. 레위 사람이 두루 흩어져 거하는 가나안 땅은 하나님이 거하시며 다스리시는 성소이자 하나님 나라이다(출 15:17-18 참고).

9.5 땅 분배 종결(수 21:43-45)

사역 ⁴³여호와께서 이스라엘의 조상들에게 주기로 맹세하신 모든 땅을 이스라엘에게 주셨으므로 그들이 그것을 차지하여 그곳에 거주하였다. ⁴⁴여호와께서 조상들에게 맹세하신 것과 같이 그들에게 사방으로부터 안식을 주셨고 그들의 원수들 중에 한 사람도 그들을 대항할 수 없었다. 여호와께서 그들의 모든 원수들을 그들의 손에 주셨다. ⁴⁵여호와께서 이스라엘 집에 말씀하신 모든 선한 말씀 가운데 한 말씀도 실패하지 않고 다 이루어졌다.

이 본문은 전체 땅 분배 기사를 종결하는 역할을 한다. 이곳에는 여호와께서 이스라엘의 조상들에게 하신 맹세가 성취되었다는 사실이 강조된다. 이스라엘 자손이 가나안에서 기업을 얻은 것은 여호와께서 그들의 조상에게 하신 맹세에 따른 일이다. 대개 맹세란 약속의 실행을 보증하기 위한 것이다. 이런 점에서 맹세는 하나님께 필요하지 않다. 하나님의 약속은 그 자체로 신뢰하기에 충분하다. 하나님은 거짓이 없는 분이다(삼상 15:29; 히 6:18 참고). 그럼에도 하나님은 이스라엘 자손에게 가나안 땅을 주실 것을 맹세로 보증하셨다. 이는 하나님께서 이스라엘 자손에게 가나안 땅을 주시는 일을 얼마나 중하게 여기시고 그 일에 얼마나 큰 관심을 가지셨는지를 잘 보여준다.

과거 하나님은 아브라함에게 횃불언약으로써 아브라함의 후손이 가나안 땅을 소유하게 될 것이라고 약속하셨다(창 15:8-21). 쪼개진 짐승 사이로 지나간 횃불은 여호와께서 약속을 반드시 지키실 것을 보증하는 맹세의 성격을 갖는다. 창세기 22:16-18에서 하나님은 "내가 나를 가리켜 맹세하노니"(בִּי נִשְׁבַּעְתִּי, by myself I swear)라는 표현을 사용하셔서 아브라함의 후손이 "그 대적의 성문을 차지하리라"고 말씀하신다. 또한 창세기 24:7에서 아브라함은 "여호와께서 … 내게 맹세하여 이르시기를 이 땅을 네 씨(후손)에게 주리라 하셨으니"라고 말한다. 나아가 창세기 26:3-4에서 하나님은 이삭에게 "내가 네 아버지 아브라함에게 맹세한 것을 이루어 … 이 모든 땅을 네 자손에게 주리니"라고 말씀하신다. 하나님은 당신 자신을 가리켜 맹세할 정도로 이스라엘 자손에게 가나안 땅을 주시는 일에 열심을 가지셨다. 이제 이 맹세가 이루어져 이스라엘 자손이 가나안 땅을 기업으로 얻을 수 있게 되었다. 히브리서는 이 일이 앞에 있는 소망을 향하여 나아가는 성도에게 "영혼의 닻"과 같다고 말한다(히 6:19).

다른 한편, 본문은 여호와께서 이스라엘 자손에게 "사방으로부터 안식을 주셨[다]"고 밝힌다. 이스라엘 자손이 가나안에서 안식을 얻을 것이란 약속은 신명기에 여러 차례 나온다(신 3:20; 12:10; 25:19). 이제 이 약속된 안식이 성취되었다. 이스라엘 자손은 가나안에서 안식을 얻었다. 이스라엘 자손에게 가나안은 안식의 땅이다. 이는 가나안이 여호와의 "성소"라는 사실과 밀접한 관계에 있다(출 15:17). 가나안은 여호와께서 그 백성 가운데 행하시며 다스리실 장소다(레 26:12; 출 15:18). 그러므로 이스라엘 자손이 얻은 안식은 하나님의 임재와 통치 안에서 얻는 안식이다. 그것은 성소에서 누리는 안식이다. 신약은 성전보다 크신 이 안에서 얻는 안식을 말씀한다(마 11:28; 12:6). 성도가 얻을 종말의 안식 또한 성전 안에서 얻는 안식이다(계 21:3-4).

이곳에는 여호수아 1장에 나오는 표현들이 메아리처럼 울리고 있다는 점도 간과하지 말아야 한다. 여호수아 1:6의 말씀 "내가 그들의 조상에게 맹세하여 그들에게 주리라 한 땅을 이 백성에게 차지하게 하리라"는 여호수아 21:43의 말씀 "여호와께서 이스라엘의 조상들에게 주기로 맹세하신 모든 땅을 이스라엘에게 주셨으므로 그들이 그것을 차지하여 그곳에 거주하였다"에서 반향이 된다. 또한 여호수아 1:5의 말씀 "네 평생에 너를 대적할 자가 없으리니"는 여호수아 21:44의 말씀 "그들의 원수들 중에 한 사람도 그들을 대항할 수 없었다"에서 반향이 된다. 끝으로, 여호수아 1:15의 말씀 "여호와께서 너희를 안식하게 하신 것 같이 너희의 형제도 안식하며"는 여호수아 21:44의 말씀 "여호와께서 … 그들에게 안식을 주셨고"에서 반향이 된다. 이는 여호와의 말씀이 모두 이루어졌음을 확인해준다. 여호수아 21:45의 말씀이 그것을 강조한다.

> 여호와께서 이스라엘 집에 말씀하신
> 모든 선한 말씀 가운데 한 말씀도 실패하지 않고 다 이루어졌다.

본문이 약속의 성취를 강조하지만 이스라엘 자손이 차지하지 못한 땅과 쫓아내지 못한 족속이 남아있었던 것도 사실이다. 여호수아 15:63은 유다 자손이 예루살렘의 여부스 사람을 쫓아내지 못하였다고 밝힌다. 이러한 실패는 요셉 자손에게도 발견된다. 그들은 가나안의 여러 성읍들(벧 스안, 이블르암, 돌, 엔돌, 다아낙, 므깃도)을 점령하지 못했으며(수 17:12-13), 철 병거로 무장한 가나안 사람을 두려워하기도 했다(수 17:16). 뿐만 아니라 유다 지파와 요셉 집안을 제외한 나머지 일곱 지파는 심지어 땅을 차지하는 일에 태만하기까지 하였다(수 18:3). 이런 태만과 실패의 예들은 땅을 차지하는 일이 쉽게 이루어지지 않았음을 가르쳐준다. 그것은 이스라엘 자손 편에서 믿음과 순종으로 나설 때만 완성될 수 있는 일이었다. 믿음과 순종 없이 땅의 완전한 소유는 불가능하다. 그럼에도 저자는 이스라엘 자손이 땅을 완전히 차지한 것처럼 서술한다. 무엇이 이것을 가능하게 했을까? 그것은 불완전한 현재의 성취에서 미래의 완전한 성취를 내다보는 선지자의 관점이다. 저자는 인간의 연약함과 불순종조차 약속을 성취하시는 하나님의 주권적 섭리로 극복될 미래를 현재로 앞당긴다.

특주 8 안식의 땅 가나안

안식과 가나안의 관계에 대해서는 언약궤에 관한 특주에서 간단히 살펴본 바 있다. 안식이 여호수아서의 중요한 신학적 주제이기에, 여기서 더 자세히 살펴볼 필요가 있다.

민수기 10:33이 논의의 출발점을 제공한다: "그들이 여호와의 산에서 떠나 삼일 길을 갈 때에 여호와의 언약궤가 그 삼일 길에 앞서 가며 그들의 쉴 곳을 찾았고". 여기에 언급된 "쉴 곳"은 안식 또는 안식의 장소를 뜻하는 '메누하'(מְנוּחָה)의 번역이다. '메누하'는 여호수아서에서 '안식을 주다'의 의미로 사용된 동사(נוח)에서 나온 명사다(수 1:13, 15; 21:44; 22:4 참고). 출애굽 이후 광야에서 언약궤가 이스라엘 자손을 앞서 가며 '메누하' 곧 '안식의 장소'를 찾은 매우 의미심장하다. 그것은 이스라엘 자손이 언약궤의 인도로 안식의 장소인 가나안 땅에 들어갈 것을 예고한다. 여호수아 3-4장은 이스라엘 자손이 실제로 언약궤의 인도로 가나안 땅에 들어간 것을 알려준다(특히 수 3:3-4 참고). 나아가 여호수아 6장은 여리고 성을 정복하는 일에 언약궤가 중심된 역할을 한 것을 보여준다. 후속하는 정복전쟁에서 언약궤가 어떤 역할을 했는지는 알 수 없다. 하지만 여리고 전쟁이 정복전쟁의 시작이란 사실은 중요한 의미를 갖는다. 그것은 여리고 전쟁이 정복전쟁의 모델임을 암시한다. 따라서 여리고 전쟁에서 언약궤의 역할은 상징적 의미를 갖는다. 이스라엘 자손은 궁극적으로 언약궤로 인해 가나안의 적들을 물리치고 그 땅에서 안식을 얻는다. 이것은 민수기 10:35-36이 가르치는 바이기도 하다.

> 궤가 떠날 때에는 모세가 말하되 여호와여 일어나사 주의 대적들을 흩으시고 주를 미워하는 자가 주 앞에서 도망하게 하소서 하였고 궤가 쉴 때에는 말하되 여호와여 이스라엘 종족들에게로 돌아오소서 하였더라

여기서 언약궤와 안식의 관계를 다시금 생각할 필요가 있다. 언약궤는 성막/성전의 가장 중요한 기물이다. 언약궤는 지성소에 있는 기물로서 하나님의 보좌에 해당한다(언약궤에 대한 특주 참고). 그런데 구약에서 성전은 언약궤를 위한 "안식의 집"으로 간주된다(대상 28:2; 시 132:8 참고). 이는 가나안 땅을 안식의 장소로 제시하는 여호수아의 신학과 무관하지 않다. 앞에서 보았듯이, 민수기 10:33은 언약궤가 광야에서 안식의 장소를 찾아가는 광경을 소개한다. 또한 여호수아 3-4장은 언약궤가 요단 강을 건너 가나안 땅으로 들어오는 광경을 보여준다. 이는 가나안 땅이 언약궤가 찾던 안식의 장소임을 말해준다. 다른 말로 하면, 가나안 땅은 언약궤를 위한 "안식의 집" 곧 성전이다. 이는 이스라엘 자손이 요단을 건너기 전에 스스로를 성결하게 하고 요단을 건넌 후에는 성소에 들어갈 자에게 필히 요구되는 할례를 행한 일이 암시하는 바이기도 하다(수 3:5; 겔 44:9 참고). 나아가 가나안 땅이 이스라엘 자손에게 하나님을 섬기는 장소라는 사실도 이 땅의 신학적 성격을 밝혀준다. 여호수아는 세겜의 언약갱신 의식에서 이스라엘 자손에게 여호와만 섬기라고 촉구한다.

> 그러므로 이제는 여호와를 경외하며 온전함과 진실함으로 그를 섬기라 너희의 조상들이 강 저쪽과 애굽에서 섬기던 신들을 치워 버리고 여호와만 섬기라.(수 24:14)

위의 인용구에서 '섬기다'를 의미하는 동사 '아바드'(עָבַד)는 성소에서 섬기는 레위인들의 활동을 묘사하는데 사용된다(민 3:7-8; 4:23-24, 26). 따라서 이스라엘 자손이 여호와를 섬기는 땅인 가나안은 성소에 버금가는 장소라고 할 수 있다. 이스라엘 자손이 홍해를 건넌 다음 모세가 부르는 노래는 가나안 땅이 하나님이 거하실 성소임을 분명하게 밝힌다.

주께서 백성을 인도하사 그들을 주의 기업의 산에 심으시리이다 여호와여 이는 주의 처소를 삼으시려고 예비하신 것이라 주여 이것이 주의 손으로 세우신 성소로소이다 여호와께서 영원무궁 하도록 다스리시도다 하였더라. (출 15:17-18)

이곳에 언급된 "주의 기업의 산", "주의 처소", "주의 손으로 세우신 성소"는 모두 가나안 땅을 가리킨다. 가나안 땅은 하나님의 기업이자 하나님이 거하실 처소이며 하나님의 성소이다. 이는 가나안 땅이 안식의 장소라는 사실과 하나로 연결된다. 성전이 언약궤를 위한 안식의 집이듯(대상 28:2), 가나안 땅은 언약궤가 찾은 안식의 땅이다(민 10:33). 이스라엘 자손은 언약궤의 주인이신 하나님을 섬기는 가운데 안식의 땅에서 안식을 얻는다.

그렇다면 가나안 땅에 세워지는 성막과 성전은 어떤 의미를 가지는가? 성막과 성전은 분명히 언약궤가 머물고 하나님이 특별히 임재하시는 장소이다. 동시에 성막과 성전은 가나안 땅 전체가 하나님이 임재하시는 성소임을 나타내는 상징적 기능을 한다. 이는 실로에 세워질 성막의 의미에 대해 설명하는 레위기 26:11-12에서 확인할 수 있는 내용이다.

> 내가 내 성막을 너희 중에 세우리니 내 마음이 너희를 싫어하지 아니할 것이며 나는 너희 중에 행하여 너희의 하나님이 되고 너희는 내 백성이 될 것이니라.

여기서 "나는 너희 중에 행하여"는 하나님이 이스라엘 자손 가운데 두루 임재하시는 것을 표현하는 말이다. 하나님은 성막에 고정되어 계시지 않는다. 하나님은 그의 백성 가운데 행하신다(신 11:12 참고). "행하다"

로 번역된 동사 '히트할렉'(הִתְהַלֵּךְ)은 에덴 동산에 거니시는 하나님을 묘사하는데도 사용된다(창 3:8). 과거에 에덴의 동산에 거니시던 하나님은 이제 가나안 땅에 거니신다. 여러 학자들이 말하듯이, 에덴의 동산은 성소적 특성을 갖는다.[23] 다시 말해 에덴의 동산은 하나님이 임재하시는 성

---

[23] 다음 아홉 가지 요소들이 에덴의 성소적 특성을 나타낸다.
1) 창세기 2:15에서 아담을 에덴에 두는 행위를 묘사하는 동사(הִנִּיחַ)는 여호와 앞이나 성소에 무언가를 두거나 바치는 행위를 묘사한다(출 16:33-34; 레 16:23; 민 17:4[19]; 신 26:4, 10; 대하 4:8).
2) 창세기 2:15에 사용된 동사(נוּחַ의 히필)는 또 다른 차원에서 에덴 동산의 성소적 특성을 나타낸다. 여러 주석가들이 이곳에 사용된 נוּחַ의 히필이 '안식하게 하다'는 함의를 가진다고 본다. 그 이유는 נוּחַ의 기본형이 '안식하다'의 의미를 가지며 8절과 15절에서 동사의 변화(שִׂים → נוּחַ의 히필)가 관찰되기 때문이다. 두 구절이 모두 아담을 에덴에 두시는 여호와의 행위를 묘사함에도 불구하고 각각 다른 동사를 사용한다. 이는 에덴 동산이 아담을 위한 안식의 장소임을 암시하기 위한 저자의 의도를 반영한다. 구약에서 안식의 장소는 다름 아닌 성전이다(대상 28:2; 시 132 8; 사 66:1).
3) 에덴 동산은 "여호와/하나님의 동산"(창 13:10; 겔 28:13; 31:8-9; 사 51:3) 또는 "하나님의 성산"(겔 28:14)으로 불린다. 이는 에덴 동산에서 "거니시는" 하나님을 소개하는 창세기 3:8과 연결된다. 구약에서 하나님의 성산은 모두 하나님이 계신 성전을 의미한다(시 15:1; 99:9; 사 27:13; 56:7; 65:11, 25; 66:20; 욜 3:17; 습 3:11; 슥 8:3).
4) 에덴 동산에서 아담이 해야 할 일을 묘사하는 두 동사(שָׁמַר, עָבַד)는 성소에서 섬기는 레위인과 제사장의 임무를 묘사하는 데 사용된다(민 3:7-8; 8:26; 18:2-7). 이는 아담이 에덴 동산에서 한 일이 레위인과 제사장이 성소에서 한 일과 같은 성격의 것임을 나타낸다.
5) 에덴 동산에는 출입구를 지키는 그룹 천사가 있었다. 이는 에덴 동산이 바깥 세계와 구별된 장소임을 말해준다. 무엇보다 그룹 천사는 성막에서 중요한 자리를 차지한다. 지성소의 궤 위에 그룹 형상이 만들어졌고 휘장에도 그룹이 수놓여졌다(출 25:18-20, 22; 26:1, 31).
6) 에덴 동산의 출입구는 동쪽이다(창 3:24). 이와 마찬가지로 성전의 출입구도 동쪽이다(민 3:38).
7) 성소의 살구나무 모양의 등잔은 어둠을 밝히는 생명의 빛을 상징한다는 의미에서 에덴 동산의 생명나무를 지시한다(요 1:4 참고).
8) 에덴 동산은 네 강물이 흘러나가는 근원이다(창 2:10). 이는 선지자 에스겔이 성전 문지방 밑에서 물이 흘러나와 큰 강이 되는 것과 연결된다(겔 47:1-5).
9) 에덴 동산의 중앙에는 생명과 사망의 길을 보이는 계시의 나무가 있다(창 2:9). 이는 성막의 지성소에 생명과 사망의 길을 보이는 계시의 말씀이 있는 것과 연결된다(출 25:21, 22; 레 18:5).
다음은 에덴의 동산을 성소로 보는 학자들이다: G. J. Wenham, "Sanctuary Symbolism in the Garden of Eden Story," *Proceedings of the Ninth World Congress of Jewish Studies, Division A: The Period of the Bible* (Jerusalem: World Union of Jewish Studies, 1986), 19-25; W. J. Dumbrell, "Genesis 2:1-17: A Foreshadowing of the New Creation,"

소이다. 이는 가나안 땅 역시 하나님이 두루 임재하시는 성소라는 사실을 다시금 확인해준다. 이렇게 볼 때, 가나안의 한 장소인 실로에 세워진 성소는 가나안 땅 전체가 성소임을 나타내는 상징적 구조물임을 알 수 있다. 이것은 실로가 지리적으로 가나안의 중앙에 위치할 뿐만 아니라 문학적으로도 땅 분배 부분(13-21장)의 중심에 자리한다는 사실이 나타내는 바이기도 하다.

결론적으로, 이스라엘 자손이 가나안 땅에서 안식을 얻은 것은 그 땅이 하나님이 임재하시는 성소라는 측면에서 이해되어야 할 신학적 문제이다. 구속사적 차원에서 이 안식은 한편으로 창조의 일곱째 날을 특징짓는 하나님의 안식과 아담이 에덴의 동산에서 누린 안식을 상기시키며, 다른 한편으로 종말에 그리스도 안에서 얻을 안식을 지시한다. 이 안식은 하나님을 왕으로 모시고 하나님의 말씀에 순종함으로써 누릴 수 있는 것으로서 "전체 삶을 포괄하는 온전한 행복의 상태"이다(1:12-18; 11:23 주해 참고).[24] 하나님과의 온전한 관계를 떠나 누릴 수 있는 안식은 없다. 하나님을 배반할 때 온갖 종류의 먹기에 좋고 보기에 아름다운 과일과 마실 물이 풍부한 에덴의 동산(창 2:8-14)에서 수고와 고통과 죽음으로 특징지어지는 저주의 땅(창 3:16-19)으로 추방되며, "젖과 꿀이 흐르는 땅"(זָבַת חָלָב וּדְבָשׁ אֶרֶץ, 수 5:6)이 변하여 "괴로움의 골짜기"(עֵמֶק עָכוֹר, 7:26)가 된다.

여호수아가 이룩한 안식은 완전한 것이 아니었다. 그것은 인간의 불

Biblical Theology: Retrospect & Prospect, S. J. Hafemann, ed. (Downers Grove: IVP Academic, 2002), 53-65; G. K. Beale, "Eden, the Temple, and the Church' Mission in the New Creation," *JETS* 48/1 (2005): 5-31; P. R. Williamson, *Sealed with an Oath: Covenant in God's Unfolding Purpose* (Downers Grove: IVP, 2007), 49; T. Desmond Alexander, *From Paradise to the Promised Land: An Introduction to the Pentateuch*, third ed. (Grand Rapids: Baker Academic, 2012), 123-25; Dempster, *Dominion and Dynasty*, 62-63.

[24] '안식을 주다'로 번역되는 동사(נוח의 히필)는 많은 경우 "구원의 선물"(Heilsgut)을 가리키는 말로 사용된다(사 14:3; 겔 44:30 참고). See Preuß, נוח, in *ThWAT* 5, 302.

순종에 의해 파괴될 위험 가운데 있었다. 여호수아서가 강조하는 "모든 적들로부터 안식"은 다윗과 솔로몬 시대에 이루어질 안식을 거쳐(삼하 7:1, 11; 왕상 5:4) 예수 그리스도 안에서 성취될 궁극적인 안식을 바라본다 (마 11:28; 요 14:27). 예수께서 성취하신 안식은 완전하다. 그분은 하나님께 온전한 순종을 바치셨으며 자신에게 오는 자들을 온전히 안식하게 하실 수 있다(히 4:14-16 참고).

10.1 지파들의 연합(수 22장)

10.2 여호와의 율법과 이스라엘의 소명

제10장 책의 종결

(수 22-24장)

땅 분배가 완료됨으로써 이스라엘 자손을 향한 여호와의 약속이 모두 성취되었다. 이제 남은 일은 새로운 땅 가나안에서 살아가는 일이다. 요단을 건넌 직후 길갈에서 행한 언약갱신 의식과 여리고와 아이의 정복 이후 에발 산에서 행한 언약갱신 의식은 가나안에서 이스라엘 자손에게 요구되는 삶이 무엇인지를 드러낸다(수 5:2-11; 8:30-35). 그들은 여호와와의 관계에 충실하여 여호와를 사랑하며 그분의 말씀에 순종하는 거룩한 삶을 살아야 한다. 땅 분배 기사도 이것을 가르친다. 가나안의 지리적 중심이라 할 수 있는 실로에 예배의 중심인 회막이 세워졌다(수 18:1). 또한 땅 분배가 레위 사람이 성읍을 받는 것으로 종결된다(수 21장). 이로부터 여호와와 함께 거하며 여호와를 섬기는 것이 이스라엘 자손에게 요구되는 삶이란 사실을 알 수 있다.

하지만 가나안에서 이스라엘 자손이 이루어야 할 소명을 본격적으로 다루는 곳은 여호수아 22-24장이다. 이 세 장은 두 가지 문제에 초점을 맞춘다. 우선 22장은 요단 동편의 르우벤 지파, 갓 지파, 므낫세 반 지파가 요단 서편의 아홉 지파 반과 함께 한 하나님을 섬기는 하나의 언약공동체를 이룬다는 점을 가르친다. 다음으로 23-24장은 가나안에서 새롭게 출발하는 언약공동체의 본질적 사명이 무엇인지를 드러낸다. 그것은 우상을 멀리하고 오직 여호와만을 사랑하는 것이다.

구성적 차원에서 위의 두 주제는 여호수아 1장의 내용과 대칭을 이룬다. 먼저, 요단 동편의 지파들과 요단 서편의 관계에 관한 문제가 여호수아 1:10-18에서 다루어진다. 그곳에서 여호수아는 요단 동편에서 기업을 얻은 두 지파 반이 그들의 형제 지파들과 함께 요단을 건너가서 요단 서편의 정복전쟁에 참여하도록 명령한다. 여호수아 22장은 요단 동편의 두 지파 반이 이 명령을 완수하고 자신의 기업으로 돌아가는 내용을 다룬다. 다음으로, 이스라엘 자손이 여호와께 바쳐야 할 순종과 충성의 문제가 여호수아 1:1-9에서 다루어진다. 그곳에는 이스라엘 자손이 가나안 땅을 기업으로 받기 위해서는 여호와의 율법을 지키는 한 가지 길에서 떠나지 않아야 한다는 것이 강조된다. 여호수아 23-24장에 기록된 여호수아의 고별설교와 세겜에서 가진 언약갱신 의식은 여호와께 대한 순종과 충성의 중요성을 강조하면서 책의 피날레를 장식한다.

    A 여호수아 1:1-9: 여호와의 율법에 좌우되는 소명
        B 여호수아 1:10-18: 이스라엘 자손 지파들의 연합
        B´ 여호수아 22:1-34: 이스라엘 자손 지파들의 연합
    A´ 여호수아 24:1-33: 여호와의 율법에 좌우되는 소명

10.1 지파들의 연합(수 22장)

여호수아의 종결부는 여호수아가 르우벤 지파, 갓 지파, 므낫세 반 지파를 요단 저편으로 돌려보내는 일을 소개하는 일과 더불어 시작된다. 이 일은 여호수아의 도입부(수 1:12-18)에 약속된 내용의 성취에 해당한다. 그곳에서 여호수아는 르우벤 지파, 갓 지파, 므낫세 반 지파가 나머지 아홉 지파 반과 함께 요단을 건너가 정복전쟁을 한 다음 자신들의 소유지인 요단 동편으로 돌아가야 한다고 말하였다(수 1:14-15). 르우벤 지파, 갓 지파, 므낫세 반 지파는 그 말에 순종하였다. 그들은 다른 지파들보다 앞장서 요단을 건넜으며 그들을 도와 정복전쟁을 수행하였다(수 4:12). 이처럼 정복전쟁은 이스라엘 열두 지파가 함께 연합하여 이루어 낸 일이다. 이제 정복전쟁이 끝나고 이스라엘 자손이 땅을 차지하였기에 그들은 마침내 요단 동편의 소유지로 돌아갈 수 있게 되었다.

10.1.1 요단 동편 지파들의 환송(수 22:1-9)

칭찬과 권면(22:1-5)

> **사역** ¹그때에 여호수아가 르우벤 사람과 갓 사람과 므낫세 반 지파를 불러 ² 그들에게 말하였다. "너희가 여호와의 종 모세가 너희에게 명령한 모든 것을 지키고 내가 너희에게 명령한 모든 것에서 내 목소리를 들었다. ³이날까지 이 많은 날 동안 너희 형제들을 저버리지 않았으며 너희 하나님 여호와의 계명이 주는 의무를 지켰다. ⁴이제 너희 하나님 여호와께서 말씀하신 대로 너희 형제들에게 안식을 주셨으니 이제 돌이켜 너희 장막으로, 여호와의 종 모세가 요단 저편에서 너희에게 준 너희 소유지로 가라. ⁵오직 지극히 조심하여 여호와의 종 모세가 너희에게 명령한 율법과 계명을 행하고, 너희 하나님 여호와를 사랑하고, 그의 모든 길로 다니고, 그의 계명들을 지키고, 그에게 밀착하고, 너희 온 마음과 너희 온 정신을 다하여 그를 섬기라."

1절의 "그때"는 이스라엘 자손이 기업을 분배 받고 레위 자손들도 거주할 땅과 목초지를 얻음으로써 그 땅에 안식이 이루어졌을 때를 가리킨다(수 21:44). 르우벤 지파와 갓 지파와 므낫세 반 지파에 대한 언급은 요단강 도하(수 4:12)와 땅 분배의 시작(수 13:8)에서 볼 수 있다. 이들 두 지파 반은 모세를 통해 요단 동편의 땅을 기업으로 얻었다(민 32:33). 모세는 그들이 나머지 이스라엘 자손들과 함께 요단을 건너 가서 가나안의 적들과 싸운다는 조건으로 그런 일을 허락했다(민 32:29). 여호수아서에서 르우벤 지파와 갓 지파와 므낫세 반 지파는 여호수아가 정복전쟁을 준비하는 맥락에서 가장 먼저 중요한 이슈로 부각된다(수 1:10-18). 여호수아는 그들에게 모세의 명령을 상기시키며 세 가지를 명령한다: 1) 형제들보다 앞장서서 요단을 건너가라, 2) 형제들이 땅을 차지하고 안식을 얻을 때까지 도우라, 3) 그 후에 요단 동쪽에 있는 자신의 소유지로 돌아가라. 여호수아의 이 명령은 이스라엘 자손 열두 지파가 거주지의 차이에도 불구하고 언약 안에서 하나의 공동체를 이루는 한 형제임을 강조한다.

2-3절에서 여호수아는 르우벤 지파와 갓 지파와 므낫세 반 지파가 자신의 임무와 역할에 충실하였다고 칭찬한다. 그는 먼저 "너희가 여호와의 종 모세 너희에게 명령한 모든 것을 지키고 내가 너희에게 명령한 모든 것에서 내 목소리를 들었다"고 말한다. 이 말에서 모세의 명령과 여호수아 자신의 명령이 나란히 언급된다. 이는 모세의 명령과 여호수아 자신의 명령이 동일한 의미와 중요성을 가진다는 것을 나타낸다. 모세와 여호수아의 관계는 여호수아서가 때로는 암묵적으로 때로는 명시적으로 줄곧 강조하는 주제이다(수 1:5, 17; 3:7; 4:14; 5:15; 8:31; 11:15; 19:50; 24:25-26, 29). 여호수아는 모세의 명령을 충실하게 따랐다. 여호수아가 따른 모세의 명령은 실은 여호와의 명령이다. 이런 의미에서 여호수아 자신 또한 여호와의 종이다(수 24:29 참고).

르우벤 지파와 갓 지파와 므낫세 반 지파는 모세의 명령과 여호수아의 명령 곧 여호와의 명령을 모두 지켰다. 그들은 형제들보다 앞서 요단을 건넜다(수 4:12). 그들은 형제들이 땅을 차지하기까지 가나안의 적들과 힘써 싸웠다. "이날까지 이 많은 날 동안 너희 형제들을 저버리지 않았[다]"는 말은 그것을 가리킨다. 그들은 형제들이 싸울 때 방관하거나 소극적인 태도를 취하지 않았다. 그들은 한 하나님 여호와를 섬기는 언약 공동체의 일원답게 자신들의 책임과 의무를 다하였다. "이날까지 이 많은 날 동안"은 정복전쟁이 오래 지속되었음을 나타냄과 동시에(수 11:18 주해 참고), 요단 동편의 두 지파 반이 보여준 헌신의 크기와 진실성을 확인해준다. 바울 사도의 말을 빌리자면, 그들은 "성령의 하나되게 하신 것을 힘써 지[켰다]"(엡 4:3). 그들이 한 일은 결국 "너희 하나님 여호와의 계명이 주는 의무"를 지킨 일이다.

4절의 표현 "너희 하나님 여호와", "너희 형제들"에서 요단 서편의 지파들과 요단 동편의 지파들이 모두 한 하나님 여호와를 섬기는 한 백성이란 여호수아의 인식을 읽을 수 있다. 4a에서 여호수아는 "이제 너희 하나님 여호와께서 너희에게 말씀하신 대로 너희 형제들에게 안식을 주셨으니"라고 말한다. 이 말은 여호수아 1:15a에 기록된 여호수아의 말을 기억하게 만든다. 그곳에서 여호수아는 "여호와께서 너희에게처럼 너희 형제들에게 안식을 주실" 것이라고 말하였다. 그러므로 4a는 여호수아가 과거에 했던 말을 상기하며 그 말대로 이루어졌음을 확인하는 말이다. 또한 4a는 1:15a의 여호수아의 말이 사실상 여호와께서 주신 말씀이었다는 사실을 드러낸다. 4a에서 여호수아가 "여호와께서 너희에게 말씀하신 대로 너희 형제들에게 안식을 주셨으니"라고 말하기 때문이다.

요단 서편의 아홉 지파 반이 땅을 차지하고 안식을 얻으면, 이는 요단 동편의 두 지파 반이 자기 소유지로 돌아갈 때가 되었음을 의미한다. 1:15b에서 여호수아가 그것을 약속하였기 때문이다. 여호수아는 그 약속대로 4b에서 "이제 돌이켜 너희 장막으로, 여호와의 종 모세가 요단 저편에서 너희에게 준 너희 소유지로 가라"고 말한다. 결론적으로, 22:4는 1:15와 약속과 성취의 관계로 묶여있다. 앞에서 밝힌 것처럼, 여호수아서는 안식에 대한 약속과 그 약속의 성취를 각각 책의 시작부분과 끝부분에 배치함으로써 신학적으로나 문학적으로 매우 짜임새 있는 구성을 보여준다. 여기서 약속의 땅에서의 안식이 여호수아서의 중요한 신학적 주제임을 알게 된다. 여호와는 약속에 따라 백성에게 안식을 주시는 신실하신 하나님이다.

5절에는 여호수아가 요단 동편의 지파들에게 권면하는 내용이 나온다. 이 권면은 하나의 명령형 동사에 여섯 개의 부정사구가 따라오는 형식으로 되어있다. 그러므로 이 권면은 하나이면서 여섯 개의 내용을 포함한다. 첫째는 여호와의 종 모세가 명령한 율법과 계명을 행하는 것이며, 둘째는 여호와를 사랑하는 것이며, 셋째는 그의 길로 다니는 것이며, 넷째는 그의 계명들을 지키는 것이며, 다섯째는 그에게 밀착하는 것이며, 여섯째는 온 마음과 온 생명을 다하여 그를 섬기는 것이다. 이 중에서 첫째("율법과 계명"), 셋째("그의 길"), 넷째("계명들")는 같은 말의 반복에 가깝다. 둘째("여호와를 사랑하는 것")와 다섯째("그에게 밀착하는 것")도 마찬가지다. 그러므로 첫째부터 다섯째까지의 내용은 두 가지 곧 '율법을 지키는 것'과 '여호와를 사랑하는 것'으로 압축될 수 있다("밀착"에 대한 설명은 23:6-11 주해 참고). 율법을 지키는 것과 여호와를 사랑하는 것은 분리되지 않는다. 여호와를 사랑하면 그분의 율법을 지킨다. 또한 율법을 지키는 것은 여호와를 사랑하는 자에게 나타나는 자연스러운 결과이다. 마지막 여섯 번째 내용("그를 섬기는 것")은 전체 권면에 대한 종합에 해당한다. 여호와의 계명을 지키고 그분을 사랑하는 것이 곧 여호와를 섬기는 것이다. 여호와를 섬기는 일은 "온 마음"과 "온 생명"을 다하여 해야 할 일이다.

5절의 "오직 지극히 조심하여 여호와의 종 모세가 너희에게 명령한 율법과 계명을 행하고"에 더 주목할 필요가 있다. 이 말씀은 1:7에 기록된 여호와의 말씀 "오직 매우 강하고 담대하여 나의 종 모세가 너에게 명령한 모든 율법을 지켜 행하고"와 상당히 유사하다. 5절의 말씀은 여호수아가 백성에게 한 말이며 1:7은 여호와께서 여호수아에게 하신 말씀이다. 책의 마지막 부분에서 여호수아는 과거 여호와께서 자신에게 말씀하셨던 것처럼 백성에게 말하고 있다. 이는 여호수아가 여호와의 대리자 역할을 하고 있음을 나타낸다. 모세도 여호와를 대신하여 여호와의 말씀을 전하였던 인물이다(신 6:1 참고). 모세와 마찬가지로 여호수아는 여호와의 말씀을 전하는 여호와의 종이다. 그런데 여호수아가 전한 여호와의 말씀은 새로운 것이 아니다. 그것은 모세가 신명기에 기록한 여호와의 말씀과 동일하다. 다음 도표가 그것을 잘 보여준다(cf. Wray Beal, 379).

1) 너희 하나님 여호와를 사랑하라(신 6:5; 11:13, 22; 19:9; 30:6, 16, 20)
2) 그 모든 길로 다니라(신 8:6; 10:12; 11:22; 19:9; 30:16)
3) 그의 계명을 지키라(신 4:40; 8:2, 11; 13:4[5], 18[19]; 26:18; 28:1, 15;

    30:10, 16)
  4) 그에게 밀착하라(신 10:20; 11:22; 13:4[5]; 30:20)
  5) 그를 섬기라(신 6:13; 11:13)

추가적인 권면과 귀향(22:7-9)

> **사역** ⁶여호수아가 그들을 축복하여 보내니 그들이 자기 장막으로 갔다. ⁷므낫세 반 지파에게는 모세가 바산에서 (기업을) 주었고 다른 반 지파에게는 여호수아가 그들의 형제들과 함께 서쪽으로 요단 건너편에서 (기업을) 주었다. 여호수아가 그들을 자기 장막으로 보내며 축복할 때 ⁸그들에게 또 말하여 이르기를 "많은 재물과 매우 많은 소와 은과 금과 동과 철과 매우 많은 의복을 가지고 너희 장막으로 돌아가서 너희 원수들의 노획물을 너희 형제들과 나누라"고 하였다. ⁹르우벤 자손과 갓 자손과 므낫세 반 지파가 가나안 땅 실로의 이스라엘 자손에게서 떠나 길르앗 땅 곧 여호와의 말씀에 따라 모세를 통해 소유한 소유지로 돌아갔다.

이 소(小) 단락은 요단 동편의 두 지파 반이 그들의 소유지로 돌아갔다는 진술로 시작하고 끝맺는다. 이 진술은 6절에 간단히 언급되고 9절에서 확장된다. 이를 통해 저자는 요단 동편의 두 지파 반이 자신들의 소유지로 돌아간 것을 강조하고 있다. 그것에 더하여 저자는 므낫세 지파의 반이 요단 서편에서 기업을 받은 일과 나머지 반 지파가 요단 동편의 바산에서 기업을 받은 일을 밝힌다. 이 문제는 민수기 32:33-42에서 처음 언급되고, 여호수아 13:7-13에서 더 구체적으로 설명된다. 한 지파(므낫세)가 절반은 요단 서편에서 다른 절반은 요단 동편에서 기업을 얻은 것은 요단 서편의 그룹과 동편의 그룹이 모두 형제이며 한 백성이란 사실을 더욱 분명하게 나타낸다.

7b의 "여호수아가 그들을 자기 장막으로 보내며 축복할 때"에서 6절에 서술되었던 내용이 반복된다. 이것은 저자가 자주 사용하는 '되돌

아가기' 기법의 하나에 해당한다(수 2:15-21; 3:9-13; 4:10-14; 6:22-25; 8:3-9; 10:11-13, 16-21, 40-43 참고). 이 기법을 통해 저자는 여호수아가 요단 동편의 지파들을 돌려보내며 축복할 때 한 말을 소개한다. 이 말에는 정복전쟁에서 얻은 노획물의 분배에 관한 문제가 나타난다. 노획물의 분배는 축복에 속한다. 이스라엘 자손은 노획물을 얻음으로써 여호와께서 주시는 복을 받았다. 그러므로 여호수아가 백성을 축복하는 맥락에서 노획물의 분배를 말하는 것은 자연스러운 일이다. 여호수아의 말에는 "많은 재물", "매우 많은 소와 은과 금과 동과 철", "매우 많은 의복"이 언급된다. 가장 먼저 언급된 "많은 재물"은 뒤에 열거되는 "매우 많은" 물품들에 대한 포괄적인 설명으로 보인다. 이스라엘 자손은 정복전쟁을 통해 "많은 재물"을 얻었다. 여호수아는 그것들을 "너희 형제들과 나누라"고 말한다.

하나님께서 주신 복은 어느 누구도 독점해서는 안 된다. 그것은 "형제들" 곧 언약공동체의 구성원들이 골고루 나눠 가져야 할 공동의 복이다. 구속사적 측면에서 이스라엘 자손이 정복전쟁에서 얻은 전리품은 예수 그리스도께서 십자가를 지심으로써 죄의 권세를 파하신 결과 성도들이 얻게 된 "하늘에 속한 모든 신령한 복"(엡 1:3)과 비교될 수 있다. 구약 이스라엘에게 주어진 물질의 복은 신약의 교회에 주어지는 신령한 복과 종말에 나타날 영광스러운 복을 지시한다(계 7:16-17; 21:9-27 참고). 이 계시의 빛을 통해 보면, 언약 공동체의 구성원은 서로를 형제로 알고 하나님께서 주신 복을 공유해야 한다. 예수께서 승천하신 후 초대교회가 이 원리를 잘 구현하였다(행 4:32 참고).

9절에서 르우벤 자손과 갓 자손과 므낫세 반 지파가 자신의 소유지로 돌아갔다는 6절의 기사가 반복된다. "실로의 이스라엘 자손에게서 떠났다"는 말은 실로가 이스라엘을 대표하는 장소였으며 종교적으로나 정치적으로 중요한 일이 그곳에서 이뤄졌다는 것을 알려준다(12절 참고). 실로에 성소가 세워진 것을 고려하면(수 18:1 참고), 그것은 당연한 일이다. 르우벤 지파, 갓 지파, 므낫세 반 지파는 자신들의 소유지인 "길르앗 땅"으로 돌아갔다. 이 땅은 그들이 "여호와의 말씀에 따라 모세를 통해 소유한 소유지"라고 자세히 설명된다. 길르앗 땅은 요단 서편의 가나안 땅과 마찬가지로 여호와께서 이스라엘 자손에게 주신 땅이다.

8.1.2 공동체를 위협하는 문제와 해결(수 22:10-34)

이곳에는 요단 동편의 두 지파 반이 자신들의 소유지로 돌아가는 도중에 세운 제단으로 인해 생긴 긴장과 갈등이 기록된다. 이 기록은 요단 동편의 두 지파 반과 요단 서편의 아홉 지파 반이 지리적 구분에도 불구하고 모두 여호와를 섬기는 하나의 공동체를 이룬다는 것을 확실하게 증언한다. 조블링(D. Jobling)은 이 단락이 정교한 대칭구조로 되어있음을 발견하였다. 아래의 도표는 조블링의 발견을 옮겨놓은 것이다.[1] 여기서는 조블링의 분석을 따르되, 편의상 32-34절을 한 단위로 묶어서 주해하려고 한다.

   (a) 10-11 요단 가에 쌓은 제단
    (b) 12 전쟁을 하려는 계획
     (c) 13-15a 대표단의 구성과 여행
      (d) 15b-20 대표단의 비난
       (e) 21-29 요단 동편 지파들의 해명
      (d') 30-31 대표단의 대답
     (c') 32 대표단의 귀환
    (b') 33 전쟁을 하려는 계획의 철회
   (a') 34 제단에 붙인 이름

---

[1] D. Jobling, *The Sense of Biblical Narrative: Structural Analysis in the Hebrew Bible II*, JSOTS 39 (Sheffield: Sheffield Academic Press, 1986), 98.

요단 가에 쌓은 제단(22:10-11)

> **사역** ¹⁰그들이 가나안 땅의 요단 지역에 오자 르우벤 자손과 갓 자손과 므낫세 반 지파가 그곳 요단 가에 제단을 쌓았는데 보기에 큰 제단이었다. ¹¹이스라엘 자손이 듣고 말하기를, "보라. 르우벤 자손과 갓 자손과 므낫세 반 지파가 가나안 땅 앞에, 요단 지역에, 이스라엘 자손 맞은 편에 제단을 쌓았다"고 하였다.

요단 동편의 두 지파 반은 자기 소유지로 돌아오는 길에 요단 가에다 "보기에 큰 제단"을 쌓았다. 11절에는 이 제단이 세워진 위치가 삼중으로 자세히 묘사된다: "가나안 땅 앞에, 요단 지역에, 이스라엘 자손 맞은 편에". 하지만 이곳이 요단 서편과 동편의 요단 지역 중 어디를 가리키는지 불분명하다. 해석은 세 가지로 나뉘어진다. 첫째, 입으로 전해진 소문이었으므로 모호한 면이 있다. 이 모호성은 독자가 이 소문을 곧이곧대로 받아들이지 않아야 한다는 암시일 수 있다(Nelson, 252, cf. Woudstra, 321). 둘째, 제단이 세워진 곳은 요단 동편이다. 왜냐하면 요단 동편의 사람들은 자신들의 영토에 제단을 쌓으려고 했을 것이기 때문이다(Pitkänen, 359). 셋째, 제단이 세워진 곳은 요단 서편이다. "가나안 땅 앞에"는 요단 서편의 가나안 땅 입구를 가리키며 "이스라엘 자손 맞은 편에" 역시 같은 장소를 지시한다. '~ 맞은 편에'로 번역된 구문(אֶל־עֵבֶר)은 어떤 것의 가장자리를 가리키기도 한다(Butler, 245, cf. Wray Beal, 380; Howard, 406; Creach, 109; Keil, 171). 마지막 해석이 옳은 것 같다. 10절은 문제의 제단이 "가나안 땅의 요단 지역"에 세워진 것을 분명하게 밝히기 때문이다.

11절에서 "이스라엘 자손"과 구분되는 그룹으로 "르우벤 자손과 갓 자손과 므낫세 반 지파"가 따로 언급되는 것이 인상적이다. 이 구분은 요단 동편의 지파들과 이스라엘 자손의 관계에 대한 관심을 불러일으킨다. 그들은 이스라엘 자손에 속하지 않는가? 그들은 이스라엘 자손과 하나의 공동체를 이루는 언약백성이 아닌가? 이 질문이 제기되는 이유는 르우벤 자손과 갓 자손과 므낫세 반 지파가 지리적으로 가나안 땅 밖인 요단 동편에 거주하기 때문이다. 거주지의 분리는 언약 공동체의 연합과 하나됨을 해치는 원인이 될 수 있다. 그러나 가장 심각한 위험은 종교적인 분리에 있다. 요단 동편과 서편의 사람들이 각자 나름의 제의 장소를 갖는다면 그들을 하나의 공동체로 묶는 언약이 유지될 수 없다. 이런 이유로 르우벤 자손과 갓 자손과 므낫세 반 지파가 제단을 쌓았다는 소문은 이스라엘 자손을 놀라게 했다. 11절에 나오는 간투사 "보라."(הִנֵּה)는 그들이 받은 충격을 잘 드러낸다.

전쟁을 하려는 계획(22:12)

> **사역** ¹²이스라엘 자손이 듣고 이스라엘 자손의 모든 회중이 실로에 모여 그들에게 올라가 전쟁을 하려고 하였다.

이 구절에 언급된 "이스라엘 자손의 모든 회중"은 요단 서편에 속한 이스라엘 자손을 가리킨다. 이 표현은 요단 동편의 그룹을 이스라엘 자손에서 제외시킨다는 인상을 준다. 그러나 그것이 저자의 의도라고 보기는 어렵다. 저자는 처음부터 요단 동편의 그룹이 요단 서편의 그룹과 "형제"임을 분명하게 밝히기 때문이다(수 1:14-15; 22:3-4 참고). 따라서 "이스라엘 자손의 모든 회중"은 현재의 특수한 상황을 고려한 수사적 과장으로 이해하는 것이 바람직하다. 저자는 이 표현을 통해 요단 동편의 그룹이 이스라엘 자손의 회중에서 제외될 위기에 처한 것을 강조하고 있다. 나중에 밝혀질 일이지만(24-28절), 요단 동편의 그룹이 염려한 일도 바로 그것이다.

요단 서편의 이스라엘 자손은 요단 동편의 두 지파 반과 전쟁을 하려고 하였다. 그 이유는 그들이 한 행위가 모세의 율법에 반하는 일인 것처럼 보였기 때문이다. 그들이 제단을 쌓은 것은 여호와 외에 다른 신을 섬기겠다는 신호 내지는 자신들만의 제사를 위한 제단을 따로 갖겠다는 의도로 해석될 여지가 다분하다. 둘 중 어느 것이던 모세의 율법이 엄히 금하는 일이다. 이스라엘 자손은 회막이 있는 곳에 나아가 그곳에서 제사를 드려야 한다(레 17:8-9; 신 12:13-14 참고).

이스라엘 자손은 모세의 율법에 따라 여호와를 섬기는 공동체이다. 그러므로 모세의 율법을 따르지 않는 개인이나 집단은 공동체를 해치는 '적'(敵)으로 간주될 수밖에 없다. 이스라엘 자손의 회중에 속하느냐 그렇지 않느냐의 문제는 혈통적/민족적 동질성 보다는 종교적/신앙적 동질성에 달려있다. 여리고 사람 라합과 이스라엘 사람 아간의 상반된 운명이 이것을 잘 가르쳐준다. 여호와 외에 다른 신을 섬기거나 여호와의 율법을 따르지 않는 개인이나 집단은 혈통적/민족적으로 이스라엘에 속할지라도 종교적/신앙적으로는 가나안 족속과 같다. 그러므로 지금까지 가나안 족속과 싸웠던 이스라엘 자손이 이제 자신의 형제인 르우벤 지파, 갓 지파, 므낫세 반 지파와 싸우려고 나선다.

대표단의 구성과 여행(22:13-15a)

사역 [13]이스라엘 자손이 르우벤 자손과 갓 자손과 므낫세 반 지파에게, 즉 길르앗 땅으로 제사장 엘르아살의 아들 비느하스를 보냈다. [14]열 명의 지도자들 곧 이스라엘 모든 지파들의 아버지 집에서 한 지도자씩 그와 함께 했다. 그들은 각자 이스라엘 부족들의a 아버지들의 집의 머리였다. [15a]그들이 르우벤 자손과 갓 자손과 므낫세 반 지파에게, 길르앗 땅으로 가서

[번역주] 14a "부족들"은 원문의 אֲלָפִים에 대한 번역이다. 칠십인역과 유사하게 개역개정역은 이 말을 뒤이어 나오는 "머리"(ראש)와 연결하여 "천부장"으로 번역한다. 이 번역은 1) אֲלָפִים과 ראש 사이의 문구 "아버지들의 집"을 건너뛰고 있어서 원문에 충실하지 않으며, 2) 여호수아 시대 이스라엘 자손에게

> 천부장이 10명밖에 되지 않았을 것이라는 오해를 야기한다. ESV, NIV 등 다수의 영역본과 주석들은 אֲלָפִים을 "부족들"(clans) 해석한다(Howard, Butler, Woudstra 등).

이스라엘 자손은 바로 전쟁을 선언하지 않고 더 신중한 태도를 취하였다. 그들은 전쟁을 하려고 가기 전에 대표단을 파견하여 형제들의 입장을 먼저 살피도록 하였다. 대표단은 제사장 엘르아살의 아들 비느하스와 요단 서편의 아홉 지파 반을 대표하는 열 명의 지도자들로 구성되었다. 비느하스는 여호와를 향한 열심으로 특별한 인물이다. 그는 이스라엘 자손이 싯딤에서 모압 여인들과 음행을 하며 바알브올에게 가담하는 죄를 범하였을 때 여호와의 "질투심으로 질투하여" 범죄한 자를 심판하였다(민 25:11 참고). 이곳에서 비느하스가 중심인물로 등장하는 것은 이런 배경과 잘 어울린다. 이곳에서 문제가 되는 것은 여호와를 바르게 섬기는 일이기 때문이다. 더군다나 여기서는 제의적인 문제 곧 '제단'이 관심의 초점이다. 그러므로 제사장의 아들 비느하스가 문제를 해결하는 지도자로 나서는 것은 지극히 자연스러운 일이다.

비느하스와 함께 한 지도자 열 명은 요단 서편의 아홉 지파를 대표하는 아홉 명과 므낫세 반 지파를 대표하는 한 명을 더한 수이다. 14절에 언급된 "아버지 집"이 무엇을 가리키는지 모호하다. 버틀러에 의하면(Butler, 246), 그것은 고대 이스라엘 사회에서 '지파'(שבט 또는 מטה)와 '부족'(משפחות 또는 אלפים)보다 하위에 있는 제 삼의 구분이라고 한다. 하지만 버틀러 자신도 인정하듯이 그런 구분을 14절에 그대로 적용하기는 어렵다. "아버지 집"이 '지파'나 '부족'보다 하위 구분이라면, 거기서 뽑힌 지도자가 열 명일 수는 없다. 우드스트라가 설명하듯이(Woudstra, 323), "아버지 집"은 적어도 여기서는 '지파' 또는 '부족'과 같은 범위의 사회 단위로 이해하는 것이 더 합리적이다. 이 경우 "아버지 집"은 이스라엘 지파가 공동의 "아버지"(조상)에게 난 형제들의 공동체임을 강조하기 위해 의도적으로 삽입된 표현이란 설명이 가능하다.

대표단의 비난(22:15b-20)

> **사역** ¹⁵ᵇ그들에게 말하라. ¹⁶"여호와의 모든 회중이 이렇게 말하였다. '너희가 오늘날 여호와께 반역하여 너희를 위한 제단을 쌓음으로써 여호와를 따르는 데서 돌이켜 이스라엘의 하나님을 배반하여 행한 이 배반행위가 무엇이냐? ¹⁷우리에게 브올의 죄가 부족한가? 그로 인해 재앙이 여호와의 회중에 있었으나 우리가 오늘날까지 그것에서 우리 자신을 정결케 하지 못하였다. ¹⁸오늘날 너희가 여호와를 따르는 데서 돌이켜 오늘날 너희가 여호와께 반역하였으니 장차 그가 이스라엘 온 회중에게 진노하실 것이다. ¹⁹그러나 만일 너희의 소유지가 부정하다면, 너희 자신을 위해 여호와의 성막이 거하는 여호와의 소유지로 건너와 우리 가운데서 소유를 얻으라. 우리 하나님 여호와의 제단 외에 너희를 위하여 제단을 쌓음으로써 여호와께 반역하지 말고 우리를 반역하지 말라. ²⁰세라의 아들 아간이 바친 물건에 대하여 배반행위를 하여 이스라엘 온 회중에 진노가 임하지 아니하였느냐? 그의 죄로 그 사람 하나만 죽지 않았다.'"

대표단은 길르앗 땅으로 가서 르우벤 자손과 갓 자손과 므낫세 반 지파에게 말하였다. 그들은 선자자들이 흔히 사용하는 '사자공식'("... 이렇게 말하였다")을 사용하여 요단 서편 그룹의 말을 전하였다. 16절의 "여호와의 모든 회중"은 요단 서편의 이스라엘 자손을 가리키는 표현이다. 이 표현은 요단 동편 그룹이 자신들을 위해 따로 제단을 쌓은 이상 여호와의 회중으로 인정할 수 없다는 인식을 반영한다. 여기서 '회중'(עֵדָה)은 이스라엘 자손이 여호와를 섬기는 예배공동체임을 부각하기 위한 표현일 수 있다(Nelson, 252; NIDOTTE 3, 326-67). 대표단은 '여호와께 반역하다', '여호와를 따르는 데서 돌이키다'라는 표현을 반복함으로써 요단 동편 그룹이 한 일의 심각성을 강조한다. '여호와께 반역하다'(מרד ביהוה)는 민수기 14:9에도 나온다. 거기서 이 표현은 여호와의 약속을 믿지 못하고 애굽으로 돌아가려고 하는 사람들에 대하여 사용된다. 요단 서편 그룹이 보기에 요단 동편 그룹이 제단을 쌓은 일은 광야 행군에서 이스라엘 자손이 애굽으로 돌아가려고 한 일만큼이나 여호와께 반역적인 일이다. 흥미롭게도 19절에서 "여호와"께 대한 반역과 "우리"에 대한 반역이 함께 언급된다. 이스라엘 자손은 언약으로 여호와께 연합된 백성이다. 이 유대관계가 "여호와"께 대한 반역을 "우리"에 대한 반역으로 만들며 그 반대도 만든다(창 12:3 참고).

16절의 "배반하여 행한 이 배반행위"는 동사 '배반하여 행하다'(מָעַל)가 명사 '배반행위'(מַעַל)를 동족목적어로 취하는 구문이다. 이 표현방식은 '배반행위'를 강조하는 효과를 가져온다. 여호수아 7:1에서 '배반행위'는 여호와께 바친 물건을 취한 아간의 범죄를 묘사하는 말로 사용된다. 또한 민수기 31:16에서 이 말은 이스라엘 자손이 "브올의 사건" 곧 모압(과 미디안)의 신들에게 절한 우상숭배 행위를 가리키는데 사용된다(민 25:16-18 참고). 그런데 놀랍게도 "브올의 죄"와 아간의 범죄가 이곳에 언급된다. 요단 서편 그룹의 시각에, 요단 동편 그룹이 한 일은 "브올의 죄"와 같은 우상숭배이며 아간의 범죄와 같이 여호와의 명령에 반기를 든 악행이다. "브올의 죄"로 인해 이스라엘 자손에게 여호와의 진노(염병)가 임하였고, 이로 인해 이만 사천 명이 죽었다(민 25:9). 또한 아간의 범죄는 이스라엘 자손이 아이 전쟁에서 패하고 많은 군사가 죽는 비극적 결과를 가져왔다(수 7:4, 5). 이는 연대성의 원리 곧 이스라엘 자손이 언약공동체로서 그 구성원 모두가 상호 연대관계로 묶여 있는 것을 보여준다(수 7:1 주해 참고). 따라서 요단 동편 그룹이 한 배반행위는 그들 자신의 문제로 끝나지 않는다. 그것은 이스라엘 회중 전체에 여호와의 진노를 불러온다. 18절과 20절에서 비느하스가 이끄는 대표단은 이 사실을 상기시키면서 요단 동편 그룹을 강하게 비난한다.

17절에는 매우 특이한 내용이 나온다. 대표단은 "우리에게 브올의 죄가 부족한가?"라고 반문하면서, "그로 인해 재앙이 여호와의 회중에게 있었으나 우리가 오늘날까지 그것에서 정결케 하지 못하였다"고 말한다. 이 말은 이스라엘 자손이 아직도 브올의 죄로 인해 처벌을 받고 있다거나 고통을 당하고 있다는 의미가 아니다. 그 문제는 비느하스가 '여호와의 질투심'으로 행한 심판을 통해 해결되었다(민 25:8). 대표단의 말은 이스라엘 회중 가운데 여전히 "우상숭배와 음행에 대한 유혹이 마음에서 뿌리 뽑히지 않았다"는 의미다(Goslinga, 155; Keil, 172; Howard, 409). 대표단이 보기에, 요단 동편 그룹이 한 일은 브올에서 있었던 우상숭배의 재현이다. 그렇다면 그것은 이스라엘 온 회중에 반드시 재앙을 몰고 온다. "재앙"(נֶגֶף)은 '전염병'(pestilence)을 의미하기도 한다. 출애굽 시에 애굽에 내린 열 번째 재앙도 같은 단어로 묘사된다(출 12:13).

19절에 나오는 진술 "그러나 만일 너희의 소유지가 부정하다면, 너희 자신을 위해 여호와의 성막이 거하는 여호와의 소유지로 건너와…"에서 대표단의 또 다른 생각을 읽을 수 있다. 그들은 요단 동편 그룹이 자신들의 거주지(길르앗)가 부정하다고 생각하여 제단을 쌓음으로써 그 문제를 해결하고자 하였을 수도 있다고 추측하였던 것 같다. 위의 진술에서 "너희의 소유지"(אֲחֻזַּתְכֶם)와 "여호와의 소유지"(אֲחֻזַּת יְהוָה)가 대조를 이루고 있다. 이는 요단 서편이 진정으로 여호와께 속한 땅이며 이스라엘 자손에게 속한 땅이라는 사고를 나타낸다. 곧 밝혀질 일이지만, 요단 동편 그룹이 제단을 쌓은 배후에도 이런 사고(우려)가 크게 작용하였다. 하지만 그것은 이해되기는 하지만 올바른 생각은 아니다. 하나님은 이미 모세를 통해 이스라엘 자손의 일부가 요단 동편에 거주하는 것을 허락하셨다(민 32:33; 수 1:12-15; 13:8). 그러므로 요단 서편과 마찬가지로 요단 동편도 "여호와의 소유지"다. 민수기 35:34에 의하면, 이스라엘 자손이 거하는 곳에 여호와께서 거하신다: "너희는 너희가 거주하는 땅 곧 내가 거주하는 땅을 더럽히지 말라 나 여호와는 이스라엘 자손 중에 있음이니라"(개역개정).

19절의 표현 "여호와의 성막이 거하는 여호와의 소유지"(מִשְׁכַּן יְהוָה אֲחֻזַּת יְהוָה אֲשֶׁר שָׁכַן־שָׁם)는 매우 흥미롭다. '성막'(מִשְׁכַּן)은 '거하다'(שָׁכַן)에서 파생되었다. 그런데 위의 문구에서는 '성막'이 '거하는' 행위의 주체로 의인화된다. 이것이 의미하는 바는 명확하다. 그것은 성막과 여호와의 동일시를 나타낸다. 이는 피조물과 신을 동일시하는 범신론과는 거리가 멀다. 성막이 여호와 자신인 것처럼 의인화되는 이유는 성막에 여호와께서 임재하시기 때문이다. 이런 의미에서 성막과 여호와의 동일시가 가능하다면, 이스라엘 자손이 거하는 땅 전체가 성막으로 간주될 수도 있다. 위에서 보았듯이, 이스라엘 자손이 거하는 땅은 곧 여호와께서 거하시는 땅이기 때문이다(민 35:34 참고).

요단 서편의 회중이 보낸 대표단이 사용한 표현 가운데 '정결하다'(טָהֵר)와 '부정하다'(טָמֵא)에 대해서도 약간의 설명이 필요하다. 이 두 단어는 제의적인 함의를 강하게 가진다. 이스라엘 자손은 여호와께 제사드리는 제의 공동체이다. 그러므로 그들은 여호와께 제사 드리기에 합당하도록 정결해야 한다. 정결한 사람만 여호와의 성막에 나아와 여호와께 제사드릴 수 있다(레 12:4 참고). 부정한 사람은 이스라엘 자손 가운데 머물거나 들어올 수 없다(레 13:46; 신 23:1-8 참고). 이스라엘 자손은 부정한 음식을 먹지 말아야 하며(레 11:4-8), 그들이 있는 곳은 정결하게 유지되어야 한다(민 35:34; 신 23:9-14). 한 마디로, 이스라엘 자손은 거룩하신 하나님 여호와를 섬기는 백성이기에 거룩하게 되어야 한다(레 19:2). 이스라엘 자손 가운데 부정한 것이 있으면 여호와께서 그들을 떠나신다(신 23:14 참고). 이스라엘 자손의 부정함은 그들 가운데 있는 성막을 더럽히게 되며 그 결과로 여호와의 진노(죽음)를 초래한다(레 15:31 참고). 요단 서편의 회중이 우려한 것도 이것이다. 그들이 보기에 동편 그룹이 만든 제단은 여호와의 진노를 초래할 '부정한' 것이다.

요단 동편 지파들의 해명(22:21-29)

사역 ²¹르우벤 자손과 갓 자손과 므낫세 반 지파가 대답하여 이스라엘 부족들의 머리들에게 말하였다. ²² "전능자 하나님 여호와, 전능자 하나님 여호와 그가 아시니 이스라엘 그가 알기를. 만일 반역이라면, 만일 여호와께 대한 배신행위라면, 오늘날 우리를 구원하지 마소서. ²³우리를 위해 제단을 쌓아 여호와를 쫓는 일에서 돌이키려 하거나 그 위에 번제와 소제를 드리려 하거나 그 위에 화목제의 제물을 드리려 한다면 여호와 그가 벌하시기를. ²⁴아니라, 우리가 이 일을 한 것은 두려움 때문이고 이유가 있기 때문이다. 우리가 생각하기를 후일에 너희 자손들이 우리 자손들에게 말하여 이르기를 "너희와 이스라엘의 하나님 여호와와 무슨 상관이 있느냐? ²⁵여호와께서 우리와 너희 곧 르우벤 자손과 갓 자손 사이에 요단을 경계로 주셨으니 너희에게는 여호와께 몫이 없다."고 하여 너희 자손들이 우리 자손들로 여호와를 경외하는 일을 그치게 할 것이다. ²⁶그래서 우리가 말하기를 '우리를 위하여 제단을 쌓자.' 하였으니 번제를 위한 것이 아니며 희생제사를 위한 것이 아니다. ²⁷대신에 그것은 우리와 너희와 우리의 후세대 사이에 우리의 번제와 우리의 희생제사와 우리의 화목제로 여호와 앞에서 여호와의 섬김을 섬기는 것에 대한 증거가 되어 후일에 너희 자손들이 우리 자손들에게 "너희는 여호와께 몫이 없다."고 말하지 못하게 될 것이다. ²⁸우리가 말하기를 '그들이 우리와 우리 후세대에게 말할 때에 우리가 말할 것이다. "우리 조상들이 만든 여호와의 제단의 모형을 보라. 그것은 번제를 위한 것이 아니며 희생제사를 위한 것이 아니라 너희와 우리 사이의 증거이다."' ²⁹여호와께 반역하고 오늘날 여호와를 쫓는 것에서 돌이켜 성막 앞에 있는 우리 하나님 여호와의 제단 외에 한 제단을 쌓아 번제와 소제와 희생제사를 드리는 일은 우리에게 결코 없을 것이다."

요단 동편 지파들은 요단 서편에서 온 대표단의 의심과 비난을 매우 심각하게 받아들였다. 그들은 대표단이 의심/비난하는 것처럼 여호와께 반역하거나 배신행위를 할 의도가 전혀 없으며 오히려 여호와를 섬기는 일에서 멀어지거나 배제될 것을 염려하고 두려워한다는 것을 강하게 호소하였다. 그들은 성막 앞의 제단 이외에 다른 곳에서 번제와 소제와 희생제사를 드리는 것은 여호와께 대한 반역이자 배신행위라는 것에 요단 서편 사람들과 생각을 같이 한다는 것을 분명히 했다. 그들은 자신들이 쌓은 제단이 성막 앞의 제단의 '모형'(תַּבְנִית)에 불과하며, 그것은 자신들도 여호와를 섬기는 백성임을 입증하기 위한 '증거'(עֵד)로 의도되었다고 해명하였다. 그런 '증거'(עֵד)가 필요한 이유로서 그들은 요단강을 언급하였다. 요단강이 땅을 구분하는 지리적 경계로 간주될 수 있는 만큼 후에 언젠가 요단 동편의 두 지파 반이 여호와를 섬기는 언약공동체의 일원으로 인정받지 못하게 될 위험이 있다는 것이다. 그들은 매우 흥분된 어조로 자신들의 입장을 해명하고 변호하였다. 급하고 뚝뚝 끊어지는 듯한 어투와 자주 반복되는 말들이 그들의 불안하고 흥분된 마음상태를 잘 나타낸다(Howard, 411).

22절에서 요단 동편 사람들은 하나님의 세 이름 "전능자 하나님 여호와"(יְהוָה אֵל אֱלֹהִים)를 연이어 부르다.[2] 이 세 이름의 조합은 시편 50:1에서도 확인된다. 요단 동편 사람들이 하나님의 이름 셋을 연이어 부르고 그것을 다시 반복하는 것은 지극히 간절한 그들의 마음상태를 잘 나타낸다. 그들은 "전능자 하나님 여호와"의 지식에 호소한다.

전능자 하나님 여호와 그가 아시니

사람들의 지식에는 한계도 있고 오류도 있다. 사람들은 무언가를 전혀 알지 못하거나 제대로 알지 못할 수도 있고 잘못 알 수도 있다. 사람들

---

[2] "전능자 하나님"으로 번역한 אֵל אֱלֹהִים은 '신들 중의 참 하나님'을 뜻하는 표현일 수도 있다. NRSV("God of gods")와 REB("the God of gods")가 이런 관점을 취한다.

은 외형적인 모양만을 보고 마음의 참된 의도를 곡해하기 일쑤다. 사람의 마음과 의도를 살피시고 아시는 분은 하나님 한 분뿐이다(참고: 삼상 16:7; 시 26:2; 33:15; 138:6; 139:23). 요단 동편 사람들은 이 진리를 먼저 내세움으로써 자신들의 의도가 하나님께 떳떳함을 강조한다. 그런 다음 그들은 간접명령법(jussive)을 사용하여 자신들의 마음을 호소력 있게 표현한다. 그들이 바라는 것은 이스라엘이 그들의 의도를 바르게 아는 것이다.

יִשְׂרָאֵל הוּא יֵדָע 이스라엘 그가 알기를.

요단 서편 사람들에게 "이스라엘"이란 칭호가 사용되는 것에 주목할 필요가 있다. 그것은 이 칭호가 요단 서편 사람에게만 해당된다는 의미는 아니다. 이 칭호는 그들이 여호와의 백성이란 사실을 상기시킨다(출 3:10 참고). 요단 서편 사람들은 여호와의 백성으로서 여호와께서 아시고 인정하시는 일을 하여야 한다. "여호와 그가"(יְהוָה הוּא)와 "이스라엘 그가"(יִשְׂרָאֵל הוּא)가 대구를 이루는 문장형식에서 이런 생각을 읽을 수 있다. 요당 동편 사람이 반역을 꾀하거나 배신행위를 한다고 생각하는 것은 이스라엘에게 합당하지 않다. 그것은 여호와께서 아시는 바와 다르기 때문이다. 여호와께서 아시는 바와 다르게 형제를 오해하는 것은 예나 지금이나 언약백성이 극히 주의해야 할 일이다.

22b-23절에서 자신들의 행위가 반역이나 배신행위가 아닌 것을 더욱 강력한 어조로 해명한다. 이곳에 다섯 차례 사용되는 조건문(~ אִם)은 요단 서편 사람들의 의심과 비난을 강하게 부정하는 맹세의 의미를 갖는다(Keil, 173).

만일 반역이라면
만일 여호와께 대한 배신행위라면

(만일) 우리를 위해 제단을 쌓아 여호와를 쫓는 일에서 돌이키려 하거나³
만일 그 위에 번제와 소제를 드리려 하거나
만일 그 위에 화목제의 제물을 드리려 한다면

성막 앞의 제단 이외에 다른 제단을 쌓는 일은 "여호와를 쫓는 일에서 돌이[켜]" 다른 신들을 섬기는 "배신행위"(מַעַל)이다. 또한 여호와를 섬기려는 목적이라 할지라도 성막 앞의 제단 이외에 다른 제단을 세우는 것은 여호와의 뜻에 반하는 "반역"(מֶרֶד)이다(레 17:8-9; 신 12:13-14 참고). 요단 동편 사람들은 이 모두를 강하게 부정한다. 그들은 매우 대담한 표현을 사용하여 그렇게 한다.

오늘날 우리를 구원하지 마소서.
여호와 그가 벌하시기를.

첫째 문장은 요단 서편의 대표단을 향한 말이다. 요단 서편 사람들이 군대를 보내어 자신들을 응징하더라도 달게 받겠다는 뜻이다. 둘째 문장에는 여호와가 주어로 나타난다. 여호와께서 자신들을 벌하셔도 마땅하다는 뜻이다. 요단 동편 사람들이 이런 말을 한 것은 그들의 결백함을 강조하기 위한 것이다. 다른 한편, 요단 동편 사람들의 말은 언약백성 사이에 작동하는 처벌과 징계의 원리를 반영한다(참고: 신 13:1-18; 17:2-13; 21:1-9). 언약 공동체 안에서 형제가 우상숭배나 살인 등 큰 죄를 지으면 반드시 범죄한 자를 엄벌에 처하여야 한다. 언약의 주인이신 여호와께서 죄를 벌하시는 분이기 때문이다(참고: 출 20: 4-6; 34:6-7; 신 5:8-10). 신약은 언약 백성의 정체를 크게 훼손하는 자를 공동체에서 쫓아내도록 가르친다(고전 5:1-2 참고). 하지만 궁극적으로 죄를 벌하시는 분은 역시 하나님

---

³ 이 문장에는 조건을 나타내는 불변화사 אִם 이 생략되었다.

이시다(롬 12:19; 약 4:12; 히 10:30-31 참고). 하나님이 최후의 심판자인 것을 알 때 형제를 성급하게 판단하거나 정죄하는 잘못을 피할 수 있다.

24-30절에서 요단 동편 사람들은 자신들이 제단을 쌓은 이유를 구체적으로 밝힌다. 그들은 제단을 쌓은 목적이 제사를 드리기 위한 것이 아니라고 반복해서 말한다. 먼저, 그들은 문제의 제단이 "번제를 위한 것이 아니며 희생제사를 위한 것이 아니다." 하고 단호히 말한다(26b). 다음으로, 그들은 장차 후손들이 하게 될 말을 미리 알리는 형식으로 같은 말을 되풀이한다: "그것은 번제를 위한 것이 아니며 희생제사를 위한 것이 아니라"(28b). 마지막에 그들은 "… 성막 앞에 있는 우리 하나님 여호와의 제단 외에 한 제단을 쌓아 번제와 소제와 희생제사를 드리는 일은 우리에게 결코 없을 것이다"라고 굳게 다짐한다(30절). 그들이 제단을 쌓은 이유는 "증거"(עֵד)를 위한 것이다. 그들은 그들과 그들의 후손들도 "우리의 번제와 우리의 화목제와 우리의 희생제사로 여호와 앞에서 여호와의 섬김을 섬기는 것에 대한 증거로서" 제단을 쌓았다(27절). 그들이 쌓은 제단은 실로에 있는 회막 앞의 제단을 본떠 만든 "모형"(תַּבְנִית)이다.

"여호와의 섬김을 섬기는 것"(לַעֲבֹד אֶת־עֲבֹדַת יְהוָה)이란 표현이 독특하다. "여호와의 섬김"에서 소유격은 섬김의 주체가 아니라 대상을 표현한다. 요단 동편 사람들은 '섬김'(service)을 '섬기다'(serve)의 동족목적어로 취하는 구문을 사용하여 여호와를 섬기는 일의 중요성을 강조한다. 그들에게 여호와를 섬기는 일은 매우 중요하다. 그들은 후일에 요단 서편 사람들이 "너희와 이스라엘의 하나님 여호와와 무슨 상관이 있느냐?"고 말하거나 "너희에게는 여호와께 몫이 없다"고 말함으로써 그들의 후손들이 여호와를 경외하지 않게 될 일을 크게 염려한다. 그들은 요단 서편 사람들과 함께 대대로 여호와를 섬기는 백성으로 남기를 원한다. 이는 그 당시에 요단 동편과 서편의 관계가 매우 예민한 문제였음을 말해 준다. 이 문제의 중심에는 요단이 있다. 요단은 지리적 경계로 간주될 수 있기에 요단 동편 사람들은 여호와를 섬기는 언약공동체에서 배제되는 위험을 고려하지 않을 수 없었다. 그들은 요단 가에 제단의 모형을 세움으로써 그 위험을 막고자 했다. 결과적으로 이 일은 언약공동체의 연합과 결속의 중요성을 확인하는 의미를 갖게 되었다.

대표단의 대답(22:30-31)

> **사역** ³⁰제사장 비느하스와 회중의 지도자들 곧 그와 함께 한 이스라엘 부족들의 머리들이 르우벤 자손과 갓 자손과 므낫세 자손이 한 말을 들으니 보기에 좋았다. ³¹제사장 엘르아살의 아들 비느하스가 르우벤 자손과 갓 자손과 므낫세 자손에게 말하였다. "오늘날 우리가 여호와께서 우리 가운데 계신 것을 알겠다. 이는 너희가 이 배반행위로써 여호와를 배반하지 않았기 때문이다. 이제 너희가 이스라엘 자손을 여호와의 손에서 건져내었다."

요단 동편 사람들의 적극적인 해명은 힘이 있고 설득력이 있었다. 여호와와 언약공동체에 대한 반역과 배반행위로 비쳐졌던 행위가 실은 정반대의 의도를 가진 것으로 확인되었다. 비느하스가 이끄는 회중의 지도자들은 요단 동편 사람들의 말에 만족하였다. 비느하스에 붙는 칭호 "제사장 엘르아살의 아들"은 현재의 문제가 제의 공동체로서 이스라엘의 지위와 관련됨을 상기시킨다. 출애굽기 19:6에 기록되었듯이, 이스라엘은 여호와를 섬기는 "제사장들의 나라"(מַמְלֶכֶת כֹּהֲנִים)다. 그러므로 제사/예배에 문제가 생기면 공동체의 근간이 흔들릴 수밖에 없다. 하지만 감사하게도 우려하던 일은 일어나지 않았다. 이스라엘은 제의 공동체로서 하나됨을 지킬 수 있었다.

비느하스는 요단 동편 지파가 여호와를 배반하지 않았다는 사실에 크게 안도하였다. 만일 요단 동편 지파가 그런 배반행위를 하였다면 이스라엘은 위험에 처할 수밖에 없다. 이스라엘 열두 지파는 여호와와 맺은 언약 안에서 연합하여 하나의 공동체를 이루기에 각 지파는 공동체와 깊은 연대관계를 갖는다. 한 지파나 개인이 여호와께 배반행위를 하면 그것은 공동체 전체의 배반행위가 된다. 아간의 범죄와 그 결과가 이것을 잘 보여준다. 비느하스의 안도와 만족은 이런 배경 하에서 이해되어야 한다. 비느하스는 "이제 너희가 이스라엘 자손을 여호와 손에서 건져내었다"고 말한다. 이는 요단 동편 지파가 여호와께 배반행위를 하였더라면 이스라엘 전체가 여호와의 진노를 받았을 것이라는 의미이다. 이 경우 이스라엘은 과거에 아간에게 하였듯이 요단 동편 지파를 진멸해야만 한다. 그래야만 여호와의 진노를 피할 수 있다. 결국 비느하스의 말은 요단 동편 그룹이 언약공동체의 일원이며 이스라엘에 속한다는 관점을 반영한다.

불안과 걱정을 해소한 비느하스는 "오늘날 우리가 여호와께서 우리 가운데 계신 것을 알겠다"라고 말하였다. 이스라엘 자손이 예배 공동체로서 순결을 유지할 수 있는 것은 여호와께서 그들 가운데 계신 까닭에 가능한 일이다. 여호와께서 그들을 붙들어 주시고 그들에게 은혜를 주시기에 그들이 여호와를 섬기는 예배공동체로 남을 수 있다. 이스라엘이 여호와를 섬기는 것은 여호와께서 그들 가운데 계신 증거다.

대표단의 귀환과 보고(22:32-34)

> **사역** ³²제사장 엘르아살의 아들 비느하스와 지도자들이 르우벤 자손과 갓 자손으로부터, 즉 길르앗 땅으로부터 가나안 땅의 이스라엘 자손에게 돌아와서 그들에게 말을 전하였다. ³³그 말이 이스라엘 자손의 보기에 좋았으므로 이스라엘 자손이 하나님을 칭송하고 그들을 향해 싸우러 올라가서 르우벤 자손과 갓 자손이 거주하는 땅을 멸하자는 말을 하지 않았다. ³⁴르우벤 자손과 갓 자손이 그 제단에 대하여 "실로 그것은 우리들 사이에 여호와가 하나님이 되시는 증거이다" 하고 불렀다.

비느하스가 이끄는 대표단은 길르앗에서 가나안 땅의 이스라엘 자손에게 돌아와 조사결과를 보고하였다. 그들의 보고는 이스라엘 자손을 기쁘게 했다. 이스라엘 자손은 하나님을 칭송하였다. 그들은 요단 동편 그룹이 제단을 쌓은 이유를 전해 듣고서 하나님이 이스라엘 자손과 함께 한다는 사실을 확인하였다. 그들이 우려한 대로 요단 동편 그룹이 여호와께 반역과 배반행위를 하였다면 그것은 여호와께서 그렇게 되도록 내버려 두셨기 때문일 것이다(롬 1:24 참고). 하지만 요단 동편 그룹은 대대로 여호와를 섬기는 백성으로 남기를 원했다. 그것은 여호와께서 그들을 지키시고 보호하신다는 산 증거이다. 여호와께서는 요단 동편 그룹을 지키심으로써 이스라엘 열두 지파를 분열과 붕괴의 위험에 빠지지 않게 하셨다. 그 결과 이스라엘 열두 지파는 함께 연합하여 여호와를 섬기는 형제로 남을 수 있게 되었다. 이스라엘 자손의 입장에서 이것은 매우 기쁘고 감사한 일이다. 그래서 그들은 하나님을 칭송하였다.

처음에 이스라엘 자손은 요단 동편 그룹에게로 가서 그들과 싸우고 그들의 땅을 멸하려고 하였다. 땅을 멸하는 것에는 성읍을 파괴하고 밭을 돌무더기로 만들며 샘을 메우고 나무를 찍는 것 등이 포함되었을 것이다(왕하 3:25 참고). '멸하다'를 뜻하는 동사 '샤핫'(שָׁחַת)은 신명기 20:19-20에서 나무를 찍어 없애는 일을 묘사하는데 사용된다. 이스라엘 자손이 요단 동편 사람과 전쟁을 벌였더라면, 요단 동편 지역은 나무 한 그루도 남지 않을 정도로 철저하게 파괴되었을 것이다. 언약공동체의 구성원은 서로에 대해 연대책임을 져야 하므로 그런 일이 불가피했다. 그렇게 하지 않으면 이스라엘 공동체 전체가 하나님의 진노 아래 놓이게 된다.

르우벤 자손과 갓 자손은 자신들이 만든 제단에 이름을 붙였다. 특이하게도 이름은 하나의 긴 문장으로 되어있다: "실로 그것은 우리들 사이에 여호와가 하나님이 되시는 증거이다." 이것을 부자연스럽게 여기는 사람은 원래 제단의 이름은 "증거"였으며, 현재의 긴 이름은 원래 이름에 대한 설명이었을 것으로 추측한다: "르우벤 자손과 갓 자손이 그 제단을 증거라고 불렀다. 그들이 말하기를 '왜냐하면 그것은 우리들 사이에 여호와가 하나님이 되시는 증거이기 때문이다' 하였다." ESV, NASV 등 영역본이 이 번역을 취한다. 그러나 이 번역을 뒷받침할 사본상의 증거가 너무 빈약하다. 그러므로 현재의 히브리어 본문을 그대로 유지하는 것이 더 신중한 태도라고 생각된다. 이곳에 므낫세 반 지파가 빠진 것도 주목할 만한 일이다. 저자는 므낫세 지파의 절반이 요단 서편 지역에 있는 까닭에 르우벤 지파와 갓 지파만을 언급하였을 가능성이 크다.

10.2 여호와의 율법과 이스라엘의 소명(수 23-24장)

순종과 충성은 언약백성이 그들의 하나님 여호와께 바쳐야 할 사랑과 감사의 표현이다. 여호와께서는 이스라엘 자손을 애굽의 노예생활에서 건져 내시고 광야 생활 사십 년간 그들을 인도하셨으며 마침내 가나안 족속을 몰아내시고 그 땅을 기업으로 주셨다. 이 놀라운 하나님께 이스라엘 자손이 마땅히 가져야 할 자세는 순종과 충성이다. 여호수아 23-24장에서 여호수아는 그것을 강조한다. 아직 남아 있는 가나안 족속을 몰아내고 이제 막 시작된 안식을 공고히 하기 위해서도 그 일은 불가피하다. 여호수아는 죽음이 임박한 시점에 행한 마지막 설교와 세겜에서 가진 언약갱신 의식을 통해 이스라엘 자손이 우상을 좇지 않고 오직 여호와만 섬겨야 할 것을 매우 절박하고도 엄중하게 가르친다.

여호수아 23-24장에 묘사된 여호수아의 모습은 모세와 닮았다. 이곳에서 여호수아는 과거에 모세가 그랬던 것처럼 여호와의 말씀을 대언하는 자로 나타난다. 그는 이스라엘 자손에게 우상을 섬기지 말아야 할 것과 여호와의 율법을 지켜야 할 것과 오직 여호와만 섬겨야 할 것을 가르친다. 여호수아서에서 여호수아는 줄곧 모세의 명령을 수행하는 자로 묘사되었다(수 11:15 참고). 그런데 여호수아 23-24장에서 성경독자는 어느덧 모세의 위치에 있는 여호수아를 발견한다. 이곳에서 여호수아는 모세처럼 "여호와의 종"으로 불린다(수 24:29). 여호수아 1:1에서 그가 "모세의 시종"으로 불렸던 것을 기억하면 이것은 예상되긴 해지만 그래도 놀라운 변화이다.

여호수아 23-24장이 여호수아 1:1-9와 구성적 차원에서 대칭을 이룬다는 점도 다시 상기할 필요가 있다. 앞서 "여호수아서 개관"에서 이미 소개하였듯이 여호수아 1:1-9의 표현들과 같거나 유사한 표현들이 여호수아 23-24장에서 반복된다.

> 수 23:4 보라, 내가 너희를 위해 남아있는 이 나라들을 너희 지파들의 기업이 되게 하였으니 요단에서부터 내가 멸한 모든 나라들을 포함하여 큰 바다 곧 해지는 곳까지이다.
> 수 1:4 광야와 이 레바논에서부터 큰 강 곧 유브라데 강과 헷 사람의 모든 땅까지 그리고 해가 지는 곳 대해까지 너희의 영토가 될 것이다.

> 수 23:6 너희는 매우 강하게 되어 모세의 율법 책에 기록된 모든 것을 지켜 행하고 그것에서 오른쪽이나 왼쪽으로 벗어나지 말며
> 수 1:7 오직 매우 강하고 담대하여 나의 종 모세가 너희에게 명령한 모든 율법대로 행하도록 주의하고 그것에서 오른쪽이나 왼쪽으로 벗어나지 말라.

> 수 23:9 여호와께서 크고 강한 나라들을 너희 앞에서 쫓아내셨고 너희에 대하여서는 오늘날까지 어느 누구도 너희 앞에 설 수 없었다.
> 수 1:5 네가 사는 모든 날 동안 어느 누구도 네 앞에 설 수 없을 것이다.

내가 모세와 함께 했던 것과 같이 너와 함께 할 것이다. 내가 너를 버리지 않을 것이며 내가 너를 떠나지 않을 것이다.

이 비교와 아울러 여호수아 23-24장이 여호수아를 묘사하되 백성 앞에서 그들을 권면하고 격려하는 자로 묘사한다는 점에 주의를 기울여야 한다. 여호수아의 이런 역할은 여호수아 1장이 묘사하는 바 여호수아를 권면하고 격려하시는 여호와의 모습을 떠올리게 한다. 여호수아 23-24장에서 여호수아는 여호와의 대리자로 나서고 있다. 따라서 여호수아 23-24장은 여호수아 1:1-9과 대응관계에 있는 것이 분명하다. 여호수아 23-24장은 여호수아 1:1-9와 함께 책을 감싸는 인클루지오 구조를 형성하며 전체 여호수아 책을 마지막으로 종결하는 기능을 한다.

10.2.1 여호수아의 고별설교(수 23장)

여호수아는 자신에게 부여된 정복전쟁과 땅 분배의 사명을 성공적으로 수행하고 어느덧 세상을 떠나야 할 시점에 이르렀다. 그는 자신의 역할을 수행하는 동안 한결같이 모세의 가르침과 명령을 충실하게 따랐다(수 11:15; 14:1-5 참고). 이제 여호수아는 선임자인 모세가 그랬듯이 백성에게 마지막 설교를 한다(신 31:1-13, 24-29 참고). 설교의 내용 또한 비슷하다: 1) 설교자의 나이가 많은 것을 언급함(수 23:2b ≈ 신 31:2), 2) 여호와께서 적들을 물리치실 것을 말함(수 23:5 ≈ 신 31:3-4), 3) 백성에게 "강하게 되라"고 격려함(수 23:6 ≈ 신 31:6), 4) 백성에게 율법을 지키라고 권면함(수 23:6 ≈ 신 31:9-13), 5) 백성에게 여호와를 사랑/경외하기를 명령함(수 23:11 ≈ 신 31:12-13), 6) 여호와를 배반할 경우에 있을 멸망/재앙을 경고함(수 23:13, 16 ≈ 신 31:29). 특별히 인상적인 것은 모세가 여호수아에게 "강하고 담대하라"고 격려하였듯이 여호수아가 백성에게 "강하게 되라"고 격려하는 모습이다(신 31:7 참고). 위에 열거한 사항들과 함께 이것은 여호수아가 모세의 위치에 세워진 "여호와의 종"인 것을 잘 나타낸다.

여호수아의 고별설교에서 뚜렷한 구조를 발견하기란 어렵다. 넬슨에 따르면, "이와 같이 반복과 동의어의 빈번한 사용으로 특징지어지는 수사적, 설교적 스타일은 구조분석에 적합하지 않다"(Nelson, 255). 그럼에도 본문에는 구조를 파악하는데 도움을 주는 내용들이 있다. 우선, 여호수아가 세상을 떠날 날이 임박했음을 알리는 표현이 설교의 시작(2b)과 끝(14a)을 장식한다. 다음으로, 4a의 명령형 "보라"(רְאוּ)와 14a의 불변화사 "힌네"(הִנֵּה)가 설교의 전환점을 표시한다. 특히 14a의 "힌네"(הִנֵּה)는 여호수아의 죽음을 예고하는 표현과 함께 나타난다. 이는 14-16절이 설교의 대단원에 해당한다는 것을 나타낸다. 이상의 분석에서 여호수아의 설교가 크게 세 부분으로 구성되어 있음을 알 수 있다: 1) 도입(2b-3절), 2) 본론(4-13절), 3) 결론(14-16절).

본론(4-13절)이 다루는 중심주제는 이스라엘 가운데 남아있는 나라들이다. 여기서 여호수아는 남아있는 나라들을 쫓아내기 위해 필요한 일이 무엇인지를 설명한다. 본론의 구조이해를 위해 주목해야 할 요소는 8절과 12절에서 반복되는 단어 "밀착하다"(דָּבַק)이다. 이 단어는 8절에서 여호와께 밀착하는 것을, 12절에서는 가나안 사람에게 밀착하는 것을 표현한다. 이를 통해 여호수아가 강조하는 바를 알 수 있다. 여호수아는 그의 마지막 설교에서 여호와께 밀착하고 가나안 사람에게 밀착하지 말 것을 강조한다. 끝으로, 본문의 구성과 관련하여 언급되어야 할 사항은 13b와 16b에 거의 동일한 형태로 반복되는 표현이다: "너희 하나님 여호와께서 너희에게 주신 이 좋은 땅에서 너희가 끝내 멸망할 것이다"(13b); "그분이 너희에게 주신 좋은 땅에서 너희가 속히 멸망할 것이다"(16b). 여호수아는 이스라엘 자손이 여호와께 밀착하지 않을 경우에 있을 불행을 경고함으로써 본론을 마무리할 뿐만 아니라 설교 전체를 끝맺는다. 여호수아의 설교는 미래에 있을 불행을 막기 위한 경고에 초점이 있다.

고별설교의 배경(23:1-2a)

> **사역** ¹여호와께서 이스라엘에게 주변의 모든 적들로부터 안식을 주신지 오랜 후에 여호수아가 늙고 나이가 많았다. ²ª여호수아가 모든 백성과 장로들과 지도자들과 재판관들과 관리들을 불러 그들에게 말하였다.

1절의 시간표시 "오랜 후"가 어느 시점부터 계산된 시간인지에 대해 의견이 나뉜다. 우드스트라는 책의 시작부터 계산된 시간으로 본다(Woudstra, 331-32). 이는 연속되는 두 전치사 구문(אַחֲרֵי אֲשֶׁר־הֵנִיחַ יְהוָה과 מִיָּמִים רַבִּים)이 동격관계에 있다는 생각에 기초한다: "오랜 시간 후에, 여호와께서 … 안식을 주신 후에". 피트케넨은 "그렇게 보지 않으면 이 사건이 어떻게 전체 책의 연대기와 관련되는지 정확히 확정할 수 없다"고 말한다(Pitkänen, 383). 하지만 뒤의 전치사 구문이 앞의 전치사 구문을 한정하는 것으로 이해할 수도 있다: "여호와께서 … 안식을 주신 지 오랜 후에". 이 경우 "오랜 후"란 정복전쟁과 땅 분배가 끝나고 오랜 시간이 흘렀음을 가리키는 표현이 된다. 하지만 "여호수아가 늙고 나이가 많았다"는 언급은 13:1에도 나온다. 그렇다면 땅을 분배할 시점에 여호수아는 이미 "늙고 나이가 많았다".

그러나 13:1과 22:1에 나오는 동일한 표현("여호수아가 늙고 나이가 많았다")이 반드시 같은 시점을 가리킨다고 볼 필요는 없다. 여호수아와 갈렙이 비슷한 나이였다면, 땅의 분배가 시작될 무렵 여호수아의 나이는 대략 85세 정도였을 것으로 추정된다(수 14:10 참고). 하지만 고별설교를 할 당시 여호수아의 나이는 110세에 근접하였을 것이다(수 24:29 참고). 이는 땅의 분배가 시작되었을 무렵(13:1)과 고별설교를 한 시점(23:1) 사이의 간격이 25년 정도 되었다는 것을 의미한다(Howard, 419-20). 이 시간은 "오랜 후"라고 표현하기에 충분하다.

1절은 "여호와께서 이스라엘에게 주변의 모든 적들로부터 안식을 주

[셨다]"고 밝힌다. 여기에 언급된 안식은 일차적으로 정복전쟁의 승리와 전쟁의 종결에서 오는 평안의 상태를 의미한다. 이제 이스라엘을 수고롭게 할 적들은 없다. 그들은 모두 정복되었다. 이스라엘에게 남은 일은 안식을 누리는 일이다. 그러나 "모든 적들로부터 안식"은 역사적 실제를 나타내기보다 신학적 의도를 담은 수사적 표현이다. 여호수아 시대에 모든 적들이 다 제거된 것은 아니다. 여호수아 자신도 고별설교에서 "남아 있는 이 나라들"에 대해 언급한다(4절). 앞에서 여러 차례 설명하였듯이, 이 표현은 여호수아가 얻은 최초의 큰 승리에서 마지막의 최종승리를 바라보는 저자의 신학적 관점을 반영한다.[4] 저자는 책의 앞부분에서 여호와께서 이스라엘 자손에게 주실 안식을 언급하며(수 1:13, 15), 책의 중간에서 가나안 땅이 전쟁에서 안식을 얻은 것을 언급하며(수 11:23; 14:15), 책의 뒷부분에서 여호와께서 이스라엘 자손에게 주신 안식을 언급한다(수 21:44; 22:4; 23:1). 안식은 여호수아서의 중요한 신학적 주제이다.

2a절은 여호수아가 고별설교를 하기 위해 백성을 불러 모은 것을 언급한다. 백성이 모인 장소는 특정되지 않았으나 실로가 유력하다. 그곳에 회막이 있었기 때문이다(수 18:1 참고). 모인 사람들은 "모든 백성"과 그들을 대표하는 "장로들과 지도자들과 재판관들과 관리들"이었다. 이스라엘은 출애굽 한 직후부터 백성을 재판하는 "지도자"(רָאשִׁים)를 세웠다(출 18:25). 이들은 특별히 "여호와를 경외하는 유능한 사람과 불의한 이득을 미워하는 진리의 사람"(אַנְשֵׁי־חַיִל יִרְאֵי אֱלֹהִים אַנְשֵׁי אֱמֶת שֹׂנְאֵי בָצַע, 출 18:21)이다. 이스라엘은 또한 인구조사나 가나안 정탐을 위해 지파 별로 한 사람을 "대표"(רֹאשׁ)로 세우기도 하였다(민 1:1-16; 13:1-16). 그 외에도 백성을 대표하는 칠십 명의 "장로"(זְקֵנִים)가 있었다(출 24:1). 장로들은

---

[4] Cf. Wray Beal, *Joshua*, 396: "The contradiction between this "rest" and Israel's failure to possess the land is apparent, not real. The 'rest' here proclaimed focuses on the completeness of God's acts to fulfill his promise of land. It also reckons the "rest as an anticipatory ideal to be experienced by Israel in its future."

출애굽 이전부터 이스라엘 백성을 대표하는 그룹으로 존재했다(출 3:16). 광야 시기에 모세가 백성을 이끄는 책임이 너무 무겁다고 호소하자 여호와께서는 노인 가운데 칠십 명을 세워 "장로"(זְקֵנִים)와 "관리"(שֹׁטְרִים)를 삼으라고 하셨다(민 11:16). 여호와께서는 이들에게 여호와의 영이 임하게 하심으로써 직분을 감당하도록 하셨다(민 11:17). 광야 시기에 있었던 지도자 그룹은 정복전쟁 시기에 그대로 존속했던 것으로 보인다. 여호수아서는 여호수아와 함께 백성을 이끈 관리들과 지도자들을 소개한다(수 1:10; 3:2; 7:6; 8:10, 33; 9:15; 14:1; 19:51; 21:1; 24:1, 31).

설교의 도입(23:2b-3)

> **사역** "²ᵇ나는 늙고 나이가 많다. ³ 너희는 너희 하나님 여호와께서 너희 앞에서 이 모든 나라들에게 하신 모든 일을 보았다. 왜냐하면 여호와 너희 하나님 그분이 너희를 위해 싸우신 분이기 때문이다."

여호수아는 자신이 "늙고 나이가 많다"는 말로 설교를 시작한다. 이는 여호수아의 설교가 죽기 전 마지막으로 남기는 유언의 성격이 있음을 나타낸다. 족장 야곱이 죽기 전에 아들들을 축복하였으며(창 49장) 모세도 죽음을 앞두고 설교(신 31:1-13, 24-29)와 노래(신 32:1-43)와 축복(신33장)의 형식으로 마지막 교훈을 남겼다. 다윗 역시 유언의 노래(삼하 23:1-7)와 유언의 말(왕상 2:2-9)을 남겼다. 이러한 전통 속에서 여호수아도 마지막 설교를 하였다. 따라서 이 설교에는 여호수아가 백성에게 꼭 남기고 싶은 중요한 말이 담겼을 것으로 예상하게 된다.

　여호수아는 모인 무리에게 여호와께서 "이 모든 나라들에게 하신 모든 일"을 언급한다. 이 일은 당연히 가나안의 도시국가들이 이스라엘 자손에게 정복당한 일이다. 여호수아는 그 일이 하나님이 하신 일이라고 말한다. 여호수아와 이스라엘 군대가 정복전쟁을 하였지만, 이 전쟁의 실질적인 주인공은 여호와시다. 전쟁을 명령하신 분도 여호와시며(수 1:1-9), 전쟁을 지휘하신 분도 여호와시며(수 6:1-5; 8:2, 18; 10:8-9; 11:6-7), 적들과 싸우신 분도 여호와시며(10:11), 승리를 주신 분도 여호와시다(수 10:10; 11:8). 여호와가 아니었더라면 이스라엘은 전쟁을 할 수도 없었고 이길 수도 없었다. 이스라엘 자손은 이것을 직접 체험하였다("보았다"). 여리고 성이 무너지고(수 6:20), 하늘에서 적군들에게 "돌"이 떨어지며(수 10:11), 태양과 달이 멈추며(수 10:12-13), 해변의 모래같이 많은 적군들이 쓰러지고 도망할 때(수 11:4, 8), 이스라엘은 하나님이 그들 편에서 싸우신다는 것을 알았다. 여호수아는 "여호와 너희 하나님 그분이 너희를 위해 싸우신 분"이라고 말한다.

여호수아는 하나님에 대하여 "너희 하나님 여호와" 또는 "여호와 너희 하나님"이라는 독특한 칭호를 사용한다. 이 칭호는 이스라엘과 여호와의 친밀한 관계를 표현한다. 여호와는 이스라엘의 하나님이시며 이스라엘은 그분의 백성이다. 이 복된 사실로부터 이스라엘의 임무와 과제가 정해진다. 여호수아의 설교는 이러한 이스라엘의 사명에 초점을 맞춘다.

설교의 본론(23:4-13)

1) 남아 있는 나라들(23:4-5)

> **사역** ⁴보라, 내가 너희를 위해 남아있는 이 나라들을 너희 지파들의 기업이 되게 하였으니 요단에서부터 내가 멸한 모든 나라들을 포함하여 큰 바다 곧 해지는 곳까지이다. ⁵여호와 너희 하나님 그분이 너희 앞에서 그들을 몰아내시고 너희 앞에서 그들을 쫓아내셔서 여호와 너희 하나님께서 너희에게 말씀하신대로 너희가 그들의 땅을 차지할 것이다.

시작하는 말 "보라"(רְאֵה, see)는 화자가 청중의 관심을 사로잡기 위해 사용하는 표현인 불변화사 '보라'(הִנֵּה, behold)와 다르다. "보라"(רְאוּ)는 청중이 생각하고, 살펴보고, 기억하도록 요청하는 말이다(창 39:14; 출 10:10; 16:29; 35:30; 신 32:39; 수 8:4, 8 참고). 여호수아는 여기서 이스라엘 자손에게 생각하고 기억하기를 요청하고 있다. 이스라엘 자손이 기억해야 할 내용은 가나안 땅을 기업으로 받은 일이다. 여호수아는 대제사장 엘르아살과 족장들과 함께 이스라엘 자손에게 지파 별로 땅을 분배하였다(수 14:1; 19:51). 그러므로 가나안 땅은 동쪽으로 요단에서부터 서쪽으로 지중해("큰 바다")에 이르기까지 이스라엘 자손의 소유이다.[5] 이곳에는 여호수아가 이미 멸한 나라들도 있지만 아직 남아있는 나라들도 있다. 여호수아는 이들 남아있는 나라들도 이스라엘 자손의 기업이란 사실을 강조한다. 이스라엘 자손은 이 사실을 기억하고 남아있는 나라들을 멸하여야 한다.

여호수아는 "내가 멸한 모든 나라들"이란 표현을 사용한다. 여호수아가 가나안의 모든 나라를 멸한 것은 사실이다(수 10:40; 11:12, 21 참고). 하지만 여호수아가 그런 일을 할 수 있었던 것은 여호와의 도우심 때문이다. 가나안의 나라들을 멸한 실질적 주인공은 여호와시다. 이스라엘 자손이 언약궤의 인도로 요단을 건너고 가나안의 첫 도시 여리고를 정복한 사실이 그것을 대표적으로 입증한다(민 10:35 참고). 여호수아는 여호와의 대리자로서 전쟁을 수행하였다. 여호수아는 적들을 물리치시는 여호와의 능력과 권세를 나타내는 통로였다. 여호와께서는 여호수아를 통해 가나안의 나라들을 멸하셨다. 정복전쟁에서 여호와와 여호수아는 하나로 연결되어 있다. 여호와가 멸한 나라는 여호수아가 멸한 나라이며 여호수아가 멸한 나라는 여호와가 멸한 나라이다. 여호수아는 누구보다 이 사실을 잘 알고 있었다. 그러기에 4절에서 "내가 멸한 모든 나라들"이라고

---

[5] 이곳에 요단 동편 지역은 언급되지 않는다. 하지만 그 지역도 이스라엘이 기업으로 분배 받았다. 여호수아 13장은 모세가 르우벤, 갓, 므낫세 반파에게 요단 동편 지역을 분배한 일을 소개한다(민 32:33-42 참고).

말했던 여호수아는 5절에서 여호와께서 남은 가나안 족속을 쫓아내실 것이라고 말한다.

특별히 본문에서 두 차례 반복되는 "여호와 너희 하나님"에 주목할 필요가 있다. 이것은 이스라엘과 여호와의 긴밀한 관계를 표현한다. 이스라엘과 여호와는 언약의 관계로 굳게 결속되어있다. 이스라엘은 여호와의 '아들'이자 '세굴라'(סְגֻלָּה, 소중한 보배)이며 여호와는 이스라엘의 아버지시다(출 4:23; 6:7; 19:5; 신 1:31). 그러므로 이스라엘 자손이 남아있는 가나안 족속들을 몰아내는 것은 막연한 기대가 아니다. 확실한 일이다.

2) 권면(23:6-11)

> **사역** ⁶너희는 매우 강하게 되어 모세의 율법 책에 기록된 모든 것을 지켜 행하고 그것에서 오른쪽이나 왼쪽으로 벗어나지 말며 ⁷너희 가운데 남아있는 이 나라들로 들어가지 말라. 그들의 신들의 이름을 부르지 말고 (그것으로) 맹세하지ᵃ 말며 그것들을 섬기지 말고 그것들에게 절하지 말라. ⁸너희가 오늘날까지 한 것처럼 너희 하나님 여호와께 밀착하라.ᵃ ⁹여호와께서 크고 강한 나라들을 너희 앞에서 쫓아내셨고 너희에 대하여서는 오늘날까지 어느 누구도 너희 앞에 설 수 없었다. ¹⁰너희 중 한 사람이 천을 추격하였다. 왜냐하면 너희 하나님 여호와 그분이 너희에게 말씀하신 대로 너희를 위해 싸우신 분이기 때문이다. ¹¹너희의 생명을 위해 매우 조심하여 너희 하나님 여호와를 사랑하라.

[번역주] 7ᵃ: MT에 나오는 사역형 동사 תַּשְׁבִּיעוּ('맹세하게 하다')는 어색하다. BDB는 니팔형 동사 תִּשָּׁבְעוּ('맹세하다')가 더 적절하다고 제안한다. MT의 읽기는 필사의 과정에서 생겨난 오류일 가능성이 크다. 8ᵃ: MT에 사용된 동사 דָּבַק는 '가까이하다'(개역개정)나 '친근히 하다'(개역) 보다 더 강한 의미를 갖는다. 영어본에서는 'cling to'(NAS, ESV)나 'hold fast to'(NIV)로 번역한다. '밀착하다' 또는 '꼭 붙잡다'가 원문의 의미를 더 잘 나타낸다.

여호수아의 권면은 세 가지다: 1) 모세의 율법을 지킬 것(6절), 2) 우상을 섬기지 말 것(7절), 3) 여호와를 사랑할 것(8-11절). 먼저, 여호수아는 "모세의 율법 책에 기록된 모든 것을 지켜 행하[라]"고 권면한다. 모세의 율법 책에서 어느 하나라도 소홀히 하거나 무시해서는 안 된다. 모든 율법을 지켜야 한다. 모든 율법이 다 하나님께서 주신 하나님의 율법이기 때문이다. 율법 중에 하나라도 어기면 모든 율법을 어기는 것이 된다(약 2:10 참고). 율법은 철저하게 지켜야 한다. 율법에서 "오른쪽이나 왼쪽으로" 벗어나면 안 된다. 하나님의 말씀은 작은 오차도 용납하지 않는다. 오차는 크든 작든 말씀의 왜곡을 가져오며, 말씀의 왜곡은 곧 하나님의 왜곡으로 이어진다. 이스라엘은 하나님을 섬기도록 선택된 백성이다. 그러므로 이스라엘은 '모든' 율법을 '철저하게' 지킴으로써 하나님의 백성으로 선택된 자신의 정체성을 굳게 지켜야 한다.

남아있는 가나안 족속을 몰아내기 위해서도 율법을 지켜야 한다. 남아있는 가나안 족속을 몰아내실 분은 여호와시다. 그러므로 여호와의 말씀에 순종하는 것이 중요하다. 여호와의 말씀에 순종하지 않는다면 적들을 몰아내지 못할 뿐만 아니라 그들에게 예속 당하는 고통을 맛보게 된다. 사사기가 그것을 잘 보여준다. 이스라엘의 싸움은 근본적으로 믿음의 싸움이다. 그들에게 중요한 것은 훈련된 군사나 강력한 무기가 아니다. "전쟁에 능한 여호와"(시 24:8)가 이스라엘의 하나님이시기 때문이다(출 15:3 참고). 필요하다면 하나님은 하늘의 태양과 달을 동원하실 수도 있다. 이스라엘에게 중요한 것은 하나님과의 관계이다. 모세의 율법을 지킴으로써 하나님과의 관계에 충실한 한 이스라엘이 두려워해야 할 적은 없다. 이런 이유로 여호수아는 모세의 '모든' 율법을 '철저하게' 지키라고 권면한다.

사실상 이 권면은 여호수아 자신이 실천한 것이다. 여호수아는 철저히 모세의 율법에 기록된 대로 하였다(수 8:30-34; 11:15). 그 결과는 가나안 족속에 대한 완전한 승리였다. 그러나 "모세의 율법 책에 기록된 모든 것을 지켜 행하는" 것은 결코 쉬운 일이 아니다. 저절로 되는 일도 아니다. "매우 강하게" 되어야만 할 수 있는 일이다. 여기서 문제는 육체적인 것이 아니라 영적인 것이다. 영적으로 하나님께 대한 믿음이 "매우 강하게" 되어야 한다(벧전 5:9 참고). 하나님께서 함께 하신다는 믿음이 있을 때 강해질 수 있다(신 31:23 참고). 일찍이 여호수아 자신도 같은 권면을 받았다(수 1:7). 여호와께로부터 직접 받기도 하고(수 1:7) 모세에게서 받기도 했다(신 31:7). 이제 여호수아 자신이 백성에게 동일한 권면을 하고 있다. 여호수아는 모세의 위치에서 백성을 권면하는 여호와의 종이다.

여호수아의 두 번째 권면(7절)은 우상숭배에 관한 것이다. 여호수아는 "너희 가운데 남아있는 이 나라들로 들어가지 말라"(7a)고 권면한다. "들어가지 말라"는 장소적 의미(들어감)와 함께 관계적 의미(특히 혼인관계)를 갖는다. 이스라엘 자손은 남아있는 가나안 사람과 관계를 맺지 말아야 한다. 그 이유는 그들이 우상숭배자이기 때문이다. 그들과 관계를 맺는 일은 우상숭배를 용인하고 수용하는 일과 같다. 여호수아는 유사한 표현을 네 번씩이나 반복함으로써 우상숭배를 매우 강하게 금지한다: "그들의 신들의 이름을 부르지 말고 (그것으로) 맹세하지 말며 그것들을 섬기지 말며 그것들에게 절하지 말라"(7b). '이름을 부르는' 행위를 묘사하는 동사(זכר의 히필 미완료)에는 '기억하다'의 의미가 담겨있다. 우상의 이름은 기억도 하지 않아야 한다. 그 정도로 우상을 멀리해야 한다. 이스라엘 사람의 입에서 우상의 이름이 들려서는 안 된다(출 23:13 참고). 다른 한편, 예레미야 11:19에서 누군가의 이름이 기억되지 않는 것은 그를 땅에서 끊어낸(כָּרַת) 결과로서 언급된다. 따라서 우상의 이름을 기억하지 않는 것은 그것을 땅에서 끊어내는 것을 가리킨다고 볼 수 있다.

어떤 신의 이름으로 맹세하는 것은 그 신의 절대적 지위를 인정한다는 의미다. 그러므로 이스라엘은 여호와 외에 다른 신의 이름으로 맹세해서는 안 된다. 그것은 여호와를 배반하는 배교행위이다. 이스라엘은 오직 여호와의 이름으로 맹세해야 한다(신 6:13; 10:20 참고). 나머지 두 가지 금지("그것들을 섬기지 말며 그것들에게 절하지 말라")에는 십계명의 두 번째 계명에 사용된 단어 "섬기다"(עָבַד)와 "절하다"(שָׁחָה/חָוָה)가 등장한다(출 20:5 참고). 이스라엘은 가나안의 신들을 높이는 어떤 예배행위도 하지 말아야 할 것을 강조한다.

여호수아의 세 번째 권면(8-11절)은 여호와를 사랑하는 것에 관한 것이다. 이 권면은 "너희 하나님 여호와께 밀착하라"(8a)는 말로써 시작하고 "너희 하나님 여호와를 사랑하라"(11b)는 말로써 끝맺는다. '밀착하다'(דָּבַק)는 신명기에서 여호와께 꼭 달라붙는 신앙의 태도를 표현하는 말로 자주 사용된다(신 4:4; 10:20; 11:22; 13:4). 이스라엘 자손은 우상과 가나안 세력이 틈새를 비집고 들어오지 못하도록 여호와께 밀착해야 한다. 여호수아는 이스라엘 자손이 "오늘날까지" 그렇게 하였다고 칭찬한다. 여호수아의 말에 의하면, 이스라엘 자손이 여호와께 밀착하였기에 여호와께서 이스라엘을 위해 싸우셨다. 여호와께서 크고 강한 나라들을 쫓아내셨으며, 그들 중 어느 누구도 이스라엘 앞에 설 수 없었으며, 이스라엘 자손 중 한 사람이 천 명의 적을 추격하였다. '설 수 없다'는 말은 '대항할 수 없다'는 뜻이다. 열왕기에 의하면, 히스기야는 여호와께 밀착한 왕이다(왕하 18:6).[6] 이 믿음으로 히스기야는 아수르 대군 18만 5천을 물리칠 수 있었다(왕하 19:35).

여호와께 '밀착하라'로 시작된 권면은 여호와를 '사랑하라'는 권면으로 끝맺는다. 밀착은 위험을 피하기 위한 수단 이상의 것이다. 그것은 사랑에서 나온 헌신의 모습이다. 이스라엘은 여호와를 사랑하기에 그분께 밀착한다. 이스라엘은 여호와의 큰 사랑을 받은 자이다. 여호와는 세상 만민 가운데 이스라엘을 택하시고 그들을 사랑하셨다(신 7:7-8 참고). 이

---

[6] 열왕기하 18:6에서 한글성경(개역, 개역개정)이 선택한 표현 '연합하다'는 דָּבַק를 옮긴 것이다.

크고 놀라운 사랑에 응답하여 이스라엘은 여호와를 사랑해야 한다. 여호수아는 "너희의 생명을 위해 매우 조심하여"란 말을 덧붙인다. 여호와를 사랑하는 것이 곧 생명을 위하는 일이다. 여호와는 생명을 주시고 생명을 누리게 하시는 분이다. 여호와를 떠나 생명을 누리는 길은 없다. 여호와를 사랑하는 것만이 생명을 얻고 누리는 길이다.

3) 경고(23:12-13)

> **사역** [12]만일 너희가 돌아서서 이 나라들 중 남은 자 곧 너희 가운데 남아있는 자들에게 밀착하여 그들과 혼인관계를 맺고 너희가 그들에게 들어가며 그들이 너희에게 들어가면, [13]너희는 분명히 알아야 한다. 너희 하나님 여호와께서 다시는 이 나라들을 너희 앞에서 쫓아내시지 않고 그들이 너희에게 덫과 올가미가 되며 너희 옆구리에 채찍과 너희 눈에 가시가 되어 너희 하나님 여호와께서 너희에게 주신 이 좋은 땅에서 너희가 끝내 멸망할 것이다.

앞에서 '여호와께 밀착하라'고 했던 여호수아는 이곳에서 가나안 사람에게 밀착하는 것에 대하여 경고한다. 가나안 사람에게 밀착하는 것은 여호와에게서 돌아서는 일이다. 가나안 사람을 가까이하면서 여호와께 밀착한 상태로 머물 수 없다. 여호와께서는 가나안 사람과의 관계를 용인하지 않으신다. 그것은 인종차별과 무관하다(Wray Beal, 398). 여호와께서 가나안 사람과의 관계를 금하신 이유는 그들이 우상 숭배자이기 때문이다(신 7:1-5 참고). 이스라엘 자손이 가나안 사람에게 밀착하는 것은 그들이 섬기는 신들에게 밀착하는 것과 같은 일이다. 그것은 분명히 여호와께 대한 반역이자 배교이다.

여호수아는 특별히 가나안 사람과의 혼인관계를 언급한다. 모세도 가나안 사람과의 혼인 관계를 엄히 금지하였다(신 7:3-4). 혼인관계는 둘이 하나가 되는 관계이며 인간이 맺는 가장 친밀한 관계이다(창 2:24-25

참고). 따라서 가나안 사람과의 혼인은 영적인 오염과 혼합을 수반할 수밖에 없다. 솔로몬이 이것을 대표적으로 예시한다. 그는 많은 이방 여인을 아내로 맞이하였다. 그 결과는 아내의 수효만큼 많은 우상의 유입이었다(왕상 11:1-8 참고). 이방인과의 혼인문제는 포로기 후에도 이스라엘을 위협하는 문제가 되었다. 에스라는 이스라엘 자손이 아내로 취한 이방 여인과 그들에게서 난 자식을 모두 내보내도록 하였다(스 10장). 느헤미야도 그와 같은 일을 하였다(느 13:23-31). 신약에서 바울은 성도가 믿지 않는 자와 멍에를 같이하지 말라고 가르친다(고후 6:14).

13절에서 여호수아는 이스라엘 자손이 남아있는 가나안 사람에게 밀착할 경우에 있을 불행과 고통을 경고한다. 먼저, 여호와께서 남아있는 나라들을 쫓아내시지 않을 것이다. "쫓아내다"는 5절과 8절에도 사용된 말이다. 다른 곳에는 주로 "진멸하다", "칼날로 치다"가 사용된다(수 10:28, 30, 32, 33, 35, 37, 39, 40; 11:11, 12, 14, 21). 이처럼 다양한 용어의 사용은 정복전쟁의 다양한 측면을 드러낸다. 정복전쟁은 가나안 사람을 진멸하는 일이기도 했고 그들을 쫓아내는 일이기도 했다. 여호수아서의 고별설교에서 특별히 "쫓아내다"가 사용된 것에는 수사적 의도가 있어 보인다. 여호와께서 가나안 사람을 쫓아내시지 않으면 그들은 이스라엘 백성 가운데 그대로 남아있게 된다. 여호수아는 가나안 사람이 남아있게 될 일을 강조하기 위해 그 반대의 말 "쫓아내다"를 사용한 것 같다. 어감상 "남아있는" 것과 더 자연스럽게 대조를 이루는 것은 "쫓겨나는" 것이다.

다음으로, 이스라엘은 남아있는 가나안 사람들로부터 고통을 당해야 한다. "덫과 올가미", "옆구리에 채찍", "눈에 가시" 등이 이스라엘이 당할 고통이다. 이스라엘은 새가 "덫"에 걸리듯이, 짐승이 "올가미"에 잡히듯이 가나안 사람의 손아귀에 들어가 그들의 먹이가 된다(잠 7:23 참고). 또한 이스라엘은 "옆구리에 채찍"을 맞을 때 느끼는 격심한 고통을 가나안 사람들로부터 얻게 된다. 그 뿐만 아니라 가나안 사람은 "눈에 가시"처럼 이스라엘 백성에게 견딜 수 없는 괴로움과 아픔을 주게 된다. 안타깝게도 여호수아의 경고는 여호수아의 죽음 후에 곧바로 현실화된다. 사사기는 여호수아의 경고가 공허한 말이 아님을 확인해준다. 이스라엘은 여호수아의 경고를 무시하고 가나안 사람과 관계를 맺었다. 이에 대해 여호와께서 "내가 그들을 너희 앞에서 쫓아내지 아니하리니 그들이 너희 옆구리에 가시가 될 것이며 그들의 신들이 너희에게 올무가 되리라"(삿 2:3)고 선포하신다.

끝으로, 이스라엘은 여호와께서 주신 "이 좋은 땅에서 끝내 멸망할 것이다." "좋은 땅"과 "멸망"이 강한 대조를 이룬다. 그것은 이스라엘이 맞이하게 될 비극을 크게 강조한다. 가나안 사람과 관계를 맺는 일은 멸망으로 가는 지름길이다. 그것은 하나님과 언약을 깨는 일이며 하나님과 관계단절을 가져오는 일이다. 동시에 그것은 가나안 사람이 섬기는 우상에 예속되는 일이다. 그러므로 가나안 사람과 관계를 맺는 일은 독배를 마시는 일과 같다. 그 일은 그 자체로 죽음과 멸망을 의미한다. 하나님을 떠나는 일은 그 자체로 죽음이기 때문이다. 여호수아의 경고는 이스라엘 자손이 가나안 땅에서 마침내 추방될 일을 예고한다. 여호수아는 선지자적 안목으로 하나님을 배반하는 자에게 있을 불행을 내다보고 있다. 모세에게도 비슷한 모습을 볼 수 있다(신 28:63-64; 29:28; 30:18; 32:26 참고).

설교의 결론(23:14-16)

> **사역** [14]보라, 나는 오늘 온 세상의 길로 갈 것이다. 너희는 너희 하나님 여호와께서 너희에게 말씀하신 모든 선한 일들 가운데 하나도 실패하지 않고 모든 일이 너희에게 일어났고 그것들 가운데 하나도 실패하지 않은 것을 너희 온 마음과 너희 온 생명으로 알아야 한다. [15]너희 하나님 여호와께서 너희에게 말씀하신 모든 선한 일이 너희에게 일어난 것처럼 여호와께서 모든 악한 일이 너희에게 일어나게 하셔서 너희 하나님 여호와께서 너희에게 주신 이 좋은 땅에서 너희를 멸하실 것이다. [16]너희가 너희 하나님 여호와께서 너희에게 명령하신 언약을 어기고 다른 신들을 섬기고 그것들에게 절하면, 여호

> 와의 진노가 너희를 대하여 타오를 것이며 그분이 너희에게 주신 좋은 땅에서 너희가 속히 멸망할 것이다.

불변화사 "힌네"(הִנֵּה, "보라")와 여호수아의 죽음에 대한 언급("나는 온 세상의 길로 갈 것이다")은 설교가 막바지에 이르렀음을 나타낸다. 이에 걸맞게 여호수아는 이스라엘 자손이 반드시 알아야 할 일을 언급한다. 그들은 여호와의 말씀이 모두 성취되었다는 사실을 알아야 한다. 같은/비슷한 말의 반복 – "실패하지 않고", "일어났고", "실패하지 않은" – 은 말씀의 성취를 강조하고자 하는 여호수아의 간절한 마음을 잘 나타낸다. 실패에 대한 강한 부정("하나도 실패하지 않고")과 성공에 대한 강한 긍정("모든 일이 너희에게 일어났고") 역시 여호와께서 하신 말씀의 완전한 성취를 강조하는 여호수아의 의도를 보여준다. 여기서 여호와께서 하신 말씀이란 가나안을 이스라엘 자손에게 주실 것이라는 약속의 말씀일 것이다. 이 약속이 정복전쟁과 땅 분배를 통해 모두 성취되었다. 정복전쟁에서 여호와는 이스라엘을 위해 싸우셨고 땅 분배에서 여호와는 이스라엘 자손에게 기업을 나누어 주셨다. 여호와는 약속을 이루시는 신실하신 하나님이다.

여호수아는 여호와께서 말씀하신 일들이 "선하다"는 사실을 강조한다. 여호와의 모든 말씀은 선하다. 여호와 자신이 선하신 분이기 때문이다(대하 38:18; 시 106:1; 107:1; 118:1, 29; 135:3; 136:1 참고). 심지어 인간에게 악한 것으로 경험되는 일이라도 선하신 여호와의 주관 하에 있는 한 선하다고 할 수 있다(삼상 3:18; 왕하 20:19; 시 51:4 참고). 악조차도 여호와의 주권 하에서 선을 이루는 도구가 되기 때문이다(창 50:20; 삿 16:30; 잠 16:4; 롬 8:28 참고). 가나안 땅에 막 정착하기 시작한 이스라엘 자손에게 여호와의 말씀은 특별히 선한 것으로 경험되었다. 그들은 정복전쟁과 땅 분배의 과정에서 여호와가 자신들에게 얼마나 선한 분인지를 생생하게 체험하였다. 그러므로 이스라엘 자손은 그것을 알아야 한다. 삶 전체로 알아야 하다. "온 마음과 온 생명으로" 알아야 한다. 그들의 삶과 생명이 약속을 이루시는 하나님의 선하신 성품과 손길에 의존하기 때문이다.

여호와께서 말씀하신 선한 일이 이루어졌다는 것은 이스라엘 자손에게 엄한 경고가 된다. 그것은 여호와께서 경고하신 "모든 악한 일"도 반드시 성취된다는 것을 의미한다. 하나님은 인간이 아무렇게 해도 개의치 않는 맹목적인 방관자가 아니다. 하나님은 말씀을 지키시며 이루시는 분이다. 따라서 하나님을 배반하는 자에게 경고로 주어진 악한 일도 반드시 이루어진다. 가나안 사람을 멸하신 하나님은 그들의 길을 따르는 이스라엘 자손 또한 멸하실 것이다. 15절에 "악한 일"과 "좋은 땅"의 대조와 더불어 "좋은 땅"과 "멸하실 것" 사이의 대조가 나타난다. 이는 이스라엘이 겪을 비극을 역설적으로 부각시킨다.

이스라엘이 기업으로 받은 가나안은 "좋은 땅"이다. 그곳은 젖과 꿀이 흐르는 땅(출 3:8; 레 20:24; 민 14:27; 신 26:9), "아름다운 땅"(민 14:7; 신 3:25; 수 23:13; 대상 28:8), 먹을 과일이 풍부한 곳(민 13:23, 26-27), 물이 풍부한 장소(신 8:7)이다. 이는 "보기에 아름답고 먹기에 좋은 나무"가 있으며 물이 풍부한 에덴의 동산을 연상케 한다(창 2:9-10). 가나안은 에덴의 동산과 같은 곳이다. 달리 말하면, 가나안은 "에덴의 모형"으로서 "에덴의 동산을 상징한다."[7] 이스라엘이 하나님을 배반하면 가나안을 소유하고 향유할 수 없다. 아담과 하와가 하나님을 불순종하였을 때 에덴의 동산을 잃어버린 것과 같다. 에덴의 동산이나 가나안은 하나님과 올바른 관계 안에서만 소유하고 누릴 수 있는 땅이다.

마지막으로 여호수아는 가장 하고 싶은 이야기를 꺼낸다. 다른 신들을 섬기는 것에 대해서는 7절에서도 간략하게 언급한 바 있다. 하지만 이곳에서는 매우 강력한 어조로 우상숭배가 불러올 무서운 결과를 경고

---

[7] N. Haydock, *Old Testament Theology and the Rest of God* (Eugene: Wipf & Stock, 2016), 47-48.

한다. 지금까지의 말은 모두 이 마지막 경고를 위한 준비라고 할 수 있다. 여호수아는 다른 신들을 섬기고 그것들에 절하는 것은 여호와께서 명하신 언약을 어기는 것이라고 못박는다. 여기서 언약이란 언약의 규정 곧 율법을 의미한다. 언약을 설명하는 문구("여호와께서 명하신")가 이런 해석을 요한다. 다른 신들을 섬기고 그것들에 절하는 것은 십계명의 첫 두 계명을 어기는 일로서 언약의 규정을 깨는 가장 심각한 반역행위이다. 하나님은 그것에 대해 진노한다. 진노와 관련하여 사용된 표현 "타오르다"는 하나님이 우상숭배를 얼마나 미워하는지를 잘 나타낸다. 하나님의 타오르는 진노는 이스라엘의 신속한 멸망으로 표현된다.

10.2.2 세겜에서의 언약갱신(수 24:1-28)

폰라드는(G. von Rad)는 창세기 ~ 여호수아를 땅에 대한 약속과 그것의 성취를 핵심으로 삼는 신앙고백이 장기간의 성장과 확장을 거쳐 만들어진 하나의 문서로 본다. 육경설(the Hexateuch theory)로 알려진 이 이론에 따르면, 여호수아 24:2-13은 신명기 26:5-9와 신명기 6:20-24과 함께 육경의 토대가 되는 신앙고백(Credo)의 하나이다. 폰라드는 여호수아 24:2-13을 "육경의 가장 작은 축소판"(ein Hexateuch in kleinster Form)이라고 부른다.[8] 폰라드에게 여호수아 24장은 육경의 끝을 장식한다.[9] 다른 한편, 노트(M. Noth)는 신명기적 역사이론의 관점에서 여호수아 24

---

[8] G. von Rad, "Das formgeschichtlich Problem des Heateuch," *Gesammelte Studien zum Alten Testament* (München: Kaiser Verlag, 1965), 16.

[9] G. von Rad, *Theologie des Alten Testaments Band 1: Die Theologie der geschichtlichen Überlieferungen Israels* (München: Chr. Kaiser Verlag, 1992), 309. 슈미드(K. Schmid)는 여호수아 24:32을 근거로 육경설을 지지한다. 여호수아 24:32에는 이스라엘 자손이 요셉의 유골을 세겜에 매장했다는 기록이 나온다. 요셉은 죽을 때 이스라엘 자손이 출애굽 할 일을 내다보며 자신의 유골을 메고 가라는 유언을 남긴다(창 50:22-26). 이 유언에 따라 이스라엘 자손은 출애굽 할 때 요셉의 유골을 메고 나온다(출 13:19). 그리고 마침내 가나안 땅 세겜에 매장하였다(수 24:32). 이와 같이 요셉의 유골에 관한 이야기는

장을 이해한다. 이 이론에 의하면, 신명기부터 열왕기까지의 글은 원래 포로기에 만들어진 한 권의 책이었으며 여호수아의 상당부분이 이 책의 일부를 구성하였다. 여호수아 24장은 원래 이 책에 포함되지 않았다가 나중에 한 편집자에 의해 첨가되었다.[10]

폰라드의 육경설과 노트의 신명기적 역사이론은 비판적 검토를 필요로 한다.[11] 무엇보다 여호수아 24장에 대한 그들의 설명은 큰 약점을 안고 있다. 앞에서 보았듯이, 여호수아 23-24장은 이스라엘 자손이 가나안 땅에서 어떠한 삶을 살아야 할 것인가의 문제를 다루면서 책을 종결하는 기능을 한다. 이는 땅의 정복과 분배를 중심으로 삼는 여호수아의 결론으로 아주 적합하다. 특히 여호수아 23-24장은 여호수아 1:1-9와 내용적으로 상응관계에 있다. 여호수아 1:1-9은 가나안 땅을 정복하기 위해서는 여호와의 율법을 지켜야 한다는 것을 강조하며 여호수아 23-24장은 가나안 땅에서의 삶을 위해서도 여호와의 율법을 지키는 것

창세기 50:22-26에서 시작되고 출애굽기 13:19을 거쳐서 여호수아 24:32절에서 끝난다. 다른 한편, 여호수아 24:32는 요셉의 매장지가 "야곱이 세겜의 아비 하몰의 아들들에게서 백 크시타에 산 밭"이라는 설명도 함께 나온다. 이 설명은 창세기 33:19과 연결된다. 그런데 창세기 33:19에는 야곱이 왜 그 밭을 샀는지에 대한 설명이 없다. 창세기에서 땅의 구입은 대개 매장과 관련된다는 것을 고려할 때(창 23장 참고), 이것은 매우 이례적인 일이다. 따라서 창세기 33:19은 마치 여호수아 24:32을 고려한 기록인 것처럼 보인다. 다시 말해, 두 본문의 저자가 같아 보인다는 것이다. 따라서 슈미드는 여호수아 24장이 창세기에서 시작되는 구원역사를 종결하는 것으로 이해하고 창세기 ~ 여호수아를 하나로 묶는 육경설을 지지한다. K. Schmid, *Genesis and the Moses Story: Israel's Dual Origins in the Hebrew Bible* (Winona Lake: Eisenbrauns, 2010), 193-97.

[10] Noth, *Überlieferungsgeschichtliche Studien*, 9.

[11] 차일즈에 의하면, 폰라드가 말하는 신앙고백은 전승의 초기형태가 아니라 오히려 후대에 확장된 전승의 요약이다. See B. S. Childs, *Biblical Theology of the Old and New Testaments: Theological Reflection on the Christian Bible* (Minneapolis: Fortress Press, 1992), 145. 노트의 신명기적 역사이론의 문제점에 대해서는 다음을 참고하라: G. Fohrer, *Einleitung in das Alte Testament*, 12. Aufl. (Heidelberg: Quelle & Meyer, 1979), 211; E. Würthwein, *Studien zum Deuteronomistischen Geschichtswerk*, BZAW 227 (Berlin: Walter de Gruyter, 1994), 9; C. Westermann, *Die Geschichtsbücher* (Gütersloh: Gütersloher Verlagshaus, 1994), 78.

이 본질적이라는 사실을 강조한다. 이와 같이 여호수아 23-24장은 여호수아 1:1-9와 함께 동일한 주제로써 책의 끝과 시작을 장식하는 역할을 한다. 따라서 여호수아서는 그 자체로서 완결된 구조를 갖는 독립된 책이다. 폰라드의 육경설과 노트의 신명기적 역사이론은 여호수아서의 이런 구성적, 신학적 특성을 간과하였다.

여호수아 24장과 관련된 또 다른 문제는 언약이다. 여호수아 24장은 이스라엘 자손이 여호수아의 중재 하에 세겜에서 여호와와 언약을 맺는 내용이 주를 차지한다. 학자들은 대체로 이 본문이 고대 히타이트 종주권 조약문서와 형식적인 면에서 유사하다는 것에 동의한다. 빅토르 코로섹(V. Korosec)의 연구에 의하면, 고대 히타이트 종주권 조약은 다음 여섯 가지 형식적 특징을 보인다: 1) 전문, 2) 역사적 서언, 3) 규정들, 4) 보관과 정기적 낭독에 대한 조항, 5) 증인 신들의 목록, 6) 축복과 저주. 여호수아 24장에 이러한 요소들이 나타나는 것을 부정할 수 없다. 레벤슨(J. D. Levenson)은 "이러한 요소들과 히타이트 및 다른 고대 근동의 중주권 조약에 나타나는 언약 형식 사이의 상관관계는 우연일 수가 없다."고 말한다.[12] 하지만 여호수아 24장이 이 형식을 그대로 따르는 것은 아니다. 여호수아 24장에는 위의 요소들 중에 빠진 것도 있다.[13] 따라서 학자들은 대개 여호수아 24장을 "언약문서"(the text of covenant)로 보기 보다는 "언약체결에 대한 보도"(a report of covenant making)로 이해한다.[14]

---

[12] J. D. Levenson, *Sinai and Zion: An Entry into the Jewish Bible* (New York: Harper One, 1985), 35.

[13] 멘덴홀은 여호수아 24장을 다음과 같이 분석한다: 1) 언약 입안자의 신원을 밝히는 전문(2a), 2) "I-Thou" 형식으로 되어있는 역사적 서언(2b-13), 3) 언약의 규정(14, 16, 25), 4) 기록과 보관(26), 5) 증인들(21-22, 27), 6) 축복과 저주는 빠짐. Mendenhall, "Covenant Forms in Israelite Tradition," 67-68. 멘덴홀에 따르면, 힛타이트 종주권 조약에 특징적인 언약의 규정들은 여호수아 24장에 빠져 있다. 여기에는 다른 신을 섬기지 말라는 규정만 나온다.

[14] D. J. McCarthy, *Treaty and Covenant*, Analecta Biblica 21A (Rome: Biblical Institute Press, 1978), 241; Levenson, *Sinai and Zion*, 32-36. 레벤슨에 따르면, 여호수아

세겜에 모인 이스라엘 백성(24:1)

> **사역** [1]여호수아가 이스라엘의 모든 지파를 세겜으로 모으고 이스라엘의 장로들과 지도자들과 재판관들과 관리들을 부르니 그들이 하나님 앞에 섰다.

여호수아는 이스라엘 자손을 세겜으로 불러 모았다. 목적은 여호와와의 언약을 새롭게 하기 위한 것이었다(25절 참고). 정복전쟁과 땅분배가 성공적으로 일단락되고 이스라엘 자손이 약속의 땅에서 안식을 얻었기에, 남은 일은 여호와를 하나님과 왕으로 섬기는 일이다. 특히 여호수아가 이스라엘 자손 곁을 떠날 시점이 임박하였다. 이 역사적인 전환기에 이스라엘 자손은 다시금 여호와께 충성과 헌신을 다짐하는 엄숙한 의식이 필요했다. 세겜은 이 일을 위한 적절한 장소이다. 실로가 새로운 예배 중심지로 정해졌지만(수 18:1), 세겜은 족장들의 행적과 관련된 역사적으로 유서 깊은 장소이다. 아브라함은 가나안 땅으로 이주해온 후, 세겜의 "모레 상수리 나무"에서 여호와의 신현을 경험하고 그곳에 여호와를 위한 제단을 쌓았다. 무엇보다, 아브라함은 그곳에서 가나안 땅을 주시겠다는 여호와의 약속을 받았다(창 12:6-7). 후에 야곱은 세겜에서 밭을 사고 그곳에 제단을 쌓았다(창 33:19-20). 야곱은 또한 벧엘로 올라가면서 세겜의 상수리 나무 아래에 이방 신상들을 묻었다(창 35:4). 이와 같이 세겜은 족장들이 땅의 약속과 그것의 성취에 대한 담보를 받았던 장소이며, 여호와만을 섬기기로 한 장소이다. 그러므로 이스라엘 자손이 가나안 땅을 차지한 다음 세겜에서 약속의 실질적인 성취를 기념하고 여호와께 대한

24장에 '다른 신을 섬기지 말라'는 최소한의 언약규정만 나타나는 이유는 이 본문이 모세 시대에 이미 계시된 시내산 율법을 전재하기 때문이다. Levenson, *Sinai and Zion*, 33. 또한 맥카시는 여호수아 24장에 선지자의 언어가 나타난다고 해서 후대의 것이라고 생각할 필요는 없다고 주장한다. 주전 18세기 마리(Mari)에서도 선지자가 선지자의 어법으로 말을 시작하고 '역사적 서언'을 제시한 다음 축복과 저주를 말하는 경우가 있다. McCarthy, *Treaty and Covenant*, 224, n. 23.

헌신과 충성을 새롭게 다짐하는 것은 매우 자연스러운 일이다.

세겜에 모인 사람은 "이스라엘의 모든 지파"이다. 여호수아의 고별 설교에 모인 사람은 "모든 백성"으로 언급된다(23:2a). 이러한 칭호의 변화는 언약갱신이 모든 지파에게 중요한 공식적 행사임을 나타낸다. "그들이 하나님 앞에 섰다"는 표현 또한 그런 의미를 강화한다. "하나님 앞"이란 언약궤를 염두에 둔 표현일 수 있다. 평상시에 언약궤는 실로의 성소에 있었지만, 언약갱신을 위해 특별히 세겜으로 운반되었을 가능성이 있다. 하지만 본문에는 언약궤의 운반에 관한 언급이 없다. 언약궤의 중요성에 비추어볼 때, 이것은 부자연스러운 일이다. 본문은 여호수아가 백성을 불러모으고 백성에게 하나님의 말씀을 대언하는 것으로 묘사한다. 특히 여호수아가 사용한 선지자적 화법 – "이스라엘의 하나님 여호와께서 이렇게 말씀하셨다"(כֹּה־אָמַר יְהוָה אֱלֹהֵי יִשְׂרָאֵל, 2절중) – 은 하나님이 여호수아를 통해 직접 말씀하신다는 것을 알려준다. 이렇게 볼 때, "하나님 앞"은 하나님의 대언자인 여호수아 앞에 선 백성의 모습을 가리키는 표현으로 이해할 수 있다.

여호수아는 이스라엘의 모든 지파를 세겜으로 모으고 그들의 대표들을 따로 불렀다. 여기에 언급된 네 부류의 대표들(장로들, 지도자들, 재판관들, 관리들)은 고별설교에 소개된 대표자 그룹과 동일하다(수 23:2 참고). 여호수아는 특별히 이들에게 여호와의 말씀을 대언하였고 그들이 백성을 대표하여 여호와와의 언약을 새롭게 하였던 것으로 보인다.

역사적 회고 1(24:2-4)

> **사역** ²여호수아가 모든 백성에게 말하였다. "이스라엘의 하나님 여호와께서 이렇게 말씀하셨다. 너희 조상들 곧 나홀의 아버지와 아브라함의 아버지 데라가 오래전 강 저편에 거주할 때, 그들이 다른 신들을 섬겼다. ³그러나 내가 너희 조상 아브라함을 강 저편에서 취하여 그를 가나안 온 땅으로 인도하고

> 그의 후손을 많게 하였으며 그에게 이삭을 주었다. ⁴내가 이삭에게 야곱과 에서를 주었으며 에서에게는 세일 산을 주어 소유하게 하였고 야곱과 그의 아들들은 애굽으로 내려갔다.

여호수아는 "이스라엘의 하나님 여호와께서 이렇게 말씀하셨다"고 하며 말문을 연다. 이를 통해 여호수아는 자신이 하는 말이 여호와께서 하시는 말씀인 것을 분명하게 밝힌다. 그런 다음 여호수아는 신적 1인칭(divine "I")을 사용하여 과거에 여호와께서 이스라엘을 위해 행하신 일을 권세 있게 소개한다. 여호와는 아브라함을 가나안으로 인도하시고 그의 후손을 많게 하셨으며, 후에 그들을 애굽에서 건져 내시고 그들의 적들을 물리치셨으며, 마침내 그들에게 가나안 땅을 주셨다. 과거에 대한 이런 회고는 히타이트 조약문서의 "역사적 서언"(historical prologue)과 비교된다. 히타이트 종주권 조약에서 역사적 서언은 조약 당사자의 이전 관계를 다루며, 주로 종주(suzerain)가 봉신(vassal)에게 베푼 은혜를 언급한다. 이와 마찬가지로 여호수아는 여호와께서 이스라엘을 위해 행하신 은혜의 일들을 소개한다. 이는 이스라엘이 여호와만을 섬겨야 한다는 것을 일깨우기 위한 목적을 가진다.

다른 한편, 도입문구("이스라엘의 하나님 여호와께서 이렇게 말씀하셨다")는 선지자가 흔히 사용하는 "사자 공식"(messenger formula)이기도 하다. 이로부터 여호수아가 하나님의 말씀을 대언하는 선지자로 등장한다는 사실을 알 수 있다. 여호수아의 선임자 모세도 선지자였다(신 18:15 참고). 이제 여호수아는 모세의 위치에서 백성에게 하나님의 말씀을 대언하는 역할을 수행한다. 또한 여호수아는 호렙산의 모세처럼 이스라엘이 하나님과 언약을 맺는 일에 중보자로 활약한다(Creach, 120). 모세의 시종으로서 출발했던 여호수아는 어느 듯 모세와 같은 선지자이자 언약의 중보자로서 그 모습을 드러낸다. 여호수아는 모세의 충실한 계승자이다. 이런 의미에서 저자는 책의 시작에서(1:1) 모세에게 사용되었던 칭호인 "여호와의 종"(עֶבֶד יְהוָה)을 책의 끝에서(24:29) 여호수아에게도 돌린다.

2절은 창세기의 족장사에 기록되지 않은 새로운 내용을 소개한다. 아브라함과 나홀의 아버지 데라가 "오래 전 강 저편에" 거주할 때, 그들이 다른 신들을 섬겼다는 내용이다. 창세기 11:27-32에 의하면, 데라는 원래 메소포타미아 남부의 주요 도시 우르(Ur)에 살다가 아브라함과 함께 메소포타미아 북쪽의 하란(Harran)으로 이주하였다. 나홀 역시 하란으로 이주하였다. 하란은 아브라함의 고향으로 불리는 곳인데(창 11:31-32; 12:1). 그곳에 나홀의 성이 있었다(창 24:4, 10). 아브라함은 하란을 떠날 때까지 아버지 데라와 형제 나홀처럼 다른 신들을 섬겼던 것 같다. 그렇다고 아브라함이 여호와를 전혀 몰랐을 것이라고 단정할 수는 없다. 야곱의 경우 여호와를 알고 그분을 섬겼지만 벧엘에 올라가기까지는 그의 집에 신상들이 있었다(창 35:1-4). 아브라함의 경우도 비슷했을 수 있다. 어쩌면 아브라함은 하란에서 다른 신들을 섬기면서도 여호와를 특별한 신으로 알고 있었을 가능성도 있다.[15]

3절은 다섯 개의 동사로 여호와께서 족장들에게 행하신 일을 묘사한다: '취하다'(לָקַח), '인도하다'(הָלַךְ의 히필), '많게 하다'(רָבָה의 히필), '주다'(נָתַן × 2). 하나님은 다른 신들을 섬기던 아브라함을 유프라테스 강 저편 하란에서 '취하셔서' 가나안 땅으로 '인도하셨다.' 아브라함이 가나안으로 와서 여호와만을 섬기게 된 것은 그 자신의 의지나 선택에 따른 것이 아니다. 그것은 오직 여호와의 주권적인 선택으로 말미암은 일이다. 여호와께서는 또한 아브라함의 후손을 '많게 하셨다.' 아브라함에게서 이삭이 났으며, 이삭에게서 야곱이 났으며, 야곱에게서 여러 아들들이 났다. 이스라엘은 이 역사의 결과로 생겨났다. 따라서 이스라엘은 여호

---

[15] 위경 가운데 하나인 '아브라함의 묵시록'(the Apocalypse of Abraham)은 아브라함이 메소포타미아에 있을 때 우상들을 조롱했다고 한다. 이 책에 따르면, 아브라함은 우상숭배가 생명이 없는 물건을 섬기는 우스꽝스러운 일이라고 생각하고 아버지의 우상을 파괴하는 행동에 나섰다고 한다(Creach, 123).

와께 속하였으며 여호와만을 섬겨야 할 백성이다. 여호수아는 이스라엘의 조상의 역사를 소개함으로써 이스라엘이 누구이며 무엇을 해야 하는지를 밝히고 있다.

4절에서 족장들에 관한 이야기는 야곱과 에서에 관한 이야기로 나뉜다. 에서는 하나님과의 언약에서 배제되었으나(창 25:34; 27: 37 참고), 야곱은 언약 안에 있다(창 25:23; 27:28-29; 28:13-15 참고). 야곱이 언약의 후사가 된 것은 그의 공로 때문이 아니다. 그것은 오직 하나님이 거저주시는 은혜의 선택 때문이다. 이는 다시금 야곱의 후손인 이스라엘 자손의 정체성과 소명을 설명해준다. 그들은 하나님께 선택을 받은 민족이며 하나님만을 섬겨야 할 백성이다. 에서가 언약에서 배제되긴 하였으나, 그럼에도 여전히 하나님의 주권 하에 있다. 하나님은 에서에게 세일 산을 소유하도록 '주셨다.' 세상의 모든 민족은 비록 스스로는 하나님을 알지 못할지라도 하나님이 살게 하신 곳에서 거주한다(신 32:8; 행 17:26 참고). 야곱과 그의 아들들은 애굽으로 내려갔다. 야곱과 그의 아들들의 이주를 설명하는 능동형 동사 '내려가다'(ירד)는 그들의 이주가 순전히 자기 주도적인 것이었다는 의미로 이해되어서는 안 된다. 그것은 야곱의 가족들을 구원하기 위한 하나님의 섭리에 따른 일이다(창 45: 8 참고). 하나님의 섭리는 언제나 자기 백성의 구원을 일으키는 방향으로 움직인다(롬 8:28 참고). 야곱과 그의 아들들이 애굽으로 내려갔다는 설명은 뒤따라올 출애굽 이야기를 준비한다.

역사적 회고 2(24:5-7)

> **사역** ⁵내가 모세와 아론을 보내 애굽을 치되 내가 그들 가운데서 행한 것 같이 하였으며 후에 너희를 이끌어냈다. ⁶내가 너희 조상들을 애굽에서 이끌어내자 너희는 바다로 갔고 애굽이 갈대 바다까지 말들과 병거로 너희 조상들을 추격하였다. ⁷그들이 여호와께 부르짖으니 그가ª 흑암을 너희와 애굽 사

> 이에 두었고 그들 위에 바다를 이끌어 그들을 덮었다. 너희 눈이 내가 애굽에게 행한 일을 보았으며 너희는 많은 날 동안 광야에 거하였다.

> [번역주] 7ª: 여호와께서 말씀하시는 맥락에서 여호와 자신에 대해 3인칭이 사용된 것이 어색하게 보일 수 있다. 그러나 화자가 객관적인 사실을 이야기할 때 스스로를 3인칭으로 표현하는 것은 이해할 수 있는 일이다. 또한 하나님을 가리키는 말이 1인칭에서 3인칭으로 바뀌는 것은 히브리어 산문과 서부 셈족의 화법에 일반적으로 나타나는 관습이기도 하다(Hess, 332).

이제 하나님은 출애굽에 대해 말씀하신다. 출애굽은 이스라엘이 하나의 독립된 나라와 민족으로 출발하는 계기를 마련해준 구원사의 획기적인 사건이다. 아브라함을 부르신 일과 마찬가지로 이 사건 역시 여호와께서 주권적으로 하신 일이다. 여호와의 구원이 없었다면 이스라엘은 계속 애굽에 예속된 노예로 살았을 수밖에 없다. 그러므로 출애굽은 이스라엘 자손이 길이길이 기억하며 여호와께 감사드려야 할 놀라운 구원의 사건이다.

하나님은 사건 전체를 자세히 설명하시기보다 중요한 사항들을 간단히 언급하신다. 5절에 의하면, 하나님은 모세와 아론을 보내셔서 애굽을 '치신'(נָגַף) 후 이스라엘 자손을 애굽에서 '이끌어내셨다'(יָצָא의 히필). 동사 '치다'는 출애굽기 8:2[MT 7:27]에서 개구리 재앙을 묘사하는데 사용된다. 여기서는 열 가지 재앙 전체를 가리킨다. 애굽에서 나온 후 이스라엘 자손은 갈대 바다(홍해)로 갔으며 애굽 군대가 병거와 말들로 그들을 추격하였다. 이스라엘 자손은 이 절체절명의 순간에 여호와께 '부르짖었다'(צָעַק). 그러자 하나님은 출애굽의 대역사에 종지부를 찍는 큰 기적을 행하셨다. 이스라엘과 애굽 군대 사이에 '흑암'을 두시고, 애굽 군대를 바다에 수장시키셨다. 이스라엘 자손은 이 놀라운 구원사건으로 인해 생명과 자유를 얻을 수 있었다. 이 일을 생각하면, 어찌 자원함으로 여호와를 섬기지 않을 수 있겠는가?

여기서 "너희"와 "너희 조상들"이 번갈아 가며 나타나는 것에 주목할 필요가 있다. 하나님은 애굽에서 이끌어낸 대상을 "너희"에서 "너희 조상들로", "너희 조상들"에서 "너희"로 바꾸신다(6절). 이는 "너희"와 "너희 조상들" 사이의 구분을 허문다. 다시 말해, 지금 여호와의 말씀을 듣고 있는 이스라엘 자손과 그들의 조상 사이에 구분이 허물어진다. 이는 언약 공동체의 구성원이 하나님 앞에서 시간을 초월하여 하나의 통일체를 이룬다는 사실을 나타낸다. "과거 세대에 속한 신자들과 현재 세대에 속한 신자들 사이에 통일성이 있다. 과거의 경험은 실상 모두의 경험이다"(Woudstra, 346-47). 물론, 지금 여호수아를 통해 여호와의 말씀을 듣는 사람들 중에는 출애굽의 경험에 직접 동참한 사람도 있다고 보아야 한다. 가데스 바네아의 반역사건 당시에 20세 미만이었던 사람들은 모두 가나안에 들어올 수 있었다(민 14:26-33).

역사적 회고 3 (24:8-10)

> **사역** ⁸내가 너희를 요단 저편에 거하는 아모리 사람의 땅으로 인도하니 그들이 너희와 싸웠으나 내가 그들을 너희 손에 주었고 너희는 그들의 땅을 차지하였으며 내가 그들을 너희 앞에서 멸하였다. ⁹모압 왕 십볼의 아들 발락이 일어나 이스라엘과 싸웠다. 그가 사람을 보내어 브올의 아들 발람을 불러 너희를 저주하게 하였다. ¹⁰하지만 내가 발람을 들으려고 하지 않았기에 그가 너희를 연이어 축복하였고 내가 너희를 그의 손에서 건져냈다.

출애굽 사건에 대한 회고에 이어 관심은 곧바로 요단 동편 지역으로 옮겨간다. 그 사이에 있었던 일들, 즉 시내산에서 언약을 체결하고 율법을 받은 일이나 광야생활에 있었던 다양한 순종과 불순종의 사건들은 모두 생략된다. 그 이유는 아마도 역사적 회고의 성격이 하나님께서 이스라엘 자손에게 행하신 큰 구원에 있기 때문인 것 같다.

8절에 언급된 내용은 헤스본 왕 시혼이 지배하는 아모리인 촌락들과 바산 왕 옥이 지배하는 땅에 대한 것이다. 모세가 이 땅을 모두 정복하고 그것을 이스라엘 자손에게 분배하였다. 이 일은 민수기 21장과 32장에 자세히 기록되어 있다. 이곳에서 하나님은 "내가 그들을 너희 손에 주었고 … 내가 그들을 너희 앞에서 멸하였다"고 말씀하신다.

9-10절은 모압 왕 발락이 발람을 이용하여 이스라엘과 싸우려고 한 일을 소개한다. 발락은 이스라엘이 헤스본 왕 시혼과 바산 왕 옥에게 한 일을 듣고 크게 두려워하였다(민 22:2-3). 그는 선지자 발람을 매수하여 이스라엘을 저주하게 하려고 하였다. 선지자의 저주나 축복은 효력이 있는 것으로 간주되었기 때문이다. 발락의 생각이 타당한 것이었는가 하는 문제와는 별도로, 누군가의 저주 또는 축복은 효력을 가질 수도 있다는 것이 관련 성경 본문 기록자의 관점인 것만은 분명하다. 성경 기록자가 그런 관점을 가진 이유는 저주 혹은 축복에 대해 미신적이거나 마술적인 사고를 가졌기 때문인 것은 아니다. 성경 기록자가 생각한 저주나 축복은 마술적인 주문과는 다른 것이다. 그것은 궁극적으로 하나님이 허락하시는 저주나 축복이다. 하나님이 허락하시는 저주나 축복의 경우 효력을 수반한다. 그러나 하나님이 허락하시지 않는 경우, 어떤 강한 저주나 축복도 효력을 갖지 못한다. 하나님은 발람이 이스라엘을 저주하지 못하게 막으시고 오히려 이스라엘을 축복하도록 하셨다. 이를 통해 하나님은 이스라엘이 축복을 받을 백성이란 사실을 분명하게 드러내셨다.

하나님께서 이스라엘의 과거 역사를 회고하시는 가운데 특별히 발람을 언급한 것에는 중요한 의미가 있다. 그것은 아브라함에게 약속된 축복을 기억하게 만든다: "내가 너로 큰 민족을 이루고 네게 복을 주어 네 이름을 창대하게 하리니 너는 복이 될지라 너를 축복하는 자에게는 내가 복을 내리고 너를 저주하는 자에게는 내가 저주하리니 땅의 모든 족속이 너로 말미암아 복을 얻을 것이라 하신지라." 이스라엘 자손은 이 축복을 물려받았다. 그들은 스스로 축복을 받는 축복의 화신(embodiment)일 뿐만 아니라 세상에 축복을 가져올 축복의 매개자이다. 하나님은 이스라엘 자손에게 이것을 환기시키고 계신다.

역사적 회고 4 (24:11-13)

> **사역** ¹¹너희가 요단을 건너 여리고로 가니 여리고 주민들과 아모리 사람과 브리스 사람과 가나안 사람과 헷 사람과 기르가스 사람과 히위 사람과 여부스 사람이 너희과 싸웠으나 내가 그들을 너희 손에 주었다. ¹²내가 너희보다 먼저 말벌을 보내어 그것이 너희 앞에서 그들 곧 아모리 사람의 두 왕을 쫓아냈으며 너희의 칼이나 너희의 활로 한 것이 아니다. ¹³내가 너희에게 네가 수고하지 아니한 땅과 네가 건설하지 않은 성읍들을 주어서 너희가 거기에 거주하였다. 너희가 심지 않은 포도원과 감람나무 실과를 너희가 먹는다."

이 단락은 역사적 회고의 종결부로서 이스라엘 자손이 마침내 요단 서편의 가나안 땅에 정착하여 살게 된 것을 언급한다. 11절은 여리고 전쟁을 필두로 시작된 가나안의 정복전쟁을 압축하여 일괄적으로 소개한다. 여리고 주민들이 이스라엘과 싸웠다는 내용은 새로운 것이다. 여호수아 6장은 여리고 사람이 이스라엘에 대항하여 싸운 일에 대해서는 침묵한다. 그곳에는 이스라엘 자손이 여리고의 사람들과 가축들을 진멸하였다는 기록만 있다(수 6:21). 여호와의 기적적인 개입에 의한 승리가 그 본문의 주된 관심사이기 때문일 것이다. 이곳 24장에서도 여호와께서 이스라엘에게 승리를 주셨다는 사실이 강조된다. 여리고 주민들과 가나안 일곱 부족을 이스라엘 자손의 손에 주신 분은 여호와시다.¹⁶ 여호와께서 이스라엘을 위해 싸우시지 않았다면 이스라엘은 승리할 수 없었을 것이다.

12절에서 하나님은 이스라엘 자손 앞에 "말벌"(הַצִּרְעָה, hornet)을 보

---

16 여호수아 9:1; 12:8에는 기르가스 사람을 제외한 여섯 부족이 언급된다. 여호수아

내셔서 아모리 사람의 두 왕을 쫓아내셨다고 말씀하신다. "말벌"이 무엇을 가리키는지에 대해서는 다양한 의견들이 있다. 첫째, 문자 그대로 "말벌"이라는 의견이 있다(Woudstra, 349). 하지만, 이 의견의 약점은 정복전쟁에 관한 기록의 어디에도 말벌이 적들을 공격하였다는 언급이 없다는 점이다. 둘째, 애굽 왕 바로를 가리킨다는 의견이 있다.[17] 이 의견은 벌이 애굽 왕 바로의 왕권을 상징한다는 것에 근거한다. 애굽 왕 바로가 가나안의 도시국가들을 침탈하여 그들의 세력을 약화시켜 놓은 결과로 이스라엘의 정복전쟁이 수월하게 되었다는 것이다. 그러나 이것은 성경의 지지를 받지 못한다. 구약의 어느 곳에도 바로를 왕벌로 소개하는 곳은 없다. 셋째, 여호와께서 가나안 사람의 마음에 일으키신 두려움과 공포를 가리킨다는 의견이 있다. 이 의견이 가장 많은 지지를 받는다. 여호수아서는 곳곳에 가나안 사람이 이스라엘에 대한 소식을 전해듣고 두려움과 공포에 사로잡혔다는 기록을 담고 있다(수 2:11; 5:1; 9:9-10; 10:1-2).

12절에 언급된 "아모리 사람의 두 왕"은 우선 요단 동편 지역의 두 왕 '시혼'과 '옥'을 가리키는 것처럼 보인다. 그 둘은 자주 함께 언급된다(신 1:4; 4:46-47; 29:7; 수 2:10; 9:10). '헤스본 왕 시혼'와 '바산 왕 옥'은 이스라엘이 거둔 승리를 대변하는 이름이다(민 32:33; 신 29:7 참고). 하지만 이들은 요단 동편에 속한 인물이다. 그리고 요단 동편에 관한 일은 8-10절에서 이미 언급되었다. 따라서 이곳에 언급된 "아모리 사람의 두 왕"은 요단 서편 지역에 속한 인물로 보는 것이 타당하다. 아마도 그들은 가나안 남부지역을 대표하는 예루살렘 왕 아도니제덱과 가나안 북부지역을 대표하는 하솔 왕 야빈일 가능성이 크다(Howard, 433). 가나안의 적들을 몰아내신 분은 여호와이다. 여호와께서는 심지어 두려움과 공포라는 심리적 요인들까지 사용하셔서 가나안 사람을 물리치셨다. 여호와께

3:10에는 일곱 부족이 언급되지만 부족들을 나열하는 순서가 여호수아 24:11과 다르다.

[17] J. Garstang, *Joshua, Judges* (London: Constable, 1931), 258-60.

서는 이스라엘 자손에게 "너희의 칼이나 너희의 활로 한 것이 아니"라고 강조하신다. 이 말씀은 이스라엘 자손이 활과 칼로 적들과 싸웠다는 사실을 부정하는 것이 아니다. 그것은 이스라엘 자손이 스스로의 힘과 능력으로 승리를 거둔 것이 아니라 여호와로 인해 승리하였다는 뜻이다.

13절에서 하나님은 이스라엘 자손이 가나안 땅에서 받아 누리는 축복을 말씀하신다. 그들은 가나안 사람이 수고하여 개척한 땅과 그들이 노력하여 건설한 성읍에서 살고 있다. 그것이 전부가 아니다. 이스라엘 자손은 스스로 심지 않은 포도원의 소출과 감람나무의 열매를 먹고 있다. 어떻게 그런 일이 가능했는가? 여호와께서 그것들을 이스라엘 자손에게 주셨기 때문이다. 이것은 신명기 6:10-11에서 이미 약속된 것이다. 그곳에서 모세는 이스라엘 자손이 여호와로 말미암아 가나안에서 "크고 아름다운 성읍"과 "아름다운 물건이 가득한 집"과 "우물"과 "포도원"과 "감람나무"를 얻을 것이라고 말한다. 여호와께서는 족장들에게 가나안 땅을 그들의 후손에게 주실 것이라고 약속하셨다(창 15:18-21; 26:2-4; 28:12-15). 지금 이스라엘 자손이 가나안에서 얻은 축복은 이 약속의 성취이다. 여호와께서는 약속을 반드시 지키시는 신실하신 하나님이다. 이스라엘 자손은 이 하나님께 책임있는 존재로서 응답하여야 한다.

언약의 의무(24:14-15)

> **사역** [14]"이제 여호와를 경외하고 온전함과 충성됨으로 그를 섬기라. 너희 조상들이 강 저편과 애굽에서 섬기던 신들을 치우고 여호와를 섬기라. [15]만일 여호와를 섬기는 것이 너희 눈에 나쁘게 보인다면, 누구를 섬길 것인지 선택하라. 너희 조상들이 강 저편에서 섬기던 신들이든지 너희가 거주하는 땅에 사는 아모리 사람의 신들이든지 (선택하라). 나와 내 집은 여호와를 섬길 것이다."

2-13절에서 이스라엘 자손의 과거역사에 대한 회고가 주어진 다음, 14-15절에서 이스라엘 자손의 의무가 제시된다. 이스라엘 자손이 행야 할 일은 여호와를 섬기는 것이다. 이것은 자주 주전 2000년대 히타이트 조약문서에 나오는 조약의 '규정'(stipulations)과 비교된다. 하지만 여호수아 24장은 조약문서의 형식을 그대로 따르는 것은 아니다. 여호수아 24장은 공식적인 "언약문서"가 아니라 "언약체결에 대한 보도"이다. 이 본문은 이스라엘 자손이 여호와 하나님과 언약을 맺는 현장을 내러티브 형식에 담아 생생하게 소개한다.

2-13절에서 여호와의 말씀을 대언하는 선지자가 하듯이 신적 1인칭으로 말하던 여호수아는 이곳에서 명령형을 사용하여 백성을 언약의 책무 앞에 세운다.

여호와를 **경외하라**(יְרְאוּ).
그를 **섬기라**(עִבְדוּ).
너희 조상들이 … 섬기던 신들을 **치우라**(הָסִירוּ).
누구를 섬길 것인지 **선택하라**(בַּחֲרוּ).

여호와를 경외하는 것은 언약백성이 가져야할 가장 기본적이고 중요한 태도이다. '경외'는 여호와께서 아브라함에게 독자 이삭을 번제로 받치도록 요구하시면서까지 아브라함에게서 확인하고자 하셨던 태도이다(창 22:12). 여호와께 대한 경외는 언약백성과 그들의 자녀들이 일생동안 항상 배워야 할 태도이다(신 4:10; 14:23; 31:12-13). 여호와를 경외하는 것과 그분의 말씀을 지키는 것은 불가분의 관계에 있다(신 6:24; 8:6; 10:12; 13:4; 17:19; 31:12). 한글에서 '경외'(敬畏)는 '공경하고 두려워함'을 뜻한다. 이에 상응하는 히브리어 '이르아'(יִרְעָה) 역시 '두려움'(fear)과 '공경'(reverence)의 의미를 함께 갖는다. 여호와의 높으심과 위엄 앞에서 인간이 마땅히 보여야 할 태도가 '이르아' 곧 두려움과 공경이다. 이 태도가 없는 모든 종교행위는 여호와와 무관하며 공허하고 무의미하다. 여호와께서 요단 강물을 가르시는 기적을 통해 이스라엘 자손이 가나안으로 들어가게 하신 이유도 그들이 여호와를 경외하도록 하기 위한 것이었다 (수 4:24). 이스라엘 자손이 정복전쟁에서 경험한 여호와의 모든 위대한 역사들도 동일한 목적을 가진다. 이스라엘 자손과 여호와와의 관계는 이 기본적 태도 위에 세워져야 한다.

여호와께 대한 경외는 여호와를 섬기는 행위로 나타나야 한다. 14-15절에 일곱차례 반복되는 동사 '섬기다'(עָבַד)는 여호와를 섬기는 일의 중요성을 강조한다. 여호와를 섬기는 것이야말로 그분의 백성임을 보증하는 구체적인 특징이다. 여호와께서는 자기 백성에게 섬김을 받으시기 원하신다. 이스라엘 자손을 애굽에서 구원하신 이유도 그들의 섬김을 받으시기 원하셨기 때문이다(출 3:12; 4:22, 23). 여호와를 섬기는 것은 우선 제의적인 차원에서 이해되어야 할 문제이다. 출애굽기 3:12와 3:18을 함께 읽으면, 여호와를 섬기는 일이 곧 여호와께 제사드리는 일임을 알 수 있다. 여호수아 22:27 또한 여호와를 섬기는 일을 번제나 화목제와 같은 제사를 드리는 일과 연결한다. 이사야 19:21에 나오는 표현 "희생제사와 소제로 섬기고"(וְעָבְדוּ זֶבַח וּמִנְחָה)[18] 역시 여호와를 섬기는 일과 제사드리는 일을 동일시한다. 구약에서 여호와를 섬기는 일은 제사를 드리는 일과 불가분의 관계에 있다.

구약에서 이스라엘 자손이 드려야 할 제사는 번제, 소제, 화목제, 속죄제, 속건제였다. 레위기는 이 제사들이 "여호와께 향기로운 냄새"(רֵיחַ־נִיחוֹחַ לַיהוָה)라고 설명한다(번제에 대하여 3회, 소제에 대하여 3회, 화목제에 대하여 2회, 속죄제에 대하여 1회).[19] 이 설명은 향기가 사람의 기분을

---

[18] 개역개정역은 이 문구를 "제물과 예물을 그에게 드리고"로 번역한다.

[19] 개역개정역은 속죄제에 대하여서는 같은 표현을 "여호와께 향기롭게 할지니"(레

좋게 하듯이 제사의 제물이 여호와를 기쁘시게 한다는 것을 의미한다. 여기서 제사 드리는 자가 소나 양이나 염소 등의 제물을 희생제사로 바치는 경우(속건제는 예외), 제물의 머리에 안수하였다는 것을 상기할 필요가 있다. 이 의식은 제물을 바치는 자가 자신을 제물과 동일시한다는 생각을 반영한다. 구약에서 제사의식은 결국 제사 드리는 자가 자신을 온전히 하나님께 바치는 헌신을 표현한다. 따라서 제사는 제사 드리는 자의 생명이 하나님의 것이며 그가 오직 하나님을 위해 산다는 의미를 갖는다. 여기에 속죄가 중요한 위치를 차지하는 것은 타락 이후 인간의 형편에 비추어볼 때 필연적인 것이다. 여호와는 의롭고 거룩한 하나님이시기에 그분을 섬기는 일은 반드시 속죄가 전제되어야 한다.

이스라엘 자손은 여호와께 제사를 드림으로써 여호와를 섬겨야 한다. 그런데 제사에 중요한 역할을 담당했던 인력이 레위 사람과 제사장이다. 이들은 제사를 드리는 일을 포함하여 성소에서 다양한 섬김의 일을 하였다. 민수기 3:7, 8에 의하면, 그들의 일은 성막의 섬김을 섬기는 것"(לַעֲבֹד אֶת־עֲבֹדַת הַמִּשְׁכָּן, to serve the service of the tabernacle)이었다. 그런데 이들의 섬김은 백성을 위한 것이었을 뿐만 아니라 백성을 대신하는 것이기도 했다(민 3:38; 8:19). 이러한 관계에서 레위 사람과 제사장의 섬김은 백성의 섬김으로 간주되었다는 결론을 이끌어낼 수 있다. 결국, 레위 사람과 제사장의 섬김을 통해 전체 백성이 하나님을 섬기는 "제사장 나라"(מַמְלֶכֶת כֹּהֲנִים)가 된다. 여호수아가 백성에게 '여호와를 섬기라'고 말한 것은 구약 이스라엘 예배공동체에서 작동하는 이 기본 원리를 배경으로 이해되어야 한다. 이스라엘 백성은 레위 사람과 제사장을 중심으로 하나님을 섬기는 예배 공동체가 되어야 한다. 이를 위해 실로에 성소가 세워졌고(수 18:1), 레위 사람이 이스라엘 자손 지파들 가운데 흩어져 살았다(수 21:1-7).

4:31)로 번역한다.

지금까지 살펴본 것처럼, 여호와를 섬기는 것은 우선 제의적인 차원에서 이해되어야 할 문제이다. 여호수아가 이스라엘 자손에게 "너희 조상들이 강 저편과 애굽에서 섬기던 신들을 치우고 여호와를 섬기라"고 한 것에서도 그런 제의적인 관심을 읽을 수 있다.[20] 이스라엘 자손은 이방 신들에게 절해서는 안 된다(신 5:19; 8:19; 11:16; 17:3; 30:17). 오히려 이스라엘 자손은 이방 신들의 제단을 파괴하고 그들의 신상을 깨뜨려야 한다(신 7:25; 12:3 참고). 이스라엘 자손은 오직 여호와께만 제사드리고 그분만을 예배해야 한다.

다른 한편, 여호와를 섬기는 것은 제의적인 차원에 국한되지 않는다. 그것은 여호와의 말씀에 순종하는 것을 포함한다. 출애굽기 19:5, 6에는 여호와를 섬기는 제사장 나라가 되기 위한 조건으로 여호와의 말씀을 듣고 그분의 언약을 지키는 것이 언급된다. 여호와의 말씀을 듣지 않으면서도 여호와를 섬길 수 있는 길은 없다. 신명기의 가르침에 따르면, 여호와를 섬기는 것과 그분의 명령을 지키는 것은 분리되지 않는다(신 11:13; 13:14). 레위 사람과 제사장의 역할에도 율법에 헌신하는 것과 율법을 가르치는 일이 포함된다(신 17:8-11; 대하 31:4; 35:3; 말 2:5, 6 참고).

사실상, 여호와의 말씀에 순종하지 않으면 제사도 무용지물이다. 선

---

[20] "너희 조상들이 강 저편과 애굽에서 섬기던 신들을 치우고 여호와를 섬기라"에는 새로운 요소가 있다. 이스라엘 자손의 조상들이 강 저편(메소포타미아)에서 우상을 섬겼다는 것은 2절에서 언급되었다. 그러나 애굽에서 섬기던 신들에 대한 언급은 이곳에 처음 나온다. 출애굽기는 그것에 대해 침묵한다. 하지만 출애굽기 32:1-6에 기록된 금송아지 숭배사건은 이스라엘 자손이 애굽의 신들(Hathor나 Apis)을 섬기는 일에 익숙했다는 것을 암시한다. 또한 레위기 17:7에 언급된 '숫염소' 역시 애굽에서 섬기던 신들 가운데 하나였을 가능성이 크다. 무엇보다도 에스겔 20:7, 8; 23:3, 8은 이스라엘 자손이 애굽에서 우상을 숭배하였다고 구체적으로 밝힌다. 이스라엘 자손은 우상숭배에서 자유로운 적은 한번도 없었던 것 같다. 심지어 지금 세겜에서 여호수아와 언약을 맺는 이스라엘 자손조차 우상들을 가지고 있었다. 23절의 "너희 가운데 있는 낯선 신들을 치우[라]"는 말이 그것을 입증한다. 이스라엘 자손은 여호와를 섬기면서도 신상들을 만들고 그것들에게 절하는 등의 종교행위에 오염되어 있었다. 이런 일은 오늘날에도 있다. "인간의 마음은 타고난 부패성으로 인해 언제나 참된 하나님 곁에 맘몬과 세상의 욕망과 기타 부정한 생각과 욕심의 우상들을 만들고 그것들에게 매달리며 그것들을 끊어버리지 못한다"(Keil, 181).

지자 사무엘은 제사 드린다는 명분으로 여호와의 말씀에 순종하지 않은 사울에게 "순종이 제사보다 낫고 듣는 것이 숫양의 기름보다 [낫다]"(삼상 15:22 중)고 말했다. 같은 맥락에서 사무엘은 "거역하는 것은 점치는 죄와 같고 완고한 것은 사신 우상에게 절하는 죄와 같음이라"(삼상 15:23 중)고 하였다. 다윗은 심지어 제사 무용론처럼 보이는 말까지 하였다: "주께서는 제사를 기뻐하지 아니하시나니 그렇지 아니하면 내가 드렸을 것이라 주는 번제를 기뻐하지 아니하시나이다"(시 51:16). 물론, 이것은 제사 자체를 부정하는 말이 아니다. 그것은 여호와의 말씀을 어기고 그분과의 언약을 깨는 가운데 드리는 제사는 헛되다는 의미다.

종합하면, 여호와를 섬기는 일은 제의적인 차원과 일상적인 삶의 차원 모두를 포함한다. 제의적인 차원에서 언약 백성은 여호와께 제사/예배를 드려야 하고 일상적인 삶에서 여호와의 말씀에 순종하여야 한다. 하지만 제사/예배와 말씀에 대한 순종은 서로 분리되지 않는다. 제사/예배는 일상적인 삶을 향해 열려있고 그것에 침투한다. 일상적인 삶은 제사/예배를 지향하며 그것에서 완성된다. 예를 들어, 이스라엘 자손은 일상의 삶에서 지은 죄를 제사를 통해 속죄 받고 하나님과의 관계를 회복한 다음 일상의 삶으로 돌아간다. 예수 그리스도로 인한 제사/예배의 획기적인 변화에도 불구하고, 제의와 일상의 역동적 관계는 구약을 넘어 신약에서도 유지된다. 세상에 죄가 들어오기 전 태초의 상태나 세상에서 죄가 제거된 종말의 상태에는 제의와 일상이 구분되지 않고 완전히 하나로 통합된다(창 2:15; 계 21:22 참고). 불행하게도 구약에서는 제의와 일상이 모두 정상적으로 작동하지 않는 경우가 많았다. 일상은 죄에 지배당하고 제의는 철저히 형식화되었다(사 1:11-15 참고). 또한 제의는 우상숭배로 대체되고 일상은 이교적 풍습으로 물드는 경우도 허다했다.

여호수아가 이스라엘 자손에게 여호와를 섬기라고 말한 것은 이런 위험성을 간파했기 때문일 것이다. 제사가 우상숭배로 변질되고 여호와의 말씀이 무시당하는 일은 언약공동체를 와해시키는 원인으로서 항상 이스라엘 자손 곁에 가까이 있었다(출 32:1-5; 수 7:1 참고). 그러므로 이스라엘은 정기적으로 여호와께 대한 충성과 헌신을 새롭게 다짐하는 기회를 필요로 했다(레 23; 신 31:9-13 참고). 특히, 지금은 이스라엘 자손이 정복전쟁과 땅 분배를 끝내고 약속의 땅에서 새롭게 출발하는 시점에 있었다. 이 중요한 전환기에 무엇보다 필요한 것은 여호와를 섬기겠다는 엄숙한 다짐이다. 여호수아는 백성에게 "온전함과 충성됨으로 그를 섬기라"고 한다. 여호와를 섬기는 일은 단지 외형적인 형식이나 모양에 달려있지 않다. 그것은 "온전함"(תָּמִים)과 "충성됨"(אֱמֶת)으로 해야 할 일이다. "타밈"(תָּמִים)은 하나님께 바치는 제물과 관련하여 '흠이 없다'는 의미로 사용되는 경우가 지배적이며(레 22:18-21; 민 19:2 참고),[21] 하나님과 인간의 '순전한' 관계를 표현하기도 한다(창 6:9; 17:1, THAT 2:1048). "에메트"(אֱמֶת)는 '믿을만함', '성실함', '진리' 등을 의미한다(BDB). 하나님을 섬기는 일은 제의/예배에서나 일상에서 흠이 없이 순전함과 성실함으로 해야 하는 일이다. 인간이 이 일을 할 수 있을까? 신약의 히브리서는 "흠 없는 자기를 하나님께 드린 그리스도의 피"로 이 일이 가능해진다고 가르친다(히 9:14).

15절에서 여호수아는 백성에게 매우 특이한 요구를 한다: "만일 여호와를 섬기는 것이 너희 눈에 나쁘게 보인다면, 누구를 섬길 것인지 선택하라." 이스라엘 자손의 입장에서 여호와를 섬기는 것은 선택의 문제가 아니다. 그것은 그들에게 당연한 의무이다. 십계명의 첫째 계명은 "너는 나 외에는 다른 신들을 네게 두지 말라"(출 20:3)고 명령한다. 또한 여호와와 이스라엘 사이에서 선택권은 하나님께 있다. 세상의 여러 민족 가운데 이스라엘을 택하신 분은 여호와시다(신 4:20, 37; 7:6, 7; 10:15; 14:2; 32:9 참고). 이스라엘이 먼저 여호와를 택한 것은 아니다. 2-13절에 기록

---

[21] 버틀러의 분석에 의하면, "타밈"(תָּמִים)이 희생 제사에 바치는 동물에 대해 사용되는 경우는 출애굽기에 2회, 레위기에 18회, 민수기에 18회, 에스겔서에 10회 사용된다(Butler, 272).

된 '역사적 회고'가 이 사실을 분명하게 알려준다. 그럼에도 불구하고 여호와를 섬기는 일은 이스라엘의 선택을 요구한다. 여호와의 선택과 이스라엘의 선택은 불가분의 관계로 연결되어 있다(대하 30:6, 9; 슥 1:3; 말 3:7 참고). 그러므로 이스라엘의 선택은 매우 중요한 의미를 갖는다. 이스라엘은 여호와를 섬기기로 선택함으로써 여호와께 선택받은 백성임을 입증한다. 여호와를 섬기지 않는다면 그들의 선택을 보증해 주는 것은 없다.

여호수아가 이스라엘 자손에게 선택을 요구한 것은 그들에게 선택의 자유가 허락되었다는 의미로 이해되어서는 안 된다. 여호수아는 "누구를 섬길 것인지 선택하라"는 말 앞에 조건절을 덧붙인다: "만일 여호와를 섬기는 것이 너희 눈에 나쁘게 보인다면." 이 조건은 근본적으로 불가능하며 철저하게 비현실적이다. 그것은 이스라엘의 역사적 경험과 완전히 배치된다. 이스라엘은 족장들의 역사, 출애굽 사건, 광야생활, 정복 전쟁과 땅 분배에서 여호와의 능력과 권세를 생생하게 경험하였다. 세겜에 모인 이스라엘 열두 지파의 존재 자체가 여호와께로부터 나오는 유익과 축복을 증거한다. 이스라엘의 시력에 이상이 없다면, 여호와를 섬기는 것은 그들의 눈에 좋게 보여야 정상이다. 그러므로 선택의 자유를 허락하는 듯한 여호수아의 말은 오히려 여호와를 섬겨야 한다는 것을 더욱 강조하기 위한 수사적 수단이다. 여호수아는 백성이 자발적으로 여호와를 섬기기를 촉구하고 있다. 이를 위해 그는 자신과 자신의 집을 본보기로 제시한다: "나와 내 집은 여호와를 섬길 것이다."

백성의 대답(24:16-18)

사역 ¹⁶백성이 대답하며 말하였다. "여호와를 저버리고 다른 신들을 섬기는 일은 우리에게 추호도 없을 것입니다. ¹⁷왜냐하면 여호와 우리 하나님 그가 우리와 우리 조상들을 애굽 땅, 종들의 집에서 올라오게 하셨으며 우리 앞에서 이 큰 표적들을 행하셨으며 우리가 행한 모든 길과 우리가 그 한 가운데

> 로 지나온 모든 백성에게서 우리를 지키셨기 때문입니다. ¹⁸여호와께서 이 땅에 거주하던 아모리 사람과 모든 백성을 우리 앞에서 쫓아내셨으니 우리 또한 여호와를 섬길 것입니다. 왜냐하면 그분이 우리 하나님이기 때문입니다."

백성은 여호수아의 요구가 정당하다는 것을 알았다. 그들은 마땅히 여호와를 섬겨야 한다고 생각했다. 16절의 "추호도 우리에게 없을 것입니다"(חָלִילָה לָּנוּ מֵ)는 다른 신들을 버리고 여호와만을 섬기고자 하는 백성의 단호한 의지를 잘 나타낸다. 17-18절에서 백성은 여호와를 섬겨야 하는 이유를 말한다. 이것은 2-13절에 기록된 역사적 회고의 반복에 가깝다. 하지만 여기서는 많은 부분이 생략되고 내용 또한 훨씬 간결하다.

"애굽 땅, 종들의 집에서 올라오게 하셨으며"나 "우리 앞에서 큰 표적들을 행하셨으며"는 역사적 회고에 나오지 않는 표현이다. "애굽 땅, 종들의 집에서"(מִצְרַיִם מִבֵּית עֲבָדִים מֵאֶרֶץ)는 십계명의 서언에 나오는 표현과 동일하다(출 20:2). 이와 유사한 표현 "애굽, 종들의 집에서"(מִמִּצְרַיִם מִבֵּית עֲבָדִים)가 출애굽기 13:3, 14에 나온다. 출애굽기 6:5에는 "애굽 사람이 종으로 삼은 이스라엘 자손"(מַעֲבִדִים אֹתָם בְּנֵי יִשְׂרָאֵל אֲשֶׁר מִצְרַיִם)이란 표현이 나온다. 애굽은 이스라엘 자손이 종으로 살았던 "종들의 집"이다. 애굽 사람은 이스라엘을 종으로 부렸다. 이스라엘 자손은 애굽사람과 바로를 종으로서 섬겼다. 그것은 "고통"과 "부르짖음"과 "근심"과 "학대"로 특징지어진다(출 3:7, 9).

하나님께서는 "큰 표적들"(הָאֹתוֹת הַגְּדֹלוֹת)을 행하셔서 이스라엘 자손을 애굽에서 건져내셨다. 출애굽기에는 하나님께서 바로에게 행하신 여러 이적이 "표적"(אוֹת)으로 설명된다(출 4:8, 9, 17, 28; 7:3). 바로와 애굽 사람에게 일어난 이적들은 이스라엘의 하나님 여호와께서 온 세상의 주권자이심을 나타내는 '표적'(sign)이다. 또한 그 이적들은 여호와께서 이스라엘의 하나님이란 사실을 나타내는 '표적'(sign)이기도 했다. 왜냐하면 이스라엘은 그것들을 통해 "종들의 집"인 애굽에서 구원을 받았기 때문이다. '종'을 뜻하는 단어 '에베드'(עֶבֶד)는 '섬기다'는 의미의 동사 '아바드'(עָבַד)의 명사형이다. 이스라엘 자손은 바로와 애굽 사람을 섬기는 자리에서 여호와를 섬기는 자리로 옮겨졌다. 여호와의 종이 되는 것과 바로의 종이 되는 것은 빛과 어두움처럼 반대되는 일이다. 여호와를 섬기는 것은 자유와 안식을 가져온다. 이스라엘 자손은 이것을 몸소 경험하였다(수 21:44 참고).

17b의 "우리가 행한 모든 길과 우리가 그 한 가운데로 지나온 모든 백성"은 광야생활을 가리키는 말이다. 광야생활에서 하나님은 이스라엘 자손을 돌보시고 지키셨다. 낮에는 구름이 그들을 태양에서 보호하였고 밤에는 불이 그들을 추위에서 지켰다(민 9:16). 만나와 메추라기가 그들의 양식이 되었고 반석에서 솟는 샘물이 그들의 음료가 되었다(출 16:35; 민 11:31-32). 그들의 의복이 해어지지 않고 발이 부르트지 아니하였다(신 8:4). 무엇보다도, 여호와께서는 가나안 땅에서 이스라엘 자손의 모든 적들을 쫓아내셨다. 18절에서 "아모리 사람"은 가나안의 여러 민족 가운데 대표적인 한 그룹으로 언급된다. "아모리 사람"이 가나안 사람 전체를 가리키는 경우도 있다(창 15:16). 여호와께서는 가나안 사람을 쫓아내시고 그 땅을 이스라엘 자손에게 주셨다. 이스라엘 자손에게 이 일은 생생한 경험으로 남아있다. 그러기에 그들은 여호와가 그들의 하나님인 것을 고백하며 "우리 또한 여호와를 섬길 것입니다"라고 말한다.

여호수아의 경고(24:19-20)

사역 [19]여호수아가 백성에게 말하였다. "너희는 여호와를 섬길 수 없다. 왜냐하면 그는 거룩하신 하나님이시기 때문이다. 그는 질투의 하나님으로서 너희의 범죄와 죄들을 용서하지 않으실 것이다. [20]만일 너희가 여호와를 저버리고 이방 신들을 섬기면, 그가 돌이켜 너희에게 해를 가하실 것이며 너희에게 선을 행하신 후일지라도 너희를 멸하실 것이다."

백성들의 대답에 대한 여호수아의 반응은 매우 충격적이다. 앞에서 여호수아는 백성에게 매우 강한 어조로 여호와를 섬기라고 촉구하였다. 그는 이스라엘과 여호와 사이의 역사적 관계를 길게 설명함으로써 이스라엘 자손이 자원하여 여호와를 섬기도록 동기부여를 하였다. 그런데 막상 이스라엘 자손이 여호와를 섬기겠다고 하자 갑자기 태도를 바꾸어 "너희는 여호와를 섬길 수 없다"고 선언한다. 이것은 매우 모순된 일처럼 보인다. 따라서 19-24절이 포로기의 상황을 반영하는 편집으로 간주되기도 한다(Noth 1938: 105-06; Görg, 108). 그러나 이것은 여호수아가 한 말의 수사적 의도를 고려하지 않은 잘못된 판단이다. 여호수아는 백성들이 한 선택의 엄중함과 심각성을 드러내기를 원하였다. 여호와를 섬기는 것은 지극히 당연한 일이지만, 그것은 결코 단순하고 가볍게 생각할 일이 아니다.

여호수아는 접속사 "왜냐하면"을 사용하여 이스라엘 자손이 여호와를 섬길 수 없는 이유를 설명한다. 여호와는 "거룩하신 하나님"(אֱלֹהִים קְדֹשִׁים)이시다. 여호와께서는 거룩하시기에 일체의 세속적인 일을 용납하지 않으신다(레 10:10 참고).[22] 예를 들면, 여호와의 궤를 들여다본 벧세메스 사람들의 세속적인 행위는 거룩하신 하나님 여호와의 진노를 촉발하였다. 이 일을 겪은 벧세메스 사람들은 "이 거룩하신 하나님 여호와 앞에 누가 능히 서리요"(삼상 6:20)하고 부르짖었다. 또한 여호와께서는 거룩하시기에 일체의 부정한 것을 용납하지 않으신다. 레위기와 신명기에 기록된 정결법이 그것을 가르쳐준다(레 11-15; 신 14:1-21; 23:9-14). 이스라엘 자손은 음식, 출산, 질병, 전쟁 등 삶의 다양한 영역에서 하나님이 정

---

[22] Cf. *NIDOTTE*, vol. 3 (Grand Rapids: Zondervan, 1997), 879. 아이크롯에 의하면, '거룩함'(קֹדֶשׁ) 또는 '거룩한'(קָדוֹשׁ)은 '분리하다'의 의미를 가진 어간(קד)에서 왔다. See Eichrodt, *Theologie des Alten Testaments*, 177.

해주신 규례에 따라 부정한 것을 제거하고 정결을 지키고 유지해야 했다. 나아가, 거룩은 윤리와 깊은 관련이 있다. 여호와께서 거룩하시기에 이스라엘 자손은 윤리적으로 온전해야 한다(레 19 참고). 이사야가 거룩하신 하나님 앞에서 입술의 부정함을 자각하고 "화로다 나여 망하게 되었도다"(사 6:5)하고 탄식한 것은 거룩이 요구하는 윤리적 완전성을 예시한다. 무엇보다 거룩은 여호와의 모든 말씀을 지키는 일을 포함한다: "그리하여 너희가 내 모든 계명을 기억하고 행하면 너희의 하나님 앞에 거룩하리라"(민 15:40).

이스라엘 자손은 "거룩하신 하나님"을 섬기는 백성답게 "거룩한 백성"이 되어야 한다(출 19:6). 그것은 선택사항이 아니고 필수이자 의무이다. 이스라엘의 존재와 정체는 "나는 너희를 거룩하게 하는 여호와"라는 말 속에 들어있다(출 31:13). 이사야가 강조하는 것처럼(사 5:19; 41:14, 16, 20; 43:3, 14; 47:4; 49; 7; 54:5; 60:9, 14), 여호와께서는 "이스라엘의 거룩한 이"(קְדוֹשׁ יִשְׂרָאֵל)시다. 그러므로 이스라엘은 여호와께서 거룩하신 것처럼 거룩해야 한다(레 11:44, 45; 19:2). 그렇지 않으면 여호와의 질투를 촉발한다. 여호와는 "거룩하신 하나님"이자 "질투의 하나님"(אֵל קַנָּא, 출 34:14)이시다. 질투는 여호와의 이름으로 계시될 정도로 여호와의 본질적 성품에 속한다(출 34:14).[23] 여호와의 질투는 변덕스럽고 이기적인 감정과는 무관하다. 그것은 자신의 거룩함을 나타내고 이스라엘의 거룩함을 지키려는 여호와의 열심을 나타낸다. 실상 '질투'를 뜻하는 히브리어 명사 '킨아'(קִנְאָה)는 '열심'(zeal)을 뜻하기도 한다. 이스라엘이 거룩하지 못할 때 이 열심은 진노로 표현된다(신 32:16). 반대의 경우, 이 열심은 축복으로 나타난다(출 20:5).

여호와의 질투는 특별히 이스라엘의 우상숭배로 인해 촉발된다(신

---

[23] 아이크롯은 질투가 "구약 전체의 하나님 이해에 기본적 요소"라고 말한다. Eichrodt, *Theologie des Alten Testaments*, 133, n.15.

4:23, 24; 6:14, 15). 여호수아 24:19-20에서도 우상숭배와 관련하여 여호와의 질투가 언급된다. 이 경우 질투가 향하는 대상은 우상이 아니다. 우상은 존재하지 않으며 여호와의 경쟁자가 될 수 없다. 여호와의 질투는 우상숭배를 일삼는 이스라엘을 향한다. 여호와께서는 이스라엘을 사랑하시고 택하셔서 그들과 언약을 맺으시고 그들을 자기 백성으로 삼으셨다. 이 언약관계 안에서 여호와께서는 이스라엘에게 자신 이외의 다른 주인을 용납하지 않으신다.[24] 여호와께서는 당신 자신이 이스라엘을 배타적으로 사랑하시듯이 이스라엘도 여호와 자신을 배타적으로 사랑하기를 요구하신다(출 20:3; 신 5:7; 7:6-10; 암 3:2). 여호와의 질투는 이 언약의 맥락 안에서 이해되어야 한다. 그것은 이스라엘과 배타적 관계를 가지고자 하시는 여호와의 열렬한 사랑을 나타낸다. 여호와의 질투는 여호와의 사랑의 다른 측면이다(아 8:6 참고). 우상숭배자에 대하여 여호와의 질투는 대개 불의 이미지로 표현된다: "소멸하는 불"(신 4:24); "질투의 불"(신 29:20). 질투는 또한 진노와 동일시된다(신 32:16, 21).

19b의 "너희의 범죄와 죄들을 용서하지 않으실 것이다"는 이스라엘이 거룩하지 않고 여호와의 질투를 촉발할 경우 나타나게 될 무서운 결과에 관한 말씀이다. '범죄'(פֶּשַׁע)는 영어성경에서 transgression (ESV, NAS) 또는 rebellion (NIV)으로 번역되는 말이며 적극적인 범죄나 반역을 표현한다. '죄'(חַטָּאת)는 '잘못하다', '표적을 맞추지 못하다'를 뜻하는 동사 '하타'(חָטָא)에서 유래한 명사이며 하나님의 율법이 요구하는 의에서 벗어나는 것을 표현한다(Woudstra, 353-54). "용서하지 않으실 것이다"는 인간이 범하는 모든 범죄와 죄에 적용되는, 신학적으로 절대적인 언명으로 간주되어서는 안된다. 하나님은 자비하셔서 죄를 용서하시는 분이다(출 34:6, 7). 또한 하나님은 죄인이라도 회개하고 살기를 원하신다(겔

---

[24] Cf. H. G. L. Peels, *Shadow Sides: The Revelation of God in the Old Testament* (Cumbria: Paternoster, 2003), 48.

33:11). 이곳에 언급된 용서받지 못할 범죄/죄는 배교 즉 우상숭배를 가리킨다. 뒤이어 20절에서 바로 우상숭배 문제가 강조되기 때문이다. 후일에 유다 왕 므낫세의 경우 우상숭배에 탐닉하였으나 잘못을 깨닫고 돌이키자 여호와께서 그를 받아주기도 하셨다(대하 33:11-13). 그러므로 "용서하지 않으실 것이다"는 죄에서 돌이키지 않을 자에 대한 말씀으로 이해되어야 한다.

20절에서 여호수아는 이스라엘 자손이 우상숭배에 빠질 경우 나타날 불행한 결과들을 구체적으로 설명한다. 여호와를 섬겨야 할 백성이 이방의 신들을 섬기는 일은 결코 있어서는 안 될 불행이자 비극이다. 그것은 여호와에게서 등을 돌리는 일이며 여호와로 백성에게서 '돌이키게'(שוב) 만드는 일이다. 백성에게서 우려되는 문제는 여호와에게서 온 갖 유익과 축복을 받은 다음 여호와를 배신하는 일이다. 여호와의 크신 능력과 은혜로 인하여 가나안 땅에서 살 수 있게 된 마당에 여호와를 떠나 다른 신들을 섬기는 것은 사악하기 그지없는 배신행위이다. 여호수아의 말에서 주목해야 할 또 다른 요소는 "해를 가하다"와 "선을 행하다" 사이의 대조와 반전이다. 이스라엘 자손이 다른 신들을 섬기면 운명의 극한 대조와 반전을 경험하게 된다. 선한 일이 바뀌어 해로운 일이 되고 축복이 바뀌어 저주가 된다. 여호와를 섬기기로 결정하는 것은 이런 부담과 위험을 받아들인다는 의미다. 여호수아는 여호와를 섬기는 일이 요구하는 무거운 책임과 조건을 백성에게 알리고 있다.

백성의 확약(24:21-24)

사역 [21]백성이 여호수아에게 말했다. "아닙니다. 우리가 반드시 여호와를 섬길 것입니다." [22]여호수아가 백성에게 말했다. "너희가 스스로 증인들이다. 왜냐하면 너희가 너희를 위해 여호와를 선택하고 그를 섬기기로 했기 때문이다." 그들이 말했다. "증인들입니다." [23]"이제 너희들 가운데 있는 낯선 신

> 들을 치우고 너희 마음을 이스라엘의 하나님 여호와께로 향하게 하라." [24]백성이 여호수아에게 말했다. "여호와 우리 하나님을 우리가 섬길 것이며 그의 목소리를 우리가 들을 것입니다."

이곳에는 백성과 여호수아가 주고받는 짧은 대화가 나타난다. 백성은 여호와를 섬기는 일이 결코 가벼운 일이 아니라는 것을 가르침 받았다. 하지만 그들은 여호와를 섬기는 것이 마땅하며 그들에게 좋다는 사실을 체험적으로 알았다. 여호와를 섬기는데 요구되는 책임과 조건들조차 사실은 그들에게 큰 유익이요 복이다. 그것은 애굽 왕 바로를 섬기는 것과 달리 참된 자유와 안식을 가져오며 우상들을 섬기는 것과 달리 정결함과 거룩함을 가져온다. 백성은 그것을 깨닫고 결연한 자세로 여호와를 섬기겠다고 힘있게 다짐한다: "아닙니다, 우리가 반드시 여호와를 섬길 것입니다."

여호수아는 백성들의 의지를 확인하고 그들을 언약백성으로 인치는 절차를 밟는다. 고대 근동의 언약의식에는 언약관계를 보증하는 증인을 세우는 일이 포함된다. 구약 이스라엘 백성도 고대근동의 문화적 맥락에 속하기에 그런 관습을 공유하였다. 이러한 언약관습에 따라 여호수아도 증인을 언급한다. 주목할만한 점은 백성 스스로가 증인으로 지목된 것이다. 고대 근동의 언약관습에서는 주로 언약 당사자가 섬기는 신들이 증인으로 소환된다. 하지만 구약 이스라엘의 경우는 다르다. 구약 이스라엘은 여호와 이외 다른 신들의 존재를 인정하지 않는다. 이런 이유로 구약 이스라엘서는 하늘과 땅이 언약의 증인으로 소환되기도 한다(신 31:28; 32:1 참고). 여기서는 이스라엘이 언약을 맺는 당사자임에도 그들 자신이 증인으로 지목되고 그들 자신 또한 증인의 역할을 기꺼이 받아들이다. 이것은 여호와를 섬기기로 한 이스라엘의 선택이 그만큼 적극적이고 자발적이어야 한다는 사실을 나타낸다.

23절에서 여호수아는 "이제 너희 가운데 있는 낯선 신들을 치우[라]"

고 한다. 이 말은 이스라엘 자손들 가운데 여전히 "낯선 신들"이 있었다는 의미로 들린다. 이것이 사실이라면 매우 충격적인 일이다. 지금 이스라엘 자손 대부분은 출애굽 이후 광야에서 새로 태어난 자들이다(신 2:14 참고). 이들은 시내산에서 금송아지 우상을 만들고 기회있을 때마다 여호와를 원망하였던 세대에 속하지 않는다. 이들은 가나안 땅에 들어오자 곧바로 길갈에서 할례를 행하고 유월절을 지켰으며 에발 산에서 언약갱신 의식을 가졌던 백성이다. 그들에게 이방의 신들이 있었다는 것은 도무지 믿기지 않는 일이다. 따라서 여기에 언급된 "낯선 신들"이 나무나 돌이나 쇠로 만든 우상들이 아니라 우상으로 기울어지는 마음의 성향 또는 마음의 우상들이라는 의견도 있다(Keil, 183). 그러나 족장 야곱이 얍복 강에서 여호와를 새롭게 만나고 이스라엘이란 새 이름을 받은 이후에도, 그의 집안 사람과 함께 한 사람 가운데 우상이 있었다는 것을 상기할 필요가 있다(창 35:1-4). 여호수아 시대의 이스라엘 백성 중에도 각종 신상들을 가지고 있었던 사람이 있었을 가능성을 완전히 배제할 수 없다.

24절에서 백성은 여호와를 섬기겠다는 의지를 다시 한번 표현한다. 그들은 여호와를 "우리 하나님"이라고 부른다. 여기서 여호와를 자신의 하나님으로 고백하는 그들의 믿음을 확인할 수 있다. 백성의 고백은 두 개의 문장으로 되어있는데, 두 문장이 모두 목적어를 문장의 첫 자리에 갖는다.

여호와 우리 하나님을 우리가 섬길 것이며
그의 목소리를 우리가 들을 것입니다.

이런 문장구성은 "여호와 우리 하나님"과 "그의 목소리"를 강조한다. 이를 통해 백성은 자신들이 섬기고자 하는 분이 여호와이며 그들이 듣고자 하는 목소리가 여호와의 목소리임을 힘있게 선언한다. 그들은 여호와를 왕으로 모시는 백성이다.

언약체결(24:25-28)

> **사역** [25]그래서[a] 그날에 여호수아가 백성을 위하여[b] 언약을 맺고 세겜에서 그들에게 율례와 법도를 정하였다. [26]여호수아가 이 말씀들을 하나님의 율법책에 기록하고 큰 돌을 취하여 그곳 여호와의 성소에 있는 상수리나무 아래에 세웠다. [27]여호수아가 모든 백성에게 말하였다. "보라, 이 돌이 우리에게 증인이 될 것이다. 왜냐하면 그것이 여호와께서 우리에게 말씀하신 모든 말씀을 들었기 때문이다. 너희가 너희 하나님을 기만하지 않도록 그것이 너희에게 증인이 될 것이다." [28]여호수아가 백성 각자를 자기 기업으로 보냈다.

> **[번역주]** 25[a]: 원문의 와우 연속법 문장은 25절의 내용이 시간적으로 24절에 뒤따라온다는 것을 나타낸다. 25[b] 원문에 사용된 전치사 לְ에 적합한 번역은 '위하여'이다. 개역개정역의 '더불어'나 NAS와 ESV의 'with'에 상응하는 히브리어 전치사는 אֶת이다. אֶת는 언약의 파트너를 표현하는데 사용된다(창 15:18; 출 34:27 참고).

여호와를 섬기고자 하는 백성의 의지를 확인한 다음 여호수아는 언약관계를 마지막으로 공식화하는 일을 하였다. '언약을 맺는다'는 뜻의 '카라트 베리트'(כָּרַת בְּרִית)는 언약을 맺는 행위를 표현하는 전문용어이다. 이 용어는 언약의 엄중함을 표현하는 의식과 관련이 있다(렘 34:18 참고).[25] 시내산 언약에서는 모세가 소로 화목제와 번제를 드리게 하고 그 피를 제단과 백성에게 뿌림으로써 언약이 체결되었다(출 24:1-11 참고). 이곳에서도 동일한 의식이 행해졌을 가능성이 있다. 피로써 맺어진 언약이 파기될 경우 언약을 파기한 자는 피가 상징하는 생명을 대가로 치러야 한다(레 17:11, 14 참고). 이스라엘 백성이 과연 언약을 지킬 수 있을까? 사사

---

[25] 고대 근동에서 언약 파기자에게 가해질 심판을 나타내기 위해 다양한 표현들이 사용되었다. 가령 Mari 지역에서는 *haiara qatalu* (to slay an ass)나 *napista lapatu* (to touch one's throat)가 언약의 저주를 표현하는 전문용어였다. See R. Polzin, "HWQY and Covenantal Institutions in Early Israel," *HTR 62* (1969): 227-40.

기는 그렇지 못했음을 알려준다. 바벨론의 포로로 끝나는 이스라엘 왕국의 역사 또한 언약을 지키는데 철저히 무능한 백성의 형편을 드러낸다. 이 반역과 실패의 역사는 자기 백성을 대신하여 피를 흘리실 분을 통해서만 극복될 수 있다. 예수께서 십자가에서 흘리신 피는 자기 백성의 죄를 속죄하기 위한 언약의 피다(마 26:28).

여호수아가 "백성을 위하여"(לָעָם) 언약을 맺었다는 말씀은 여호수아가 언약을 갱신함에 있어서 백성과 여호와 사이에 중보자의 역할을 한 것을 나타낸다. 여호수아가 백성에게 정한 "율례와 법도"는 신명기에 자주 나오는 표현이다(신 4:1, 5, 8, 14, 45; 5:1, 31; 6:1, 20; 7:11; 11:32; 12:1; 26:16; 30:16). 그러나 신명기와 달리 이곳에서 '율례'와 '법도'는 각각 단수로 되어있다. 여호수아가 정한 "율례와 법도"는 다른 신들을 치우고 오직 여호와만을 섬기도록 하는 규정일 것이다. 이 규정은 신명기에서 모세가 가르친 "율례와 법도"와 본질상 같다고 보아야 한다. 여호수아서에서 여호수아는 모세의 명령을 철저하게 따른 인물로 묘사된다(수 11:15 참고).

26절의 "이 말씀들"(הַדְּבָרִים הָאֵלֶּה)은 25절에 언급된 "율례와 법도"를 가리킨다. 그러나 "말씀들"로 번역한 단어 הַדְּבָרִים은 "일들"(things)로도 번역될 수 있다. 이 경우 그 "일들"은 세겜에서 있었던 일, 즉 언약갱신의 과정을 가리킨다고 보아야 한다. 여호수아는 언약갱신의 과정을 "하나님의 율법책"에 기록했다. "율법"으로 번역된 '토라'(תוֹרָה)는 '가르침' 또는 '교훈'을 의미하기도 한다. 세겜에서 있었던 언약갱신은 백성에게 가르침과 교훈이 되므로 '토라의 책'에 기록되기에 적합하다. 저자는 이 책을 "하나님의 율법책"이라고 부른다. 이는 여호수아가 기록한 글이 하나님께로부터 왔다는 것을 의미한다. 나아가 "율법책"이 신명기에 자주 나오는 표현임을 고려하면(신 28:61; 29:21; 30:9[10]; 31:26), 여호수아의 기록은 모세의 율법책과 같은 권위를 갖는다는 것을 알 수 있다. 모세의 율법과 마찬가지로 여호수아가 기록한 내용도 하나님께서 주신 것이었다.

여호수아는 언약의 증인으로 삼기 위하여 "큰 돌"을 세웠다. 22절에서 이미 증인이 언급되었다. 그곳에서 여호수아는 언약의 당사자인 백성에게 "너희가 스스로 증인이다"하고 말하였으며 백성은 "(우리가) 증인들입니다"하고 대답하였다. 그것과는 달리 "큰 돌은" 언약에 대한 객관적이고 지속적인 증거를 위해 세워졌다. 27절에서 이 돌은 여호와를 섬기기로 한 백성의 다짐을 직접 들은 "증인"으로 의인화된다. 이 돌이 세워져있는 한, 백성은 여호와를 섬기기로 한 자신의 다짐을 부인할 수 없다. 시내산 언약에서도 열두 개의 돌기둥이 세워졌다(출 24:4). 그것은 세겜의 "큰 돌"과 마찬가지로 여호와와 이스라엘 사이에 맺어진 언약에 대한 증거로서 세워졌을 가능성이 크다(출 24:4).[26]

증거의 돌이 세워진 장소로서 "여호와의 성소에 있는 상수리나무"가 언급된다. "여호와의 성소"가 성막을 가리킨다고 보기는 어렵다. 성막은 실로에 세워졌다(수 18:1 참고). 세겜은 족장들의 역사에서 중요한 장소였음을 상기할 필요가 있다. 아브라함은 세겜의 상수리나무 곁에서 여호와께 제단을 쌓았다(창 12:6-7). 야곱은 동일한 장소에서 이방의 신상들을 상수리나무 아래에 묻고 여호와께 대한 충성을 새롭게 다짐하였다(창 35:4). 이 역사적 전통에 따라 여호수아는 세겜의 상수리나무 아래에 증거의 돌을 세웠던 것 같다. 그러므로 이곳에 언급된 "성소"는 족장들이 제단을 쌓았던 장소라는 의미로 이해되어야 한다(Keil, 184). 증거의 돌을 세움으로써 언약갱신 의식이 종결되었다. 여호수아는 백성을 자기 기업으로 돌려보냈다.

---

[26] Cf. D. A. Garrett, *A Commentary on Exodus* (Grand Rapids: Kregel, 2014), 542.

4.2.3 여호와의 종 여호수아(24:29-33)

사역 ²⁹이 일들 후에 눈의 아들 여호와의 종 여호수아가 백십 세에 죽었다. ³⁰그들이 그를 그의 기업의 지경 안 곧 가아스 산 북쪽의 에브라임 산지에 있는 딤낫 세라에 매장하였다. ³¹여호수아의 모든 날 동안 그리고 여호수아 뒤에 생존하였으며 이스라엘에게 행하신 여호와의 모든 역사를 아는 장로들의 모든 날 동안 이스라엘이 여호와를 섬겼다. ³²이스라엘 자손이 애굽에서 올려 온 요셉의 유골을 세겜에 매장하였다. 그곳은 야곱이 세겜의 아비 하몰의 아들들에게서 백 크시타에 산 밭이다. 그것은 요셉 자손의 기업이 되었다. ³³그리고 아론의 아들 엘르아살이 죽자 그들이 그를 그의 아들 비느하스가 에브라임 산지에서 받은 지경 안에 매장하였다.

29절의 "이 일들 후"(אַחֲרֵי הַדְּבָרִים הָאֵלֶּה)는 세겜에서 있었던 언약갱신 이후 시점을 가리킨다. 세겜에서 여호수아는 이스라엘 자손이 여호와를 섬기도록 하는 언약중보자의 역할을 했다. 그것은 모세가 시내산에서 했던 역할과 같다(출 24:4-8 참고). 여호수아에게 돌려지는 칭호 "여호와의 종"(עֶבֶד יְהוָה)은 그가 모세와 같은 위치에 세워졌음을 의미한다. 처음에 그는 "모세의 시종"(מְשָׁרֵת מֹשֶׁה)으로 출발했다(수 1:1). 그러나 그는 삶을 종결하는 죽음의 시점에서 "여호와의 종"이란 영광스러운 칭호를 얻는다. 이는 여호수아가 모세가 그랬던 것처럼 여호와께 온전히 충성하였다는 것을 확인해준다. 여호수아가 죽은 나이는 "백십 세"이다. 이는 모세의 죽은 나이 "백이십 세"와 비교된다(신 34:7). 모세의 더 많은 나이는 그의 탁월성을 간접적으로 시사하는 것일 수도 있다. 모세는 이스라엘을 애굽에서 구원하고 시내산에서 여호와와 이스라엘 사이의 언약을 중재하며 이스라엘 자손에게 여호와의 율법을 주었다는 점에서 독보적인 인물이다. 여호수아는 이 탁월한 "여호와의 종"의 뒤를 잇는 인물이다. 여호수아는 자신이 기업으로 받은 땅 딤낫 세라에 매장되었다(수 19:50). 그곳은 "가아스 산 북쪽의 에브라임 산지"에 있다. "가아스 산"의 위치

는 불명확하나 세겜에서 남서쪽으로 대략 20마일 떨어진 곳으로 추정된 다.[27]

31절에는 "모든 날 동안"(כֹּל יְמֵי~)이란 표현이 두 차례 반복된다. 한 번은 여호수아와 연결되고 다른 한 번은 장로들과 연결된다. 이스라엘 자손은 여호수아와 장로들이 살았던 "모든 날 동안" 여호와를 섬겼다. 그런데 더 주목해야 할 표현이 있다. 장로들을 수식하는 구절 "이스라엘에게 행하신 여호와의 모든 역사를 아는"이다. 이 구절은 중요한 의미를 함축한다. 이스라엘 자손이 여호와를 섬긴 것은 "여호와의 모든 역사를 아는" 것과 불가분의 관계에 있다. 여호와와 그분이 행하신 일들을 알지 못하면 여호와를 섬길 수 없다. 그러므로 여호와와 그분이 행하신 일은 계속 기억되어야 하며 후세대로 계속 전해져야 한다. 여호와께 대한 믿음과 충성은 그분에 대한 지식과 비례한다. 여호와에 대한 지식이 그분에 대한 믿음과 충성을 배양하고 강화한다. 오늘날에는 성경을 통해 여호와와 그분이 행하신 일들에 대한 지식을 얻는다. 그러므로 여호와께 대한 믿음과 충성을 가지기 위해서는 성경을 읽고 배워야 한다. 하지만 31절에 반복되는 "모든 날 동안"은 부정적인 뉘앙스를 강하게 가진다. 그것은 여호와께서 이스라엘을 위하여 행하신 일에 대한 지식이 후세대에게 전달되지 않았다는 것을 암시한다. 사사기는 여호수아 이후의 세대들이 여호와와 그분이 행하신 일들을 망각한 불행한 상황을 알려준다(삿 2:10 참고).

32절은 요셉의 유골이 매장된 일을 소개한다. 저자는 요셉의 매장지를 자세히 밝힌다. "그곳은 야곱이 세겜의 아비 하몰의 아들들에게서 백 크시타에 산 밭이다." 이 거래에 대한 기록은 창세기 33:19에 나온다. 창세기 50:22-26에 의하면, 요셉은 죽을 때 자신의 유골과 관련된 유언을 남겼다. 이스라엘 자손이 애굽을 떠날 때 자신의 유골을 메고 가라는

---

[27] See Walton, *The IVP Bible Background Commentary*, 241.

유언이었다. 당시에 요셉은 이스라엘 자손이 반드시 그렇게 하겠다고 맹세하도록 시켰다(창 50:25). 이 유언과 맹세에 따라 이스라엘 자손은 출애굽 할 때 요셉의 유골을 메고 나왔다(출 13:19). 그리고 마침내 가나안 땅 세겜에 매장하였다. 요셉의 유골의 매장에 관한 이야기는 요셉의 믿음과 그것의 성취를 밝히 드러낸다. 요셉은 이스라엘 자손에게 가나안 땅을 기업으로 주실 것이라는 여호와의 약속을 굳게 믿었다. 여호와께서는 그 약속을 이루심으로써 요셉의 믿음을 변호해주셨다. 실로 "믿음은 바라는 것들의 실상이요 보이지 않는 것들의 증거"이다(히 11:1).

끝으로, 33절은 아론의 아들 엘르아살의 죽음과 매장을 소개한다. 그는 정복전쟁과 땅 분배에서 영적인 지도력을 행사하였던 대제사장이었다. 민수기 27:21에 의하면, 엘르아살은 우림의 판결로써 여호수아에게 여호와의 뜻을 알리는 역할을 하였다. 여호수아와 온 이스라엘 자손은 엘르아살의 말에 따라 "나가며 들어[와야]" 했다. 여호수아서는 이 위대한 영적 지도자의 죽음에 대한 기록과 함께 끝난다. 이스라엘 자손은 그를 에브라임 산지의 한 곳에 매장하였다. 그곳은 그의 아들 비느하스가 받은 땅에 속한다. 저자가 비느하스의 이름을 언급한 것은 이스라엘 자손에게 아직은 여호와의 뜻을 알려주는 영적 지도자가 남아있다는 것을 밝히기 위한 것일 수도 있다. 이스라엘 자손의 미래는 여호와를 섬기며 그분의 뜻에 순종하는 것에 달려있다. 그러므로 이스라엘 자손에게 중요한 것은 엘르아살의 뒤를 잇는 대제사장이다. 안타깝게도 사사시대는 그런 제사장이 없었다. 사사기 17-18장에 소개된 레위인의 이야기나 사무엘상 1-4장에 기록된 엘리 제사장의 이야기는 여호와를 알지 못하는 타락한 제사장이 백성에게 끼치는 해악을 생생하게 증언한다. 백성을 여호와께로 인도할 참된 대제사장이 등장하기까지는 많은 시간을 더 기다려야 한다.

약어표

AB	The Anchor Bible
ANET	J. B. Pritchard (ed.), *The Ancient Near Eastern Texts Relating to the Old Testament*. Third edition. Princeton: Princeton University Press, 1969
AOTC	Apollos Old Testament Commentary
ATD	Das Alte Testament Deutsch
AUSS	Andrews Universiy Seminary Studies
AYBD	The Anchor Yale Bible Dictionary
BA	Biblical Archaeologist
BAR	Biblical Archaeology Review
BBB	Bonner Biblische Beiträge
BBRS	Bulletin for Biblical Research Supplement
BDB	The New Brown-Driver-Briggs-Gesenius Hebrew- English Lexicon
BE	Biblische Enzyklopädie
BN	Biblische Notizen
BSac	Bibliotheca Sacra
BWANT	Beiträge zur Wissenschaft vom Alten und Neuen Testament
BZAW	Beihefte zur Zeitschrift für die alttestamentliche Wissenschaft
CB	Coniectanea Biblica
COT	Commentaar op het Oude Testament
CBQ	The Cartholic Biblical Quarterly
EA	El-Amarna tablets
EBC	The Expositor's Bible Commentary
ESV	English Standard Version
GKC	Gesenius-Kautzsch-Cowley Hebrew Grammar
HALAT	Hebräisches und Aramäisches Lexikon zum Alten Testament

HBS	Herders Biblische Studien
HTR	Harvard Theological Review
HUR	Hallesche Universitätsreden
HzAT	Handbuch zum Alten Testament
JAOS	The Journal of American Oriental Society
JBL	Journal of Biblical Literature
JBQ	Jewish Bible Quarterly
JBTh	Jahrbuch für biblische Theologie
JETS	Journal of Evangelical Theological Society
JM	A Grammar of Biblical Hebrew by P. Joüon and S. J. – T. Muraoka
JNES	Journal of Near Eastern Studies
JSOT	Journal for the Study of the Old Testament
JSOTS	Supplements to JSOT
JSS	Journal of Semitic Studies
NAC	New American Commentary
NAS	New American Standard
NCBC	New Century Bible Commentary
NEB	Die Neue Echter Bibel
NICOT	The New International Commentary on the Old Testament
NIDOTTE	W. A. VanGemeren (ed.), *The New International Dictionary of Old Tesztament Theology and Exegesis*. Grand Rapids: Zondervan, 1996
NIV	Niew International Version
NIVAC	The NIV Application Commentary
NSBT	New Studies in Biblical Theology
OTL	Old Testament Library
SGBC	The Story of God Bible Commentary
SJOT	Scandinavian Journal of Old Testament

THzAT	Theologisches Handwörterbuch zum Alten Testament
TOTC	Tyndale Old Testament Commentary
TTZ	Trierer Theologische Zeitschrift
UF	Ugarit Forschungen
VT	Vetus Testamentum
VTS	Supplements to Vetus Testamentum
WBC	World Biblical Commentary
WTJ	Westminster Theological Journal
ZAW	Zeitschrift für die alttestamentliche Wissenschaft
ZB	Zürcher Bibelkommentare

참고문헌

Aharoni Y. *The Carta Bible Atlas*. Fifth Edition. Jerusalem: Carta, 2011.

Albertz, R. "The Canonical Alignment of the Book of Joshua." In *Judah and the Judeans in the Fourth Century B.C.E.* Edited by O. Lipschits, G. N. Knoppers, R. Albertz. Winona Lake: Eisenbrauns, 2007.

Albright, W. F. *From the Stone Age to Christianity: Monotheism and Historical Process*. Baltimore: The Johns Hopkins Press, 1957.

Alexander, T. D. *From Paradise to the Promised Land: An Introduction to the Pentateuch*. Third Edition. Grand Rapids: Baker Academic, 2012.

Alt, A. *Kleine Schriften zur Geschichte des Volkes Israel*. Band 1. München: C. H. Beck'sche Verlagsbuchhandlung, 1959.

Angel, H. "'There is no chronological order in the Torah': an axiom for understanding the book of Joshua." *JBQ* 36 (2008): 3-11.

Amit, Y. *Reading Biblical Narratives. Literary Criticism and the Hebrew Bible*. Trans. by Israel Lotan. Minneapolis: Fortress, 2001.

Arayaprateep, K. "A Note on YR' in Jos. IV 24." *VT* 22 (1972): 240-42.

Assis, E. "The Position and Function of Jos 22 in the Book of Joshua." *ZAW* 116 (2004): 528-41.

Astour, M. C. "The Hapiru in the Amarna Texts: Basic Points of Controversy." *UF* 31 (1999): 31-50.

Auld, A. G. *Joshua, Judges, and Ruth*, The Daily Study Bible. Louisville: Westminster John Konx Press, 1984.

Beale, G. K. *The Temple and the Church's Mission: A Biblical Theology of the Dwelling Place of God*. NSBT. Downers Grove: IVP, 2004.

_____ "Eden, the Temple, and the Church' Mission in the New Creation." *JETS* 48/1 (2005): 5-31.

Ben-Tor, A. "The Sad Fate of Statues and the Mutilated Statues of Hazor," In *Confronting the Past. Archaeological and Historical Essays on Ancient Israel in honor of William G. Dever.* Edited by S. Gitin, J. E.

Wright, J. P. Dessel. Winona Lake: Eisenbrauns, 2006.

Bimson, J. J. *Redating the Exodus and Conquest*. JSOTS 5. Sheffield: The Almond Press, 1981.

Blenkinsopp, J. *Gibeon and Israel: The Role of Gibeon and the Gibeonites in the Political and Religious History of Early Israel*. Cambridge: University Press, 1972.

Boling, R. G. and Wright, G. E. *Joshua*. AB. Garden City: Doubleday, 1982.

Bright, J. *A History of Israel*. Fourth Edition. Louisville: Westminster John Knox Press, 2000.

Bruno, A. *Gibeon*. Leipzig: Deichertsche Verlagsbuchhandlung, 1923.

Bullock, C. H. "History and Theology. The Tale of Two Histories." In *Giving the Sense. Understanding and Using Old Testament Historical Texts*. Edited by D. M. Howard Jr. and M. A. Grisanti. Grand Rapids: Kregel, 2003.

Butler, T. C. *Joshua*. WBC. Nashville: Thomas Nelson Publishers, 1983.

Childs, B. S. "A Study of the Formula, 'Until This Day'." *JBL* 82 (1963): 279-92.

_____. *Introduction to the Old Testament as Scripture*. Philadelphia: Fortress Press, 1979.

_____. *Biblical Theology of the Old and New Testaments: Theological Reflection on the Christian Bible*. Minneapolis: Fortress Press, 1992.

Coats, G. W. "An Exposition for the Conquest Theme." *CBQ* 47 (1985): 47-54.

_____. "The Book of Joshua: Heroic Saga or Conquest Theme?" *JSOT* 38 (1987): 15-32.

Cowles, C. S. "The Case for Radical Discontinuity." In *Show Them No Mercy: Four Views on God and Canaanite Genocide*. Edited by Stanley N. Gundry. Grand Rapids: Zondervan, 2003.

Cox, D. G. C. "The Hardening of Pharaoh's Heart in Its Literary and Cultural Contexts." *BSac* 163 (2006): 292-311.

Creach, J. F. D. *Joshua*, Int. Louisville: Westminster John Knox Press, 2003.

Dallaire, H. "Joshua." In *Numbers ~ Ruth*. EBC 2. Edited by T. Longman III & D. E. Garland. Grand Rapids: Zondervan, 2012.

Dempster, S. G. *Dominion and Dynasty: A Theology of the Hebrew Bible*. Downers Grove: IVP, 2003.

Dever, W. G. *Recent Archaeological Discoveries and Biblical Research*. Seattle: University of Washington Press, 1990.

Dozeman, T. B. "Joshua in the Book of Joshua." In *Raising Up a Faithful Exegete*, Essays in Honor of Richard D. Nelson. Edited by K. L. Noll and B. Schramm. Winona Lake: Eisenbrauns, 2010.

Drews, R. "The 'Chariots of Iron' of Joshua and Judges." *JSOT* 45 (1989): 15-23.

Dumbrell, W. J. "Genesis 2:1-17: A Foreshadowing of the New Creation." In *Biblical Theology: Retrospect & Prospect*. Edited by S. J. Hafemann. Downers Grove: IVP Academic, 2002.

Eichrodt, W. *Theologie des Alten Testaments Teil I: Gott und Volk*. 5. Aufl. Berlin: Evangelische Verlagsanstalt, 1957.

Eißfeldt, O. *Vom Werden der biblischen Gottesanschauung und ihrem Ringen mit dem Gottesgedanken der griechischen Philosophie*. Rede gehalten beim Antritt der Vereinigten Friedrichs-Universität Halle-Wittenberg am 12. Juli 1929. HUR 42. Halle: Niemeyer, 1929.

Fensham, F. C. "The Treaty between Israel and the Gibeonites." *BA* 27 (1964): 96-100.

Finkelstein, I. and Silberman, A. *Keine Posaunen vor Jericho: Die archäologische Wahrheit über die Bibel*, 9. Aufl. München: dtv Verlagsgesellschaft, 2016.

Fohrer, G. *Einleitung in das Alte Testament*, 12. Aufl. Heidelberg: Quelle & Meyer, 1979.

Fritz, V. *Die Entstehung Israels im 12. Und 11. Jahrhundert v. Chr.* BE 2. Stuttgart: Kohlhammer, 1996.

Fuller R. T. and Choi, K. W. *Invitation to Biblical Hebrew Syntax: An Intermediate Grammar.* Grand Rapids: Kregel Publications, 2017.

Garrett, D. A. *A Commentary on Exodus.* Grand Rapids: Kregel, 2014.

Garstang, J. *Joshua, Judges.* London: Constable, 1931.

Gesenius, W. *Gesenius Hebrew Grammar.* Edited by E. Kautzsch and revised by A. W. Cowley. Oxford: Clarendon Press, 1910.

Gitay, Y. "Reflections on the Poetics of the Samuel Narrative: The Question of the Ark Narrative." *CBQ* 54 (1992): 221-30.

Goldsworthy, G. 『하나님의 아들과 새 창조』. 강대훈 옮김. 서울: 부흥과 개혁사, 2016.

Görg, M. *Josua.* 3. Aufl. NEB. Würzburg: Echter Verlag, 2011.

Gottwald, N. K. "Domain Assumptions and Societal Models in the Study of Pre-monarchical Israel." In *Congress Volume Edinburgh 1974.* Edited by J. Emerton. VTS 28. Leiden: Brill, 1975.

Gradwohl, R. "Der 'Hügel der Vorhäute' (Josua V)." *VT* 26 (1976): 235-40.

Graves, D. E. *Biblical Archaeology:* An Introduction with Recent Discoveries that Support the Reliability of the Bible. Toronto: EMC, 2017.

Gray, J. *Joshua, Judges, Ruth.* NCBC. Grand Rapids: Eerdmans, 1986.

Greenberg, M. "Some Postulates of Biblical Criminal Law." In *Essential Papers on Israel and the Ancient Near East.* Edited by F. E. Greenspahn. New York: NYU Press, 1991.

Grintz, J. M. "The Treaty of Joshua with the Gibeonites." *JAOS* 86 (1966): 113-26.

Gundry, S. N. (Ed.) *Show Them No Mercy: Four Views on God and Canaanite Genocide.* Grand Rapids: Zondervan, 2003.

Gunn, D. M. "Joshua and Judges." In *The Literary Guide to the Bible.* Edited by R. Alter and F. Kermode. Cambridge: Harvard University Press, 1987.

Halpern, B. "Gibeon: Israelite Diplomacy in the Conquest Era." *CBQ* 37 (1975): 303-16.

Hamilton, V. P. *Handbooks on the Historical Books*. Grand Rapids: Baker Academic, 2001.

Hasel, M. G. "Merenptah's Reference to Israel: Critical Issues for the Origin of Israel." In *Critical Issues in Early Israelite History*. Edited by S. Hess, G. A. Klingbeil, P. J. Ray Jr. BBRS 3. Winona Lake: Eisenbrauns, 2008.

Haydock, N. *Old Testament Theology and the Rest of God*. Eugene: Wipf & Stock, 2016.

Hayes, J. H. & Miller, J. M. (Eds.) *Israelite and Judean History*. London: SCM Press, 1990.

Helck, W. "Die Bedrohung Palästinas durch Einwandernde Gruppen am Ende der 18. und an Amfang der 19. Dynastie." *VT* 18 (1968): 472-80.

Hentschel, G. "Das Buch Josua." In *Einleitung in das Alte Testament*. Hersg. von E. Zenger. 9. Aufl. Stuttgart: Kohlhammer, 2016.

Hertzberg, H. W. *Die Bücher Josua, Richter, Ruth*. ATD. Göttingen: Vandenhoeck & Ruprecht, 1965.

Hess, R. S. "Asking Historical Questions of Joshua 13-19: Recent Discussion Concerning the Date of the Boundary Lists." In *Faith, Tradition, and History. Old Testament Historiography in Its Near Eastern Context*. Edited by A.R. Millard, J.K. Hoffmeier, D.W. Baker. Winona Lake: Eisenbrauns, 1994.

_____ *Joshua*. TOTC 6. Downers Grove: IVP Academic, 1996.

_____ "The Jericho and Ai of the Book of Joshua." In *Critical Issues in Early Israelite History*. Edited by R. S. Hess, G. A. Klingbeil, and P. J. Ray Jr., Winona Lake: Eisenbrauns, 2008.

Hoffmeier, J. K. "The (Israel) Stela of Merneptah (2.6)." In *Context of Scripture*, vol. 2. Edited by In W.W. Hallo and K.J. Younger Jr. Leiden: Brill, 2000.

Holzinger, H. *Das Buch Josua*. KHCAT. Tübingen: Verlag von J. C. B. Mohr, 1901.

House, P. R. *Old Testament Theology*. Downers Grove: IVP, 1998.

Howard, D. M. *An Introduction to the Old Testament Historical Books*. Chicago: Moody Publishers, 1993.

_____ *Joshua*. NAC. Nashville: B&H Publishing Group, 1998.

Jobling, D. *The Sense of Biblical Narrative: Structural Analysis in the Hebrew Bible II*. JSOTS 39. Sheffield: Sheffield Academic Press, 1986.

Junker, H. "Der alttestamentliche Bann gegen heidnische Völker als moraltheologisches und offenbarungsgeschichtliches Problem." *TTZ* 56 (1947): 74-89.

Kaiser, O. *Einleitung in das Alte Testament*. Gerd Mohn: Gütersloher Verlagshaus, 1984.

Kaiser, W. 『이스라엘의 역사: 청동기시대부터 유대전쟁까지』. 류근상 옮김. 고양: 크리스챤출판사, 2000.

Kaiser Jr., W. C. *The Promise-Plan of God: A Biblical Theology of the Old and New Testaments*. Grand Rapids: Zondervan, 2008.

Kaminsky, J. S. "Joshua 7: A Reassessment of Israelite Conceptions of Corporate Punishment." In *The Pitcher is Broken. Memorial Essays for Gösta W. Ahlström*. Edited by S. W. Holloway, L. K. Handy. JSOTS 190. Sheffield: Sheffield University Press, 1995.

Keil, C. F. *Biblischer Kommentar über die prophetischen Geschichtsbücher 1. Bd.: Josua, Richter und Ruth*. 2. Aufl. Leipzig: Dörfling und Franke, 1874.

Kellenberger, E. *Die Verstockung Pharaos: Exegetische und auslegungsgeschichtliche Untersuchungen zu Exodus 1-15*. BWANT. Stuttgart: Kohlhammer, 2006.

Kitchen, K. A. *On the Reliability of the Old Testament*. Grand Rapids: Eerdmans, 2003.

Kline. M. D. "The HA-BI-RU: Kin or Foe of Israel?" *WTJ* 20(1957): 46-70.

_____ *The Structure of Biblical Authority*. Second Edition. Grand Rapids: Eerdmans, 1975.

Knauf, E. A. *Josua*. ZB. Zürich: Theologischer Verlag Zürich, 2008.

Koorevaar, H. J. *De Opbouw van het Boek Jozua*. Heverlee: Centrum voor bijbelse vorming België, 1990.

Kroeze, J. H. *Het Boek Jozua*. COT. Kampen: J. H. Kok, 1968.

Ladd, G. E. *The Presence of the Future*. Grand Rapids: Eerdmans, 1974.

_____ *A Theology of the New Testament*. Second Edition. Grand Rapids: Eerdmans, 1993.

Levenson, J. D. *Sinai and Zion: An Entry into the Jewish Bible*. New York: Harper One, 1985.

Lipinska, J. "Hatshepsut." In *The Oxford Encyclopedia of Ancient Egypt in Three Volumes*. Vol. 2. Edited by D. B. Redford, Oxford: University Press, 2001.

_____ "Thutmose III." In *The Oxford Encyclopedia of Ancient Egypt*. Vol. 3. Edited by D. B. Redford. Oxford: University Press, 2001.

Liver, J. "The Literary History of Joshua IX." *JSS* 8 (1963): 227-43.

Lohfink, N. "Der gewalttätige Gott des Alten Testaments und die Suche nach einer gewaltfreien Gesellschaft." *JBTh* 2 (1987): 106-36.

Malamat, A. *Early Israelite and the Conquest of Canaan*. Oxford: The Oxford Centre for Postgraduate Hebrew Studies, 1978.

Mattingly, G. L. "ARNON." In *AYBD*. Vol. 1. New Haven: Yale University Press, 2008.

Mazar, A. *Archaeology of the Land of the Bible 10,000-586 B.C.E.* New York: Double Day, 1990.

McCarthy, D. J. *Treaty and Covenant*, Analecta Biblica 21_A. Rome: Biblical Institute Press, 1978.

Mendenhall, G. E. *The Tenth Generation. The Origins of the Biblical Tradition*. Baltimore: The Johns Hopkins University Press, 1973.
_____ "The Hebrew Conquest of Palestine." *BA* 25 (1962): 66-87.
_____ "The Census Lists of Numbers 1 and 26." *JBL* 77 (1958): 52-66.
_____ "Covenant Forms in Israelite Tradition." *BA* 12I (1954): 51-76.
Merling, D. "The Book of Joshua, Part 1: Its Evaluation by Nonevidence." *AUSS* 39 (2001): 61-72.
Merrill, E. H. *Kingdom of Priests. A History of Old Testament Israel*. Grand Rapids: Baker, 1987.
_____ "Archaeology and Biblical History: Its Uses and Abuses." In *Giving the Sense. Understanding and Using Old Testament Historical Texts*. Edited by D. M. Howard Jr. & M. A. Grisanti. Grand Rapids: Kregel, 2003.
Miller, J. M. "The Israelite Occupation of Canaan." In *Israelite & Judean History*. Edited by J. H. Hayes and J. M. Miller. London: SCM Press, 1990.
Miller, J. M. & Hayes, J. H. *A History of Israel and Judah*. Louisville: Westminster John Knox Press, 2006.
Miller, P. D. "The Story of the First Commandment: The Book of Joshua." In *Covenant as Context. Essays in Honour of E. W. Nicholson*. Edited by A. D. H. Hayes and R. B. Salters. Oxford: Oxford University Press, 2003.
Millard, A. R. "Were the Israelites Really Canaanites?" In *Israel, Ancient Kingdom or Late Invention*? Edited by D. I. Block. Nashville: B&H Academic, 2008.
Monson, J. M. "The 'Mother of Current Debates' in Biblical Archaeology." In *Do Historical Matters matter to Faith? A Critical Appraisal of Modern and Postmodern Approaches to Scripture*. Edited by J. K. Hoffmeier and D. R. Magary. Wheaton: Crossway, 2012.
Morrison, M. A. "HURRIANS." In *AYBD*. Vol. 3. New Haven: Yale Uni-

versity Press, 2008.

Möhlenbrink, K. "Die Landnahmesagen des Buches Josua." *ZAW* 56 (1938): 238-68.

Na'aman, N. "Ḫabiru and Hebrews: The Transfer of a Social Term to the Literary Sphere." *JNES* 45 (1986): 278-85.

_____ "AMARNA LETTERS." In *AYBD*. Vol. 1. New Haven: Yale university Press, 2008.

Naudé, J. A. מרה. In *NIDOTE* vol 2. Edited by W. A. VanGemeren. Grand Rapids: Zondervan, 1997.

Neef, H.-D. "Josuazeit und Richterzeit: Exegetische Beobachtungen zu Jdc 2,6-16." *ZAW* 124 (2012): 229-43.

Nelson, R. D. *Joshua*. OTL. Louisville: Westminster John Knox Press, 1977.

Noth, M. *Überlieferungsgeschichtliche Studien. Die sammelnden und bearbeitenden Geschichtswerke im Alten Testament*. 2. Aufl. Darmstadt: Wissenschaftliche Buchgesellschaft, 1957.

_____ *Geschichte Israels*. 8. Aufl. Berlin: Evangelische Verlagsanstalt, 1950.

_____ *Das Buch Joshua*. HzAT. Tübingen: Mohr, 1953.

Patton, M. H. and Putnam, F. C. *Basics of Hebrew Discourse: A Guide to Working with Hebrew Prose and Poetry*. Edited by M. V. Van Pelt. Grand Rapids: Zondervan Academic, 2019.

Peckham, B. "The Composition of Joshua 3-4." *CBQ* 46 (1984): 413-31.

Peels, H. G. L. *Shadow Sides: The Revelation of God in the Old Testament*. Cumbria: Paternoster, 2003.

Pitkänen, P. A. *Joshua*. AOTC. Downers Grove: IVP, 2010.

Polzin, R. "HWQY and Covenantal Institutions in Early Israel." *HTR* 62 (1969): 227-40.

_____ *Moses and the Deuteronomist. A Literary Study of the Deuteronomic History Part One: Deuteronomy, Joshua, Judges*. New York: The

Seabury Press, 1980.

Poythress, V. S. *Interpreting Eden: A Guide to Faithfully Reading and Understanding Genesis 1-3*. Wheaton: Crossway, 2019.

Pritchard, J. B. *Gibeon, Where the Sun Stood Still: The Discovery of the Biblical City*. Princeton: Princeton University Press, 1962.

Pritchard, J. B. (Ed.) *The Ancient Near East*. Princeton: Princeton University Press, 2011.

Provan, I., Long, V. P., Longman III, T. *A Biblical History of Israel*. Louisville: Westminster John Knox Press, 2003.

Rad, G. von. "Das formgeschichtlich Problem des Heateuch." In *Gesammelte Studien zum Alten Testament*. München: Kaiser Verlag, 1965.

_____ *Der Heilige Krieg im alten Israel*. 5. Aufl. Göttingen: Vandenhoeck & Ruprecht, 1969.

_____ *Theologie des Alten Testaments Band 1: Die Theologie der geschichtlichen Überlieferungen Israels* München: Chr. Kaiser Verlag, 1992.

Rasmussen, C. G. "Conquest, Infiltration, Revolt, or Resettlement? What Really Happened During the Exodus-Judges Period?" In *Giving the Sense. Understanding and Using Old Testament Historical Texts*. Edited by In D. M. Howard Jr. & M. A. Grisanti, Grand Rapids: Kregel, 2003.

Ray Jr., P. J. "Classical Models for the Appearance of Israel in Palestine." In *Critical Issues in Early Israelite History*. Edited by R.S. Hess, G.A.Klingbeil, and P. J. Ray Jr. BBRS 3. Eisenbrauns: Winona Lake, 2008.

Rendtorff, R. *Theologie des Alten Testaments*. Band 1. Neukirchen-Vluyn: Neukirchener Verlag, 2001.

Robertson, O. P. *The Christ of the Covenants*. Phillipsburg: Presbyterian and Reformed Publishing, 1980.

Robinson, H. W. "The Hebrew Conception of Corporate Personality." In

Werden und Wesen des Alten Testaments. Vorträge gehalten auf der internationalen Tagung alttestamentlicher Forscher zu Göttingen vom 4.-10. September 1935. Hrsg. von P. Volz. BZAW 66. Berlin: Walter de Gruyter, 1936.

Rowlett, L. "Inclusion, Exclusion and Marginality in the Book of Joshua." *JSOT* 55 (1992): 15-23.

Römer, T. "Book-Endings in Joshua." In *Raising Up a Faithful Exegete*, Essays in Honor of Richard D. Nelson. Edited by K. L. Noll and B. Schramm. Winona Lake: Eisenbrauns, 2010.

Rösel, H. N. "Anmerkungen zur Erzählung vom Bundesschluß mit den Gibeoniten." *BN* 28 (1985): 30-35.

Sasson, J. M. "Circumcision in the Ancient Near East." *JBL* 85 (1966): 473-76.

Saydon, P. P. "The Crossing of the Jordan: Josue 3; 4." *CBQ* 12 (1950): 194-207.

Schabert, J. *Solidarität in Segen und Fluch im Alten Testament und in seiner Umwelt*. BBB 14. Bonn: Peter Hanstein Verlag, 1958.

Schley, D. G. "ADONI-ZEDEK." In *AYBD*. Vol. 1. New Haven: Yale university Press, 2008.

Schmid, K. *Genesis and the Moses Story: Israel's Dual Origins in the Hebrew Bible*. Winona Lake: Eisenbrauns, 2010.

Schmitt, G. *Du sollst keinen Fireden schließen mit den Bewohnern des Landes*. BWANT. Stuttgart: Kohlhammer, 1970.

Scoralick, R. *Gottes Güte und Gottes Zorn: Die Gottes prädikatonen in Ex 34,6f und ihre intertextuellen Beziehung zum Zwölfprophetenbuch*. HBS. Freiburg: Herder, 2002.

Sherwood, A. "A Leader's Misleading and a Prostitute's Profession: A Re-examination of Joshua 2." *JSOT* 31 (2006): 43-61.

Soggin, J. A. *Joshua*. OTL. London: SCM Press, 1972.

Stolz, F. חוג. In *THzAT*. Band 2. Hrsg. von E. Jenni und C. Westermann.

Gütersloh: Wissenschaftliche Buchgesellschaft, 2004.

Stone, L. G. "Ethical and Apologetic Tendencies in the Redaction of the Book of Joshua." *CBQ* 53 (2001): 25-35.

_____ "Early Israel and Its Appearance in Canaan." In *Ancient Israel's History*. Edited by B. T. Arnold and R. S. Hess. Grand Rapids: Baker Academic, 2014.

Strange, J., "The Book of Joshua – Origin and Dating." *SJOT* 16 (2002): 44-51.

Sutherland, R. K., "Israelite Political Theories in Joshua 9." *JSOT* 17 (1992): 65-74.

Talstra, E. *Oude en Nieuwe Lezers: Een inleiding in de methoden van uitleg van het Oude Testament*. Kampen: J. H. Kok, 2002.

Thompson, J. A. *The Bible and Archaeology*. Third Edition. Grand Rapids: Eerdmans, 1989.

Van Dam, C. אוּרִים. In *NIDOTTE*. Vol. 1. Grand Rapids: Zondervan, 1997.

Vannoy, J. R. "Joshua: Theology of." In *NIDOTTE*. Vol. 4. Grand Rapids: Zondervan, 1997.

Versluis, A. "Devotion and/or Destruction? The Meaning and Function of חרם in the Old Testament." *ZAW* 128 (2016): 233-46.

Volz, P. *Das Dämonische in Jahwe*. Tübingen: J. C. B. Mohr-Paul Siebeck, 1924.

Walton, J. H. "Joshua 10:12-15 and Mesopotamian Celestial Omen Texts." In *Faith, Tradition & Historiography in Its Near Eastern Context*. Edited by A. R. Millard, J. K. Hoffmeier, D. W. Baker. Indiana: Eisenbrauns 1994.

_____ *Genesis*. NIVAC. Grand Rapids: Zondervan, 2001.

_____ (ed.), *Zondervan Illustrated Bible Backgrounds Commentary*. Grand Rapids: Zondervan, 2009.

Walton J. H. et al. *The IVP Bible Background Commentary: Old Testa-*

ment. Downers Grove: IVP Academic, 2000.

Waltke, B. K. *Genesis: A Commentary*. Grand Rapids: Zondervan, 2001.

Waltke, B. K. with Yu, C. *An Old Testament Theology: An Exegetical, Canonical, and Thematic Approach*. Grand Rapids: Zondervan, 2007.

Webb, B. G. *The Book of Judges*. NICOT. Grand Rapids: Eerdmans, 2012.

Weinfeld, M. *The Place of Law in the Religion of Ancient Israel*. VTS. Leiden: E. J. Brill, 2004.

Wellhausen, J. *Prolegomena zur Geschichte Israels*. Unveränderter photomechanischer Nachdruck der 6. Ausgabe von 1927. Berlin: Walter de Gruyter, 2001.

Wenham, G. J. "Sanctuary Symbolism in the Garden of Eden Story." In *Proceedings of the Ninth World Congress of Jewish Studies, Division A: The Period of the Bible*. Jerusalem: World Union of Jewish Studies, 1986.

Westermann, C. *Die Geschichtsbücher*. Gütersloh: Gütersloher Verlagshaus, 1994.

Williamson, P. R. *Sealed with an Oath: Covenant in God's Unfolding Purpose*. Downers Grove: IVP, 2007.

Winther-Nielsen, N. *A Functional Discourse Grammar of Joshua*. CB 40. Stockholm: Almqvist & Wiksell International, 1995.

Wood, B. G. "Did the Israelites conquer Jericho: A new look at the archaeological evidence." *BAR* 16 (1990): 44-58.

_____ "From Ramesses to Shiloh. Archaeological Discoveries Bearing on the Exodus-Judges Period," In *Giving the Sense. Understanding and Using Old Testament Historical Texts*. Edited by D. M. Howard Jr. and M. A. Grisanti. Grand Rapids: Kregel, 2003.

_____ "The Search for Joshua's Ai." In *Critical Issues in Early Israelite History*. Edited by R. S. Hess, G. A. Klingbeil, P. J. Ray Jr. Winona Lake: Eisenbrauns, 2008.

Woudstra, M. H. *The Book of Joshua*. NICOT. Grand Rapids: Eerdmans,

1981.

Wray Beal, L. M., *Joshua*. SGBC. Grand Rapids: Zondervan Academics, 2019.

Wright, G. E. *Biblical Archaeology*. Philadelphia: The Westminster Press, 1960.

Würthwein, E. *Studien zum Deuteronomistischen Geschichtswerk*. BZAW 227. Berlin: Walter de Gruyter, 1994.

Yadin, Y. *Hazor: with a Chapter on Israelite Megiddo*. London: The Oxford University Press, 1972.

Youngblood, R. F. "Shiloh." In *NIDOTTE*. Vol. 4. Grand Rapids: Zondervan, 1997.

Younger Jr., K. L. *Ancient Conquest Accounts: A Study in Ancient Near Eastern and Biblical History Writings*. JSOTS 98. Sheffield: Sheffield Academic Press, 1990.

_____ "The Rhetorical Structuring of the Joshua Conquest Narratives," In *Critical Issues in Early Israelite History*. Edited by P. J. Ray. BBRSup 3. Winona Lake: Eisenbrauns, 2008.

Zertal, A. "'To the land of the Perizzites and the Giants': On the Israelite Settlement in the Hill Country of Manasseh." In *From Nomadism to Monarchy: Archaeological and Historical Aspects of Early Israel*. Edited by I. Finkelstein and N. Na'aman. Jerusalem: Israel Exploration Society, 1994.

김지찬. 『여호와의 날개 아래 약속의 땅을 향하여: 구약 역사서 이해-문예적 신학적 서론』. 서울: 생명의 말씀사, 2016.

김진수. "네 아들 네 장자를 죽이리라: 출애굽기 4:18-26에 대한 주해적, 신학적 연구". 「프로에클레시아」12 (2007): 120-25.

_____. "사무엘서의 문학적 성격: 사무엘하 21:1-14을 중심으로".「한국개혁신학」 26 (2009): 239-72.

_____. "구약 이스라엘 역사 서술의 과제".「신학정론」 32/2 (2014): 199-236.

_____. "구약에서 보응과 연대책임: 십계명의 제2계명을 중심으로".「신학정론」 35권 2호 (2017): 191-225.

_____. "여호수아의 정복전쟁에 대한 역사적 고찰".「신학정론」 37권 1호 (2019): 291-332.

_____. "여호수아서에 나타난 "미결과 완결"의 긴장".「신학정론」 37권 2호(2019. 12.): 113-40.

_____. "여호수아서의 문학적 구성에 대한 연구".「구약논집」 제 15집 (2019): 8-40.

_____. "언어학적 담화분석을 통한 여호수아 3-4장의 구조이해".「구약논집」 제 18집 (2020): 34-76.

_____. "여호수아서의 신학".『가난하나 부요케』. 조병수 박사 은퇴기념논총. 215-48. 은퇴기념논총 출판위원회 편. 용인: 가르침, 2020.

_____. "창조와 하나님의 안식: 창세기 1:1-2:3의 신학".「신학정론」 41권 2호(2023. 12): 47-105.

_____.『창조의 목적과 하나님의 나라: 적용이 있는 구약성경 신학』. 개정증보판. 서울: 부흥과개혁사, 2023.

박윤선.『여호수아기 · 사사기 · 룻기』. 서울: 영음사, 2004.

송병현.『여호수아』. 엑스포지멘트리. 서울: 국제제자훈련원, 2010.

https://www.youtube.com/watch?v=nJNjhnTe4B0&t=1987s (참고일: 2024. 4. 17.)

https://www.britannica.com/place/Litani-River-Lebanon (참고일: 2024. 5. 3.)